ADMIS CRPE

NOUVEAU CONCOURS 2022

CRPE

PROFESSEUR DES ÉCOLES

Tout le COURS

Épreuves écrites et orales

Ouvrage dirigé par Marc Loison
Docteur en histoire de l'éducation et sciences de l'éducation,
maître de conférences honoraire en histoire contemporaine de l'université d'Artois,
ancien conseiller pédagogique chargé de mission académique pour l'éducation prioritaire,
ancien président de jury CRPE

Coordonné par Isabelle Pasquier
Professeure certifiée de lettres en INSPE, ancienne responsable pédagogique de site IUFM ayant fait fonction d'inspectrice de l'Éducation nationale

Éric Greff
Professeur agrégé de mathématiques en INSPE, docteur en didactique de l'informatique

Audrey Hennart
Professeure certifiée de lettres en INSPE, docteur en littérature

Avec la collaboration de Florence Macke, EMF, académie de Lille

André Mul
Professeur honoraire de mathématiques

Haimo Groenen
Professeur agrégé d'EPS, maître de conférences en STAPS, URePSSS (EA 7369), INSPE Lille-Nord de France

Vuibert

Ressources numériques pour réussir le CRPE

Téléchargez gratuitement les ressources numériques sur : www.Vuibert.fr/site/210736

- **50 QCM interactifs ;**
- **Le sujet zéro officiel corrigé de l'épreuve écrite de français ;**
- **Le sujet zéro officiel corrigé de l'épreuve écrite de mathématiques ;**
- **Tous les conseils à suivre et les pièges à éviter**

ISBN : 978-2-311-21073-6
ISSN : 2109-7658
Maquette : Séverine Tanguy/Caroline Joubert (Atelier du livre)
Composition : STDI

Site Internet : http://www.vuibert.fr

Sommaire
pour se repérer

Travail réalisé

Votre concours, votre métier

PARTIE 1
Réussir l'épreuve écrite de français

PARTIE 2
Réussir l'épreuve écrite de mathématiques

PARTIE 3
Réussir l'épreuve orale de leçon

PARTIE 4
Réussir l'épreuve orale d'entretien : EPS

PARTIE 5
Réussir l'épreuve orale d'entretien : mises en situation professionnelle

Votre concours, votre métier

Cet ouvrage a pour objectif essentiel d'assurer la préparation théorique de la plupart **des épreuves écrites et orales** du concours de recrutement de professeurs des écoles (CRPE). Rappelons que ces épreuves visent à apprécier les connaissances du candidat indispensables pour un enseignement maîtrisé des programmes de l'école primaire.

Avant d'aborder la préparation théorique des épreuves écrites de français et de mathématiques, des épreuves orales portant sur la préparation d'une leçon, l'enseignement de l'éducation physique et sportive et la connaissance du système éducatif et du métier de professeur, il paraît essentiel d'indiquer les textes officiels qui régissent désormais le CRPE et que tout candidat se doit de connaître. Il est par ailleurs indispensable de connaître le contenu de l'ensemble des épreuves écrites et orales d'admissibilité et d'admission et les objectifs qui leur sont assignés.

1 Les textes officiels

L'arrêté du 25 janvier 2021 paru au *Journal officiel* du 29 janvier 2021 fixe les modalités d'organisation du concours externe de recrutement de professeurs des écoles. Deux grandes séries d'épreuves constituées respectivement de trois épreuves écrites d'admissibilité et de deux épreuves orales d'admission sont définies par référence aux programmes de l'école primaire (*Bulletin officiel* n° 31 du 30 juillet 2020), au socle commun de connaissances, de compétences et de culture (*Bulletin officiel* n° 17 du 23 avril 2015) mais aussi par référence aux compétences professionnelles des maîtres (annexe de l'arrêté du 1er juillet 2013 paru au *Journal officiel* du 18 juillet 2013). Ces compétences sont intégralement réaffirmées dans le référentiel de formation publié dans le *Journal officiel* du 7 juillet 2019. Ce référentiel mis en œuvre depuis la rentrée scolaire 2019 précise, par ailleurs, les objectifs, les axes de formation et le niveau de maîtrise des attendus en fin de master MEEF.

Enfin, sur le site du ministère de l'Éducation nationale, on veillera à consulter les sujets zéro et les programmes des épreuves écrites de français, de mathématiques et d'application.

2 Les épreuves du CRPE

<table>
<tr><th colspan="3">Trois épreuves écrites d'admissibilité</th></tr>
<tr><td colspan="3">Cadre de référence : Programmes de l'école primaire
Niveau attendu : Les connaissances attendues des candidats sont celles que nécessite un enseignement maîtrisé de ces programmes. Il est attendu du candidat qu'il maîtrise finement et avec du recul l'ensemble des connaissances, compétences et démarches intellectuelles du socle commun de connaissances, compétences et culture, et les programmes des cycles 1 à 4. Des connaissances et compétences en didactique du français et des mathématiques ainsi que des autres disciplines pour enseigner au niveau primaire sont nécessaires. Les épreuves écrites prennent appui sur un programme publié sur le site Internet du ministère chargé de l'Éducation nationale.</td></tr>
<tr><th colspan="3">Épreuve écrite disciplinaire de français
Notée sur 20. Coefficient 1. Durée : 3 heures</th></tr>
<tr><td colspan="3">L'épreuve prend appui sur un texte (extrait de roman, de nouvelle, de littérature d'idées, d'essai, etc.) d'environ 400 à 600 mots. Elle comporte trois parties :</td></tr>
<tr><td colspan="2">une partie consacrée à l'étude de la langue, permettant de vérifier les connaissances syntaxiques, grammaticales et orthographiques du candidat ;</td><td rowspan="3">Une note globale égale ou inférieure à 5 est éliminatoire.</td></tr>
<tr><td colspan="2">une partie consacrée au lexique et à la compréhension lexicale ;</td></tr>
<tr><td colspan="2">une partie consacrée à une réflexion suscitée par le texte à partir d'une question posée sur celui-ci et dont la réponse prend la forme d'un développement présentant un raisonnement rédigé et structuré.</td></tr>
<tr><th colspan="3">Épreuve écrite disciplinaire de mathématiques
Notée sur 20. Coefficient 1. Durée : 3 heures</th></tr>
<tr><td colspan="2">L'épreuve est constituée d'un ensemble d'au moins trois exercices indépendants, permettant de vérifier les connaissances du candidat.</td><td>Une note globale égale ou inférieure à 5 est éliminatoire</td></tr>
<tr><th colspan="3">Épreuve écrite d'application
Notée sur 20. Coefficient 1. Durée : 3 heures</th></tr>
<tr><td colspan="3">L'épreuve a pour objectif d'apprécier la capacité du candidat à proposer une démarche d'apprentissage progressive et cohérente. Le candidat a le choix au début de l'épreuve entre trois sujets portant respectivement sur l'un des domaines suivants : sciences et technologie ; histoire, géographie, enseignement moral et civique ; arts. Le candidat dispose d'un dossier comportant notamment des travaux issus de la recherche et des documents pédagogiques. Il est amené à montrer dans le domaine choisi une maîtrise disciplinaire en lien avec les contenus à enseigner et à appliquer cette maîtrise à la construction ou à l'analyse de démarches d'apprentissage.</td></tr>
<tr><td>Sciences et technologie</td><td>L'épreuve consiste en la conception et/ou l'analyse d'une ou plusieurs séquences ou séances d'enseignement à l'école primaire (cycle 1 à 3), y compris dans sa dimension expérimentale.</td><td rowspan="3">Chaque épreuve peut comporter des questions visant à la vérification des connaissances disciplinaires du candidat.

Quand l'épreuve comporte 2 composantes, chacune d'entre elles est notée sur 10 points.

Une note globale égale ou inférieure à 5 est éliminatoire.</td></tr>
<tr><td>Histoire, géographie, enseignement moral et civique</td><td>Au titre d'une session, la Commission nationale compétente mentionnée à l'article 11 détermine deux composantes parmi les trois enseignements suivants : histoire, géographie, enseignement moral et civique. L'épreuve consiste en la conception et/ou l'analyse d'une ou plusieurs séquences ou séances d'enseignement à l'école primaire (cycle 1 à 3).</td></tr>
<tr><td>Arts</td><td>Au titre d'une session, la Commission nationale compétente mentionnée à l'article 11 détermine deux composantes parmi les trois enseignements suivants : éducation musicale, arts plastiques, histoire des arts. L'épreuve consiste en la conception et/ou l'analyse d'une ou plusieurs séquences ou séances d'enseignement à l'école primaire (cycle 1 à 3).</td></tr>
</table>

<table>
<tr><th colspan="2">Deux épreuves orales d'admission</th></tr>
<tr><th colspan="2">Épreuve de leçon
Notée sur 20. Coefficient 4. Durée : 1 heure. Préparation : 2 heures</th></tr>
<tr><td colspan="2">L'épreuve porte successivement sur le français et les mathématiques. Elle a pour objet la conception et l'animation d'une séance d'enseignement à l'école primaire dans chacune de ces matières, permettant d'apprécier la maîtrise disciplinaire et la maîtrise des compétences pédagogiques du candidat. Le jury soumet au candidat deux sujets de leçon, l'un dans l'un des domaines de l'enseignement du français, l'autre dans celui des mathématiques, chacun explicitement situé dans l'année scolaire et dans le cursus de l'élève.</td></tr>
<tr><td>Préparation : Afin de construire le déroulé de ces séances d'enseignement, le candidat dispose en appui de chaque sujet d'un dossier fourni par le jury et comportant au plus quatre documents de nature variée : supports pédagogiques, extraits de manuels scolaires, traces écrites d'élèves, extraits des programmes…</td><td rowspan="2">Durée de l'épreuve :
Français : 30 minutes dont un exposé de 10 à 15 minutes et un entretien pour la durée restante impartie à cette partie.

Mathématiques : idem

La note 0 est éliminatoire</td></tr>
<tr><td>Présentation et entretien : Le candidat présente successivement au jury les composantes pédagogiques et didactiques de chaque leçon et de son déroulement. Chaque exposé est suivi d'un entretien avec le jury lui permettant de faire préciser ou d'approfondir les points qu'il juge utiles, tant sur les connaissances disciplinaires que didactiques.</td></tr>
<tr><th colspan="2">Épreuve d'entretien composée de 2 parties
Notée sur 20. Coefficient 2. Durée totale : 1 heure 5 minutes</th></tr>
<tr><td colspan="2">Première partie : Éducation physique et sportive. Connaissance scientifique du développement et la psychologie de l'enfant
Notée sur 10. Durée : 30 minutes. Préparation : 30 minutes</td></tr>
<tr><td>Préparation : À partir d'un sujet fourni par le jury, proposant un contexte d'enseignement et un objectif d'acquisition pour la séance, il revient au candidat de choisir le champ d'apprentissage et l'activité physique support avant d'élaborer une proposition de situation(s) d'apprentissage qu'il présente au jury.</td><td rowspan="2">Exposé : ne doit pas excéder 15 minutes
Entretien : pour la durée restante impartie à cette première partie.

La note 0 obtenue à cette partie est éliminatoire.</td></tr>
<tr><td>Exposé et entretien : L'entretien permet d'apprécier d'une part les connaissances scientifiques du candidat en matière de développement et de psychologie de l'enfant, d'autre part sa capacité à intégrer la sécurité des élèves, à justifier ses choix, à inscrire ses propositions dans une programmation annuelle et, plus largement, dans les enjeux de l'EPS à l'école.</td></tr>
<tr><td colspan="2">Seconde partie : Se projeter dans le métier de professeur au sein du service public de l'éducation
Notée sur 10. Durée : 35 minutes</td></tr>
<tr><td colspan="2">Objectifs : cette seconde partie porte sur la motivation du candidat et son aptitude à se projeter dans le métier de professeur au sein du service public de l'éducation.</td></tr>
<tr><td>Entretien : le premier temps de l'échange débute par une présentation par le candidat des éléments de son parcours et des expériences qui l'ont conduit à se présenter au concours en valorisant ses travaux de recherche, les enseignements suivis, les stages, l'engagement associatif ou les périodes de formation à l'étranger.
La suite de l'échange doit permettre au jury, au travers de deux mises en situation professionnelle, l'une d'enseignement, la seconde en lien avec la vie scolaire, d'apprécier l'aptitude du candidat à :
• s'approprier les valeurs de la République, dont la laïcité, et les exigences du service public (droits et obligations du fonctionnaire dont la neutralité, lutte contre les discriminations et stéréotypes, promotion de l'égalité, notamment entre les filles et les garçons, etc.) ;
• faire connaître et faire partager ces valeurs et exigences.</td><td>Premier temps de l'échange :
Présentation du parcours et des expériences : 5 minutes maximum
Échange avec le jury : 10 minutes
Second temps de l'échange (mises en situation professionnelle) : 20 minutes

La note 0 obtenue à cette partie est éliminatoire.</td></tr>
</table>

Épreuve orale facultative de langue vivante étrangère Notée sur 20. Durée : 30 minutes. Préparation : 30 minutes	
Le candidat peut demander au moment de l'inscription au concours à subir une épreuve orale facultative portant sur l'une des langues vivantes étrangères suivantes : allemand, anglais, espagnol, italien.	
Contenu et modalités : L'épreuve débute par un échange dans la langue choisie permettant au candidat de se présenter rapidement et de présenter un document didactique ou pédagogique, de deux pages maximum, qui peut être de nature variée : une séance ou un déroulé de séquence d'enseignement, un document d'évaluation, une production d'élève, un extrait de manuel ou de programme, un article de recherche en didactique des langues, etc., fourni par le jury (durée : dix minutes). Puis, le candidat expose la manière dont il pourrait inclure et exploiter le document fourni par le jury dans une séance ou une séquence pédagogique. Le candidat explicite les objectifs poursuivis et les modalités d'exploitation du support (exposé : dix minutes en français suivi d'un échange de dix minutes dans la langue vivante étrangère choisie).	**Exposé** : 10 minutes **Échange** : 20 minutes L'usage du dictionnaire monolingue ou bilingue est autorisé. Le niveau minimum de maîtrise attendu de la langue correspond au niveau B2 du cadre européen de référence pour les langues. Seuls les points obtenus au-dessus de 10 sont pris en compte pour l'admission des candidats à l'issue des épreuves.

Le présent manuel, par le biais de points disciplinaires, didactiques, pédagogiques et déontologiques, vous permettra de vous préparer efficacement aux épreuves écrites et orales.

C'est le souhait que les auteurs de cet ouvrage et moi-même formulons. Par ailleurs, sa mise en œuvre éditoriale n'aurait pas été possible sans l'aide précieuse de Sophie Bravard, éditrice, que je tiens ici personnellement à remercier.

Marc Loison
Maître de conférences honoraire
Docteur en histoire de l'éducation et sciences de l'éducation
Directeur de l'ouvrage

Présentation de l'ouvrage

Cet ouvrage a vocation à vous accompagner dans votre préparation au CRPE.
Qu'il s'inscrive dans la poursuite de votre cursus universitaire ou que vous réorientiez votre parcours professionnel, vous vous engagez dans un projet exigeant et dans un métier dont il est nécessaire d'appréhender toute la richesse et la complexité.
À cet effet, nous vous invitons en première intention à bien connaître les programmes de l'école du cycle 1 au cycle 3 (lisez en outre ceux du cycle 4, de classe de seconde pour le domaine « Nombres et calculs » en mathématiques, de classes de seconde et de première pour le domaine « Étude de la langue » en français), le socle de compétences, de connaissances et de culture, ainsi que le référentiel de compétences du métier de professeur des écoles.
Ce manuel souhaite vous préparer aux épreuves écrites et orales du concours tout en vous dotant d'éléments de réflexion efficients pour la pratique enseignante. Nous l'avons élaboré pour vous permettre de vous doter non seulement d'outils méthodologiques, mais aussi de connaissances sur les savoirs à enseigner et pour enseigner. Vous trouverez dans cet ouvrage des éléments de formation actualisés aussi bien au regard des programmes qu'au regard de la recherche.
Les nouvelles épreuves du CRPE visent à embrasser la polyvalence du métier de professeur des écoles.
Les fondamentaux que sont le français et les mathématiques occupent une large place dans cet ouvrage puisque ces deux domaines sont mobilisés aussi bien dans les épreuves écrites d'admissibilité que dans les épreuves orales d'admission. Vous trouverez également de quoi vous préparer à l'épreuve orale d'entretien par le biais de notions sur le développement de l'enfant, de savoirs pour enseigner l'EPS.
La dimension professionnelle est également envisagée dans le cadre du contexte d'exercice du métier visant à vous préparer à la partie 2 de l'oral d'entretien.
Les auteurs, tous expérimentés dans la formation initiale et continue d'enseignants, ont pris soin d'attirer votre attention sur des points délicats, des notions à ne pas confondre, des incontournables à maîtriser absolument, des erreurs fréquemment commises durant les sessions antérieures du concours.
Vous pourrez utilement compléter votre lecture par de nombreux ouvrages issus des collections Vuibert, que ce soit dans le domaine de la préparation au concours que dans celui de la préparation de classe[1].

Pour les auteurs,
Isabelle Pasquier et Marc Loison

PARTIE 1

Réussir l'épreuve écrite de français

Coefficient 1

Durée : 3 heures

Présentation de l'épreuve

1 Le texte officiel

L'arrêté du 25 janvier 2021 fixe les modalités d'organisation du concours externe, des concours externes spéciaux, du second concours interne, du second concours interne spécial et du troisième concours de recrutement de professeurs des écoles.

« **I. - Épreuves d'admissibilité**

I. 1. Épreuve écrite disciplinaire de français. L'épreuve prend appui sur un texte (extrait de roman, de nouvelle, de littérature d'idées, d'essai, etc.) d'environ 400 à 600 mots. Elle comporte trois parties :

– une partie consacrée à l'étude de la langue, permettant de vérifier les connaissances syntaxiques, grammaticales et orthographiques du candidat ;

– une partie consacrée au lexique et à la compréhension lexicale ;

– une partie consacrée à une réflexion suscitée par le texte à partir d'une question posée sur celui-ci et dont la réponse prend la forme d'un développement présentant un raisonnement rédigé et structuré.

L'épreuve est notée sur 20. Une note globale égale ou inférieure à 5 est éliminatoire. Durée : trois heures ; coefficient : 1. »

CONSEIL DU FORMATEUR

Lisez la présentation officielle des épreuves sur le site du *Journal officiel* : https://www.legifrance.gouv.fr/jorf/id/JORFTEXT000043075701

2 Des questions pratiques

Le descriptif de l'épreuve met fortement l'accent sur les connaissances disciplinaires en matière d'étude de la langue, de lexique. Cette épreuve ne convoque pas de partie professionnelle. Cette dernière se retrouve lors de l'épreuve orale de leçon dont les attendus et les enjeux sont analysés dans la partie 3 de ce manuel.

L'épreuve étant nouvelle, il est assez difficile d'anticiper le temps à consacrer aux différentes questions. Il va de soi que répondre à des questions de langue et de lexique sera plus rapide que de rédiger un écrit dissertatif à partir d'un texte support.

L'épreuve ne durant que trois heures, n'envisagez pas de rédiger un brouillon.

Entraînez-vous régulièrement et progressivement, privilégiez toutes les occasions de composer en trois heures. L'objectif est de vous doter d'une méthodologie pour vous mettre rapidement en ordre de marche le jour J.

Programme

L'épreuve écrite disciplinaire de français prend appui sur le programme en vigueur de français du cycle 4, ainsi que sur la partie « L'étude de la langue au lycée » des programmes de français de seconde générale et technologique et de première des voies générale et technologique.

3 Première partie de l'épreuve écrite : grammaire

A. Grammaire de phrase

■ **Les classes grammaticales ou natures :**

• Identification, selon leur nature, des mots suivants : les verbes, les noms, les déterminants (articles définis et indéfinis, déterminants possessifs, démonstratifs, interrogatifs), les adjectifs qualificatifs, les pronoms (personnels, possessifs, relatifs, démonstratifs et interrogatifs), les adverbes, les prépositions.

• Utilisation adéquate de la substitution pronominale, ainsi que des conjonctions de coordination et autres mots de liaison (adverbes).

■ **La phrase.** Identification des phrases simples et complexes, des propositions dans la phrase complexe, des types et formes de phrases, de la voix active et de la voix passive, utilisation pertinente des signes de ponctuation.

■ **Les fonctions dans la phrase.** Identification du verbe, de son sujet et des compléments d'objet direct, indirect, second ainsi que de l'attribut du sujet, identification des compléments circonstanciels.

■ **Le nom et le groupe nominal.** Identification des éléments du groupe nominal et de leurs fonctions : déterminant, adjectif et proposition subordonnée relative en fonction épithète, complément du nom.

■ **L'adjectif.** Connaissance de la morphologie et de la syntaxe de l'adjectif, de la notion de degré de l'adjectif.

■ **Les propositions dans la phrase complexe.** Identification de la phrase complexe, compréhension des notions de juxtaposition, de coordination, de subordination, identification des différents types de propositions subordonnées et de leurs fonctions grammaticales.

■ **Le verbe :**

• Connaissance du vocabulaire relatif à la compréhension des conjugaisons.

• Compréhension des notions de temps et de mode.

• Repérage dans un texte des temps simples et des temps composés, compréhension de leurs règles de formation.

• Compréhension de la valeur des temps verbaux.

■ **Les règles orthographiques à maîtriser :**

• Grammaticales : connaissance et utilisation à bon escient des marques de l'accord dans le groupe nominal (accord en genre et en nombre entre le déterminant, le nom et l'adjectif), des particularités des marques du pluriel de certains noms et de certains adjectifs ; connaissance des règles de l'accord en nombre et en personne entre le sujet et le verbe, des règles d'accord du participe passé construit avec être et avoir (cas particulier du complément d'objet placé avant le verbe).

• Lexicales : connaître les correspondances grapho-phoniques, l'orthographe des mots fréquents et irréguliers, reconnaître les régularités dans l'écriture des mots, expliquer l'orthographe d'un mot par sa formation ou son étymologie.

B. Grammaire de texte

- Le système énonciatif
- Les paroles rapportées
- Les reprises anaphoriques
- La structure du texte
- Les figures de style

4 Deuxième partie de l'épreuve écrite : lexique

Les procédés de formation des mots

La dérivation
La composition
La conversion
Les autres procédés de formation des mots

L'emprunt

Les mots hérités
Les mots empruntés aux langues régionales ou étrangères

Les relations formelles entre les mots

L'homonymie
L'homonymie, l'homographie, l'homophonie
La paronymie

Les relations sémantiques entre les mots

La synonymie
L'antonymie
La hiérarchie de sens : hyponymie et hyperonymie

La polysémie

5 Troisième partie de l'épreuve écrite : réflexion et développement à partir d'un texte

La troisième partie de l'épreuve écrite s'appuie sur le programme de français du cycle 4, notamment en ce qui concerne la partie « culture littéraire et artistique ».

Planning de révisions

Périodes	Thèmes à étudier	Nos outils
Période 1 Septembre à novembre	**Grammaire de phrase :** – les classes grammaticales – la phrase **Lexique :** – dérivation et composition – les autres procédés de formation des mots – l'emprunt	 p. 20 p. 31 p. 95 p. 103 p. 104
Période 2 Décembre à mi-janvier	**Grammaire de phrase :** – les fonctions dans la phrase – le groupe nominal – l'adjectif **Lexique :** – les relations formelles entre les mots – les relations sémantiques entre les mots	 p. 39 p. 46 p. 52 p. 106 p. 107
Période 3 Mi-janvier à février	**Grammaire de phrase :** – la phrase complexe – le verbe **Lexique :** – la polysémie	 p. 55 p. 62 p. 108
Période 4 Mars à avril	**Grammaire de texte** **Révisions générales**	 p. 75

Grammaire de phrase

Tout le cours

Tout le cours

1. Les classes grammaticales ou natures

NOTE DU FORMATEUR

Ce chapitre se propose d'établir une typologie générale des classes de mots. Les particularités sémantiques, syntaxiques et morphologiques de la plupart d'entre eux seront explicitées et développées dans les chapitres suivants.

Mise au point terminologique

La notion de « nature » est héritée de la grammaire traditionnelle, qui regroupe des éléments hétérogènes suivant des critères morphologiques, sémantiques et syntaxiques. L'hétérogénéité des classifications ainsi proposées pose problème, notamment parce qu'un même mot, qui fait l'objet d'une entrée unique dans le dictionnaire, peut avoir plusieurs natures.

EX : Tout est perdu. / Il est tout content.

Dans une perspective linguistique, on parlera plutôt de « classes grammaticales », leur but étant de créer des regroupements stables, définis par :
– les propriétés communes des mots appartenant à une même classe grammaticale ;
– la possibilité de les substituer les uns aux autres dans une même phrase ou un même groupe syntaxique.

EXEMPLES :

Grammaire traditionnelle	Linguistique
La grammaire traditionnelle parle d'adjectifs possessifs et démonstratifs. **EX :** ses chaussures ; cette table. Il est pourtant difficile d'associer ces mots à la classe des adjectifs, car le remplacement de « ses » ou de « cette » par un mot appartenant à cette classe grammaticale est impossible.	La linguistique regroupe sous l'appellation « déterminants » les articles et les déterminants possessifs, démonstratifs, indéfinis, interrogatifs, numéraux, exclamatifs (dits « adjectifs » dans la grammaire traditionnelle), en raison des critères syntaxiques qu'ils partagent et des permutations possibles. **EX :** ses chaussures ; les chaussures ; plusieurs chaussures. De fait, la terminologie « adjectif » pour désigner les mots appartenant à cette classe grammaticale a disparu des programmes.

On sépare généralement les classes grammaticales en deux grandes catégories :
- les mots variables ;
- les mots invariables.

1 Les mots variables

A. Les noms

a. Les noms communs

Les noms communs sont généralement précédés d'un déterminant qui en précise le genre et le nombre. Ils désignent des êtres, des idées, sentiments, émotions… ou des objets qui partagent un certain nombre de caractéristiques. **EX :** chat ; bonheur ; jalousie ; voiture.

b. Les noms propres

Ils viennent illustrer la difficulté à classer les mots par « nature », dans la mesure où ils sont généralement, à l'inverse des noms communs, invariables et employés sans déterminant, notamment pour les prénoms (**EX :** Pierre, Camille, Nicolas) et les noms de ville (**EX :** Paris, Londres, Pékin).
Certains noms propres (les noms de pays) peuvent être précédés de l'article défini (**EX :** la France, le Japon, le Sénégal) et les noms désignant un groupe d'individus appartenant à une même communauté sont assimilés à des noms propres et commencent à ce titre par une majuscule (**EX :** les Français, les Londoniens, les Espagnols…).

B. Les déterminants

D'après la *Grammaire méthodique du français*[1], « le déterminant se définit comme le mot qui doit nécessairement précéder un nom commun pour constituer un groupe nominal bien formé dans la phrase de base ». Cela signifie qu'il s'agit d'un constituant obligatoire du groupe nominal dans sa forme canonique, sans lequel l'énoncé produit devient agrammatical.

EX : La petite fille joue. / * Petite fille joue[2].
Le déterminant :
- s'accorde en genre et en nombre avec le nom ;
- est toujours placé en première position dans le GN canonique.

a. Les articles

■ **Les articles définis : le, la, les, l'**
Il convient d'ajouter à ces articles les articles définis contractés :
- au (à + le), aux (à + les) ;
- du (de + le), des (de + les).

1. Riegel M., Pellat J.-C., Rioul R., *Grammaire méthodique du français,* PUF, 2018, 7e éd.
2. L'astérisque vient signaler une phrase agrammaticale.

On utilise l'article défini quand :
– le GN auquel il appartient renvoie à un élément cité antérieurement. **EX :** Un chien m'a mordu, l'*animal* n'avait pourtant pas l'air méchant ;
– le GN qu'il introduit renvoie à un élément connu). **EX :** Passe-moi le *sel* ;
– le GN désigne une généralité. **EX :** La *vérité* effraie souvent ;
– le nom qu'il détermine est expansé. **EX :** La *personne qui m'a reçu* était très aimable.

Les articles indéfinis : un, une, des

On utilise l'article indéfini quand :
– le nom qu'il détermine renvoie à un référent qui n'est pas encore connu. **EX :** Un *homme* est descendu du train ;
– on veut donner au GN ainsi formé une valeur générique. **EX :** Un *moment de honte* est vite passé.

NOTE DU FORMATEUR

Au pluriel, la forme « des » est réduite à « de » ou « d' » quand l'adjectif est antéposé au nom.
EX : de grandes jambes ; d'excellentes recettes.

L'article partitif

Il est placé devant un nom massif ou non comptable, pour signaler qu'il s'agit d'une partie ou d'une certaine quantité de l'élément désigné par le nom.

EX : du pain ; de la soupe ; de l'eau.

ATTENTION

L'article partitif ne doit pas être confondu avec l'article défini contracté !
EXEMPLES :
• Il mange du pain → « du » est ici un article partitif. « Pain » est un nom massif, la quantité exacte de pain qui a été mangée ne peut être dénombrée.
• La voiture du chauffeur est accidentée → « du » est ici un article défini contracté (de + le), car « chauffeur » est un nom comptable. Il s'agit de désigner une personne particulière, on pourrait compter le nombre de chauffeurs, et associer ce nom à un déterminant numéral (un chauffeur, deux chauffeurs, trois chauffeurs...).

b. Les déterminants démonstratifs

Le déterminant démonstratif s'accorde en genre et en nombre avec le nom qu'il détermine. Il peut :
– renvoyer à un élément présent dans la situation d'énonciation. **EX :** *Cette voiture* a failli nous renverser ;

– avoir une valeur anaphorique (c'est-à-dire renvoyer à un élément antérieur de l'énoncé). **EX :** Nous avons rencontré un homme. *Cet homme* nous a semblé antipathique.

Les déterminants démonstratifs

	Singulier	Pluriel
Masculin	Ce (quand le nom déterminé commence par une consonne) **EX :** ce cheval Cet (quand le nom déterminé commence par une voyelle) **EX :** cet arbre)	Ces **EX :** ces chevaux ; ces arbres ; ces chansons
Féminin	Cette **EX :** cette chanson	

FOCUS

La forme discontinue

Le déterminant démonstratif peut dans certains cas être renforcé par les adverbes « ci » ou « là » après le nom, auquel il est relié par un trait d'union. C'est ce que l'on appelle la **forme discontinue** du déterminant démonstratif. **EX :** cette chaise-ci ; ce train-là.

c. Les déterminants possessifs

Le déterminant possessif actualise le nom en précisant son lien avec une personne grammaticale.

Il varie :

– en genre et en nombre en fonction du nom qu'il détermine. **EX :** mon chien ; sa voiture ;

– en fonction de la personne grammaticale à laquelle il renvoie. **EX :** Son frère : le déterminant possessif renvoie à une seule personne / Leur frère : le déterminant possessif renvoie à plusieurs personnes.

Les déterminants possessifs

Personne représentée	Genre et nombre du nom déterminé		
	Singulier		Pluriel
	Masculin	Féminin	Masculin/Féminin
P1	Mon	Ma	Mes
P2	Ton	Ta	Tes
P3	Son	Sa	Ses
P4	Notre		Nos
P5	Votre		Vos
P6	Leur		leurs

d. Les déterminants numéraux

Les déterminants numéraux cardinaux indiquent le nombre de référents désignés par le nom.

EX : Trois cadeaux ; cent voitures.
Seuls les numéraux cardinaux sont considérés comme des déterminants. Les numéraux ordinaux sont considérés comme des adjectifs, car on ne peut les utiliser seuls devant le nom qu'ils déterminent.

EX : Trois chevaux ; Le troisième cheval ; * Troisième cheval

e. Les déterminants indéfinis

Le déterminant indéfini marque dans le GN une idée floue de quantité ou de qualité concernant le nom qu'il détermine.

EX : plusieurs gâteaux ; quelques personnes ; aucune idée ; n'importe quel livre ; certains jeux ; tel ami ; nulle raison ; toute raison ; beaucoup de vent.

f. Les déterminants interrogatifs : quel, quelle, quels, quelles

Le déterminant interrogatif s'emploie dans une phrase interrogative, quand l'objet de l'interrogation est le nom déterminé.

EX : De quelle *rumeur* parlez-vous ?

g. Les déterminants exclamatifs : quel, quelle, quels, quelles

Le déterminant exclamatif est utilisé dans les phrases de forme exclamative.

EX : Quelle *honte* !

FOCUS — **Déterminants et pronoms**

Il est fréquent, au concours, que des candidats confondent déterminants et pronoms, dont certaines formes sont parfois proches.

EXEMPLES :

• Aucune solution ne me convient / Aucune n'est venue.
Dans la première phrase, « aucune » est un déterminant indéfini, associé au nom « solution », noyau du GN sujet. Dans la deuxième phrase, « aucune » est un pronom, il n'est pas associé à un nom avec lequel il formerait un GN.

• La porte est fermée / Il la voit dans le jardin.
Dans la première phrase, « la » est un article défini, qui détermine le nom « porte », noyau du GN sujet. Dans la deuxième phrase, « la » est un pronom personnel, COD du verbe « voit ».

C. L'adjectif

L'adjectif se rapporte à un mot (nom ou pronom) dont il précise le sens et avec lequel il s'accorde en genre et en nombre. Il peut :
– être un constituant du GN, en ce qu'il complète le nom noyau. **EX :** Une *voiture* verte ;

– être relié à un nom, un GN ou un pronom par un verbe attributif. Il devient alors un constituant du groupe verbal. **EX :** *Elle* est <u>méchante</u>.

D. Les pronoms

Un pronom peut :
– remplacer ou reprendre un mot ou un groupe de mots présent dans l'énoncé. Il s'agit alors d'une reprise anaphorique. **EX :** J'ai appelé Marie. <u>Elle</u> ne m'a pas entendu ;
– faire référence à la situation d'énonciation, on parle alors de référence déictique. **EX :** <u>Je</u> ne viendrai pas demain.

a. Les pronoms personnels

Caractéristiques des pronoms personnels :

- Les pronoms personnels de 1re et 2e personnes sont exclusivement déictiques : l'identification de leur référent dépend de la situation d'énonciation. En revanche, les pronoms de 3e personne peuvent faire référence à des éléments antérieurs de l'énoncé et être des pronoms de reprise.
- On distingue deux formes de pronoms personnels : les formes conjointes, qui sont placées près du verbe (**EX :** <u>Je</u> bois du café), et les formes disjointes, essentiellement utilisées dans les phrases de forme emphatique, qui en sont éloignées (**EX :** <u>Toi</u>, tu n'aimes pas le café).

Les pronoms personnels

Personnes	Formes conjointes			Formes disjointes	Pronoms réfléchis
	Fonctions grammaticales				
	Sujet	COD	COI		
P1	Je	Me/m'		Moi	Me
P2	Tu	Te/t'		Toi	Te
P3	Il, elle, on	Le, la, l'	Lui + les pronoms adverbiaux « y » et « en » pour des non animés	Lui, elle	Se (forme conjointe)/ Soi (forme disjointe)
P4	Nous	Nous		Nous	Nous
P5	Vous	Vous		Vous	Vous
P6	Ils, elles	Les	Leur + « y » et « en » pour des non animés	Eux, elles	Se (forme conjointe)/ Soi (forme disjointe)

b. Les pronoms possessifs

Personne	Singulier		Pluriel	
	Masculin	Féminin	Masculin	Féminin
P1	Le mien	La mienne	Les miens	Les miennes
P2	Le tien	La tienne	Les tiens	Les tiennes
P3	Le sien	La sienne	Les siens	Les siennes
P4	Le nôtre	La nôtre	Les nôtres	
P5	Le vôtre	La vôtre	Les vôtres	
P6	Le leur	La leur	Les leurs	

c. Les pronoms démonstratifs

	Singulier			Pluriel	
	Masculin	Féminin	Neutre	Masculin	Féminin
Formes simples	Celui	Celle	Ce, ça	Ceux	Celles
Formes composées	Celui-ci Celui-là	Celle-ci Celle-là	Ceci Cela	Ceux-ci Ceux-là	Celles-ci Celles-là

d. Les pronoms indéfinis

Pronoms quantifiants			Pronoms identificateurs
Quantité nulle	Quantité indéterminée	Totalité	
Aucun(e), personne, nul(le), rien, pas un(e)…	Quelqu'un, quelque chose, n'importe qui/ n'importe quoi, quelques-un(e)s, plusieurs, d'aucun(e)s, certain(e)s…	Chacun(e) Tout, toute(s), tous	Le, la, les même(s) Tel(le)(s) L'autre, les autres L'un(e), l'autre Les un(e)s, les autres…

e. Les pronoms interrogatifs

Fonction	Formes simples et renforcées	Formes composées
Sujet	Qui, qui est-ce qui EX : Qui me parle ?/ Qui est-ce qui me parle ?	Lequel, laquelle, lesquel(le)s EX : Lesquels parlent ?
Attribut	Qui, que/qu', qu'est-ce EX : Qui est-ce ?/ Qu'est-ce que c'est ?	Lequel, laquelle, lesquel(le)s EX : Lequel est-ce ?
COD	Qui, que, qu'est-ce que EX : Que regardes-tu ?/ Qu'est-ce que tu regardes ?	Lequel, laquelle, lesquel(le)s EX : Laquelle regardes-tu ?
COI	À qui, à quoi, à qui est-ce que, à quoi est-ce que De qui, de quoi, de qui est-ce que, de quoi est-ce que EX : À quoi penses-tu ?/ De qui est-ce que tu parles ?	Auquel, à laquelle, auxquel(le)s EX : Auquel penses-tu ?

f. Les pronoms relatifs

Fonction grammaticale	Formes simples (ne varient pas selon le genre et le nombre de l'antécédent)	Formes composées (varient selon le genre et le nombre de l'antécédent)
Sujet	**Qui** EX : L'homme qui est venu n'avait pas l'air gentil.	**Lequel, laquelle, lesquels, lesquelles** EX : Cet homme, lequel est venu hier, n'avait pas l'air gentil.
COD	**Que** EX : Le chien que nous avons croisé hier a l'air méchant.	
COI	**À qui/à quoi, de qui/de quoi, par qui/par quoi** EX : La personne à qui j'ai écrit ne m'a pas répondu.	**Auquel/à laquelle/auxquel(le)s ; duquel/de laquelle/desquel(le)s ; par lequel/par laquelle/par lesquel(le)s** EX : La personne à laquelle j'ai écrit ne m'a pas répondu.
Complément du nom/COI	**Dont** EX : La maison dont je t'ai parlé est à vendre. La voiture dont la carrosserie est rayée est au garage.	**Duquel/de laquelle/desquel(le)s** EX : La maison de laquelle je t'ai parlé est à vendre. La voiture de laquelle la carrosserie est rayée est au garage.
Complément de lieu/de temps	**Où** EX : Je me rends dans le village où il habite.	**Prép.+ lequel/laquelle/lesquels/ lesquelles** EX : Je me rends dans le village dans lequel il habite.

E. Les verbes

L'identification du verbe se fait selon trois critères :

– un **critère morphologique** : le verbe est un mot variable en ce qu'il change de forme selon le temps, la personne, le mode et la voix. On dit qu'il se conjugue.

EX : je suis, tu es, il est, nous sommes, vous êtes, ils sont.

j'étais, tu étais, il était, nous étions, vous étiez, ils étaient ;

– un **critère syntaxique** : le verbe est le noyau du groupe verbal, l'un des deux groupes essentiels de la phrase de base (*cf.* la fiche 2. La phrase).

EX : Les voyageurs attentent le décollage ;
GV

– un **critère sémantique** : le verbe exprime l'action accomplie ou subie par le sujet, ses perceptions ou son état.

EX : La championne gagne la course (le verbe indique l'action accomplie par le sujet).

2 Les mots invariables

A. Les adverbes

La classe grammaticale des adverbes est hétérogène. Elle regroupe des unités lexicales ayant les caractéristiques suivantes :

- Les adverbes sont invariables.

■ Les adverbes dépendent d'un mot ou d'un groupe syntaxique qu'ils modifient :
- un adjectif. **EX :** Elle est très heureuse ;
- un verbe. **EX :** Ils travaillent bien ;
- un autre adverbe. **EX :** Nous marchons très lentement ;
- un déterminant numéral. **EX :** Environ mille personnes ont manifesté ;
- une préposition. **EX :** Le film a été interrompu presque à la fin ;
- une phrase. **EX :** Hier, les enfants sont allés à la piscine.

■ L'intransitivité : l'adverbe, contrairement à la préposition, n'introduit pas de complément. Il modifie le mot ou le groupe de mots qu'il accompagne.

■ Les adverbes sont généralement catégorisés selon leur classe sémantique.

Classe sémantique	Adverbes	Locutions adverbiales
Adverbes de temps	Aujourd'hui, hier, demain, après-demain, aussitôt, longtemps, jadis, maintenant, naguère, auparavant, tôt, tard, soudain, souvent…	À présent, tout de suite, tout à l'heure, tout à coup…
Adverbes de lieu	Ici, là, ailleurs, loin, dedans, dehors, près, partout…	Au-dedans, au-dehors, en arrière, en avant, quelque part…
Adverbes de manière	Bien, mal, vite, volontiers, facilement, rapidement…	À tort, à dessein, à brûle-pourpoint, à tue-tête, à loisir, d'arrache-pied…
Adverbes de liaison	Ainsi, ensuite, enfin, pourtant, cependant, alors…	C'est pourquoi, en effet, au contraire…
Adverbes de commentaires phrastiques (servent à manifester le point de vue du locuteur sur ses propos)	Franchement, honnêtement…	Sans doute, peut-être…
Adverbes de quantité, d'intensité	Assez, autant, autrement, aussi, beaucoup, comme, davantage, fort, guère, peu, plus, presque, tout, tellement, trop, très, si, tant…	
Adverbes interrogatifs	Combien, pourquoi, quand, où, comment…	
Adverbes exclamatifs	Combien, comme, que	
Adverbes de négation	Ne … pas ; ne … plus ; ne … jamais ; ne … guère	

B. Les prépositions

Elles ne peuvent être employées seules et introduisent toujours un groupe complément. On ne peut pas les supprimer. Un groupe introduit par une préposition est appelé groupe prépositionnel.

■ Les principales **prépositions simples** : à, après, avant, avec, chez, contre, dans, de, depuis, devant, derrière, dès, en, entre, envers, hors, jusque, malgré, par, parmi, pendant, pour, sans, sauf, sous, sur, vers…

■ Les principales **locutions prépositionnelles** : à cause de, à côté de, à l'égard de, à moins de, afin de, au-dedans de, au-dehors de, au-dessous de, au-dessus de, au-devant de, auprès de, autour de, de façon à, de peur de, en dépit de, grâce à, hors de, près de, par rapport à, quant à, vis-à-vis de…

FOCUS **Distinguer adverbe et préposition**

Adverbe et préposition sont souvent confondus. La préposition sert à introduire des groupes compléments, alors que l'adverbe n'introduit rien.
Si on supprime une préposition ou le complément qu'elle introduit, la phrase devient agrammaticale. **EX :** Je vais à la piscine → *Je vais à / *Je vais la piscine
NB : Il existe certains cas de figure dans lesquels la préposition n'introduit aucun complément. **EX :** Nous sommes contre / Il est revenu avant.

C. Les conjonctions

a. Les conjonctions de coordination (mais, ou, et, donc, or, ni, car)

Elles servent à relier entre elles plusieurs propositions indépendantes qui, de ce fait, sont dites coordonnées. **EX :** Nous avons roulé toute la nuit mais nous ne sommes pas encore arrivés.
Certains adverbes, dits de liaison, permettent de coordonner entre elles des propositions indépendantes. **EX :** Nous sommes entrés puis nous avons enlevé nos manteaux.

NOTE DU FORMATEUR

La *Grammaire du français*[1] publiée en juillet 2020 sur Eduscol préconise de considérer « donc » comme un adverbe, non comme une conjonction de coordination, en raison de ses particularités syntaxiques. Contrairement aux autres conjonctions de coordination, il pourrait constituer un groupe syntaxique autonome et ne sert pas nécessairement à relier deux propositions. **EX :** Vous partez donc.

b. Les conjonctions de subordination

Elles relient des termes qui entretiennent une relation de dépendance. La conjonction de subordination introduit une proposition subordonnée conjonctive, qui dépend d'une proposition principale.
On peut distinguer :
– les conjonctions de subordination simples : que, quand, comme, si, puisque… ;
– les conjonctions de subordination composées : bien que, avant que, pour que, dès que, après que, tandis que, à condition que, si bien que, au moment où…

1. *Grammaire du français – terminologie grammaticale*, https://eduscol.education.fr/248/francais-cycles-2-et-3-etude-de-la-langue

D. Les interjections

Les interjections sont des mots invariables qui peuvent exprimer un sentiment ou un ordre. Elles peuvent être insérées dans une phrase ou constituer à elles seules un mot-phrase.

L'interjection :

– ne joue aucun rôle grammatical dans la phrase ;

– permet l'expression d'une émotion, d'un sentiment ou d'un ordre. Elle est le plus souvent suivie d'un point d'exclamation, d'une virgule ou d'un point d'interrogation. **EX :** Oh ! / Ah bon ? ;

– est marquée à l'oral par l'intonation.

Les interjections peuvent prendre la forme :

– d'un monosyllabe. **EX :** Ah ! Eh ! Oh ! Zut ! Aïe !

– d'un nom seul ou avec un déterminant. **EX :** Attention ! Ciel ! Par exemple !

– d'un adjectif. **EX :** Mince ! Bon !

– d'un adverbe. **EX :** Bien ! Alors !

– d'un verbe, essentiellement à l'impératif. **EX :** Voyons ! Allons !

FOCUS **Distinguer l'onomatopée de l'interjection**

Il convient de distinguer l'onomatopée de l'interjection, l'onomatopée visant à reproduire des bruits (**EX :** tic tac ; ding dong...) ou des cris d'animaux (**EX :** miaou ; cocorico...). À la différence de l'interjection, l'onomatopée n'implique pas la relation entre le locuteur et son interlocuteur.

2. La phrase

1 La phrase et ses constituants

A. Définition

La phrase est l'unité fondamentale qui en français permet d'organiser les relations entre les mots. Elle est identifiable selon quatre critères.

- Le **critère formel** : la phrase est délimitée par une majuscule au début et par une ponctuation forte (point, point d'exclamation, point d'interrogation, points de suspension) à la fin. Il est essentiel de noter que cette définition, souvent utilisée par la grammaire traditionnelle, vaut exclusivement pour l'écrit, et ne peut suffire à définir la phrase.
- Le **critère syntaxique** : la phrase n'est pas une simple suite mots, mais un ensemble de groupes syntaxiques hiérarchisés et organisés.
- Le **critère sémantique** : la phrase est constituée d'un thème (= ce dont on parle) et d'un prédicat (= ce qu'on en dit).

EX : Le courage est une grande qualité.
Thème — Prédicat

- Le **critère pragmatique** : la phrase exprime une modalité d'énonciation et sert à accomplir un acte de langage (assertion, interrogation, injonction).

B. Les constituants de la phrase verbale

a. Définition

La phrase verbale est organisée autour d'un verbe qui est son pivot. En français, la structure phrastique de référence à partir de laquelle s'analysent toutes les autres s'appelle la phrase minimale ou phrase de base. La phrase de base est constituée de deux groupes obligatoires :
- le groupe sujet ;
- le groupe verbal.

C'est une phrase simple de type déclaratif, de formes personnelle, active, affirmative et non emphatique.

EX : Les enfants mangent leur goûter.
Groupe sujet — Groupe verbal

Il s'agit d'une phrase de base, composée d'un groupe nominal sujet « les enfants » et d'un groupe verbal (« mangent leur goûter »).
Ces deux groupes ne peuvent être ni déplacés ni supprimés : on dit qu'ils sont essentiels.

FOCUS

La notion de groupe verbal

Il ne faut pas confondre le verbe et le groupe verbal. Le groupe verbal est un groupe syntaxique dont le noyau est le verbe, accompagné de son ou ses compléments essentiels (ou compléments de verbe), qu'on ne peut ni déplacer, ni supprimer.
Quand le verbe est en emploi absolu, c'est-à-dire qu'il est utilisé seul, il constitue à lui seul le groupe verbal. EX : Il mange.
GV
Quand le verbe est accompagné d'un complément de verbe, il constitue avec ce complément le groupe verbal. EX : Il mange des pommes.
GV (verbe « mange »
+ COD « des pommes)

La phrase de base sert de socle à la constitution de la phrase étendue, qui contient des groupes syntaxiques non essentiels.

EX : Tous les jours, **les enfants** mangent leur goûter chez leurs grands-parents.

Tous les jours,	**les enfants**	mangent leur goûter	chez leurs grands-parents
Groupe non essentiel	Groupe sujet	Groupe verbal	Groupe non essentiel

b. Les groupes syntaxiques de la phrase verbale

La notion de nature ou classe grammaticale ne concerne pas uniquement les mots seuls, mais également les groupes syntaxiques de la phrase. La nature de ces groupes syntaxiques est ainsi déterminée par la nature du mot qui constitue le noyau du groupe ;
– le groupe nominal a pour noyau un nom ;
– le groupe verbal a pour noyau un verbe ;
– le groupe adjectival a pour noyau un adjectif ;
– le groupe pronominal a pour noyau un pronom ;
– le groupe adverbial a pour noyau un adverbe.
On parle de groupe prépositionnel quand le groupe syntaxique est introduit par une préposition : un groupe nominal introduit par une préposition est ainsi appelé groupe nominal prépositionnel.

Comment délimiter les grands groupes syntaxiques de la phrase ?
Il peut être parfois difficile de délimiter les principaux groupes syntaxiques de la phrase, qui sont parfois très étendus. Plusieurs manipulations sont possibles pour effectuer cette délimitation.

■ **La pronominalisation.** Il s'agit de remplacer le groupe nominal sujet par un pronom. EX : La personne qui est sortie était malade → Elle était malade. Le sujet du verbe « était » est le GN étendu « la personne qui était sortie », puisque c'est la totalité de ce groupe syntaxique qui est remplacé par le pronom personnel « elle ».

■ **La réduction.** Les groupes syntaxiques essentiels ne peuvent pas être supprimés, à la différence des compléments circonstanciels. EX : Tous les matins, il achète du pain à la boulangerie. Les groupes syntaxiques « tous les matins » et « à la boulangerie » peuvent être supprimés, ils ne sont donc pas essentiels. Le pronom personnel sujet « il » et le groupe verbal « achète du pain » ne peuvent pas être supprimés. Il s'agit donc des constituants essentiels de la phrase de base.

■ **Le déplacement.** Les groupes syntaxiques non essentiels sont mobiles. **EX :** Tous les matins, il achète du pain à la boulangerie. Le GN « tous les matins » est déplaçable (« Il achète du pain à la boulangerie tous les matins »).

FOCUS **Les groupes syntaxiques enchâssés**

Les groupes syntaxiques peuvent être enchâssés les uns dans les autres ! Ainsi, si le groupe sujet est un élément essentiel de la phrase de base, il peut, s'il s'agit d'un groupe nominal expansé, contenir des éléments facultatifs.
EX : Le chat gris du voisin mange la souris.
Le GN sujet « le chat gris du voisin » est un élément essentiel de la phrase, qui devient agrammaticale si on le supprime (*mange la souris). En revanche, à l'intérieur de ce GN sujet, les expansions « gris » et « du voisin » sont facultatives.
Il faut donc veiller, au concours, à bien délimiter les groupes syntaxiques en tenant compte de la question qui vous est posée :
EX : Ce roman de science-fiction est captivant.
Si l'on vous demande d'analyser le groupe sujet, il faudra relever le groupe nominal étendu « ce roman de science-fiction », et préciser qu'il est sujet du verbe « est ».
Si l'on vous demande d'analyser les expansions du nom (*cf.* la fiche 4. Le nom et le groupe nominal), il faudra relever le groupe nominal prépositionnel « de science-fiction » et l'analyser comme complément du nom « roman ».

C. La phrase non verbale

Une suite de mots qui ne s'organise pas autour d'un verbe conjugué qui en serait le pivot est considérée comme une phrase non verbale si elle répond à deux critères :
– le critère sémantique pour exprimer une prédication ;
– le critère pragmatique pour exprimer une modalité d'énonciation : déclaration, injonction, interrogation.

EX : Excellent, ce gâteau !
Ici, « ce gâteau » est le thème, et l'adjectif « excellent » le prédicat. Il s'agit d'une phrase de type déclaratif.
La phrase non verbale peut être :
– composée de deux éléments. **EX :** Très bonne, cette entrée. / Quelle blague, cette rencontre ! /Le chômage des jeunes, une réalité sociale. ;
– composée d'un seul élément. Il peut s'agir d'un nom ou GN, expansé ou non (**EX :** Mes félicitations ! / Tous nos vœux de bonheur !) ; d'un adjectif ou groupe adjectival (**EX :** Parfait !) ; d'un groupe pronominal (**EX :** Quoi de neuf ?) ; d'un groupe prépositionnel (**EX :** À tes souhaits) ; d'un adverbe (**EX :** Dehors !).

NOTE DU FORMATEUR

- On appelle « mot-phrase » les mots utilisés seuls qui jouent le même rôle sémantique qu'une phrase. **EX :** Oui. / Non. / Bien sûr...
- Une phrase peut contenir un verbe conjugué sans pour autant être une phrase verbale. **EX :** *L'Homme qui rit* (V. Hugo). Ce titre d'œuvre est considéré comme une phrase non verbale, car le noyau du groupe syntaxique n'est pas le verbe conjugué « rit » mais le nom « homme », « qui rit » étant une expansion du nom.
- Il faut analyser les phrases à présentatif (« il y a », « c'est », « voici », « voilà »...) comme des phrases verbales. **EX :** Il y a de la neige. / Voilà la pluie.

2 Les types et formes de phrases

A. Les types de phrases

On distingue trois types de phrases :
- le type déclaratif ;
- le type interrogatif ;
- le type injonctif.

Ces trois types de phrase sont reconnaissables à leurs spécificités syntaxiques.

Spécificités syntaxiques des types de phrases

Le type déclaratif	La phrase déclarative constitue le modèle de la phrase de base et permet de transmettre une information. Les autres types de phrases se définissent par rapport à ce modèle. À l'écrit, elle commence par une majuscule et finit par un point. Il s'agit généralement d'une phrase verbale qui contient un sujet, un verbe, un, plusieurs ou aucun compléments de verbe ou circonstanciels. **EX :** Cette histoire est incroyable. / Le chien a aboyé toute la journée.
Le type interrogatif	La phrase interrogative sert à accomplir un acte de questionnement. Elle se caractérise à l'écrit par la ponctuation (présence d'un point d'interrogation) et à l'oral par une intonation ascendante. L'interrogation peut être totale (elle porte sur la totalité de la phrase) ou partielle (elle porte sur une partie de la phrase uniquement). **L'interrogation totale** appelle une réponse par « oui » ou par « non » et peut se construire selon trois structures syntaxiques : – par l'intonation montante à l'oral et la présence du point d'interrogation à l'écrit sans modification de la structure syntaxique de la phrase déclarative (**EX :** Tu pars bientôt ?). C'est une tournure fréquente à l'oral mais considérée comme familière à l'écrit ; – l'emploi de la locution « est-ce que » en tête de phrase, sans modification de la structure syntaxique de la phrase déclarative, qui correspond au niveau de langue courant (**EX :** Est-ce que tu pars bientôt ?) ; – l'inversion complexe du sujet avec reprise pronominale quand le sujet est un GN ou l'inversion simple quand le sujet est un pronom, associée à une intonation montante à l'oral et au point d'interrogation à l'écrit (**EX :** Pars-tu bientôt ?). Cette structure correspond, à l'oral surtout, à un niveau de langue soutenu. **L'interrogation partielle** porte sur une partie de la phrase et demande une réponse développée qui concerne le constituant de la phrase sur laquelle porte l'interrogation et qui est représenté par un mot interrogatif de nature et de fonction diverses.

	EX : <u>Que</u> dit-il ? (pronom interrogatif COD) <u>Qui</u> a sonné ? (pronom interrogatif sujet) <u>Pourquoi</u> la voiture est-elle en panne ? (adv. interrogatif)
Le type injonctif	La phrase injonctive sert à donner un ordre, de manière plus ou moins nuancée (de la demande à l'ordre ferme). Elle peut se terminer par un point ou un point d'exclamation, et se construit selon trois structures déterminées par le mode verbal : • La **structure à l'impératif** (**EX :** Tais-toi !). NB : à la forme négative, la structure impérative permet d'exprimer la défense (**EX :** Ne dis pas de bêtises !). • La **structure au subjonctif** : elle est généralement utilisée avec les 1re et 3e personnes du singulier et avec la 3e personne du pluriel, pour lesquelles le mode impératif n'existe pas (**EX :** qu'il sorte !). • La **structure à l'infinitif** : l'agent n'est généralement pas exprimé. On retrouve cette structure dans les recettes de cuisine, les notices de montage, les règlements (**EX :** Ne pas fumer dans les bâtiments).

B. Les formes de phrases

Toute phrase appartenant à l'un des trois types de phrases (déclarative, interrogative, injonctive) est susceptible d'exister à la forme affirmative (ou positive) ou négative. C'est ce qu'on appelle la **forme logique**.

EX : Il a rangé sa chambre. / Il n'a pas rangé sa chambre.
Mangez ce gâteau. / Ne mangez pas ce gâteau.
Est-il arrivé ? / N'est-il pas arrivé ?

À cette forme logique (affirmative ou négative), peuvent se combiner des formes facultatives :

- la **forme emphatique** ;
- la **forme passive** ;
- la **forme impersonnelle** ;
- la **forme exclamative**.

Les formes de phrases sont cumulables entre elles, c'est-à-dire qu'une phrase peut être emphatique **et** exclamative, passive **et** impersonnelle…

EX : « Il a été dit des sottises. » est une phrase de type déclaratif, de formes impersonnelle et passive.

NOTE DU FORMATEUR

Depuis 2018, seule la forme négative apparaît dans les programmes de l'école primaire.

a. La forme logique

La **forme affirmative** permet d'envisager le contenu de la phrase de manière positive. **EX :** Nous partons en vacances.

La **forme négative** se construit grâce à :

- des adverbes ou locutions adverbiales exprimant la négation : jamais, ne, guère, non, pas… ;
- des pronoms indéfinis : aucun, personne, rien… ;
- des déterminants : aucun, nul…

ATTENTION

« Aucun » pouvant être un déterminant ou un pronom indéfini, il conviendra de ne pas les confondre !

EXEMPLES :

- Aucun artiste n'a pu chanter. → « Aucun » est ici un déterminant indéfini. Il accompagne le nom commun « artiste », noyau du GN « aucun artiste ».
- Aucun n'est venu. → « Aucun » est ici un pronom indéfini, sujet du verbe « est venu ».

■ En général, à l'écrit, deux termes en corrélation permettent de construire la forme négative : ne ... pas, ne ... plus, ne ... guère, ne ... jamais, ne ... personne. **EX :** Je ne peux pas venir demain.
Quand le niveau de langue est familier, l'adverbe « ne » peut être omis. Il s'agit d'une tournure fréquente à l'oral. **EX :** Il est pas là.
Quand le niveau de langue est soutenu, au contraire, il arrive que seul le « ne » soit conservé. **EX :** Je n'ose regarder.

■ Sur le plan sémantique, on distingue la négation totale, la négation partielle et la négation restrictive :
– La **négation totale** porte sur l'ensemble de la phrase. Les termes en corrélation utilisés pour marquer la négation sont généralement « ne ... pas ». **EX :** Il ne sait pas chanter.
– La **négation partielle** porte sur un constituant de la phrase. Si ce constituant est un groupe nominal, alors le terme négatif sera un déterminant (aucun...) ou un pronom (personne, rien...). Si la négation partielle porte sur un pronom (« quelqu'un » ou « quelque chose »), celui-ci sera, à la forme négative, remplacé par les pronoms « personne » ou « rien ».
EX : Des indices ont permis de trouver le coupable. → Aucun indice n'a permis de trouver le coupable.
Quelqu'un est venu. → Personne n'est venu.
Il complote quelque chose. → Il ne complote rien.
Si le constituant sur lequel porte la négation est un adverbe ou un groupe adverbial, le terme négatif exprimera soit le temps (jamais, plus), soit le lieu (nulle part).
EX : Margot est toujours à l'heure. → Margot n'est jamais à l'heure.
Pierre est encore à l'école → Pierre n'est plus à l'école.
Le danger est partout. → Le danger n'est nulle part.
– La **négation restrictive** (ou exclusive) se fait en deux temps : on réfute d'abord l'objet de la négation, puis on introduit par « que » une exception. Il ne s'agit pas d'une négation réelle.
EX : Paul ne mange que des fruits.

■ Il est à noter que :
– « non » peut constituer à lui seul une phrase de forme négative ou servir à renforcer une négation. **EX :** Es-tu parti ? Non. / Sais-tu quand il arrivera ? Non, je ne sais pas.
– dans une phrase de forme négative, la coordination est exprimée par la conjonction de coordination « ni ». **EX :** J'aime le café et le chocolat. → Je n'aime ni le café, ni le chocolat.

b. La forme impersonnelle

La forme impersonnelle se caractérise par la présence d'un pronom impersonnel (« il ») qui joue le rôle de sujet grammatical (ou apparent). Le groupe nominal qui aurait pu être sujet de la phrase à la forme personnelle peut être présent et se trouver après le verbe conjugué. On parle alors de sujet logique (ou réel).

EX : « Il est arrivé un accident. » est une phrase de forme impersonnelle, dont le sujet grammatical est le pronom impersonnel « il », et le sujet logique le GN « un accident ».

c. La forme passive

Il s'agit d'une transformation de la phrase à la voix passive dont le verbe est transitif direct (c'est-à-dire dont le verbe est complété par un COD) :
– le COD de la phrase de forme active devient le sujet de la phrase de forme passive ;
– le sujet de la phrase de forme active devient le complément d'agent de la phrase de forme passive ; inversement, le complément d'agent dans la phrase de forme passive correspond au sujet de la phrase à la forme active. Il s'agit d'un complément facultatif. **EX :** Le bâtiment a été détruit ;
– les conjugaisons du passif se construisent de la manière suivante : auxiliaire « être » aux mêmes mode et temps que le verbe de la phrase de forme active + participe passé.

EXEMPLES :

Présent de l'indicatif	Imparfait de l'indicatif	Passé composé de l'indicatif
Phrase de forme active : Les pirates *attaquent* le navire. S V COD Phrase de forme passive : Le navire *est attaqué* par les pirates. S V Cplt d'agent	Phrase de forme active : Les pirates *attaquaient* le navire. S V COD Phrase de forme passive : Le navire *était attaqué* par les pirates. S V Cplt d'agent	Phrase de forme active : Les pirates *ont attaqué* le navire. S V COD Phrase de forme passive : Le navire *a été attaqué* par les pirates. S V Cplt d'agent

ATTENTION

Il faut veiller à ne pas confondre les temps composés des verbes à la forme active et les temps simples du passif !
EX : Pour le verbe « attaquer », le passé composé de l'indicatif à la forme active est « Les pirates ont attaqué le navire. » ; le présent de l'indicatif dans la phrase de forme passive est « Le navire est attaqué par les pirates. ».

FOCUS **Les autres constructions du passif**

La forme passive peut aussi être exprimée par la construction pronominale, notamment par les constructions « se faire »/« se laisser » + infinitif. **EX :** Elle se laisse guider.

d. La forme emphatique

La forme emphatique relève des procédés de mise en relief d'un des constituants de la phrase. Il existe deux manières de construire une phrase de forme emphatique :
– **L'extraction** : un des constituants de la phrase est extrait pour être placé en début de phrase, encadré par « c'est … qui ». L'extraction est possible pour les phrases de type déclaratif et interrogatif. **EX :** Cette personne m'a sauvé (forme non emphatique) → C'est cette personne qui m'a sauvé (forme emphatique par extraction). Cette personne m'a-t-elle sauvé ? (forme non emphatique) → Est-ce cette personne qui m'a sauvé ? (forme emphatique par extraction).
– **La dislocation** : un constituant de la phrase est extrait en tête de phrase, avec reprise pronominale. **EX :** Paul, il est parti en vacances. / Moi, je ne comprends pas.

e. La forme exclamative

La phrase de forme exclamative est reconnaissable par la présence d'un point d'exclamation à l'écrit, et par une intonation montante à l'oral. Elle sert à traduire l'émotion ressentie par le locuteur.

EX : Ferme la porte !
Elle peut aussi être introduite par des mots exclamatifs :
– l'adverbe exclamatif (**EX :** Que tu es gentil !) ;
– le déterminant exclamatif (**EX :** Quel vacarme !).

ATTENTION

Il est fondamental de ne pas confondre types et formes de phrases au concours ! Rappelons également que depuis les programmes de 2018, l'exclamation n'est plus considérée comme un type de phrase mais comme une forme de phrase.

CONSEIL DU FORMATEUR

Il peut vous être demandé au concours d'analyser les propositions : il est alors pertinent de commencer par repérer les verbes conjugués, ce qui peut vous fournir une première indication précise du nombre de propositions qu'il conviendra de relever et de classer.

3. Les fonctions dans la phrase

Les fonctions sont les rôles que tiennent les mots ou les groupes de mots dans la phrase. Un mot ou un groupe de mots peut changer de fonction grammaticale selon sa place dans la phrase. La fonction grammaticale d'un mot ou d'un groupe de mots s'envisage toujours par rapport aux autres constituants de la phrase (EX : sujet du verbe ; complément du nom…).
Il est fondamental au concours de ne pas confondre les natures et les fonctions.

CONSEILS DU FORMATEUR

Si l'on vous demande de ne donner que la nature des mots ou groupes syntaxiques analysés, il ne faut pas rechercher la fonction grammaticale. Commettre une erreur en procédant à une analyse non demandée causerait une perte de points dommageable.
S'il vous est demandé d'analyser certains groupes syntaxiques, sans précision particulière, il faudra penser à préciser la nature **et** la fonction des mots ou groupes de mots analysés. L'oubli d'un des deux éléments occasionnerait une perte de points.
Il est donc indispensable de procéder à une **lecture rigoureuse et attentive** des consignes.

1 Les fonctions essentielles

A. Le sujet

a. Définition

Le sujet du verbe est l'un des groupes essentiels dans la phrase verbale. Il ne peut pas être supprimé. Trois critères permettent de l'identifier :
– un **critère morphologique** : il régit l'accord du verbe en personne et en nombre. EX : Les oiseaux s'envolent dans le ciel ;
– un **critère syntaxique** : il est l'un des deux constituants obligatoires de la phrase de base. On ne peut pas le supprimer. EX : Quand il est là, je me sens mal à l'aise ;
– un **critère sémantique** : il peut désigner celui (personne ou objet) qui fait l'action, ressent l'état, subit l'action exprimés par le verbe. EX : Camille fait du sport. / Mon frère est malade. / La ville a été recouverte par la neige.

b. Classe grammaticale du sujet

Le sujet peut-être :
– un nom propre ou un GN. EX : Nicolas est parti. / Les enfants font du vélo ;
– un pronom. EX : Elles rentrent chez elles ;
– un verbe à l'infinitif ou un groupe infinitif. EX : Boire dans les gradins est interdit ;
– une proposition subordonnée relative substantive. EX : Qui m'aime me suive ;
– une proposition subordonnée complétive conjonctive. EX : Que vous soyez en retard me contrarie.

c. Place du sujet

Dans la phrase de base, **le sujet n'est pas supprimable**, c'est **un des éléments essentiels** de la phrase. Il est généralement antéposé au verbe, et peut en être séparé par des compléments circonstanciels ou par des pronoms compléments d'objet.

EX : Pierre, *tous les matins*, boit un café. / Les amis *la* regardent.
S   C.C. de temps   V   S   COD   V

Quand le sujet est postposé au verbe, on parle de **sujet inversé.** On peut le trouver :

– dans une phrase interrogative (**EX :** Qui es-tu ?) ;
– dans une proposition en incise (**EX :** « J'ai mal ! », s'écria-t-elle) ;
– quand la phrase commence par un adverbe ou un complément circonstanciel (**EX :** Ainsi parla-t-il) ;
– dans une proposition subordonnée relative ou conjonctive (**EX :** Quand arriva la nuit, nous étions déjà rentrés) ;
– dans une phrase exclamative (**EX :** Que de plaintes supportons-nous !) ;
– dans une proposition exprimant un souhait ou une hypothèse (**EX :** Puissiez-vous être heureux !).

NOTE DU FORMATEUR

■ La **phrase impérative** ne contient pas de sujet exprimé. **EX :** Regarde !
■ Dans les phrases de **forme impersonnelle**, on distingue le sujet apparent (ou sujet grammatical) et le sujet logique (ou sujet réel). **EX :** Il reste trois parts de gâteaux.
Sujet apparent   Sujet réel
■ Dans la phrase de **forme passive**, le sujet de la phrase active devient complément d'agent. **EX :** L'électricien a changé l'ampoule (phrase active) : L'ampoule a été changée par l'électricien (phrase passive).

B. Les compléments essentiels

Les compléments essentiels **font partie du groupe verbal**. Ils **ne peuvent pas être déplacés ou supprimés** sans changer le sens de la phrase ou la rendre agrammaticale. Ils sont pronominalisables et dépendent de verbes transitifs.

a. Le complément d'objet direct (COD)

Le COD dépend d'un verbe transitif direct, c'est-à-dire qu'il est construit directement sans l'intermédiaire d'une préposition. **EX :** Il observe les oiseaux.
Quand le COD est un pronom, il est antéposé au verbe, sauf dans le cas d'une phrase dont le verbe est au mode impératif. **EX :** Il les regarde. / Regarde-les !

■ **Les classes grammaticales du COD**

Le COD peut être :
– un nom propre ou un GN. **EX :** Tout le monde aime le chocolat ;
– un pronom. **EX :** Mes amis l'appellent ;
– un pronom réfléchi. **EX :** Il se lave ;

– un verbe à l'infinitif ou un groupe infinitif. **EX :** Nous aimons marcher / Nous aimons faire des randonnées ;
– une proposition infinitive. **EX :** Nous avons regardé l'avion décoller ;
– une proposition subordonnée complétive conjonctive. **EX :** Il faut que tu réfléchisses ;
– une proposition interrogative indirecte. **EX :** Il se demande quand il pourra partir.

CONSEIL DU FORMATEUR

Il est fréquent au concours que les candidats confondent le COD et l'attribut du sujet. À la différence du COD, l'attribut du sujet est introduit par un verbe d'état ou attributif. De plus, il indique une caractéristique à propos du sujet de la phrase.
EX : Isabelle récupère sa voiture. / Marie est contente.
COD Attribut du sujet

b. Le complément d'objet indirect (COI)

Le COI est introduit par un verbe transitif indirect, ce qui signifie que la liaison entre ces deux constituants est établie par une préposition (« à » ou « de » le plus souvent).
Un même groupe peut changer de sens selon la préposition qui l'introduit.

EX : Les enfants parlent *à* leurs amis. / Les enfants parlent *de* leurs amis.
S V COI S V COI

■ **Les classes grammaticales du COI**

Le COI peut être :
– un nom propre ou un GN. **EX :** L'auteur pense à son prochain livre ;
– un pronom. **EX :** L'auteur y pense / Nous lui parlerons ;
– un verbe à l'infinitif ou un groupe infinitif. **EX :** Il s'attend à partir / Nous réfléchissons à quitter la ville ;
– une proposition subordonnée complétive conjonctive. **EX :** Je m'habitue à ce qu'il soit distant.

■ Le COI est pronominalisable.

La pronominalisation du COI

	Référent animé	Référent non-animé
La pronominalisation efface la préposition	Je parle à mon frère → Je lui parle.	Je pense à mon prochain discours → J'y pense. Je parle de mon prochain livre → J'en parle.
La pronominalisation n'efface pas la préposition	Je parle de mon frère → Je parle de lui.	Pierre parle des difficultés économiques → Pierre parle de cela.

ATTENTION

Attention à ne pas confondre un COI introduit par la préposition « de » et un COD introduit par l'article partitif.

EX : Il parle de ses problèmes / Il boit de la soupe.

COI — COD introduit par l'article partitif

c. Le complément d'objet second (COS)

Le COS est un complément d'objet indirect introduit par un verbe qui introduit également un autre complément d'objet. Ces verbes à double transitivité appellent :

– un COD suivi d'un COS (enseigner quelque chose à quelqu'un, accorder quelque chose à quelqu'un, donner quelque chose à quelqu'un...).

EX : Il montre son travail à son professeur ;

COD — COS

– parfois deux compléments construits indirectement (parler de quelque chose à quelqu'un, s'enquérir de quelque chose auprès de quelqu'un...).

EX : Il parle de son travail à son professeur.

COI — COS

NOTE DU FORMATEUR

La terminologie complément d'objet second ne désigne pas la seconde position par rapport au verbe, mais dépend de la relation logique avec celui-ci.

EX : Il parle à son professeur de son travail.

COS — COI

d. Les compléments essentiels à valeur de lieu, de temps, de poids, de mesure et de prix

Il s'agit de compléments d'objet reliés directement ou indirectement au verbe, ils expriment une circonstance et sont appelés par le sémantisme du verbe. Ils peuvent indiquer :

– le lieu. **EX :** Je vais à Paris ;
– le temps. **EX :** Les vacances durent deux semaines ;
– le poids. **EX :** Ce sac pèse dix kilos ;
– la mesure. **EX :** Paul mesure un mètre quatre-vingts ;
– le prix. **EX :** Ce sac coûte vingt euros.

Comme les autres compléments essentiels, ils sont pronominalisables.

EX : Je reviens de Tours → J'en reviens
Je vais à la salle de sport → J'y vais
Cette robe vaut trente euros → Elle les vaut.

Les phrases comportant ce type de compléments ne peuvent en revanche pas être mises à la forme passive. **EX :** Cette robe coûte dix euros. / *Dix euros sont coûtés par cette robe.
Les compléments essentiels à valeur de lieu, de temps, de poids, de mesure et de prix ressemblent à des compléments circonstanciels mais, à la différence de ceux-ci, ils ne peuvent être ni déplacés, ni supprimés.

EXEMPLES :

• Je vais à Paris. → « À Paris » est un complément essentiel à valeur de lieu, car il ne peut pas être déplacé (*à Paris je vais) ni supprimé (*je vais) sans rendre la phrase agrammaticale.
• Tous les matins, il prend un café chez ses parents. → « Tous les matins » et « chez ses parents » sont des compléments circonstanciels, car ils peuvent être déplacés et supprimés.

e. L'attribut

Les attributs font partie du groupe verbal. Ils sont construits à l'aide d'un verbe d'état ou d'un verbe attributif. Ils font partie des compléments essentiels car on ne peut pas les supprimer ni les déplacer. Ils sont pronominalisables.

EX : Mon frère est un très bon cuisinier. → Il l'est.
L'attribut présente une caractéristique propre :
– au sujet de la phrase ou de la proposition. **EX :** Tu parais contrariée ;
– au COD de la phrase ou de la proposition. **EX :** J'ai trouvé le vendeur aimable.

Construction de l'attribut du sujet

***Via* un verbe d'état** : les verbes d'état relient de manière directe ou indirecte le sujet et l'attribut. Verbes d'état : être, paraître, sembler, devenir, rester, avoir l'air, passer pour, être considéré comme.	**EX :** Pierre paraît malade. Ils sont considérés comme les meilleurs.
***Via* un verbe attributif** : il ne s'agit pas de verbes d'état, mais ils introduisent des attributs. **EX :** se montrer, s'avérer, se révéler, se trouver, être réputé, se faire. Certains verbes (sortir, arriver…) peuvent être, de manière occasionnelle, utilisés en construction attributive.	**EX :** Pierre s'est trouvé malade. **EX :** Il est sorti content.

■ Les classes grammaticales de l'attribut

Un attribut peut être :
– un adjectif ou un groupe adjectival. **EX :** Une telle trahison paraît inimaginable ;
– un GN, un nom propre ou un nom commun sans déterminant. **EX :** Il passe pour un grand médecin ;
– un groupe prépositionnel. **EX :** Le bois mort est en décomposition ;
– une proposition subordonnée relative. **EX :** Marie est celle qu'il nous faut ;
– une proposition subordonnée complétive conjonctive. **EX :** L'important est que nous ayons réussi.

FOCUS

Différencier un adjectif en fonction épithète d'un adjectif attribut du COD

Selon les constructions, il est possible de confondre l'adjectif épithète et l'attribut du COD. Pour déterminer quelle est la fonction grammaticale de l'adjectif concerné, on peut procéder à une pronominalisation.

EXEMPLES :

- Dans la phrase « J'ai trouvé le vendeur *aimable* », la pronominalisation du groupe COD permettrait d'aboutir à la phrase suivante : « Je l'ai trouvé *aimable* ». Cela signifie que l'adjectif aimable ne fait pas partie du GN COD, il s'agit d'un élément syntaxique autonome, qui occupe la fonction d'attribut du COD.
- En revanche, dans la phrase « J'ai rencontré des personnes aimables », le test de pronominalisation permet d'obtenir la phrase suivante : « Je les ai rencontrées ». Cela signifie que l'adjectif « aimables » fait partie du groupe nominal COD, et occupe la fonction d'épithète liée du nom « personnes ».

2 Les compléments facultatifs

A. Le complément d'agent ou « complément du passif »

Lors de la permutation de la phrase de forme active en phrase de forme passive, le sujet de la phrase de forme active devient complément d'agent. Le complément d'agent peut être introduit par les prépositions « par » ou « de ».

EX : Paul plante des pommes de terre. → Des pommes de terre sont plantées par Paul.
Toute sa famille aime Camille. → Camille est aimée de toute sa famille.
Le complément d'agent est **facultatif**. Il n'est pas toujours exprimé :
– soit parce qu'on ne connaît pas l'identité de l'agent. **EX :** Des digues ont été dressées ;
– soit parce que le locuteur choisit de ne pas désigner l'agent. **EX :** Les malfaiteurs ont été arrêtés ;
– soit parce que le pronom « on » est employé à la forme active. **EX :** On a prévenu les secours. → Les secours ont été prévenus.

B. Les compléments circonstanciels (ou compléments de phrases)

Les compléments circonstanciels peuvent aussi être appelés « compléments de phrases », car ils ne sont pas directement liés au verbe mais complètent la phrase entière. Ils peuvent à ce titre être séparés du reste de la phrase par une virgule.

EX : Tous les samedis, nous sortons les poubelles.
Les compléments circonstanciels sont facultatifs, ils peuvent être déplacés ou supprimés, et indiquent les circonstances liées à un état ou à une action.

EX : Tous les samedis, nous sortons les poubelles. / Nous sortons les poubelles tous les samedis. / Nous sortons les poubelles.
À la différence des compléments liés au verbe, ils ne sont pas pronominalisables, à l'exception de certains compléments circonstanciels de lieu.

EX : Nous avons croisé son frère dans la rue. → Nous y avons croisé son frère.

■ **Les circonstances exprimées par les compléments circonstanciels**
De très nombreuses circonstances sont exprimables. Nous citerons les plus courantes d'entre elles, retenues par la *Grammaire du français* publiée sur Eduscol.

Principales circonstances

Circonstance exprimée	Nature du groupe prépositionnel	Exemples
Le temps	Groupe nominal	Ce matin, il pleut.
	Groupe nominal prépositionnel	Nous prendrons le repas à midi.
	Adverbe	Demain, nous irons au cinéma.
	Proposition subordonnée	Quand il fera jour, nous sortirons.
	Proposition subordonnée participiale	Le jour levé, nous sortirons.
Le lieu	Groupe nominal prépositionnel	Dans la rue, nous avons croisé du monde.
	Adverbe	Là-bas, nous serons au calme.
La cause	Groupe nominal prépositionnel	Grâce à sa bonne volonté, nous avons pu rentrer.
	Proposition subordonnée	Nous ne sommes pas venus parce que nous étions malades.
	Gérondif	Nous avons été malades en mangeant trop.
	Groupe infinitif prépositionnel	Elle a été sanctionnée pour avoir quitté son poste.
La conséquence	Groupe prépositionnel	Elle s'est dépêchée au point de tomber.
	Proposition subordonnée	Elle a voulu aller vite, de sorte qu'elle est tombée.
La manière	Groupe nominal prépositionnel	Elle est sortie en toute discrétion.
	Groupe infinitif prépositionnel	Nous avons appelé la mairie sans attendre.
	Gérondif	Elle est partie en courant.
	Adverbe	Il s'est avancé lentement.
Le moyen	Groupe nominal prépositionnel	Il a creusé avec une pelle.
L'accompagnement	Groupe nominal prépositionnel	Je suis venu avec ma sœur.
Le but	Groupe infinitif prépositionnel	Il a acheté un vélo pour se promener.
	Proposition subordonnée	J'ai invité la famille pour que nous soyons réunis.
	Groupe nominal prépositionnel	Il a récolté des fonds pour une bonne cause.

Les notions se rattachant aux compléments liés au nom et à l'adjectif seront développés dans les chapitres suivants.

4. Le nom et le groupe nominal

1 Le nom

A. La classe des noms

Les noms propres	**Ils commencent par une majuscule, sont généralement invariables et employés sans déterminant.** **EX :** Paris ; Camille ; Pierre. Les noms de pays s'emploient avec un déterminant. **EX :** la France ; l'Angleterre ; le Sénégal. Un groupe d'individus appartenant à une même communauté est considéré comme un nom propre. **EX :** les Français ; les Parisiens
Les noms communs	**Ils commencent par une minuscule, sont accompagnés d'un déterminant, qui en précise le genre et le nombre.** Ils sont variables. **EX :** le chien ; les chiens.
Les sous-classes de noms communs	**Les animés/non animés** Les noms animés désignent des êtres vivants, qu'ils soient humains ou non humains. **EX :** boulanger ; enfant ; cheval ; tortue ; chat. Les noms non animés désignent des choses ou des qualités. **EX :** légume, caillou, brique, chaise sont des noms désignant des choses ; courage, peur, amour sont des noms désignant des qualités, des sentiments.
	Les noms concrets/les noms abstraits Les noms concrets désignent des êtres ou des objets qui sont perceptibles par l'un des cinq sens. **EX :** chaise ; homme ; pluie ; sonnerie ; thé. Les noms abstraits désignent des propriétés, des qualités non perceptibles par les cinq sens. **EX :** curiosité ; déception ; bonheur ; amitié.
	Les noms comptables/les noms massifs Les noms comptables désignent des êtres ou des objets que l'on peut compter. On peut les employer avec un déterminant numéral et les mettre au pluriel. **EX :** trois pommes ; quatre chiens ; dix euros. Les noms massifs désignent des éléments que l'on ne peut pas compter. Ils peuvent s'employer au singulier avec l'article partitif. **EX :** de l'eau, du pain, de la neige, du courage.

NOTE DU FORMATEUR

Certains mots appartenant à une autre classe grammaticale sont devenus des noms par conversion (= substantivation). **EX :** le pour et le contre / le boire et le manger.

B. Le genre du nom[1]

En français, le nom peut être masculin ou féminin. Le genre du nom est généralement indiqué par le déterminant. **EX :** un livre / une image.
Le nom s'accorde en genre avec les mots qui lui sont associés. **EX :** ta petite *chaise*.
Certains noms sont par eux-mêmes de genre masculin ou féminin. Souvent, un même radical peut donner à la fois un nom masculin et un nom féminin. **EX :** boucher/bouchère ; directeur/directrice.

a. Ajout d'un -e

En règle générale, le féminin des noms animés se marque par l'ajout à l'écrit d'un -e au nom masculin. **EX :** un ami → une amie.
L'ajout d'un -e peut entraîner des modifications orthographiques à l'écrit et un changement de prononciation à l'oral.

Masculin → Féminin	Exemples	Exceptions
La consonne finale se prononce		
Simple ajout du -e	renard → renarde président → présidente idiot → idiote	Consonne doublée : sot → sotte chat → chatte
Ajout d'un -e et oralisation de la voyelle nasale : -in → -ine ; -an → -ane	orphelin → orpheline cousin → cousine persan → persane	Consonne doublée : paysan → paysanne Jean → Jeanne
Doublement de la consonne finale : -et → -ette ; -el → - elle	cadet → cadette	Accent grave sur le e : préfet → préfète Pas de changement à l'oral : intellectuel → intellectuelle
Doublement de la consonne finale et oralisation de la voyelle nasale : -en → -enne ; -on → -onne	chien → chienne champion → championne	compagnon → compagne
Modification de la graphie des voyelles : -er → -ère	boulanger → boulangère	
La consonne finale change et se prononce		
-x → -se [z]	époux → épouse	roux → rousse
-f → -ve	veuf → veuve captif → captive	
-c → -que	franc → franque	Mots dans lesquels on n'observe pas de changement à l'oral : grec → grecque turc → turque Frédéric → Frédérique
Ajout de consonne	filou → filoute favori → favorite	

1. Les tableaux et exemples cités ici sont pour la plupart issus du Grévisse de l'enseignant : Pellat J.-C., Fonvielle S., *Le Grevisse de l'enseignant : Grammaire de référence*, Magnard, 2016, pp. 80-82.

b. Changement ou modification du suffixe

■ **Les noms masculins en -eur**

Masculin → Féminin	Exemples	Exceptions
-eur → -euse (noms auxquels on peut faire correspondre un participe présent en -ant)	porteur (*cf.* portant)→ porteuse vendeur → vendeuse	**-eur → -eresse** enchanteur → enchanteresse pécheur → pécheresse vengeur → vengeresse **-teur → -trice** éditeur → éditrice exécuteur → exécutrice inspecteur → inspectrice persécuteur → persécutrice
-teur → -trice (noms auxquels on ne peut pas faire correspondre un participe présent en -ant)	directeur → directrice électeur → électrice	
Cas particulier : les comparatifs employés comme noms forment leur féminin par ajout d'un -e. **EX** : mineur → mineure ; inférieur → inférieure…		

■ **Les noms masculins en -e qui forment un féminin en -esse**

EX : poète → poétesse ; diable → diablesse ; suisse → suissesse…

c. Distinction des genres par deux mots différents

EX : bélier → brebis / bouc → chèvre / cerf → biche / coq → poule / cheval → jument / frère → sœur / garçon → fille / gendre → bru / homme → femme / jars → oie / mâle → femelle / oncle → tante / parrain → marraine / taureau → vache…

d. Noms qui ne varient pas en genre

Certains noms terminant par -e ont la même forme pour les deux genres. On les appelle des noms épicènes. **EX** : un élève / une élève ; un artiste / une artiste.

e. Noms qui ont un double genre

■ « Amour » est le plus souvent utilisé au masculin, il peut être utilisé au féminin en littérature.

EX : Un amour sincère ; « Mais le vert paradis des amours enfantines » (Baudelaire).

■ « Délice » peut être féminin au pluriel, alors qu'il est masculin au singulier.

EX : Ce gâteau est un délice ; « Il fait toutes ses délices de l'étude » (Académie).

■ « Orgue » est masculin au singulier et au pluriel.

EX : L'orgue de cette église est excellent. / Les deux orgues de cette église sont excellents. Il est féminin dans le groupe figé « les grandes orgues ».

C. Le nombre du nom

a. Le pluriel des noms communs

Il existe deux nombres en français : le singulier et le pluriel. Les noms communs peuvent varier en nombre. En règle générale, le pluriel du nom est marqué à l'écrit par l'ajout d'un -s, parfois d'un -x à la fin de celui-ci.

Les marques du nombre des noms communs

Ajout d'un –s (cas le plus répandu)	EX : des maisons, des portes, des écrans
Ajout d'un -x (noms terminant par -au / -eu / -eau)	EX : des eaux, des cheveux, des étaux
Noms en -al au singulier, pluriel en -aux	EX : un cheval → des chevaux ; un métal → des métaux
Pas de modification (noms terminant au singulier par -s ; -z ; -x)	EX : une souris → des souris ; un nez → des nez ; une croix → des croix

■ **Cas particuliers :**

– Les noms en -ail prennent un -s au pluriel (EX : un éventail → des éventails) sauf les neuf noms suivants : bail, corail, émail, fermail, soupirail, travail, vantail, ventail, vitrail. EX : des coraux, des travaux…

– Les noms en -ou prennent un -s au pluriel (EX : un clou → des clous), sauf les sept noms suivants : bijou, caillou, chou, genou, hibou, joujou, pou, qui prennent un -x. EX : des hiboux, des genoux…

– Les noms en -au/-eu prennent un -x au pluriel sauf les cinq noms suivants : landau, sarrau, bleu, pneu, lieu (quand il s'agit du poisson). EX : des landaus, des pneus…

– Les noms en -al ont un pluriel en -aux, sauf les sept noms suivants : bal, cal, carnaval, chacal, festival, récital et régal, qui prennent un –s. EX : des chacals, des festivals…

FOCUS — **Le double pluriel**

Certains noms communs possèdent un double pluriel.
EX : ail → ails / aulx ; ciel → ciels / cieux
œil → yeux (pour désigner l'organe qui permet de voir), mais on trouve parfois le pluriel « œils » dans certains noms composés (ex : des œils-de-bœuf).

b. Le pluriel des noms propres

■ Les noms propres **peuvent être mis au pluriel** :

– quand ils désignent des ensembles de populations ou des familles illustres. EX : les Italiens ; les Londoniens ; les Bourbons ;

– quand on utilise le nom d'un personnage célèbre pour désigner un type. EX : Les Mécènes deviennent rares de nos jours.

■ Les noms propres **ne prennent pas la marque du pluriel** :

– quand ils désignent une famille entière. EX : Nous allons dîner chez les Girard ;

– quand on utilise le pluriel pour désigner un seul individu. EX : Les Victor Hugo, les Lamartine sont des auteurs qui ont marqué leur siècle ;

– quand ils désignent deux individus qui portent le même nom. EX : Les frères Lumière sont à l'origine du cinéma ;

– quand ils désignent des titres d'ouvrage ou de magazine. EX : J'ai commandé vingt Germinal pour une classe.

2 Le groupe nominal

A. Éléments de définition

Le groupe nominal peut occuper toutes les fonctions essentielles de la phrase. Il s'agit d'un groupe syntaxique dont le noyau est le nom. On distingue généralement :
– les **groupes nominaux réduits** (déterminant + nom). EX : un bateau ;
– les **groupes nominaux étendus**, composés d'un déterminant, d'un nom et d'une ou plusieurs expansions du nom. EX : un grand bateau ; le grand bateau bleu du capitaine.

B. Fonctions syntaxiques du nom ou du GN

Le nom ou le GN restreint ou étendu peut occuper toutes les fonctions essentielles d'une phrase :
– sujet. EX : Les enfants jouent dehors ;
– COD. EX : Elle mange un gâteau (GN restreint en fonction COD) / Elle mange un gâteau au chocolat. (GN étendu en fonction COD) ;
– COI. EX : Nous parlons à la voisine ;
– attribut du sujet. EX : Mon frère est journaliste ;
– attribut du COD. EX : Elle l'imagine comédien ;
– complément du nom. EX : Une part de gâteau ;
– apposition. EX : Paris, cette ville magnifique, est l'une des plus visitées au monde ;
– complément de l'adjectif. EX : Heureux de ses succès, Pierre a remercié tout son entourage ;
– complément circonstanciel. EX : Le soir, le soleil se couche vite.

3 Les fonctions à l'intérieur du groupe nominal étendu : les expansions du nom

Les expansions du nom sont des mots ou des groupes de mots qui dépendent du nom et qui permettent de le caractériser, d'apporter un complément d'information. Les expansions du nom sont généralement facultatives et cumulables.

A. Nature des expansions du nom

Les expansions du nom peuvent être :
– un adjectif, un participe en emploi adjectival ou un groupe adjectival. EX : Un grand *jardin* ;
– une proposition subordonnée relative. EX : Le *jardin* qui donne sur la nationale est bruyant ;
– un groupe prépositionnel. EX : Les *jardins* de Versailles peuvent être visités ;
– un groupe infinitif. EX : La *crainte* de quitter sa famille l'a empêché de partir ;
– une proposition subordonnée complétive conjonctive. EX : La *crainte* qu'il ait eu un accident m'a tenu éveillé toute la nuit.

B. Fonctions des expansions du nom

a. La fonction complément du nom

Cette fonction est souvent exercée par un **groupe prépositionnel** qui peut être :
– un GN prépositionnel. **EX :** Une *pelle* à tarte ;
– un infinitif ou groupe infinitif prépositionnel. **EX :** une *machine* à laver ;
– un groupe adverbial prépositionnel. **EX :** Le *monde* d'aujourd'hui.

NOTE DU FORMATEUR

Certaines grammaires analysent des groupes nominaux étendus comme « la ville de Lille » de la manière suivante : « de Lille » = GN prépositionnel apposé au nom « ville ». Cette analyse s'explique par le rapport d'équivalence entre le nom commun « ville » et « Lille » (la ville dont nous parlons = Lille). Nous retiendrons ici l'analyse grammaticale proposée par la *Grammaire du français* parue sur Eduscol, qui préconise d'analyser « de Lille » comme un GN prépositionnel en fonction complément du nom.

Peuvent également exercer les fonctions de complément du nom les propositions subordonnées conjonctives complétives. **EX :** La *crainte* qu'elle ne soit malade m'a empêché de dormir.

b. La fonction épithète

La fonction épithète relie un constituant au nom noyau du GN de manière directe (sans l'intermédiaire d'une préposition). Peuvent être épithètes :
– l'adjectif ou le groupe adjectival. **EX :** un écrivain célèbre / un écrivain particulièrement célèbre ;
– le nom ou le GN en construction directe. **EX :** un bijou fantaisie ; une action coup de poing[1] ;
– la proposition subordonnée relative adjective. **EX :** Les étudiants dont le nom figure sur la liste ont obtenu leur diplôme.

c. La fonction apposition

La Grammaire du français publiée sur Eduscol ne considère pas l'apposition comme une expansion du nom mais comme une expansion du groupe nominal, dont elle est séparée par une virgule. **EX :** Ce livre, passionnant, a été un succès de librairie. → L'adjectif verbal « passionnant » complète le GN « ce livre », et non le nom « livre » seul.

Peuvent occuper la fonction apposition :
– l'adjectif ou le groupe adjectival. **EX :** Ce film, excellent, a séduit les critiques et les spectateurs / Cette pièce, la plus grande, est particulièrement lumineuse ;
– le nom ou le GN. **EX :** Le vendeur, un homme aimable, nous a aidés à choisir ;
– la proposition subordonnée relative adjective. **EX :** Cette femme, qui a beaucoup écrit, a tenu une conférence de presse.

1. Exemples issus de la *Grammaire du français – Terminologie grammaticale*, Eduscol, p. 96.

5. L'adjectif

1 Caractéristiques sémantiques

L'adjectif précise une caractéristique du mot auquel il se rapporte. Le plus souvent adjoint à un nom au sein du groupe nominal, il ne sert pas à désigner quelque chose, mais apporte un complément d'informations sur le mot auquel il est adjoint.

NOTE DU FORMATEUR

La plupart des adjectifs peuvent être substantivés, c'est-à-dire qu'ils peuvent devenir des noms, par le procédé de la conversion. **EX :** le bleu du ciel.

On distingue généralement deux grandes catégories d'adjectifs :
– les **adjectifs qualifiants**, qui apportent des informations sur une propriété du mot auquel ils se rapportent (couleur, forme, qualités physiques ou morales…). Ils peuvent servir à former des noms (**EX :** lent → lenteur) et varier en degré (**EX :** un pas lent / un pas extrêmement lent). Ils font état du point de vue de l'énonciateur ;
– les **adjectifs relationnels** (ou classifiants), qui classent l'élément désigné par le nom dans une catégorie générale, sans mettre en jeu le point de vue de l'énonciateur. **EX :** le conseil communal ; la boîte crânienne. Les adjectifs relationnels peuvent souvent être remplacés par des GN prépositionnels en fonction complément du nom, dont ils partagent la plupart des caractéristiques sémantiques. **EX :** une spécialité bretonne → une spécialité de Bretagne.

FOCUS — Adjectifs qualifiants ou relationnels

- Certains adjectifs peuvent être tantôt qualifiants, tantôt relationnels. **EX :** le cercle polaire (adjectif relationnel) / un climat presque polaire (adjectif qualifiant).
- Un même nom peut être complété à la fois par un adjectif relationnel et par un adjectif qualifiant. **EX :** dans le GN « une veste grise très sale », l'adjectif « grise » est relationnel, il précise une caractéristique du nom « veste » sans mettre en jeu l'opinion de l'énonciateur ; « très sale » est ici un groupe adjectival superlatif, qui implique le jugement de l'énonciateur, « sale » est donc un adjectif qualifiant.

2 Caractéristiques morphologiques

- L'adjectif est un mot variable, qui s'accorde **en genre et en nombre** avec le mot (un nom le plus souvent) auquel il se rapporte. **EX :** des amis généreux / des cousines généreuses.

Le **féminin** des adjectifs est formé par de multiples procédés, parfois similaires à la formation du féminin des noms. Le plus souvent, le **pluriel** de l'adjectif se forme par l'ajout d'un -s, mais :
– les adjectifs en -eu, -eau, -au ont un pluriel en -x (sauf « bleu ») ;
– les adjectifs en -al ont un pluriel en -aux, sauf bancal, banal, fatal, natal, naval.

FOCUS **L'accord des adjectifs de couleur**

■ En règle générale, les adjectifs de couleur s'accordent en genre et en nombre avec le nom auquel ils se rapportent (**EX :** une chemise bleue).
■ Certains adjectifs issus de noms sont invariables. **EX :** des chaussures marron ; des rubans cerise. À noter que les adjectifs écarlate, mauve, pourpre et rose, devenus des adjectifs, s'accordent en genre et en nombre avec le nom auquel ils se rapportent. **EX :** Il a les joues écarlates.
■ Les adjectifs de couleur composés sont invariables. **EX :** une voiture vert bouteille ; une mer bleu turquoise).

■ Certains adjectifs sont dits **primaires,** c'est-à-dire qu'il s'agit de mots simples. **EX :** beau ; rond ; bleu…
D'autres adjectifs sont de **forme complexe**. Ils peuvent être obtenus :
– par dérivation. **EX :** il-logique ; verd-âtre ;
– par composition. **EX :** bleu marine ; franco-allemand ; vert bouteille.

■ Des mots appartenant à d'autres classes grammaticales peuvent devenir des adjectifs par conversion :
– des noms ou GN. **EX :** une fête monstre ;
– des participes passés (**EX :** un malade épuisé) ou présents (**EX :** une journée épuisante).

3 Caractéristiques syntaxiques

A. Place et fonction de l'adjectif

L'adjectif se rapporte généralement à un nom ou à un pronom dont il vient préciser le sens. Il peut être :
– un constituant (facultatif) du groupe nominal. L'adjectif est juxtaposé au nom, il peut être antéposé (**EX :** une petite table) ou postposé au nom (**EX :** un livre intéressant) ;
– un constituant du groupe verbal, lorsqu'il est relié au sujet ou au COD (GN ou pronom) par un verbe attributif.
L'adjectif peut être :
– épithète liée. **EX :** un grand jardin ;
– épithète détachée/apposition (la *Grammaire du français* parue sur Eduscol en juillet 2020 retient cette terminologie). **EX :** Blessés, les soldats se réfugièrent derrière le mur ;
– attribut du sujet. **EX :** Ils sont malades ;
– attribut du COD. **EX :** J'ai trouvé sa sœur méchante.

B. Les degrés de l'adjectif

Les adjectifs dits qualifiants peuvent varier en degré.

■ **Les degrés d'intensité**

L'adjectif peut être accompagné d'un adverbe qui en précise le degré d'intensité :
- l'intensité forte. **EX :** Il est extrêmement aimable ;
- l'intensité moyenne. **EX :** Il est assez aimable ;
- l'intensité faible. **EX :** Il est peu aimable.

■ **Les degrés de comparaison**

L'adjectif peut être accompagné d'un adverbe qui exprime un degré de comparaison (d'infériorité, d'égalité, de supériorité). Ces tournures sont suivies d'un complément du comparatif (corrélatif en « que ») :
- comparatif d'infériorité. **EX :** Il est moins *aimable* que son frère ;
- comparatif d'égalité. **EX :** Il est aussi *aimable* que son frère ;
- comparatif de supériorité. **EX :** Il est plus *aimable* que son frère.

NOTE DU FORMATEUR

Les comparatifs de supériorité des adjectifs « bon », « petit » et « mauvais » sont issus des comparatifs latins :
- bon → meilleur (du latin *meliorem*) ;
- mauvais → pire (du latin *pejorem*) ;
- petit → moindre (du latin *minorem*).

C. Le groupe adjectival

L'adjectif peut être le noyau d'un groupe adjectival.

Les différents groupes adjectivaux

Adverbe + adjectif	**EX :** particulièrement aimable ; assez gentil
Adjectif + adjectif	**EX :** vert foncé ; bleu pâle
Adjectif + GN prépositionnel	**EX :** vert de rage ; fier du résultat ; conscient de sa réussite
Adjectif + infinitif prépositionnel	**EX :** pressé de partir
Adjectif + groupe pronominal prépositionnel	**EX :** informé de cela
Adjectif + subordonnée conjonctive complétive	**EX :** content que tu sois arrivé

Les groupes prépositionnels et la proposition subordonnée complétive conjonctive à l'intérieur du groupe adjectival occupent alors la fonction de complément de l'adjectif.

6. La phrase complexe

1 Quelques éléments de définition préalables

A. La phrase simple

Il s'agit d'une phrase qui ne comporte qu'un seul verbe conjugué. Il s'agit d'une proposition indépendante. **EX :** J'ai acheté une maison.

B. La phrase complexe

La phrase complexe contient au moins deux verbes conjugués, c'est-à-dire deux propositions, dont l'organisation peut varier. On parle de propositions indépendantes quand :
– les propositions sont juxtaposées (séparées par un signe de ponctuation, le plus souvent une virgule). **EX :** Pierre attend son train, il est en avance ;
– les propositions sont coordonnées, c'est-à-dire reliées entre elles par une conjonction de coordination (mais, ou, et, donc, or, ni, car) ou par un adverbe de liaison (puis, ensuite, ainsi…). **EX :** Pierre a raté son train car il était en retard.

NOTE DU FORMATEUR

La *Grammaire du français* parue sur Eduscol en juillet 2020 invite à considérer « donc » comme un adverbe de liaison, non comme une conjonction de coordination.

Dans ces deux cas de figure, les propositions qui constituent la phrase sont dites indépendantes car elles pourraient exister de manière autonome et constituer isolément des phrases simples, séparées par un point. Elles ne dépendent pas l'une de l'autre. C'est ce que l'on appelle la parataxe.
La dénomination « phrase simple » ou « phrase complexe » ne dépend pas de la longueur de la phrase, mais de la présence d'un ou plusieurs verbes conjugués. Une phrase longue peut donc être une phrase simple, et une phrase courte peut être une phrase complexe.

EXEMPLES :

- Tous les matins, au lever du soleil, l'homme du bout de la rue sort son grand chien noir. → Il s'agit d'une phrase simple, qui ne contient qu'un seul verbe conjugué.
- Elle se fâche et sort. → Il s'agit d'une phrase complexe, car elle contient deux verbes conjugués.

2 La subordination

Dans la phrase complexe, peut exister le lien de subordination, qui induit une relation de dépendance entre des propositions principales et de propositions subordonnées. Les propositions principales commandent les propositions subordonnées.

FOCUS — **Relation entre principale(s) et subordonnée(s)**

■ La proposition subordonnée est susceptible d'entretenir différents types de relations avec la proposition principale :
- une proposition principale peut **régir plusieurs propositions subordonnées**. **EX :** Je souhaite [*que tu viennes*] et [*que tu t'amuses*].
- une proposition subordonnée **peut être introduite par plusieurs propositions principales**. **EX :** Elle dit et répète [*qu'elle n'est pas d'accord*].

■ La proposition subordonnée peut :
- succéder à la proposition principale. **EX :** J'ai vu le film [*dont tu m'as parlé*].
- être insérée dans la proposition principale. **EX :** La pièce [*que j'ai vue hier*] est fantastique.

■ Deux propositions subordonnées peuvent **être enchâssées l'une dans l'autre**. **EX :** Je crois [*que la phrase [que tu as prononcée] ne lui a pas plu*].

On distingue généralement quatre grands types de propositions subordonnées :
- les propositions subordonnées relatives ;
- les propositions subordonnées complétives ;
- les propositions subordonnées circonstancielles ;
- les propositions subordonnées sans conjonction de subordination (subordonnées infinitives et participiales).

A. Les propositions subordonnées relatives

Elles sont introduites par un pronom relatif, qui a pour antécédent un élément de la proposition principale.

FOCUS — **Fonction de la proposition subordonnée relative et fonction du pronom relatif**

La proposition subordonnée relative étant introduite par un pronom relatif, il conviendra de ne pas confondre la fonction de la proposition subordonnée relative et la fonction du pronom relatif.

EX : Le <u>film</u> [<u>que</u> *j'ai vu hier*] était trop long.

La proposition subordonnée relative « que j'ai vu hier » est épithète du nom « film », alors que le pronom relatif « que » est COD du verbe de la proposition subordonnée relative « ai vu ». La fonction du pronom relatif doit être envisagée **à l'intérieur de la proposition subordonnée**.

a. Les propositions subordonnées relatives adjectives

Comme leur nom l'indique, elles sont susceptibles d'avoir les mêmes fonctions qu'un adjectif, elles expansent le nom ou GN qu'elles complètent.

■ **La proposition subordonnée relative adjective en fonction épithète**

EX : Les élèves [qui *ont sorti leurs affaires*] se mettent au travail.
La proposition subordonnée relative « qui ont sorti leurs affaires » est épithète du nom « élèves ». Elle permet une identification plus précise de l'antécédent (parmi tous les élèves, seuls ceux qui ont sorti leurs affaires se mettent au travail).

■ **La proposition subordonnée relative adjective en fonction apposition**

EX : Les élèves, [qui *ont sorti leurs affaires,*] se mettent au travail.
La proposition subordonnée relative adjective « qui ont sorti leurs affaires » est ici entre virgules, elle est donc apposée au GN « les élèves ». Elle ne restreint pas le sens de l'antécédent, mais sous-entend que tous les élèves ont bien sorti leurs affaires.

b. Les propositions subordonnées relatives substantives

Elles occupent les mêmes fonctions qu'un nom ou un GN (sujet, COD, COI…). Le pronom relatif n'a pas d'antécédent, il renvoie à un élément indéterminé et peut parfois être accompagné d'un pronom démonstratif.

EX : [Qui *m'aime*] me suive. / [Ceux *dont je parle*] se reconnaîtront.
La proposition subordonnée relative substantive peut occuper les fonctions :
– de **sujet**. **EX :** [Qui *vole un œuf*] vole un bœuf. → La proposition subordonnée relative substantive « qui vole un œuf » est sujet du verbe « vole » (2e occurrence). [Ce qui *ne nous tue pas*] nous rend plus fort. → La proposition subordonnée relative substantive « ce qui ne nous tue pas » occupe la fonction sujet du verbe « rend » ;
– de **COD**. **EX :** Je prends [ce qu'*on me donne*]. → La proposition subordonnée relative substantive « ce qu'on me donne » est COD du verbe « prends » ;
– de **COI**. **EX :** Il parle à [qui *l'écoute*]. → La proposition subordonnée relative substantive « qui l'écoute » est COI du verbe « parle ». Il parle à [celui qui *l'écoute*]. → La proposition subordonnée relative substantive « celui qui l'écoute » est COI du verbe « parle » ;
– d'**attribut**. **EX :** Je ne suis pas [qui *vous croyez*]. → La proposition subordonnée relative substantive « qui vous croyez » est attribut du sujet « je ». Je ne suis pas [celui que *vous croyez*]. → La proposition subordonnée relative substantive « celui que vous croyez » est attribut du sujet « je ».

B. Les propositions subordonnées complétives

Elles peuvent occuper les mêmes fonctions grammaticales qu'un groupe nominal et sont souvent COD du verbe de la principale. Elles sont introduites par une conjonction de subordination ou une locution conjonctive.

FOCUS

Différencier le pronom relatif et la conjonction de subordination

Le mot « que » peut appartenir à plusieurs classes grammaticales. Il est relativement fréquent au concours de voir des candidats, pris par le stress et le temps, confondre le « que » pronom relatif et le « que » conjonction de subordination, et de fait confondre la proposition subordonnée relative et la proposition subordonnée complétive conjonctive. Le « que » pronom relatif reprend le contenu sémantique de son antécédent et possède une fonction grammaticale à l'intérieur de la proposition subordonnée relative.

EXEMPLES :

• Le <u>film</u> [<u>que</u> *nous regardons*] est effrayant. → « que » reprend le contenu sémantique de l'antécédent « film », il est COD du verbe « regardons », « que nous regardons » est donc une proposition subordonnée relative.

• Je souhaite [<u>que</u> *vous partiez*]. → « que » est sémantiquement vide, il n'a pas de fonction grammaticale, « que vous partiez » est donc une proposition subordonnée complétive.

a. Les propositions subordonnées conjonctives

Elles complètent généralement un verbe (de parole ou d'opinion) et sont introduites par la conjonction de subordination « que » (parfois par « à ce que », « de ce que »). Elles occupent des fonctions essentielles, car elles ne peuvent pas être déplacées ni supprimées. Les propositions subordonnées conjonctives occupent dans la phrase les mêmes fonctions qu'un nom ou un GN. Elles peuvent donc à ce titre être :
- sujet du verbe de la proposition principale. **EX :** [*Qu'il soit en retard*] m'étonne ;
- COD du verbe de la proposition principale. **EX :** Je souhaite [*que vous vous trompiez*] ;
- complément du verbe impersonnel. **EX :** Il faut [*que tu restes*] ;
- attribut du sujet. **EX :** Le problème est [*que je ne sais pas quoi faire*] ;
- complément du nom. **EX :** La peur [*qu'il soit mort*] nous envahit ;
- apposition. **EX :** Il n'a qu'un seul but : [*que son équipe gagne*].

NOTE DU FORMATEUR

Quand la proposition subordonnée suit une tournure impersonnelle (« il faut que », « il semble que »...), le mode du verbe de la subordonnée est le subjonctif.

b. Les propositions subordonnées interrogatives indirectes totales

Elles sont introduites par la conjonction de subordination « si » et appellent une réponse par « oui » ou par « non ». Elles sont la plupart du temps COD du verbe de la proposition principale.

EX : Je me <u>demande</u> [<u>s'il est arrivé</u>].
V COD

C. Les propositions subordonnées circonstancielles

Elles sont introduites par une conjonction de subordination. Il s'agit d'un outil de subordination qui indique également la relation de sens qu'entretient la subordonnée avec la principale. Comme leur nom l'indique, les propositions subordonnées circonstancielles occupent la fonction de complément circonstanciel.

Type de subordonnée circonstancielle	Conjonction de subordination ou locution conjonctive	Exemple
Temps	quand, lorsque, tandis que, pendant que, en même temps que, dès que, avant que, après que…	Appelez-moi [*dès que vous serez arrivé*].
Cause	puisque, parce que, vu que…	La récolte est mauvaise [*parce que l'été a été pluvieux*].
Conséquence	de sorte que, de façon que, si bien que, tant … que …, de façon que…	J'étais en panne [*de sorte que je suis arrivée en retard*].
But	pour que, afin que, de peur que, de crainte que…	Je suis prêt à tout [*pour que tu sois content*].
Concession	bien que, quoique	[*Bien que je sois fâché*], je vais les recevoir.
Comparaison	comme, ainsi que, de même que, aussi que, plus … que, moins … que, mieux … que	Il est reparti [*comme il est venu*].
Hypothèse	si	[*S'il faisait beau*], nous pourrions sortir.
Comparaison hypothétique	comme si	Il m'a regardé [*comme si j'étais fou*].

ATTENTION

Attention à ne pas confondre la relation de subordination et la relation de coordination !

EXEMPLES :

- Je suis resté à la maison [*parce que j'étais malade*]. → « parce que j'étais malade » est une proposition subordonnée circonstancielle de cause, introduite par la conjonction de subordination « parce que ».
- Je suis resté à la maison car j'étais malade. → « car » est une conjonction de coordination qui relie deux propositions indépendantes.

FOCUS — **La corrélation**

Dans certains cas, la subordonnée est liée à la principale par une conjonction de subordination, mais aussi annoncée par un mot inséré dans la proposition principale. On parle dans ce cas de proposition subordonnée corrélative et de système corrélatif. Peuvent être corrélatives :
- les propositions subordonnées circonstancielles de conséquence. **EX :** Il a tant crié [qu'*il a mal à la tête*] ;
- les propositions subordonnées circonstancielles de comparaison. **EX :** Elle est aussi grande [que *sa mère l'était*] ;
- les propositions subordonnées circonstancielles de cause. **EX :** Il est d'autant plus fâché [qu'*il a été trahi*].

D. Les propositions subordonnées sans conjonction de subordination

Trois types de subordonnées peuvent être construites sans outil de subordination : la proposition subordonnée infinitive, la proposition subordonnée participiale et la proposition subordonnée interrogative indirecte partielle.

a. Les propositions subordonnées infinitives

Il s'agit de groupes infinitifs dont le sujet est différent de celui de la proposition principale. Elles complètent généralement des verbes de perception et ne sont pas introduites par un outil de subordination, ce qui peut rendre leur repérage difficile. Elles sont COD du verbe de la proposition principale.

EXEMPLES :

• J'entends [*le bébé pleurer*]. → « le bébé pleurer » est une proposition subordonnée infinitive, dans la mesure où le verbe à l'infinitif « pleurer » possède son sujet propre (« le bébé »). Elle occupe la fonction de COD du verbe « entends ».

• « Je voudrais partir en voyage. → « partir en voyage » est un groupe infinitif COD du verbe « voudrais », qui n'est pas une proposition subordonnée infinitive, dans la mesure où le verbe « partir » n'a pas de sujet propre, différent de celui de la principale.

b. Les propositions subordonnées participiales

Leur noyau est un participe (présent ou passé) dont le sujet est différent de celui du verbe de la proposition principale. Elles peuvent occuper des fonctions de complément circonstanciel.

EXEMPLES :

• [*Le soleil aidant*], nous avons pu jardiner toute l'après-midi. → « Le soleil aidant » est une proposition subordonnée participiale, en fonction complément circonstanciel de cause.

• [*L'orage fini*], nous sommes sortis. → « L'orage fini » est une proposition subordonnée participiale, en fonction complément circonstanciel de temps.

c. Les propositions subordonnées interrogatives indirectes partielles

Elles ne portent pas, comme l'interrogation totale, sur l'ensemble de la phrase, mais sur l'un de ses constituants. Elles n'appellent donc pas une réponse par « oui » ou « non ». Les propositions subordonnées interrogatives indirectes partielles sont l'équivalent syntaxique du GN et peuvent à ce titre remplir les fonctions :

– de sujet. **EX :** [*Comment cela est arrivé*] ne nous regarde pas ;
– de COD. **EX :** Je me demande [*qui a abîmé la voiture*].

L'élément introducteur de l'interrogative indirecte partielle peut être :

– un pronom interrogatif. **EX :** Elle a demandé [qui *était présent*].
– un groupe nominal introduit par un déterminant interrogatif. **EX :** Je me demande [à quel *endroit il se trouve*].
– un adverbe interrogatif : où, quand, pourquoi, comment… **EX :** Je me demande [comment *cet accident est arrivé*].
– un groupe pronominal prépositionnel. **EX :** Elle ne sait pas [à qui *elle peut se fier*].

ATTENTION

Les éléments introducteurs de la proposition subordonnée interrogative indirecte partielle ne sont pas des outils de subordination, dans la mesure où ils sont maintenus tels quels dans l'interrogation directe. **EX :** Pourquoi pars-tu ? / Je me demande [pourquoi *tu pars*].

VOTRE CONCOURS, VOTRE MÉTIER
FRANÇAIS
MATHÉMATIQUES
LEÇON
EPS
MISES EN SITUATION

7. Le verbe

1 Les critères d'identification du verbe

■ Un **critère morphologique** : le verbe est un mot variable qui se conjugue, ce qui signifie qu'il change de forme selon le mode, le temps, la personne, le nombre et la voix.

■ Un **critère syntaxique** : le verbe est le noyau du groupe verbal, un des deux groupes indispensables de la phrase de base avec le groupe sujet.
Le verbe peut :
– constituer à lui seul le groupe verbal. EX : Je pars ;
– être accompagné d'un ou plusieurs compléments de verbes, l'ensemble constituant le groupe verbal. EX : Les invités mangent le dessert.

■ Un **critère sémantique** : le verbe exprime l'action faite ou subie par le sujet, ou l'état ressenti par le sujet.

EX : Les coureurs sont entrés dans le stade.
Ils ont été acclamés par la foule.
Je suis malade.

2 La construction des verbes

A. Les différentes constructions des verbes

Les verbes intransitifs	Ils n'introduisent pas de compléments de verbe.	EX : La petite fille tremblait.
Les verbes transitifs	• On parle de verbe transitif direct quand le complément d'objet est un COD (= construction sans préposition). • On parle de verbe transitif indirect quand le complément d'objet est un COI (= construction avec préposition). • Quand le verbe admet deux compléments d'objet, on parle de double transitivité. • NB : certains verbes transitifs peuvent être utilisés sans complément d'objet. On parle alors d'emploi absolu.	EX : Je mange une pomme. EX : Il parle à son ami. EX : J'offre un cadeau à mes parents. EX : Je mange.
Les verbes impersonnels	• Ce sont des verbes qui ne s'emploient qu'à la 3e personne du singulier. Le sujet est le « il » impersonnel, qui ne renvoie à rien ni personne (*cf.* forme impersonnelle). Il s'agit essentiellement de verbes météorologiques (il pleut, il neige…) et du verbe « falloir » (« il faut »). • NB : de nombreux verbes personnels peuvent aussi admettre une construction impersonnelle.	EX : Il ne faut pas rester ici. EX : Il arrive que vous vous trompiez.

Les verbes attributifs	• Les verbes d'état relient l'attribut au sujet : être, paraître, sembler, devenir, rester + passer pour, être considéré comme. • D'autres verbes relient l'attribut au COD.	**EX :** Cette famille <u>semble</u> très unie. S V Attr. du sujet **EX :** Je <u>trouve</u> ce repas délicieux. S V COD attr. du COD
Les verbes pronominaux	Ils se distinguent des autres verbes car ils sont précédés de deux pronoms : – le pronom personnel sujet ; – le pronom réfléchi. Les deux pronoms sont à la même personne (« je me », « tu te », « il se », etc.). On distingue plusieurs catégories de verbes pronominaux : • **Les verbes pronominaux de sens réfléchi ou réciproque** Certains verbes pronominaux ont un sens réfléchi, ce qui signifie que le sujet fait l'action sur lui-même. D'autres verbes pronominaux ont un sens réciproque, ce qui signifie que les sujets exercent l'action les uns sur les autres. • **Les verbes essentiellement pronominaux**, qui n'existent qu'à la forme pronominale. NB : certains verbes essentiellement pronominaux existent à la forme non pronominale, mais leur sens change alors totalement. • **Les verbes pronominaux de sens passif,** qui ont le sens d'une construction passive, même s'ils n'en ont pas la forme.	**EX :** Je me <u>lave</u> / Il se <u>promène</u> / Nous nous <u>repentons</u> **EX :** Nous nous <u>battons</u> / Ils se <u>concertent</u>. **EX :** s'évanouir, s'enfuir, s'écrier **EX :** recueillir → se recueillir / trouver → se trouver / apercevoir → s'apercevoir **EX :** La rumeur <u>s'est propagée</u> rapidement.
Les locutions verbales	Plusieurs locutions verbales sont construites avec les verbes avoir, être, faire, etc.	**EX :** Il y a un problème / Il fait beau / J'ai peur.

B. Les auxiliaires

Certaines formes verbales se conjuguent à l'aide des auxiliaires « être » et « avoir », qui permettent :
– la conjugaison des temps composés ;
– la construction de la voix passive dans le cas de l'auxiliaire « être ».

ATTENTION

Il ne faut pas confondre « être » et « avoir » utilisés comme verbes dans leur sens plein, et « être » et « avoir » utilisés comme auxiliaires :
- quand « avoir » est utilisé comme verbe dans son sens plein, il est synonyme de « posséder ». **EX :** J'<u>**ai**</u> de l'argent → Je possède de l'argent ;
- quand « être » est utilisé comme verbe dans son sens plein, il peut être synonyme d' « appartenir » ou « exister ». **EX :** Ce livre <u>**est**</u> à moi. / Je pense donc je <u>**suis**</u> ;
- quand « avoir » et « être » sont utilisés comme auxiliaires pour la construction des temps composés et de la voix passive, ils deviennent des outils grammaticaux.

C. Les semi-auxiliaires

Certains verbes sont appelés semi-auxiliaires quand ils sont suivis d'un infinitif, car il s'agit de constructions dans lesquelles ils donnent une indication aspectuelle ou modale :

■ **Les semi-auxiliaires exprimant l'aspect** :
– aller. **EX :** Je vais arriver → expression du futur proche ;
– venir. **EX :** Je viens d'arriver → expression du passé proche ;
– locution verbale « être en train de ». **EX :** Je suis en train de réfléchir → expression d'une action envisagée dans sa durée (aspect progressif) ;
– commencer à. **EX :** Je commence à comprendre → aspect inchoatif (action prise à son commencement) ;
– finir. **EX :** Nous avons fini de dormir → action arrivée à terme, aspect terminatif.

■ **Les semi-auxiliaires exprimant la modalité :**
– devoir. **EX :** La porte est ouverte, un voleur a dû s'introduire → expression de la probabilité / Cela devait arriver → expression de la nécessité ;
– pouvoir. **EX :** Il peut être huit heures → possibilité, probabilité.

3 Les variations du verbe

A. La variation en voix

La voix désigne le rapport de l'action verbale au sujet.

La voix active	C'est la plus représentée. Le sujet est actif ou agent de l'action. Les conjugaisons sont toujours apprises par rapport à cette voix. **EX :** *Camille* <u>repeint</u> sa maison. S V
La voix passive	Le sujet ne fait pas l'action mais la subit. Le sujet de la phrase active devient complément d'agent de la phrase passive. Seuls les verbes transitifs directs peuvent subir la transformation passive car ils sont les seuls à accepter un COD. **EX :** <u>Des travaux</u> <u>sont réalisés</u> par <u>les ouvriers</u>. S V Cplt d'agent NB : l'emploi de la voix active ou de la voix passive dépend de ce que l'on souhaite mettre en valeur dans la phrase : – la voix active permet de **mettre en valeur le thème** (de quoi/qui on parle) ; – la voix passive permet de **mettre en valeur le prédicat** (ce qu'on en dit). La voix passive se caractérise par la présence de l'auxiliaire « être » dans toutes les conjugaisons, même aux temps simples. **EX :** L'animation <u>est assurée</u> par l'orchestre. Aux temps composés, elle comporte obligatoirement les auxiliaires « être » et « avoir ». **EX :** L'animation <u>a été assurée</u> par l'orchestre.
La voix pronominale	La voix pronominale présente deux particularités morphologiques : – le verbe est toujours précédé d'un pronom personnel de même personne que le sujet ; – aux temps composés, c'est toujours l'auxiliaire « être » qui est utilisé. **EX :** Ils <u>se sont aimés</u>.

B. La variation en mode

Le mode est une modalité de classement des formes verbales. Il s'agit de la manière dont est conçue et présentée l'action exprimée par le verbe.

Les modes personnels : le verbe varie selon les personnes grammaticales	**L'indicatif**	C'est le mode de l'assertion, il actualise l'action exprimée par le verbe, qu'il présente comme certaine. Il s'agit du seul mode temporel, car il permet de situer l'action ou l'état exprimé par le verbe dans une chronologie (passé/présent/futur).
	Le subjonctif	L'action ou l'état est envisagé comme possible, ou exprimé avec un sentiment particulier.
	L'impératif	Il exprime l'ordre ou parfois le souhait.
Les modes impersonnels : le verbe ne varie pas selon les personnes grammaticales	**L'infinitif**	On parle aussi de forme nominale du verbe, car : – il peut exercer les mêmes fonctions grammaticales qu'un nom ou GN, tout en ayant des emplois verbaux ; – il peut être substantivé. **EX :** le boire et le manger.
	Le participe	On parle de forme adjectivale du verbe, car il peut exercer les fonctions de l'adjectif tout en ayant des emplois verbaux. • **Le participe présent (forme en -ant).** **EX :** Cette personne chantant dans le métro est très talentueuse. Il est généralement associé à deux formes avec lesquelles il ne faut pas le confondre : – l'adjectif verbal, qui peut varier en genre et en nombre. **EX :** une marche épuisante ; – le gérondif (en + -ant). **EX :** Il est rentré en marchant. • **Le participe passé** est utilisé : – pour construire les conjugaisons des temps composés. **EX :** Il est parti hier ; – pour construire la voix passive. **EX :** Il est exclu de cours ; – en emploi adjectival. **EX :** un dessin raté.

C. Le temps et l'aspect

■ Le **temps** permet de situer l'action ou l'état exprimé par le verbe dans trois époques : passé, présent, futur.

ATTENTION

Il faut veiller à distinguer le temps, qui désigne l'époque, et le temps verbal.
Le temps verbal « présent » peut renvoyer au moment que nous vivons (**EX :** Je suis chez moi) ou à l'avenir. (**EX :** Je pars demain).

■ L'**aspect** concerne la manière dont la durée du procès est envisagée. La *Grammaire du français* publiée sur Eduscol représente les indications aspectuelles à travers le schéma suivant[1] :

1. *Grammaire du français*, Eduscol, p. 140, https://eduscol.education.fr/248/francais-cycles-2-et-3-etude-de-la-langue

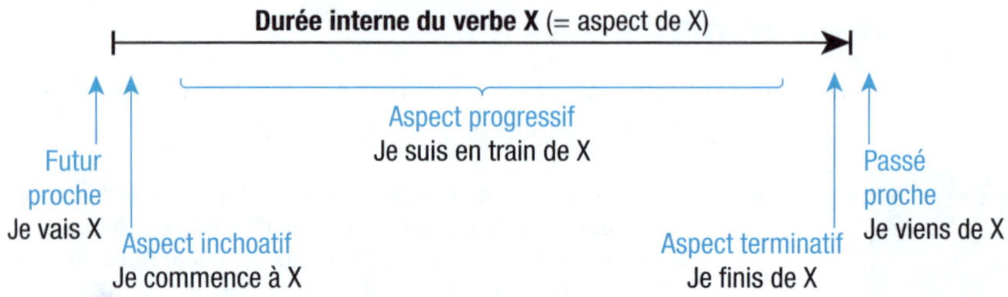

Nous ajouterons à cette terminologie les notions d'aspect accompli (action achevée) et d'aspect inaccompli (action inaccomplie). On estime généralement que les temps simples expriment un aspect inaccompli, alors que les temps composés expriment un aspect accompli.

EX : Quand ils <u>seront partis</u>, la dispute <u>cessera</u>.

D. Les conjugaisons des temps verbaux des modes personnels

■ La morphologie verbale

En français, toutes les formes verbales conjuguées se construisent de la sorte : radical + marque de temps + marque de personne. Le radical porte le sens du verbe. La marque de temps et la marque de personne forment la désinence verbale.

FOCUS

Le classement morphologique des verbes : les groupes verbaux

Dans la grammaire traditionnelle française, les verbes sont classés en trois groupes, auxquels s'ajoutent les verbes « être » et « avoir ».

■ Les verbes du 1er groupe ont un infinitif en -er et se conjuguent généralement à partir d'un seul radical. C'est en raison de ses nombreux radicaux que le verbe « aller », bien que présentant un infinitif en -er, n'est pas classé parmi les verbes du 1er groupe, mais parmi les verbes du 3e groupe.

■ Les verbes du 2e groupe présentent un infinitif en -ir et plusieurs formes du radical en -iss. **EX :** le verbe « réussir », dont le participe présent est « réussissant », appartient au 2e groupe, alors que le verbe « mentir », dont le participe présent est « mentant », appartient au 3e groupe.

■ Les verbes du 3e groupe constituent une catégorie hétérogène du point de vue morphologique, puisqu'elle regroupe tous les verbes ne pouvant être classés dans les deux premiers groupes. Trois catégories se détachent néanmoins : les verbes en -ir, qui n'ont pas de participe présent en -issant ; les verbes en -oir (savoir, vouloir, pouvoir), les verbes en -re (dire, prendre, vendre...).

■ La particularité des temps composés

Certains temps sont dits « composés » car ils sont construits en deux parties : l'auxiliaire et le participe passé. À chaque temps simple, correspond un temps composé :

– présent de l'indicatif → passé composé de l'indicatif ;
– imparfait de l'indicatif → plus-que-parfait de l'indicatif ;

– passé simple de l'indicatif → passé antérieur de l'indicatif ;
– futur de l'indicatif → futur antérieur de l'indicatif ;
– conditionnel présent de l'indicatif → conditionnel passé de l'indicatif ;
– subjonctif présent → subjonctif passé ;
– subjonctif imparfait → subjonctif plus-que-parfait ;
– impératif présent → impératif passé.

Tableau des conjugaisons

Temps	Conjugaisons	Marques de temps	Marques de personne
	Mode indicatif		
Présent de l'indicatif	**1er groupe : -e / -es / -e /-ons / -ez / -ent** **EX :** je chante / tu chantes / il chante / nous chantons / vous chantez / ils chantent **2e groupe : s / s / t / -ons / -ez / -ent** **EX :** je finis / tu finis / il finit / nous finissons / vous finissez / ils finissent. **3e groupe :** **-s/ -s/ -t/ -ons/ -ez/ -ent** **EX :** je mens / tu mens / il ment / nous mentons / vous mentez / ils mentent **OU -s/ -s/ - / -ons/ -ez/ -ent** **EX :** je prends / tu prends /il prend / nous prenons / vous prenez / ils prennent **OU -x/ -x / -t / -ons / -ez / -ent** **EX :** je veux, tu veux, il veut, nous voulons, vous voulez, ils veulent	Pas de marques de temps	-e / s / x -es / s / x -e / t / – -ons -ez -ent
Passé composé de l'indicatif	**Auxiliaire avoir / être au présent + participe passé** **EX :** j'ai chanté / je suis tombé		
Imparfait de l'indicatif	**-ais / -ais / -ait / -ions / -iez / -aient** **EX :** je chantais / tu chantais / il chantait / nous chantions / vous chantiez / ils chantaient	ai- (P1, P2, P3, P6) -i- (P4, P5)	-s -s -t -ons -ez -ent
Plus-que-parfait de l'indicatif	**Auxiliaire avoir / être à l'imparfait + participe passé** **EX :** j'avais chanté / j'étais tombé		
Futur de l'indicatif	**-ai/ -as/ -a / -ons / -ez / ont** **EX :** je chanter**ai** / tu chanter**as** / il chanter**a** / nous chanter**ons** / vous chanter**ez** / ils chanter**ont**	-(e)r- -(i)r-	-ai -as -a -ons -ez -ont
Futur antérieur de l'indicatif	**Auxiliaire avoir / être au futur simple + participe passé** **EX :** j'aurai chanté / je serai tombé		

Temps	Conjugaisons	Marques de temps	Marques de personne
Passé simple de l'indicatif	**1er groupe : passé simple en -a-** EX : je chantai / tu chantas / il chanta / nous chantâmes / vous chantâtes / ils chantèrent **2e groupe : passé simple en -i-** EX : je finis / tu finis / il finit / nous finîmes / vous finîtes / ils finirent **3e groupe : passé simple en -i- ou en -u-** EX : Je vis / tu vis / il vit / nous vîmes / vous vîtes / ils virent EX : je voulus / tu voulus / il voulut / nous voulûmes / vous voulûtes / ils voulurent **Venir/tenir et leurs composés : passé simple en -in-** EX : je vins / tu vins / il vint / nous vînmes / vous vîntes / ils vinrent	-a- -i- -u- -in-	**Passé simple en a :** -i -s - - mes -tes -rent **Passé simple en i, u, in :** -s -s -t -mes -tes -rent
Passé antérieur de l'indicatif	**Auxiliaire avoir / être au passé simple + participe passé** EX : j'eus chanté / je fus tombé		
Conditionnel présent de l'indicatif	(e)rais/ -(e)rais / -(e)rait / -(e)rions / -(e)riez / -(e)raient EX : je chanterais / tu chanterais / il chanterait / nous chanterions / vous chanteriez / ils chanteraient	-(e)rai (P1, P2, P3, P6) -(e)ri (P4, P5)	-s -s -t -ons -ez -ent
Conditionnel passé de l'indicatif	**Auxiliaire avoir / être au conditionnel présent + participe passé** EX : j'aurais chanté / je serais tombé		
	Mode impératif		
Impératif présent	**Il n'existe que trois personnes à l'impératif :** les 2e personnes du singulier et du pluriel, la 1re du pluriel. **L'impératif n'a pas de sujet exprimé.** Il reprend les terminaisons du présent de l'indicatif, sauf pour la 2e personne du singulier des verbes du 1er groupe, qui ne prennent pas de -s à l'impératif : EX : chante / chantons / chantez finis / finissons / finissez prends / prenons / prenez NB : la 2e personne du singulier au présent de l'impératif ne prend pas de -s, sauf quand elle est suivie des pronoms adverbiaux « en » et « « y ». EX : Manges-en / Vas-y		-e / -s -ons -ez
Impératif passé	**Auxiliaire avoir / être à l'impératif présent + participe passé** EX : Sois rentré avant la nuit. Ayez appris votre leçon avant mon retour.		

Temps	Conjugaisons	Marques de temps	Marques de personne
Mode subjonctif			
Subjonctif présent	**-e / -es / -e / -ions / -iez / -ent :** **EX :** que je chante / que tu chantes / qu'il chante / que nous chantions / que vous chantiez / qu'ils chantent **Attention aux auxiliaires :** • que j'aie / que tu aies / qu'il ait / que nous ayons / que vous ayez / qu'ils aient • que je sois / que tu sois / qu'il soit / que nous soyons / que vous soyez / qu'ils soient	-e- (P1, P2, P3, P6) -i- (P4, P5)	– -s – -ons -ez -nt
Subjonctif passé	**Auxiliaire avoir / être au subjonctif présent + participe passé** **EX :** que j'aie chanté / que tu aies chanté / qu'il ait chanté / que nous ayons chanté / que vous ayez chanté / qu'ils aient chanté **EX :** que je sois tombé / que tu sois tombé / qu'il soit tombé / que nous soyons tombés / que vous soyez tombés / qu'ils soient tombés		
Imparfait du subjonctif	**1er groupe :** **EX :** Que je chantasse / que tu chantasses / qu'il chantât / que nous chantassions / que vous chantassiez / qu'ils chantassent. **2e groupe :** **EX :** Que je finisse, que tu finisses, qu'il finît, que nous finissions, que vous finissiez, qu'ils finissent. **3e groupe :** **EX :** Que je prisse / que tu prisses / qu'il prît / que nous prissions / que vous prissiez / qu'ils prissent. **EX :** Que je connusse / que tu connusses / qu'il connût / que nous connussions / que vous connussiez / qu'ils connussent. **EX :** Que je vinsse / que tu vinsses / qu'il vînt / que nous vinssions / que vous vinssiez / qu'ils vinssent.	-a-ss (P1, P2, P4, P5, P6) -â (P3) -i-ss (P1, P2, P4, P5, P6) -î (P3) - u-ss (P1, P2, P4, P5, P6) -û (P3) in-ss (P1, P2, P4, P5, P6) -în (P3) Marque du passé simple + -ss, à l'exception de la P3, qui reprend la voyelle marquant le passé simple avec l'ajout d'un accent circonflexe discriminant	-e -es -t -ions -iez -ent
Plus-que-parfait du subjonctif	**Auxiliaire avoir / être au subjonctif imparfait + participe passé** **EX :** Que j'eusse chanté / que tu eusses chanté / qu'il eût chanté / que nous eussions chanté / que vous eussiez chanté / qu'ils eussent chanté. **EX :** Que je fusse tombé / que tu fusses tombé / qu'il fût tombé / que nous fussions tombés / que vous fussiez tombés / qu'ils fussent tombés.		

FOCUS — **Le présent de l'indicatif**

Si le présent de l'indicatif est l'un des temps verbaux les plus utilisés, il s'agit aussi de l'un des plus complexes, en raison de la multiplicité des variations du radical de la plupart des verbes :
- certains verbes n'ont qu'un radical, auquel il suffit d'ajouter les marques de personne.
EX : aimer, offrir ;
- certains verbes ont deux radicaux.
EX : finir → fini- / finiss-
dire → di/dis-
savoir → sai-/sav-
- certains verbes ont jusqu'à trois radicaux au présent de l'indicatif.
EX : pouvoir → peu/pouv-/peuv-
vouloir → veu-/ voul-/ veul-
devoir → doi- / dev- / doiv-
prendre → prend- / pren- / prenn-
venir → vien-/ ven- / vienn-
La construction des formes verbales de l'imparfait de l'indicatif se fait toujours à partir du radical de la 1re personne du pluriel du présent de l'indicatif. EX : finissais / disions / faisais / réussissiez.

4 L'emploi des modes et temps verbaux

A. Les modes personnels

a. L'indicatif

L'indicatif actualise l'action verbale en la situant dans une des trois époques (passé, présent, futur). C'est le mode qui contient le plus grand nombre de temps verbaux.

■ **Les emplois du présent de l'indicatif**

Le présent d'énonciation : il envisage le procès par rapport au moment de l'énonciation (l'ici/ maintenant du locuteur). EX : Je regarde la mer.

Le présent de narration : il est employé dans les récits pour parler au présent de faits passés pour donner l'impression qu'ils se déroulent sous nos yeux. EX : À ce moment-là, la voiture déboule, et je n'ai que le temps de l'éviter.

Le présent historique : il est employé dans les documentaires pour raconter des faits passés en donnant au lecteur l'impression qu'ils se déroulent sous ses yeux. EX : Napoléon Ier est envoyé [présent du passif] sur l'île de Sainte-Hélène où il reste jusqu'à sa mort.

Le présent de description. EX : Ce soir, la mer est agitée.

Le présent de vérité générale : il peut s'agir de lois, de règles scientifiquement prouvées. EX : L'eau bout à 100 degrés.

Le présent gnomique : il exprime des faits atemporels, on le retrouve généralement dans les dictons, les proverbes. EX : La raison du plus fort est toujours la meilleure.

Le présent d'habitude (ou présent itératif). EX : Le clocher sonne toutes les heures. NB : des compléments de temps peuvent parfois indiquer cet emploi.
Le présent exprimant le passé ou futur proche. EX : J'arrive dans une minute. / Je repars demain.

■ **Les emplois du passé composé de l'indicatif**

Le passé composé peut remplacer le passé simple dans certains récits, mais est davantage utilisé à l'oral. L'aspect de ce temps est accompli.
Il exprime :
– l'antériorité par rapport à un procès exprimé au présent. EX : Je plante les bulbes que j'ai achetés ;
– une action dont les conséquences durent encore. EX : Nous avons appris la poésie.

■ **L'imparfait de l'indicatif** est utilisé pour exprimer :
– un procès non délimité dans le temps, en cours d'accomplissement, non achevé. EX : Il bêchait son jardin ;
– une description. EX : Son manteau était noir ;
– une habitude (imparfait itératif). EX : Nous prenions le bus tous les matins ;
– deux procès simultanés. EX : La pluie tombait et le vent soufflait ;
– un procès de second plan, quand le passé simple exprime un procès de premier plan. EX : Elle regardait la télévision et s'ennuyait, quand tout à coup le téléphone sonna.

■ **Le plus-que-parfait de l'indicatif** est utilisé pour exprimer :
– une action accomplie, achevée. EX : On avait mis la table ;
– une action accomplie, antérieure à une autre action elle aussi passée (antériorité par rapport aux temps simples). EX : Pierre qui avait vu le malfaiteur s'enfuir se mit à crier.

■ **Le passé simple de l'indicatif** exprime :
– un procès délimité dans le temps, perçu comme achevé et borné. EX : La porte s'ouvrit ;
– une succession d'actions : EX : elle se leva et partit en courant ;
– des actions de premier plan, qui font avancer le récit, quand l'imparfait exprime des actions de second plan. EX : Ce jour-là, la pluie tombait, elle décida donc de ranger son bureau ;
– des procès envisagés dans la durée, mais perçus comme révolus. EX : Pendant huit ans, il vint tous les jours à vélo.

■ **Le passé antérieur** sert à exprimer une action passée accomplie, antérieure à une autre action passée, exprimée au passé simple. EX : quand il fut parti, nous reprîmes notre conversation.

■ **Le futur de l'indicatif** est employé pour :
– exprimer des faits situés dans un avenir plus ou moins proche ou lointain par rapport au moment où on parle. EX : Demain, nous ferons les courses ;
– exprimer un degré de certitude élevé quant à la réalisation du procès. EX : Nous partirons en vacances cet été ;
– faire une promesse (utilisé à la 1re personne). EX : Je penserai bien à vous ;

– donner un ordre, un conseil, une défense (valeur modale injonctive). **EX :** Vous n'oublierez pas d'anonymer vos copies.

■ **Le futur antérieur** sert à exprimer :
– une action à venir, qui sera achevée de manière certaine. **EX :** Dans un an, elle aura fini ses études ;
– une hypothèse. **EX :** Elle aura oublié d'appeler ;
– une action à venir antérieure à une autre action exprimée au futur simple (antériorité par rapport au futur simple). **EX :** Quand il aura fini son travail, il nous rejoindra.

■ **Le conditionnel présent** exprime :
– le futur dans le passé (valeur temporelle) : exprimer un fait qui aura lieu après l'action principale racontée au passé. **EX :** Il croyait qu'elle lirait ce livre ;
– une hypothèse (valeur modale). NB : le verbe de la subordonnée introduite par « si » est généralement à l'imparfait. **EX :** Si je gagnais, je partagerais mes gains avec vous ;
– un souhait (valeur modale). **EX :** J'aimerais être en vacances ;
– une possibilité (valeur modale). **EX :** Il pourrait bien pleuvoir cette nuit ;
– une demande polie. **EX :** Pourriez-vous ouvrir la fenêtre ? ;
– une opinion. **EX :** On dirait un clown.

■ **Le conditionnel passé** exprime :
– l'antériorité par rapport au conditionnel présent. **EX :** Il pensait qu'il reviendrait quand la guerre serait finie ;
– l'irréel du passé : exprimer quelque chose qui aurait pu se produire mais qui ne s'est pas produit. **EX :** Si le soldat n'était pas revenu, sa famille aurait pleuré ;
– un regret. **EX :** J'aurais aimé que tu aies raison ;
– une supposition. **EX :** Les enquêteurs auraient découvert le corps au fond du lac.

b. Le subjonctif

■ Dans une proposition subordonnée, le subjonctif exprime :
– un souhait. **EX :** Je voudrais qu'il vienne ;
– un regret. **EX :** Je regrette qu'elle ne soit pas venue ;
– une obligation. **EX :** Il faut que tu partes ;
– une possibilité. **EX :** Il est possible qu'il pleuve ;
– le doute ou l'incertitude. **EX :** Je doute que nous arrivions à l'heure ;
– une émotion, une appréciation, un sentiment. **EX :** Nous apprécierions que vous soyez à l'heure.

■ En proposition indépendante, le subjonctif exprime :
– un souhait. **EX :** Pourvu qu'il vienne ;
– un ordre à la 3e personne, à la place de l'impératif. **EX :** Qu'il vienne !

c. L'impératif

L'impératif sert à exprimer :
– un ordre ou un conseil. **EX :** Fais tes devoirs !
– une défense. **EX :** Ne parlez pas !
– un souhait. **EX :** Revenez-nous vite !

NOTE DU FORMATEUR

Quand le verbe à l'impératif est suivi d'un pronom complément, il est relié à lui par un trait d'union.

B. Les modes non personnels

a. L'infinitif

L'infinitif est un mode non personnel du verbe (absence de marques de personne et de nombre). On parle de forme nominale du verbe.

■ **Les emplois verbaux de l'infinitif**

L'infinitif est employé :

– dans les trois types de phrase : déclarative (**EX :** Et mon frère d'approuver ma décision.), interrogative (**EX :** Comment faire ?), injonctive (**EX :** Ne pas fumer dans les bâtiments.) ;

– avec des semi-auxiliaires : **EX :** Je vais rentrer à la maison ;

– dans des propositions subordonnées : **EX :** Je n'ai personne *sur qui compter* (proposition subordonnée relative) / Je me demande *que dire* (proposition subordonnée interrogative indirecte) / Nous avons senti *le sol se soulever* (proposition subordonnée infinitive).

■ **Les emplois nominaux de l'infinitif**

Le verbe à l'infinitif est susceptible d'être le noyau d'un groupe occupant les mêmes fonctions qu'un groupe nominal (sujet, complément d'objet, attribut, complément circonstanciel). Il garde ses propriétés de verbe, dans la mesure où il peut, à l'intérieur du groupe dont il est le noyau, accepter des compléments de verbe.

EX : Fumer est mauvais pour la santé. → infinitif en fonction sujet du verbe « est ».
Je voulais rentrer à la maison. → le groupe infinitif « rentrer à la maison » est COD du verbe « voulais ».

Le verbe à l'infinitif peut être substantivé : il devient un nom à part entière par conversion.

EX : Nous lui avons offert le souper.

b. Les participes

On distingue généralement le participe présent et le participe passé. Ils peuvent être de forme verbale ou adjectivale.

■ **Les emplois verbaux du participe**

On trouve des participes en emploi verbal dans les propositions subordonnées participiales et dans les groupes participiaux dans lesquels le participe admet des compléments de verbe.

EX : Le soleil brillant, il décida d'aller se promener. / Achevant son travail, il décida de rentrer chez lui. / La fête finie, ils rentrèrent chez eux.

ATTENTION

Le participe présent en emploi verbal est toujours invariable. Il se distingue en cela de l'adjectif verbal.

Les emplois adjectivaux du participe

L'adjectif verbal correspond aux emplois adjectivaux du participe. Il s'accorde donc en genre et en nombre avec le nom auquel il se rapporte.

EX : Cette fleur est d'une beauté resplendissante. / Nous avons rencontré ce chanteur connu.

FOCUS

L'accord des participes passés

1. L'accord du participe passé employé avec « être »

Les participes passés employés avec l'auxiliaire « être » s'accordent en genre et en nombre avec le sujet. EX : **Ils** sont tombé**s** sur le verglas.

2. L'accord du participe passé employé avec « avoir »

En règle générale, quand l'auxiliaire « avoir » est utilisé, le participe passé ne varie ni en genre, ni en nombre. EX : Elle a chanté sa chanson.

Cas particulier : le participe passé employé avec l'auxiliaire « avoir » s'accorde en genre et en nombre avec le COD si celui-ci est placé avant le verbe : EX : Elle a chanté sa chanson. → Sa chanson, elle l'a chant**ée**.

3. L'accord du participe passé à la voix passive

Aux temps composés de la voix passive, les verbes sont conjugués à la fois avec les auxiliaires « avoir » et « être ». Ils s'accordent avec le sujet, dans la mesure où l'accord est commandé par l'auxiliaire « être ». EX : Ces chaussures ont été vendues hier.

4. L'accord du participe passé des verbes pronominaux

Les participes passés des verbes essentiellement pronominaux, ou des verbes pronominaux de sens passif s'accordent en genre et en nombre avec leur sujet. EX : Elles se sont enfuies. / Ils se sont évanouis.

Les verbes pronominaux de sens réfléchi ou réciproque s'accordent avec le COD s'il est placé devant le verbe, et restent invariables si le COD est placé après le verbe.

Le COD peut être :

- un pronom réfléchi. EX : Ils **se** sont lavé**s**. → Ils ont lavé qui ? Eux-mêmes. « Se » est donc COD, l'accord est masculin pluriel.
- un groupe nominal. EX : Elles se sont lavé les mains. → Le COD « les mains » est placé après le verbe, le participe passé reste donc invariable.
- un pronom relatif. EX : La voiture **qu'**il a achet**ée** → « qu' » est un pronom relatif COD qui reprend le contenu sémantique de l'antécédent « la voiture ». L'accord du participe passé est donc féminin singulier.

NB : En l'absence de COD, le participe passé est invariable. EX : Elles se sont téléphoné. → Elles ont téléphoné à qui ? À elles-mêmes. « se » est donc COI, le participe passé reste invariable.

5. Le participe passé en emploi adjectival

Il s'accorde en genre et en nombre avec le mot (nom ou pronom) auquel il se rapporte. EX : Une actrice connu**e** / Étonné**s**, ils décidèrent de partir.

Grammaire de texte

Tout le cours

Tout le cours

FOCUS — Grammaire de phrase et grammaire de texte

L'analyse grammaticale des constituants de la phrase (natures et fonctions) relève de la grammaire de phrase.
Or, un texte ne peut être uniquement considéré comme une succession de phrases. Les travaux de Greimas et Benveniste ont donc fait émerger dans les années soixante-dix la notion de grammaire de texte, qui étudie la cohérence globale des textes, et envisage la grammaire comme un outil de compréhension et d'écriture des textes.

1. Le système énonciatif

1 Quelques définitions

- **Énoncer**, c'est transmettre un message à un destinataire.
- **L'énonciation**, c'est l'acte de communication en lui-même, qui permet de transmettre ce message.
- **L'énoncé**, c'est le message produit. Il peut être écrit ou oral.
- **La situation d'énonciation** se définit comme les conditions de production d'un énoncé (qui parle ? À qui ? Où ? Quand ?) : un texte, par le biais des pronoms, des temps verbaux, de la ponctuation, des indications spatio-temporelles, peut fournir des indications sur cette situation d'énonciation.

2 les énoncés ancrés dans la situation d'énonciation

On parle d'**énoncé ancré dans la situation d'énonciation** quand la connaissance de la situation d'énonciation permet de construire la compréhension de l'énoncé. On en trouve **à l'oral** (situations de communication de la vie courante), mais aussi **à l'écrit** (lettres, répliques de théâtre, dialogues dans les récits, journaux intimes, récits autobiographiques…).
L'énoncé contient donc des **déictiques** (éléments qui font référence à cette situation d'énonciation), qui peuvent être :
– des **marques (pronoms personnels et possessifs, déterminants possessifs) de première et de deuxième personnes**, qui désignent le locuteur (première personne) et le destinataire (deuxième personne). **EX :** Comment vas-tu ? Je suis heureux de te voir ;

– des **indications de lieu**, à envisager par rapport au lieu de l'énonciation qui constitue la référence. **EX :** Que fais-tu ici ? (L'adverbe « ici » désigne le lieu de l'énonciation) / Attends-moi là-bas ? (« Là-bas » désigne un lieu éloigné du lieu de l'énonciation) ;
– des **indications de temps** (compléments de temps, temps verbaux), pour lesquelles le moment de l'énonciation constitue la référence.

EXEMPLE :
« À Paris, ce **26 avril 1671**
Il est dimanche 26 avril ; cette lettre ne **partira** que **mercredi**, mais ce n'**est** pas une lettre, c'**est** une relation que vient de **me** faire Moreuil, à votre intention, de ce qui **s'est passé** à Chantilly touchant Vatel. **Je vous** écrivis **vendredi** qu'il s'était poignardé, voici l'affaire en détail. » (Mme de Sévigné, *Lettres*, 1671).
Cette lettre de Mme de Sévigné est un énoncé ancré dans la situation d'énonciation. Sa compréhension dépend de la connaissance de la situation d'énonciation (qui écrit ? Mme de Sévigné ; à qui ? À sa fille ; où ? À Paris ; quand ? Le 26 avril 1671). Les indications temporelles sont ici à envisager en tenant compte de la situation d'énonciation :
– « mercredi » désigne le mercredi 29 avril 1671, car cette indication est à envisager par rapport à la date d'écriture de la lettre (le dimanche 26 avril 1671) ;
– « vendredi » désigne le vendredi 24 avril 1671 ;
– « est » : présent d'énonciation ;
– « partira » : futur simple de l'indicatif, qui désigne un procès à venir par rapport au moment de l'énonciation ;
– « ce qui *s'est passé* » : passé composé de l'indicatif, qui désigne un procès passé (aspect accompli) par rapport au moment de l'énonciation ;
– les pronoms de première personne (« je », « me ») sont des déictiques qui renvoient à l'énonciatrice, Mme de Sévigné ; les pronoms de 2e personne (« vous ») ainsi que le déterminant possessif « votre » sont des déictiques qui renvoient à la fille de Mme de Sévigné, la destinataire.

NOTE DU FORMATEUR

Les énoncés ancrés dans la situation d'énonciation s'inscrivent dans l'énonciation de discours, dans laquelle l'ici et maintenant du locuteur constituent la référence.

3 Les énoncés coupés de la situation d'énonciation

On parle d'**énoncé coupé de la situation d'énonciation** quand la compréhension de l'énoncé n'est pas liée à la connaissance de la situation d'énonciation. On trouve les énoncés coupés de la situation d'énonciation dans :
– les récits à la troisième personne (romans, contes…) ;
– les textes documentaires, théoriques, à visée informative.

Les marques de temps, de lieu et de personne **ne sont pas des déictiques**, car ils ne renvoient pas à la situation d'énonciation.

■ **Les marques de personne**

Il s'agit de marques de troisième personne (pronoms personnels et possessifs, déterminants possessifs), qui ne désignent pas un élément de la situation d'énonciation mais un élément interne au récit.

EX : La jeune fille sortit de sa maison. Elle avait compris qu'elle ne pourrait plus y revenir. Le pronom « elle » désigne ici « la jeune fille ». Le référent est interne au récit et ne dépend pas de la situation d'énonciation.

■ **Les marques de temps**

Les repères temporels s'inscrivent dans la chronologie du récit, indépendamment de toute référence à la situation d'énonciation. Ils n'ont pas une valeur déictique, mais anaphorique.

EX : « Le lendemain fut, pour Emma, une journée funèbre. Tout lui parut enveloppé par une atmosphère noire qui flottait confusément sur l'extérieur des choses, et le chagrin s'engouffrait dans son âme avec des hurlements doux, comme fait le vent d'hiver dans les châteaux abandonnés. » (Flaubert, *Madame Bovary*, 1857). Les repères temporels sont ici à envisager comme internes au récit : « le lendemain » renvoie ainsi à la chronologie du récit, non à la temporalité de l'énonciateur (Flaubert). Les temps utilisés sont les temps du récit (imparfait et passé simple).

■ **Les marques de lieu**

Elles sont compréhensibles en prenant en compte les indicateurs spatiaux internes au récit.

EX : Elle lui avait dit qu'elle l'attendrait devant le musée. Il y était déjà arrivé et l'attendait dans la rue, mais il ne la voyait pas arriver. Les marques de lieu renvoient à des références internes au récit et ne dépendent pas de la situation d'énonciation.

NOTE DU FORMATEUR

Les énoncés coupés de la situation d'énonciation s'inscrivent dans l'énonciation de récit, c'est-à-dire que l'énoncé ne fait pas référence à la situation dans laquelle il a été produit.

ATTENTION

Il est parfois difficile de distinguer les énoncés ancrés dans la situation d'énonciation des énoncés coupés de la situation d'énonciation, car de nombreux textes associent énonciation de discours et énonciation de récit. Ainsi, les récits autobiographiques associent généralement la première personne (le « je » qui renvoie à l'énonciateur) aux temps du récit.

EXEMPLE :

« Mais je savais aussi qu'il ne s'intéressait pas beaucoup, en apparence du moins, à ses enfants. J'écris "en apparence". La timidité étrange des pères, dans leurs rapports avec leurs enfants, m'a donné, depuis, beaucoup à penser. Les deux aînés de ma mère, fille et garçon, issus d'un premier mariage, – celle-là égarée dans le roman, à peine présente, habitée par les fantômes littéraires des héros ; celui-ci altier, tendre en secret – l'ont gêné. Il croyait naïvement que l'on conquiert un enfant par des dons... Il ne voulut pas reconnaître sa fantaisie musicienne et nonchalante dans son propre fils, "le lazzarone", comme disait ma mère. C'est à moi qu'il accorda le plus d'importance. J'étais encore petite quand mon père commença d'en appeler à mon sens critique. Plus tard, je me montrai, Dieu merci, moins précoce. Mais quelle intransigeance, je m'en souviens, chez ce juge de dix ans... » (Colette, *Sido*, 1930).
Dans ce récit autobiographique, Colette associe la première personne aux temps du récit, mais aussi au présent d'énonciation. Le mélange des deux systèmes (énonciation de récit et énonciation de discours) témoigne du double statut de la narratrice : tantôt la première personne renvoie à une actrice d'un récit passé, tantôt elle renvoie à la personne de l'énonciatrice.

ATTENTION

Si, au concours, une question porte sur le système énonciatif, plusieurs difficultés sont à éviter :
- la confusion entre énoncé ancré dans la situation d'énonciation et énoncé coupé de la situation d'énonciation (ce qui arrive souvent dans le cas des récits autobiographiques) ;
- la confusion entre reprises anaphoriques et déictiques ;
- l'oubli d'occurrences dans le relevé.

4 Synthèse : confrontation des deux types d'énoncés

	Énoncé ancré dans la situation d'énonciation	Énoncé coupé de la situation d'énonciation
Marques de personnes	Déictiques de personne : utilisation de la 1re et de la 2e personne du singulier.	Ce ne sont pas des déictiques. Les marques utilisées sont celles de la 3e personne.
Indications spatiales	Le lieu où se trouve l'énonciateur est la référence. Les indications spatiales sont des déictiques : ici, là, sur ta gauche…	Elles ne sont pas déictiques. Le lieu où se trouve l'énonciateur n'est pas la référence. Les indications spatiales ne sont pas déictiques, les références spatiales sont internes au récit : à cet endroit, là-bas, loin de, près de…
Indications temporelles	Elles sont déictiques. Les moments où parle l'énonciateur constituent la temporalité de référence. Toutes les indications temporelles tiennent compte de ce moment : maintenant à ce moment aujourd'hui cet hiver hier il y a un mois demain mercredi dans une semaine	Ce ne sont pas des déictiques. Le moment où se déroule le récit cadre constitue la temporalité de référence. Toutes les indications temporelles tiennent compte de ce moment : alors à ce moment-là ce jour-là cet hiver-là la veille le mois précédent, un mois plus tôt le lendemain ce mercredi-là une semaine plus tard
Le système des temps verbaux	Le présent de l'énonciateur est pris comme référence. Les temps utilisés quand l'énoncé est ancré dans la situation d'énonciation sont donc : – le présent d'énonciation ; – l'imparfait ; – le passé composé ; – le futur. Ils permettent de situer les faits par rapport au moment où ils sont formulés. On les appelle les temps du discours.	Les temps utilisés dans les énoncés coupés de la situation d'énonciation sont : – le passé simple ; – l'imparfait ; – le présent de narration. On les appelle les temps du récit. D'autres valeurs du présent (présent de vérité générale, présent historique) peuvent être utilisées dans les énoncés coupés de la situation d'énonciation (dans les textes documentaires par exemple).

2. Les paroles rapportées

1 Le discours direct

Il permet de rapporter des paroles telles qu'elles sont prononcées par un personnage.

A. À l'écrit

À l'écrit, le discours direct peut se caractériser par :
– une **proposition incise** contenant un verbe de parole, qui indique le passage au discours direct. Cette proposition incise peut être placée avant ou après le passage au discours direct, ou être insérée à l'intérieur des paroles prononcées par le personnage ;
– la présence de guillemets au début et à la fin de ce discours ;
– la présence de tirets qui indiquent le changement de locuteur.

EX : Pierre déclara : « Je ne sais pas de quoi vous parlez.

– Vous le savez parfaitement, répondit la jeune femme. C'est pour cela que vous avez préféré ne pas venir hier. »

FOCUS

Dans le cadre d'un passage au discours direct dans une énonciation de récit, les incises sont le plus souvent au passé simple.

B. Les particularités grammaticales du discours direct

■ Le discours direct se caractérise par l'utilisation de l'**énonciation de discours**, dans la mesure où le narrateur, en rapportant directement les paroles, se glisse dans la temporalité du personnage qui parle.
La temporalité de référence n'est plus celle du narrateur, mais l'ici et le maintenant du personnage qui parle. La situation d'énonciation de référence est celle du personnage qui prend la parole, non celle dans laquelle l'ensemble du récit a été écrit.
Au discours direct, on utilisera donc le plus souvent :
– le présent d'énonciation pour évoquer des événements présents ;
– le passé composé ou l'imparfait pour évoquer des événements passés ;
– le futur simple pour évoquer des événements à venir.

■ Le discours direct se caractérise également par l'utilisation de **marques d'oralité** (interjections, formulations, syntaxe… utilisées dans la langue orale).

EX : Il s'approcha et dit : « Tu es là ? »

ATTENTION

Il est fréquent, dans certains textes littéraires, qu'on observe des passages au discours direct sans typographie ni marque de ponctuation particulière, ce qui peut occasionner chez les candidats des confusions (entre présent d'énonciation et de narration par exemple). Pour déterminer si nous nous trouvons dans une énonciation de récit ou de discours, il faut donc observer les temps verbaux, les pronoms personnels, les indications temporelles et spatiales plus que la typographie et la ponctuation.

2 Le discours indirect

On parle de discours indirect lorsque le narrateur rapporte indirectement les paroles d'un personnage, en les intégrant au récit. Le discours indirect se construit dans le cadre d'une **énonciation de récit**, car le récit-cadre est généralement pris en charge par un narrateur qui raconte des événements passés, en utilisant les temps du récit (imparfait et passé simple notamment).
À l'écrit, le passage au discours indirect dépend généralement d'un verbe introducteur (dire, reprendre, demander, etc.).
Il peut prendre la forme :
– d'une proposition subordonnée conjonctive introduite par « que ». **EX :** Elle a dit qu'elle ne viendrait pas ;
– d'une proposition subordonnée interrogative indirecte. **EX :** Il demanda : « Pourquoi viens-tu ? » → Il demanda pourquoi il/elle venait.
– d'un infinitif quand le verbe était à l'impératif au discours direct. **EX :** Ils leur dirent : « Taisez-vous ! » → Ils leur dirent de se taire.

Quelques modifications importantes lors du passage au discours indirect

	Discours direct	Discours indirect
Changement des pronoms personnels, déterminants, pronoms possessifs	Je/tu Nous/vous Mon/ton, ma/ta, etc. **EX :** Elle dit aux prisonniers : « Vous serez libérés bientôt. »	Il /elle Ils/elles Son/sa, etc. **EX :** Elle dit aux prisonniers qu'ils seraient libérés bientôt.
Changement des temps lorsque le verbe introducteur est au passé	Présent Futur Imparfait **EX :** Il déclara : « Même si Marie est malade, elle viendra quand même ».	Imparfait (parfois passé simple) Conditionnel présent Plus-que-parfait **EX :** Il déclara que même si Marie était malade, elle viendrait quand même.
Changement des repères spatiaux et temporels	Ici/là Hier Demain Maintenant **EX :** Il lui demanda : « Seras-tu là demain ? »	À cet endroit La veille Le lendemain À ce moment-là **EX :** Il lui demanda s'il serait là le lendemain.

FOCUS

Cas particulier de l'écriture autobiographique

Quand le narrateur s'exprime à la première personne, on garde, quand il parle de lui, la première personne qu'il s'agisse du discours direct ou indirect
EX : Il me dit : « Va-t'en ! » / Il me dit de m'en aller.
vs
Il lui dit : « Va-t'en ! » / Il lui dit de s'en aller.

3 Le discours indirect libre

Il est à la frontière du discours direct et du discours indirect. Les paroles sont rapportées indirectement par un narrateur qui les reprend à son compte (discours indirect), mais il conserve les marques d'oralité caractéristiques du discours direct.
EXEMPLE : Il descendit du train et dit qu'ils étaient arrivés, enfin !

4 Le discours narrativisé

Le discours narrativisé est aussi appelé « récit de parole ». Il ne reproduit pas avec exactitude les paroles telles qu'elles ont été prononcées, mais résume le contenu de la prise de parole du locuteur. Il est parfois difficile à repérer, car seule la présence d'un verbe de parole indique sa présence.

Les formes de discours rapporté

Discours direct	Discours indirect	Discours indirect libre	Discours narrativisé
Il lui demanda : « Comment va la santé ? »	Il lui demanda comment allait sa santé.	Il l'interrogea. Comment allait sa santé ?	Il s'informa sur son état de santé.

ATTENTION

Au concours, il peut vous être demandé :
- d'identifier les différents types de paroles rapportées dans un texte et d'en relever les marques ;
- de transformer un passage écrit au discours direct en discours indirect et inversement.

Plusieurs écueils sont donc à éviter :
- les erreurs dans l'identification du type de paroles rapportées concernées ;
- l'oubli de certaines marques qui seraient à relever (les indications déictiques pour le discours direct par exemple) ;
- les oublis et les erreurs en cas de transposition ou réécriture (concernant les pronoms, les temps verbaux, les indications de lieu ou de temps, la ponctuation).

Il convient de noter que, lors du passage du discours direct au discours indirect :
- l'inversion du verbe et du sujet, ainsi que le point d'interrogation disparaissent quand l'interrogation directe devient indirecte ;
- les guillemets doivent être supprimés.

3. La structure du texte

Pour être compréhensible, un texte doit présenter cohérence et cohésion. La cohérence textuelle est assurée par la présentation, la ponctuation, les temps, la chaîne anaphorique, la progression thématique, les connecteurs.

FOCUS

Les « métarègles »

Le linguiste Michel Charolles appelle « métarègles » les principes qui régissent la cohérence textuelle. Il définit ainsi :
- la **règle de répétition** : qui renvoie à l'utilisation de procédés de rappels qui permettent de tisser le lien d'une phrase à l'autre ;
- la **règle de progression** : pour susciter l'intérêt du lecteur, le texte doit introduire progressivement des informations nouvelles ;
- la **règle de non-contradiction** : sur le plan sémantique, le texte ne doit pas contenir de contradictions internes ;
- la **règle de relation** : qui consiste à prendre en compte la situation de communication dans laquelle le texte a été produit, le contexte, le type de texte, l'intention de l'énonciateur.

1 La présentation du texte

Un texte long est découpé en parties (chapitres, rubriques), elles-mêmes divisées en paragraphes. Chacun de ces paragraphes constitue une **unité de sens**.

2 Les temps

Le choix du système des temps dépend de la situation d'énonciation. Dans un énoncé ancré dans la situation d'énonciation, on utilise les temps liés à l'énonciation de discours ; dans un énoncé coupé de la situation d'énonciation, on utilise les temps liés à l'énonciation de récit (*cf.* la fiche 1. Le système énonciatif).

3 Les chaînes anaphoriques

Pour que le texte présente cohésion et cohérence, l'auteur évoque donc, d'une phrase à l'autre, les mêmes personnages, objets, lieux, événements… et utilise des substituts nominaux ou pronominaux, appelés **anaphores**, qui reprennent les éléments cités dans les phrases précédentes, que l'on appelle les **référents**.

EXEMPLE : Camille sortit de l'école. Elle avait beaucoup travaillé ce jour-là. La petite fille avait envie de rentrer chez elle.

4 La progression thématique[1]

Un texte cohérent présente une unité thématique. Il progresse dans la mesure où chaque phrase apporte un élément nouveau par rapport à la précédente. Le thème du texte est ce qui permet de créer du lien entre les phrases. Il existe trois types de progressions textuelles.

FOCUS **Thème et prédicat**

Le thème d'une phrase est ce dont on parle dans cette phrase. Le prédicat, c'est ce qui est dit au sujet du thème. Dans la majorité des cas, le thème est placé en début de phrase, et le prédicat en deuxième partie. **EX :** La voiture est garée devant la maison.
Le complément peut être antéposé, donc placé en position de thème. C'est le cas pour :
- les compléments circonstanciels. **EX :** Tous les jours, je gare la voiture devant la maison ;
- le COS. **EX :** À ma famille je dédie ces remerciements ;
- le complément dans la phrase construite par dislocation. **EX :** Les vacances, j'en rêve ;

Dans la phrase clivée, le prédicat est placé entre « c'est » et « que ».
EX : *C'est* ce manteau *que* j'ai vu dans la vitrine.

A. La progression à thème constant

Le thème de la première phrase est aussi celui des suivantes. Il est associé à plusieurs prédicats et fait l'objet de plusieurs reprises nominales et pronominales.

EX : « Jean Calas, âgé de soixante-huit ans, exerçait la profession de négociant à Toulouse depuis plus de quarante années, et était reconnu de tous ceux qui ont vécu avec lui pour un bon père. Il était protestant, ainsi que sa femme et tous ses enfants, excepté un, qui avait abjuré l'hérésie, et à qui le père faisait une petite pension. Il paraissait si éloigné de cet absurde fanatisme qui rompt les liens de la société qu'il approuva la conversion de son fils. » (Voltaire, *Traité sur la tolérance*, 1763).
Le thème initial du passage est « Jean Calas », repris de phrase en phrase par le pronom personnel « il ». Il s'agit donc d'une progression à thème constant.

B. La progression linéaire

Dans la progression linéaire, le thème de chaque phrase reprend une totalité ou une partie du prédicat de la précédente. La fin d'une phrase est le départ de la suivante.

EX : « Ce détail et beaucoup d'autres furent convenus entre le docteur et Mlle Beaulieu.
Thème 1 — Prédicat 1
Cette bonne fille quitta Nancy à cinq heures, laissant ses fonctions à Anne-Marie.
Thème 2 — Prédicat 2
Or, depuis longtemps, Anne-Marie, que Mme de Chasteller ne gardait que par
Thème 3

1. Les extraits d'œuvres littéraires cités dans cette partie consacrée aux progressions thématiques proviennent du *Grévisse de l'enseignant : Grammaire de référence*, Magnard, 2016, pp. 339 à 341.

bonté et qu'elle avait été sur le point de renvoyer une ou deux fois, était entièrement dévouée à Mlle Bérard, et son espion contre Beaulieu. » (Stendhal, *Lucien Leuwen*, 1894).
Dans cet extrait, « Mlle Beaulieu », une partie du prédicat de la première phrase, est le thème de la suivante. De la même manière, « Anne-Marie », une partie du prédicat de la deuxième phrase, est le thème de la troisième phrase.

C. La progression à thèmes dérivés ou éclatés

Dans la progression à thèmes dérivés, le premier thème, appelé hyperthème, se décompose dans les phrases suivantes en sous-thèmes.

EX : « Il [le Père Goriot] devint progressivement maigre ; ses mollets tombèrent ; sa figure, bouffie par le contentement d'un bonheur bourgeois, se rida démesurément, son front se plissa, sa mâchoire se dessina. » (Balzac, *Le Père Goriot*, 1835).
Le thème de la première phrase (le père Goriot, représenté par le pronom personnel « il ») est éclaté/dérivé, plusieurs sous-thèmes (les mollets, la figure, le front, la mâchoire) représentant les différentes parties du corps du personnage.

NOTE DU FORMATEUR

Le plus souvent, les trois types de progression se combinent dans un texte.

5 Les connecteurs

Ce sont les mots ou groupes de mots qui relient les phrases ou les paragraphes d'un texte. Ils permettent d'organiser les informations contenues dans le texte.
Il existe différents types de connecteurs :
– les **connecteurs temporels**, qui organisent la chronologie du texte. Ils sont généralement utilisés dans les textes narratifs pour signaler les étapes du récit : tout d'abord, premièrement, au début, puis, alors, soudain, tout-à-coup, pour finir, enfin… **EX :** D'abord le voleur est entré dans la maison, ensuite il a volé les bijoux, enfin il s'est sauvé ;
– les **connecteurs spatiaux**, qui sont généralement utilisés pour organiser le texte descriptif. Ils localisent les éléments par rapport à un lieu qui sert de repère : ici, là-bas, plus près, plus loin, à droite, à gauche, en haut, en bas, au-dessus, en dessous… **EX :** Ici, nous apercevons la forêt. Au loin, un ruisseau coule ;
– les **connecteurs logiques**, qui permettent l'établir un lien logique entre deux idées. Ils sont particulièrement utilisés dans les textes argumentatifs et matérialisent les étapes du raisonnement : comme, car, en effet, en outre, de plus, néanmoins, cependant, par contre, en revanche, par conséquent…
EX : Ces enfants sont gentils, par contre je les trouve énervés.
Connecteur logique marquant l'opposition

4. Les reprises anaphoriques

1 Définition

On appelle chaîne anaphorique l'ensemble des mots qui dans un texte reprennent un élément précédemment cité. Ces mots sont appelés des anaphores ou substituts. Ils peuvent être des noms ou groupes nominaux (on parle alors d'anaphores nominales), ou des pronoms (on parle alors d'anaphores pronominales).

CONSEIL DU FORMATEUR

La compréhension de la chaîne anaphorique est essentielle en lecture car c'est elle qui permet de construire la référence (savoir « de quoi/de qui » on parle). Si, au concours, on vous demande d'identifier le référent d'anaphores nominales ou pronominales, il faudra procéder à une lecture approfondie de l'extrait, car ce type de questions met en jeu la compréhension de la cohérence textuelle et du lexique mobilisé.

2 Les anaphores nominales (le substitut est un nom ou un GN)

A. La reprise anaphorique n'apportant pas d'informations nouvelles

- L'anaphore fidèle : le nom ou GN qui désigne le référent est repris sans modification tout au long du texte. Aucune information nouvelle n'est apportée.
EX : La journaliste posa une question à laquelle il ne répondit pas. La journaliste répéta sa question.
Parfois, le GN désignant le référent est repris avec une modification du déterminant, qui ne permet pas d'apporter d'informations nouvelles.
EX : La journaliste posa une question à laquelle il ne répondit pas. Cette journaliste répéta sa question.

- Parfois, l'anaphore est un hyperonyme, c'est-à-dire un terme générique moins précis que le GN désignant le référent.
EX : La journaliste posa une question à laquelle il ne répondit pas. Cette femme répéta sa question.

- Parfois, le GN initial est repris par un hyponyme, c'est-à-dire un terme plus précis mais qui ne permet pas systématiquement d'apporter des informations nouvelles.
EX : La journaliste posa une question à laquelle il ne répondit pas. La chroniqueuse répéta sa question.

B. L'anaphore infidèle

On parle d'anaphore infidèle lorsque le nom ou GN qui reprend le référent apporte de nouvelles informations :

– soit parce qu'il s'agit d'un hyponyme, donc d'un terme plus précis. **EX :** Un oiseau se posa sur la branche. Le rossignol se mit à chanter ;

– soit parce que les expansions du nom utilisées dans l'anaphore nominale permettent de caractériser plus précisément. On parle parfois de périphrase (*cf.* la fiche 5. Les figures de style) pour désigner ces reprises. **EX :** Venise est menacée par la pollution. La cité des Doges accueille de nombreux touristes.

NOTE DU FORMATEUR

Certaines anaphores nominales permettent d'exprimer une subjectivité, c'est-à-dire de traduire le point de vue de l'auteur, du narrateur ou d'un personnage sur le référent.
EX : L'athlète remporta la course. Cet incroyable champion avait remporté sa troisième médaille.

3 Les anaphores pronominales (le substitut est un pronom)

On appelle anaphores pronominales les pronoms substituts ou de reprise qui remplacent un nom, un GN ou un autre pronom employé au début d'un texte ou d'un paragraphe pour désigner le référent. Ils participent à la construction de la chaîne anaphorique et permettent d'éviter les répétitions. Un pronom peut avoir les mêmes fonctions grammaticales qu'un nom.

EX : Je n'ai pas récupéré le colis. Marie le prendra à la poste.

NOTE DU FORMATEUR

La majorité des pronoms n'ont pas de sens, c'est-à-dire qu'ils adoptent le sens du référent qu'ils désignent.

L'anaphore pronominale peut remplacer :

– un nom. **EX :** Paris est une grande ville. Elle va accueillir les Jeux olympiques ;

– un groupe nominal. **EX :** Les coureurs se sont élancés. Ils arriveront à midi ;

– un adjectif. **EX :** Si tu es content, je le suis aussi ;

– un verbe. **EX :** Veux-tu partir ? Je ne le veux pas ;

– un adverbe. **EX :** Je suis là, ils y sont également ;

– une proposition. **EX :** Tout ce qu'il veut, je le veux aussi.

FOCUS Pronom anaphorique ou cataphorique

Quand un pronom est placé après son référent, il est appelé **pronom anaphorique**. Parfois, le pronom est placé avant le référent. Il est alors appelé **pronom cataphorique**.
EX : Elle est partie, Caroline.
S'il vous est demandé au concours de relever les substituts nominaux et pronominaux, il ne faut pas oublier les pronoms cataphoriques, qui sont également des substituts pronominaux.

Classes grammaticales des anaphores pronominales

Classe grammaticale	Rôle	Exemple
Les pronoms personnels de la 3e personne du singulier ou du pluriel	Ils remplacent un nom, GN ou un pronom qui a déjà été cité.	Les scientifiques observent les oiseaux rares. Ils prennent des notes et observent leurs habitudes. Je n'ai pas apprécié sa sœur. Je l'ai trouvée méchante.
Le pronom neutre « le » ou « l' »	Il se substitue à un infinitif, un adjectif ou une proposition	Tout ce qu'il veut, je le veux aussi.
Les pronoms adverbiaux « en » et « y »	« En » remplace un nom non animé introduit par « de », et « y » remplace un nom non animé introduit par « à ».	Elle est fière de sa réussite. Elle en parle souvent. Marie se rend à la piscine. Elle y va toutes les semaines.
Les pronoms démonstratifs	Ils remplacent un mot déjà cité.	Marie a voulu se rendre à la piscine, mais celle-ci était fermée.
Les pronoms possessifs	Ils indiquent l'appartenance.	Parmi toutes les sculptures exposées, je préfère les tiennes.
Les pronoms numéraux	Ils permettent de préciser la quantité. Il existe des pronoms numéraux ordinaux (le premier, le deuxième...) et cardinaux (deux, trois...).	Les gâteaux de ce pâtissier sont délicieux. Je vais donc acheter les trois qui sont dans la vitrine.
Les pronoms interrogatifs	Ils posent une question sur un référent qui sera identifié dans la réponse.	Qui viendra à ton anniversaire ? Louis et Paul.
Les pronoms relatifs	Ils sont à la fois des substituts et des outils de subordination. Ils reprennent le contenu sémantique de leur antécédent et introduisent une proposition subordonnée relative.	La fête que tu as organisée est très réussie.
Les pronoms indéfinis	Certains pronoms indéfinis peuvent être des substituts et fonctionner comme des reprises anaphoriques parce que : – ils reprennent un nom ou GN déjà cité avec une nuance d'impression ; – ils soulignent une similitude ou un écart.	Les invités ont apprécié la soirée, mais certains sont déjà repartis. Je n'aime pas ce livre, j'ai préféré l'autre.

5. Les figures de style

1 Les figures de diction

■ **L'allitération** : répétition d'un même phonème consonantique dans un vers, une phrase.

EX : « Pour qui sont ces serpents qui sifflent sur vos têtes ? » (Racine)

■ **L'assonance** : répétition d'un même phonème vocalique dans un vers.

EX : « Le temps s'en va, Madame, et nous nous en allons. » (Racine)

■ **La paronomase** : consiste à rapprocher des mots qui ont des sonorités semblables mais des sens différents.

EX : « Je m'instruis mieux par fuite que par suite. » (Montaigne)

2 Les figures de l'analogie

■ **La comparaison** : consiste à relier un élément à un autre par le biais d'un outil de comparaison.

EX : Pierre est <u>blond comme les blés</u>.
« Pierre » est le comparé, « les blés » est le comparant.

■ **La métaphore** : consiste à assimiler un élément à un autre, sans l'intermédiaire d'un outil de comparaison.

EX : Cet homme <u>est un roc</u>.

■ **La personnification** : consiste à attribuer des qualités humaines à un inanimé.

EX : « Tout neuf encore, et légèrement ahuri d'être dans une pose maladroite à la voirie jeté sans retour, cet objet est en somme des plus sympathiques. » (F. Ponge)

■ **L'allégorie** : consiste à représenter une idée, une abstraction, par une image concrète (le plus souvent un être vivant). L'allégorie est une variante de la personnification.

EX : « Je veux peindre la France une mère affligée. » (Agrippa d'Aubigné)

3 Les figures de substitution

■ **La métonymie** : consiste à substituer un terme à un autre en établissant une analogie entre leurs référents.

EX : Il nous a invités à boire <u>un verre</u>. (On boit en réalité le contenu du verre.)

■ **La périphrase** : consiste à dire en plusieurs mots ce qui pourrait être dit en un seul.
EX : Dans *Les Précieuses ridicules* de Molière :
– « les commodités de la conversation » désignent les fauteuils ;
– « le conseiller des grâces » désigne le miroir.

■ **L'antonomase** : consiste à remplacer un nom commun par un nom propre et inversement.

EX : C'est un véritable Harpagon. / Cet homme est un véritable Hercule.

4 Les figures de l'opposition

■ **L'antithèse** : consiste à exprimer deux pensées contraires dans une même phrase.

EX : « Réduit au triste choix ou de trahir ma flamme
Ou de vivre en infâme. » (Corneille)

■ **L'antiphrase** : consiste à dire le contraire de ce qu'on sous-entend. L'antiphrase est en général utilisée pour faire de l'ironie.

EX : C'est du propre !

■ **L'oxymore** : consiste à associer deux termes opposés dans un même groupe nominal.

EX : « Le <u>soleil noir</u> de la mélancolie. » (Nerval)

5 Les figures de l'amplification

■ **L'hyperbole** : figure de l'exagération.

EX : Ma mère va me tuer si je rate ce devoir.

■ **L'anaphore** : répétition d'un même mot ou groupe de mots en début de proposition, de phrase ou de vers.

EX : « <u>Rome</u>, l'unique objet de mon ressentiment ! /<u>Rome</u>, à qui vient ton bras d'immoler mon amant !/ <u>Rome</u> qui t'a vu naître, et que ton cœur adore ! /<u>Rome</u> enfin que je hais parce qu'elle t'honore ! » (Corneille)

■ **La gradation** : consiste à aller du moins important au plus important (gradation ascendante), ou parfois du plus important au moins important (gradation descendante).

EX: C'est un roc ! C'est un pic ! C'est un cap ! C'est une péninsule !

■ **L'énumération** : consiste à dresser une liste.

EX : Aujourd'hui, je dois réviser : le français, l'anglais, l'histoire, la SVT.

■ **L'accumulation** : lorsque l'énumération devient très, voire trop longue.

6 Les figures de l'atténuation

■ **La litote** : consiste à dire moins pour sous-entendre davantage.

EX : C'est pas mal. / Ce gâteau n'est pas mauvais (sous-entendu : Ce gâteau est très bon).

■ **L'euphémisme** : consiste à employer une expression atténuée pour évoquer quelque chose de désagréable, brutal, triste, etc.

EX : Il nous a quittés.

7 Les figures de la construction

■ **le parallélisme** : reprise à l'échelle d'une phrase, d'un paragraphe ou du texte, d'une même structure syntaxique.

EX : « Un jour viendra où la guerre vous paraîtra aussi absurde et aussi impossible entre Paris et Londres, entre Pétersbourg et Berlin, entre Vienne et Turin, qu'elle serait impossible et paraîtrait absurde aujourd'hui entre Rouen et Amiens, entre Boston et Philadelphie. » (V. Hugo)

■ **L'asyndète** : le lien logique entre deux phrases est supprimé, il est simplement sous-entendu.

EX : Tous les hommes sont mortels. Socrate est un homme, Socrate est mortel.

■ **L'interrogation oratoire (ou rhétorique)** : elle n'appelle pas de réponse, la réponse est déjà contenue dans la question.

EX : Qui pourrait croire une chose pareille ?

Lexique et compréhension lexicale

Retour sur le document de cadrage

La deuxième partie de l'épreuve concerne le « lexique et la compréhension lexicale ». Pour faire le point sur les consignes envisageables, nous nous fonderons sur les types de questionnements proposés jusqu'alors dans l'épreuve de français du CRPE, qui envisageait l'analyse lexicale sous plusieurs angles.

Que faire si on vous demande d'analyser la formation d'un mot ?

Ce type de questions concerne uniquement les mots complexes. Il faudra donc :
- préciser la classe grammaticale du mot soumis à votre analyse ;
- dire par quel procédé (dérivation, composition…) ce mot a été construit ;
- analyser avec précision ses composants et, s'il s'agit d'un mot construit par dérivation, le radical et les affixes ;
- déduire de cette analyse le sens en contexte du mot analysé.

Si la question porte sur la compréhension d'un ou de plusieurs mots du texte

Le plus souvent, il est demandé au candidat de donner le sens d'un mot « en contexte », ce qui signifie que le candidat doit s'appuyer sur le document support pour répondre à la question. Ce type de questionnement peut être approfondi par :
- une interrogation portant sur les relations de sens que le ou les mots analysés entretiennent avec d'autres mots (synonymie, antonymie, champ lexical…). Si le ou les mots analysés sont polysémiques, il peut être demandé au candidat de les utiliser dans un autre contexte, notamment dans une phrase en illustrant un autre sens ;
- une interrogation concernant la famille du mot (les relations morphologiques que ce mot entretient avec d'autres mots).

FOCUS

Lexique et vocabulaire

Ces deux termes, souvent confondus et utilisés l'un pour l'autre, désignent pourtant deux éléments bien distincts :

- Le lexique est un ensemble théorique, ouvert et non borné : il désigne l'ensemble des mots appartenant à une langue ou à un domaine particulier (lexique de l'école, de l'alimentation…). Il est impossible de maîtriser la totalité du lexique.
- Le vocabulaire désigne la portion du lexique qu'un individu maîtrise, qu'il est capable de comprendre et d'utiliser. C'est pour cela qu'on dira d'une personne qu'elle a peu ou beaucoup « de vocabulaire », et non qu'elle a peu ou beaucoup « de lexique ».

Tout le cours

1. Les procédés de formation des mots

Les tableaux concernant les procédés de dérivation (radical, préfixe, suffixe) ainsi que les éléments grecs et latins pour former des mots par composition savante et la plupart des exemples cités sont issus du *Grévisse de l'enseignant*[1].

1 La dérivation

La dérivation désigne le procédé qui consiste à former des mots à partir d'un radical auquel on ajoute un affixe (préfixe ou suffixe). L'affixe ne peut exister de manière autonome, il est nécessairement lié à un radical auquel il s'ajoute pour former un mot :
– l'affixe placé à gauche du radical est appelé **préfixe**. **EX :** im/possible ;
– l'affixe placé à droite du radical est appelé **suffixe**. **EX :** diminu/tion.

A. Le radical

Il porte le sens fondamental du mot. Il s'agit de l'élément commun à tous les mots dérivés appartenant à une même famille.

Quelques exemples

Forme initiale	Radical	Dérivés
châtaigne	châtaign-	châtaignier ; châtaigneraie
vigne	vign-	vignoble, vigneron
palme	palm-	palmier, palmeraie

1. Pellat J.-C., Fonvielle S., *Le Grevisse de l'enseignant : Grammaire de référence*, Magnard, 2016, pp. 51 à 58.

FOCUS

Famille de mots, champ lexical, champ sémantique

On parle de famille de mots pour désigner un ensemble de mots dérivés à partir du même radical.
EX : écrire, écrivain, écriture.
On parle de champ lexical pour désigner un ensemble de mots qui se rapportent à un même thème.
EX : manger, nourriture, cuisine, repas → champ lexical de l'alimentation
Le champ sémantique désigne l'ensemble des sens possibles d'un mot.
EX : le nom « tête » peut ainsi désigner la boîte crânienne, le visage ou un ensemble de facultés intellectuelles.
Au concours, de nombreux candidats confondent les notions de champ lexical et de famille de mots, il est indispensable d'être au clair sur ces différentes notions.

B. Le préfixe

Il est placé à gauche du radical de manière à former un mot dérivé. À la différence du suffixe, le préfixe ne modifie jamais la classe grammaticale du mot de base.

EX : possible / impossible → adjectifs
faire / défaire → verbes

Quelques préfixes

Préfixes	Sens	Exemples
a-	Privation, négation	anormal, apesanteur
a- (+ variantes ac-, af-, al-, am-, ar-, as-, at-) du latin *ad-*	Direction But à atteindre Passage d'un état à un autre	accourir, aborder, adjoindre
co-	Avec	coexister, coanimer
dé- / dis- du latin *dis-*	Séparation, privation, négation	décharger, dérailler, disparaître
dé- du latin *de-*	Intensité, renforcement d'une action	découper, délaisser, démultiplier
é-	Éloignement, privation, changement d'état	égarer, émietter
en-/ em- du latin *in-* « dans » et *im-*	Entrée dans un état, acquisition d'une qualité	enterrer, emprisonner, empoisonner
in- / im-	Négation	improbable, impossible, insuccès, inexact
mé- / més-	Négatif, péjoratif	mésaventure, mécontent
pré-	Avant	prérequis, préretraite, préétablir
re-, ré, r-	Répétition	retrouver, réélire, réagencer, reformuler
re-, ré-, r-	Renforcement	ralentir, refermer

ATTENTION

Certains préfixes ayant une origine étymologique différente apparaissent en français sous des formes similaires en français, qu'il conviendra de ne pas confondre.

C. Le suffixe

On peut également créer des mots par dérivation en ajoutant un suffixe à un radical nominal, adjectival ou verbal. À la différence de la préfixation, la suffixation permet de modifier la classe grammaticale du mot de base.

FOCUS

Le nom déverbal

Un nom obtenu à partir d'un verbe par la suppression des marques verbales de celui-ci est appelé un nom déverbal.
EX : oublier → oubli / couper → coupe / formuler → formule

Les principaux suffixes servant à former des noms

Suffixes	Sens	Noms dérivés
-age	Action Objet ; lieu Collection, ensemble	blanchissage garage feuillage
-(a)teur / -(a)trice	Agent ; objet	rédacteur, promoteur, calculatrice
-(a)tion	Action, résultat de l'action	transformation, réverbération
-(e)ment	Action, résultat de l'action	épuisement, recueillement
-erie, -ie	Qualité ; action ; lieu	folie, fourberie
-esse	Qualité ; femme	jeunesse, papesse
-eur -eur, -euse	Qualité Agent Objet	grandeur, douceur chercheur, marcheuse trieuse
- ier/ière	Métier ; récipient ; arbre, plante, lieu	fermier, soupière, rizière
-is	Action, résultat de l'action	gâchis
-isme	Disposition ; doctrine ; métier	royalisme, journalisme
- oir/oire	Objet ; lieu	arrosoir, patinoire
-ure	Action, résultat de l'action Qualité, état Collection, ensemble	usure, coupure, voilure

Suffixes servant à former des verbes

Suffixes	Verbes dérivés
-aill(er)	trainailler
-ass(er)	rêvasser
-el(er)	bosseler
-et(er)	voleter
-(i)fi(er)	statufier
-ill(er)	mordiller
-in(er)	trottiner
-is(er)	personnaliser, caraméliser
-och(er)	effilocher
-onn(er)	chantonner, tâtonner
-ot(er)	vivoter
-oy(er)	foudroyer, tournoyer

Principaux suffixes servant à former des adjectifs

Suffixes	Sens	Noms dérivés
-able, -ible	Qui peut être	mettable, éligible
-aire	Qui a rapport à	légendaire
-al, -ale -el, -elle	Qui a la qualité de	royal mortel
-âtre	Qui exprime l'approximation, souvent avec un sens péjoratif	verdâtre
-é	Qui a la qualité de	imagé
-er, -ère / -ier, -ière	Qui a la qualité de	mensonger, coutumière
eux/euse	Qui a la qualité de	peureux, vertueux, courageuse
- ien/ -ienne	Qui vient de, qui appartient à	martien, crânien
-if/ -ive	Qui a la qualité de	craintif, tardive
-in / -ine	Qui a la qualité de	enfantin
-ique	Qui a la qualité de, qui vient de	pacifique, volcanique
-iste	Qui a la qualité de, relatif à un parti	égoïste, communiste
-(at)oire	Qui fait l'action de	méritoire, ostentatoire
-ois, -oise / -ais, -aise	Qui habite	suédois, japonais

FOCUS — **La formation des adverbes de manière**

La plupart des adverbes de manière sont formés de la façon suivante :
Adjectif (au féminin) + Suffixe adverbial -ment (du latin *mens, mentis*)
EX : amicale/ment ; lente/ment
Il ne faut pas confondre le suffixe nominal -(e)ment et le suffixe adverbial -ment ! C'est pour cela qu'il faut absolument préciser la classe grammaticale du mot si on vous demande d'analyser la construction d'un mot formé par dérivation.

D. Dérivations successives et parasynthèse

- Les mots dérivés sont parfois construits par dérivations successives.

EX : « civilisation » est un nom commun formé par dérivations successives à partir du radical adjectival « civil », auquel a été adjoint dans un premier temps le suffixe verbal « -is(er) » pour former le verbe « civiliser », puis le suffixe nominal -ation, pour former le nom commun « civilisation ».

- Le phénomène de dérivation successive ne doit pas être confondu avec la dérivation parasynthétique, qui désigne un phénomène d'adjonction simultanée d'un préfixe et d'un suffixe au radical pour former un mot dérivé.

EX : « encolure » est un mot complexe, formé par dérivation parasynthétique par adjonction simultanée au radical « col » du préfixe « en- » et du suffixe « -ure » (*encol et *colure sont des mots inexistants).
« encourager » est un verbe formé par dérivation parasynthétique à partir du nom « courage », auquel ont été adjoints simultanément le préfixe « en- » et la désinence verbale -er (le verbe *courager est inexistant en français).

ATTENTION

Si on vous demande d'expliquer la formation par dérivation, il faudra préciser le sens du préfixe et/ou du suffixe, ainsi que la classe grammaticale et la signification du mot formé.

2 La composition

À la différence de la dérivation, qui combine un radical et un ou plusieurs affixes, la composition combine plusieurs éléments de manière à former une seule unité de sens : le mot composé.

A. La composition populaire

La composition populaire associe des éléments qui peuvent exister en français de manière autonome. Les mots composés constituent une seule unité lexicale et peuvent faire l'objet d'une entrée dans le dictionnaire. On ne peut pas séparer ou déplacer les éléments, ni insérer un nouvel élément. Ces unités doivent donc être considérées comme un seul mot.

EX : une pomme de terre, un grain de beauté.
La composition populaire permet de créer des noms, des adjectifs ou des verbes composés.

EX : un wagon-lit, un bar-tabac, un surhomme (noms) / sourd-muet, aigre-doux, vert bouteille, malintentionné (adjectifs) / prendre peur, faire attention (verbes).

FOCUS

Les locutions

Les mots formés par composition populaire peuvent contribuer à la constitution de locutions, notamment verbales, dans la mesure où l'on entend par locution un ensemble de mots qui forment un tout et dont le nombre de ses constituants peut varier. Une locution se mémorise d'un bloc et doit être considérée comme une seule unité :
- une **unité sémantique** : le sens d'une locution ne se comprend que si l'on considère l'ensemble de ses constituants ;
- une **unité syntaxique** : les constituants sont inséparables, la possibilité d'insérer un nouvel élément à la locution est très réduite.

Il existe des locutions :
- nominales. **EX :** un arc-en-ciel, le qu'en-dira-t-on ;
- verbales. **EX :** faire fi de, être sur ses gardes, prendre la clé des champs ;
- adjectivales ou adjectives. **EX :** sûr et certain, bête comme chou, à la mode, de bonne humeur, à pic ;
- adverbiales. **EX :** tout à coup, tout de suite, en effet, d'ores et déjà ;
- prépositives. **EX :** en raison de, dans le but de, afin de, auprès de, en faveur de ;
- conjonctives. **EX :** afin que, bien que, à condition que, étant entendu que.

B. La composition savante

La composition savante associe des éléments qui existaient de manière autonome en latin ou en grec, mais plus nécessairement en français. C'est ce qui la rend parfois difficile à distinguer de la dérivation.

EX : bibliographie est un mot formé par composition savante à partir de deux éléments grecs : *biblio* qui signifie « livre », et *graphie*, qui signifie « écriture ». Une bibliographie est un nom commun qui renvoie à la liste écrite de l'ensemble des ouvrages mobilisés pour écrire un mémoire, une thèse, un article…

Éléments latins

Éléments latins qui peuvent commencer le mot composé		
Agri-	Champ	**Agri**cole
Calori-	Chaleur	**Calori**fère
Carni-	Chair, viande	**Carni**vore
Centi-	Centième	**Centi**grade
Centri-	Centre	**Centri**fuge
Cruci	Croix	**Cruci**fère
Omni	Tout	**Omni**vore
Viti-	Vigne	**Viti**cole
Éléments latins qui peuvent finir le mot composé		
-cide	Qui tue	Parri**cide**
-cole	Qui a rapport à la culture	Viti**cole**
-fère	Qui porte	Cruci**fère**
-fique	Qui produit	Frigori**fique**
-fuge	Qui met en fuite, qui fuit	Centri**fuge**, fébri**fuge**
-grade	Pas, degré	Planti**grade**
-pare	Qui produit	Ovi**pare**
-pède	Pied	Quadru**pède**
-vore	Qui mange	Carni**vore**

Éléments grecs

Éléments grecs qui peuvent commencer le mot composé		
Aéro-	Air	**Aéro**port
Anthropo-	Homme	**Anthropo**phage
Archéo-	Ancien	**Archéo**logie
Biblio-	Livre	**Biblio**graphie
Bio-	Vie	**Bio**graphie
Dynamo-	Force	**Dynamo**mètre
Gast(é)r(o)-	Ventre	**Gastéro**pode / **Gastro**entérite
Géo-	Terre	**Géo**logie
Méga(lo)-	Grand	**Mégalo**manie
Mono-	Seul	**Mono**théisme
Nécro-	Mort	**Nécro**logie
Neuro-/névro-	Nerf	**Neuro**logie
Ortho-	Droit	**Ortho**pédie
Paléo-	Ancien	**Paléo**graphie

Éléments grecs qui peuvent commencer le mot composé		
Photo-	Lumière	**Photo**graphie
Télé-	Loin	**Télé**phone
Auto-	Soi-même	**Auto**biographie
Éléments grecs qui peuvent terminer le mot composé		
-algie	Douleur	Névr**algie**
-crat(i)e	Pouvoir	Démo**cratie**
-gène	Engendrant	Hydro**gène**
-gramme	Écrit, poids	Télé**gramme**, déca**gramme**
-man(i)e	Folie	Clepto**manie**
-nom(i)e	Règle	Métro**nome**, gastro**nomie**
- phob(i)e	Haine	Agora**phobie**
-scop(i)e	Regard	Micro**scope**
-technie	Science	Pyro**technie**
-thérapie	Guérison	Hydro**thérapie**
-tomie	Coupe	Laparo**tomie**
Éléments grecs qui peuvent commencer ou finir le mot composé		
Céphalo -/ -céphale	Tête	Micro**céphale**
Chromo- / -chrome	Couleur	**Chromo**some / Mono**chrome**
Chrono- / -chrone	Temps	**Chrono**mètre / Iso**chrone**
Cosmo- / -cosme	Monde	**Cosmo**gonie / Micro**cosme**
Dactylo- / -dactyle	Doigt	**Dactylo**graphier / Ptéro**dactyle**
Grapho- / -graphie / -graphe	Écrit, étude	**Grapho**logie / Géo**graphie**
Hydro- / -hydre	Eau	**Hydro**logie / An**hydre**
Logo- / -logie / -logue	Discours	**Logo**rrhée / Dia**logue**
Morpho- / -morphe	Forme	**Morpho**logie / Anthropo**morphe**
Patho- / -path(i)e	Maladie, souffrance	Psycho**pathe** / **Patho**logie
Phago- / phag(i)e	Manger	**Phago**cyter / Aéro**phagie**
Phil(o)- / -phile	Ami	Biblio**phile** / **Philo**sophie
phon(o)- / -phone	Voix, son	**Phono**logie, Télé**phone**
Ptéro- / -ptère	Aile	**Ptéro**dactyle / Hélico**ptère**
Thermo- / -therme	Chaleur	**Thermo**mètre / Iso**therme**

C. La composition hybride

La composition hybride consiste à former des mots en utilisant des éléments issus de langues différentes.

EX : une autoroute (« *auto* » est un élément issu du latin ; « route » est un nom commun français).

3 La conversion (ou dérivation impropre)

La conversion, ou dérivation impropre, fait passer des mots déjà existants d'une classe grammaticale à une autre, sans modifier leur forme de départ. Les mots obtenus par conversion reçoivent en général les terminaisons de la nouvelle classe grammaticale.

EX: Le pour et le contre → conversion de prépositions en noms communs.
Le bleu de ses yeux et le rouge de ses joues → adjectifs de couleurs transformés en noms communs par conversion.

4 Les autres procédés de formation des mots

A. La néologie

Il s'agit de former des mots nouveaux par des procédés pouvant relever de la dérivation et de la composition, mais aussi des emprunts.

EX : youtubeur, selfie.

B. Le mot-valise

Il s'agit de néologismes construits en fusionnant deux mots qui existent déjà, en supprimant souvent une de leurs syllabes.

EX : photocopillage (photocopie + pillage) / adulescent (adulte + adolescent).

C. La troncation

Ce procédé consiste à éliminer le début ou la fin d'un mot.

EX : prof, bus.

D. La siglaison

La siglaison peut s'effectuer selon deux procédés :
– les sigles, pour lesquelles l'épellation de chacune des lettres est nécessaire pour permettre la prononciation. **EX :** CGT, PIB ;
– les acronymes, qui se lisent comme un mot ordinaire. **EX :** Ovni, Unesco, Otan.

2. L'emprunt

Il s'agit du procédé qui consiste à introduire dans le lexique un mot appartenant à une autre langue. Le passage d'une langue à l'autre peut se faire :
- directement (**EX :** « parking » est passé directement de l'anglais au français) ;
- indirectement (**EX :** « tomate » vient du nahuatl « *tomatl* » et a été importé en France *via* l'espagnol « *tomate* »[1]).

1 Les mots hérités

Le *Grévisse de l'enseignant*[2] dresse le panorama des héritages présents dans la langue française : la plupart des mots français sont hérités du latin et ont connu au fil des siècles une série de transformations.

EX : flore (latin) > flour (ancien français) > fleur [fleur] (XIe s.) > [flø(u)R] (XIIe s.) > [flœR] (depuis le XVIIe s.)
Si les mots du français viennent généralement du latin, la langue française contient également de nombreux mots gaulois ou germaniques.
Vers le Ve siècle, le latin populaire remplace les dialectes gaulois. Peu à peu, ce latin populaire se mue en langue romane.
À ces mots latins, l'invasion franque du Ve siècle a mêlé un nombre important de mots germaniques (**EX :** banc, bannière). De grands domaines linguistiques se dessinent alors : celui de la *langue d'oïl* dans la moitié nord de la France, et de la *langue d'oc* dans la moitié sud. Le dialecte de l'Ile-de-France se généralise à partir du XIIe siècle.
Les mots de la langue française proviennent aussi d'emprunts faits au latin écrit et au grec.
À la différence des héritages précédemment cités, ce procédé d'emprunt est ici un processus voulu et conscient. La langue romane s'enrichit à partir du XIIe siècle de mots de formation savante, inventés par les lettrés et calqués sur le latin écrit. Il est à noter que la plupart des mots latins à partir desquels ces lettrés ont créé des mots de formation savante avaient déjà été transformés par la langue romane. À partir d'un même mot latin on peut donc avoir un mot populaire obtenu par héritage et un mot savant obtenu par emprunt.

EX : le verbe latin *navigare* a donné en français :
- le verbe « nager », mot populaire obtenu par héritage ;
- le verbe « naviguer », mot savant obtenu par emprunt.

Le grec a fourni à la langue française un certain nombre de mots :
- par formation populaire : certains mots grecs sont d'abord devenus des mots latins, avant de passer à la langue romane et au français (**EX :** beurre, trésor) ;
- par formation savante : le grec a fourni indirectement de nombreux mots en passant par le latin, ou (surtout au XIXe siècle) directement (**EX :** amnésie, téléphone).

1. TFLI (Trésor de la Langue Française Informatisé), cité par le *Grévisse de l'enseignant*, p. 61.
2. Pellat J.-C., Fonvielle S., *Le Grevisse de l'enseignant : Grammaire de référence*, Magnard, 2016.

2 Les mots empruntés aux langues régionales ou étrangères

La langue française emprunte de nombreux mots aux langues régionales ou étrangères[1].

A. Les emprunts aux langues régionales

Le français a beaucoup emprunté au provençal et au gascon.

EX : auberge, fadaise, goujat.

B. Les emprunts aux langues européennes

a. Les emprunts aux langues romanes

De nombreux mots ont été importés :
– de l'italien. **EX :** bambin, opéra, carnaval, paparazzi ;
– de l'espagnol. **EX :** adjudant, aficionado, cigare.

b. Les emprunts aux autres langues européennes

De nombreux mots liés au lexique militaire ont été empruntés à l'allemand. **EX :** sabre, képi, blockhaus.
À partir du XIXe siècle, l'anglais a fourni au français de nombreux mots, concernant notamment les univers du sport, du commerce, de la politique, de la mode, des nouvelles technologies : **EX :** football, paquebot, chèque, budget, meeting, bluejean, podcast, burnout, twitter.

C. Les emprunts aux autres langues du monde

Le français a intégré des mots venus :
– de l'arabe. **EX :** alcool, algèbre, algorithme, zéro, toubib ;
– du turc. **EX :** vizir, tulipe, babouche ;
– des langues africaines. **EX :** karité, chimpanzé, boubou ;
– des langues de l'Inde ou de l'Extrême-Orient. **EX :** avatar, jungle, bonze, thé ;
– des langues amérindiennes. **EX :** ananas, caoutchouc.

NOTE DU FORMATEUR

Les mots empruntés peuvent :
- conserver leur forme d'origine. **EX :** soprano, barman, parking ;
- être francisés. **EX :** beef steak → bifteck / fuel → fioul.
Les rectifications orthographiques de 1990 préconisent de franciser les mots empruntés et d'aligner le pluriel de la plupart des mots empruntés sur celui des mots français.

1. Exemples tirés du *Grévisse de l'enseignant : grammaire de référence*, p. 62.

3. Les relations formelles entre les mots

1 L'homonymie

Au sens strict, l'homonymie suppose une identité phonique et graphique entre des mots qui n'ont pas le même sens.

EX : Le boucher nous a servi une entrecôte. / Ce camion n'arrête pas de nous boucher la vue.

Nous sommes ici dans un cas d'homonymie au sens strict : ces deux mots s'écrivent et se prononcent de la même façon, mais ils n'appartiennent pas à la même classe grammaticale (nom commun dans la première phrase, verbe à l'infinitif dans la deuxième) et n'ont pas le même sens (dans la première phrase, il est question de l'artisan qui fait le commerce de la viande, dans le second cas le verbe signifie « obstruer »).

On peut distinguer des homonymies :
- de genre. **EX :** un livre d'images / une livre de beurre ;
- de nature. **EX :** prendre le car / nous sommes partis car il faisait froid ;
- d'étymon. **EX :** avoir mauvaise mine / travailler à la mine.

2 Homonymie, homographie, homophonie

Au sens large, l'homophonie peut désigner des mots :
- homophones (ils se prononcent de la même façon, mais s'écrivent différemment). **EX :** Il a mis un pull vert. / Nous partons vers Rouen ;
- homographes et hétérophones (ils s'écrivent de la même manière mais se prononcent différemment). **EX :** C'est un homme fier. / Nous ne savons pas à qui nous fier.

3 La paronymie

Elle suppose une proximité phonique et/ou graphique entre deux mots.

EX : précepteur / percepteur ; affection / infection ; estamper / estomper.

NOTE DU FORMATEUR

De la notion de paronymie est issue la figure de style appelée paronomase (*cf.* la fiche 5. Les figures de style).

EX : « Je m'instruis mieux par fuite que par suite. » (Montaigne)

4. Les relations sémantiques entre les mots

1 La synonymie

La synonymie suppose une relation d'équivalence entre deux mots de sens extrêmement proches, voire similaires. **EX** : rapide / véloce ; bête / idiot.
On parle de synonymie totale lorsque l'identité de sens est entière, ce qui est extrêmement rare en français.
La synonymie partielle est la plus courante : il s'agit de mots dont l'équivalence de sens est imparfaite ou qui ne présentent d'équivalence de sens que dans des contextes précis.
EX : L'agent immobilier a estimé notre maison → estimer = évaluer
Je l'estime beaucoup → estimer = apprécier.

2 L'antonymie

L'antonymie désigne une relation d'opposition sémantique entre deux mots. Elle peut être :
– complémentaire, quand les antonymes s'excluent mutuellement. **EX :** mort / vivant ;
– scalaire, quand les antonymes ne s'excluent pas totalement, mais revoient aux deux extrémités d'une échelle. **EX :** riche / pauvre ; chaud / froid ; jeune / vieux ;
– réciproque, quand les antonymes sont considérés comme renvoyant à des éléments qui, du point de vue culturel ou de l'usage, sont symétriquement inversés. **EX :** acheter / vendre ; envoyer / recevoir ; jour / nuit.

3 La hiérarchie de sens : hyponymie et hyperonymie

Les notions d'hyponymie et d'hyperonymie supposent de relier hiérarchiquement les mots entre eux. On appelle hyperonyme ou mot générique le terme qui renvoie à une catégorie générale. L'hyponyme, ou mot spécifique, est l'un des éléments appartenant à cette catégorie générale.

EXEMPLES :

- Hyperonyme : bateau / Hyponymes : navire, paquebot, barque, voilier…
- Hyperonyme : oiseau / Hyponymes : grive, merle moineau, aigle…

L'hyperonyme peut être considéré comme synonyme partiel de l'hyponyme, ce qui ne peut être le cas de deux hyponymes entre eux. **EX :** « oiseau » peut être considéré comme le synonyme partiel de « aigle », mais les mots « grive » et « aigle » ne peuvent être considérés comme synonymes.

5. La polysémie

Un signifiant (enveloppe sonore ou graphique constituant le mot) peut être associé à un ou plusieurs signifiés (concept associé au mot) :

– quand un signifiant ne peut être associé qu'à un seul signifié, on parle de **monosémie** ;

– quand un signifiant peut être associé à plusieurs signifiés, on parle de **polysémie**.

Quand un mot est polysémique, c'est le contexte d'emploi qui va déterminer le sens à lui attribuer.

FOCUS

Sens propre et sens figuré

La notion de polysémie recoupe très largement celles de sens propre et de sens figuré. Le sens propre est le sens premier d'un mot, souvent le plus courant. Le sens figuré est le sens imagé de ce mot, il s'apprécie le plus souvent en contexte.

EXEMPLES :

Le lion a dévoré l'antilope (sens propre). / Alice a dévoré ce livre (sens figuré).

Je n'ai pas digéré mon repas (sens propre). / Il a du mal à digérer cet échec (sens figuré).

J'ai perdu le bouchon de la bouteille (sens propre). / Il y avait de nombreux bouchons sur la route ce matin (sens figuré).

Réflexion et développement à partir d'un texte

Retour sur le document de cadrage

Le document de cadrage précise que l'épreuve écrite de français « prend appui sur un texte (extrait de roman, de nouvelle, de littérature d'idées, d'essai, etc.) d'environ 400 à 600 mots » et fait état, en ce qui concerne la troisième partie de l'épreuve, d'une « partie consacrée à une réflexion suscitée par le texte à partir d'une question posée sur celui-ci et dont la réponse prend la forme d'un développement présentant un raisonnement rédigé et structuré ».

1 Quelle lecture en faire ?

La troisième partie de l'épreuve écrite s'appuie donc sur le même texte-support que pour les questions préalables portant sur la connaissance de la langue et le lexique. Le document de cadrage précise qu'il s'agit d'un « extrait de roman, de nouvelle, de littérature d'idées, d'essai, etc. », ce qui signifie que l'extrait en question peut appartenir à des genres variés, relevant ou non de la fiction littéraire. En ce qui concerne les genres littéraires convoqués, une préférence semble être accordée aux genres narratifs, sans pour autant fermer totalement la porte aux textes poétiques ou théâtraux. La mention des « essais » et de la « littérature d'idées » nous indique que l'extrait soumis à l'étude du candidat peut tout à fait être issu d'un texte théorique. Le « etc. » qui clôture la phrase souligne que l'éventail des possibilités est large, et qu'aucune d'entre elles n'est à exclure.

Cette partie sera consacrée à « une réflexion suscitée par le texte à partir d'une question posée sur celui-ci », ce qui sous-entend que le texte soumis à votre étude ouvre à une mise en perspective du texte à la lumière de vos connaissances sur la thématique abordée. On vous demandera donc de faire appel, de manière plus large, à votre culture générale pour éclairer le sens du texte. Ainsi, les « sujets zéro » précisent dans leur intitulé que la réponse proposée doit prendre appui sur « l'ensemble de vos connaissances et de vos lectures ». Cela signifie que vous devrez démontrer non seulement une compréhension fine du texte, mais également éclairer la problématique qu'il soulève en ouvrant votre propos à une réflexion plus large étayée par des éléments issus de votre culture personnelle. Vous devrez faire appel à votre culture générale et, plus particulièrement, compte tenu de l'ancrage du programme du concours dans les attendus du cycle 4, aux connaissances liées à ce dernier.

Une « question » vous sera posée, par exemple « Le gigantisme technologique est-il associé à la défaite de l'humain ? » (sujet zéro 2) : cela signifie qu'une problématique vous sera proposée et que vous devrez construire le plan permettant d'y répondre de manière appropriée. Cette partie de l'épreuve vise donc à estimer le degré de maîtrise des candidats en matière de compréhension de textes, de clarté et de rigueur dans l'expression, mais aussi d'élaboration d'un propos construit et organisé. Cela suppose donc le recours à une **méthodologie rigoureuse**.

2 Quelques exemples de questions pouvant être posées aux candidats

Les « sujets zéro »[1] proposent les deux questions suivantes :

– Après avoir expliqué ce que Jean Giono désigne par l'image de la « grande barrière », vous vous interrogerez sur la pertinence actuelle de cette expression pour caractériser la relation entre l'homme et l'animal.

Votre réflexion, structurée et argumentée, s'appuiera sur le texte de Jean Giono ainsi que sur l'ensemble de vos connaissances et de vos lectures.

– Le gigantisme technologique est-il associé à la défaite de l'humain ?

Vous présenterez votre réponse de façon structurée et argumentée en vous appuyant sur le texte d'Elsa Triolet ainsi que sur l'ensemble de vos connaissances personnelles et de vos lectures.

CONSEIL DU FORMATEUR

Le programme du CRPE, spécifiquement de l'épreuve écrite, précise que les candidats doivent avoir connaissance du programme de cycle 4, ce qui signifie que « les connaissances personnelles » et « lectures » que vous convoquerez doivent en être directement issues. De fait, les questionnements proposés par les sujets zéro font directement référence aux programmes du cycle 4, puisque « la relation entre l'homme et l'animal » peut renvoyer au questionnement « l'être humain est-il maître de la nature ? » travaillé en classe de 5e, et la question du « gigantisme technologique » au questionnement « progrès et rêves scientifiques », étudié en classe de 3e. Nous vous invitons donc à consulter le programme de français du cycle 4, et plus précisément la partie consacrée à l'acquisition d'une culture littéraire et artistique[2], présentée de manière synthétique ci-après. Il est également conseillé de consulter des manuels scolaires de français allant de la 5e à la 3e. Vous y trouverez des groupements de textes, des références à des œuvres intégrales susceptibles d'être lues ou relues, ainsi que des supports culturels exploités au collège au cycle 4. Cette lecture vous permettra en outre de vous remémorer des textes rencontrés lors de votre propre scolarité, de reconvoquer des savoirs liés à l'histoire de la littérature. Il conviendra également d'être attentif à la partie « croisement des disciplines », ainsi qu'à l'histoire des arts.

3 La culture littéraire et artistique

Au cycle 4, l'un des enjeux majeurs de l'enseignement du français est l'acquisition d'une culture littéraire et artistique. Pour ce faire, cet enseignement s'organise autour des quatre entrées suivantes :

– « Se chercher, se construire ».
– « Vivre en société, participer à la société ».
– « Regarder le monde, inventer des mondes ».
– « Agir sur le monde ».

1. https://www.devenirenseignant.gouv.fr/cid157873/sujets-zero-2022.html
2. Programmes d'enseignement du cycle des approfondissements (cycle 4), p. 27 à 32.

Chacune de ces entrées fait l'objet d'un questionnement spécifique par année, rappelé ci-dessous et que nous vous invitons à consulter dans le détail[1]. L'enseignant s'appuie sur un corpus, mais le travail mené autour de ces entrées ne saurait se limiter à l'analyse de textes : l'oral, l'étude de la langue et l'écrit sont également mobilisés. Des questionnements complémentaires, au choix du professeur, viennent s'ajouter aux questionnements obligatoires. Il s'agit de présenter à l'élève la lecture et la littérature comme une ouverture au monde, les textes étant alors perçus comme des supports de réflexion. Les questionnements sont abordés dans un ordre déterminé par l'enseignant. Il est possible d'aborder chaque questionnement à plusieurs reprises et à différents moments de l'année scolaire, en passant par des problématisations différentes. Il est également envisageable de croiser deux questionnements.

Culture artistique et culturelle : synthèse des questionnements

Se chercher, se construire		
Niveau de classe	**Questionnement(s) associé(s)**	**Indications de corpus[1]**
En classe de 5e	Le voyage et l'aventure : pourquoi aller vers l'inconnu ?	– extraits d'œuvres évoquant les grandes découvertes ; – groupement de textes des poèmes évoquant les voyages ; – un roman d'aventures.
En classe de 4e	Dire l'amour	– un ensemble de poèmes d'amour, de l'Antiquité à nos jours ; – une tragédie du XVIIe siècle, une comédie du XVIIIe siècle ou un drame du XIXe siècle, ou encore des extraits de nouvelles, de romans et de films présentant l'analyse du sentiment amoureux.
En classe de 3e	Se raconter, se représenter	– un livre relevant de l'autobiographie ou du roman autobiographique (lecture intégrale) ; ou – des extraits d'œuvres de différents siècles et genres, relevant de diverses formes du récit de soi et de l'autoportrait : essai, mémoires, autobiographie, roman autobiographique, journaux et correspondances intimes, etc. Possibilité d'intégrer au groupement des exemples de l'autoportrait ou de l'autobiographie dans d'autres arts (peinture, photographie ou images animées : vidéo ou cinéma).
Vivre en société, participer à la société		
Niveau de classe	**Questionnement(s) associé(s)**	**Indications de corpus**
En classe de 5e	Avec autrui : familles, amis, réseaux	– une comédie du XVIIe siècle (lecture intégrale) ; – groupement de textes comprenant des extraits de récits d'enfance et d'adolescence, fictifs ou non ; – exploitation de documents issus des médias.
En classe de 4e	Individu et société : confrontations de valeurs ?	– une tragédie ou une tragicomédie du XVIIe siècle (lecture intégrale), ou une comédie du XVIIIe siècle (lecture intégrale) ; – un groupement de textes des extraits de romans ou de nouvelles des XVIIIe, XIXe, XXe et XXIe siècles.

1. *Ibid.*

Niveau de classe	Questionnement(s) associé(s)	Indications de corpus
En classe de 3e	Dénoncer les travers de la société	– des œuvres ou textes de l'Antiquité à nos jours, relevant de différents genres ou formes littéraires (particulièrement poésie satirique, roman, fable, conte philosophique ou drolatique, pamphlet) ; – des dessins de presse ou affiches, caricatures, albums de bande dessinée. Possibilité d'exploiter des extraits de spectacles, d'émissions, de créations numériques à caractère satirique.

Regarder le monde, inventer des mondes

Niveau de classe	Questionnement(s) associé(s)	Indications de corpus
En classe de 5e	Imaginer des univers nouveaux	– un conte merveilleux (lecture intégrale) ; – extraits d'utopies ou de romans d'anticipation ; – groupement de poèmes ou de récits proposant une reconfiguration poétique de la réalité ; – exploitation d'images fixes ou d'extraits de films créant des univers imaginaires.
En classe de 4e	La fiction pour interroger le réel	– un roman ou des nouvelles réalistes ou naturalistes (lecture intégrale), avec possibilité de s'appuyer sur une adaptation cinématographique ou télévisuelle d'un roman ou d'une nouvelle réaliste ou naturaliste (étude intégrale ou groupement d'extraits) ; – une nouvelle fantastique (lecture intégrale).
En classe de 3e	Visions poétiques du monde	– poèmes ou textes de prose poétiques, du romantisme à nos jours, pour faire comprendre la diversité des visions du monde et leur inscription dans des esthétiques différentes ; on peut intégrer au groupement des exemples majeurs de paysages en peinture.

Agir sur le monde

Niveau de classe	Questionnement(s) associé(s)	Indications de corpus
En classe de 5e	Héros / héroïnes et héroïsmes	– extraits d'œuvres de l'époque médiévale, chansons de geste ou romans de chevalerie ; – extraits d'œuvres épiques, de l'Antiquité au XXIe siècle ; – exploitation d'extraits de bandes dessinées, de films ou d'extraits de films mettant en scène des figures de héros/d'héroïnes.
En classe de 4e	Informer, s'informer, déformer ?	– textes et documents issus de la presse et des medias (journaux, revues, enregistrements radio ou télévises, medias numériques) ; – exploitation de textes et documents conçus à des fins de propagande ou témoignant de la manipulation de l'information ; – extraits de romans, de nouvelles ou de films des XIXe, XXe et XXIe siècles traitant du monde de la presse et du journalisme.
En classe de 3e	Agir dans la cité : individu et pouvoir	– une œuvre ou la partie significative d'une œuvre portant un regard sur l'histoire du siècle – guerres mondiales, société de l'entre-deux-guerres, régimes fascistes et totalitaires (lecture intégrale) ; – extraits d'autres œuvres, appartenant à divers genres littéraires, ainsi que des œuvres picturales ou des extraits d'œuvres cinématographiques.

Questionnements complémentaires (un au moins par année, au choix)		
Niveau de classe	**Questionnement(s) associé(s)**	**Indications de corpus**
En classe de 5e	L'humain est-il maître de la nature ? Questionnement libre	– descriptions réalistes ou poétiques, enluminures, œuvres gravées ou peintes témoignant de l'art de discipliner la nature du Moyen Âge à l'époque classique, ou d'en rêver les beautés réelles ou imaginaires ; – récits d'anticipation, témoignages photographiques sur l'évolution des paysages et des modes de vie.
Niveau de classe	**Questionnement(s) associé(s)**	**Indications de corpus**
En classe de 4e	La ville, lieu de tous les possibles ? Questionnement libre	– descriptions et récits extraits des grands romans du XIXe siècle à nos jours présentant des représentations contrastées du milieu urbain ; – textes proposant une vision singulière et poétique de la ville. On peut aussi étudier l'importance de la ville dans le roman policier et dans le roman d'anticipation.
En classe de 3e	Progrès et rêves scientifiques Questionnement libre	– romans et nouvelles de science-fiction et récits d'anticipation ; – textes et documents issus de la presse et des médias (articles de journaux ou de revues, enregistrements radio ou télévisés, médias numériques).

1. Les indications de corpus en gras signalent les éléments présentés comme incontournables dans les programmes.

4 Les croisements entre enseignements

Les programmes du cycle 4 portent une attention particulière aux « approches disciplinaires décloisonnées »[1], qui assurent à l'élève une « formation cohérente »[2]. La formation morale et civique doit être prise en charge par toutes les disciplines. Le programme du cycle 4 préconise plus précisément de croiser l'enseignement du français avec celui :

– des langues anciennes ;
– des langues vivantes étrangères ou régionales ;
– de l'histoire et de l'enseignement moral et civique ;
– des arts ;
– des autres champs du savoir (disciplines scientifiques ; développement, en lien avec le CDI et le professeur documentaliste, des compétences essentielles au traitement de l'information, à la connaissance et à l'usage des médias).

1. Programme d'enseignement du cycle des approfondissements (cycle 4), p. 34.
2. *Ibid.*

Méthodologie

1 L'introduction

L'introduction doit être présentée sous la forme d'**un seul paragraphe**, organisé comme suit :

– présentation de la thématique générale du texte, sous forme d'une phrase d'amorce. Il faut éviter, en préambule, les citations imprécises, dont on ne se souvient qu'imparfaitement ou dont on a oublié la source ;

– présentation du texte soumis à votre étude (auteur, titre souligné, date, éditeur).

FOCUS — **Les titres d'œuvres**

Les titres d'œuvres, de recueils, de revues... doivent être soulignés dans une copie manuscrite, et apparaître en italique dans un travail rédigé sur traitement de texte. Les titres de poèmes ou d'articles doivent être mis entre guillemets.
Soyez également vigilant(e) à l'orthographe des noms d'auteurs et des titres d'œuvres.

– formulation de la problématique au plus près du libellé du sujet. Attention à la syntaxe ! Si le candidat compte annoncer la problématique (**EX :** « nous nous demanderons si… »), il est indispensable de supprimer l'inversion sujet-verbe souvent présente dans les phrases de type interrogatif, ainsi que le point d'interrogation ;

– annonce du plan.

ATTENTION

Pour montrer au correcteur que la démonstration que vous allez mener est clairement conçue, commencez par formuler le plan de la manière la plus concise et précise possible. Évitez les phrases trop longues, qui peuvent laisser une impression de confusion ou présentent déjà des arguments qui auraient toute leur place dans le développement.

2 Le développement

Le document de cadrage précise que la réponse à la question posée prendra la forme d'un « développement présentant un raisonnement structuré et organisé ».

■ Quelle lecture en faire ?

Le document de cadrage ainsi que les concepteurs des sujets zéro attendent du candidat un développement organisé, rédigé dans une langue claire et précise. Cela signifie également que les arguments développés doivent s'enchaîner logiquement et présenter le souci constant de répondre à la question posée.

A. Comment s'y prendre concrètement ?

Construire un plan

Le candidat doit, dans un premier temps, se montrer particulièrement attentif à la question posée, l'analyser en relevant les mots-clés, et les définir succinctement afin d'être au clair sur ce qu'ils signifient (éviter les contresens), et ainsi dessiner quelques ébauches de pistes qui permettront par la suite de construire un plan.

La lecture du texte doit être minutieuse et se faire stylo à la main, de manière à annoter et souligner dès la première lecture les éléments qui sont en relation avec la problématique. Le candidat pourra ensuite répertorier et regrouper au brouillon les réflexions suscitées par le texte qui répondent à la question posée, et s'appuyer sur ce premier classement pour construire les grands axes de son plan. Il faudra veiller à ne pas faire de la question posée une partie du plan.

Le plan doit s'articuler de manière logique, c'est-à-dire qu'il est préférable de commencer par l'argument le moins complexe et le plus facile à mettre en évidence, pour terminer par les idées les plus fortes. L'analyse doit s'affiner et se complexifier au fil de votre démonstration.

CONSEIL DU FORMATEUR

Une gestion adaptée du temps est indispensable : en effet, si l'enjeu est de finir votre démonstration par une idée forte et particulièrement pertinente, il faudra absolument conserver le temps nécessaire à la rédaction de la dernière partie (il serait en effet dommageable de « garder les meilleures idées pour la fin » et de ne pouvoir les développer faute de temps). Dans ce type d'épreuve, l'organisation conventionnelle en trois parties elles-mêmes divisées en trois sous-parties n'est ni une obligation, ni une fin en soi : il est souvent préférable de proposer un plan cohérent en deux parties, plutôt qu'un plan en trois parties peu convaincant, ou dont les sous-parties sont insuffisamment rédigées et traitées de manière trop superficielle.

Rédiger le développement

Un développement organisé prend la forme de grandes parties, elles-mêmes décomposées en sous-parties ou paragraphes, qui doivent être équilibrés.

Pour mettre en valeur la cohérence de votre développement, il conviendra de vous appuyer sur des connecteurs qui marquent l'articulation logique de votre développement, notamment ceux qui expriment la cause et la conséquence. On limitera l'usage des connecteurs exprimant l'addition (« de plus », « en outre », « par ailleurs »…) car leur accumulation peut masquer l'articulation logique du raisonnement, et laisser penser que votre travail consiste à juxtaposer des idées plus qu'à les articuler réellement entre elles. Il est indispensable de démontrer au correcteur que vous savez où vous allez, et que chaque grande partie ou sous-partie découle logiquement de la précédente.

L'organisation en paragraphes

La lisibilité, la clarté de la cohérence globale de votre travail sont des points essentiels au concours. Il convient donc de ne pas négliger la clarté des enchaînements. Un paragraphe constitue une **même unité de sens**. Il s'agit d'un ensemble de phrases qui permettent de développer une idée précise de votre raisonnement. Un paragraphe cohérent peut être structuré comme suit :

- présentation et explicitation de l'idée ou de l'argument en quelques phrases ;
- illustration par un ou plusieurs exemples issus du texte soumis à votre étude ou de vos connaissances personnelles ;
- phrase de synthèse permettant de justifier la pertinence de ou des exemples choisis et d'assurer la transition vers le paragraphe suivant.

Pour marquer le passage d'un paragraphe à un autre, il faut aller à la ligne et marquer un retrait.

Comment organiser les grandes parties et les sous-parties ?

Si votre travail est structuré en grandes parties, qui elles-mêmes contiennent plusieurs paragraphes, il convient généralement de procéder comme suit :

- saut d'une ou deux lignes entre chaque grande partie ;
- simple retour à la ligne accompagné d'un retrait, sans saut de ligne, pour marquer le passage d'une sous-partie à une autre.

Le développement étant relativement condensé, il est conseillé de rattacher les transitions au dernier paragraphe de la grande partie en cours de rédaction, pour éviter de donner au correcteur une impression de morcellement de la copie.

B. Quelle place accorder à la citation ?

Si nous nous appuyons sur le document de cadrage, le recours à la citation, ainsi que l'analyse stylistique ne semblent pas être l'enjeu prioritaire de cette partie de l'épreuve. On peut donc faire un usage (limité) de la citation à titre d'illustration, mais celle-ci ne doit pas être trop longue (dans ce type d'épreuve en temps limité, les sous-parties sont relativement courtes, la citation ne peut donc y prendre trop de place, au risque de donner l'impression au correcteur qu'elle tient lieu d'analyse).

FOCUS

Faire un usage raisonné de la citation

Toute citation doit être mise entre guillemets. Quand une phrase trop longue pour être citée dans sa totalité est abrégée, cela sera signalé par le signe suivant : [...]. Il conviendra toutefois, lorsque l'on abrège une phrase du texte, de conserver une syntaxe cohérente. L'analyse stylistique peut éventuellement être convoquée si elle présente un intérêt au regard de la question posée et si elle sert votre argumentation. Celle-ci ne semblant pas être au centre de cette partie de l'épreuve, il conviendra toutefois de limiter son usage et de ne pas faire de l'analyse stylistique le seul élément constitutif d'un paragraphe. Si vous y avez recours, expliquez en quoi l'analyse produite permet de répondre à la question posée sur le texte.

C. Comment éviter la paraphrase ?

L'un des écueils auxquels sont fréquemment confrontés les candidats dans ce type d'épreuve est le risque de paraphrase.

Paraphraser, c'est reformuler, avec ses propres mots, ce que dit déjà le texte. La paraphrase n'est pas une analyse, puisque le candidat répète ce qui est déjà écrit dans le texte, sans le mettre en perspective ni l'envisager à la lumière de la question posée. Une copie qui paraphrase le texte donne donc l'impression de résumer celui-ci, non de l'analyser ou d'en produire une lecture interprétative. Pour éviter la paraphrase, on conseillera donc au candidat de rédiger son développement au regard des questionnements suivants :

- Suis-je en train de répéter ce qui est déjà dit dans le texte ?
- Mon propos apporte-t-il un éclairage sur le texte ?
- En quoi la partie du texte que je me propose d'analyser éclaire-t-elle la question posée ?
- Pourquoi l'auteur affirme-t-il cela ? Au sujet de cette question ?

À cet effet, on conseillera au candidat de composer en gardant en permanence sous les yeux la question posée par le sujet.

ATTENTION

Vous n'aurez pas le temps de rédiger intégralement un brouillon ! Il faudra donc essentiellement porter sur celui-ci les grands axes de votre développement, et éventuellement les titres des sous-parties. Les exemples issus de votre culture personnelle que vous envisagez de convoquer peuvent également apparaître succinctement au brouillon, de manière à les garder en mémoire avant de les reconvoquer au moment de la rédaction de votre travail. La méthodologie adoptée doit donc être de l'ordre du réflexe.

3 La conclusion

La conclusion doit venir résumer et clore le développement. Elle prend la forme d'un paragraphe et ne doit pas contenir d'éléments nouveaux ni de citations, qui auraient pu trouver leur place dans le développement. Elle peut éventuellement contenir une ouverture dans la phrase finale.

PARTIE 2

Réussir l'épreuve écrite de mathématiques

Coefficient 1

Durée : 3 heures

Présentation de l'épreuve

1 Le texte officiel

L'arrêté du 25 janvier 2021 fixe les modalités d'organisation du concours externe, des concours externes spéciaux, du second concours interne, du second concours interne spécial et du troisième concours de recrutement de professeurs des écoles.

« Épreuve écrite disciplinaire de mathématiques. L'épreuve est constituée d'un ensemble d'au moins trois exercices indépendants, permettant de vérifier les connaissances du candidat.

L'épreuve est notée sur 20. Une note globale égale ou inférieure à 5 est éliminatoire.

Durée : trois heures ; coefficient 1. »

2 Des questions pratiques

En raison du nombre d'exercices indépendants (au moins trois), de nombreuses connaissances mathématiques vont être évaluées.

La géométrie pourra être abordée à partir d'un exercice de l'école primaire où les notions théoriques sous-jacentes feront l'objet d'une étude.

La numération et les propriétés des différents types de nombres doivent permettre la mise en évidence des connaissances indispensables sur les nombres.

L'utilisation de la proportionnalité et de fonctions numériques dans un cas concret de la vie courante doit permettre la vérification de la maîtrise de connaissances numériques et graphiques.

Programme

- Le nombre et les nombres (entiers, décimaux, rationnels, réels) et les relations entre diverses représentations (fractionnaire, décimale, scientifique).
- Opérations sur les nombres.
- Représentations des relations entre les nombres : égalité, ordre, approximation.
- Notions de proportionnalité (fonction linéaire).
- Des fonctions numériques
- Mesures (longueur, masse, durée, vitesse, aire, volume) en relation avec les sciences expérimentales.
- Éléments simples de géométrie plane (droite, angles, figures classiques et propriétés principales, symétries, homothéties, rotations) et de géométrie dans l'espace (quelques solides usuels et propriétés principales).
- Triangles égaux et triangles semblables.
- Éléments sur l'utilisation des calculatrices électroniques et d'outils informatiques simples (tableurs).
- Représentation et interprétation simple de données (tableaux, diagrammes, graphiques).
- Interprétation et calculs de statistiques.
- Définition et calcul de probabilités simples.

Note des auteurs

« Il est attendu du candidat qu'il maîtrise finement et avec du recul l'ensemble des connaissances, compétences et démarches intellectuelles du socle commun de connaissances, compétences et culture, et les programmes des cycles 1 à 4. » Vous pourrez parfois trouver dans cet ouvrage quelques exercices faisant appel à des notions qui pourraient sembler à la limite des programmes. Ce choix s'appuie sur une pratique récurrente au sein des cours de mathématiques des INSPE. Par exemple, des notions comme l'étude des différentes bases de numération ou celles de PGCD et PPCM sont abordées afin de résoudre de manière plus simple et plus compréhensible des exercices de numération ou d'arithmétique. La connaissance de la bissectrice d'un angle et le rôle joué par les angles au centre ou les angles inscrits dans un cercle permettent souvent de résoudre des exercices de calculs d'angles et de mettre en évidence des rotations. Enfin, c'est par le théorème de Thalès et sa réciproque que les homothéties et les triangles semblables sont traités.

Planning de révisions

Périodes	Thèmes à étudier	Nos outils
Période 1 Septembre à novembre	– Numérisation et ensemble de nombres – Addition et soustraction – Division euclidienne – Parallélisme et perpendicularité – Fractions et nombres décimaux	p. 124 p. 127 p. 130 p. 154 p. 135
Période 2 Décembre à mi-janvier	– Équation et inéquation – Résolution de problèmes – Triangles – Triangles égaux – Quadrilatères – Multiples et diviseurs – Théorème de Pythagore – Cercle et disque	p. 148 p. 150 p. 165 p. 187 p. 168 p. 130 p. 176 p. 171
Période 3 Mi-janvier à février	– Polygones – Triangles semblables – Proportionnalité – Pourcentages – Théorème de Thalès – Durées – Vitesse et échelles	p. 165 p. 188 p. 205 p. 202 p. 179 p. 201 p. 201
Période 4 Mars à avril	– Fonctions – Graphiques – Symétrie – Aires et périmètres – Volumes – Solides – Statistiques et probabilités **Révisions générales**	p. 143 p. 143 p. 183 p. 200 p. 200 p. 190 p. 209

Nombres

Tout le cours

Tout le cours

1. Nombres et opérations

1 Les fractions

Afin de procéder à des partages et à des répartitions, les égyptiens et les Babyloniens ont inventé les fractions, mais de manière indépendante. Alors que les premiers n'employaient que des fractions de numérateur 1, les seconds utilisaient des fractions ayant comme dénominateurs des puissances de 60. Les Grecs, qui ne considéraient pas les fractions comme des nombres mais comme des **rapports**, les employaient constamment dans leurs calculs, en astronomie particulièrement. Au xe siècle après J.-C., les mathématiciens arabo-musulmans ont introduit les **fractions décimales** qui représentèrent une innovation très importante.

Une fraction est décimale quand elle est égale à une fraction ayant une puissance de 10 (10, $10^2 = 100$, $10^3 = 1\,000$, $10^4 = 10\,000$, etc.) comme dénominateur.

EXEMPLE : $\frac{3}{5}$ est une fraction décimale car $\frac{3}{5} = \frac{3 \times 2}{5 \times 2} = \frac{6}{10}$. Même chose pour $\frac{12}{75}$ car on a $\frac{12}{75} = \frac{12 \div 3}{75 \div 3} = \frac{4}{25} = \frac{4 \times 4}{25 \times 4} = \frac{16}{100}$.

Soit p et q deux entiers naturels quelconques. Une fraction dont le dénominateur est de la forme $2p \times 5q$ est décimale. Une fraction irréductible dont le dénominateur n'est pas de la forme $2p \times 5q$ n'est pas décimale.

EXEMPLES :

- $\frac{11}{2^3 \times 5^2} = \frac{11 \times 5}{2^3 \times 5^3} = \frac{55}{(2 \times 5)^3} = \frac{55}{10^3} = \frac{55}{1\,000}$.
- $\frac{6}{5^4} = \frac{6 \times 2^4}{5^4 \times 2^4} = \frac{6 \times 16}{625 \times 16} = \frac{96}{10\,000}$.
- Malgré les apparences, $\frac{3}{15}$ est une fraction décimale car, après simplification, $\frac{3}{15} = \frac{1}{5}$.

2 Les nombres décimaux

Tout nombre décimal représente une somme de fractions décimales.

EXEMPLES : 0,72 peut être représenté par $\frac{7}{10} + \frac{2}{100}$; 3,437 peut être représenté par $3 + \frac{4}{10} + \frac{37}{1\,000}$; $\frac{47}{10\,000}$ représente 0,0047.

Toute fraction décimale représente un nombre décimal. On obtient ce nombre en divisant le numérateur de la fraction par le dénominateur.

EXEMPLE : $\frac{432}{100}$ représente le nombre décimal 4,32.

L'ensemble des nombres décimaux est désigné par le symbole $\mathbb{D}$.

Les entiers doivent être considérés comme étant des nombres décimaux puisqu'ils peuvent eux aussi être représentés par des fractions décimales.

EXEMPLE : $1 = \frac{100}{100}$.

3 Les nombres relatifs

Des nombres tels que + 5, – 7 ou – 34 sont des **entiers relatifs**. Ils ont été inventés aux environs du ve siècle après J.-C. par des mathématiciens indiens qui désiraient améliorer la tenue de leurs comptes mais, pendant des siècles, ces nouveaux nombres ont été délaissés par de nombreux mathématiciens qui n'y voyaient qu'artifice !

L'ensemble des entiers relatifs est désigné par le symbole $\mathbb{Z}$.

4 Les nombres rationnels

La division des nombres décimaux a réservé quelques surprises quand on s'est rendu compte que le quotient de deux entiers n'est pas toujours un nombre entier ni même un nombre décimal. Il existe des divisions qui conduisent à des quotients ayant un nombre illimité de décimales ! Ainsi la division de 14 par 3 donne 4,66666… ; celle de 52 par 33 donne 1,5757575757… Ces deux quotients sont des **nombres périodiques** : à partir d'un certain rang, le même groupe de chiffres qu'on appelle la **période** revient tout le temps dans la partie après la virgule. La période du quotient de 14 par 3 possède 1 chiffre, celle du quotient de 52 par 33 en possède 2. D'une façon générale, le quotient de deux entiers est soit un nombre entier, soit un nombre décimal, soit un nombre périodique. En effet, de deux choses l'une : ou la division tombe juste (et le quotient est entier ou décimal) ou bien elle ne tombe pas juste. Dans ce cas, le nombre des restes possibles est limité puisque, dans une division, le reste est nécessairement inférieur au diviseur. Le reste 0 étant exclu, on doit retrouver les mêmes restes dans le même ordre au bout d'un certain temps. Divisons par exemple 22 par 7. Les restes étant inférieurs à 7, il y en a six possibles : 1, 2, 3, 4, 5 et 6.

22	7
10	
30	3,1428571…
20	
60	
40	
50	
10	

22 n'étant pas un multiple de 7, on est assuré que la division ne peut jamais tomber juste. On doit donc retrouver les six restes possibles de façon périodique.
Observons cependant que le caractère périodique du quotient est souvent masqué. Ainsi, déterminé à l'aide d'une calculatrice, le quotient de 47 par 19 est 2,473684211… (il s'agit d'une valeur approchée). Malgré les apparences, ce nombre est périodique mais sa période n'apparaît pas car elle possède 18 chiffres.

FOCUS — **Les surprises de l'infini**

Considérons le nombre périodique $x = 0{,}9999999...$
On a $10\,x = 9{,}99999... = 9 + x$.
On en déduit $9x = 9$ d'où $x = 1$.
On a donc $1 = 0{,}999999...$ Il n'y a pas de piège, c'est vrai !

On appelle **nombre rationnel** et on note $\frac{a}{b}$ le quotient de deux entiers quelconques a et b, b étant toutefois différent de 0. L'ensemble des nombres rationnels est désigné par le symbole $\mathbb{Q}$.

5 Les nombres réels

Au XIXe siècle, on a démontré qu'il existe des nombres réels qui ne sont ni décimaux ni périodiques. On les appelle des nombres **irrationnels**.
Des nombres tels que $\sqrt{2}$, $\sqrt{5}$ ou π sont irrationnels.

Le symbole $\sqrt{2}$ (lire racine carrée de 2) désigne le nombre a dont le carré est 2.

Les nombres rationnels et les nombres irrationnels constituent l'ensemble $\mathbb{R}$ des nombres réels.

6 Les différents ensembles de nombres

L'opposition entre les différentes sortes de nombres n'est pas aussi radicale qu'il y paraît. Pour des raisons de cohérence, les mathématiciens ont été amenés à considérer qu'un entier naturel peut être identifié à un entier relatif positif. On a donc $\mathbb{N} \subset \mathbb{Z}$: lire « l'ensemble des entiers naturels est contenu dans l'ensemble des entiers relatifs » ou bien « tout entier naturel est aussi un entier relatif ».
D'une façon générale, les différents ensembles de nombres sont contenus les uns dans les autres selon le schéma suivant : $\mathbb{N} \subset \mathbb{Z} \subset \mathbb{D} \subset \mathbb{Q} \subset \mathbb{R}$
Faisons le point, dans le tableau suivant, sur la façon de reconnaître les différents types de nombres.

Un nombre est un décimal	– s'il est écrit sous la forme d'un nombre à virgule possédant un nombre fini de décimales. Exemple : 6,784 ; – s'il est écrit sous la forme d'une fraction égale à une fraction décimale.
Un nombre est un rationnel	– s'il est écrit sous la forme d'une fraction quelconque ; – s'il est écrit sous forme d'un nombre.

7 Propriétés de l'addition et de la multiplication

Quels que soient les nombres utilisés, l'addition et la multiplication sont :
- **associatives** : $(a + b) + c = a + (b + c)$ et $(a \times b) \times c = a \times (b \times c)$; cette propriété permet d'écrire les sommes et les produits sans parenthèses ;
- **commutatives** : $a + b = b + a$ et $a \times b = b \times a$.

La multiplication est **distributive** par rapport à l'addition et à la soustraction : $a \times (b + c) = (a \times b) + (a \times c)$ et $a \times (b - c) = (a \times b) - (a \times c)$.

Cette dernière propriété est souvent utilisée en calcul mental. Par exemple, $61 \times 45 = 60 \times 45 + 1 \times 45 = 2\,700 + 45 = 2\,745$.
Cependant, **les opérations inverses ne sont pas toujours définies**. Si on emploie des entiers naturels a et b, la différence $a - b$ n'existe que si $a \geqslant b$. Le mot « existe » signifie ici « est un entier naturel ».
Si on emploie des décimaux a et b et si b est différent de 0, la division de a par b est toujours possible mais ne donne pas toujours un décimal.
Pour simplifier l'écriture des calculs, on convient de certaines **priorités** : la multiplication et la division ont priorité sur l'addition et sur la soustraction.
EX : $3 \times 2 + 5 = 6 + 5 = 11$ tandis que $3 \times (2 + 5) = 3 \times 7 = 21$.

Valeurs approchées

Dans les calculs numériques, on remplace très souvent les valeurs exactes de certains nombres par des valeurs approchées par défaut ou par excès. Il existe trois raisons à cela :
- certaines opérations ne « tombent pas juste », la division ou l'extraction d'une racine carrée par exemple ;

– les données utilisées dans les calculs ne sont pas toujours connues avec suffisamment de précision ;
– il est inutile de donner un résultat avec trop de décimales.

EXEMPLES : 1,414 est une valeur approchée par défaut de $\sqrt{2}$; 3,1415926 est une valeur approchée par défaut du nombre π.
On peut obtenir des valeurs approchées d'un nombre à virgule en le **tronquant** ou en l'**arrondissant**.

Tronquer un nombre décimal à l'unité, c'est ne conserver que sa partie entière.
Tronquer un nombre décimal au dixième, c'est ne conserver que sa partie entière et la première décimale.
Tronquer un nombre décimal au centième, c'est ne conserver que sa partie entière et les deux premières décimales.
On peut également tronquer un nombre décimal au millième, au dix-millième, etc.

EXEMPLES : 5,6 est la troncature au dixième de 5,673; 5,67 est une troncature de ce même nombre au centième.

Arrondir un nombre décimal au dixième, c'est le remplacer par le nombre décimal qui en est le plus proche et qui n'a qu'une seule décimale.
Arrondir un nombre décimal au centième, c'est le remplacer par le nombre décimal qui en est le plus proche et qui n'a que deux décimales.

EXEMPLES : 3,6 est l'arrondi au dixième de 3,61 car $3{,}7 - 3{,}61 = 0{,}09$ tandis que $3{,}61 - 3{,}6 = 0{,}01$.
3,7 est l'arrondi au dixième de 3,666 car $3{,}7 - 3{,}666 = 0{,}034$ tandis que $3{,}666 - 3{,}6 = 0{,}066$.
3,67 est l'arrondi au centième de 3,666 car $3{,}67 - 3{,}666 = 0{,}004$ tandis que $3{,}666 - 3{,}66 = 0{,}006$.

On signale qu'un calcul donne un résultat approché en remplaçant le signe = par le signe ≈.

EXEMPLE :
On écrira $3{,}5 + \frac{7}{3} \approx 5{,}833$ mais $3{,}5 + \frac{7}{3} = \frac{35}{6}$.
Le calcul $3{,}5 + \frac{7}{3} \approx 5{,}833$ se lit « $3{,}5 + \frac{7}{3}$ *donne 5,833 comme résultat approché* ».

8 Encadrements

Dans les calculs scientifiques et techniques, il est rare d'avoir affaire à des calculs donnant des résultats rigoureusement exacts. Les résultats sont donnés à l'aide de « fourchettes » ou encadrements.

Dire que deux nombres a et b constituent un **encadrement** d'un nombre x, c'est dire qu'on peut écrire $a < x < b$. Le nombre $b - a$ est l'**amplitude** de l'encadrement.

EXEMPLE : $4{,}242 < \sqrt{18} < 4{,}243$ est un encadrement d'amplitude 0,001 de $\sqrt{18}$.

9 Écriture scientifique des nombres

Pour les avantages qu'elle procure, les scientifiques utilisent une écriture particulière des nombres. à titre d'exemple, choisissons deux nombres décimaux quelconques, par exemple 1 267,35 et 0,0045. On peut écrire $1\,267{,}35 = 1{,}26735 \times 1\,000 = 1{,}26735 \times 10^3$ et $0{,}0045 = 4{,}5 \times 0{,}001 = 4{,}5 \times 10^{-3}$. On dit que l'écriture $1{,}26735 \times 10^3$ est l'**écriture scientifique** du nombre 1 267,35 ; de même, l'écriture $4{,}5 \times 10^{-3}$ est l'écriture scientifique de 0,0045.

L'**écriture scientifique** d'un nombre décimal est une écriture de la forme $a \times 10^n$. Dans cette écriture, a est un nombre décimal supérieur ou égal à 1 mais toujours inférieur à 10, n est un entier positif ou négatif.

Les puissances de 10 peuvent s'écrire avec des exposants.
$10^2 = 100$; $10^3 = 1\,000$; $10^4 = 10\,000$; $10^5 = 100\,000$; etc.
$10^{-1} = 0{,}1$; $10^{-2} = 0{,}01$; $10^{-3} = 0{,}001$; $10^{-4} = 0{,}0001$; $10^{-5} = 0{,}00001$; etc.

Quand on connaît l'écriture scientifique d'un nombre décimal, on peut encadrer ce nombre décimal par deux puissances consécutives de 10. Les scientifiques disent que la plus petite de ces puissances est un **ordre de grandeur** de ce nombre.

EXEMPLE : $5\,367{,}8 = 5{,}3678 \times 10^3$; donc 5 367,8 est compris entre 10^3 et 10^4. On en déduit que 10^3 est un ordre de grandeur de 5 367,8.

2. Multiples et diviseurs

1 La division euclidienne

Voici deux divisions. Celle de gauche est une **division euclidienne** et celle de droite n'est pas une division euclidienne, c'est une division décimale.

4 9 5 9	1 2
1 5	4 1 3
3 9	
3	

4 9 5 9	1 2
1 5	4 1 3, 2 5
3 9	
3 0	
6 0	
0	

Dans une division euclidienne ne figurent que des entiers !
Dans la division euclidienne de gauche, 12 est le **diviseur**, 4959 est le **dividende**, 413 est le **quotient** et 3 le **reste**.

La division euclidienne d'un entier naturel D par un entier naturel d non nul est une opération qui permet de trouver deux entiers naturels q et r, appelés respectivement le **quotient euclidien** et le **reste euclidien** de la division. Ces deux nombres sont uniques. On a alors $D = d \times q + r$.
Le reste r peut être nul mais il est toujours strictement inférieur au diviseur d : $0 \leqslant r < d$.

En ligne, la division euclidienne de 4959 par 12 peut s'écrire :
$4959 = 12 \times 413 + 3$.

2 Multiples et diviseurs

Faisons la division euclidienne de 901 par 17 : le quotient est 53 et le reste 0. On dit que 901 est un **multiple** de 17 ou, ce qui revient au même, que 17 est un **diviseur** de 901.

On dit qu'un entier b est **divisible par** un entier a différent de 0 si la division euclidienne de b par a tombe juste et donne un reste égal à 0. On dit aussi que a est un **diviseur de** b et que b est un **multiple de** a.

3 Critères de divisibilité

En principe, une simple division euclidienne suffit pour savoir si un nombre entier est divisible par un autre mais, en pratique, on utilise souvent d'autres moyens appelés **critères de divisibilité**. Voici les principaux, tous très simples à mettre en œuvre.

Un entier est divisible :
- par 2 si son dernier chiffre est 0, 2, 4, 6 ou 8 ;
- par 4 si le nombre formé par ses deux derniers chiffres est divisible par 4 ;
- par 5 si son dernier chiffre est 0 ou 5 ;
- par 10 si son dernier chiffre est 0 ;
- par 3 si la somme de ses chiffres est elle-même divisible par 3 ;
- par 9 si la somme de ses chiffres est elle-même divisible par 9.

Pour reconnaître la divisibilité par 11, le critère est un peu plus complexe à utiliser.
Pour savoir si un entier N est divisible par 11 :
- faire la somme des chiffres qui ont des rangs pairs ;
- faire la somme des chiffres qui ont des rangs impairs.

Si la différence entre ces deux sommes est égale à 0 ou à un multiple de 11, N est divisible par 11.

EXEMPLES :

6 457 est divisible par 11 car $(6 + 5) - (4 + 7) = 0$.
47 619 est divisible par 11 car $(4 + 6 + 9) - (7 + 1) = 19 - 8 = 11$.
7 777 est divisible par 11 car $(7 + 7) - (7 + 7) = 0$.
784 n'est pas divisible par 11 car $7 + 4 - 8 = 3$.

Considérons le nombre 195 qui est divisible par 39. Comme 39 est lui-même divisible par 13, 195 est divisible par 13. On peut généraliser ce résultat :

Soient N, a et b trois entiers non nuls. Si a divise N et si b divise a alors b divise N.

4 Nombres premiers

Il existe une infinité d'entiers tels que 2, 5 ou 17 qui ne sont divisibles que par 1 ou eux-mêmes. Ces entiers sont des **nombres premiers**.

Un nombre entier supérieur ou égal à 2 est premier s'il admet deux diviseurs et seulement deux, 1 et lui-même.

Le nombre 1 ne possède qu'un seul diviseur : il n'est pas premier. Le nombre 2 est donc le plus petit nombre premier. C'est le seul qui soit pair.

Le **crible d'Ératosthène** est un procédé qui permet de trouver tous les nombres premiers inférieurs à un entier naturel donné.

EXEMPLE : cherchons tous les nombres premiers inférieurs à 99.
Commençons par éliminer tous les nombres pairs, multiples de 2 et donc non premiers.
Éliminons ensuite tous les multiples de 3 impairs qui restent (sauf 3 qui est premier), les multiples de 5 qui restent (sauf 5 qui est premier), puis les multiples de 7 qui restent (sauf 7 qui est premier).

Le prochain nombre à travailler serait 11 ; or 11 × 11 = 121 et 121 étant supérieur à 99, on est sûr d'avoir déjà barré tous les multiples de 11 du tableau. **Les nombres non barrés constituent l'ensemble des nombres premiers inférieurs à 99 :**

		2	**3**	4	**5**	6	**7**	8	9
~~10~~	**11**	~~12~~	**13**	~~14~~	~~15~~	~~16~~	**17**	~~18~~	**19**
~~20~~	~~21~~	~~22~~	**23**	~~24~~	~~25~~	~~26~~	~~27~~	~~28~~	**29**
~~30~~	**31**	~~32~~	~~33~~	~~34~~	~~35~~	~~36~~	**37**	~~38~~	~~39~~
~~40~~	**41**	~~42~~	**43**	~~44~~	~~45~~	~~46~~	**47**	~~48~~	~~49~~
~~50~~	~~51~~	~~52~~	**53**	~~54~~	~~55~~	~~56~~	~~57~~	~~58~~	**59**
~~60~~	**61**	~~62~~	~~63~~	~~64~~	~~65~~	~~66~~	**67**	~~68~~	~~69~~
~~70~~	**71**	~~72~~	**73**	~~74~~	~~75~~	~~76~~	~~77~~	~~78~~	**79**
~~80~~	~~81~~	~~82~~	**83**	~~84~~	~~85~~	~~86~~	~~87~~	~~88~~	**89**
~~90~~	~~91~~	~~92~~	~~93~~	~~94~~	~~95~~	~~96~~	**97**	~~98~~	~~99~~

5 Décomposition d'un entier naturel en un produit de facteurs premiers

Intéressons-nous par exemple au nombre 4 200. On peut écrire 4 200 sous la forme de produit d'un certain nombre de nombres premiers : $4\,200 = 2 \times 2 \times 2 \times 3 \times 5 \times 5 \times 7$.
De façon plus brève, on peut écrire $4\,200 = 2^3 \times 3 \times 5^2 \times 7$.
On dit qu'on a **décomposé** 4 200 en un **produit de facteurs premiers.**

L'écriture 2^3 se lit 2 exposant 3 ou encore 2 puissance 3. Elle représente le nombre $2 \times 2 \times 2$.

La décomposition d'un entier en un produit de facteurs premiers est unique.
Pour trouver cette décomposition, on essaye de diviser le nombre choisi par chacun des nombres premiers qui lui sont inférieurs, autant de fois que c'est possible pour chacun.

En pratique, on simplifie la recherche en utilisant, si on en connaît, des diviseurs du nombre à factoriser.

Prenons le cas par exemple du nombre 816. On peut observer que 816 est divisible par 3 (la somme de ses chiffres est $8 + 1 + 6 = 15$) et par 4 (ses deux derniers chiffres forment un nombre divisible par 4). On a alors $3 \times 4 = 12$ et $816 \div 12 = 68$.
Mais $68 = 34 \times 2$ soit $2 \times 2 \times 17$. On a donc $816 = 3 \times 4 \times 2 \times 2 \times 17$, d'où la décomposition cherchée : $816 = 3 \times 2 \times 2 \times 2 \times 2 \times 17$.
Finalement $816 = 2^4 \times 3 \times 17$.

6 PPCM de deux entiers naturels

Un entier est un **multiple commun** à plusieurs autres entiers s'il est un multiple de chacun. Ainsi 54 est un multiple commun à 9 et à 27, 100 est un multiple commun à 5 et à 10.

Parmi tous les multiples qui sont communs à deux entiers a et b, il en existe un qui est le plus petit de tous : c'est leur **plus petit multiple commun**, en abrégé, leur **PPCM.**
Par exemple, 63 est le PPCM de 9 et de 7, 144 est celui de 36 et 48.

Observons que le PPCM de deux entiers n'est pas forcément égal à leur produit. Mais le PPCM de deux entiers est toujours plus grand que chacun d'eux.

Pour calculer le PPCM de deux entiers naturels :
– on les décompose en produits de facteurs premiers ;
– on fait le produit de tous les nombres premiers apparus dans les deux décompositions, qu'ils soient communs ou non, en affectant chacun de son exposant le plus grand.

EXEMPLE :
$12\,600 = 2^3 \times 3^2 \times 5^2 \times 7$ et $528 = 2^4 \times 3 \times 11$.
Le PPCM de ces deux nombres est égal à $2^4 \times 3^2 \times 5^2 \times 7 \times 11$, soit à 277 200.
On vérifie que $277\,200 = 22 \times 12\,600$ et $277\,200 = 525 \times 528$.

7 PGCD de deux entiers naturels

Un entier d est un **diviseur commun** à deux entiers a et b s'il divise à la fois a et b. Ainsi, 9 divise à la fois 63 et 108 : c'est un diviseur commun à ces deux nombres.

Deux entiers quelconques mais non nuls ont au moins un diviseur en commun : c'est le nombre 1. Ils peuvent n'avoir que ce seul diviseur en commun.

EXEMPLES : 1 est le seul diviseur commun à 15 et à 28 ; 20 et 30 ont 4 diviseurs communs : 1, 2, 5, 10.

Parmi tous les diviseurs qui sont communs à deux entiers a et b non nuls, il en existe un qui est le plus grand de tous : c'est leur **plus grand diviseur commun**, en abrégé, leur **PGCD.**

EXEMPLES : 10 est le PGCD de 30 et de 50 ; 24 est celui de 72 et de 120.

Pour calculer le PGCD de deux entiers naturels :
– on les décompose en produits de facteurs premiers ;
– on fait le produit des nombres premiers qui sont communs aux deux décompositions en affectant chacun de son exposant le plus petit.

Bien qu'étant le plus grand de leurs diviseurs communs, le PGCD de deux entiers est toujours inférieur à chacun d'eux.

EXEMPLES :

- Reprenons les nombres $12\,600 = 2^3 \times 3^2 \times 5^2 \times 7$ et $528 = 2^4 \times 3 \times 11$.

Le PGCD de ces deux nombres est égal à $2^3 \times 3$, soit 24.
On vérifie que $12\,600 = 525 \times 24$ et $528 = 24 \times 22$.

• Cherchons le PGCD de 840 et de 150.
$840 = 10 \times 84 = 2 \times 5 \times 21 \times 4 = 2 \times 5 \times 3 \times 7 \times 2 \times 2 = 2^3 \times 3 \times 5 \times 7$;
$150 = 10 \times 15 = 5 \times 2 \times 3 \times 5 = 2 \times 3 \times 5^2$.
Les nombres premiers communs aux deux décompositions sont 2, 3 et 5.
Le PGCD de 840 et 150 est donc $2 \times 3 \times 5 = 30$.

8 Nombres premiers entre eux

Le PGCD de deux entiers peut être égal à 1. Prenons l'exemple des nombres 34 et 25. 34 possède quatre diviseurs : 34, 17, 2 et 1 ; 25 en possède trois : 25, 5 et 1.
Seul le nombre 1 est un diviseur commun à 34 et à 25 : on dit que ces deux nombres sont **premiers entre eux.**

Deux nombres entiers sont **premiers entre eux** quand leur PGCD est égal à 1.

Le résultat qui suit rend bien des services dans l'étude de la divisibilité des entiers :

Soit a, b et N trois nombres entiers. Si a et b divisent N et si a et b sont premiers entre eux alors $a \times b$ divise N.

Ainsi, 4 et 9 sont des diviseurs de 3 744 et sont premiers entre eux, donc $4 \times 9 = 36$ divise également 3 744 puisque $3\,744 = 36 \times 104$. Mais attention ! Si a et b divisent N et si a et b ne sont pas premiers entre eux, alors $a \times b$ ne divise pas nécessairement N. En fait on ne peut rien conclure !
Par exemple, on peut observer que 280 est divisible par 4, par 5, par 10 et par 20. Ses deux diviseurs 4 et 10 ne sont pas premiers entre eux mais 4×10 divise 280. Ses deux diviseurs 5 et 20 ne sont pas premiers entre eux non plus mais leur produit ne divise pas 280.
Bien que d'un emploi beaucoup plus difficile, le **théorème de Gauss**[1] peut également se révéler utile.

Soit a, b et d trois nombres entiers. Si d divise le produit ab et si d est premier avec a alors d divise b.

EXEMPLE : Soit a un nombre entier non nul. Si on sait que 7 divise le nombre $45 \times a$, on peut en déduire que 7 divise le nombre a car 7 est premier avec 45.

1. Mathématicien allemand du XIXe siècle qui a beaucoup fait progresser la théorie des nombres.

3. Fractions, nombres rationnels et écritures fractionnaires

1 Fractions égales

Recourir à des divisions pour vérifier l'égalité de deux fractions n'est pas la meilleure solution car ces opérations peuvent ne pas tomber juste. Ainsi $\frac{89}{55} = 1{,}618\ldots$ et $\frac{233}{144} = 1{,}618\ldots$ et pourtant les deux fractions ne sont pas égales. Pour reconnaître l'égalité de deux fractions, il vaut mieux utiliser ce moyen :

Deux fractions $\frac{a}{b}$ et $\frac{c}{d}$ sont égales si et seulement si $a \times d = b \times c$.

EXEMPLES : $\frac{30}{48} = \frac{10}{16}$ car $30 \times 16 = 48 \times 10 = 480$; $\frac{9}{12} = \frac{21}{28}$ car $9 \times 28 = 12 \times 21 = 252$.

Pratiquement, on obtient une fraction égale à une fraction donnée de deux façons :
- on peut multiplier ses deux termes par le même nombre entier (non nul) ;
- on peut aussi diviser ses deux termes par le même nombre.

EXEMPLES : $\frac{4}{10} = \frac{4 \times 7}{10 \times 7} = \frac{28}{70}$ mais aussi $\frac{4}{10} = \frac{4 \div 2}{10 \div 2} = \frac{2}{5}$.

De même, on peut très facilement remplacer un nombre entier par une fraction de dénominateur donné. Ainsi $1 = \frac{2}{2} = \frac{3}{3} = \frac{4}{4} = \frac{5}{5}$, etc.

2 Simplification des fractions

Pour simplifier une fraction, il faut diviser ses deux termes par un diviseur commun. S'il est différent de 1, l'emploi du PGCD des deux termes de la fraction permet d'obtenir la simplification maximale.

EXEMPLES : $\frac{12}{20} = \frac{12 \div 4}{20 \div 4} = \frac{3}{5}$; le PGCD de 48 et 60 est 12, donc $\frac{48}{60} = \frac{48 \div 12}{60 \div 12} = \frac{4}{5}$.

Si les deux termes d'une fraction sont premiers entre eux, on ne peut pas simplifier cette fraction. On dit qu'elle est **irréductible**.

EXEMPLES : $\frac{5}{9}$, $\frac{13}{30}$, $\frac{45}{77}$ sont des fractions irréductibles.

3 Réduction au même dénominateur

Réduire des fractions au même dénominateur, c'est remplacer chacune d'elles par une fraction égale de telle façon que les nouvelles fractions aient toutes le même dénominateur. Pour réduire des fractions au même dénominateur, il faut d'abord trouver un dénominateur commun aux nouvelles fractions. Tout multiple des anciens dénominateurs convient, en particulier leur PPCM.

EXEMPLES : $\frac{4}{5}=\frac{4\times 8}{5\times 8}=\frac{32}{40}$; $\frac{5}{8}=\frac{5\times 5}{8\times 5}=\frac{25}{40}$.

4 Comparaison des fractions

Il est facile de comparer des fractions ayant le même dénominateur car il suffit alors de comparer leurs numérateurs. Ainsi $\frac{32}{40}>\frac{25}{40}$.

Si des fractions ont le même dénominateur, la plus grande est celle qui a le plus grand numérateur.

Pour comparer des fractions qui n'ont pas le même dénominateur, il faut les réduire au même dénominateur puis appliquer la règle précédente.

EXEMPLE : $\frac{4}{5}>\frac{5}{8}$ car $\frac{4}{5}=\frac{32}{40}$ et $\frac{5}{8}=\frac{25}{40}$.

5 Opérations sur les fractions

Les fractions peuvent être additionnées, soustraites, multipliées ou divisées.

Pour **additionner des fractions** qui ont le même dénominateur, on garde le dénominateur commun et on fait la somme des numérateurs. Si les fractions ont des dénominateurs différents on les réduit au même dénominateur puis on applique la règle précédente.
Pour additionner des fractions et des nombres entiers, on transforme les nombres en fractions et on applique la règle précédente.

EXEMPLES : $\frac{2}{7}+\frac{3}{7}=\frac{5}{7}$; $\frac{2}{5}+\frac{3}{4}=\frac{8}{20}+\frac{15}{20}=\frac{23}{20}$; $3+\frac{2}{5}=\frac{15}{5}+\frac{2}{5}=\frac{17}{5}$.

Pour **calculer la différence de deux fractions** qui ont le même dénominateur, on garde le dénominateur commun puis on fait la différence des numérateurs. Si les fractions ont des dénominateurs différents, on les réduit au même dénominateur puis on applique la règle précédente.
Pour calculer la différence entre une fraction et un nombre, on transforme le nombre en fraction et applique la règle précédente.

EXEMPLES : $\frac{9}{13}-\frac{5}{13}=\frac{4}{13}$; $\frac{7}{8}-\frac{1}{4}=\frac{7}{8}-\frac{2}{8}=\frac{5}{8}$; $2-\frac{6}{7}=\frac{14}{7}-\frac{6}{7}=\frac{8}{7}$.

Pour multiplier deux fractions, on multiplie leurs numérateurs et on multiplie leurs dénominateurs.
Pour multiplier une fraction par un entier, on garde le dénominateur de la fraction et on multiplie son numérateur par le nombre.

EXEMPLES : $\frac{4}{5}\times\frac{2}{3}=\frac{4\times 2}{5\times 3}=\frac{8}{15}$ et $7\times\frac{2}{3}=\frac{14}{3}$.

Pour calculer une fraction d'une fraction, on multiplie les deux fractions.

EXEMPLE : $\frac{4}{5}$ de $\frac{2}{3} = \frac{4}{5} \times \frac{2}{3} = \frac{8}{15}$.

Pour diviser une fraction $\frac{a}{b}$ par un entier n non nul, on peut :
- diviser son numérateur par n, on a alors $\frac{a}{b} \div n = \frac{a \div n}{b}$;
- multiplier son dénominateur par n, on a alors $\frac{a}{b} \div n = \frac{a}{b \times n}$;
- multiplier $\frac{a}{b}$ par l'inverse de n, on a alors $\frac{a}{b} \div n = \frac{a}{b} \times \frac{1}{n}$

EXEMPLES : $\frac{3}{4} \div 5 = \frac{3}{4} \times \frac{1}{5} = \frac{3}{20}$; $\frac{4}{9} \div 6 = \frac{4}{9} \times \frac{1}{6} = \frac{4}{54} = \frac{2}{27}$.

Pour diviser une fraction $\frac{a}{b}$ par une fraction $\frac{c}{d}$, on multiplie $\frac{a}{b}$ par la fraction $\frac{d}{c}$ qui est l'inverse de la fraction $\frac{c}{d}$.

EXEMPLES : $\frac{3}{5} \div \frac{2}{7} = \frac{3}{5} \times \frac{7}{2} = \frac{21}{10}$; $\frac{5}{9} \div \frac{10}{11} = \frac{5}{9} \times \frac{11}{10} = \frac{5 \times 11}{9 \times 10} = \frac{11}{9 \times 2} = \frac{11}{18}$.

De manière plus générale on retiendra que diviser par un nombre, c'est multiplier par son inverse.

4. Éléments de calcul algébrique

1 Expressions algébriques

Une **expression algébrique** comprend des nombres (entiers, rationnels ou réels) et des lettres qui représentent des constantes ou des variables numériques. On y trouve également divers symboles mathématiques : des signes d'opérations, des parenthèses, des exposants, des radicaux, etc.

La façon d'exécuter les opérations qui figurent dans une expression algébrique est indiquée par des parenthèses. Ainsi $(7-5)-(3-1)=2-2=0$ tandis que $(7-(5-3))-1)=(7-2)-1=5-1=4$.

Pour alléger l'écriture, on convient de ne pas écrire le signe ×. On écrira par exemple $3\,(a+5)$ au lieu de $3\times(a+5)$ et $(a+5)(a-3)$ au lieu de $(a+5)\times(a-3)$. On convient également de remplacer le signe usuel de la division par une barre de fraction.

C'est ainsi qu'on écrira $\dfrac{\frac{a}{b}}{3}$ au lieu de $(a \div b)\div 3$.

La barre qui indique la dernière division à effectuer est toujours placée sur la ligne principale d'écriture. Par convention toujours, la multiplication et la division seront considérées comme **prioritaires** par rapport à l'addition et à la soustraction : $2+3\times4=2+12=14$ tandis que $(2+3)\times4=5\times4=20$. Une expression algébrique porte le nom de la dernière opération à être exécutée : $(3a-4)+(5b+3)$ est une somme ; $(3a-4)-(5b+3)$ est une différence ; $(3a-4)(5b+3)$ est un produit ; $\dfrac{3a-4}{5b+3}$ est un quotient.

2 Sommes algébriques

Une expression algébrique telle $(5a+6)+3\,(4b+5)-\dfrac{3}{5}\,(a-1)$ est une **somme algébrique**.

Elle est formée de trois termes qui sont $(5a+6)$, $3\,(4b+5)$ et $\dfrac{3}{5}\,(a-1)$. Dans cette somme algébrique, chaque terme est placé entre des parenthèses mais cela n'a rien d'obligatoire.

Une **somme algébrique** est une expression algébrique qui comprend des termes ajoutés ou soustraits les uns aux autres. Ces termes peuvent être des nombres, des variables numériques ou des expressions algébriques.

EXEMPLES :

- La somme algébrique $3x-2$ est composée de 2 termes.
- La somme algébrique $(5-(7-2))+(4-3)$ est composée de 2 termes également.
- La somme algébrique $3a-2+5b+7$ est composée de 4 termes.
- La somme algébrique $(5x-1)+(2x-3)+1$ comporte 3 termes.

• La somme algébrique $3x^2 + 5x + 1$ comporte elle aussi 3 termes.
La valeur d'une somme algébrique ne dépend pas de l'ordre dans lequel sont placés les termes qui la composent. On démontre par exemple que $(a - 5) - (b + 3) + 7 = 7 + (a - 5) - (b + 3) = (a - 5) + 7 - (b + 3)$.

On peut changer l'ordre des termes d'une somme algébrique à condition de respecter les règles suivantes :
- quand on déplace un terme, on déplace aussi le signe qui le précède ;
- si le premier terme d'une somme algébrique n'est précédé d'aucun signe, on fait comme s'il était précédé du signe + ;
- si on place en première position un terme précédé du signe +, on ne recopie pas le signe +.

EXEMPLE : Soit la somme algébrique $S = 3b + 5a + 6 + 7b - 3a - 1$. Il est intéressant de déplacer certains termes pour regrouper les termes semblables (les *a* avec les *a*, les *b* avec les *b* et les nombres connus ensemble). Ainsi on peut écrire $S = 5a - 3a + 7b + 3b + 6 - 1$ ou encore $S = 7b + 3b + 5a - 3a + 6 - 1$.

3 Comment réduire une somme algébrique ?

Reprenons la somme algébrique $S = 5a - 3a + 7b + 3b + 6 - 1$. Sous cette forme, on peut diminuer le nombre de ses termes, c'est-à-dire la **réduire**.

On a ainsi $S = 2a + 10b + 5$.

Pour réduire une somme algébrique, on peut :
- supprimer deux termes égaux qui sont précédés de deux signes opposés ;
- remplacer les termes précédés du signe + par leur somme effectuée ;
- remplacer les termes précédés du signe – par leur somme effectuée ;
- remplacer un terme précédé du signe + et un terme précédé du signe – par leur différence effectuée en plaçant devant le résultat le signe qui convient.

4 Comment simplifier une somme algébrique ?

Quand une somme algébrique contient des expressions placées entre des parenthèses, on peut la ***simplifier*** en enlevant ces parenthèses.

Pour enlever des parenthèses dans une somme algébrique, on dispose des règles suivantes :
- quand des parenthèses sont précédées du signe +, on enlève les parenthèses et le signe + qui est devant puis on recopie tout ce qui est écrit entre les parenthèses sans rien changer ;
- quand des parenthèses sont précédées du signe –, on enlève les parenthèses et le signe – qui est devant puis on recopie tout ce qui est écrit entre les parenthèses en remplaçant chaque terme par son opposé ;
- quand il n'y a pas de signe devant des parenthèses, on fait comme s'il y avait le signe +.

Une fois les parenthèses supprimées, on peut généralement **réduire** le résultat obtenu. Pour cela, il faut regrouper les termes semblables en les changeant de place puis réduire les sommes partielles qui ont été obtenues.

EXEMPLE : Considérons $S = (5a + 3) - (2b + 5 - 3a) + (7a - 5b - 4)$.
En enlevant les parenthèses, on obtient $S = 5a + 3 - 2b - 5 + 3a + 7a - 5b - 4$.
En regroupant les termes semblables, on obtient : $S = 5a + 3a + 7a - 2b - 5b + 3 - 5 - 4$.
Après réduction, $S = 15a - 7b - 6$.

5 Comment développer un produit ?

Développer un produit, c'est effectuer la ou les multiplication(s) de façon à présenter le résultat sous la forme d'une somme algébrique. On peut donc être amené à multiplier une somme algébrique par un nombre. Par exemple : $5\,(3a + 4b) = 15a + 20b$ ou encore $7\,(3a - 2b) = 21a - 14b$.

Pour multiplier une somme algébrique par un nombre, on multiplie chaque terme de la somme algébrique par ce nombre.

On peut également être amené à multiplier une somme algébrique par une autre. Par exemple, $(3a + 4)(2b - 5) = (3a) \times (2b) + (3a) \times (-5) + 4 \times (2b) + 4 \times (-5) = 6ab - 15a + 8b - 20$.
De même $(5x - 4)(2 + x) = 5x \times 2 + 5x \times x - 4 \times 2 - 4 \times x = 10x + 5x^2 - 8 - 4x = 5x^2 + 6x - 8$.

Pour multiplier une somme algébrique par une autre, on multiplie chaque terme de la première par chaque terme de la seconde.

On rappelle la règle des signes pour la multiplication :
+ par + donne + ;
+ par – et – par + donnent – ;
– par – donne +.

6 Comment factoriser une somme algébrique ?

Chaque terme d'une somme algébrique peut être un produit et il arrive que le même facteur y soit présent. Dans ce cas, on peut écrire la somme algébrique sous la forme d'un produit de plusieurs facteurs.

EXEMPLE : L'expression $3n - 9$ peut s'écrire $3n - 3 \times 3$ ou encore $3(n - 3)$. L'expression a été factorisée.
Malheureusement, la factorisation d'une somme algébrique n'est pas toujours aussi facile que dans l'exemple précédent ! Pour factoriser, on utilise souvent des produits remarquables (voir ci-après).

Factoriser une somme algébrique, c'est l'écrire sous la forme d'un produit.

7 Puissances

Le tableau suivant résume les définitions à connaître.

Définitions	Exemples
Soit n un entier naturel et soit a un nombre réel. L'écriture a^n désigne le produit de n facteurs égaux au nombre a. L'entier n est **l'exposant** de la puissance. a^n se lit « a puissance n » ou encore « a exposant n ». Pour $n = 2$ et $n = 3$, on dit « a au carré » et « a au cube ».	8^2, 5^3 et 2^5 désignent respectivement les nombres 8×8, $5 \times 5 \times 5$ et $2 \times 2 \times 2 \times 2 \times 2$.
Soit a un nombre différent de 0 et soit n un entier. L'écriture a^{-n} désigne le nombre $\frac{1}{a^n}$ qui est l'inverse de a^n. En particulier, $10^{-n} = \frac{1}{10^n}$.	$5^{-3} = \frac{1}{5^3} = \frac{1}{5 \times 5 \times 5} = \frac{1}{125} = 0{,}008$. Les écritures $10^{-3} = 0{,}001$, $10^{-2} = 0{,}01$, $10^{-1} = 0{,}1$, $10^1 = 10$, $10^2 = 100$, $10^3 = 1\,000$, $10^4 = 10\,000$, etc., représentent des *puissances de 10*.

Pratiquement, on calcule le carré d'un nombre grâce à la touche $\boxed{x^2}$ d'une calculatrice scientifique. On calcule les autres puissances en utilisant la touche $\boxed{y^x}$.

Les principales règles de calcul sur les puissances sont les suivantes :

Règles	Exemples
Soit a un nombre différent de 0 et soit n et m deux entiers naturels. $a^0 = 1$; $a^1 = a$; $a^n \times a^m = a^{n+m}$; $(a^n)^m = a^{nm}$; $\frac{a^n}{a^m} = a^{n-m}$	$3^5 \times 3^4 = 3^{5+4} = 3^9$; $(3^4)^5 = 3^{4 \times 5} = 3^{20}$
Soient a et b deux nombres différents de 0 et soient n et m deux entiers naturels. $a^n \times b^n = (ab)^n$; $(\frac{a}{b})^n = \frac{a^n}{b^n}$	$2^5 \times 3^5 = (2 \times 3)^5 = 6^5$; $(\frac{2}{3})^5 = \frac{2^5}{3^5}$

8 Produits remarquables

Certains produits sont souvent utilisés et doivent être mémorisés.

Produits remarquables	Exemples
$(a + b)^2 = a^2 + 2ab + b^2$	$(a + 5)^2 = a^2 + 2 \times 5 \times a + 5^2 = a^2 + 10a + 25$
$(a - b)^2 = a^2 - 2ab + b^2$	$(a - 5)^2 = a^2 - 2 \times 5 \times a + 5^2 = a^2 - 10a + 25$
$(a + b)(a - b) = a^2 - b^2$	$(a + 5)(a - 5) = a^2 - 5^2 = a^2 - 25$

On les utilise pour **développer** mais aussi pour **factoriser** certaines expressions algébriques.

EXEMPLES :

• $(x^2 - 1) + (x - 3)(x + 1) = (x + 1)(x - 1) + (x - 3)\ (x + 1) = (x + 1)\ [(x - 1) + (x - 3)]$ $= (x + 1)\ (2x - 4) = 2(x + 1)(x - 2)$.

• $(a + 3)^2 - (a - 1)^2 = (a^2 + 6a + 9) - (a^2 - 2a + 1) = a^2 + 6a + 9 - a^2 + 2a - 1 = 8a + 8$ $= 8(a + 1)$

mais aussi $(a + 3)^2 - (a - 1)^2 = (a + 3 + a - 1)(a + 3 - a + 1) = (2a + 2)\ (4) = 8(a + 1)$

9 Racines carrées

On a $2 \times 2 = 4$ et $3 \times 3 = 9$ ou encore $10 \times 10 = 100$: on dit que les nombres 2, 3 et 10 sont les racines carrées respectives des nombres 4, 9 et 100.

Si a est un nombre réel positif sa **racine carrée**, qui s'écrit $\sqrt{a}$, est le nombre positif dont le carré est égal à a. Le symbole $\sqrt{\ }$ est un **radical**.

EXEMPLES : $\sqrt{36} = 6$; $\sqrt{400} = 20$; $\sqrt{2} = 1{,}4142\ldots$; $\sqrt{30{,}56} = 5{,}528109984\ldots$

Pratiquement, on calcule une racine carrée grâce à la touche $\boxed{\sqrt{x}}$ d'une calculatrice scientifique.

Le tableau ci-dessous présente les règles de calcul qui permettent de simplifier des écritures qui emploient des radicaux.

Règles de calcul	Exemples
Soit a un nombre positif. $(\sqrt{a})^2 = a$ et $\sqrt{a^2} = a$.	$(\sqrt{4})^2 = \sqrt{4} \times \sqrt{4} = 4$ $\sqrt{4^2} = \sqrt{16} = 4$
Soit a et b deux nombres positifs. $\sqrt{a \times b} = \sqrt{a} \times \sqrt{b}$.	$\sqrt{80} = \sqrt{16 \times 5} = \sqrt{16} \times \sqrt{5} = 4 \times \sqrt{5}$
Soit a et b deux nombres positifs. Si b n'est pas nul $\sqrt{\frac{a}{b}} = \frac{\sqrt{a}}{\sqrt{b}}$:	$\frac{\sqrt{80}}{\sqrt{32}} = \sqrt{\frac{80}{32}} = \sqrt{\frac{16 \times 5}{16 \times 2}} = \sqrt{\frac{5}{2}}$ $\frac{\sqrt{5}}{\sqrt{2}} = \frac{\sqrt{5} \times \sqrt{2}}{\sqrt{2} \times \sqrt{2}} = \frac{\sqrt{5 \times 2}}{2} = \frac{\sqrt{10}}{2}$

5. Étude de quelques fonctions numériques

1 Les fonctions numériques

Les **fonctions numériques** sont les fonctions qui sont le plus souvent employées mais il existe d'autres types de fonctions. Pour définir mathématiquement une telle fonction, il faut d'abord choisir un ensemble de nombres : ce peut être une partie de $\mathbb{N}$, de $\mathbb{D}$, un intervalle de $\mathbb{R}$, etc.

Dans $\mathbb{R}$, l'intervalle [2 ; 5] par exemple est l'ensemble des nombres réels x qui vérifient $2 \leqslant x \leqslant 5$.

Il faut ensuite faire correspondre un nombre y et un seul à chaque nombre x de l'ensemble choisi. La fonction définie est elle-même désignée par une lettre : f, g, h, etc. Si on a choisi la lettre f, on écrit alors $y = f(x)$ (lire f de x). On dit que y est l'**image** de x par la fonction f. On dit aussi que x est l'**antécédent** de y par la fonction f. Dans la grande majorité des cas, on détermine le nombre y à l'aide d'un calcul (qui peut être plus ou moins compliqué).

EXEMPLE : La fonction f étant définie par $f(x) = \dfrac{3x+1}{2x+5}$, on a $f(1{,}4) = \dfrac{3 \times 1{,}4 + 1}{2 \times 1{,}4 + 5}$ $= \dfrac{5{,}2}{7{,}8} = \dfrac{26}{39}$ et $f(2) = \dfrac{3 \times 2 + 1}{2 \times 2 + 5} = \dfrac{7}{9}$.

2 Représentation graphique d'une fonction

Soit f une certaine fonction définie sur l'ensemble $\mathbb{R}$ des nombres réels. Le plan étant muni d'un repère, l'ensemble des points du plan dont les coordonnées sont x et y constitue une **représentation graphique** de la fonction f.

EXEMPLE : La figure ci-contre montre une représentation graphique de la fonction f définie par $f(x) = x^2 - 3$.

La fonction f est représentée par une courbe appelée parabole.

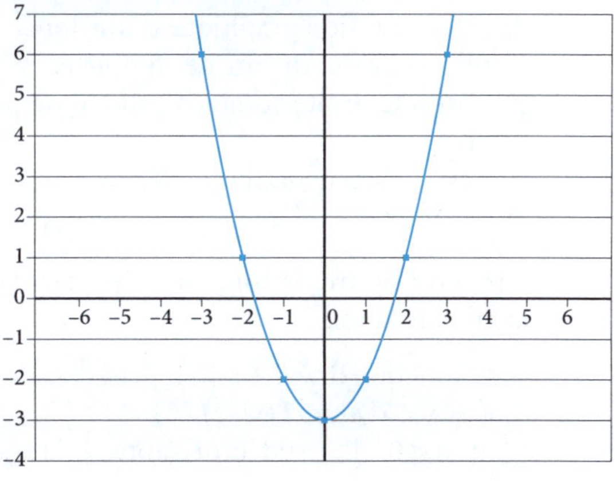

3 Les fonctions linéaires

Revenons aux fonctions numériques.

EXEMPLE : Un kilogramme de fruits vaut 2 euros. Le prix y (en euros) de x kilogrammes de ces fruits est donc $y = 2x$. On dit que la fonction f qui associe le nombre $2x$ au nombre x est une fonction linéaire de coefficient 2. En prenant comme unités de longueur 1 carreau pour 1 kg sur l'axe horizontal et 1 carreau pour 1 euro sur l'axe vertical, on obtient la représentation graphique suivante pour $0 \leqslant x \leqslant 4$:

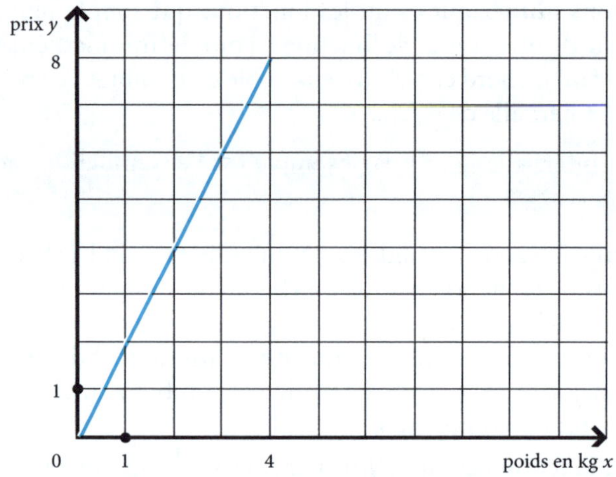

Observons que cette représentation graphique passe par l'origine du repère.

Soit a un nombre connu et constant, soit x un nombre variable d'un intervalle I de l'ensemble $\mathbb{R}$. On définit **une fonction linéaire de coefficient** a en associant à chaque nombre x de l'intervalle I le nombre $y = ax$. Selon le choix de l'intervalle I, la représentation graphique d'une fonction linéaire est un segment de droite, une demi-droite ou une droite complète.
Si c'est une droite complète, elle passe par l'origine du repère et son équation est $y = ax$.
Si c'est un segment, il est porté par la droite d'équation $y = ax$ qui passe par l'origine du repère.

Sur cette figure, la fonction représentée est croissante : quand x augmente $f(x)$ augmente aussi.

Une fonction linéaire f définie par $f(x) = ax$ est **croissante** pour $a > 0$: cela signifie que si $x < x'$ alors $f(x) < f(x')$.
Pour $a < 0$, elle est **décroissante** : cela signifie que si $x < x'$ alors $f(x) > f(x')$.

4 Les fonctions affines

Étudions un nouvel exemple.

EXEMPLE : Une entreprise loue du matériel de peinture aux conditions suivantes : une somme fixe de 10 euros plus 20 euros par jour. Pour x jours de location, le prix y à payer (en euros) est donc $y = 20x + 10$.
On dit que la fonction f qui associe le nombre $20x + 10$ au nombre x est une **fonction affine**. En prenant comme unités 1 carreau pour 1 jour sur l'axe horizontal et 1 carreau pour 10 euros sur l'axe vertical, on obtient, pour $0 \leqslant x \leqslant 8$, la représentation graphique suivante.

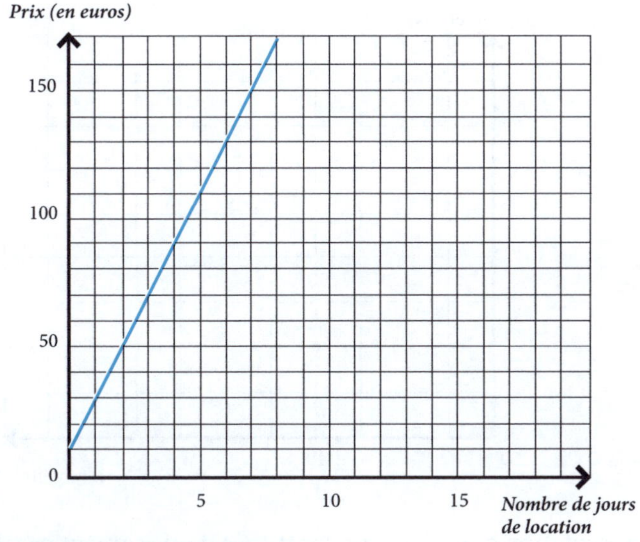

NOTE DU FORMATEUR

Dans le cas de l'exercice proposé, les seuls points de la représentation graphique à considérer sont ceux qui ont des abscisses entières.
En effet, la location ne peut s'effectuer que pour un nombre entier de jours.

Soit a et b deux nombres connus et constants. Soit x un nombre variable choisi dans un certain intervalle I. On définit une **fonction affine** en associant à chaque nombre x de l'inter-valle I, le nombre $y = ax + b$.
Selon le choix de l'intervalle I, la représentation graphique d'une fonction affine est un segment de droite, une demi-droite ou une droite complète. Si c'est une droite complète, son équation est $y = ax + b$. Si c'est un segment, il est porté par la droite d'équation $y = ax + b$.
Sur la figure précédente, la fonction représentée est croissante : quand x augmente, $f(x)$ augmente aussi.
Une fonction affine f définie par $f(x) = ax + b$ est croissante pour $a > 0$ mais décroissante pour $a < 0$.

5 Les fonctions constantes et les fonctions affines par morceaux

Considérons encore l'exemple suivant.

EXEMPLE : L'achat d'un appareil de prix x (en euros) doit supporter une taxe fixe de 2 euros tant que le prix de l'appareil ne dépasse pas 40 euros. On dit que la fonction f qui associe le nombre 2 à chaque valeur de x de l'intervalle [0 ; 40] est une fonction constante sur cet intervalle. En prenant comme unités 1 carreau pour 10 euros sur l'axe horizontal et 1 carreau pour 1 euro sur l'axe vertical, on obtient, pour $0 \leqslant x \leqslant 40$, la représentation graphique suivante.

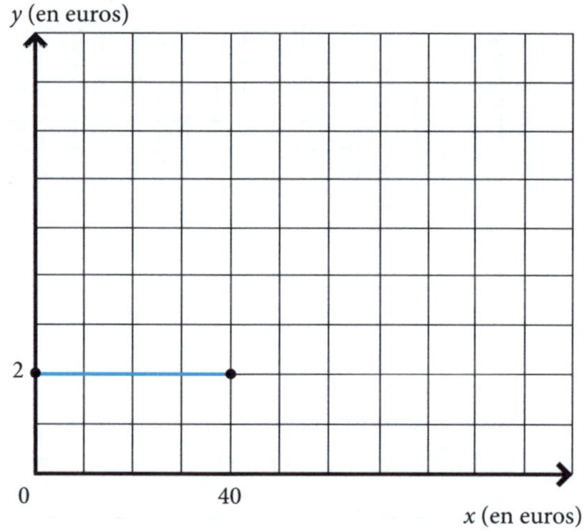

Cette représentation graphique est constituée d'un segment parallèle à l'axe des x. Les deux gros points indiquent que les extrémités font partie de cette représentation graphique.

Soit c un nombre connu et constant et soit x un nombre variable choisi dans un certain intervalle I. On définit une **fonction constante** en associant le même nombre c à chaque nombre x de l'intervalle I. Selon le choix de l'intervalle I, la représentation graphique d'une fonction constante sur l'intervalle I est un segment de droite, une demi-droite ou une droite complète.
Si c'est une droite complète, son équation est $y = c$. Si c'est un segment, il est porté par la droite d'équation $y = c$.

Reprenons l'exemple précédent : si le prix de l'appareil dépasse 40 euros, la taxe représente alors 5 % du prix. Pour $0 \leqslant x \leqslant 100$ on définit alors une **fonction affine par morceaux**. Avec les mêmes unités sur les axes, la représentation graphique de cette fonction est la suivante.

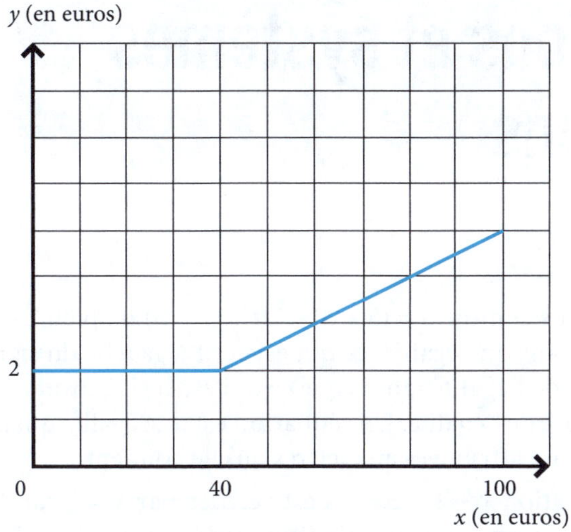

Cette représentation graphique est constituée de deux « morceaux » : un segment parallèle à l'axe des x et une demi-droite.

Décomposons un intervalle I en plusieurs sous-intervalles de telle façon que chaque nombre de l'intervalle I appartienne à un sous-intervalle et à un seul.
On dit qu'une fonction f définie sur l'intervalle I est **affine par morceaux** si elle est constante, linéaire ou affine sur chacun des sous-intervalles de I.

La représentation graphique d'une fonction affine par morceaux est composée de plusieurs « morceaux » de droites : des segments, des demi-droites.

6. Équations et systèmes d'équations

1 Introduction

Des expressions comme $5 = (3 + 8) - 10 + (7 - 3)$ ou bien $7 - 2(a - 2) = 2 + a$ sont des égalités. Dans une égalité, ce qui est écrit à gauche du signe = constitue le **premier membre** de l'égalité tandis que ce qui est écrit à droite du signe = constitue le **second membre** de l'égalité. Une **équation** est une égalité qui n'est vérifiée que pour certaines valeurs attribuées aux lettres qu'elle contient.

EXEMPLE : L'équation $x + 1 = 3x - 5$ est vérifiée par $x = 3$ car $3 + 1 = 3 \times 3 - 5 = 4$. On dit que 3 est **une solution de l'équation** $x + 1 = 3x - 5$. L'équation n'est pas vérifiée par $x = 2$ car $2 + 1 = 3$ tandis que $3 \times 2 - 5 = 1$. On dit que 2 n'est pas **une solution de l'équation** $x + 1 = 3x - 5$.

2 Propriétés des égalités

Quand on dispose d'une égalité, on peut la « transformer » en appliquant certaines règles et obtenir ainsi d'autres égalités.

On peut transformer une égalité en une nouvelle égalité :
- en ajoutant (ou en retranchant) un même nombre à ses deux membres ;
- en multipliant (ou en divisant) ses deux membres par un même nombre non nul.

EXEMPLE : Si $4x + 8 = 12x - 16$, on peut diviser les deux membres par 4 et écrire $x + 2 = 3x - 4$.
La règle suivante, dite **règle de transposition**, joue également un rôle important.

Si les deux membres d'une égalité sont des sommes algébriques, on peut faire passer un terme d'un membre dans l'autre à condition de changer le signe qui le précède. On dit alors qu'on a **transposé** ce terme. Si $a + b = c$, alors $a = c - b$ et réciproquement.

EXEMPLES :
- Si $3x = x + 5$ on peut écrire $3x - x = 5$.
- Si $a + 3 = b - c + 2$ on peut écrire, en transposant 3 termes, $a + c - 2 = b - 3$.

3 Les équations du premier degré à une inconnue

Une équation est une **équation à une seule inconnue** si elle ne contient qu'un seul nombre inconnu (mais celui-ci peut figurer plusieurs fois dans chaque membre).

Une équation à une inconnue est du **premier degré** si l'inconnue est sans exposant.

EXEMPLE : L'égalité $5x - 4 = 3 + 2\ (3x + 1)$ est une équation du premier degré à une inconnue.

4 Résolution d'une équation du premier degré à une inconnue

Pour résoudre une équation du premier degré à une inconnue, on utilise les règles du calcul algébrique ainsi que les règles qui permettent de transformer les égalités. Voici par exemple, étape par étape, la résolution de l'équation $3\ (2x - 5) - 4 = (x + 1) - 2\ (x - 3)$.

Étapes	Nature des transformations effectuées	Résultats obtenus
1	On effectue les produits indiqués dans chaque membre en plaçant les résultats entre des parenthèses.	$(6x - 15) - 4 = (x + 1) - (2x - 6)$
2	On supprime les parenthèses.	$6x - 15 - 4 = x + 1 - 2x + 6$
3	On réduit chaque membre séparément.	$6x - 19 = 7 - x$
4	On transpose le terme $-x$ du second membre dans le premier et le terme -19 du premier dans le second.	$6x + x = 7 + 19$
5	On réduit chaque membre.	$7x = 26$
6	On divise les deux membres par 7.	$x = \frac{26}{7}$. La solution est trouvée.

On démontre que toute équation du premier degré à une inconnue peut se mettre, après transformation, sous la forme $ax = b$. Si a n'est pas nul, l'équation possède alors une solution et une seule : $\frac{b}{a}$.

5 Résolution graphique d'une équation du premier degré à une inconnue

Soit à résoudre l'équation $3x - 4 = \frac{1}{2}x - 3$. Les deux membres peuvent être considérés comme les équations de deux droites (d) et (d') : $y = 3x - 4$ et $y = \frac{1}{2}x - 3$. Une seule valeur de x correspond à la solution de l'équation proposée : c'est l'abscisse du point de rencontre (s'il existe) des deux droites. En représentant graphiquement ces deux droites, on pourra lire les coordonnées de leur intersection. La figure suivante montre cette représentation graphique et on voit que x vaut approximativement 0,4.

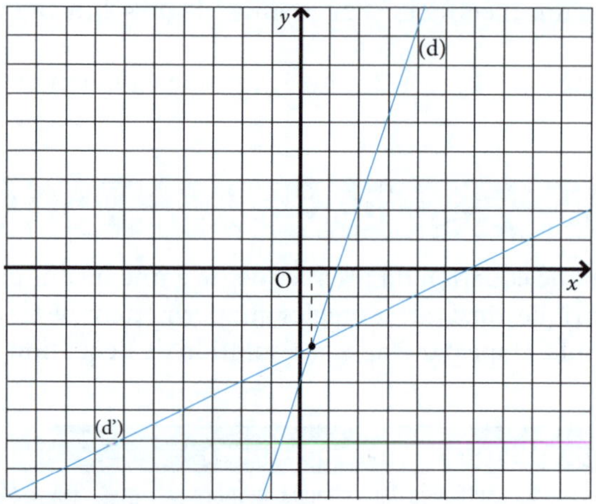

6 Résolution d'un problème

Un certain nombre de problèmes peuvent être résolus à l'aide d'une équation. Dans les cas les plus simples, on utilise une équation du premier degré à une inconnue. Pour traiter un problème « algébriquement », il faut successivement :
- choisir l'inconnue en précisant les contraintes qu'elle doit respecter ;
- écrire une équation ;
- la résoudre ;
- vérifier que la solution trouvée est acceptable.

Les problèmes traités de cette façon peuvent être purement numériques ou relever de la géométrie.

EXEMPLE : ABCD est un trapèze rectangle en A et D, de bases [AB] et [CD] et de hauteur [CH]. On donne AB = 8 cm, CD = 5 cm et CH = 4 cm. On place un point M sur la base [AB] et on pose AM = x.

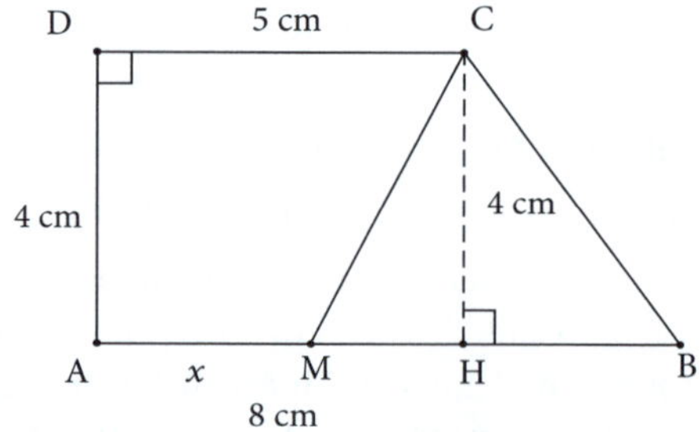

Où faut-il placer M pour que le trapèze AMCD et le triangle MCB aient des aires égales ?

Réponse : L'aire du trapèze AMCD est $\dfrac{(x+5)\times 4}{2}$ soit, après simplification, $2(x+5) = 2x + 10$.

On a MB = AB – AM = $8 - x$. L'aire du triangle MBC est $\dfrac{4\times(8-x)}{2}$ soit, après simplification, $2(8 - x) = 16 - 2x$.

Écrivons que $2x + 10 = 16 - 2x$ puis résolvons l'équation.

On obtient d'abord $4x = 16 - 10 = 6$ puis $x = 1{,}5$.

7 Systèmes de deux équations du premier degré à deux inconnues

Soient x et y deux nombres inconnus. Écrivons une première égalité, par exemple $x - 2y = 1$. Elle possède une infinité de solutions : $x = 3$ et $y = 1$; $x = 5$ et $y = 2$; $x = 7$ et $y = 3$, etc.

Supposons maintenant que les mêmes nombres x et y doivent vérifier une seconde équation du premier degré, par exemple $2x - y = 11$. Cette deuxième équation admet elle aussi une infinité de solutions, par exemple : $x = 6$ et $y = 1$; $x = 7$ et $y = 3$; $x = 8$ et $y = 5$, etc.

On peut observer et démontrer que le couple $x = 7$ et $y = 3$ est la seule solution des deux équations à la fois.

Quand on recherche deux nombres x et y qui doivent vérifier deux équations du premier degré à deux inconnues, on dit qu'on cherche à résoudre le système formé de ces deux équations. On dit alors que les deux équations forment **un système de deux équations du premier degré à deux inconnues**. On écrit les deux équations d'un système l'une en dessous de l'autre derrière une accolade. En général, on numérote les équations.

EXEMPLE : Les deux équations précédentes forment le système $\begin{cases} x - 2y = 1 \ (1) \\ 2x - y = 11 \ (2) \end{cases}$ la solution est le couple $x = 7$ et $y = 3$.

Pour résoudre un système de deux équations du premier degré à deux inconnues, on peut procéder de plusieurs façons. La plus commode est certainement la méthode qui repose sur **l'élimination de l'une des deux inconnues par combinaison des équations**. On démontre que, selon les valeurs des coefficients numériques qui figurent dans les équations, un système de deux équations du premier degré à deux inconnues peut : avoir une solution, n'avoir aucune solution ou avoir une infinité de solutions. La procédure de résolution indique laquelle des trois possibilités se produit.

On multiplie chaque équation du système par un nombre bien choisi de façon que l'une des inconnues ait le même coefficient numérique dans chaque équation. Selon le cas, on ajoute ou on retranche les deux équations membre à membre de façon à faire disparaître une inconnue. Il ne reste plus alors qu'une simple équation du premier degré à une inconnue.

Pour trouver la valeur de la deuxième inconnue, on reporte la valeur trouvée pour la première dans l'une des deux équations et on résout l'équation qui en résulte.

EXEMPLE : Résolvons le système $\begin{cases} 7x - 2y = 4 \ (1) \\ 3x - y = 1 \ (2) \end{cases}$. Pour cela, multiplions l'équation (1) par 3 et l'équation (2) par 7 : on obtient le nouveau système $\begin{cases} 21x - 6y = 12 \ (3) \\ 21x - 7y = 7 \ (4) \end{cases}$.

Retranchons membre à membre l'équation (4) à l'équation (3) : on obtient $(21x - 6y) - (21x - 7y) = 12 - 7$ soit, après suppression des parenthèses et regroupement des termes $7y - 6y = 5$. On en tire $y = 5$.

Portons cette valeur dans l'une des deux équations, la (2) par exemple : elle devient $3x - 5 = 1$.

On en tire $x = \frac{1+5}{3} = 2$.

8 Résolution graphique d'un système

On peut considérer que chacune des deux équations d'un système de deux équations du premier degré à deux inconnues représente l'équation d'une droite. On construit graphiquement ces deux droites et on lit sur le dessin obtenu les deux coordonnées x et y du point commun aux deux droites (s'il existe). Quand elles existent, ces deux coordonnées représentent le couple solution du système.

La figure ci-après montre la résolution graphique du système $\begin{cases} 3x - y = 2 \ (1) \\ 2x + y = 3 \ (2) \end{cases}$.

On a tracé les deux droites d'équations respectives $y = 3x - 2$ et $y = -2x + 3$.

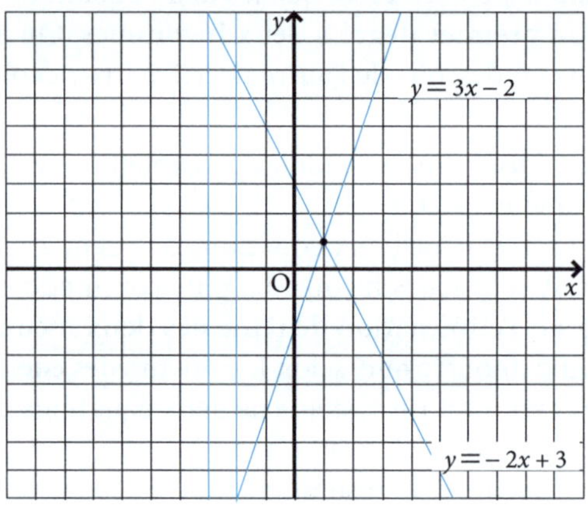

On lit la solution $x = 1$ et $y = 1$.

Géométrie

Tout le cours

Tout le cours

1. Les bases de la géométrie plane

1 Introduction

Dans ce chapitre, nous nous contenterons de rappeler quelques définitions et quelques notations sans donner d'exercices particuliers.

2 Les noms des objets géométriques

En géométrie, les points sont désignés par des lettres capitales. Les noms des figures sont constitués à l'aide des noms des points qui les caractérisent.
Soit A et B deux points différents.

a. La notation (AB) désigne la **droite** qui passe par A et par B.

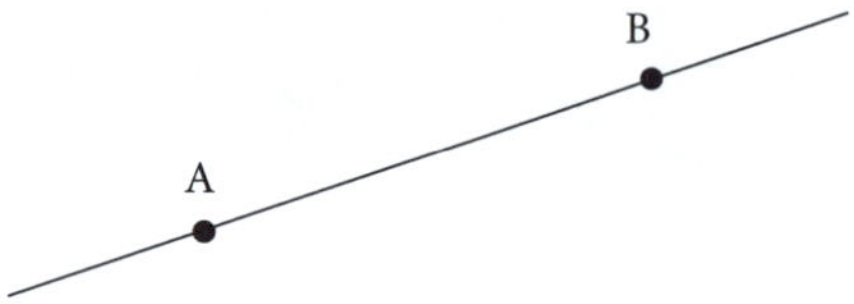

b. La notation [AB) désigne la **demi-droite** d'origine A qui passe par B.

c. La notation [AB] désigne le **segment** d'extrémités A et B ; la notation AB désigne la **longueur** du segment [AB].

Soit A, B et C trois points différents. La notation $\widehat{BAC}$ désigne un **angle** de sommet A dont les côtés passent respectivement par les points B et C.

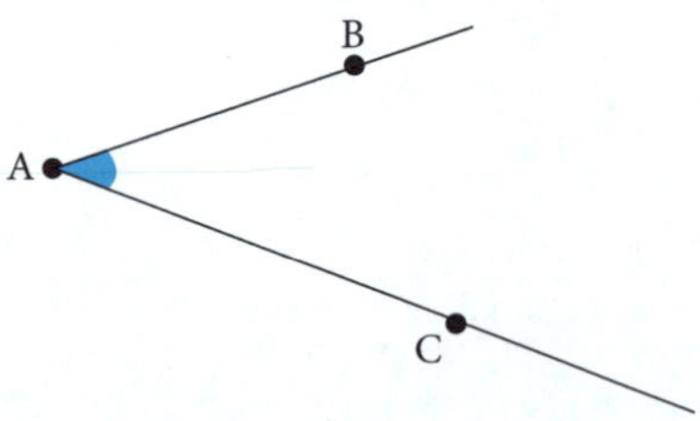

Les noms des polygones sont constitués de la succession des noms de leurs sommets pris dans l'ordre où on les rencontre si on suit le bord de ce polygone dans un sens ou dans l'autre. C'est ainsi qu'un carré ABCD peut être désigné en tout par huit noms différents : ABCD, BCDA, CDAB, DABC, ADCB, DCBA, CBAD et BADC.

3 Points et droites

Si des points appartiennent à une même droite, on dit qu'ils sont **alignés**.

Si deux droites (d) et (d') ont un point commun et un seul appelé I, on dit qu'elles sont **sécantes** en I. On dit aussi que I est l'**intersection** des droites (d) et (d').

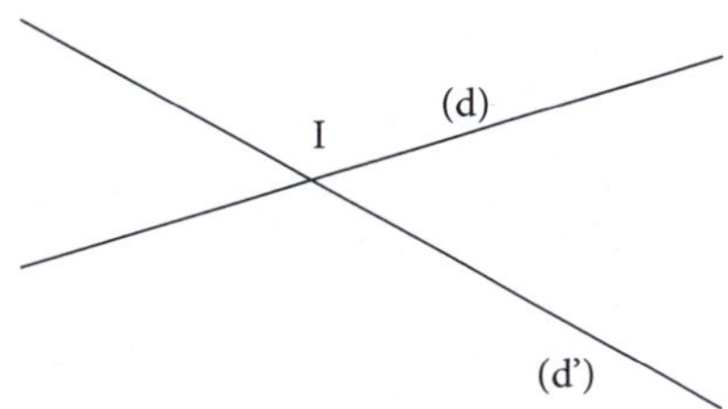

Si trois droites (d), (d') et (d") ont un point commun O, on dit qu'elles sont **concourantes** en O. On dit que O est leur **point de concours**.

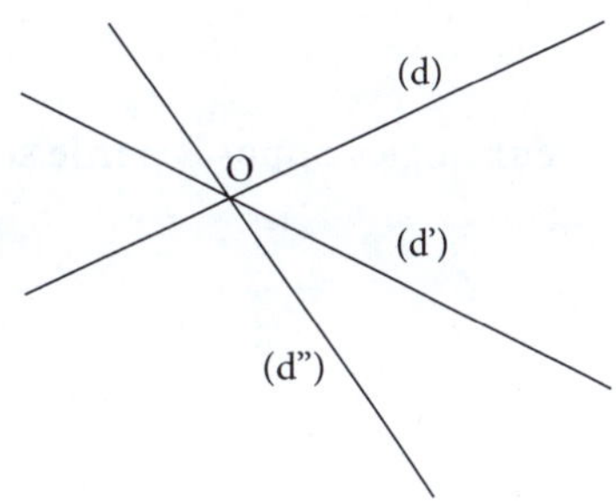

4 Angles particuliers

Un angle se mesure avec un rapporteur. Sa mesure s'exprime généralement[1] en degrés, dixièmes de degré, centièmes de degré, etc. Par définition, un **angle droit** mesure 90°. Un angle de 180° est un **angle plat**.
Un angle **aigu** est inférieur à 90°. Un angle **obtus** est compris entre 90° et 180°.

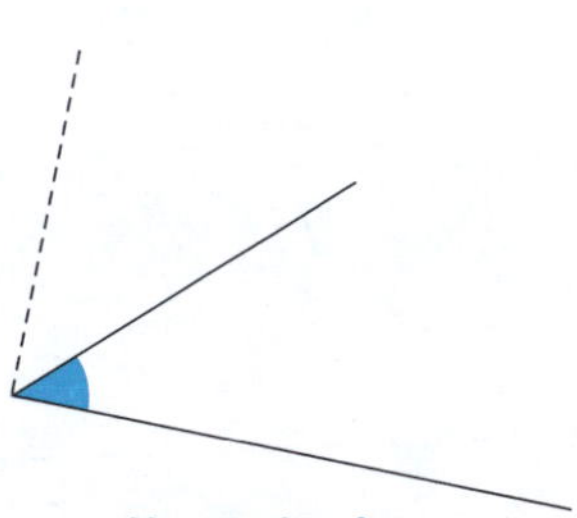
Un angle aigu

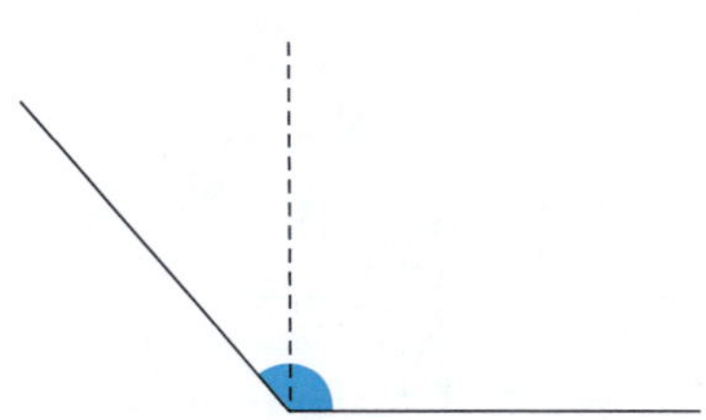
Un angle obtus

1. On peut l'exprimer également en grades ou en radians.

5 Angles associés

Deux angles aigus sont **complémentaires** quand la somme de leurs mesures vaut 90°.

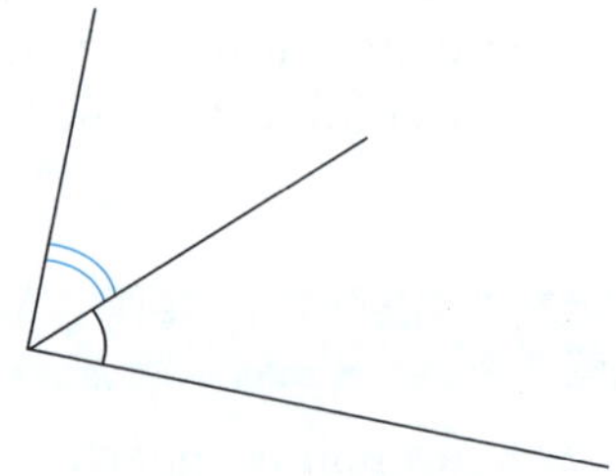

Deux angles complémentaires

Deux angles sont **supplémentaires** quand la somme de leurs mesures vaut 180°.

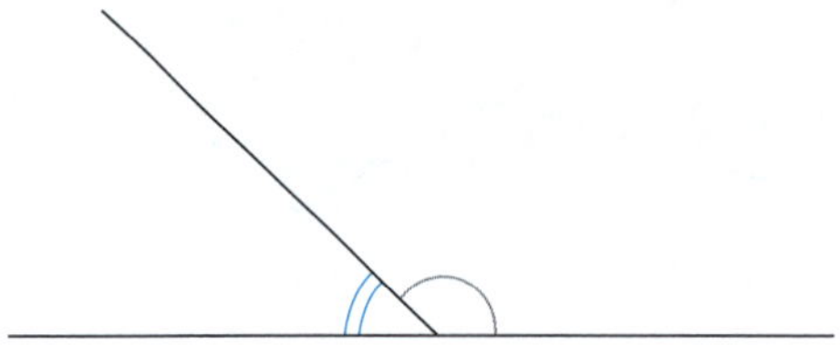

Deux angles supplémentaires

Deux angles **opposés par le sommet** sont égaux.

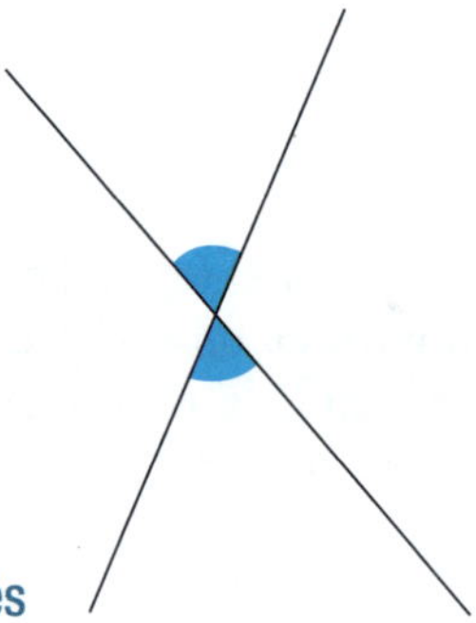

Deux angles opposés

Une sécante qui coupe deux droites forme avec elles deux paires d'**angles alternes-internes** et quatre paires d'**angles correspondants**.

Angles alternes-internes

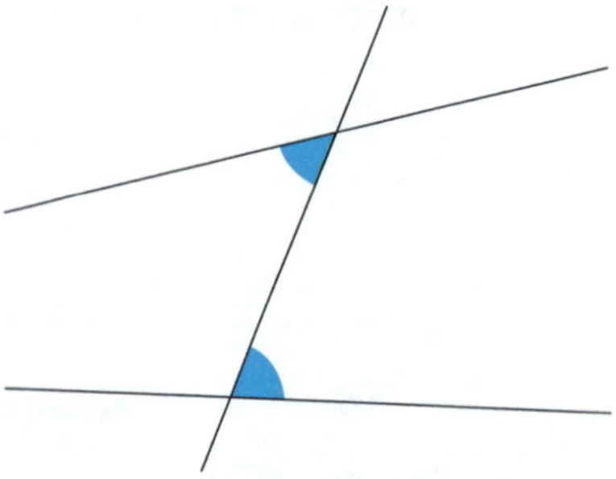

Angles correspondants

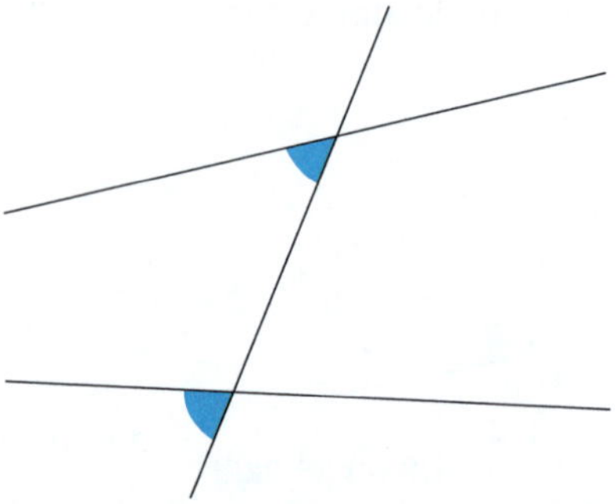

6 Droites perpendiculaires

Deux droites sont perpendiculaires quand elles forment un angle droit. Comme sur la figure ci-contre, on utilise très souvent un codage pour indiquer que deux droites sont perpendiculaires.

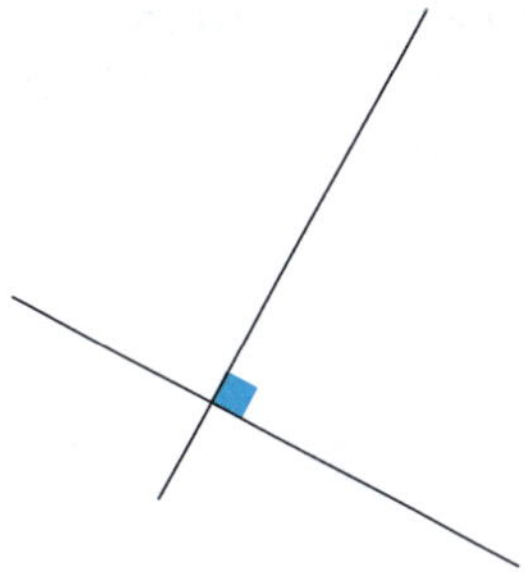

Par un point donné, on ne peut faire passer qu'une seule droite perpendiculaire à une droite donnée.

7 Droites parallèles

Deux droites parallèles n'ont aucun point commun. Un axiome très célèbre, celui d'Euclide, affirme que par un point qui n'appartient pas à une droite on peut faire passer une parallèle et une seule à cette droite.

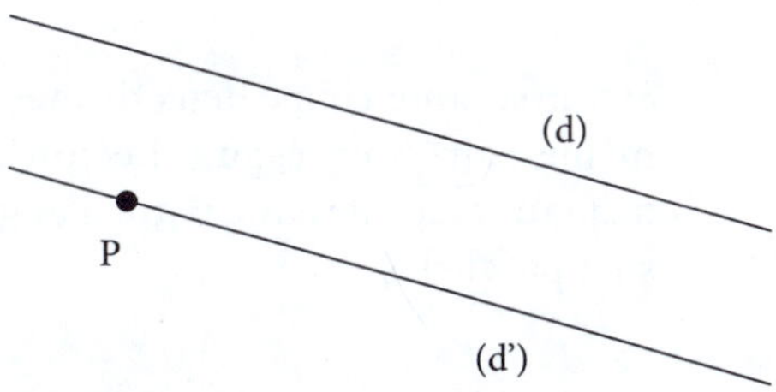

Si deux droites sont parallèles, toute parallèle à l'une est parallèle à l'autre.

8 Parallèles et perpendiculaires

La figure ci-contre illustre les quatre propriétés suivantes :

a. Si deux droites sont perpendiculaires à une même droite alors elles sont parallèles entre elles.

b. Si deux droites sont parallèles alors toute perpendiculaire à l'une est perpendiculaire à l'autre.

c. Si deux droites sont perpendiculaires, toute parallèle à l'une est perpendiculaire à l'autre.

d. Si deux droites sont perpendiculaires, toute perpendiculaire à l'une est parallèle à l'autre.

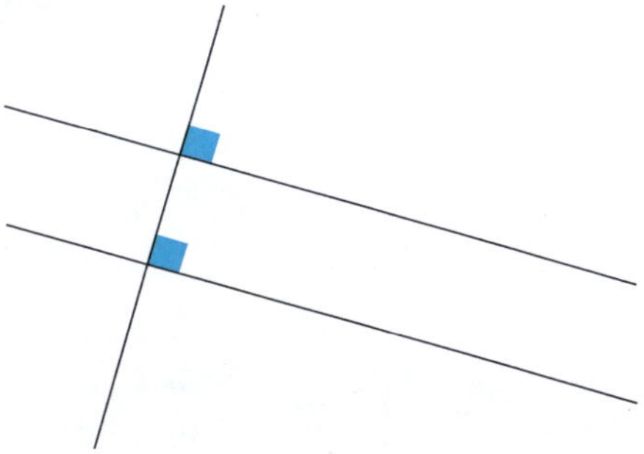

9 Angles et parallélisme

Si une sécante coupe deux droites parallèles, alors les angles alternes-internes d'une même paire sont égaux.
Réciproquement, si une sécante coupe deux droites en formant avec elles une paire d'angles alternes-internes égaux, alors ces deux droites sont parallèles.

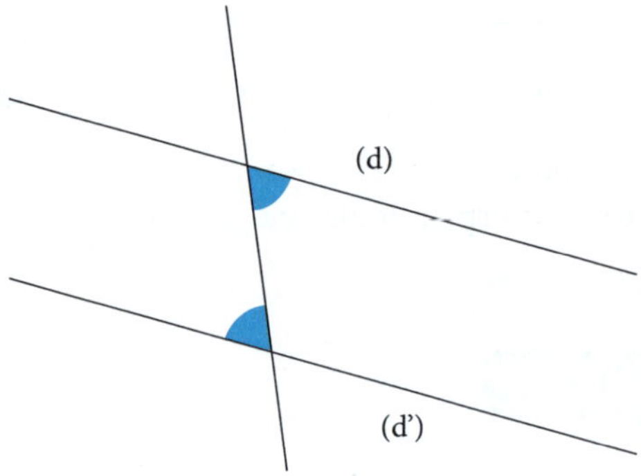

Si une sécante coupe deux droites parallèles, alors les angles correspondants d'une même paire sont égaux. Réciproquement, si une sécante coupe deux droites en formant avec elles une paire d'angles correspondants égaux, alors ces deux droites sont parallèles.

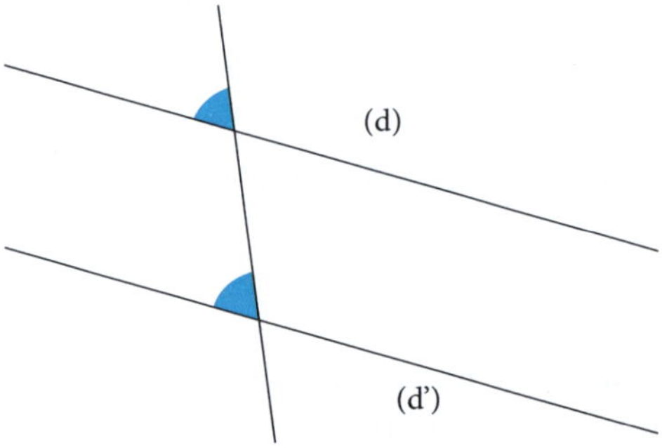

2. Constructions avec la règle et le compas

1 Construire une droite perpendiculaire à une droite donnée passant par un point donné

Soit P un point quelconque et soit (d) une droite. Pour construire la perpendiculaire à (d) qui passe par P, il nous faut considérer deux cas.

1er cas : P appartient à la droite (d) – De P comme centre, tracer deux arcs de cercle de même rayon qui coupent (d) en A et B ; – tracer un arc de centre A et un arc de centre B de même rayon qui se coupent en C ; – (PC) est la droite cherchée.	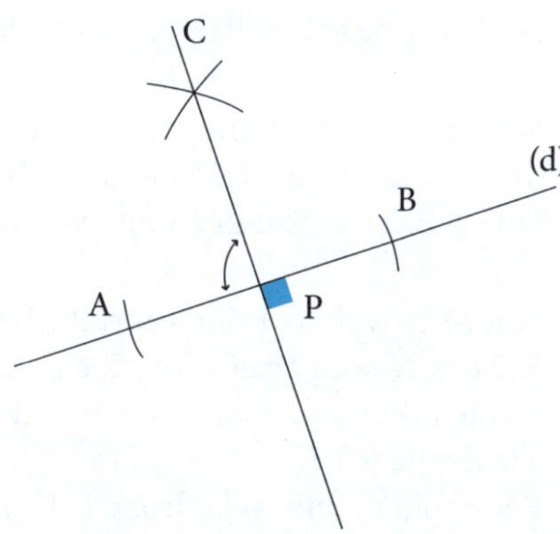
2e cas : P n'appartient pas à la droite (d) – De P comme centre, tracer un arc de cercle qui coupe (d) en A et B ; – avec le même rayon, tracer un arc de centre A et un arc de centre B : ils se coupent en C ; – (PC) est la droite cherchée.	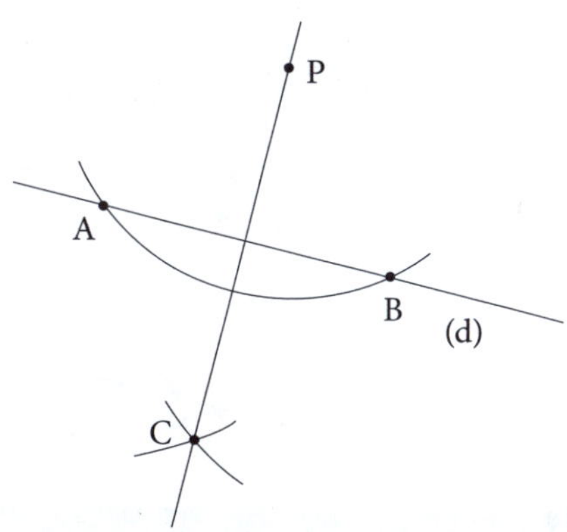

2 Distance d'un point à une droite

Soit (d) une droite quelconque et soit P un point du plan. La perpendiculaire à (d) qui passe par P la rencontre en H.

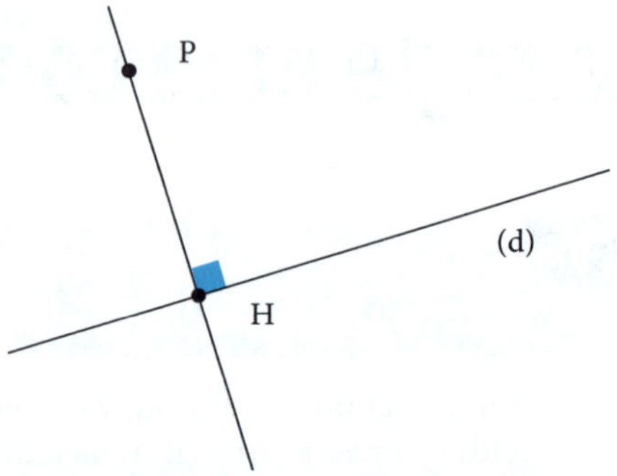

Le point H est le projeté orthogonal de P sur la droite (d). Si P appartient à la droite (d) on a évidemment H = P.

Soit H le projeté orthogonal d'un point P sur une droite (d). La longueur PH est la **distance du point P à la droite (d).**
Si H = P cette distance vaut évidemment 0.

Soit M et N deux points et soit (d) une droite.
Si M et N sont situés tous les deux dans l'un des demi-plans déterminés par la droite (d) et s'ils sont à la même distance de (d) alors la droite (MN) est parallèle à la droite (d).
Réciproquement, si la droite (MN) est parallèle à la droite (d), alors M et N sont à la même distance de (d).

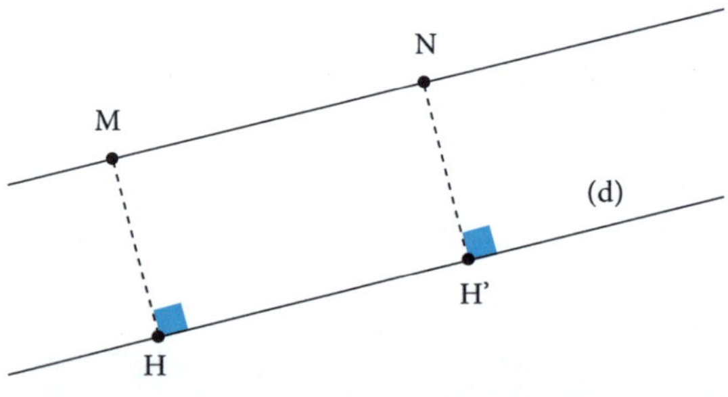

3 Construire une droite parallèle à une droite donnée passant par un point donné

Par un point P qui n'appartient pas à une droite (d), on ne peut faire passer qu'une seule droite parallèle à (d). Un point P et une droite (d) étant donnés, on peut effectuer cette construction de deux façons différentes.

Première méthode : avec des perpendiculaires
– Construire la perpendiculaire (d') à (d) qui passe par P.
– Construire ensuite la perpendiculaire (d'') à (d') qui passe par P : (d'') est la parallèle à (d) qui passe par P.

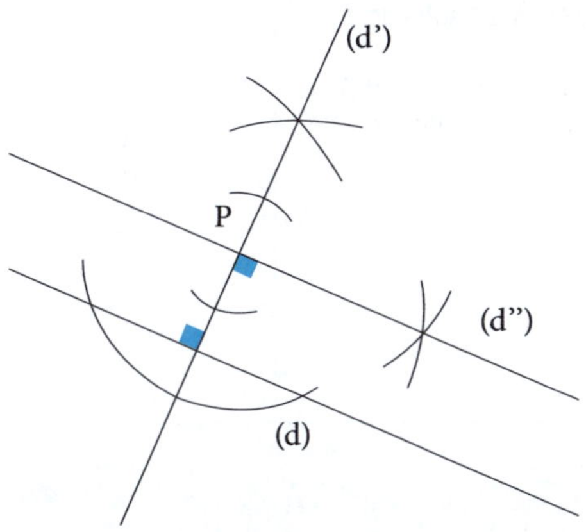

La seconde méthode est beaucoup plus rapide car elle n'utilise que deux arcs de cercle.

Seconde méthode : avec deux arcs de cercle seulement
– Marquer deux points A et B quelconques sur (d) ;
– de P comme centre, tracer un arc de rayon AB ;
– de B comme centre, tracer un arc de rayon AP ;
– les deux arcs se coupent en C : la droite (PC) est la droite cherchée.

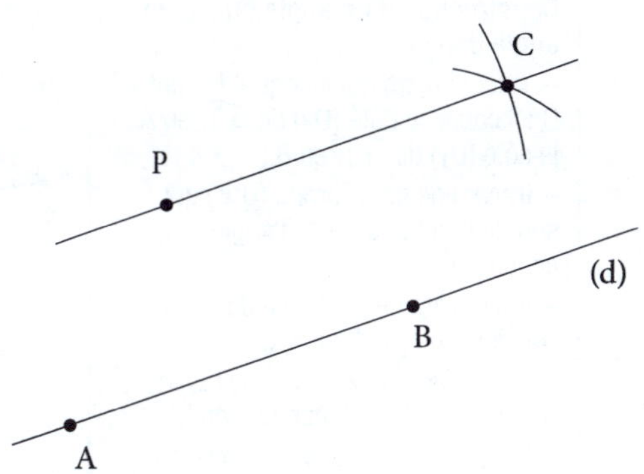

4 Construire la médiatrice d'un segment

La définition et les propriétés de la médiatrice d'un segment jouent un rôle important dans l'étude des symétries orthogonales.

La médiatrice d'un segment est la droite qui passe par le milieu de ce segment et qui lui est perpendiculaire.
Soit P un point du plan et soit [AB] un segment.
Si P appartient à la médiatrice du segment [AB] alors il est équidistant de A et de B.
Réciproquement, si P est équidistant de A et de B alors il appartient à la médiatrice de [AB].

Construction d'une médiatrice

Soit [AB] un segment. Pour construire sa médiatrice, il faut :

– tracer deux arcs de cercle de même rayon, l'un de centre A et l'autre de centre B ;

– ces deux arcs se coupent en C et D : la droite (CD) est la médiatrice du segment [AB].

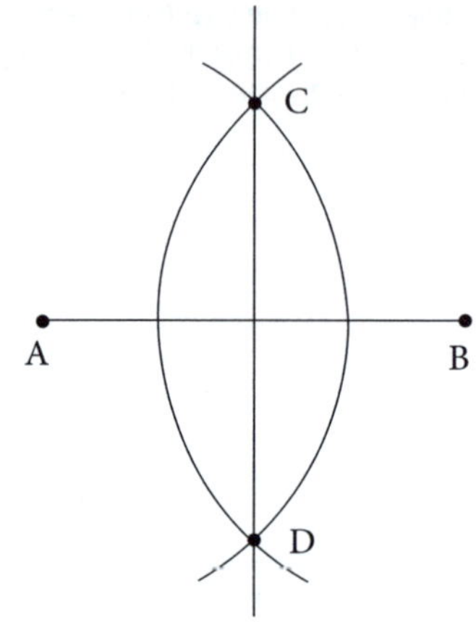

5 Construire un angle égal à un angle donné

Soit $\widehat{xOy}$ un angle donné et soit O' un point donné. On peut utiliser la règle et le compas pour construire un angle de sommet O' qui soit égal à l'angle $\widehat{xOy}$.

Construction d'un angle égal à un angle donné

– Tracer un arc quelconque de centre O : il coupe le côté [O*x*) de $\widehat{xOy}$ en A et le côté [O*y*) de $\widehat{xOy}$ en B ;

– tracer une demi-droite [O'*x*') qui sera le premier côté de l'angle à construire ;

– tracer l'arc de centre O' de rayon OA : il coupe [O'*x*') en A' ;

– tracer l'arc de centre A' de rayon AB : il coupe l'arc précédent en B' ;

– tracer la demi-droite [O*y*') passant par B'.

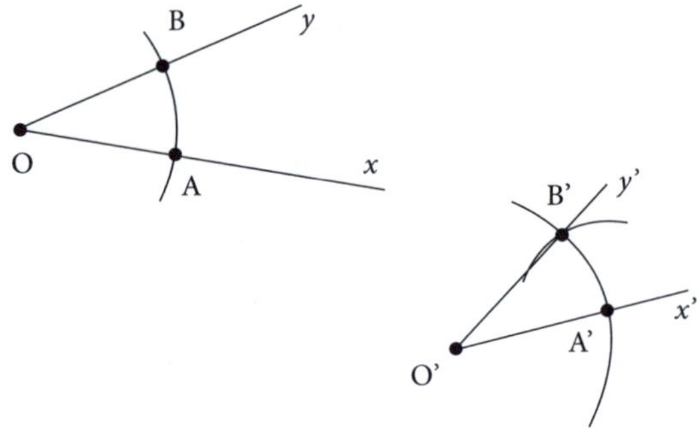

6 Construire la bissectrice d'un angle

La bissectrice d'un angle est la demi-droite issue du sommet de l'angle qui le partage en deux angles égaux. Elle se construit à l'aide de trois arcs de cercle.

Construction d'une bissectrice

Soit $\widehat{xOy}$ un angle donné. Pour construire la bissectrice de cet angle, il faut :

– tracer un arc de centre O qui coupe les côtés de l'angle $\widehat{xOy}$ en A et en B ;

– tracer, avec la même ouverture de compas, un arc de centre A et un arc de centre B : ces deux arcs se coupent en C ;

– [OC) est la bissectrice de l'angle $\widehat{xOy}$.

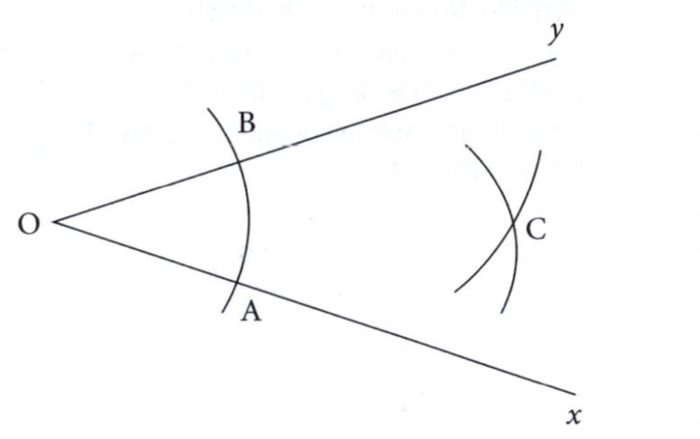

Marquons un point P sur la bissectrice d'un angle $\widehat{xOy}$ et construisons ses projetés orthogonaux H et H' sur les côtés de l'angle : alors PH = PH'.

Si un point appartient à la bissectrice d'un angle alors il est équidistant des côtés de cet angle.
Réciproquement, si un point est équidistant des côtés d'un angle, alors il appartient à la bissectrice de cet angle.

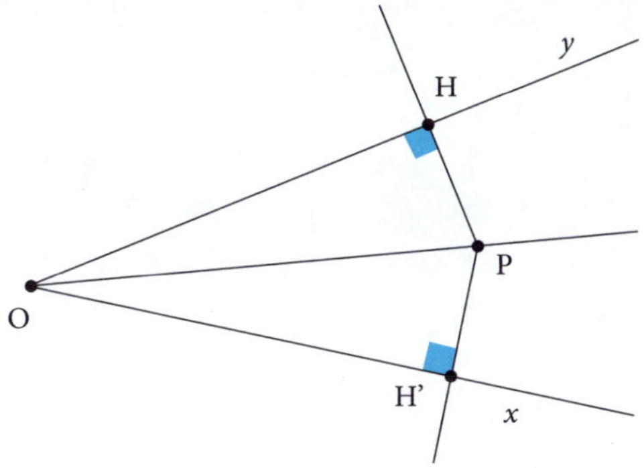

7 Construction de certains angles

Pour construire un angle de mesure donnée, on utilise en général le **rapporteur** mais, dans certains cas, on peut utiliser la règle et le compas. Pour construire un angle droit, il suffit de construire deux droites perpendiculaires. Pour construire un angle de 60°, il suffit de construire un triangle équilatéral.

Construction d'un angle de 60°

– Tracer une demi-droite [O*x*) : ce sera le premier côté de l'angle à construire ;

– tracer un arc quelconque de centre O : il coupe [O*x*) en A ;

– tracer un arc de centre A qui passe par O : il coupe l'arc précédent en B ;

– l'angle $\widehat{AOB}$ mesure 60°.

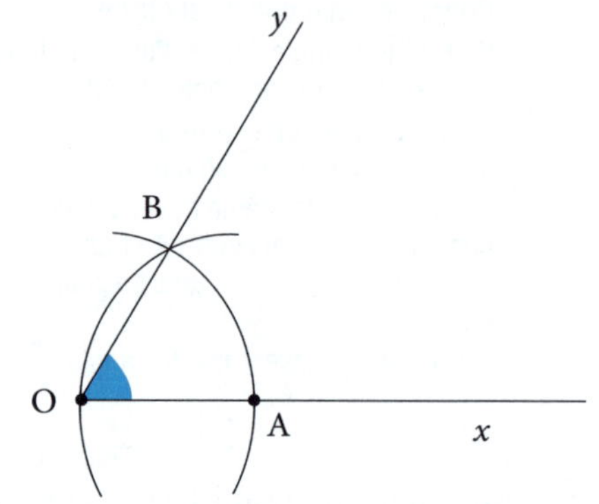

Les constructions de perpendiculaires, celle d'un angle de 60°, celle d'une bissectrice et celle du report d'un angle permettent de construire des angles de 45° et de 135°, de 30° et de 120° et d'autres encore avec la règle et le compas.

D'une façon générale, on peut construire avec la règle et le compas tout angle dont la mesure est un multiple de 30.

3. Triangles et polygones

1 Introduction

En géométrie élémentaire, les triangles jouent un rôle essentiel. Dans ses *Éléments*, rédigés au IIIe siècle avant J.-C., Euclide démontre par exemple que la somme des angles d'un triangle est une constante qui ne dépend ni de la forme ni des dimensions du triangle. Pour cela, il utilise les propriétés des droites parallèles qui forment avec une sécante quelconque des angles égaux. Un triangle ABC étant donné, il mène par le sommet A une parallèle au côté [BC] du triangle.

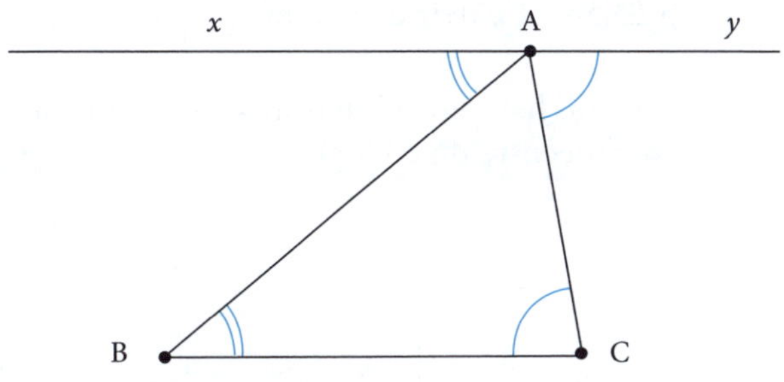

Sauriez-vous retrouver la démonstration d'Euclide ?

Réponse : On a $\widehat{BAx} + \widehat{BAC} + \widehat{CAy} = 1$ angle plat.

Les parallèles (xy) et (BC) et la sécante (AB) déterminent des angles alternes-internes égaux : $\widehat{BAx} = \widehat{ABC}$.

Les parallèles (xy) et (BC) et la sécante (AC) déterminent des angles alternes-internes égaux : $\widehat{CAy} = \widehat{ACB}$.

L'égalité précédente devient $\widehat{ABC} + \widehat{BAC} + \widehat{ACB} = 1$ angle plat.

2 Deux propriétés générales du triangle

La somme des angles d'un triangle est toujours égale à 180°.

Il est facile de calculer l'un des trois angles d'un triangle quand on connaît les deux autres. Si, par exemple, les angles $\hat{A}$ et $\hat{B}$ d'un triangle ABC mesurent respectivement 54° et 61°, l'angle $\hat{C}$ est égal à 180° – (54° + 61°) = 180° – 115° = 65°.

Un autre résultat, valable pour tous les triangles, est l'**inégalité triangulaire**.

Dans un triangle, la longueur d'un côté est inférieure à la somme des longueurs des deux autres côtés, mais supérieure à leur différence.

3 Droites remarquables dans le triangle

Les **médianes** d'un triangle sont les segments qui joignent chaque sommet au milieu du côté opposé. Les **hauteurs** sont les segments (ou les droites) qui passent par chaque sommet et qui sont perpendiculaires au côté opposé. Les **médiatrices** d'un triangle sont les médiatrices de ses côtés. Les **bissectrices** d'un triangle sont les bissectrices de ses angles.

Les trois **médianes** d'un triangle sont concourantes. Leur point commun est appelé le **centre de gravité** du triangle. Il se trouve aux deux tiers de chaque médiane, à partir du sommet.

Les trois **hauteurs** d'un triangle sont concourantes. Leur point commun est appelé l'**orthocentre** du triangle.

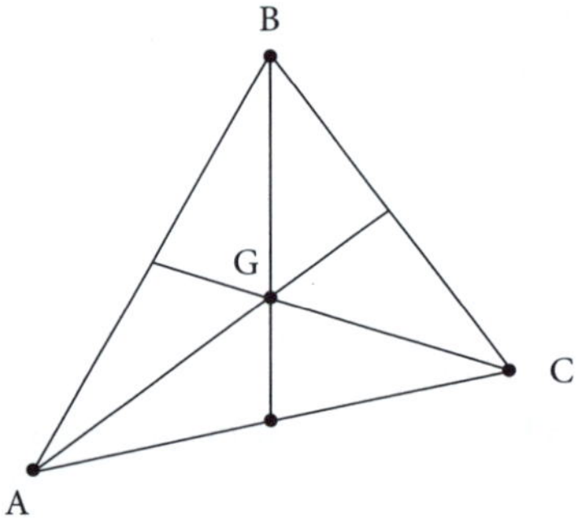

Médianes et centre de gravité

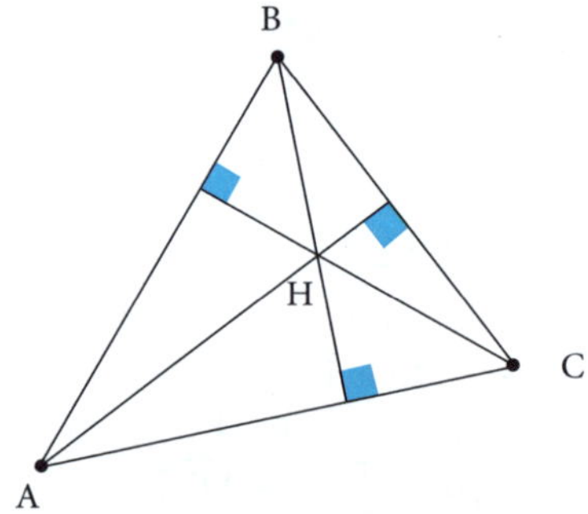

Hauteurs et orthocentre

Les trois **médiatrices** d'un triangle sont concourantes. Leur point commun est le centre du **cercle circonscrit** au triangle. Ce cercle passe par les trois sommets du triangle.

Les trois **bissectrices** intérieures d'un triangle sont concourantes. Leur point commun est le centre du **cercle inscrit** dans le triangle. Ce cercle est tangent aux trois côtés du triangle.

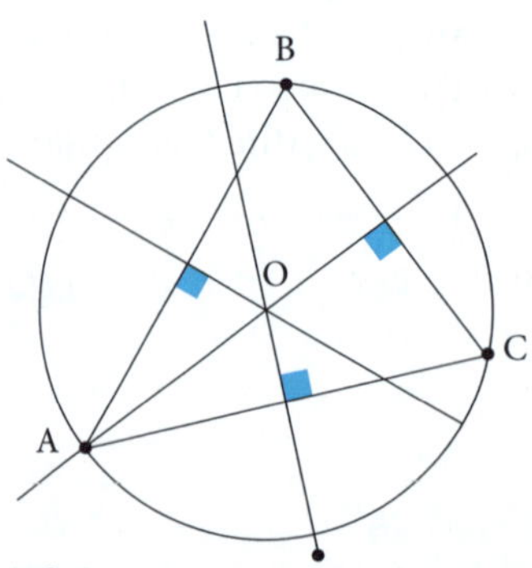

Médiatrices et cercle circonscrit

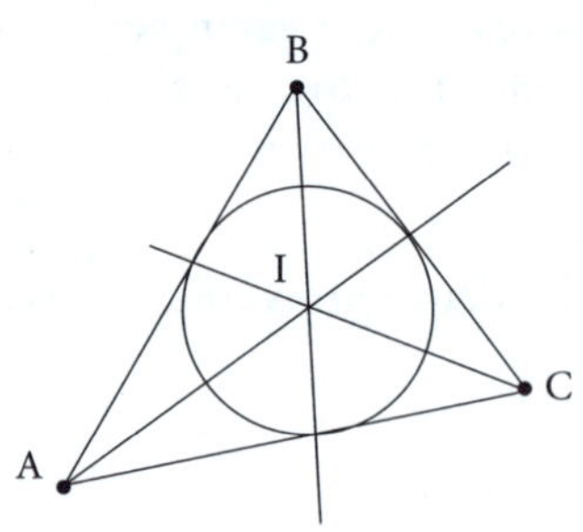

Bissectrices intérieures et cercle inscrit

4 Aire du triangle

Soit ABC un triangle et [AH] l'une de ses hauteurs.

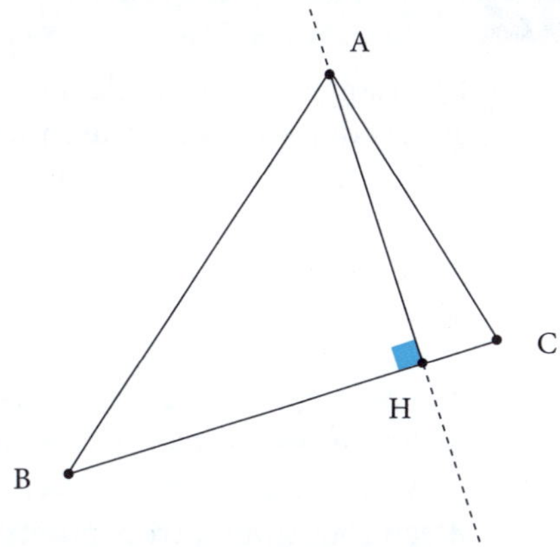

L'aire de ce triangle est égale à $\frac{1}{2}$ AH × BC.
Si BC = 6 cm et si AH = 4 cm, l'aire du triangle est 12 cm^2.

L'aire d'un triangle s'obtient en multipliant la longueur d'un côté par la hauteur relative à ce côté et en divisant par 2 le résultat obtenu.

FOCUS **Les hauteurs dans le triangle**

- Dans un triangle, il y a trois hauteurs, donc trois façons de calculer l'aire de ce triangle.
- Une hauteur peut se situer à l'extérieur du triangle.

5 Le triangle isocèle

Un triangle ABC est isocèle en A s'il possède l'une des propriétés suivantes :
- ses côtés [AB] et [AC] ont la même longueur ;
- ses angles $\widehat{ABC}$ et $\widehat{ACB}$ sont égaux ;
- sa médiane [AM] est perpendiculaire au côté [BC].

Si l'une des trois propriétés est vraie, les deux autres le sont aussi.

6 Le triangle équilatéral

Un triangle ABC est **équilatéral** s'il possède l'une des propriétés suivantes :
- ses trois côtés ont la même longueur ;
- ses trois angles sont égaux et valent 60° chacun.

Si l'une de ces propriétés est vraie, l'autre l'est aussi.

7 Le triangle rectangle

Un triangle est rectangle quand l'un de ses angles est droit. Si on connaît les longueurs des trois côtés d'un triangle, on peut prouver qu'il est rectangle à l'aide de la réciproque du théorème de Pythagore (voir le chapitre « Le théorème de Pythagore »).

Le cercle circonscrit à un triangle rectangle est particulièrement facile à construire.

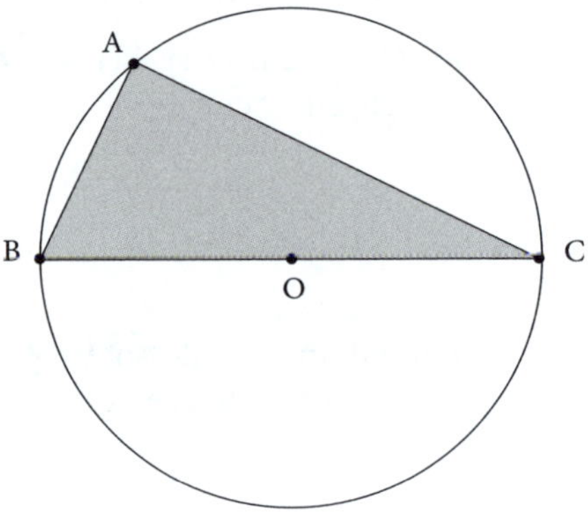

Le centre du cercle circonscrit à un triangle rectangle est le milieu de l'hypoténuse.
Réciproquement, trois points A, B et C étant donnés, si A appartient au cercle de diamètre [BC], alors le triangle ABC est rectangle en A.

8 Les quadrilatères

Un **quadrilatère** est un polygone qui possède quatre côtés. Les quadrilatères peuvent être convexes ou non.

On dit qu'un quadrilatère est **convexe** si une règle placée sur l'un quelconque de ses côtés ne le traverse pas.

Un quadrilatère convexe

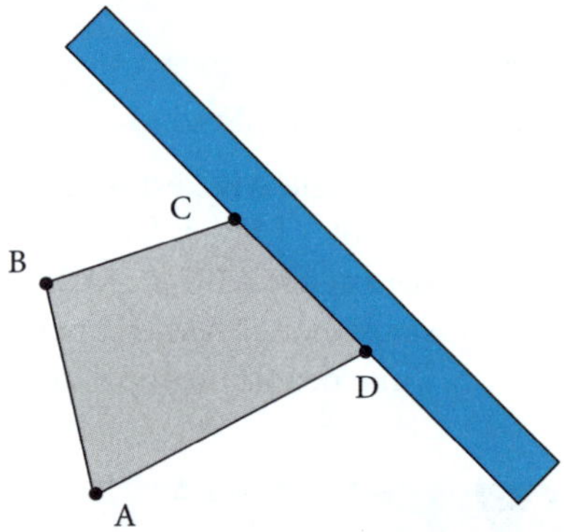

Si la règle le traverse, il n'est pas convexe.

Deux quadrilatères non convexes

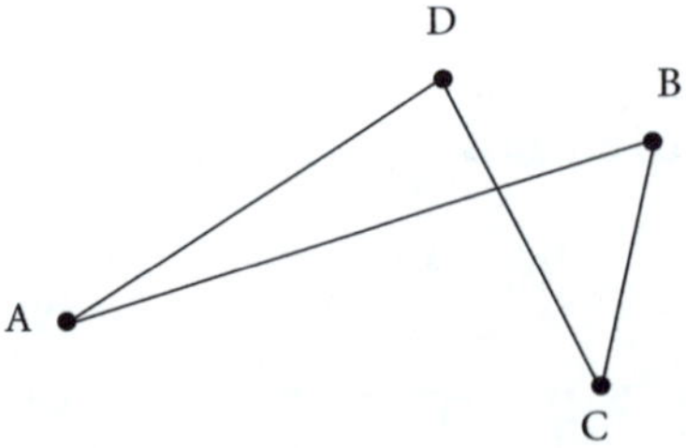

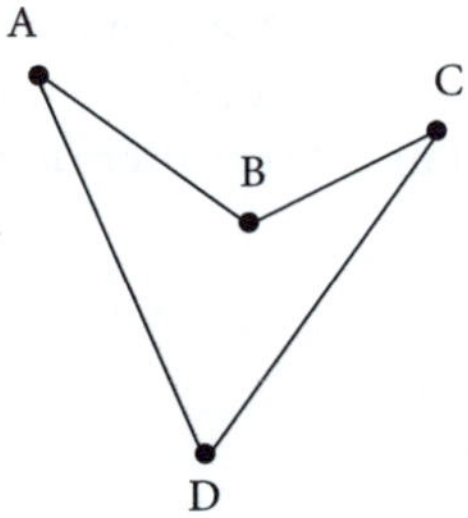

La somme des angles d'un quadrilatère convexe est égale à 360°.

Un **trapèze** est un quadrilatère convexe qui possède deux côtés parallèles.
S'il possède un axe de symétrie, il est **isocèle**. Il a alors deux côtés et deux angles égaux.
S'il possède un angle droit, c'est un **trapèze rectangle**.

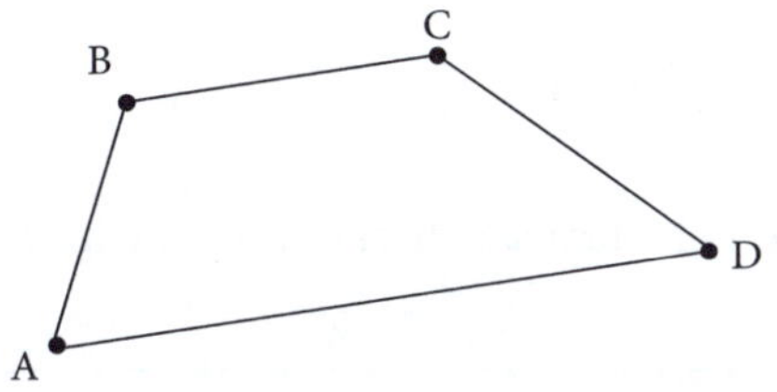

Un trapèze quelconque

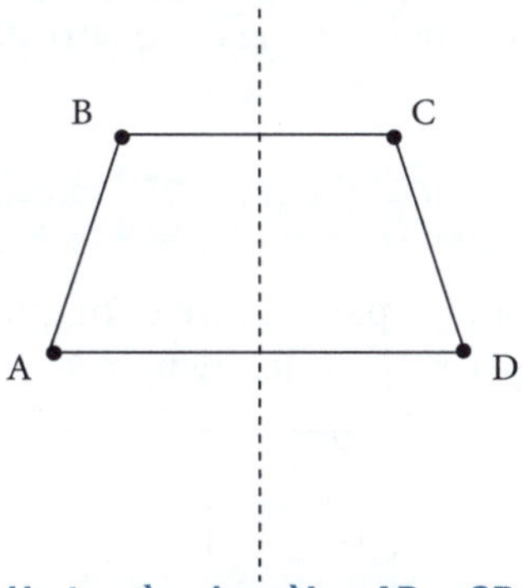

Un trapèze isocèle : AB = CD

Un **parallélogramme** est un quadrilatère convexe qui possède l'une des propriétés suivantes :
- ses deux diagonales ont le même milieu ;
- ses côtés opposés sont parallèles deux à deux ;
- ses côtés opposés ont la même longueur ;
- deux de ses côtés opposés sont parallèles et ont la même longueur ;
- ses angles consécutifs sont supplémentaires.

Si l'une de ces cinq propriétés est vraie, les autres le sont aussi.

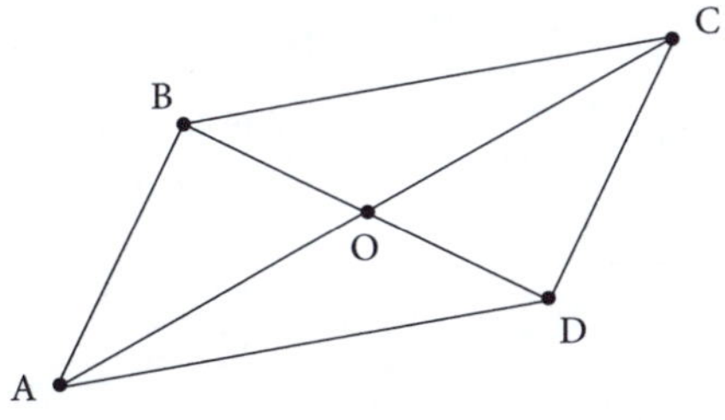

Un **rectangle** est un parallélogramme qui possède l'une des propriétés suivantes :
- ses diagonales ont la même longueur ;
- l'un de ses angles est droit.

Si l'une de ces deux propriétés est vraie, l'autre l'est aussi. Il en résulte qu'un rectangle a quatre angles droits.

Un **losange** est un parallélogramme qui possède l’une des propriétés suivantes :
– ses diagonales sont perpendiculaires ;
– deux de ses côtés consécutifs ont la même longueur.
Si l’une de ces deux propriétés est vraie, l’autre l’est aussi. Il en résulte qu’un losange a des côtés de même longueur.

Un **carré** possède à la fois les propriétés du rectangle et celles du losange. Il a donc quatre angles droits et quatre côtés de même longueur.

9 Aire d’un quadrilatère

Désignons par A l’aire d’un quadrilatère. Le tableau suivant rappelle les formules qui permettent de calculer A.

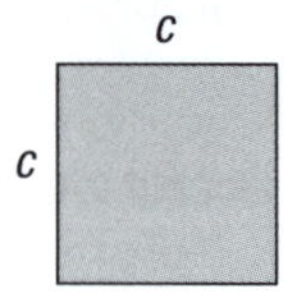	Aire du carré : $A = c \times c$
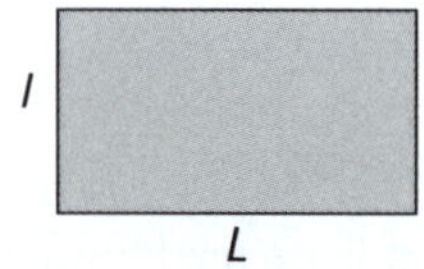	Aire du rectangle : $A = L \times l$
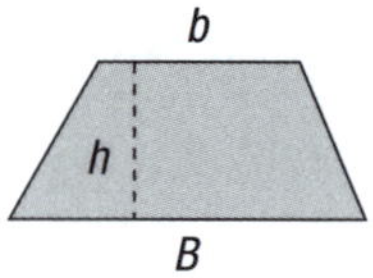	Aire du trapèze : $A = \dfrac{(B + b) \times h}{2}$
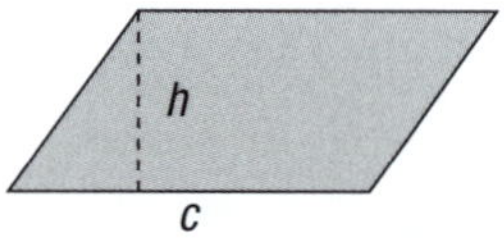	Aire du parallélogramme : $A = c \times h$
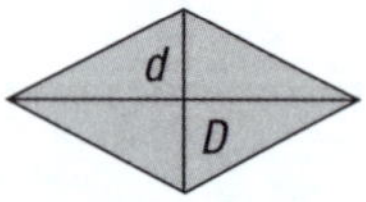	Aire du losange : $A = \dfrac{d \times D}{2}$

4. Cercles et disques

1 Cercles et disques

Soit O un point du plan et soit r une longueur quelconque. Le **cercle** de centre O et de rayon *r* est la ligne courbe formée par l'ensemble des points du plan qui sont situés à la distance ***r*** du point O.
Le **disque** de centre O et de rayon r est la partie du plan qui comprend tous les points dont la distance à O est inférieure ou égale à r.

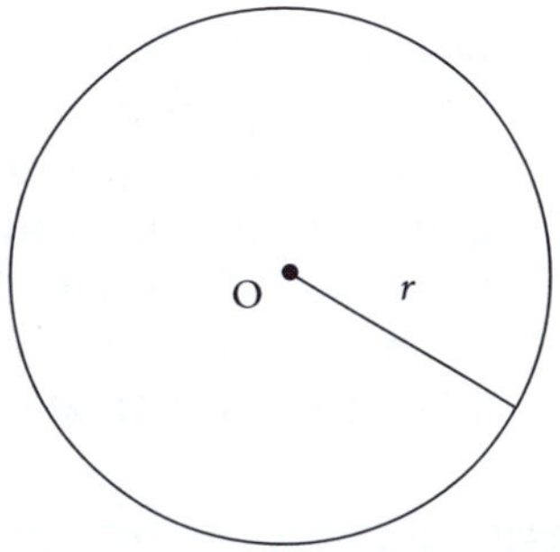

Les points du plan dont la distance à O est inférieure au rayon *r* du cercle appartiennent au disque de centre O et de rayon *r*. On dit aussi qu'ils sont situés **à l'intérieur du cercle.** Les points du plan dont la distance à O est supérieure au rayon *r* du cercle n'appartiennent ni au disque ni au cercle de centre O et de rayon *r*. On dit aussi qu'ils sont situés à **l'extérieur du cercle.**

Sur la figure ci-contre, M est à l'intérieur du cercle tandis que N est à l'extérieur du cercle. On a : OM < *r* et ON > *r*.

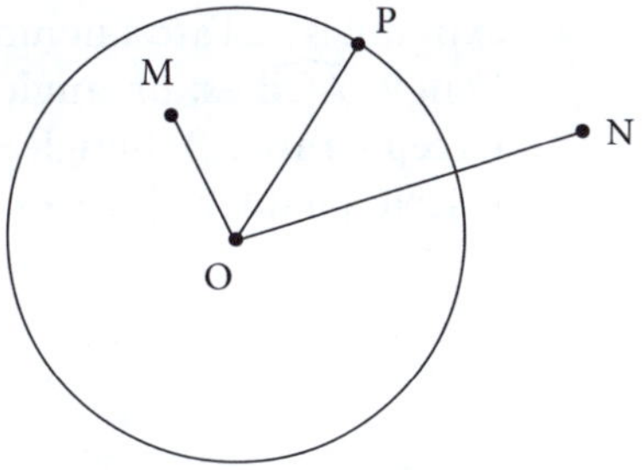

2 Cordes, diamètres et rayons

Considérons un cercle de centre O et deux points A et B de ce cercle.
Le segment [AB] est une **corde** du cercle. La corde [AA'] qui passe par le centre O du cercle est un **diamètre** de ce cercle. On dit que A et A' sont **diamétralement opposés.** Le segment [OB] est un **rayon** du cercle.

Les mots **diamètre** et **rayon** ont deux sens distincts : ils désignent des segments de droite mais aussi des longueurs attachées aux cercles.

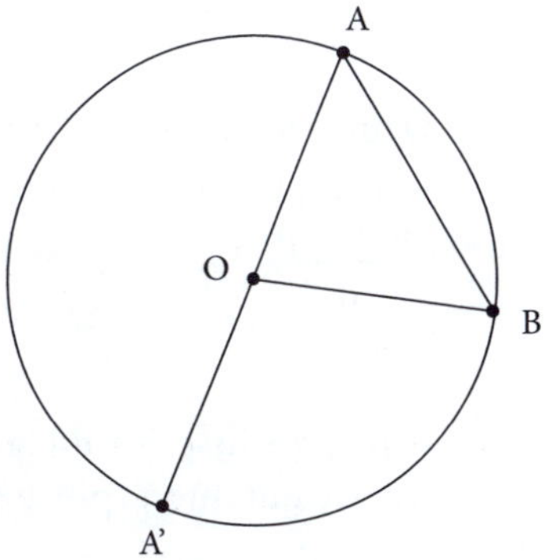

3 Périmètre et aire du disque

Le périmètre *L* d'un disque de rayon r est donné par la formule $L = 2 \times \pi \times r$.
Le périmètre du disque est égal à la **longueur du cercle** qui le limite.
L'aire *A* d'un disque de rayon ***r*** est donnée par la formule $A = \pi \times r^2$

Le nombre π est un nombre réel qui a pour approximation décimale 3,1415926… Ce développement décimal possède une infinité de décimales. On en connaît aujourd'hui quelques milliards mais, pour des calculs qui ne réclament pas une grande précision, on adopte généralement la valeur approchée 3,14. Considérons par exemple un cercle de 6 cm de rayon. Avec $\pi \approx 3{,}14$, une valeur approchée de son périmètre est $2 \times 3{,}14 \times 6$, soit 37,68 cm. Une valeur approchée de son aire est $3{,}14 \times 6 \times 6$, soit 113,04 cm^2.

4 Angles au centre et angles inscrits

Sur la figure ci-contre, les points A et B partagent le cercle en deux **arcs de cercle** dont ils sont les extrémités. Pour nommer un arc, on utilise généralement les noms de ses extrémités. Si une confusion est possible, on utilise un troisième point, situé entre les deux extrémités de l'arc à nommer.
L'angle $\widehat{AOB}$ est un **angle au centre** qui **intercepte l'arc** $\overset{\frown}{AB}$. L'angle $\widehat{EDF}$ est un **angle inscrit** qui intercepte l'arc $\overset{\frown}{EF}$.

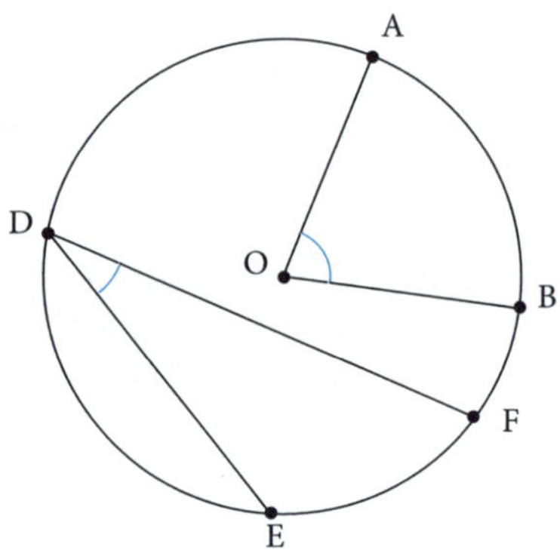

Un angle au centre qui intercepte un demi-cercle vaut $\dfrac{360°}{2} = 180°$.
Un angle au centre qui intercepte un quart de cercle vaut $\dfrac{360°}{4} = 90°$.

D'une façon générale, un angle au centre qui intercepte une fraction $\dfrac{p}{q}$ de cercle vaut $\dfrac{360° \times p}{q}$.

Un **angle inscrit** vaut la moitié de l'angle au centre qui intercepte le même arc.

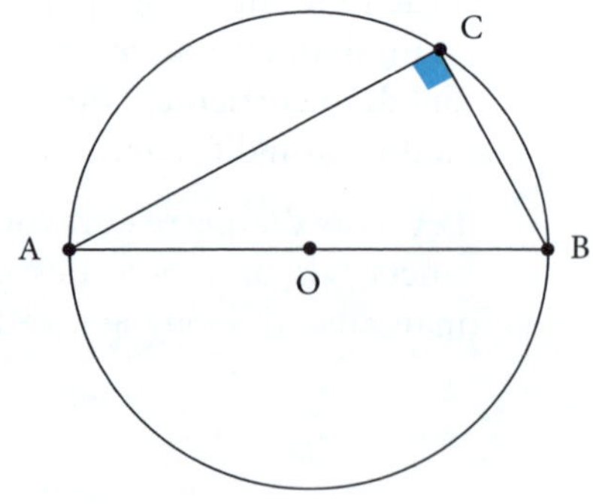

Sur la figure ci-contre, l'angle au centre $\widehat{BOC}$ vaut deux fois l'angle inscrit $\widehat{BAC}$ car ils interceptent tous les deux l'arc $\overset{\frown}{BC}$.

Deux angles inscrits qui interceptent le même arc ou des arcs égaux sont égaux.

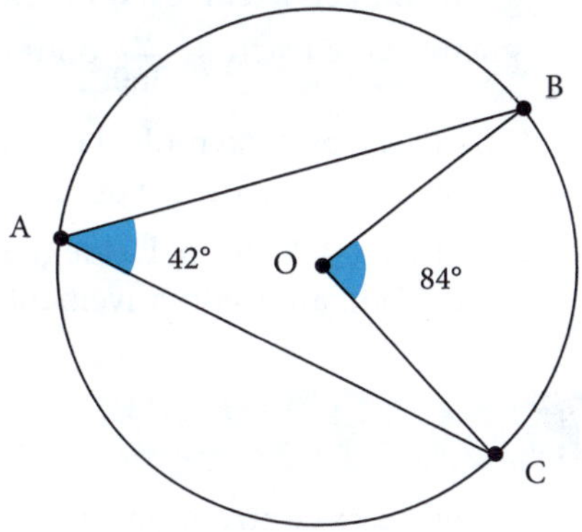

Sur la figure ci-contre, les angles inscrits $\widehat{BAC}$ et $\widehat{BDC}$ sont égaux car ils interceptent tous les deux l'arc $\overset{\frown}{BC}$.

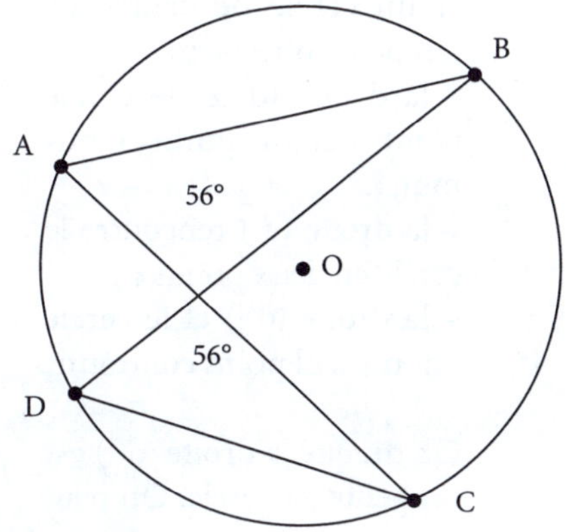

5 Mesure et longueur d'un arc de cercle

Sur la figure ci-contre, l'angle au centre $\widehat{AOB}$ mesure 60°. Comme il intercepte l'arc de cercle $\overset{\frown}{AB}$, on dit que la **mesure** de cet arc vaut 60°.

Dire qu'un arc $\overset{\frown}{AB}$ d'un cercle de centre O mesure α° c'est dire que l'angle $\widehat{AOB}$ au centre mesure α°.

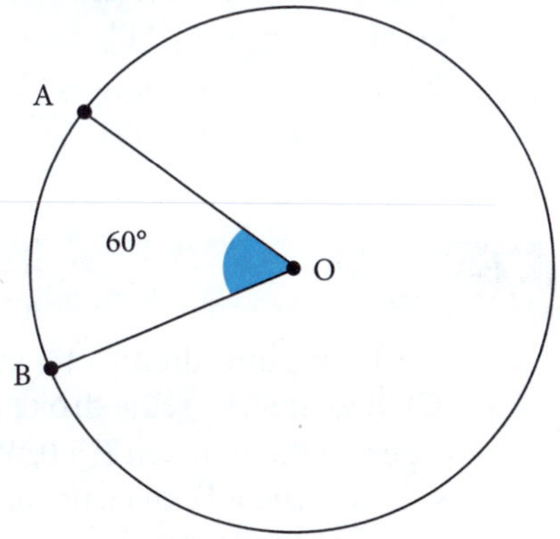

Dans un cercle de rayon donné, la longueur d'un arc de cercle est proportionnelle à sa mesure.
La longueur d'un arc de 90° vaut $\frac{1}{4}$ de la longueur du cercle entier, la longueur d'un arc de 60° vaut $\frac{1}{6}$ de la longueur du cercle entier, etc.

La longueur d'un arc de cercle est proportionnelle à sa mesure. Comme la longueur du cercle correspond à un angle de 360°, il suffit de multiplier cette longueur par la fraction $\frac{\alpha}{360}$ pour obtenir la longueur d'un arc de α°.

Calculons par exemple la longueur d'un arc de cercle de 80° pris sur un cercle de 6 cm de rayon. La longueur du cercle a pour valeur approchée $2 \times 3{,}14 \times 6 = 37{,}68$ cm. La longueur de l'arc de 80° représente $\frac{80}{360}$ de cette longueur, soit 8,37 cm approximativement.

6 Droites et cercles

La figure ci-contre montre trois droites (d), (d') (d") et un cercle de centre O. On peut voir que :

- la droite (d) et le cercle n'ont aucun point commun ;
- la droite (d') rencontre le cercle en deux points ;
- la droite (d") et le cercle ont un seul point commun.

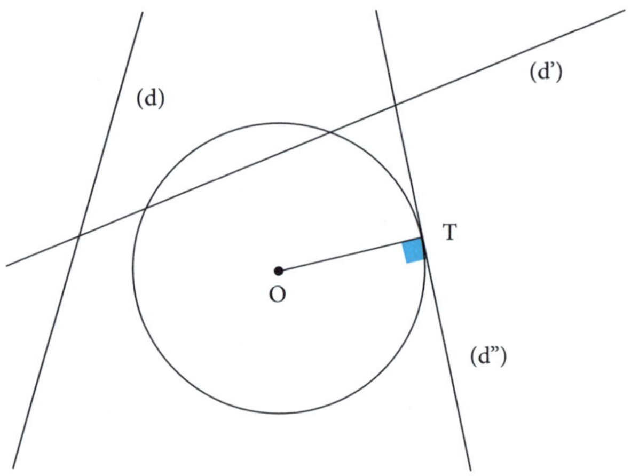

On dit que la droite (d") est **tangente** au cercle. On peut démontrer que, dans ce cas, (d") est perpendiculaire au rayon du cercle qui aboutit au point de contact.

Si une droite est tangente en T à un cercle (C) de centre O alors elle est perpendiculaire au rayon [OT].
Réciproquement, si T est un point d'un cercle (C) de centre O alors la perpendiculaire en T à la droite (OT) est tangente au cercle (C) en T.

7 Construction d'une tangente à un cercle

Soit P un point donné et soit (C) un cercle de centre O. Si P appartient au cercle (C), il existe une seule droite qui passe par P et qui est tangente au cercle (C) : c'est la perpendiculaire en P à (OP).
Si P est situé à l'extérieur du disque limité par le cercle (C) alors il existe exactement deux tangentes au cercle (C) qui passent par P. La figure suivante montre leur construction à la règle et au compas.

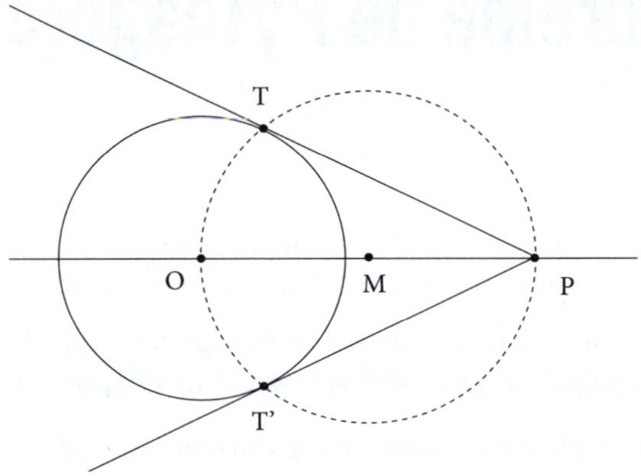

On trace le cercle de diamètre [OP] : il coupe le cercle de centre O en T et en T' qui sont les points de contact des deux tangentes avec le cercle de centre O. Les triangles OTP et OT'P étant rectangles, on peut utiliser le théorème de Pythagore pour calculer les longueurs des deux tangentes (voir le chapitre « Le théorème de Pythagore »).

8 Cercles tangents

Deux cercles peuvent avoir en commun 0, 1 ou 2 points. Quand deux cercles ont 2 points en commun, on dit qu'ils sont **sécants**. Quand ils ont un seul point commun, on dit qu'ils sont **tangents**. Dans ce dernier cas, il existe deux possibilités : les deux cercles peuvent être **tangents intérieurement** ou bien **tangents extérieurement**.

Quand deux cercles sont tangents, leurs centres et leur point de contact sont alignés.

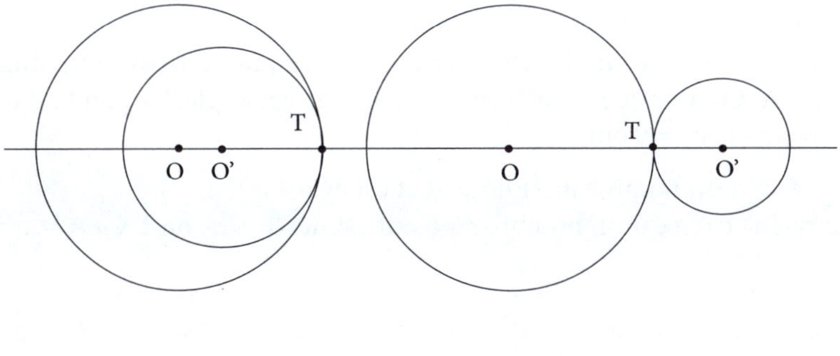

5. Le théorème de Pythagore

1 Définition

Soit ABC un triangle rectangle en A. On peut énoncer le théorème de Pythagore de plusieurs façons. Nous présenterons deux énoncés parmi les plus courants.

Si un triangle est rectangle alors la somme des carrés des longueurs des côtés de l'angle droit est égale au carré de la longueur de l'hypoténuse.

Enfin on peut employer les noms donnés aux sommets du triangle.

Si un triangle ABC est rectangle en A alors $BC^2 = AB^2 + AC^2$.

2 Comment utiliser le théorème de Pythagore ?

Les calculs sont conduits de deux façons différentes selon qu'on calcule la longueur de l'hypoténuse ou celle de l'un des côtés de l'angle droit.

EXEMPLE : Soit, par exemple, un triangle ABC rectangle en A. On sait que AB = 6 cm et que AC = 9 cm. Quelle est la longueur de l'hypoténuse [BC] ? Comment construire ce triangle à la règle et au compas ?

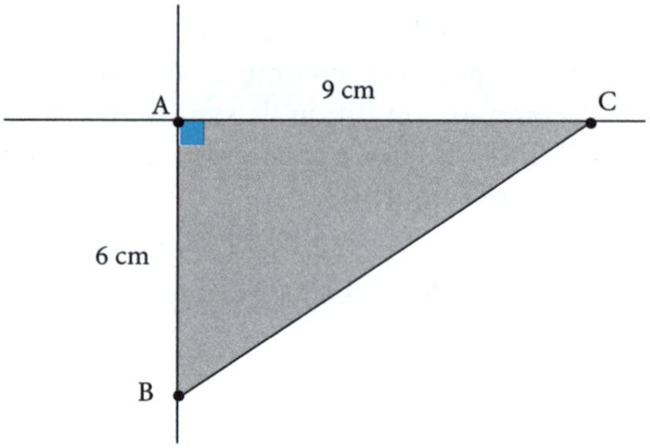

Solution : Le triangle ABC étant rectangle en A, on peut lui appliquer le théorème de Pythagore et écrire $BC^2 = AB^2 + AC^2$. En remplaçant AB par 6 et AC par 9, on obtient $BC^2 = 6^2 + 9^2 = 36 + 81 = 117$, d'où $BC = \sqrt{117} \approx 10{,}82$ cm.

Pour construire le triangle ABC, on commence par construire un angle droit de sommet A. On marque ensuite, sur les côtés de cet angle, les points B et C tels que AB = 6 cm et AC = 9 cm.

– Le carré d'un nombre a est noté a^2 et est égal à $a \times a$.
– La racine carrée d'un nombre a positif est notée $\sqrt{a}$: on a $\sqrt{a} \times \sqrt{a} = a$.

EXEMPLE : Considérons maintenant un triangle ABC rectangle en A avec BC = 10 cm et AC = 5 cm. Quelle est, au mm près, la longueur de [AB] ? Comment construire ce triangle à la règle et au compas ?

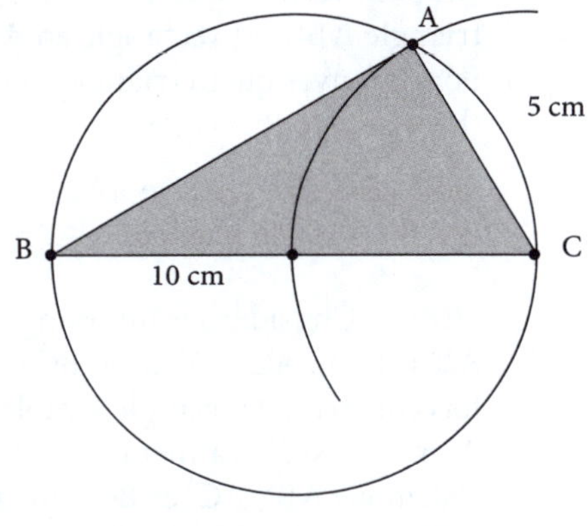

Solution : Puisque le triangle ABC est rectangle en A, on peut lui appliquer le théorème de Pythagore et écrire $BC^2 = AB^2 + AC^2$ soit $10^2 = AB^2 + 5^2$.
En remplaçant BC par 10 et AC par 5, on obtient $100 = AB^2 + 25$, d'où

$AB^2 = 100 - 25 = 75$. On en tire

$AB = \sqrt{75} \approx 8{,}7$ cm.

Pour construire le triangle ABC avec la règle et le compas, on commence par tracer un segment [BC] de 10 cm de longueur.
Puisque l'angle $\widehat{BAC}$ est droit, le point A appartient au cercle de diamètre [BC]. Il appartient aussi au cercle de centre C, de rayon 5 cm.

3 Deux applications du théorème de Pythagore

Le théorème de Pythagore est très souvent utilisé en géométrie plane mais, pour calculer la diagonale d'un carré ou la hauteur d'un triangle équilatéral, il vaut mieux retenir deux formules plutôt que refaire les calculs complets à chaque fois.

La longueur de la diagonale d'un carré de côté c est égale à $c\sqrt{2}$. On prend généralement 1,414 comme valeur approchée de $\sqrt{2}$.

Ainsi, un carré de 6 cm de côté a des diagonales qui mesurent $6 \times \sqrt{2} \approx 6 \times 1{,}414 \approx 8{,}48$ cm.

La hauteur d'un triangle équilatéral de côté c est égale à $c\,\dfrac{\sqrt{3}}{2}$. On prend généralement 1,732 comme valeur approchée de $\sqrt{3}$.

EXEMPLE : Soit un triangle équilatéral ABC de 9 cm de côté. En appliquant la formule précédente, on peut facilement calculer sa hauteur puis son aire.
En effet, la hauteur du triangle est égale à $9 \times \dfrac{\sqrt{3}}{2} \approx 9 \times \dfrac{1{,}732}{2} \approx 9 \times 0{,}866 \approx 7{,}79$ cm.
L'aire du triangle vaut donc $\dfrac{9 \times 7{,}79}{2} \approx 35{,}06\ \text{cm}^2$.

4 Ce triangle est-il rectangle ou non ?

Supposons qu'on connaisse les longueurs des trois côtés d'un triangle. Pour prouver que le triangle est rectangle, on utilise la **réciproque du théorème de Pythagore**.

Si les longueurs des côtés [AB], [AC] et [BC] d'un triangle ABC vérifient la relation $BC^2 = AB^2 + AC^2$, alors le triangle ABC est rectangle en A.

EXEMPLE : Soit un triangle ABC dans lequel AB = 5 cm, AC = 12 cm et BC = 13 cm. On a $AB^2 = 5 \times 5 = 25$, $AC^2 = 12 \times 12 = 144$ et $BC^2 = 13 \times 13 = 169$.
On peut vérifier que 169 = 25 + 144. Cela veut dire que $BC^2 = AB^2 + AC^2$, donc le triangle ABC est rectangle en A.
Pour prouver qu'un triangle n'est pas rectangle, on utilise une autre formulation du théorème de Pythagore.

Soit [BC] le côté le plus long d'un triangle ABC. Si BC^2 n'est pas égal à $AB^2 + AC^2$ le triangle ABC n'est pas rectangle.

EXEMPLE : Considérons un triangle ABC tel que AB = 4 cm, AC = 5 cm et BC = 6,4 cm. Une fois construit, le triangle semble rectangle en A, mais l'est-il vraiment ?
Calculons AB^2, AC^2 et BC^2 : on a $AB^2 = 4 \times 4 = 16$, $AC^2 = 5 \times 5 = 25$, $BC^2 = 6{,}4 \times 6{,}4 = 40{,}96$.
$AB^2 + AC^2 = 41$ est différent de $BC^2 = 40{,}96$.
On peut conclure que le triangle ABC n'est pas vraiment un triangle rectangle.

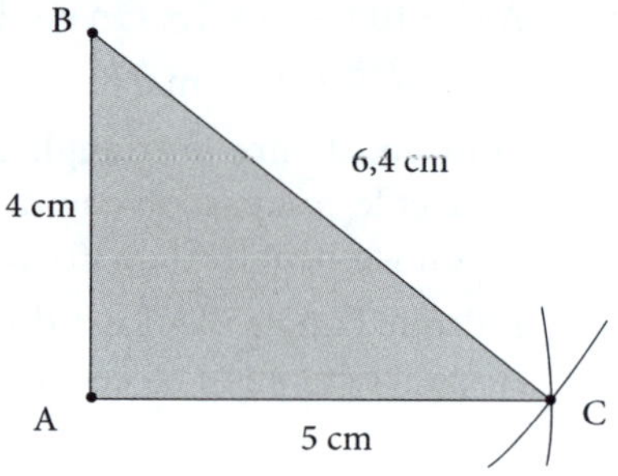

5 Le théorème de Pythagore et l'espace

La formule suivante est fondée sur le théorème de Pythagore.

La longueur de la diagonale d'un cube de côté c est égale à $c\sqrt{3}$ avec $\sqrt{3} = 1{,}732...$

EXEMPLE : Considérons un cube ABCDEFGH de côté 8 cm. Quelle est la longueur des diagonales de ses faces ? Quelle est la longueur de ses diagonales ?
Les diagonales des faces mesurent $8 \times \sqrt{2} \approx 8 \times 1{,}414... \approx 11{,}31$ cm par défaut.
Les diagonales du cube mesurent $8 \times \sqrt{3} \approx 8 \times 1{,}732 \approx 13{,}86$ cm par excès.

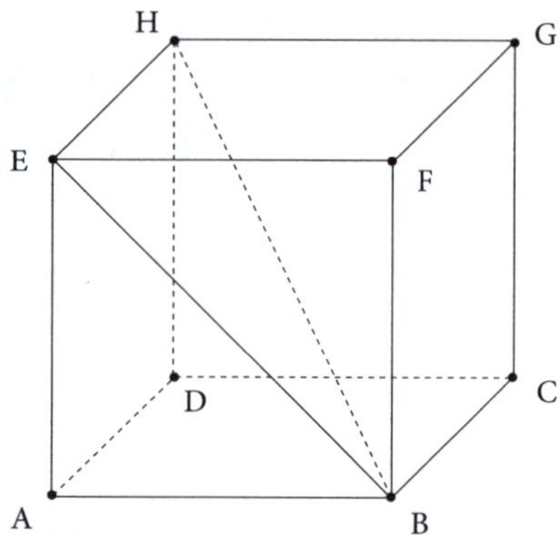

D'une façon générale, en géométrie dans l'espace, le théorème de Pythagore et sa réciproque constituent des outils très efficaces.

6. Le théorème de Thalès

1 Introduction

Le croquis ci-dessous montre un sapin de sommet S isolé sur une pelouse supposée parfaitement horizontale. Le tronc [TH] du sapin mesure 1,60 m. L'ombre [HB] du sapin est bien visible sur le sol et mesure 13 m. L'ombre [HA] du tronc mesure 2,60 m. Le Soleil étant situé à une grande distance de la Terre, on considère que ses rayons sont parallèles.

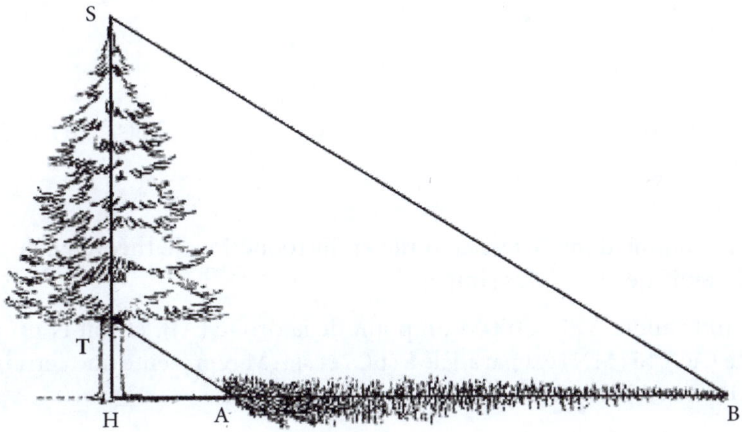

EXEMPLE : Comment peut-on calculer la hauteur SH du sapin à partir des trois données fournies ?
Réponse : Observons que AH représente $\frac{1}{5}$ de HB car 2,60 m = $\frac{1}{5}$ de 13 m. Si nous supposons que TH représente aussi $\frac{1}{5}$ de SH, on en déduit SH = 5 × 1,60 m = 8 m.

Nous venons d'appliquer le **théorème de Thalès**, du nom d'un mathématicien grec qui fut le premier à jeter un pont entre le parallélisme et le calcul des longueurs.

2 Le théorème de Thalès

Dans le cas particulier des triangles, qui seul nous retiendra ici, le théorème de Thalès peut être énoncé sous deux formes. Voyons d'abord la forme générale :

Soit un triangle ABC. Soit M un point de la droite (AB) et soit N un point de la droite (AC). Si les droites (MN) et (BC) sont parallèles, alors $\frac{AM}{AB} = \frac{AN}{AC}$.

Selon la position des points M et N, il nous faut distinguer trois cas de figure.

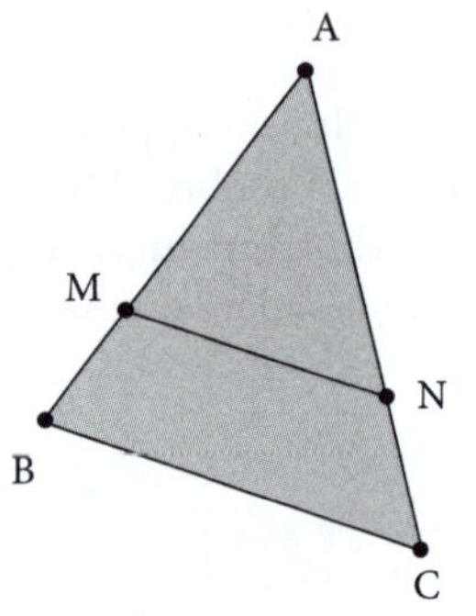

Premier cas de figure

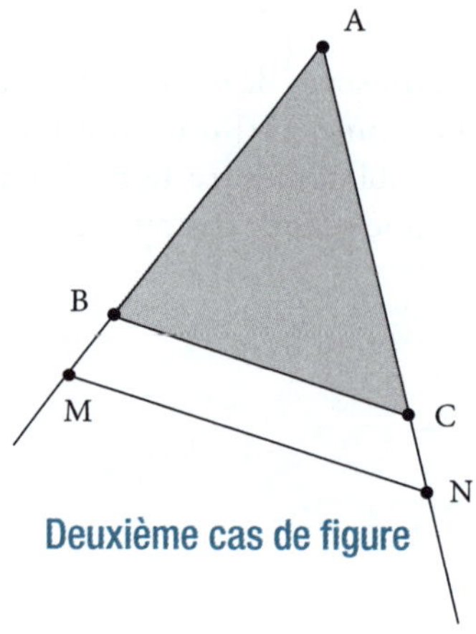

Deuxième cas de figure

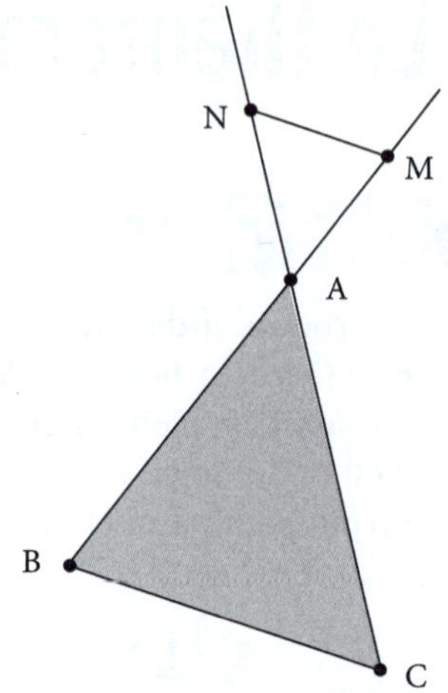

Troisième cas de figure

Parfois, comme dans l'exercice traité en introduction, le théorème de Thalès peut être formulé de façon plus simple.

Soit un triangle ABC. Soit M un point de la droite (AB) et soit N un point de la droite (AC). Si (MN) est parallèle à (BC) et si AM représente une certaine fraction de AB alors AN représente la même fraction de AC.

3 Une construction à la règle et au compas

On peut appliquer le théorème de Thalès au partage d'un segment en parties égales. À titre d'exemple, proposons-nous de partager un segment [AB] en trois parties égales de façon purement géométrique, au moyen d'une règle non graduée et d'un compas, sans faire ni mesures ni calculs.

On trace une demi-droite quelconque [Ax) puis on marque un point M quelconque sur cette demi-droite. Le compas permet de placer des points M' et M'' sur la demi-droite de façon que AM = MM' = M'M''. Les parallèles à (M''B) menées par M et par M' coupent (AB] en N et en N' respectivement. Le théorème de Thalès permet de démontrer que AN = NN' = N'B = $\frac{1}{3}$ de AB. On peut utiliser cette construction pour partager un segment en 5, 6, 7 parties égales, etc.

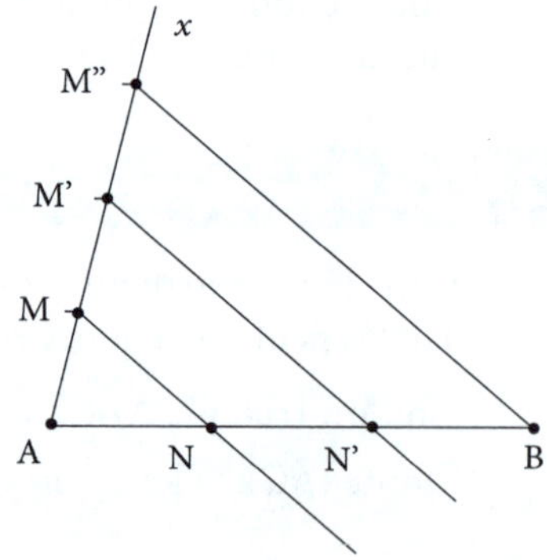

4 La réciproque du théorème de Thalès

La réciproque du théorème de Thalès est plus délicate à énoncer que le théorème direct car il faut tenir compte de l'**ordre** dans lequel les points sont placés.

Soit ABC un triangle et soit (d) une droite qui coupe (AB) en M et (AC) en N. Si les points A, B, M d'une part et les points A, C, N de l'autre sont placés dans le même ordre respectivement sur les droites (AB) et (AC) et si $\frac{AM}{AB} = \frac{AN}{AC}$ alors (MN) est parallèle à (BC).

EXEMPLES :

Sur la figure ci-contre, les droites (MN) et (BC) sont parallèles car :

– A, M, B et A, N, C sont placés de la même façon (M est entre A et B, N est entre A et C) ;

– on a $\frac{AM}{AB} = \frac{AN}{AC}$ puisque $\frac{20}{50} = \frac{18}{45} = \frac{2}{5}$.

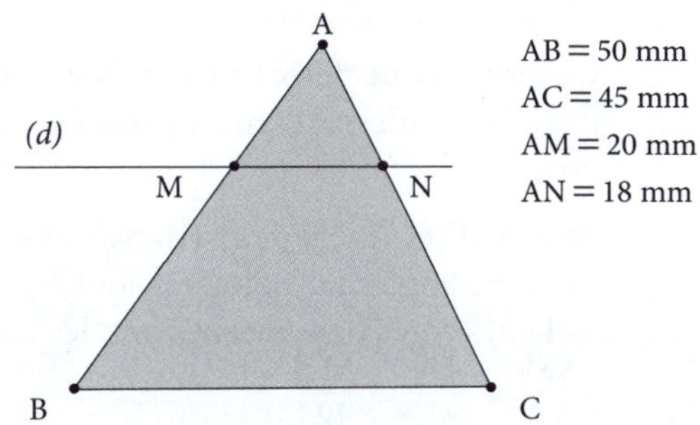

Si les points A, M, C et A, N, B ne sont pas placés de la même façon, les droites (MN) et (BC) ne sont pas parallèles même si $\frac{AM}{AB} = \frac{AN}{AC}$. Sur la figure ci-contre, par exemple, (MN) n'est pas parallèle à (BC) : on a bien $\frac{AM}{AB} = \frac{AN}{AC} = \frac{1}{4}$ mais, alors que M est situé entre A et B, N n'est pas situé entre A et C.

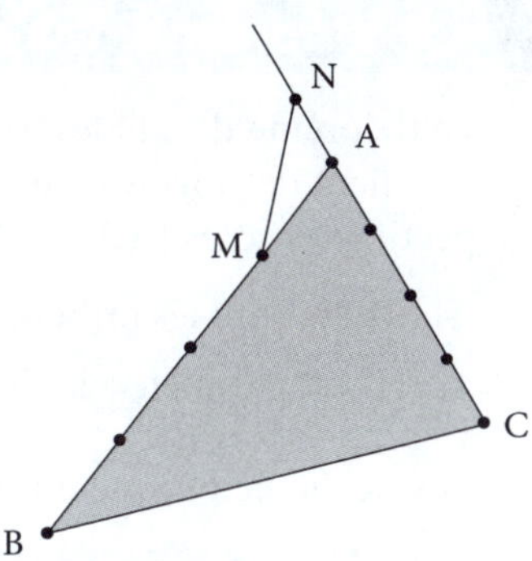

5 Le théorème des triangles homothétiques

Considérons un triangle ABC et deux points M et N qui appartiennent respectivement aux droites (AB) et (AC). Lorsque les droites (MN) et (BC) sont parallèles, on dit que les triangles ABC et AMN sont **homothétiques**. On dit alors que les côtés [AM] et [AB], [AN] et [AC], [MN] et [BC] sont des côtés **homologues**. On dit également que les angles $\widehat{BAC}$ et $\widehat{MAN}$, $\widehat{ABC}$ et $\widehat{AMN}$, $\widehat{ACB}$ et $\widehat{ANM}$ sont des angles homologues.

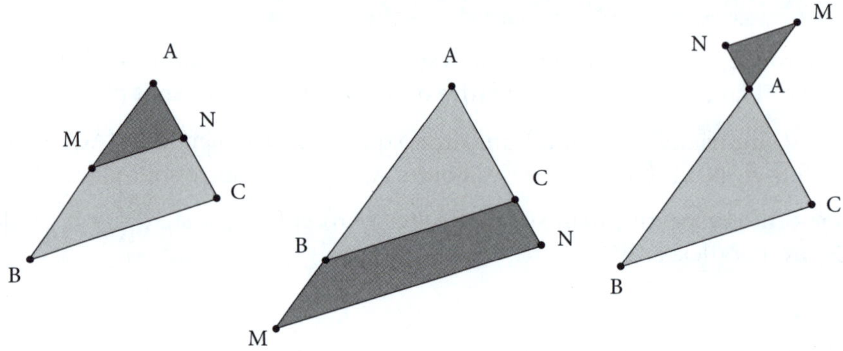

Observons que deux triangles homothétiques ont toujours un sommet commun et deux côtés distincts mais parallèles. Leurs autres côtés sont partiellement superposés.

Soit ABC et AMN deux triangles homothétiques.
- Leurs angles homologues sont égaux.
- Leurs côtés homologues ont des longueurs proportionnelles :
$\frac{AM}{AB} = \frac{AN}{AC} = \frac{MN}{BC}$.

6 Le théorème des milieux et sa réciproque

Le théorème de Thalès, sa réciproque et le théorème des triangles homothétiques prennent des formes particulièrement simples quand M et N sont les milieux respectifs des côtés [AB] et [AC]. Voici par exemple le **théorème des milieux** :

Si M et N sont les milieux des côtés [AB] et [AC] d'un triangle ABC alors la droite (MN) est parallèle à la droite (BC) et $MN = \frac{BC}{2}$.

Et voici la réciproque du théorème des milieux :

Soit M le milieu du côté [AB] d'un triangle ABC. La parallèle à (BC) qui passe par M rencontre [AC] en son milieu N.

7. Transformations du plan

1 Conservation de certaines propriétés

Soit (F) une figure plane et soit (F') son image dans une transformation géométrique quelconque.

Si (F) possède une certaine propriété géométrique et si (F') possède la même propriété géométrique, on dit que la transformation a conservé cette propriété.

EXEMPLES :

- Soit A et B deux points distincts et soit A' et B' leurs images par une certaine transformation. Si A'B' = AB on dit que la transformation **conserve les longueurs**.
- Soit A, B et C trois points distincts et soit A', B' et C' leurs images.

Si A, B et C sont alignés et si A', B' et C' le sont aussi, on dit que la transformation **conserve les alignements**.

Si $\widehat{A'B'C'} = \widehat{ABC}$ on dit que la transformation **conserve les angles**.

- Supposons maintenant que l'image d'une droite par une certaine transformation géométrique soit encore une droite.

Si les images de deux droites parallèles sont parallèles elles aussi, on dit que la transformation conserve le parallélisme.

Si les images de deux droites perpendiculaires sont perpendiculaires elles aussi, on dit que la transformation conserve l'orthogonalité.

2 Les symétries centrales

Deux points M et M' sont **symétriques par rapport à un point O** si O est le milieu du segment [MM'].

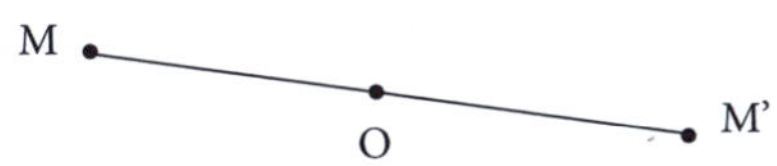

Observons que O est son propre symétrique : c'est le seul point du plan qui soit invariant.

Dire que deux figures sont symétriques par rapport à un point O c'est dire que chaque point de l'une a pour symétrique par rapport à O un point de l'autre.

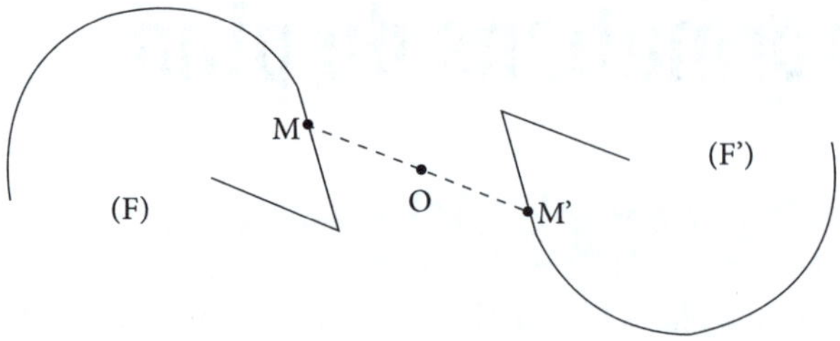

Si les droites (d) et (d') sont symétriques par rapport à un point alors elles sont parallèles.

Si deux figures sont symétriques par rapport à un point alors elles sont superposables, c'est-à-dire qu'elles ont la même forme et les mêmes dimensions. Une symétrie centrale conserve les alignements, les longueurs, les angles, le parallélisme et l'orthogonalité. On dit que c'est une isométrie.

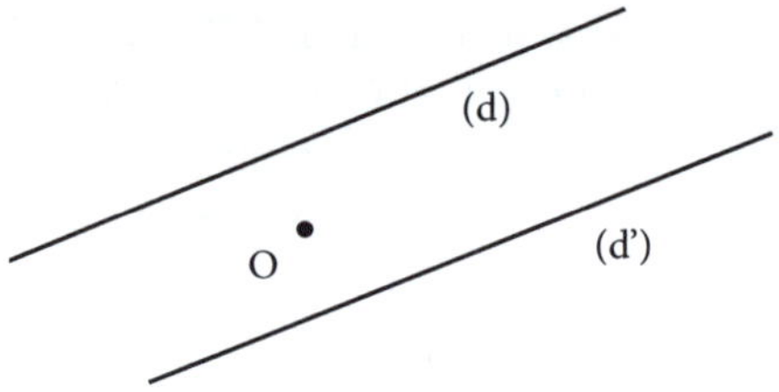

C'est ainsi que, dans une symétrie centrale, le symétrique d'un carré est un carré de même dimension.

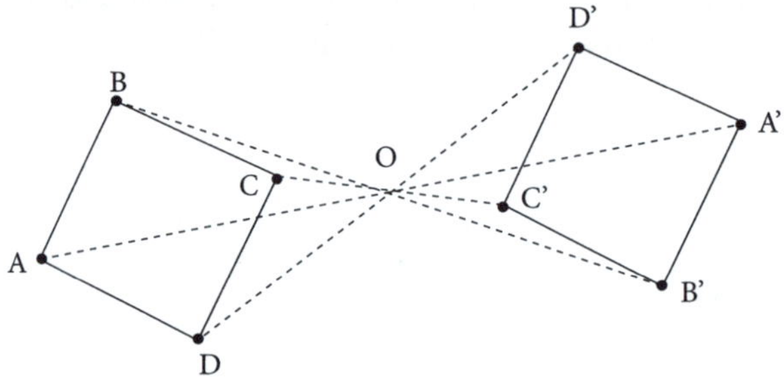

3 Centre de symétrie d'une figure

Un point O est le **centre de symétrie** d'une figure (F) si celle-ci coïncide avec sa symétrique par rapport à ce point O. Sauf pour les droites et les bandes du plan à bords parallèles, les figures qui ont un centre de symétrie ne peuvent en avoir qu'un seul.

Par exemple, le point de rencontre O des diagonales du parallélogramme ABA'B' est le centre de symétrie de ce parallélogramme.
Cela vient du fait que O est le milieu de chaque diagonale. D'autres figures possèdent un centre de symétrie. Le tableau ci-dessous en indique quelques-unes.

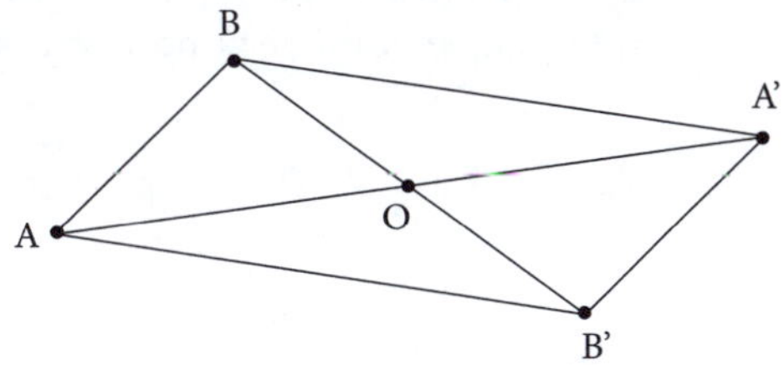

Figures	Quel est leur centre de symétrie ?
Segment	son milieu
Rectangle	point de rencontre de ses diagonales
Losange	point de rencontre de ses diagonales
Carré	point de rencontre de ses diagonales
Cercle	son centre
Polygone régulier ayant un nombre pair de côtés	centre de son cercle circonscrit

Observons qu'un polygone régulier ayant un nombre impair de côtés n'a pas de centre de symétrie.

4 Les symétries orthogonales (ou axiales)

On dit que deux points M et M' sont symétriques par rapport à une droite (d) si celle-ci est la médiatrice du segment [MM'].

Observons que tout point de (d) est son propre symétrique : ce sont les seuls points du plan qui possèdent cette particularité. La droite (d) est donc invariante.
On peut construire le symétrique d'un point M par rapport à une droite (d) avec une équerre et un compas mais il est plus rapide d'employer le compas seul.

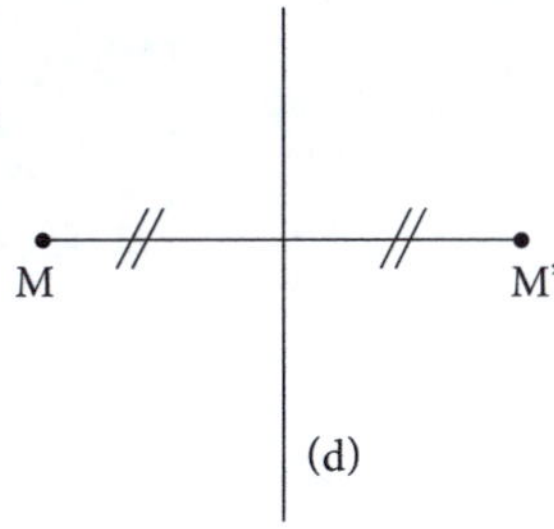

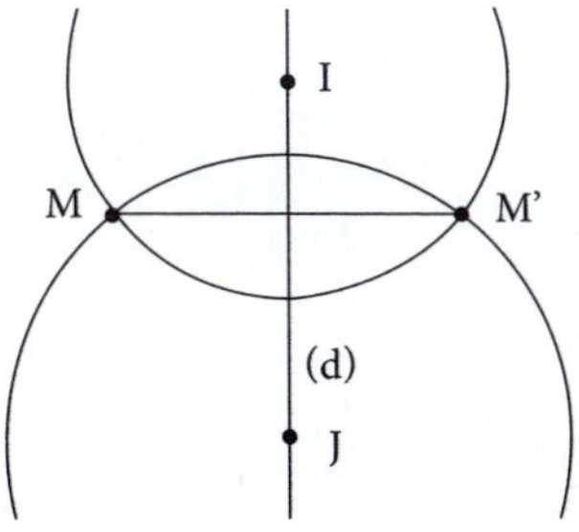

Pour construire le symétrique M' de M par rapport à une droite (d), il faut :
- marquer deux points quelconques I et J sur la droite (d) ;
- tracer l'arc de cercle de centre I qui passe par M ;
- tracer l'arc de cercle de centre J qui passe par M ;
- les deux arcs se coupent en M'.

Dire que deux figures sont symétriques par rapport à une droite (d), c'est dire que chaque point de l'une a pour symétrique par rapport à (d) un point de l'autre.

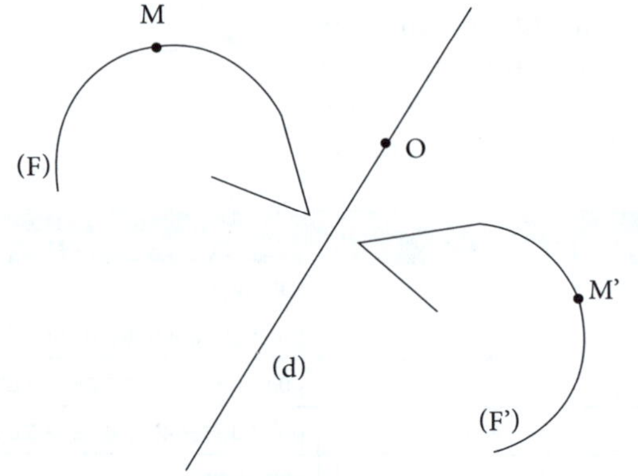

Si deux figures sont symétriques par rapport à une droite alors elles sont superposables, c'est-à-dire qu'elles ont la même forme et les mêmes dimensions. Une symétrie orthogonale conserve les alignements, les longueurs, les angles, le parallélisme et l'orthogonalité. C'est une isométrie.

On peut voir par exemple que le symétrique d'un carré par rapport à une droite est un carré de même dimension.

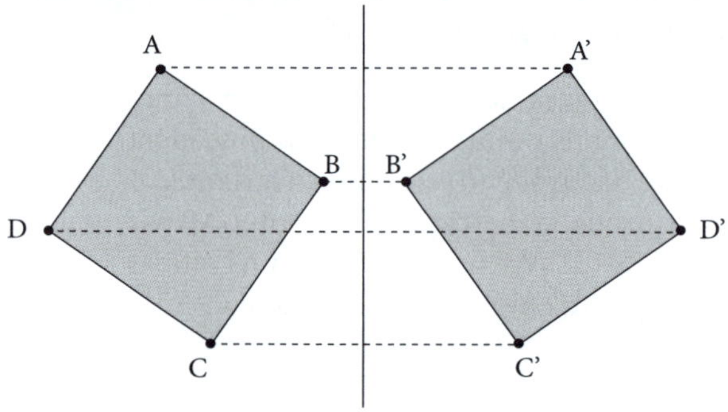

5 Axe(s) de symétrie d'une figure

Une droite (d) est un **axe de symétrie** d'une figure (F) si celle-ci coïncide avec sa symétrique par rapport à cette droite (d). Une figure peut avoir plusieurs axes de symétrie.

Par exemple, un hexagone régulier possède 6 axes de symétrie. Tous passent par le centre de l'hexagone.

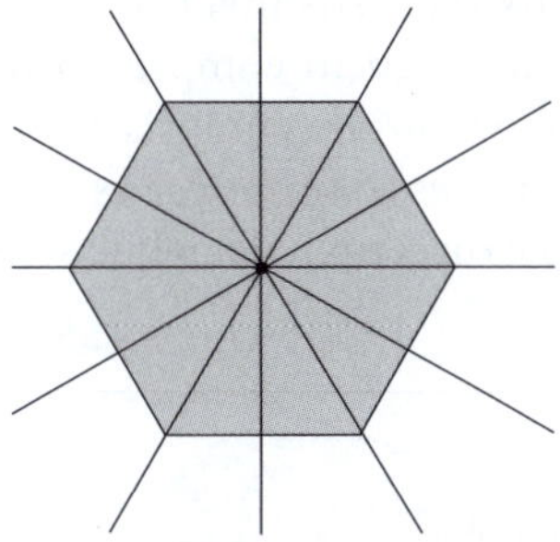

D'autres figures possèdent un ou plusieurs axes de symétrie. Le tableau ci-dessous en indique quelques-unes.

Figures	Axe(s) de symétrie
Segment	sa médiatrice
Angle	sa bissectrice
Triangle isocèle	hauteur issue du sommet principal
Triangle équilatéral	ses trois hauteurs
Rectangle	ses deux médianes
Losange	ses deux diagonales
Carré	ses deux médianes et ses deux diagonales
Cercle	ses diamètres
Polygone régulier de *n* côtés	il a *n* axes de symétrie

6 Triangles égaux

Des triangles **égaux** sont des triangles **superposables**, c'est-à-dire que leurs côtés sont de même longueur deux à deux et leurs angles sont de même mesure deux à deux.
On dit aussi qu'ils sont **isométriques**.

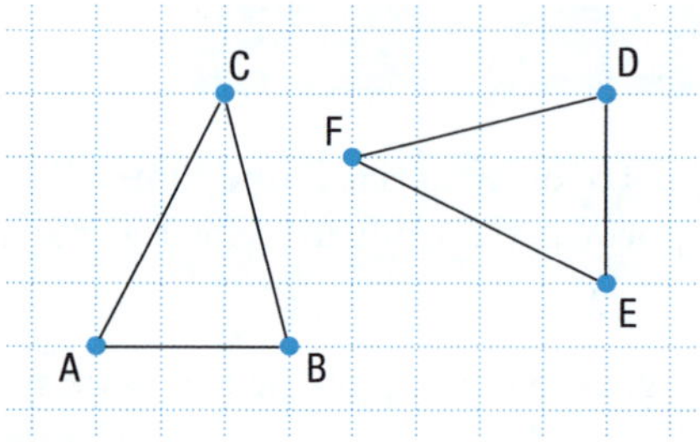

Deux triangles sont égaux si et seulement si :
– ils ont **un côté** de même longueur compris entre **deux angles** de même mesure ;
– ils ont **un angle** de même mesure compris entre **deux côtés** de même longueur.
Par **translation**, on obtient des triangles égaux : tous les points de la figure subissent un déplacement de même direction, de même sens et de même longueur.

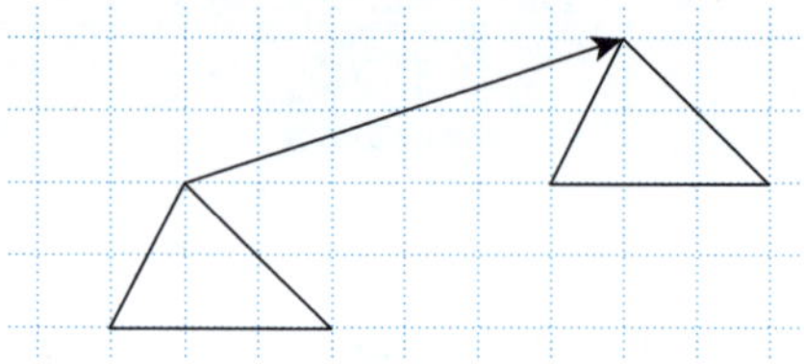

Par **rotation**, on obtient des triangles égaux :

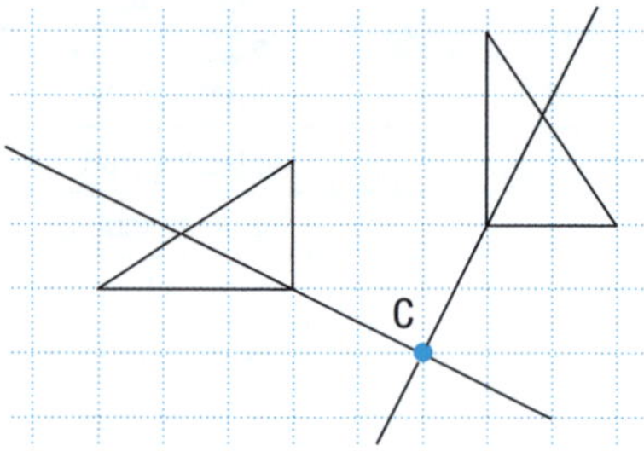

Ici, il y a une rotation de 90° autour du centre de rotation C.

7 Triangles semblables

Des triangles **semblables** sont des triangles dont les angles sont de même mesure deux à deux.

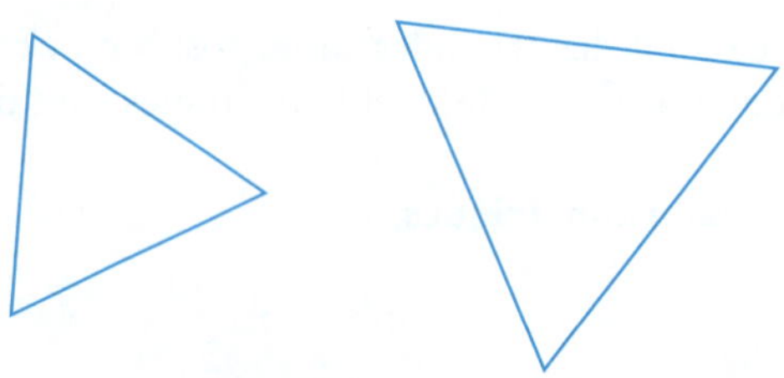

Si deux triangles sont **semblables**, alors les longueurs de leurs côtés sont **proportionnelles**.

Deux triangles sont semblables si et seulement si :
– ils ont un angle égal compris entre deux côtés proportionnels deux à deux ;
– ils ont deux angles égaux deux à deux.
Par **homothétie**, on obtient des triangles **semblables** : l'homothétie correspond à un agrandissement ou à une réduction.

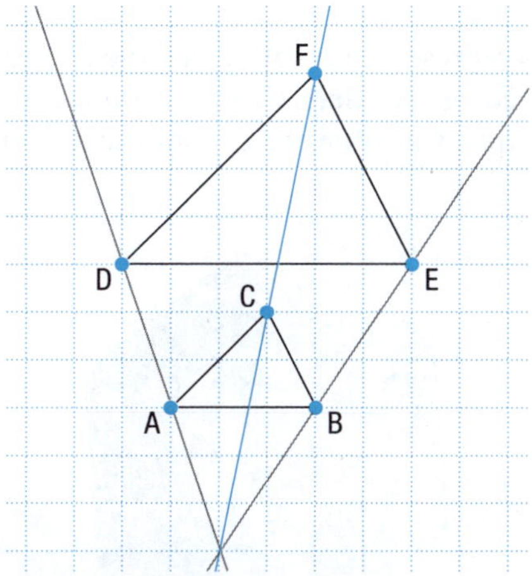

NOTE DU FORMATEUR

Dans le cas d'un agrandissement, l'homothétie a un rapport supérieur à 1.
Dans le cas d'une réduction, l'homothétie a un rapport compris entre 0 et 1.

8. Les solides

1 Introduction

La figure ci-dessous représente un **solide** dessiné en perspective cavalière. Il s'agit de l'un des cinq **polyèdres réguliers**. Ce solide, un icosaèdre régulier, est représenté comme s'il était opaque. Certaines faces sont cachées et ne sont donc pas visibles sur le dessin.

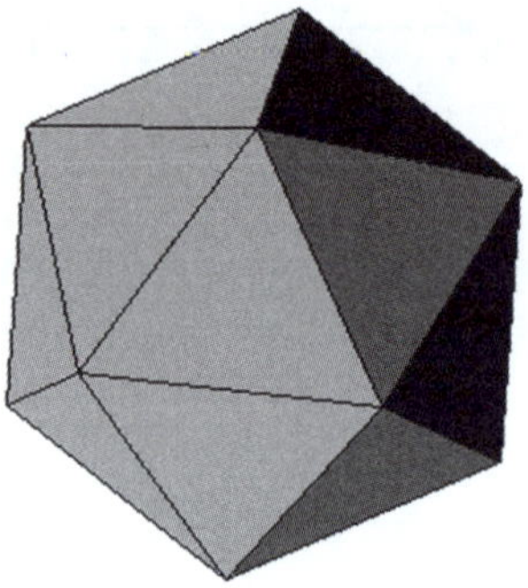

Toutes les **faces** du solide, il y en a 20, sont des triangles équilatéraux identiques. Toutes ses **arêtes** ont donc la même longueur. Chaque **sommet** est commun à 5 faces.

2 Le patron d'un solide

Pour construire une maquette d'un solide, on peut utiliser un **patron**. Il s'agit d'une figure plane qui est formée par des polygones strictement identiques à ceux qui constituent les faces du solide. Un même solide admet toujours plusieurs patrons différents.

3 Le cube

La figure ci-contre représente un cube dessiné en perspective cavalière. Un cube a 6 faces, 12 arêtes et 8 sommets. Ses six faces sont des carrés.

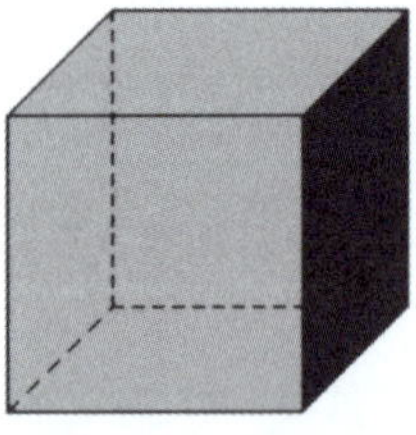

Le volume V d'un cube de côté c est $V = c \times c \times c = c^3$.

4 Les prismes droits

Les figures suivantes montrent deux **prismes droits** dessinés en perspective cavalière.

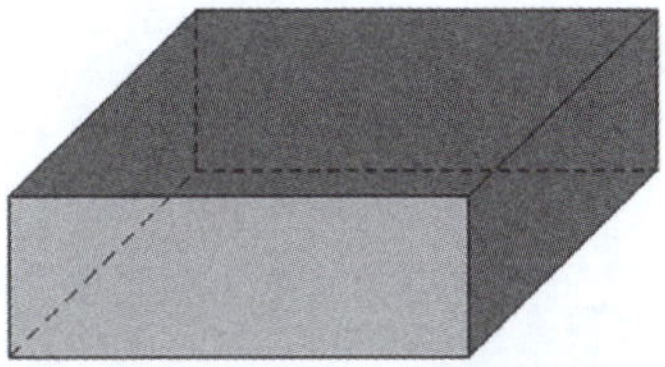

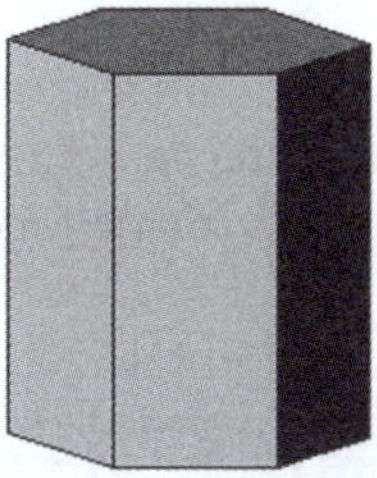

Celui de gauche est un **parallélépipède rectangle**, celui de droite est un **prisme droit à bases hexagonales**.

Les **faces latérales** d'un prisme droit sont toujours des rectangles. Les **arêtes latérales** d'un prisme droit sont perpendiculaires aux bases, parallèles entre elles. Elles ont la même longueur.

Les deux **bases** d'un prisme droit sont deux polygones identiques : des triangles, des carrés, des rectangles, etc. Le **cube** et le **parallélépipède rectangle** sont des prismes droits particuliers.

Pour dessiner un prisme droit en perspective cavalière, on peut choisir l'une de ses bases comme face avant. Les faces latérales sont alors représentées par des parallélogrammes. On peut également choisir l'une des faces latérales comme face avant.

Pour calculer le volume d'un parallélépipède rectangle, on multiplie ses trois dimensions entre elles. D'une façon générale, on calcule le volume d'un prisme droit en multipliant l'aire de sa base par sa hauteur.

5 Les cylindres

La figure ci-contre représente un **cylindre de révolution** dessiné en perspective cavalière.

Un tel cylindre peut être « engendré » par un rectangle qui tourne autour d'un axe passant par les milieux de deux côtés opposés. Dans l'expression « **cylindre de révolution** » le mot « **révolution** » se rapporte donc au fait de tourner. Les deux **bases** d'un cylindre de révolution sont des disques de même rayon. Le segment qui joint leurs centres est la **hauteur** du cylindre : ce segment est perpendiculaire aux plans qui contiennent les bases.

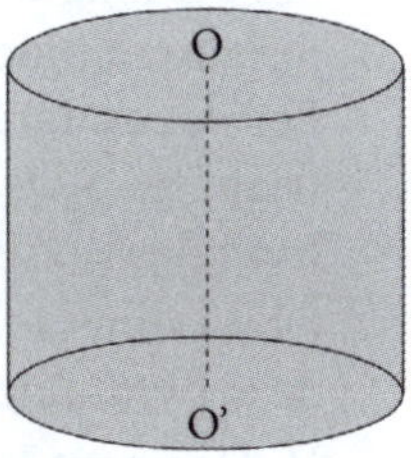

Pour calculer le volume d'un cylindre de révolution de rayon r et de hauteur h on multiplie l'aire d'une base par la hauteur : $V = \pi r^2 h$.

Comme le montre la figure ci-contre, il existe également des cylindres obliques. La hauteur d'un tel cylindre est la distance qui sépare les plans contenant les bases.
Pour calculer le volume d'un cylindre oblique, on utilise la même formule que pour le cylindre droit.

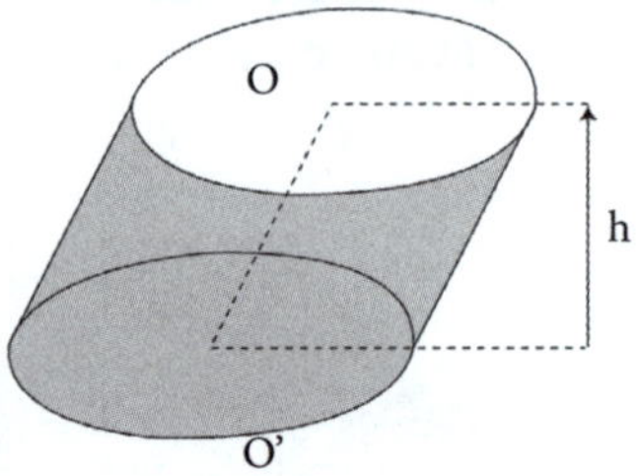

6 Le patron d'un cylindre de révolution

Considérons un cylindre de révolution de 6 cm de diamètre et de 10 cm de hauteur. Proposons-nous de réaliser une maquette de ce cylindre à partir d'un patron.
Chaque base du cylindre est un disque de 6 cm de diamètre. La surface latérale du cylindre est un rectangle qui a 10 cm de largeur. Comme sa longueur est égale au périmètre de l'une des bases, elle vaut donc $6 \times \pi \approx 18{,}8$ cm par défaut à 0,05 cm près.
La figure ci-contre représente un patron du cylindre.

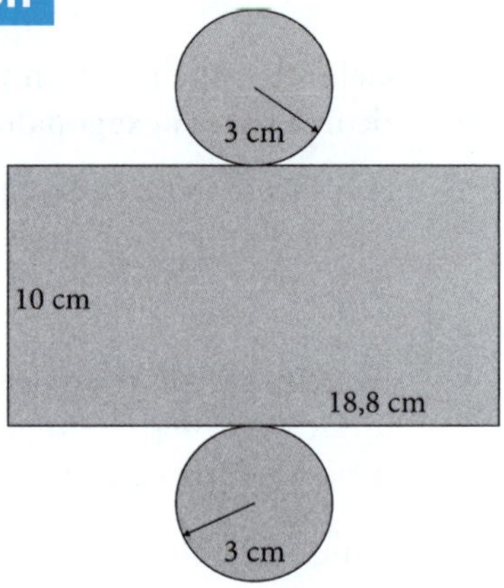

7 Les pyramides et les troncs de pyramide

La figure ci-contre représente une **pyramide régulière à base carrée** SABCD dessinée en perspective cavalière.
Le point S est le **sommet principal** de la pyramide. Les segments [SA], [SB], [SC] et [SD], qui ont des longueurs égales, sont les **arêtes latérales** de la pyramide.
Les **faces latérales** de la pyramide sont les triangles SAB, SBC, SCD et SDA : ce sont des triangles isocèles identiques.

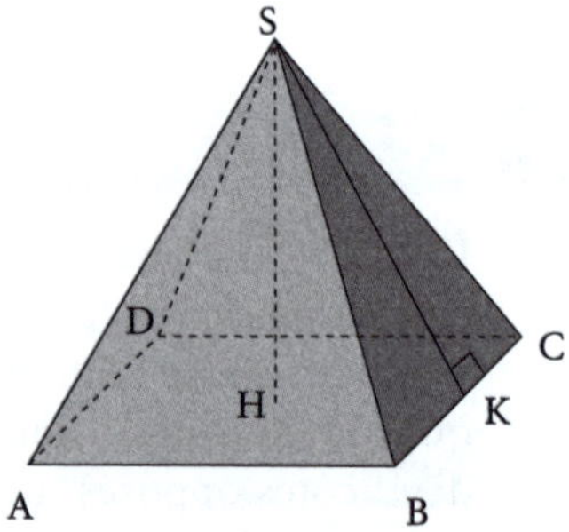

Observons la face SBC : la hauteur [SK] issue du sommet principal est l'**apothème** de la pyramide.
H désignant le centre de la base, le segment [SH] est la **hauteur de la pyramide**. Il est perpendiculaire au plan qui contient la base ABCD de la pyramide.

Quand une pyramide est régulière le segment qui joint son sommet principal au centre de sa base est perpendiculaire au plan qui contient cette base. Il représente la hauteur de la pyramide.
Les faces d'une pyramide régulière sont des triangles isocèles identiques. Sa base est un polygone régulier.

Pour calculer le volume V d'une pyramide régulière, on multiplie l'aire A de sa base par sa hauteur h et on divise le résultat par 3 : $V = \frac{1}{3} Ah$.

Si on coupe une pyramide par un plan parallèle à celui qui contient sa base, on obtient un **tronc de pyramide** comme celui de la figure ci-contre.
Pour calculer le volume d'un tronc de pyramide, on fait généralement la différence entre les volumes de deux pyramides mais il existe une formule qui permet de calculer directement ce volume à partir des aires de ses bases et de sa hauteur.

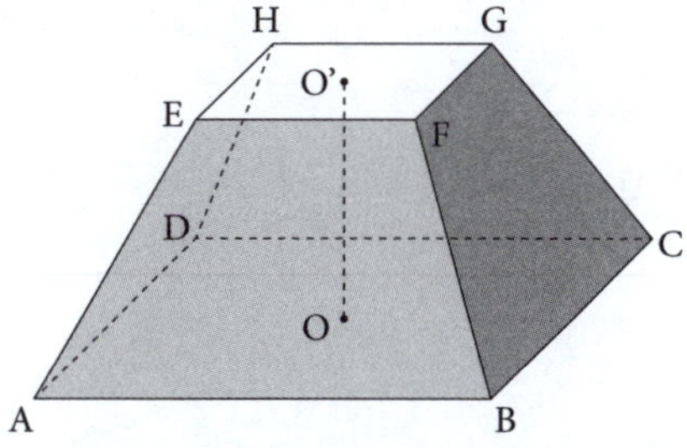

8 Le patron d'une pyramide régulière

Considérons une pyramide régulière de sommet principal S, de hauteur SH = 8 cm et dont la base est un carré ABCD de 5 cm de côté.
Proposons-nous de réaliser une maquette de ce solide à partir d'un patron. Il nous faut d'abord calculer la longueur d'une arête de cette pyramide, par exemple [SB]. Le triangle SHB étant rectangle en H, on peut appliquer le théorème de Pythagore : $SB^2 = SH^2 + HB^2$.

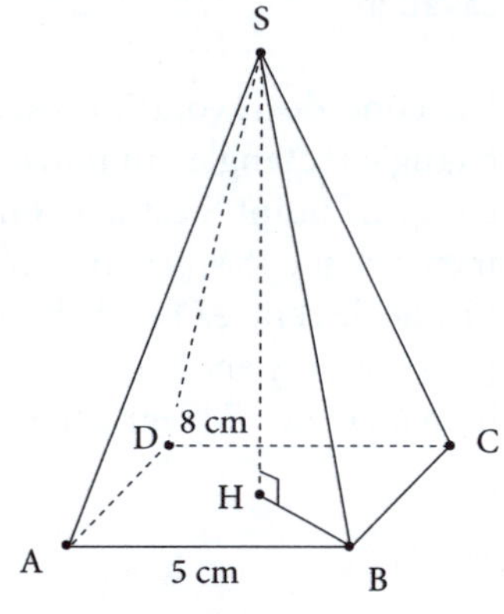

Comme H est le centre du carré ABCD, $HB = \frac{BD}{2} = \frac{AB\sqrt{2}}{2} = \frac{5\sqrt{2}}{2}$. On obtient alors $SB^2 = 8^2 + \left(\frac{5\sqrt{2}}{2}\right)^2 = 64 + \frac{50}{4} = \frac{306}{4}$ d'où $SB = \sqrt{\frac{306}{4}} \approx 8{,}7$ cm par défaut à 0,05 cm près.

La figure suivante représente un patron de la pyramide.

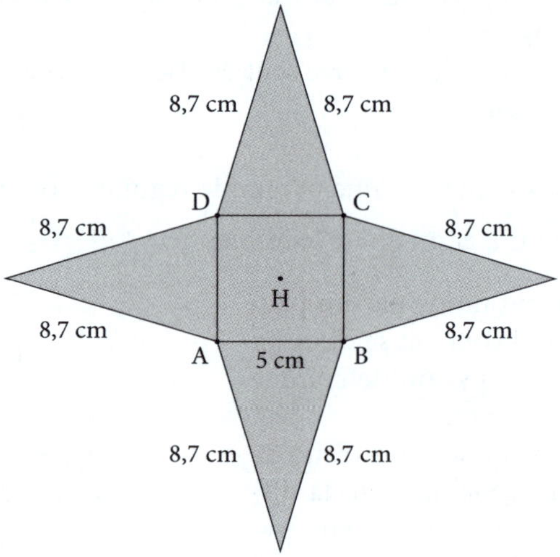

9 Les cônes et les troncs de cône

La figure ci-contre représente un **cône de révolution à base circulaire** dessiné en perspective cavalière.

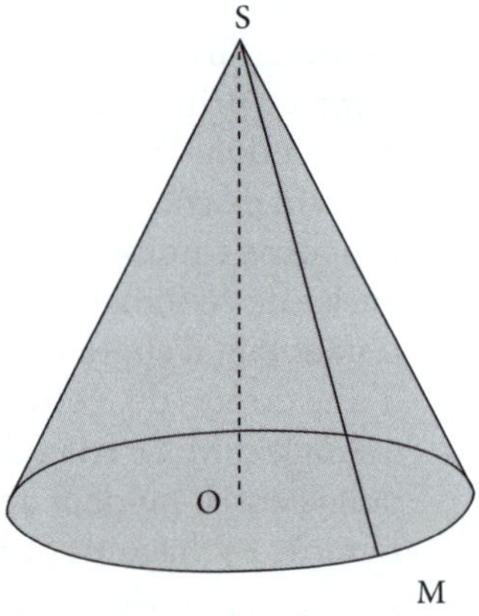

Un cône de révolution est « engendré » par un triangle rectangle qui tourne autour de l'un de ses côtés. Le point S est le **sommet** du cône. Un segment tel que [SM] est une **génératrice** du cône. Le disque de centre O est la **base** du cône. Le segment [SO] est perpendiculaire au plan qui contient la base du cône. Ce segment est la **hauteur** du cône.

Un cône à base circulaire est un **cône de révolution** quand la droite qui passe par son sommet et par le centre de sa base est perpendiculaire au plan qui contient celle-ci.
Pour calculer le volume *V* d'un cône de révolution, on multiplie l'aire *A* de sa base par sa hauteur *h* et on divise le résultat par 3 : $V = \frac{1}{3} Ah$.

Si on coupe un cône par un plan parallèle à celui qui contient sa base, on obtient un **tronc de cône** comme celui de la figure ci-contre dessiné en perspective cavalière.

Pour calculer le volume d'un tronc de cône de révolution, on calcule la différence entre les volumes de deux cônes de révolution.

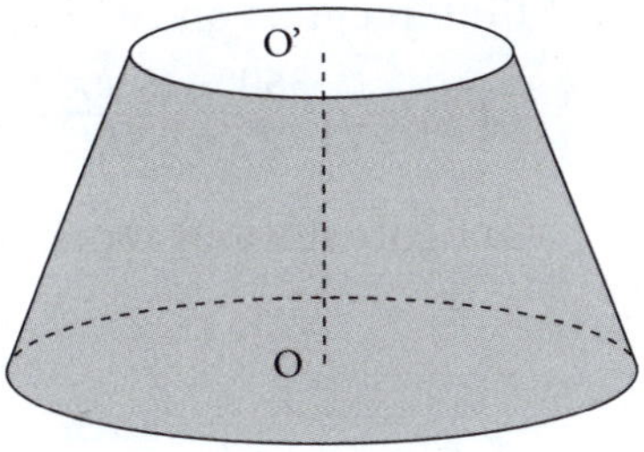

10 Le patron d'un cône de révolution

Considérons un cône de révolution de hauteur 8 cm, de sommet S, ayant pour base un disque de centre O de 6 cm de diamètre.
Proposons-nous de réaliser une maquette de ce solide à partir d'un patron.

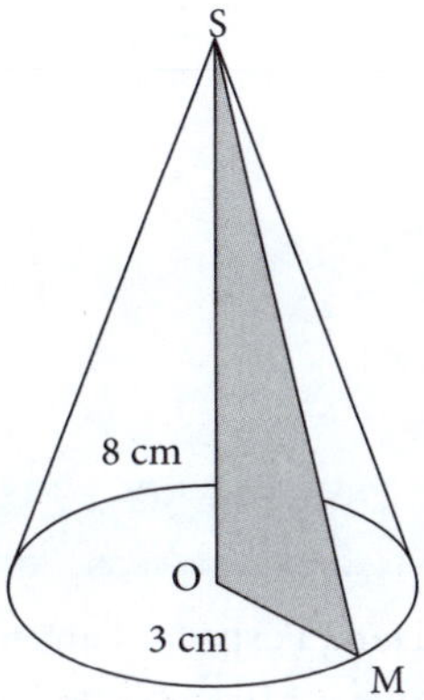

Soit M un point quelconque du cercle de base. Si nous coupons la surface latérale du cône selon la droite (SM) et si nous mettons à plat cette surface, nous obtiendrons un secteur de cercle semblable à celui que montre la figure ci-dessous.

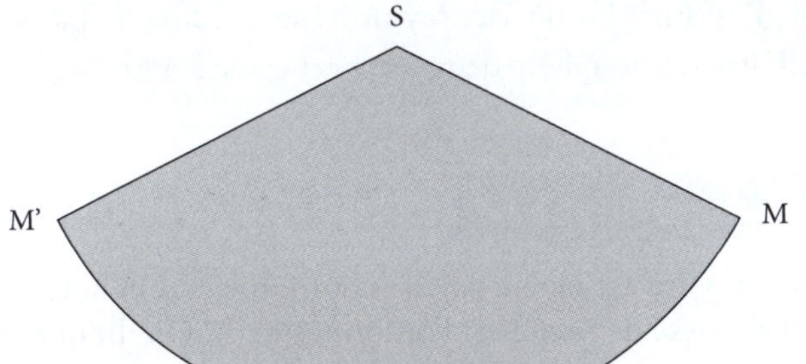

Calculons la longueur SM. Le triangle SOM étant rectangle en O, on peut appliquer le théorème de Pythagore : $SM^2 = SO^2 + OM^2$. On obtient donc $SM^2 = 8^2 + 3^2 = 73$, d'où $SM = \sqrt{73}$ cm soit 8,5 cm par défaut à 0,05 cm près.
Calculons maintenant l'angle $\widehat{M'SM}$. La longueur de l'arc $\widehat{MM'}$ est égale au périmètre de la base du cône. Elle vaut donc $\pi \times 6$.

Puisque la longueur d'un arc est proportionnelle à l'angle au centre qui l'intercepte, on a $\frac{\widehat{M'SM}}{360°} = \frac{\text{longueur de l'arc } \widehat{MM'}}{\text{longueur du cercle de rayon SM}}$. On en tire $\widehat{M'SM} = \frac{360° \times (6 \times \pi)}{2 \times \pi \times SM} = \frac{6 \times 360°}{2 \times \sqrt{73}} \approx 126°$.

La figure suivante représente un patron du cône.

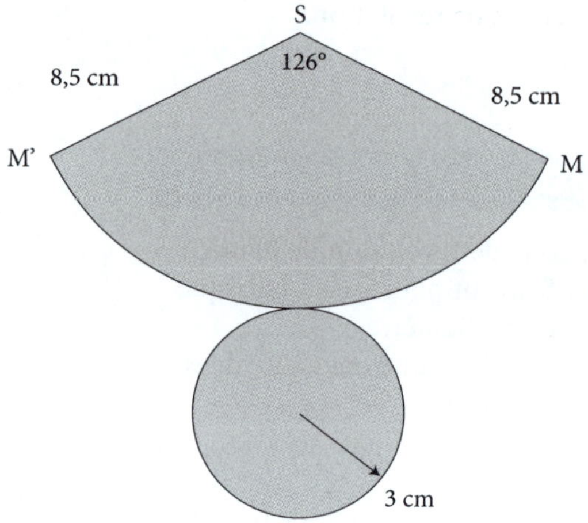

11 La sphère et la boule

Dans l'espace, l'ensemble des points situés à une distance r d'un point O est une surface (non plane !) qu'on appelle une **sphère**. La portion de l'espace qui est limitée par une sphère est une **boule**.

Le volume V d'une boule de rayon r se calcule à l'aide de la formule $V = \frac{4}{3}\pi r^3$. L'aire d'une sphère de rayon r est égale à $4\pi r^2$.

12 Repérage dans l'espace

Dans le plan, un point est repéré par ses coordonnées. On note A(5,2), ce qui signifie que 5 est l'abscisse de A et 2 est l'ordonnée de A. On dit que (5,2) sont les coordonnées de A.
On peut également repérer des points dans l'espace.

A. Dans un parallélépipède rectangle

On peut introduire les coordonnées d'un point dans l'espace en s'appuyant sur le parallélépipède rectangle. On définit alors 3 axes orthogonaux. Ainsi, un point est défini par 3 coordonnées (x, y, z) correspondant à chacun des axes.

EXEMPLE :

- les coordonnées de H sont (4,0,0) ;
- les coordonnées de F sont (0,3,0) ;
- les coordonnées de C sont (0,0,2) ;
- les coordonnées de B sont (0,3,2) ;
- les coordonnées de E sont (4,3,0) ;
- les coordonnées de A sont (4,3,2).

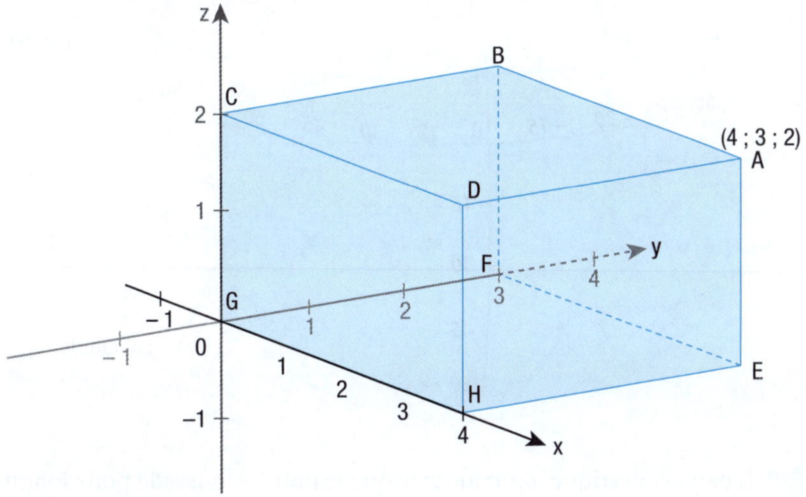

B. Sur une sphère (la Terre)

On peut être amené à déterminer les coordonnées d'un point situé à la surface de la Terre (considérée comme une sphère).

Un point est alors repéré par sa **latitude** et **longitude**.

■ **La latitude :**

- l'**équateur** sert de **référence** (ou d'**origine**) ;
- les cercles imaginaires parallèles à l'**équateur** sont appelés les « **parallèles** » ;
- un parallèle est identifié par l'angle qu'il forme avec l'équateur et le centre de la Terre ;
- la mesure de cet angle est la **latitude**, qui est donc exprimée en **degrés** ;
- la latitude est positive dans l'hémisphère nord et négative dans l'hémisphère sud.

■ **La longitude :**

- le **méridien de Greenwich** (un quartier de Londres) sert de **référence** (ou d'**origine**) ;
- des demi-cercles imaginaires passant par les deux pôles sont appelés les « **méridiens** » ;
- un méridien est identifié par l'angle qu'il forme avec le méridien de Greenwich et le centre de la Terre ;
- la mesure de cet angle est la **longitude**, qui est donc exprimée en **degré** ;
- la longitude est positive à l'est du méridien de Greenwich et négative à l'ouest du méridien de Greenwich.

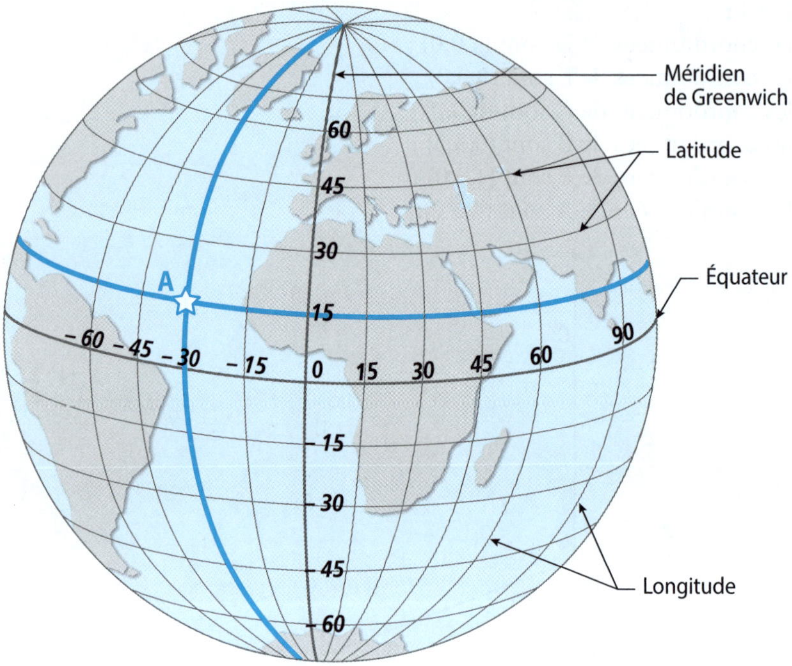

EXEMPLE : dans la pratique, on peut dire que le point A possède pour longitude –30° et comme latitude +15°. On peut également dire (en navigation notamment) qu'il a une longitude de 30° OUEST et une latitude de 15° NORD.

Grandeurs et gestion des données

Tout le cours

Tout le cours

1. Les grandeurs usuelles

1 Introduction

Les longueurs, les prix, les aires, les volumes, les capacités, les masses, les durées, les vitesses, etc., sont des **grandeurs** qui peuvent être mesurées.

La **mesure** d'une grandeur dépend de l'unité choisie.

Dans le système actuellement en vigueur, les unités de mesure forment un système cohérent et sont rattachées les unes aux autres. C'est ainsi que les longueurs se mesurent en m, les aires en m^2 et les volumes en m^3, etc.

2 La mesure des aires

L'unité principale de mesure des aires est le mètre carré (symbole m^2) : c'est l'aire d'un carré de 1 m de côté.
Les principaux multiples du mètre carré sont le kilomètre carré (km^2) et l'hectomètre carré (hm^2) ou hectare (ha) : $1\ km^2 = 1\,000\,000$ de m^2 et $1\ hm^2 = 1$ ha $= 10\,000\ m^2$.
Les principales formules de calcul ont été rappelées dans les chapitres « Triangles et polygones » et « Cercles et disques ».

3 Les volumes et les capacités

L'unité principale de mesure des volumes est le **mètre cube** (symbole m^3). Les principales formules de calcul ont été rappelées dans le chapitre « Les solides ».
L'unité principale de mesure des capacités est le **litre** : $1\ L = 1\ dm^3$.

4 Les masses

La masse d'un « corps » correspond à la quantité de matière qui forme ce corps.
L'unité principale de mesure des masses est le kilogramme (symbole kg).
Les multiples usuels sont la **tonne** (1 000 kg) et le **quintal** (100 kg).
Les principaux sous-multiples sont le gramme, le décigramme, le centigramme et le milligramme.

On appelle masse volumique d'un corps homogène la masse de l'unité de volume de ce corps. Si la masse d'un corps homogène est M et si son volume est V, la masse volumique m de ce corps est donnée par la formule $m = \frac{M}{V}$. Attention aux unités !

Ainsi, la masse volumique de l'eau est 1 kg/dm^3 ; celle du plomb est 11,6 kg/dm^3.

5 Les durées

L'unité principale de mesure des durées est la **seconde** qui n'est plus définie aujourd'hui à partir de la rotation de la Terre autour du Soleil mais à l'aide d'horloges atomiques.
Ses multiples sont l'heure et la minute : 1 h = 60 min et 1 min = 60 s.
L'usage du nombre 60 est très ancien puisqu'il nous vient de Mésopotamie.
Le mois, le trimestre, le semestre, l'année et le siècle ne sont pas de véritables multiples de la seconde car ces unités n'ont pas des durées constantes.

6 Les vitesses

Un **mobile** (une voiture, un train, un avion, un piéton, etc.) se déplace d'un **mouvement uniforme** si les distances parcourues sont proportionnelles aux temps mis à les parcourir. La **vitesse** d'un mouvement uniforme est la distance parcourue pendant l'unité de temps.

Si D est la distance parcourue et T la durée du parcours, la vitesse V d'un mouvement uniforme est $V = \frac{D}{T}$.

Il est rare qu'un mouvement soit réellement uniforme. En pratique, la **vitesse moyenne** d'un mobile réel est la vitesse d'un mobile animé d'un mouvement uniforme qui aurait parcouru la même distance que le mobile réel et pendant le même temps.

7 Rapports de deux grandeurs

Pour comparer deux grandeurs de même nature, on calcule leur **rapport**.

EXEMPLE 1 : Soit une masse m_1 de 345 g et une masse m_2 de 525 g. Le rapport $\frac{m_1}{m_2}$ est égal à $\frac{345}{525}$ soit 0,66 par excès à 0,01 près. Cela signifie que $m_1 \approx m_2 \times 0{,}66$.
Le rapport inverse est $\frac{m_2}{m_1} = \frac{525}{345} \approx 1{,}52$ par défaut à 0,01 près.
Cela signifie que $m_2 \approx m_1 \times 1{,}52$.

EXEMPLE 2 : Considérons un disque de diamètre d et de périmètre L. Les deux longueurs L et d ont pour rapport le nombre $\frac{L}{d}$ qui est égal à π.

Soient G_1 et G_2 deux grandeurs de même nature dont les mesures respectives m_1 et m_2 sont exprimées avec la même unité. On appelle **rapport de la grandeur G_1 à la grandeur G_2** le rapport $\frac{m_1}{m_2}$ de leurs mesures. Un rapport est un nombre qui s'exprime donc sans unité.

Attention, quand on parle du rapport de deux grandeurs de mesures respectives m_1 et m_2, une confusion risque de se produire car il existe deux rapports $\frac{m_1}{m_2}$ et $\frac{m_2}{m_1}$. Ces deux rapports sont inverses l'un de l'autre : $\frac{m_1}{m_2} \times \frac{m_2}{m_1} = \frac{m_1 \times m_2}{m_2 \times m_1} = 1$.
C'est le contexte qui permet de savoir de quel rapport on veut parler.

8 Appliquer un pourcentage à une grandeur

Des écritures telles que 5 % ; 7,3 % ; 10 %, 50 % ou 125 % désignent des **taux de pourcentages**. Par convention, ces écritures désignent les nombres $\frac{5}{100} = 0{,}05$; $\frac{7{,}3}{100} = 0{,}073$; $\frac{10}{100} = 0{,}1$; $\frac{50}{100} = 0{,}5$; $\frac{125}{100} = 1{,}25$.

NOTE DU FORMATEUR

Le symbole % date du XIVe siècle. C'est une abréviation de l'italien *per cento*.

Pour calculer t % d'une grandeur G, on multiplie cette grandeur par t et on divise le résultat par 100.

À chaque taux est associé un coefficient numérique appelé coefficient multiplicateur. Le tableau qui suit en donne quelques-uns.

Taux	5 %	10 %	50 %	75 %	100 %	200 %
Coefficient associé	0,05	0,10	0,50	0,75	1	2

Calculer un certain pourcentage d'une grandeur G, c'est multiplier cette grandeur par le coefficient multiplicateur associé.

Dans tous les calculs qui font intervenir des taux de pourcentages, il est recommandé d'utiliser les coefficients multiplicateurs car cela rend les calculs plus courts à effectuer et plus simples à écrire.

EXEMPLE : Pour calculer 20 % de 540 euros, il vaut mieux faire 540 3 0,20 = 108 euros que faire et écrire $\frac{540 \times 20}{100} = 108$ euros.

9 Augmentations, diminutions et pourcentages

Très souvent, les variations d'une grandeur sont exprimées en pourcentages de celle-ci. Dans la vie courante, on trouve de nombreux exemples de prix qui augmentent ou qui baissent. La plupart du temps, les hausses et les réductions de ces prix sont données en pourcentages de ceux-ci. Pour déterminer les prix qui en résultent, l'usage des coefficients multiplicateurs est fortement recommandé.

EXEMPLE 1 : Une voiture neuve est marquée 18 000 euros, mais on peut bénéficier d'une réduction de 6 %. à quel prix peut-on l'acheter ?

Réponse : Le pourcentage indiqué porte évidemment sur le prix marqué. Baisser celui-ci de 6 % revient à ne faire payer que 94 % de ce prix. Mais prendre 94 % d'un prix c'est le multiplier par 0,94. Le prix à payer après réduction sera donc $18\,000 \times 0{,}94 = 16\,920$ euros.

Diminuer une grandeur d'un certain pourcentage, c'est la multiplier par un nombre inférieur à 1.

EXEMPLE 2 : Un article est marqué 65,50 euros. Ce prix doit augmenter de 6 %. Quel sera le nouveau prix ?

Réponse : Ajouter 6 % de sa valeur à un prix c'est passer de 100 % à 106 % de ce prix. Or prendre 106 % d'une grandeur c'est la multiplier par 1,06.
Le nouveau prix vaudra donc $65{,}50 \times 1{,}06 = 69{,}43$ euros.

Augmenter une grandeur d'un certain pourcentage, c'est la multiplier par un nombre supérieur à 1.

L'emploi des coefficients multiplicateurs facilite considérablement le raisonnement quand on doit appliquer **successivement** plusieurs taux.

EXEMPLE : Sur l'achat d'une voiture, on bénéficie d'une première réduction de 5 %. Sur le solde, on bénéficie d'une seconde réduction de 4 %. Quel est le taux global des réductions ?

Réponse : Le taux global n'est pas 9 % car des taux ne peuvent s'additionner que lorsqu'ils portent sur une seule et même grandeur.
Soit P le prix de la voiture avant toute réduction. Après la première réduction, le prix à payer représente 95 % du prix initial. Il est donc égal à $P \times 0{,}95$. Le prix définitif représente 96 % du prix qui vient d'être calculé. Il vaut donc $(P \times 0{,}95) \times 0{,}96$ soit $P \times 0{,}912$.
Comme $1 - 0{,}912 = 0{,}088$, le taux global de réduction est donc 8,8 %.

On ne peut additionner des taux que lorsqu'ils portent sur une même grandeur.

10 Retrouver la grandeur à laquelle on a appliqué un taux de pourcentage

L'emploi des coefficients multiplicateurs associés aux taux permet d'éviter certaines erreurs de raisonnement.

EXEMPLE : Après une hausse de 10 %, le prix marqué d'un article est devenu 60,50 euros. Quel était le prix de cet article avant l'augmentation ?

Réponse : La réponse à la question posée n'est pas 60,50 – 10 % de 60,50 = 54,45 euros. La hausse de 10 % se rapporte à l'ancien prix *que nous ne connaissons pas* ! Par conséquent, diminuer 60,50 euros de 10 % est une erreur de raisonnement.
Cependant, on peut dire qu'en augmentant un prix de 10 %, on le multiplie par 1,10.
On a donc *ancien prix* × 1,10 = *nouveau prix* soit *ancien prix* × 1,10 = 60,50.
On en tire *ancien prix* = 60,50 ÷ 1,10 = 55 euros exactement.

11 Exprimer une grandeur en pourcentage d'une autre

Pour comparer deux grandeurs, on exprime souvent l'une **en pourcentage** de l'autre.

Si G_1 et G_2 sont deux grandeurs de même nature exprimées avec la même unité, on exprime G_1 **en pourcentage de** G_2 en faisant $100 \times \frac{G_1}{G_2}$.

EXEMPLE : 75 euros représentent 12,50 % de 600 euros : $100 \times \frac{75}{600} = 12{,}5$.

2. La proportionnalité

1 Introduction

Pour faire une purée pour 4 personnes, il faut 800 g de pommes de terre, 30 cl de lait et 40 g de beurre. Compléter le tableau suivant en inscrivant les quantités pour 20 personnes.

	Pommes de terre	Lait	Beurre
Quantités pour 4 personnes	800 g	30 cl	40 g
Quantités pour 20 personnes			

Pour traiter cette question il existe plusieurs façons de faire. La méthode la plus rapide consiste à multiplier toutes les quantités par 5 puisque 20 personnes c'est 5 fois 4 personnes. En procédant ainsi, nous avons appliqué les règles de la **proportionnalité**. Cette notion joue un rôle très important, non seulement dans la résolution de problèmes pratiques, mais aussi sur le plan théorique. On utilise la proportionnalité en calcul, mais aussi en géométrie.

2 Tableaux de proportionnalité

Le tableau ci-dessous met en regard les côtés de cinq carrés et leurs périmètres.

Côté (en cm)	7	12	28	35	50
Périmètre (en cm)	28	48	112	140	200

On peut observer que, dans chaque colonne :
– le nombre de la seconde ligne s'obtient en multipliant le nombre de la première par 4 ;
– inversement, le nombre de la première ligne s'obtient en multipliant le nombre de la seconde par $\frac{1}{4} = 0{,}25$ ou bien encore en le divisant par 4.

On dit que ce tableau est un **tableau de proportionnalité**.

Dans chaque colonne d'un tableau de proportionnalité, le nombre qui figure sur la ligne du bas est égal au produit de celui qui figure sur la ligne du haut par un nombre constant appelé le **coefficient de proportionnalité** du tableau.

3 Proportions

Considérons les six nombres a, b, c, a', b' et c' dont aucun n'est nul. Si $\frac{a}{a'} = \frac{b}{b'} = \frac{c}{c'}$, le tableau

a	b	c
a'	b'	c'

est un tableau de proportionnalité. Ainsi, le tableau

5	8	6
15	24	18

est un tableau de proportionnalité car $\frac{5}{15}=\frac{8}{24}=\frac{6}{18}$.

Dans le cas d'un tableau de proportionnalité qui ne comprend que 4 nombres disposés en deux lignes et deux colonnes, on parle de proportion.

Quatre nombres non nuls a, b, c et d forment une **proportion** si $\frac{a}{b}=\frac{c}{d}$. On a alors $a \times d = b \times c$.

Il est facile de calculer l'un des quatre nombres d'une proportion quand on connaît les trois autres. Calculons par exemple le nombre x qui figure dans la proportion $\frac{8}{x}=\frac{4}{5}$. La réponse est $x = 10$. On a en effet $8 \times 5 = 4 \times x$, d'où $x = \frac{40}{4} = 10$.

Les proportions interviennent dans de nombreux problèmes.

EXEMPLE : Au cours du jour, on peut échanger 125 dollars US pour 100 euros.

1. Quelle somme en euros peut-on obtenir à ce cours en vendant 190 dollars US ?
2. Quelle somme en dollars US peut-on obtenir à ce cours en vendant 300 euros ?

Réponse : On peut résoudre ces deux questions de plusieurs façons. Tout d'abord, on peut chercher à exprimer chaque unité monétaire en fonction de l'autre :

– 1 dollar US vaut $100 : 125 = 0{,}8$ euro, donc 190 dollars US valent :
$190 \times 0{,}8 = 152$ euros.

– 1 euro = 1,25 dollar US, donc 300 euros permettent d'obtenir :
$300 \times 1{,}25 = 375$ dollars US.

On peut aussi, et c'est plus rapide, écrire une proportion du type

$$\frac{\text{somme en euros}}{\text{somme en dollars US}} = \frac{100}{125}.$$

Dans le premier cas, cette proportion devient $\frac{x \text{ euros}}{190} = \frac{100}{125}$, d'où

$x = \frac{190 \times 100}{125} = 152$ euros.

Dans le deuxième cas, la proportion devient $\frac{300}{x \text{ dollars US}} = \frac{100}{125}$, d'où

$x = \frac{125 \times 300}{100} = 375$ dollars US.

4 Grandeurs proportionnelles

Le périmètre d'un carré s'obtient très simplement en multipliant le côté du carré par 4 : on dit que le périmètre d'un carré est **proportionnel** à la longueur de son côté.

Deux grandeurs sont **proportionnelles** quand la mesure de l'une s'obtient en multipliant la mesure correspondante de l'autre par un même nombre. Ce nombre est appelé le **coefficient de proportionnalité**.

5 La double proportionnalité

Dans un certain nombre de problèmes, on utilise deux tableaux de proportionnalité ou deux séries de grandeurs proportionnelles (quelquefois plus !). On parle alors de double proportionnalité.

EXEMPLE : Le baril de pétrole brut vaut 52 dollars US. Quel est le prix d'un litre en euros ? On donne 1 baril 5 170 litres et 1 dollar US = 0,845 euro.

Réponse : Les données de l'énoncé peuvent être regroupées en deux tableaux de proportionnalité.

1 dollar	0,845 euro
52 dollars	*x* euros

170 litres	*x* euros
1 litre	*p* euros

Le tableau 1 nous donne la proportion $\frac{1}{52} = \frac{0,845}{x}$ d'où $x = 52 \times 0,845 = 43,94$ euros.

Le tableau 2 nous donne la proportion $\frac{170}{1} = \frac{x}{p}$ soit $\frac{170}{1} = \frac{43,94}{p}$.

On en tire $p = \frac{43,94}{170} = 0,258$ euro. 1 litre de pétrole brut vaut 0,258 euro.

6 Partages proportionnels

EXEMPLE : Pour procéder à des partages ou à des répartitions, on utilise diverses méthodes, selon les résultats escomptés. L'une de ces méthodes, très utilisée dans la vie courante, consiste à faire appel à la proportionnalité. Prenons l'exemple de trois copropriétaires qui doivent répartir une dépense de 1 000 euros proportionnellement à leurs surfaces habitables : 65 m^2, 75 m^2 et 110 m^2. Quelle doit être la somme payée par chacun ?

Réponse : La somme des surfaces habitables est 65 + 75 + 110 = 250 m^2. On fait payer 1 000 ÷ 250 = 4 euros par m^2.

Les copropriétaires paieront donc respectivement $65 \times 4 = 260$ euros, $75 \times 4 = 300$ euros et $110 \times 4 = 440$ euros.

La répartition est bien proportionnelle aux surfaces habitables puisque $\frac{260}{65} = \frac{300}{75} = \frac{440}{110} = 4$.

7 Proportionnalité et représentation graphique

Le tableau ci-dessous montre la distance parcourue par un cycliste qui roule à vitesse constante pendant des temps différents :

Temps du parcours	1 h	1 h 30	2 h	3 h 30	4 h
Distance parcourue	20 km	30 km	40 km	70 km	80 km

Puisque la vitesse est constante, les distances parcourues sont proportionnelles aux durées des parcours. Représentons graphiquement les distances parcourues en fonction des durées.

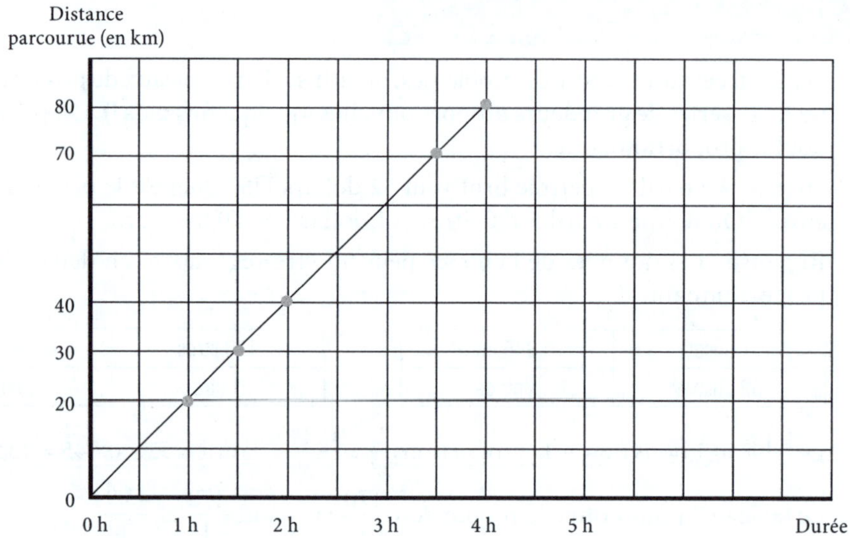

On observe deux choses :
- les cinq points représentatifs sont alignés ;
- la droite qui passe par ces points passe aussi par l'origine du repère.
Ces deux propriétés caractérisent la proportionnalité (une seule ne suffit pas !).

8 Échelle d'un dessin

Le dessin à l'échelle est une application immédiate de la proportionnalité car on doit conserver les proportions exactes de l'objet à représenter.
Trois cas se présentent :
- si l'objet est trop grand, il faut réduire ses dimensions ;
- si l'objet est trop petit, il faut agrandir ses dimensions ;
- si l'objet n'est ni trop grand ni trop petit, on conserve ses dimensions.

De façon conventionnelle, l'échelle du dessin indique si les dimensions de l'objet représenté ont été réduites ou agrandies et combien de fois.

EXEMPLE :
- l'échelle 20 : 1 indique un agrandissement de 20 fois ;
- l'échelle 1 : 20 indique une réduction de 20 fois ;
- l'échelle 1 : 1 (ou la mention dessin en vraie grandeur) indique que rien n'a été changé.

C'est tout ce qu'il faut savoir sur les échelles des dessins, des plans ou des cartes !
Prenons comme exemple les cartes d'état-major à l'échelle 1 : 50 000. Mesurée sur la carte, la distance de 2 points est égale à 4,3 cm. Quelle est la distance réelle de ces deux points ?

Réponse : Les dimensions réelles ont été réduites 50 000 fois, donc 4,3 cm sur la carte correspondent à 50 000 fois plus sur le terrain.
$50000 \times 4{,}3 = 215\,000$ cm = 2 150 m = 2,150 km.

Statistiques et probabilités

Tout le cours

Tout le cours

1. Statistiques

1 Vocabulaire et définitions

A. Définitions

EXEMPLE : Pour se rendre à leur cours de master à l'université :
- 135 étudiants viennent en RER ;
- 43 étudiants viennent en scooter ;
- 23 étudiants viennent en bus ;
- 5 étudiants viennent en voiture.

L'étude statistique porte sur un ensemble d'**individus.** On appelle **population statistique** cet ensemble. Ici, il s'agit de l'ensemble des étudiants.

ATTENTION

Les termes « population » et « individu » en statistique ont un sens plus général qu'en français courant. Si l'on étudie la contenance de tasses à café, la « population statistique » sera l'ensemble des tasses, chacune d'elles étant un « individu ».

L'**effectif total** de la population statistique, c'est le nombre d'éléments qui la composent.
Dans notre exemple, l'effectif total est 135 + 43 + 23 + 5 = 206 étudiants.
On étudie ici le moyen de transport des étudiants. On appelle **variable statistique**, ou **caractère**, l'objet de notre étude. On pourra, par exemple, étudier ici la variable statistique « venir en scooter ».
L'ensemble des données s'appelle **série statistique**.
On appelle **effectif** associé à une valeur de la variable statistique le nombre de fois où cette valeur apparaît.
On appelle **fréquence** associée à une valeur de la variable statistique le quotient entre le nombre d'apparitions de la valeur et l'effectif total.

$$\text{Fréquence de la variable} = \frac{\text{effectif de la valeur}}{\text{effectif total}}.$$

B. Variables

Une variable est **quantitative** si elle est représentée par un nombre. Une distance, une durée, une note, un poids, un prix, un âge sont des variables quantitatives.
Cependant, une variable **quantitative** peut être **discrète** ou **continue**. Une variable quantitative est dite **discrète** si elle ne prend que des valeurs isolées. Un âge, une note entière sont des variables discrètes.
Une variable quantitative est dite **continue** si elle peut prendre n'importe quelle valeur comprise entre deux nombres. La masse d'un sachet de cerises, par exemple, est une variable quantitative continue.
Une variable qui n'est pas quantitative est dite **qualitative**. Une adresse, une couleur, un nom, etc., sont des variables qualitatives.

EXEMPLE :

Chacun des cas suivants indique la population, l'individu et la variable statistique étudiée en la qualifiant (qualitative, quantitative, discrète ou continue).
La couleur des voitures sur un parking : *qualitative.*
La taille des élèves de la classe : *quantitative, continue.*
Le nombre de frères et sœurs des étudiants du groupe : *quantitative, discrète.*
La note arrondie à l'entier au concours blanc : *quantitative, discrète.*

2 Présentation

A. Les classes

Les données d'une série statistique sont souvent résumées dans un **tableau de données**.

EXEMPLE :

Sport préféré	Course	Tennis	Natation	Foot
Nombre de réponses	114	98	55	210

On peut également avoir recours à des intervalles : on dira alors que les données sont réparties en **classes**.

On pourrait, par exemple, étudier le temps en minutes au semi-marathon :

Durée (min)	[60 ;75[	[75 ; 90[	[90 ; 105[	[105 ; 120[	[120 ; 135[
Effectif	2	32	107	81	50

EXEMPLE : Une enquête sur la durée des communications téléphoniques a donné les résultats suivants.

Durée (min)	[0 ; 1[	[1 ; 2[	[2 ; 3[	[3 ; 4[	[4 ; 5[
Effectif	35	152	103	76	51

Quel est l'effectif total de la population interrogée ? Quelle fréquence correspond à chaque intervalle ?
Réponse : L'effectif total est de 35 + 152 + 103 + 76 + 51 = 417.

Chaque fréquence est obtenue en divisant l'effectif de la classe par l'effectif total. Par exemple : 35 ÷ 417 = 0,0839 = 8,39 %.

Durée (min)	[0 ; 1[	[1 ; 2[	[2 ; 3[	[3 ; 4[	[4 ; 5[	Total
Effectif	35	152	103	76	51	417
Fréquence	8,39 %	36,45 %	24,70 %	18,22 %	12,23 %	99,99 %

NOTE DU FORMATEUR

En théorie, le total des fréquences devrait arriver à 100 %.
C'est le jeu des arrondis successifs qui fait que l'on obtient en réalité un résultat très proche de 100 %.

B. Diagramme en bâtons

Un **diagramme en bâtons** est la représentation d'une série statistique par des segments (bâtons) de hauteurs proportionnelles aux effectifs.

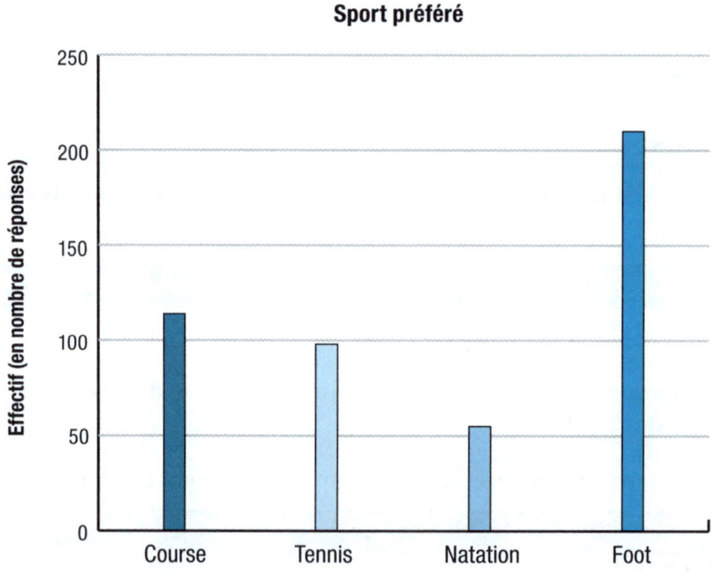

C. Histogramme

Un **histogramme** est la représentation d'une série statistique exprimée en classes par des rectangles dont les aires sont proportionnelles aux effectifs.

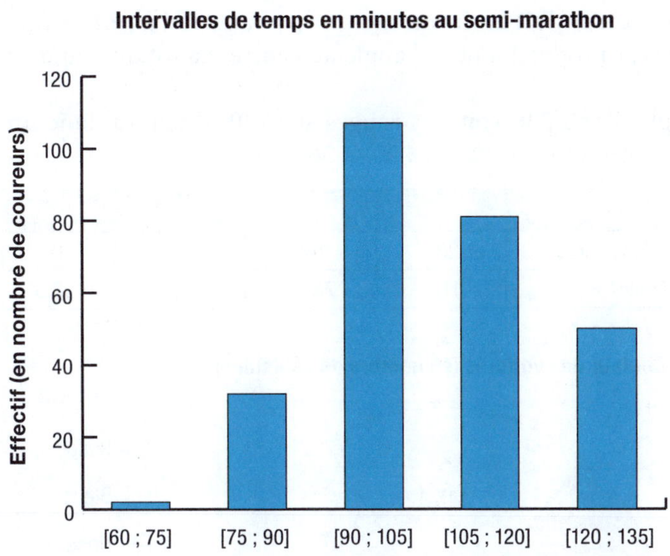

D. Diagramme circulaire

Un **diagramme circulaire** est un disque partagé en secteurs angulaires circulaires dont les aires (et donc les angles au centre) sont proportionnelles aux effectifs.

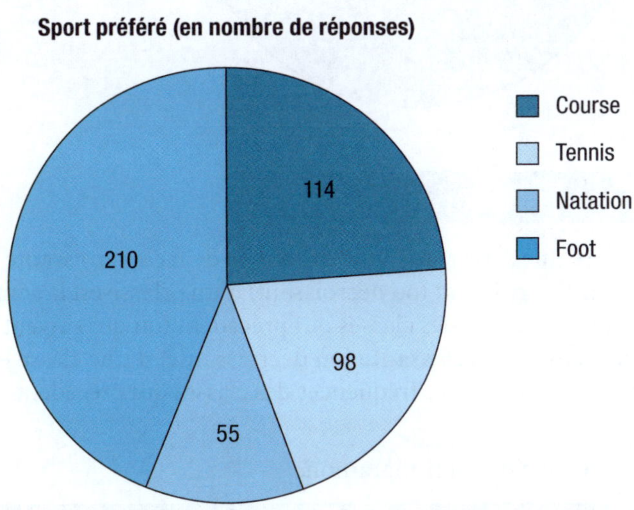

EXEMPLE : Construire, en utilisant le rapporteur, le diagramme circulaire correspondant à la série suivante, se rapportant à la couleur des voitures sur un parking.

Couleur	Rouge	Bleue	Noire	Blanche
Nombre de voitures	236	145	152	187

Réponse : L'effectif total est de : 236 + 145 + 152 + 187 = 720 voitures.

Or chaque secteur doit avoir une aire proportionnelle à l'effectif qu'il représente. Un secteur est proportionnel à l'angle au centre. La totalité du disque représente 360°.
Par exemple, il y a 236 voitures rouges sur 720. Il faudra donc un secteur dont l'angle au centre vaudra : (236 ÷ 720) × 360 = 118°.

Couleur	Rouge	Bleue	Noire	Blanche	Total
Nombre de voitures	236	145	152	187	720
Angle	118°	72,5°	76°	93,5°	360°

Couleur des voitures (en nombre de véhicules)

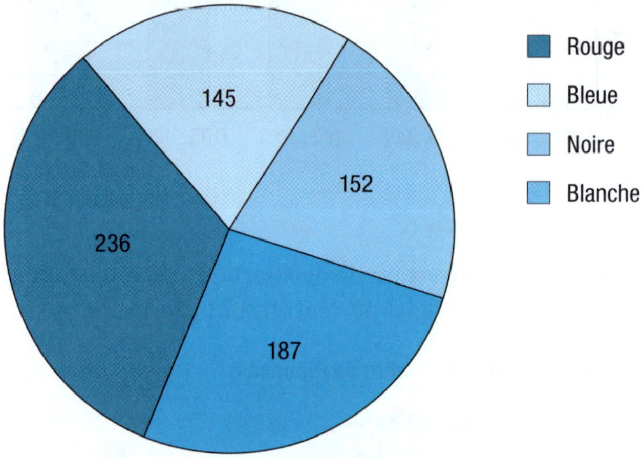

3 Effectifs et fréquences cumulés

Si l'on considère une série statistique ordonnée de façon croissante :
– **l'effectif cumulé croissant** (ou décroissant) d'une classe est la somme de l'effectif de la classe et des effectifs des classes qui précèdent (ou qui suivent) ;
– la **fréquence cumulée croissante** (ou décroissante) d'une classe est la somme de la fréquence de la classe et des fréquences des classes qui précèdent (ou qui suivent).

EXEMPLE 1

Reprenons l'exemple du semi-marathon.

Durée (min)	[60,75[	[75 ; 90[	[90 ; 105[	[105 ; 120[	[120 ; 135[
Effectif	2	32	107	81	50
Effectif cumulé croissant	2	34	141	222	272
Fréquence cumulée croissante	0,74 %	12,5 %	51,83 %	81,62 %	100 %
Effectif cumulé décroissant	272	270	238	131	50
Fréquence cumulée décroissante	100 %	99,26 %	87,5 %	48,16 %	18,38 %

On peut interpréter ce tableau ainsi :
- 141 concurrents courent le semi-marathon en moins de 105 minutes ;
- 12,5 % des concurrents courent le semi-marathon en moins de 90 minutes ;
- 131 concurrents courent le semi-marathon en plus de 105 minutes ;
- 99,26 % des concurrents courent le semi-marathon en plus de 75 minutes.

EXEMPLE 2

Les résultats du concours blanc, noté sur 20, sont les suivants :

12	8	15	11	4	7	13	2	9	10	17	13
14	3	6	6	8	12	9	16	12	9	4	15
5	3	13	2	18	5	6	11	10	14	6	14
8	17	10	11	16	10	8	10	9	11	10	14
7	13	19	14	10	15	12	13	6	12	11	9
13	16	15	13	5	10	7	16	10	8	16	11

On peut en conclure :

Note	1	2	3	4	5	6	7	8	9	10
Effectif	0	2	2	2	3	5	3	5	5	9
Fréquence	0,0 %	2,8 %	2,8 %	2,8 %	4,2 %	6,9 %	4,2 %	6,9 %	6,9 %	12,5 %
Eff. Cum. ↑	0	2	4	6	9	14	17	22	27	36
Fréq. Cum. ↑	0,0 %	2,8 %	5,6 %	8,3 %	12,5 %	19,4 %	23,6 %	30,6 %	37,5 %	50,0 %

Note	11	12	13	14	15	16	17	18	19	20
Effectif	6	5	7	5	4	5	2	1	1	0
Fréquence	8,3 %	6,9 %	9,7 %	6,9 %	5,6 %	6,9 %	2,8 %	1,4 %	1,4 %	0,0 %
Eff. Cum. ↑	42	47	54	59	63	68	70	71	72	72
Fréq. Cum. ↑	58,3 %	65,3 %	75,0 %	81,9 %	87,5 %	94,4 %	97,2 %	98,6 %	100,0 %	100,0 %

On peut interpréter ce tableau ainsi :
- 72 étudiants étaient présents au contrôle ;
- 36 étudiants (72 – 36) ont obtenu une note supérieure à 10 ;
- 22 étudiants ont obtenu une note inférieure ou égale à 8 ;
- 12,5 % des étudiants (100 % – 87,5 %) ont obtenu une note supérieure à 15 ;
- 23,6 % des étudiants ont obtenu au plus 7.

On peut représenter les données sous la forme de ce diagramme en bâtons :

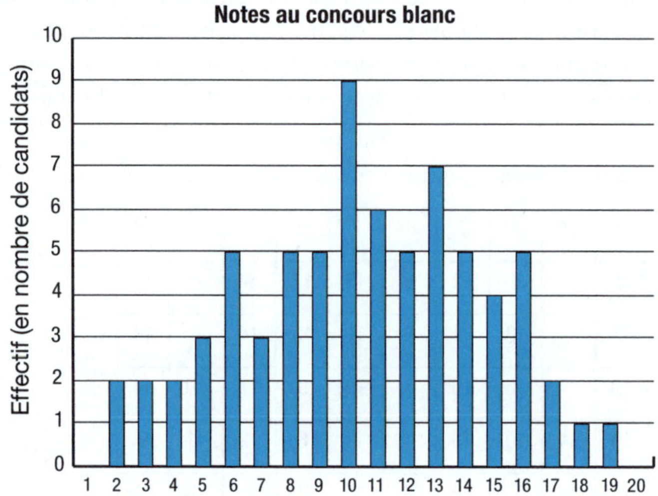

4 Moyennes

A. Moyenne « simple »

La moyenne d'une série statistique de i éléments (n_1, n_2,..., n_i) est obtenue en divisant la somme des éléments par i :

$$M = \frac{(n_1 + n_2 + \dots n_i)}{i}$$

EXEMPLE : André a obtenu les notes suivantes aux cinq contrôles du semestre : 11, 17, 10, 14 et 10.
Sa moyenne est de : (11 + 17 + 10 + 14 + 10) ÷ 5 = 62 ÷ 5 = 12,4.

B. Moyenne pondérée

La **moyenne pondérée** des nombres n_1, n_2,..., n_i affectés des coefficients respectifs a_1, a_2,..., a_i vaut : $Mp = \frac{a_1 n_1 + a_2 n_2 + \dots a_i n_i}{a_1 + a_2 + \dots a_i}$.

EXEMPLE 1 : Un concours comporte trois épreuves. Éric a obtenu :
- 12 en français (coefficient 3) ;
- 15 en mathématiques (coefficient 4) ;
- 6 en sciences (coefficient 2).

Calculer sa moyenne.

Réponse :
La moyenne d'Éric est de [(12 × 3) + (15 × 4) + (6 × 2)] ÷ (3 + 4 + 2) = 108 ÷ 9 = **12.**

EXEMPLE 2 : Reprenons l'exemple des communications téléphoniques.

Durée (min)	[0 ; 1[	[1 ; 2[	[2 ; 3[	[3 ; 4[	[4 ; 5[
Effectif	35	152	103	76	51

Calculer la durée moyenne d'une communication téléphonique.

Réponse : Dans ce cas, pour calculer la moyenne, on prend comme valeur de l'intervalle le milieu de l'intervalle, soit 0,5 pour la première colonne, 1,5 pour la deuxième, 2,5 pour la troisième, 3,5 pour la quatrième et 4,5 pour la cinquième. La durée moyenne des communications de cette population est donc :

$$\frac{(35 \times 0{,}5) + (152 \times 1{,}5) + (103 \times 2{,}5) + (76 \times 3{,}5) + (51 \times 4{,}5)}{35 + 152 + 103 + 76 + 51} = \frac{998{,}5}{417} \approx \mathbf{2{,}39\ min.}$$

EXEMPLE 3 : Soit le tableau représentant la taille des étudiants.

Taille (cm)	[150 ; 160[	[160 ; 170[	[170 ; 180[	[180 ; 190[
Effectif	5	30	70	20

Calculer la taille moyenne d'un étudiant.

Réponse : Pour calculer la taille moyenne d'un étudiant, **on utilise le centre de chaque classe.**

Taille (cm)	[150 ; 160[	[160 ; 170[	[170 ; 180[	[180 ; 190[
Centre (cm)	155	165	175	185
Effectif	5	30	70	20

M = [(5 × 155) + (30 × 165) + (70 × 175) + (20 × 185)] ÷ (5 + 30 + 70 + 20).
M = 21 675 ÷ 125 = 173,4 cm.
La taille moyenne d'un étudiant est donc environ de **1,73 m.**

EXEMPLE 4 : Une station de ski réalise une enquête auprès des 300 skieurs qui la fréquentent. Les résultats de l'enquête sont notés dans le tableau ci-dessous et indiquent la répartition en classes des skieurs en fonction de leur âge (en années).

Âge	[0 ; 10[	[10 ; 20[	[20 ; 30[	[30 ; 40[	[40 ; 50[	[50 ; 60[	[60 ; 70[	[70 ; 80[	[80 ; 90[
Effectifs	27	45	48	39	42	36	33	24	6

Calculer l'âge moyen des skieurs et la fréquence, en pourcentage, de skieurs ayant un âge strictement inférieur à 20 ans.

Réponse : Pour calculer l'âge moyen des skieurs, on utilise le centre de chaque classe.

Âge	[0 ; 10[	[10 ; 20[	[20 ; 30[	[30 ; 40[	[40 ; 50[	[50 ; 60[	[60 ; 70[	[70 ; 80[	[80 ; 90[
Effectifs	27	45	48	39	42	36	33	24	6
Centre	**5**	**15**	**25**	**35**	**45**	**55**	**65**	**75**	**85**
Fréquence	9 %	15 %	16 %	13 %	14 %	12 %	11 %	8 %	2 %

$M = [(5 \times 27) + (15 \times 45) + (25 \times 48) + (35 \times 39) + (45 \times 42) + (55 \times 36) + (65 \times 33) + (75 \times 24) + (85 \times 6)] \div 300.$

$M = 11\,700 \div 300 = 39.$

L'âge moyen d'un skieur est de **39 ans.**

Pour calculer la fréquence, en pourcentage, de skieurs ayant un âge strictement inférieur à 20 ans, il faut considérer la fréquence des deux premières classes, soit 9 % + 15 % = 24 %.

Ainsi, **24 % des skieurs** ont un âge strictement inférieur à 20 ans.

5 Médiane, quartiles, étendue

A. Médiane, quartiles

La **médiane** d'une série de nombres rangés est un nombre qui sépare la série en deux parties de même effectif.

Le **premier quartile** Q_1 d'une série statistique est le plus petit élément de cette série tel qu'au moins 25 % des valeurs soient inférieures ou égales à cet élément.

Le **troisième quartile** Q_3 d'une série statistique est le plus petit élément de cette série tel qu'au moins 75 % des valeurs soient inférieures ou égales à cet élément.

EXEMPLE : Reprenons les résultats du concours blanc noté sur 20.

12	8	15	11	4	7	13	2	9	10	17	13
14	3	6	6	8	12	9	16	12	9	4	15
5	3	13	2	18	5	6	11	10	14	6	14
8	17	10	11	16	10	8	10	9	11	10	14
7	13	19	14	10	15	12	13	6	12	11	9
13	16	15	13	5	10	7	16	10	8	16	11

La **médiane** de cette série est **10**. En effet, sur les 72 notes proposées, 36 sont supérieures à 10 et 36 sont inférieures ou égales à 10.

Le **premier quartile** est **8.** En effet, sur les 72 notes proposées, un quart des notes est inférieur ou égal à 8.

Le **troisième quartile** est **13.** En effet, sur les 72 notes proposées, trois quarts des notes sont inférieures ou égales à 13.

En fait, 22 notes sont inférieures ou égales à 8. Donc, *a fortiori*, 18 notes sont inférieures ou égales à 8.

Pour déterminer les quartiles :
Soit N le nombre d'éléments de la série.
Si N est divisible par 4 :
– le rang de Q_1 est $\frac{N}{4}$;
– le rang de Q_3 est $\frac{3N}{4}$.
Si N n'est pas divisible par 4 :
– le rang de Q_1 est le plus petit entier immédiatement supérieur à $\frac{N}{4}$;
– le rang de Q_3 est le plus petit entier immédiatement supérieur à $\frac{3N}{4}$.

ATTENTION

La médiane est rarement égale à la moyenne.
Pour la série :

12	8	15	11	4	7	13	2	9	10	17	13

La médiane vaut 10,5 et la moyenne est de 10,08.

B. Étendue

L'**étendue** d'une série statistique est la différence entre la valeur maximale et la valeur minimale.

EXEMPLE 1 : Le diagramme en bâtons ci-dessous donne la répartition des notes obtenues à un contrôle de mathématiques par les élèves d'une classe de troisième.

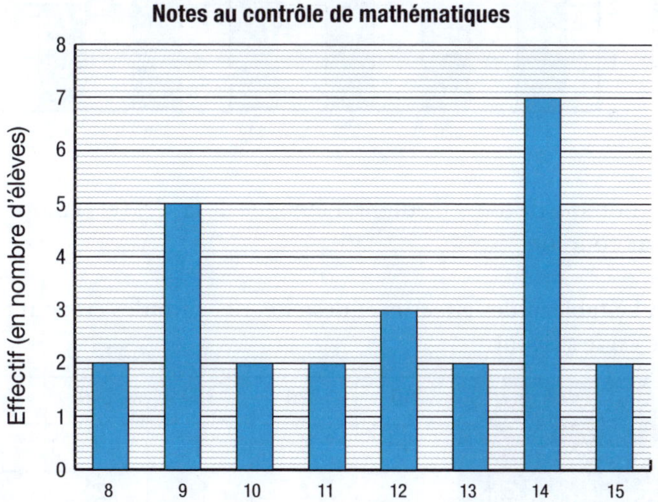

Calculez le nombre total d'élèves, la note moyenne de la classe, la note médiane et l'étendue de cette série de notes.

Réponse : On peut présenter la répartition des notes dans un tableau.

Note	8	9	10	11	12	13	14	15	Total
Effectif	2	5	2	2	3	2	7	2	25
Note × effectif	16	45	20	22	36	26	98	30	293
Effectif cumulé croissant	2	7	9	11	14	16	23	25	

Grâce à ce tableau, on dira qu'il y a **25 élèves** dans cette classe, que la note moyenne de la classe obtenue à ce contrôle est 293 ÷ 25 = **11,72**, que la note médiane est **12** et que l'étendue de cette série de notes est de 15 – 8 = **7.**

EXEMPLE 2 : La course automobile des 24 Heures du Mans consiste à effectuer en 24 heures le plus grand nombre de tours d'un circuit. Le diagramme en bâtons ci-dessous donne la répartition du nombre de tours effectués par les 25 premiers coureurs.

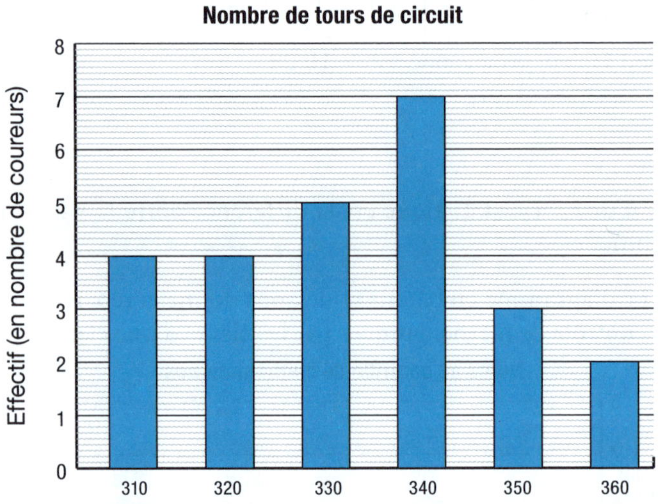

Calculer le nombre de tours médians, l'étendue de la série et la moyenne du nombre de tours par coureur.

Réponse : Le tableau des effectifs et des effectifs cumulés croissants de cette série statistique est le suivant.

Nombre de tours	310	320	330	340	350	360
Effectif	4	4	5	7	3	2
Effectif cumulé croissant	4	8	13	20	23	25

La médiane est **330** et l'étendue 360 – 310 = **50**. La moyenne est 8 320 ÷ 25 ≈ 332 tours.

2. Éléments de probabilités

1 Vocabulaire et définitions

Une expérience aléatoire est une expérience possédant plusieurs issues possibles qui ne dépendent que du hasard. Par exemple, jouer à pile ou face, lancer un dé intègre, effectuer un tirage du loto constituent des expériences aléatoires.
En revanche, si le dé est pipé, il ne s'agit plus d'une expérience aléatoire.
Obtenir la face « pile » en lançant la pièce, obtenir un 4 en lançant le dé, trouver la bonne combinaison du loto constituent ce que l'on appelle **un événement aléatoire**.
L'issue d'un événement est la façon dont l'événement peut être réalisé.
Par exemple, lors du lancer du dé, l'événement « tirer un nombre inférieur ou égal à 3 » possède trois issues qui sont tirer un 1, un 2 ou un 3.

Un événement qui ne peut être réalisé que par une seule issue est appelé **événement élémentaire**.

Par exemple, tirer un 4 avec le dé est un événement élémentaire.
Dans le cas d'une expérience aléatoire, la **probabilité** d'obtenir un résultat correspond à la **fréquence** de réalisation de cet événement.

On dit que la probabilité correspond au quotient $\dfrac{\text{nombre d'issues favorables}}{\text{nombre d'issues possibles}}$.

Dans notre exemple, « tirer un 4 en lançant le dé », il n'y a qu'un cas favorable (tirer un 4) alors qu'il y a 6 cas possibles (les six faces du dé).
On constate qu'il y a **1 chance sur 6** d'obtenir une face précise, le 4, par exemple, autrement dit : $1 \div 6 \approx 0{,}1667 \approx$ **16,67 % de chances d'obtenir le 4**. Ou encore, la **probabilité** d'obtenir le 4 est de 16,67 %. Soit A l'**événement « tirer un 4 », on notera** $P(A) = \dfrac{1}{6}$ et on lira « la probabilité d'obtenir un 4 sur un tirage est de un sixième ».

Une probabilité est une fraction toujours comprise entre 0 et 1.
Un événement qui a une probabilité égale à 1 est appelé **événement certain**. Par exemple, tirer un nombre inférieur à 10 avec un dé classique.
Un événement qui a une probabilité égale à 0 est appelé **événement impossible**.
Par exemple, tirer un 7 avec un dé classique.
La somme des probabilités de tous les événements élémentaires est **toujours égale à 1.**

Par exemple, dans notre exemple de dé, la probabilité de sortie de chaque face est de $\dfrac{1}{6}$.
Si on fait la somme de la probabilité de chacun de ces six événements élémentaires (« tirer un 1, un 2, un 3, un 4, un 5, un 6 »), on obtient : $\dfrac{1}{6}+\dfrac{1}{6}+\dfrac{1}{6}+\dfrac{1}{6}+\dfrac{1}{6}+\dfrac{1}{6}=\dfrac{6}{6}=1$.

Si, par exemple, avec une pièce truquée, la probabilité de tirer « pile » est de $\frac{1}{3}$, la probabilité de tirer « face » est alors de $\frac{2}{3}$.

On dit que si la probabilité de l'**événement** A est $P(A)$ alors, la probabilité de l'événement contraire est $1 - P(A)$.

Supposons que l'on mène une expérience aléatoire de lancer d'un dé intègre. Sur un **très grand nombre de lancers**, on constaterait que chaque face est sortie sensiblement **le même nombre de fois**.
On dit que la probabilité d'obtenir l'événement « tirer la face 4 » est identique à celle d'obtenir l'événement « tirer la face 6 ».
On dit alors que les chances des événements « tirer telle ou telle face » sont **équiprobables**.
Beaucoup d'exercices sur les probabilités concernent des jeux de hasard :
- jouer à pile ou face ;
- lancer un ou plusieurs dés ;
- tirer des boules de couleur issues d'un sac ;
- tirer des cartes dans un paquet...

2 Exemples

EXEMPLE 1 : Une urne contient 1 boule de couleur noire, 6 boules de couleur blanche, 4 boules de couleur rouge, indiscernables au toucher. On tire au hasard une boule de cette urne. Quelle est la probabilité de tirer une boule de couleur rouge ? Quelle est la probabilité de ne pas tirer une boule rouge ?

Réponse : L'événement « tirer une boule de couleur rouge » a 4 issues possibles puisqu'il y a 4 boules rouges.
L'événement « tirer une boule » a 11 issues possibles puisqu'il y a 11 boules (1 + 6 + 4). Il y a donc 4 chances sur 11 de tirer une boule rouge.
De même la probabilité de tirer une noire est de $\frac{1}{11}$ et une blanche est de $\frac{6}{11}$.
Quant à la question de déterminer la probabilité de l'événement « ne pas tirer une rouge », il y a deux manières de la résoudre.
Soit on indique que « ne pas tirer une rouge » revient à tirer une blanche ou une noire, et il y a alors 7 cas favorables (6 + 1), donc une probabilité de $\frac{7}{11}$. Soit on se rappelle que l'ensemble des événements élémentaires (tirer une noire, une rouge, une blanche) a une somme égale à 1 et donc « ne pas tirer une rouge » a une probabilité de $1 - \frac{4}{11} = \frac{7}{11}$, $\frac{4}{11}$ étant la probabilité de tirer une rouge.

EXEMPLE 2 : Sur les différentes faces d'un dé cubique équilibré sont inscrits les nombres 2, 3, 6, 3, 6, 2. Calculez la probabilité d'obtenir un 2.

Réponse : Il y a deux faces possédant le nombre 2 sur 6 faces en tout. Il y a donc une probabilité de $\frac{2}{6}$ soit $\frac{1}{3}$ d'obtenir un 2.

EXEMPLE 3 : Soit une cible ronde de rayon $5R$, constituée de 5 cercles concentriques de rayons R, $2R$, $3R$, $4R$, $5R$. Un joueur lance au hasard une fléchette et atteint la cible. Calculez la probabilité que la fléchette atteigne la couronne circulaire n° 2.

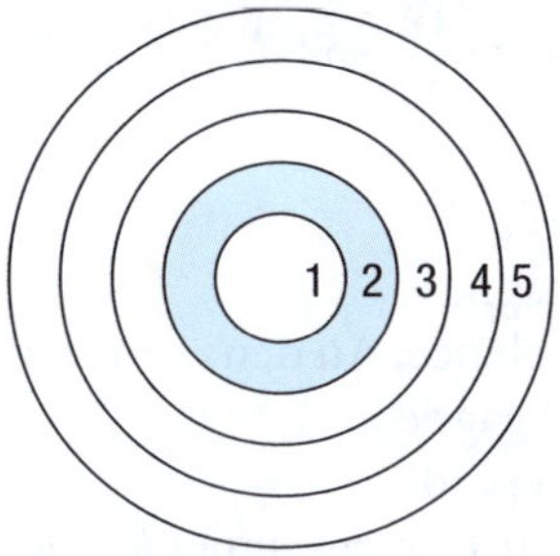

Réponse : La probabilité d'atteindre une zone est proportionnelle à l'aire de la zone : At, l'aire totale de la cible, est égale à $\pi \times (5R)^2$ (le rayon de la cible est $5R$), soit $\boldsymbol{At = 25\pi R^2}$.

$Ac2$, l'aire de la couronne circulaire n° 2, correspond à l'aire du disque de rayon $2R$ moins l'aire du disque de rayon R, soit $Ac2 = \pi \times (2R)^2 - \pi \times (R)^2 = 4\pi R^2 - \pi R^2 = \boldsymbol{3\pi R^2}$.

La probabilité d'atteindre la couronne circulaire n° 2 est donc $\frac{Ac2}{At}$ et vaut $\frac{3\pi R^2}{25\pi R^2}$, soit $\frac{3}{25}$.

EXEMPLE 4 : On considère le lancer simultané de deux dés classiques.
Soit S la somme obtenue à l'issue de ce lancer.
Calculez la probabilité d'obtenir une somme égale à 8, une somme supérieure ou égale à 9, une somme paire.

Réponse : Indiquons dans un tableau l'ensemble des sommes possibles.

Dé 2 \ Dé 1	1	2	3	4	5	6
1	2	3	4	5	6	7
2	3	4	5	6	7	8
3	4	5	6	7	8	9
4	5	6	7	8	9	10
5	6	7	8	9	10	11
6	7	8	9	10	11	12

Le tableau indique qu'il y a **36 issues possibles** en tout. **La somme 8** est obtenue de 5 manières différentes (cases grisées) : la probabilité d'obtenir une somme égale à 8 est donc de $\frac{5}{36}$.

On peut obtenir des sommes **supérieures ou égales à 9** de 10 manières différentes (nombres en rouge en bas à droite). La probabilité d'obtenir une somme supérieure ou égale à 9 est donc de $\frac{10}{36}$, soit $\frac{5}{18}$. Il y a 18 sommes paires. La probabilité d'obtenir une somme paire est donc de $\frac{18}{36}$, soit $\frac{1}{2}$.

EXEMPLE 5 : Éric joue au jeu suivant.
Il lance une pièce équilibrée :
- si le résultat est pile, il gagne ;
- si le résultat est face, il relance. Au deuxième lancer :
  - si le résultat est pile, il gagne ;
  - si le résultat est face, il perd.

Calculez la probabilité pour Éric de gagner à ce jeu.

Réponse : Faisons un arbre de choix.

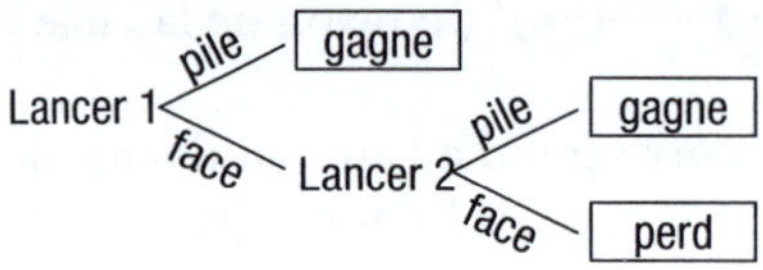

On voit donc qu'il y a 3 issues possibles : gagner au premier lancer, gagner au second lancer ou perdre au second lancer, et 2 issues favorables : gagner au premier lancer et gagner au second lancer.
La probabilité de gagner est donc de $\frac{2}{3}$.

EXEMPLE 6 : André a lancé 4 fois de suite une pièce de monnaie équilibrée et chaque fois le résultat a été face. Alors qu'André se prépare à lancer la même pièce une nouvelle fois, ses amis lui disent :
A : « Maintenant, tu as plus de chances d'obtenir pile. »
B : « Maintenant, tu as plus de chances d'obtenir face. »
C : « Tu as autant de chances d'obtenir pile que face. »
D : « Tu ne peux plus obtenir face. »
Quel est votre avis ?

Réponse : Le hasard n'a pas de mémoire. André a la même probabilité d'obtenir pile que face. Dans les deux cas la probabilité est de $\frac{1}{2}$.

Algorithmique et programmation

Tout le cours

Tout le cours

1 Programmation de parcours

A. Introduction

Dans les programmes de 2020, au titre des attendus de fin de cycle 2 ou 3, il est précisé que les élèves doivent être capables de « programmer les déplacements d'un robot ou ceux d'un personnage sur un écran en utilisant un logiciel de programmation ».
Le logiciel gratuit Scratch constitue un excellent support pour ce type d'activités sur ordinateurs ou tablettes. Les robots de plancher programmables (comme le Bee-Bot ou le Blue-Bot) permettent également d'aborder ces notions de déplacements programmés. Le codage de déplacements sur écran peut avoir comme prétexte un objet virtuel se déplaçant sur un quadrillage, ou un personnage (nommé « lutin » dans Scratch) se déplaçant dans un environnement virtuel. Le codage de déplacements d'objets réels peut se faire à l'aide de robots spécifiques.

B. Codage de déplacements

Les instructions de bases utilisées pour les déplacements sont du type :
- avance de x ;
- recule de x ;
- pivote à droite de y ;
- pivote à gauche de y ;

où x est une mesure de distance pouvant être exprimée en cm, en « pas de robot » ou en pixel selon le contexte et y une mesure d'angle pouvant être exprimée en degrés ou en « quart de tour ».

Ces instructions de déplacements peuvent être utilisées de manière séquentielle.

EXEMPLE :
- avance de 3 ;
- pivote à droite de 90° ;
- recule de 5.

Elles peuvent également être utilisées avec des structures de contrôle comme la « répétition indicée » qui suppose qu'on connaît à l'avance le nombre de répétitions.

EXEMPLE :
Répète 4 fois
- avance de 3
- pivote à droite de 90°

permet, par exemple, de parcourir un carré de côté 3.

Plus rarement, on pourra utiliser des structures de contrôle comme :

– le « choix » (aussi appelé le « si… sinon… »). **EX :** Si le mobile est au bord du quadrillage alors « pivote de 180° » sinon « avance de 1 ».
– la « répétition conditionnelle ». **EX :** Tant que le mobile n'est pas au bord du quadrillage, répète « avance de 1 ».
Elle peut également prendre la forme : Répète « avance de 1 » jusqu'à ce que le mobile soit au bord du quadrillage.

C. Trois variables

Dans tous les cas, ce type d'exercices est basé sur 3 variables :
1. la position de départ (et l'orientation initiale) du mobile ;
2. la position d'arrivée (et l'orientation finale) du mobile ;
3. le programme permettant de passer de l'état initial à l'état final (avec éventuellement des contraintes particulières).
Dans les problèmes proposés, on donnera deux de ces variables et on demandera de trouver la dernière.
Dans certaines variantes, assez répandues, on s'attachera à la « trace » laissée par le mobile lorsqu'il effectue un programme de déplacement. Dans ce cas :

- Soit on donne le programme et on demande de qualifier la trace. **EX :** Répète 4 fois :
– avance de 10 ;
– pivote à gauche de 90°.

Quelle figure trace le mobile ?

- Soit on donne la trace et on demande de fabriquer le programme correspondant. **EX :** « Écrire le programme permettant de "tracer" un triangle équilatéral de 50 de côté ».

2 Notions de fonction et informatique

A. Algorithmes fonctionnels

L'introduction à la notion fonctionnelle peut s'envisager à l'école élémentaire à travers les programmes informatiques : un tableur (Excel ou Libre Office Calc) ou Scratch.
Dans les deux cas, les activités proposées relèvent de ce qu'on appelle parfois « le jeu de la boîte ». Dans ce jeu, on donne un nombre à l'entrée de la boîte. Celle-ci contient un « mécanisme » qui transforme les nombres de manière homogène et la boîte, à sa sortie, rend un nouveau nombre.

EXEMPLE :
– si je donne 2 à la boîte, celle-ci me rend 5 ;
– si je donne 3 à la boîte, celle-ci me rend 6 ;
– si je donne 10 à la boîte, celle-ci me rend 13.

On peut donc conclure que la boîte « ajoute 3 au nombre qu'on lui donne ». Le résultat est « fonction » du nombre fourni à la boîte.

Sans jamais utiliser les termes de « fonction numérique », ni ceux d'images, d'antécédents ni aucune notation fonctionnelle, on reconnaît que la notion mathématique sous-jacente est la « fonction numérique » et, dans cet exemple, la fonction « plus 3 », qu'on notera (beaucoup plus tard) : $f(x) = x + 3$.
Dans ce travail, intervient aussi de manière sous-jacente la notion de « variable ». Quand on écrit : la boîte « ajoute 3 au nombre qu'on lui donne », le nombre donné est « variable ». Dans la notation fonctionnelle ($f(x) = x + 3$), x est l'élément variable qui peut prendre diverses valeurs afin d'étudier la transformation numérique.
Dans ce type d'exercice, on reconnaît trois paramètres :
- le nombre de départ (donné à la boîte) ;
- le nombre d'arrivé (rendu par la boîte) ;
- la transformation (le mécanisme de la boîte).

On donne à l'élève deux de ces paramètres et il doit retrouver le troisième.

B. Tableur et Scratch

Le tableur (Microsoft Excel ou Libre Office Calc) utilise par essence une notation fonctionnelle et est donc adapté à ce type d'exercice.
Dans l'exemple, écrire en B2 : « = A2 + 3 » signifie que le tableur va écrire dans B2 le résultat de la somme du nombre en A2 et de 3. C'est bien comme si on avait écrit B2 = A2 + 3, où A2 est le nombre qu'on donne à la boîte et B2 celui qui en sort.

	A	B
1		
2	1	=A2+3
3	2	
4	3	
5	4	
6	5	
7	6	

De même, le langage de programmation Scratch permet également l'utilisation de variables et, donc, ce type d'exercice. L'implicite est que, lorsqu'on utilise la commande « demander et attendre », la réponse donnée par l'utilisateur sera stockée dans une variable nommée « réponse ». Dans le cas du tableur comme dans celui deScratch, on peut utiliser la structure de contrôle du choix : le « Si... alors... Sinon », qui permet d'augmenter la difficulté.
Si le nombre donné à la boîte est inférieur à 10 alors la boîte ajoute 5, sinon la boîte lui enlève 2. Ce qui se traduira, pour le tableur, par : (En mettant dans A1 le nombre « rentrant ».)

	A	B	C
1		=SI(A1<10;A1+5;A1-2)	
2			

Et en scratch par :

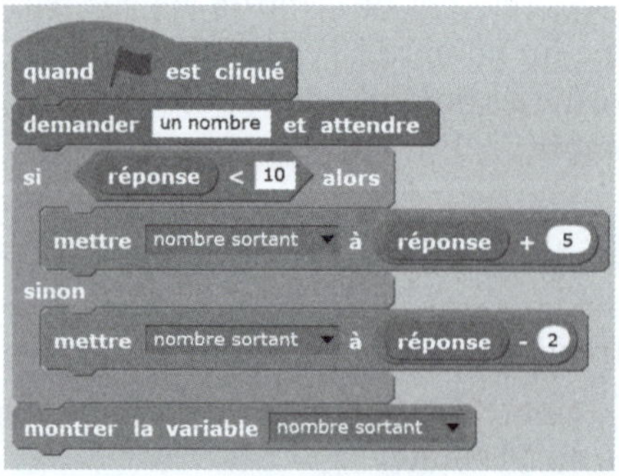

PARTIE 3

Réussir l'épreuve orale de leçon

Coefficient 4

Durée : 1 heure + 2 heures de préparation

Présentation de l'épreuve

Nous vous proposons une **analyse du texte officiel de cadrage** de l'épreuve afin de mieux cerner les attentes du jury.

1 Ce que dit le texte

« L'épreuve porte successivement sur le français et les mathématiques. Elle a pour objet la conception et l'animation d'une séance d'enseignement à l'école primaire dans chacune de ces matières, permettant d'apprécier la maîtrise disciplinaire et la maîtrise des compétences pédagogiques du candidat.
Le jury soumet au candidat deux sujets de leçon, l'un dans l'un des domaines de l'enseignement du français, l'autre dans celui des mathématiques, chacun explicitement situé dans l'année scolaire et dans le cursus de l'élève.
Afin de construire le déroulé de ces séances d'enseignement, le candidat dispose en appui de chaque sujet d'un dossier fourni par le jury et comportant au plus 4 documents de nature variée : supports pédagogiques, extraits de manuels scolaires, traces écrites d'élèves, extraits de programmes…
Le candidat présente successivement au jury les composantes pédagogiques et didactiques de chaque leçon et de son déroulement. Chaque exposé est suivi d'un entretien avec le jury lui permettant de faire préciser ou d'approfondir les points qu'il juge utiles, tant sur les connaissances disciplinaires que didactiques. »

Durée de préparation : 2 heures
Durée de l'épreuve : 1 heure (30 min par leçon, avec 10 à 15 minutes d'exposé suivi d'entretien avec le jury sur le temps restant.)

2 Analyse du texte

1. Il s'agit de la conception et de l'animation d'une séance d'enseignement

Le texte invite donc le candidat à construire une séance et non une séquence. Vous devez par cette épreuve montrer, outre vos connaissances disciplinaires, vos compétences en termes d'ingénierie didactique aussi bien que pédagogique.

2. Il s'agit d'une leçon destinée à des élèves de l'école primaire

Le sujet peut porter aussi bien sur l'école maternelle que sur l'école élémentaire, par conséquent du cycle 1 au cycle 3. Vous devez donc en connaître les programmes, les attendus de fin de cycle et les repères de progressivité. Ce d'autant plus que le sujet est « explicitement situé dans l'année scolaire et dans le cursus de l'élève », autrement dit dans le cycle et dans l'année du cycle (**EX :** cycle 2, CP). Soyez particulièrement attentif au niveau, mais pensez également en termes de cycles d'apprentissage. Si le ministère a fait paraître des repères de progression, il n'en reste pas moins vrai que la scolarité d'un élève est fondée sur des cycles triennaux d'acquisition de compétences.

CONSEIL DU FORMATEUR

L'expérience des épreuves des années passées nous amène à attirer votre attention sur le cycle 1. En effet, vous devez particulièrement vous assurer d'une bonne connaissance de ce cycle. Connaître les concepts liés au développement du jeune enfant, avoir une vision réaliste de ses capacités physiques, cognitives, affectives...

Bien maîtriser les attendus de fin cycle et ne pas commettre d'erreur notionnelle ni didactique est gage de réussite.

NOTE DU FORMATEUR

Pour retrouver les repères de progression du CP à la classe de 3e :
https://eduscol.education.fr/137/attendus-de-fin-d-annee-et-reperes-annuels-de-progression-du-cp-la-3e

3. Le jury cherche à évaluer la maîtrise disciplinaire et la maîtrise des compétences pédagogiques du candidat

Par maîtrise disciplinaire, on peut entendre aussi bien la maîtrise des savoirs académiques (les savoirs à enseigner) que la maîtrise didactique (les savoirs pour enseigner). Par maîtrise des compétences pédagogiques, on retrouve les savoirs pour enseigner, ici pour permettre aux élèves d'apprendre. Le jury cherche à vérifier comment le candidat estime devoir s'y prendre pour faire apprendre.

4. La leçon se situe dans l'un des domaines de l'enseignement du français, l'autre dans celui des mathématiques

Toute partie du programme peut par conséquent faire l'objet de l'épreuve : langage oral, langage écrit, lecture, écriture, étude de la langue… en français ; géométrie, résolution de problèmes, grandeurs et mesures… en mathématiques.

5. En appui de chaque sujet, un dossier est fourni par le jury comportant au plus 4 documents de nature variée : supports pédagogiques, extraits de manuels scolaires, traces écrites d'élèves, extraits de programmes...

Pour vous aider dans votre travail, vous allez disposer d'outils professionnels et/ou institutionnels. Si l'on analyse la formulation, il apparaît que ces 4 documents (ou moins) ne relèvent pas tous de la même catégorie. Le texte de cadrage en liste un certain nombre de manière non exhaustive. Il peut s'agir de pages de manuels scolaires (par exemple, deux pages portant sur le même sujet) ; par supports pédagogiques, on peut penser à une séquence incomplète où on demanderait au candidat d'élaborer une séance qui pourrait s'insérer dans la séquence à terminer. Par traces écrites d'élèves, on entend texte dicté, spontané, tentatives d'écriture à l'école maternelle dans le domaine du français par exemple. Le jury n'exclut pas de proposer au candidat des extraits des programmes.

6. Le candidat présente successivement au jury les composantes pédagogiques et didactiques de chaque leçon et de son déroulement

Ceci sous-entend que le candidat prépare un exposé lui permettant de présenter sa séance en se montrant capable de justifier les choix effectués.

7. Le jury interroge le candidat

À partir de votre exposé, le jury va vous inviter à justifier vos choix. Il va chercher à estimer dans quelle mesure vous vous êtes emparé de la situation proposée sans calquer une démarche, mais bien en vous l'appropriant. Il se donne toute latitude pour vérifier à nouveau vos savoirs disciplinaires, didactiques et pédagogiques. Vous devez permettre au jury, par la qualité de vos réponses, de vous imaginer assurer la responsabilité d'une classe à la rentrée suivante.
La mobilisation de savoirs disciplinaires et didactiques est indispensable pour réussir cette épreuve, tout autant que l'appui sur les connaissances acquises dans le domaine des théories de l'apprentissage ainsi que du développement de l'enfant.

Planning de révisions

Périodes	Thèmes à étudier			Nos outils
Période 1 Septembre à novembre	**Des savoirs pour enseigner** – Notions incontournables – Définitions			
	Français	**Nos outils**	**Mathématiques**	**Nos outils**
Période 2 Décembre à mi-janvier	– L'oral du cycle 1 au cycle 3 – Lire du cycle 1 au cycle 3	p. 270 p. 280	– L'école maternelle – La numération – Les décimaux	p. 324 p. 329 p. 332
Période 3 Mi-janvier à février	– Écrire du cycle 1 au cycle 3	p. 296	– Les champs additif et soustractif – Le champ multiplicatif et la division – La proportionnalité – Les grandeurs et mesures	p. 340 p. 346 p. 361 p. 368
Période 4 Mars à avril	– Comprendre le fonctionnement de la langue du cycle 1 au cycle 3	p. 309	– Les éléments de base de la géométrie plane et les figures usuelles – Les quadrillages et transformations – Les solides – La résolution de problème	p. 375 p. 380 p. 383 p. 386
Période 5 Mai à début juin	**Révisions générales**			

Méthodologie

1. Des savoirs pour enseigner

1 Notions incontournables

A. Distinction séance et séquence

■ Une **séquence pédagogique** est un ensemble de séances ayant pour objectif de développer des compétences nouvelles chez les élèves. Une séquence peut être de durée et d'organisation variables.

■ Une **séance** est une phase au sein de cette séquence, elle représente un temps d'apprentissage sous-tendu par un objectif de développement de compétences précis. Les séances doivent s'articuler entre elles.

B. Distinction didactique et pédagogie

La pédagogie et la didactique sont deux notions qui, utilisées mal à propos, sont à l'origine de confusions. Ces deux notions sont essentielles, aussi est-il nécessaire de les définir.

■ **La didactique.** On parle de didactique des disciplines et de transposition didactique. C'est la théorie des méthodes de l'enseignement.
La didactique se propose de penser les savoirs, et la transposition didactique de penser leur transmission, leur transfert (c'est-à-dire leur passage du statut de savoirs universitaires ou savoirs savants à celui de savoirs à enseigner) et de réfléchir à cette transmission.
La didactique est antérieure à la pédagogie, dans le sens où le contenu d'une matière existe avant son enseignement.
Chaque discipline a sa propre logique, sa cohérence, sa propre didactique.
Par exemple, on peut enseigner la multiplication avant la soustraction : d'abord parce que la notion de soustraction semble plus difficile d'accès (beaucoup plus abstraite) et ensuite parce qu'elle n'aurait pas de lien logique direct avec l'addition, contrairement à la multiplication qui, d'une part, serait une notion facile (le terme « fois » est acquis très tôt dans le langage de l'enfant), et d'autre part est une suite logique de l'addition ($3 + 3 + 3 + 3$, c'est 4×3).
Il ne faut toutefois pas limiter la didactique à l'étude des contenus.
Elle porte sur le contenu et s'appuie sur la manière de transmettre la connaissance.

■ **La pédagogie.** On peut entendre par cette notion les aspects relationnels de l'acte éducatif.
Depuis le début des années soixante-dix, elle est considérée comme une ingénierie de la conduite de classe. En quelque sorte, c'est un savoir-faire propre à l'enseignant,

dans sa relation avec les élèves. C'est la forme, modelable, que revêt l'enseignement dispensé. Un enseignant est un expert des apprentissages qui doit maîtriser les méthodes, courants et savoirs pour enseigner.
Dans l'enseignement primaire, un seul maître marque de sa pédagogie tous ces enseignements, et sa démarche est assez souvent identique, que ce soit en français, en mathématiques, en histoire, en sciences, etc. Dans le second degré, les élèves peuvent être confrontés à autant de pédagogies que de professeurs ou presque.
Finalement, la didactique a besoin de la pédagogie car il ne suffit pas d'être « savant » pour être un enseignant efficace.
Mais la pédagogie a besoin en retour de la didactique, car il ne suffit pas de savoir transmettre des connaissances, encore faut-il les maîtriser.

C. Zoom sur méthodes, démarches, courants et savoirs

Un enseignant conçoit ses séances d'apprentissage selon une certaine démarche pédagogique, en prenant appui sur sa connaissance des différents courants pédagogiques et du développement de l'enfant, pour prendre en compte les réactions des élèves et leurs représentations. Cette démarche dépendra également de la façon dont il envisage son rôle : transmetteur, passeur, médiateur ?
Pour concevoir une séance, l'enseignant doit maîtriser les concepts de démarches, courants et méthodes pédagogiques. Il doit également bien définir les savoirs qu'il cherche à développer chez les élèves.

a. Trois démarches

■ **La démarche déductive** : on fait observer des faits qui amènent à des généralisations, des principes, des règles, des lois, des propositions ou des théories pour aboutir à des applications précises. Un enseignant qui adopte ce type de démarche cherche à développer chez l'élève un raisonnement logique. C'est une approche active.

■ **La démarche inductive** : l'élève est également acteur, mais on souhaite ici qu'il construise son savoir, qu'il s'apprenne en quelque sorte. Cette démarche (déjà décrite par Montaigne au XVIe siècle) envisage l'apprentissage comme un processus d'acquisitions de connaissances au sens large (donc de savoir-faire). L'apprentissage se fait par l'interaction entre le sujet qui apprend et l'objet de l'apprentissage. Le sujet apprend en agissant sur le monde, en s'adaptant à son milieu.
Dans la démarche inductive, on amène l'élève à analyser l'information ou les données et à faire des hypothèses, à découvrir des phénomènes, à remettre en cause ce qu'il pense et à en tirer une conclusion. La démarche inductive prend appui sur des exemples pour permettre à l'élève une généralisation. L'erreur y joue une grande place. On pourrait dire que, dans cette démarche, l'apprentissage passe par l'erreur. Le rôle du professeur consiste à proposer un environnement structuré et riche pour que l'élève découvre par lui-même les contradictions qu'il est prêt à affronter en inventant de nouvelles structures intellectuelles.

■ **La démarche dialectique** : cette démarche consiste à mettre des connaissances en contradiction afin de mieux identifier chacune d'elles. Elle permet de gagner en regard critique, elle favorise la prise de recul par rapport aux premières impressions, aux idées que l'on pourrait qualifier d'intuitives voire de contre-intuitives. Ces démarches ne sont pas exclusives les unes par rapport aux autres ; un enseignant peut avoir recours à telle ou telle démarche au sein d'une même séquence, voire d'une même séance.

b. Les méthodes et les courants

FOCUS — **Quelques définitions**

■ **Méthode** : une méthode se caractérise par des principes, une démarche, des techniques, des outils. Elle relève d'un cadre explicatif de l'apprentissage.
■ **Courant** : un courant est un regroupement d'éléments collectés, issus de l'expérience et de la recherche, qui fournit un cadre explicatif de l'apprentissage.

■ **Cinq méthodes**

La méthode magistrale : le sens donné à magistrale est ici le même que lorsque l'on fait référence à un cours magistral. On expose les savoirs à maîtriser : il peut s'agir de notions à connaître, de règles à apprendre ; les exercices sont fonctionnels, techniques, d'application et l'élève n'est pas amené à construire son savoir. Il est considéré comme un réceptacle. L'évaluation est sommative, c'est-à-dire qu'elle vise à vérifier le degré d'acquisition finale des savoirs transmis. On ne prend pas en compte par une évaluation de départ – dite diagnostique – ce que l'élève peut déjà connaître du sujet traité, de la notion, du concept abordé. On ne se préoccupe pas non plus des représentations qui pourraient être les siennes sur l'objet d'apprentissage retenu.

La méthode de découverte : l'enseignant crée une sorte de scénario pédagogique. Il laisse une grande liberté de manœuvre afin que l'élève s'interroge, commette des erreurs, fasse des tentatives. La mise en place de situations-problèmes est privilégiée.

La méthode analogique : elle permet à l'élève de comprendre quelque chose en lui permettant dans un nouveau contexte de faire référence à une situation déjà rencontrée. On travaille par comparaison, par reconnaissance d'une famille de situations.

La méthode démonstrative : l'enseignant montre, fait faire, fait formuler afin de permettre à l'élève d'accéder aux savoirs.

La méthode interrogative : proche de la maïeutique, elle permet à l'élève d'accéder à des savoirs par le biais de questionnements adaptés sur des connaissances déjà acquises.

■ **Cinq courants pédagogiques**

Le courant transmissif : l'élève est considéré comme vierge de tout savoir ; l'enseignant joue le rôle de transmetteur, il explique, montre et demande à l'élève de comprendre.

Le courant cognitif : l'apprentissage est envisagé comme un processus dynamique de construction des savoirs, une réorganisation continue des connaissances. C'est une approche active et constructive.
Le courant behavioriste : l'apprentissage est considéré comme une modification du comportement consécutive à des récompenses. On apprend par entraînements.
Le courant constructiviste : l'apprentissage se fait par l'interaction entre celui qui apprend et l'objet d'apprentissage. L'erreur est inhérente, fait totalement partie du processus d'apprentissage. Il s'agit d'une forme active d'apprentissage.
Le courant socio-constructiviste : comme le constructivisme, il s'agit d'aider l'élève à construire le savoir, cette fois-ci en envisageant la dimension sociale des apprentissages. Non seulement l'élève s'apprend en quelque sorte, mais il apprend au sein d'une communauté, la classe en l'occurrence, et cette communauté va l'aider à construire son savoir par comparaisons, oppositions, débats…

c. Les types de savoirs recherchés

On en dénombre ordinairement six :
– les savoirs théoriques : c'est savoir comprendre et interpréter les connaissances ;
– les savoirs procéduraux : c'est savoir comment procéder ;
– les savoir-faire procéduraux : c'est savoir procéder ;
– les savoir-faire expérientiels : c'est savoir y faire. Ils sont issus des habitudes, liés à l'expérience et à la répétition ;
– les savoir-faire sociaux : ils concernent les savoirs comportementaux, par exemple savoir communiquer ;
– les savoirs cognitifs : c'est savoir raisonner, apprendre, s'organiser.

Construire une séance d'apprentissage, c'est en quelque sorte planifier. C'est produire une description de la manière dont on va s'y prendre pour faire apprendre les savoirs scolaires à l'élève. C'est établir un plan d'action pour éviter les improvisations, le hasard. C'est agencer les tâches de l'élève, de l'enseignant, retenir des ressources, décider des manières de faire. Dans le plan d'action, on doit voir le visible – chronologie d'étapes, des ressources, des tâches – et l'invisible de la pratique enseignante : description du parcours d'apprentissage et du parcours d'enseignement associé.
À l'issue de la présentation succincte de ces notions, il importe d'insister sur le fait qu'aucune de ces démarches n'est souveraine : une « bonne » démarche est une démarche adaptée au moment d'apprentissage concerné.

2 Quelques définitions complémentaires

Dialectique outil/objet

Un concept est un outil lorsqu'il est utilisé pour résoudre un problème. La connaissance d'un outil est un savoir-faire.
Après décontextualisation, une fois formulé de façon la plus générale possible, le concept prend place dans un ensemble de connaissances et il acquiert alors le statut d'objet de savoir.

EXEMPLE : la multiplication, lorsque les élèves la découvrent, permet de résoudre un certain nombre de problèmes qui leur sont posés. Elle constitue alors un outil qui sera ensuite utilisé dans d'autres contextes et deviendra une connaissance.

Erreur

L'erreur est un indicateur qui doit permettre d'évaluer l'état de connaissance qu'a l'élève d'une notion. Elle ne doit pas être niée mais analysée pour permettre à l'élève de la surmonter. L'origine de l'erreur peut être très diverse. Elle peut provenir de limitations liées à l'âge de l'enfant, elle peut être due à des limitations des capacités de mémorisation, elle peut aussi provenir des représentations que se fait l'élève de la situation.

EXEMPLE :

4,3 + 5,8 = 9,11

Dans cette erreur classique, c'est la représentation d'un décimal comme couple d'entiers qui engendre un tel résultat.

Évaluation

L'évaluation a deux fonctions. Avant de démarrer une activité, elle permet de vérifier que l'élève dispose bien des prérequis nécessaires pour entrer dans le problème posé. On parle alors d'évaluation diagnostique. Après une activité, elle permet de vérifier que l'élève s'est bien approprié les connaissances visées. Il s'agit cette fois d'évaluation finale.

Formulation

Les élèves formulent leurs réponses et les remarques qu'ils peuvent faire à partir des réponses déjà proposées. Cette phase de mise en commun collective, où les élèves présentent leurs différents travaux et expliquent comment ils ont procédé, permet de recueillir toutes les réponses, les « justes » comme les « fausses ».

Obstacle

Il s'agit de difficultés qui sont à l'origine d'erreurs reproductibles et persistantes.
Elles peuvent être d'origine épistémologique (c'est-à-dire liées à la connaissance visée et dont on peut trouver la trace dans l'histoire du concept), d'origine ontogénique (c'est-à-dire provenant des limitations d'un sujet à une étape donnée de son développement), d'origine didactique (c'est-à-dire résultant des pratiques d'enseignement durant les classes antérieures), d'origine psychologique (c'est-à-dire dues à des contradictions avec des représentations que se fait l'élève).

Procédure

On parlera de procédure mise en œuvre par un élève dans un problème pour qualifier la méthode utilisée pour trouver la solution à ce problème.

Savoir savant, savoir à enseigner, savoir enseigné

Le savoir savant est constitué par l'ensemble des connaissances mathématiques. Il va servir de base à l'élaboration des programmes d'enseignement.
Le savoir à enseigner est fourni par les programmes officiels.
Le savoir enseigné est celui que les enseignants dispensent en classe à partir des programmes officiels.
Le passage entre ces différents savoirs constitue la transposition didactique.

EXEMPLE : C'est la théorie des fonctions linéaires d'une variable réelle à valeurs réelles qui sert de base à la proportionnalité enseignée au cycle III.

Situation

Une situation est caractérisée par l'ensemble des circonstances où est placé l'élève. Une situation didactique est une situation où l'enseignant qui a mis en place la situation vise à enseigner un savoir donné.
Une situation a-didactique est une situation dans laquelle l'intention de l'enseignant n'est pas explicite, la charge de l'élève est alors plus lourde.
Une situation d'apprentissage est une situation qui permet à un élève de passer d'un état de connaissance à un autre état de connaissance.

Situation-problème

Ce mot a été utilisé à une certaine époque dans les instructions officielles ; il y désignait toute situation dans laquelle des questions étaient posées ou qui pouvait amener à se poser des questions.
Actuellement, il s'agit d'une situation fabriquée dans le but de faire acquérir une connaissance précise aux élèves. Le problème posé doit avoir du sens pour l'élève qui doit pouvoir envisager ce qu'est une réponse possible. La situation doit permettre aux élèves de décider eux-mêmes si une solution trouvée est convenable ou pas. Mais leurs connaissances peuvent se révéler insuffisantes pour résoudre immédiatement le problème posé. L'élève est ainsi confronté à un obstacle.

Surcharge cognitive

La mémoire de travail de l'élève étant limitée, s'il a trop d'informations à stocker, il se produit le phénomène de surcharge cognitive. L'élève ne tient alors pas compte de certaines données de la situation. Il peut aussi oublier le but de son calcul et produire un résultat sans rapport avec la question qui lui a été posée.

Théorème en acte ou théorème élève

Un théorème en acte est un résultat qu'un élève applique hors de son domaine de validité.
On peut dire qu'un théorème en acte est une règle d'action utilisée par les élèves et compatible avec la conception qu'ils se font d'une connaissance. Il est vérifié dans un certain domaine seulement.

EXEMPLE : Quand deux entiers naturels sont écrits en chiffres, celui qui s'écrit avec le plus de chiffres est le plus grand. Cette règle que les élèves appliquent parfois aux nombres décimaux engendre des réponses erronées. L'élève applique la règle en dehors de son domaine de validité.

Transposition didactique

Il s'agit de l'ensemble des transformations que subit un savoir savant afin d'être enseigné. Il ne suffit pas d'avoir des connaissances sur un sujet pour pouvoir l'enseigner correctement, sauf à vouloir l'enseigner par imitation comme dans l'enseignement traditionnel.

On a le schéma suivant :

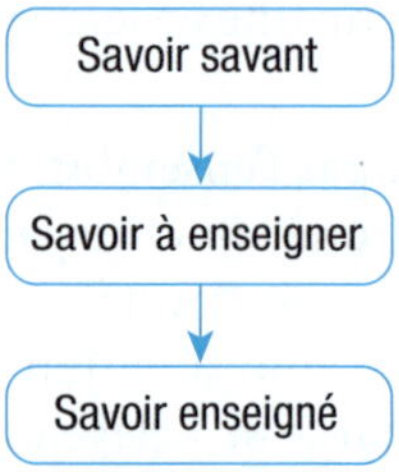

Validation

Il existe plusieurs modes de validation. Celle-ci peut être externe, c'est l'enseignant qui dit si la réponse fournie est exacte ou bien il met à la disposition de l'élève la réponse exacte, à charge pour celui-ci de vérifier la justesse de son travail.
En géométrie, lors de la réalisation d'une figure, on peut fournir la figure exacte sur un transparent à plaquer sur la production de l'élève.
La validation peut être interne à la situation, c'est l'obtention de la réponse vérifiant les conditions posées dans l'énoncé qui permet à l'élève de savoir si sa réponse est juste. Cette méthode n'assure pas cependant l'unicité de la réponse en cas de solutions multiples.
Dans une recherche de patrons de solides par exemple, ce sont le découpage puis le montage du solide qui permettent à l'élève, de façon autonome, de s'assurer que sa production est bien une réponse au problème posé.
Lors de la phase de validation, les élèves donnent leurs opinions sur les différents travaux puis, avec l'aide du maître, se mettent d'accord pour savoir si les différentes solutions conviennent ou pas.

Variable didactique

C'est un élément de la situation qui peut être modifié par l'enseignant, il affecte les stratégies de résolution par le coût, la validité, la complexité, etc.
Les principales variables didactiques sont :
– dans le domaine numérique : la taille des nombres, le type de nombre (entier, décimal, rationnel, etc.) ;
– dans le domaine géométrique : l'orientation de la figure, l'orientation des droites, le support utilisé pour tracer les figures.

Pour en savoir plus

Joël Briand, « Glossaire de la didactique », document pour la formation des professeurs des écoles en didactique des mathématiques, actes du stage de Cahors, IREM de Paris VII, 1991.
Guy Brousseau, « Le contrat didactique : le milieu », RDM, vol. 9/3, 1990.
Régine Douady, « Jeux de cadres et dialectique outil-objet », RDM, volume 7.2, 1986, La Pensée Sauvage.
Documents pour la formation des professeurs des écoles en didactique des mathématiques, COPIRELEM.

2. Concevoir et animer une séance d'apprentissage

Une séance d'apprentissage n'est jamais isolée, elle prend place dans une temporalité périodique. L'année scolaire se divisant en périodes, il sera utile de préciser au sein de quelle période vous envisagez la place de la séquence et par conséquent de la séance. Ceci vous amènera à convoquer les notions de programmation et de progression.

FOCUS — **Quelques définitions**

- **Projet :** c'est le but que l'on se propose d'atteindre en fin de séquence d'apprentissage (elle-même constituée de plusieurs séances). Il s'agit souvent d'une production au sens large du terme qui articule cohérence des activités et sens des apprentissages. C'est pourquoi, à l'école, on entend fréquemment parler de pédagogie de projet.
- **Progression :** on pourrait simplifier en disant qu'il s'agit d'une suite ordonnée de notions de difficulté croissante. On parle fréquemment à l'école de progression spiralaire, ce qui signifie que les notions déjà abordées ne manquent pas d'être régulièrement revisitées afin d'en permettre un ancrage plus assuré.
- **Programmation :** c'est une planification des activités dans le temps, dans le cadre du calendrier scolaire, qui concerne l'ensemble des domaines disciplinaires.

1 Les invariants d'une séance d'apprentissage

Afin de permettre aux élèves de développer des compétences, un enseignant doit leur permettre de suivre un processus, un chemin d'apprentissage. C'est la connaissance de l'élaboration de ce processus qui fait qu'une séance sera plus ou moins efficiente. Outre la connaissance formelle, c'est l'appropriation professionnelle de cette forme qui est déterminante. Pour procéder à la conception d'une séance, l'enseignant prend appui sur un certain nombre d'invariants. Il peut être judicieux de préciser d'emblée que tous les éléments qui vont être présentés ci-après ne seront pas nécessairement présents au sein de votre séance *stricto sensu*, vous pouvez judicieusement préférer réserver certains temps dans une séance à suivre. Si vous opériez ce choix, prenez la précaution de l'expliquer et surtout de le justifier auprès du jury.

Par ailleurs, il est important de bien penser à articuler les différents temps de la séance entre eux.

Plus le tissage entre les différents moments est apparent aux yeux des élèves grâce à un recours à un enseignement explicite, plus sûre sera la solidité des apprentissages.

2 Quelques concepts à avoir en tête pour penser sa séance

A. Avoir recours à un enseignement explicite

Qu'entend-on par enseigner explicitement ? Expliciter n'est pas simplement expliquer, c'est aussi permettre aux élèves d'avoir accès à des processus cognitifs et méta-cognitifs. Enseigner explicitement favorise l'accès à la compréhension de ce qui se joue dans les tâches scolaires, contribue à lever ce que l'on nomme les malentendus socio-cognitifs. C'est ce qui va permettre, entre autres, de mener une phase d'institutionnalisation efficace. Institutionnaliser un savoir devient plus aisé quand, tout au long de la séance, maître et élèves ont été au clair sur l'objectif d'apprentissage poursuivi.

B. Penser au sens des activités

Pour permettre aux élèves d'entrer dans les apprentissages, il est important de leur proposer des tâches qui font sens. Un élève qui comprend pourquoi il est en classe, pourquoi il réalise ce qu'il est en train de faire, à quoi cela va lui servir, a bien plus de chances de réussite scolaire et d'insertion citoyenne et professionnelle qu'un élève pour qui l'école est perçue comme opaque, peu signifiante voire incompréhensible. C'est un élève chez qui la motivation intrinsèque l'emportera très massivement sur une simple motivation extrinsèque liée à la note, au degré de satisfaction de l'enseignant ou du parent.

3 Les différents temps d'une séance

A. La phase d'appropriation

« *Toute leçon doit être une réponse à une question* » John Dewey.

Cette phase de mise en route de la séance (aussi appelée phase de dévolution) se donne comme objectif de permettre aux élèves d'entrer dans la situation proposée. Elle cherche également à obtenir l'engagement des élèves dans les apprentissages et leur persévérance. Ce premier temps joue donc un rôle déterminant dans la réussite de la séance. Il vise à solliciter l'attention, la motivation des élèves. Il peut consister en la réactivation de connaissances antérieures (le tissage), la proposition d'un problème à résoudre, le recueil de représentations des élèves sur un sujet, une question… Il peut s'appuyer sur une évaluation diagnostique ou sommative antérieure qui a pu permettre d'établir un constat de besoins de formation. Les élèves doivent percevoir que leurs connaissances sont insuffisantes pour résoudre la question posée. Dans le même temps, il est nécessaire de demeurer dans la zone proximale de développement de l'élève telle qu'élaborée par le psychologue Lev Vygotski.

Ce temps inaugural a tout intérêt à être clair et à faire sens. Il est déterminant pour la conduite de la suite de la séance.

C'est lors de cette première phase que vous allez devoir précisément envisager la formulation des premières consignes de travail.

FOCUS Les consignes

Comment s'assurer qu'une consigne est efficace et qu'elle engage les élèves dans l'activité ?
Une « bonne » consigne est une consigne qui va engager les élèves dans l'activité. Elle est assez courte, claire et ne devrait pas comporter de part d'implicite. Elle gagne à être émise par la voie orale, mais aussi écrite au tableau par exemple. Il est fréquent que l'enseignant demande aux élèves de la reformuler afin d'en vérifier la compréhension.
Efforcez-vous de donner des exemples de consignes lors de votre exposé afin de montrer au jury que vous en maîtrisez les enjeux.

B. La phase de mise en recherche

Durant cette phase, individuellement et/ou en groupes, les élèves vont chercher à résoudre le problème posé, à dépasser l'obstacle que l'enseignant a construit à leur intention pour favoriser leurs apprentissages.
On peut considérer qu'apprendre, c'est modifier une connaissance en réalisant une tâche. Durant cette phase de mise en recherche, les élèves vont devoir développer des procédures, choisir des stratégies, tester, essayer, revenir en arrière, commettre des erreurs, estimer la pertinence de leurs choix. Ceci peut s'opérer individuellement et/ou collectivement. À vous de justifier vos choix auprès du jury.

FOCUS Distinguer tâche et activité

Ce n'est pas parce que les élèves font quelque chose qu'il y a apprentissage. Chez certains élèves, la tâche et/ou l'habillage de la tâche empêche même d'accéder à l'apprentissage véritable, elle fait écran. Ils se concentrent sur ce qu'ils ont à faire et non sur ce qu'ils apprennent. On pourrait simplifier en disant qu'une tâche est ce que l'élève a à faire tandis que l'activité relève d'une activité intellectuelle ; on pourrait parler d'activité cognitive de l'élève.
Attention à ne pas faire de raccourci erroné !
Rendre l'élève acteur de ses apprentissages, ce n'est pas lui faire faire quelque chose, c'est lui permettre de développer une réelle activité mentale.

Au sein de cette phase de la séance, l'enseignant veille à définir des dispositifs de régulation, autrement dit à prévoir des variantes au plan d'action en anticipant difficultés et facilités des élèves. Lors de votre exposé, indiquez par exemple : « Dans le cas où …, j'aurai pris la précaution de ... ». Vous trouverez des exemples dans les fiches de préparation proposées dans l'encadré entraînement un peu plus loin.
Nous sommes là dans l'anticipation de la séance. Si vous effectuez des stages lors de votre formation, vous pourrez engranger des exemples qui vous seront fort utiles pour penser et présenter vos séances.
Cette phase de recherche, qui prend appui sur un problème à résoudre, sur une situation à dépasser, doit être estimée en temps et vous devez veiller à ce que ce

temps soit le plus proche possible d'une réalité de classe. Pour estimer ce temps, appuyez-vous sur vos connaissances du développement de l'enfant et veillez à adapter la tâche à l'âge des élèves et à leurs compétences. Là encore, votre pratique de stage peut grandement vous éclairer. Il est attendu du candidat qu'il se montre réaliste et au fait des capacités des élèves qui lui seront confiés.

Durant ce temps de recherche, l'enseignant se met en posture de retrait, d'accompagnement et d'observation afin de favoriser l'activité des élèves. Il doit veiller à ne pas l'entraver par des interventions incessantes.

CONSEIL DU FORMATEUR

Vous veillerez, au sein de la présentation de votre séance, à bien préciser rôle et place de l'enseignant au sein de chaque temps. Quelle posture prend-il ? Quelle place occupe-t-il ? Comment aide-t-il les élèves ? Quelles informations peut-il récupérer auprès des élèves ? Les interroge-t-il ? Leur demande-t-il d'expliciter leurs procédures ? De justifier leurs réponses ?...

Là encore, vous pouvez vous reporter utilement aux fiches de préparation proposées un peu plus loin dans l'encadré Entraînement.

CONSEIL DU FORMATEUR

Pour aller plus loin sur les postures des enseignants et des élèves, nous vous invitons à prendre appui sur les travaux de recherche de Dominique Bucheton, professeure des universités en sciences du langage et de l'éducation :
http://www.cnesco.fr/wp-content/uploads/2017/03/170329_11_Bucheton.pdf
Ces travaux sont très éclairants pour anticiper sa pratique au sein de la classe. Ils permettent d'interroger le métier, les pratiques enseignantes et les postures des élèves.

C. La phase de mise en commun

Cette phase peut être différée dans le temps et réservée à une séance ultérieure. Dans le cadre du concours, il paraît bien sûr judicieux de la faire apparaître au sein de sa séance.

Ce temps permet aux élèves de présenter leurs résultats, mais surtout leurs procédures, les catégorisations élaborées, les difficultés rencontrées, dépassées ou non. Il s'agit non seulement de procéder une présentation, mais surtout à une réflexion collective fondée sur la confrontation. Cette phase doit permettre au plus grand nombre de s'exprimer, l'enseignant régulant les débats et aidant à la construction du savoir.

CONSEIL DU FORMATEUR

Si vous avez prévu de mettre les élèves en binômes ou en groupes de travail, évitez de proposer au jury un passage successif des différents groupes pour que tous participent. Dans les faits, ce type de dispositif se révèle assez peu efficace et entraîne redondance, perte de temps et risque d'inattention.
Une mise en commun efficace se doit d'être assez rythmée et ne pas s'éterniser.

NOTE DU FORMATEUR

Sur le travail collaboratif des élèves, vous pourrez vous référer aux travaux de Sylvain Connac par exemple. Ce chercheur interroge notamment les questions de tutorat, de mise en groupes des élèves…

D. La phase de structuration/institutionnalisation

Cette partie de séance vise à permettre aux élèves de procéder à une conceptualisation, à mettre les concepts dégagés en relation, à catégoriser, à créer de grandes catégories de savoirs, à construire des stéréotypes, à institutionnaliser le savoir.
C'est le moment où l'on va stabiliser le savoir, en garder trace. On va mettre en mots ce que l'on a appris. On va définir les contours de la connaissance nouvelle. On va fixer les savoirs, y compris si ce sont des savoirs intermédiaires. On ne vise pas nécessairement l'exhaustivité. Il est même judicieux de ne pas vouloir aller trop vite.
Cette phase nécessite de la part de l'enseignant de reprendre la main, d'adopter une posture de guide tout comme de garant des savoirs. Elle peut être le moment de l'élaboration d'une trace écrite : trace écrite de leçon dans un cahier, trace écrite collective affichée comme référent dans la classe, comme sous-main ou se trouvant dans des supports collaboratifs…

E. La phase d'entraînement

Il s'agit d'un moment d'application, de passage d'une connaissance explicite mise à jour à une connaissance rendue implicite par entraînement. Ceci permet d'acquérir de l'autonomie : on entraîne à comprendre, à agir.
L'entraînement peut prendre différentes formes : exercices, résolution de problèmes… De la même façon que le pianiste fait des gammes pour apprendre et que le sportif s'entraîne, l'élève, pour fixer un savoir, pour assurer une compétence, a besoin de la solliciter régulièrement afin de la rendre pérenne.

F. La phase d'évaluation

Il s'agit maintenant de prendre des informations sur le degré d'atteinte des compétences des élèves. On évalue le degré de maîtrise de la compétence et des connaissances associées. Ceci sert à l'enseignant pour réguler son enseignement, envisager la suite du travail. Vous devez veiller à concevoir des modalités évaluatives qui soient en correspondance avec ce qui a été véritablement enseigné. Il arrive parfois que la forme de l'évaluation, voire son contenu ne paraisse pas en cohérence avec le travail réalisé lors de la séance.

Évaluer, c'est abord prendre des informations sur ce que savent les élèves. On ne peut le faire qu'en ne les piégeant pas, même involontairement.

G. La phase de transfert

On peut également parler de temps de réinvestissement dans lequel l'enseignant cherche à vérifier que l'élève parvient à mobiliser ses nouvelles compétences et les savoirs associés dans un autre contexte. Il peut le faire dans un temps éloigné du temps de l'apprentissage en lui-même. Il peut aussi le faire à plusieurs reprises, dans le cadre de ce que l'on nomme une progression spiralaire qui demande aux élèves de reconvoquer régulièrement les savoirs et compétences.

Une fiche de préparation comprend un certain nombre d'incontournables. Ces éléments ne sont pas de pure forme, ils aident l'enseignant à penser sa conception et la mise en œuvre de sa préparation.

Ils lui permettent de s'insérer dans un cadre : les programmes, les compétences du socle commun de connaissances, de compétences et de culture. Ils rendent plus concrets en quelque sorte les durées envisagées, le matériel à préparer, les temps de travail, la place de l'enseignant, les consignes à fournir... Ils aident également à anticiper la nécessaire prise en compte de l'hétérogénéité des élèves au sein de la classe.

FOCUS

Différencier

Différencier, c'est prendre en compte les besoins différents des élèves. Ce n'est pas individualiser les enseignements, mais bien envisager des chemins d'apprentissage divers en fonction des élèves.

On peut ainsi jouer sur les modalités : donner des tâches similaires ou différentes, faire varier des degrés d'étayage, autrement dit d'aide et de soutien des élèves (en pensant toujours à leur inscription dans une temporalité : on peut étayer avant, pendant ou encore après l'apprentissage), organiser des groupements variés (collectif en classe entière, sous-groupes), jouer sur la durée, les supports...

CONSEIL DU FORMATEUR

Présenter une séance à un jury sans évoquer clairement les **besoins différents des élèves** et l'adaptation des tâches en fonction de ces besoins serait commettre une véritable erreur professionnelle. Bien évidemment, pas question de procéder par pédagogie fiction, mais plus certainement penser en termes de : « si certains élèves étaient en difficulté sur ... », « afin d'anticiper d'éventuels obstacles, je choisirais de ... », etc. Si vous n'en parlez pas dans votre exposé, le jury saura vous interroger sur cette dimension incontournable du métier lors des deux temps d'entretien.

Entraînement

Nous vous proposons de vous entraîner à l'aide des deux fiches de préparation suivantes. Elles ont été conçues et rédigées par Florence Macke, enseignante maître-formatrice dans l'académie de Lille. Elle les a bien évidemment mises en œuvre dans ses classes.

Retrouvez au sein de ces documents de travail les invariants de la conduite d'une séance d'apprentissage et analysez tous les éléments qui peuvent vous permettre d'entrer dans la compréhension plus fine de la conception d'une séance.

Vous pourrez revenir sur ces deux documents à l'issue de votre lecture de cette partie consacrée à l'épreuve de leçon afin de vous appuyer sur de nouveaux éléments d'analyse.

Fiche 1. Faire parler un personnage

Domaine d'apprentissage : Français (domaine des socles : 1)			
Objectif principal	Présenter un dialogue dans un récit : cycle 3		Distinguer les marques du dialogue dans un récit : cycle 2
Compétences du socle	Domaine 1, items 2 et 3		
Compétences principales	**Cycle 2 :** produire des écrits en commençant à s'approprier une démarche (identification des indices de l'énonciation) **Cycle 3 :** produire des écrits variés (production d'un dialogue rapporté dans un récit, connaissance sur la langue, organisation du discours)		
N° de la séance et durée	Séance n° 3 dans la séquence 45 minutes		
Matériel à préparer	Ordinateurs avec le texte à travailler ; textes ; texte du chapitre 3 du *Journal d'un chat assassin* pour CE2		
Organisation de la classe	En groupe de 2 élèves pour les CM1/CM2 ; un autre groupe avec les élèves à besoins particuliers et les CE2.		

Temps	Compétences travaillées	Activité de l'enseignant	Activités et réponses attendues des élèves
5 min	• Langage oral : se remémorer et prendre la parole	**1. Réactivation** Qui peut rappeler ce sur quoi nous travaillons en ce moment avec des ces affiches et pourquoi ?	Nous avons trouvé des verbes introducteurs dans ce texte. Nous avons vu comment faire parler des personnages dans un texte. Nous allons écrire un dialogue et faire parler des personnages.
5 min	• Lire silencieusement	**2. Mise en activité** CE2 + Benjamin et Gwendoline : Je vais vous donner le début d'un texte que vous connaissez Le journal d'un chat assassin et vous allez le relire silencieusement. Préparez vos crayons de couleurs.	Lecture silencieuse individuelle
20 min	• Prélever les marques de l'énonciation du discours rapporté	Pendant ce temps, donner la consigne aux autres élèves. Distribuer les textes aux binômes et dire « lisez le texte et présentez-le pour qu'il soit plus facile à lire, pour que l'on voie bien les paroles des personnages en le lisant. Attention, vous ne devez rien supprimer, vous pouvez juste ajouter des signes de ponctuation comme « : », des tirets et des retours à la ligne (aller à la ligne). (À écrire au tableau) Demander à un CM1 de réexpliquer la consigne. Aller voir Timothée et lui réexpliquer (présence du maître avec ce groupe). Les élèves se mettent en activité en groupe. (L'enseignant se positionne à un groupe puis tourne pour repérer les difficultés).	Écoute de la consigne Reformulation Les élèves en groupe décident des modifications à apporter pour bien présenter le texte.

		Groupe avec les CE2 + Benjamin et Gwendoline (avec EVS) Dire : Vous allez tout d'abord vous entraîner à retrouver les dialogues et ce que dit le narrateur (rappeler que c'est Tuffy le chat) puis m'écrirez sur votre ardoise ce que vous avez remarqué, comment a fait l'auteur pour faire parler ses personnages. Écrire au tableau : surlignez en rouge ce que dit le narrateur (Tuffy), en vert ce que dit Ellie, en jaune ce que dit le père et en bleu ce que dit la mère. Début de l'activité (écrire la consigne au tableau).	Les élèves soulignent d'une couleur différente ce que disent les personnages et ce que dit le narrateur.
15 min	• Avoir une analyse critique, argumenter	**3. Mise en commun et explicitation au TBI** On fera passer quelques élèves au TBI pour expliquer comment ils ont placé leur ponctuation. Convenir que les guillemets ne sont pas toujours présents (ex : *Le journal du chat assassin*). On mettra en rouge la ponctuation (« : » et tirets), on entourera les verbes introducteurs et on indiquera les retours à la ligne par une flèche. Repérer les verbes introducteurs grâce au 1er catalogue effectué dans la séance précédente.	Des élèves vont au tableau et indiquent ce qu'il faut faire au texte (place des « : » après le verbe introducteur) et le retour à la ligne.
	• Écrire pour mieux apprendre	Enregistrer la page sur le TBI et mettre un titre (Comment présenter un dialogue). Demander à quelques élèves ce que nous avons appris aujourd'hui. On attendra une réponse du type : pour rendre un texte facile à lire et compréhensible, il faut un verbe introducteur de parole, suivi de « : » et faire un retour à la ligne, suivi du tiret. Ramasser le travail des élèves en lecture pour correction et leur demander de travailler sur le petit texte pour commencer à le mettre en forme.	Les élèves écrivent leur synthèse sur leur cahier de brouillon.

Fiche 2. Proportionnalité

Domaine d'apprentissage : Mathématiques	
Objectif principal	Utiliser le passage à l'unité pour résoudre un problème de proportionnalité
Compétences du socle	Domaines 2, 4
Compétences principales	Reconnaître et résoudre une situation de proportionnalité en utilisant une procédure adaptée Utiliser les propriétés de linéarité additive, multiplicative Utiliser les propriétés de passage à l'unité Expliquer sa démarche en argumentant
N° de la séance et durée	Séance n° 3 dans la séquence 50 minutes
Matériel à préparer	Problèmes photocopiés ; TDI ; calculatrices ; monnaie ; papier ; affiches réalisées en classe sur la proportionnalité
Organisation de la classe	Individuel et tutorat

Temps	Compétences travaillées	Activité de l'enseignant	Activités et réponses attendues des élèves
5 min	• Être capable de s'exprimer à l'oral, réactiver ses savoirs	**1. Réactivation** Dernièrement, nous avons résolu des problèmes de proportionnalité. Qu'avons-nous appris ? Support des affiches : Problème de cuisine où il faut deux fois plus de quantités. Affiche où est écrite une situation de non-proportionnalité.	Nous avons appris que dans une situation de proportionnalité, on peut multiplier par un même nombre une valeur pour calculer plus rapidement. Nous avons vu qu'il existait des situations de proportionnalité et de non-proportionnalité.
	• Savoir lire silencieusement et comprendre	**2. Présentation de l'activité.** Aujourd'hui, nous allons résoudre un nouveau problème et utiliser une nouvelle procédure (le distribuer). **Lecture silencieuse puis magistrale.** *À la boulangerie, un client devant moi paye 8 € pour 4 bûchettes.* *– Je dois en acheter 10 pour les fêtes. Combien vais-je payer ?* *– Pour une réception, je dois en commander 125. Combien vais-je payer ?* Vous allez faire vos recherches individuellement dans votre cahier d'essai.	Lecture silencieuse individuelle. Reformulation.

20 min	• **Raisonner et calculer** Reconnaître et résoudre des problèmes de proportionnalité en utilisant une procédure adaptée	**3. Mise en activité** Le maître se positionne dès le début près des élèves en difficulté, puis se déplace pour répondre aux blocages et questions. Si besoin, il reformule la consigne. Il s'agit de mettre en confiance les plus fragiles, reformuler, étayer (matériel, support). La deuxième question induit le passage à l'unité. L'enseignant relève les procédures et choisit des procédures variées, des erreurs, pour la mise en commun. **Différenciation** : pour les élèves ayant fini, proposer l'exercice avec des valeurs différentes (nombres entiers et décimaux).	**Procédures attendues :** – Chercher le résultat pour 12 ou 8 bûchettes en utilisant la linéarité additive ou multiplicative (experte) déjà vue en classe. – Utiliser la propriété divisive de linéarité : retour à l'unité (procédure experte) *4 bûchettes → 8 €* *1 bûchette → 2 €* *125 bûchettes → 2 × 125 = 250 €* – Certains élèves calculeront de tête : leur demander d'expliquer leur procédure par un schéma, dessin ou calcul pour pouvoir l'expliquer à la classe. – Pas de mise en activité : visualiser la situation, leur distribuer de l'argent factice si nécessaire. 2,50 € → 1 bûchette 225 € → 90 bûchettes
15 min	• **Communiquer** Savoir expliquer sa démarche ou son raisonnement, comprendre les explications d'un autre et argumenter dans l'échange.	**4. Mise en commun : confrontation des démarches et stratégies** Recenser les procédures (passage à l'unité, linéarité additive et multiplicative), les supports (dessins, tableaux…), les erreurs. Demander à quelques élèves de venir expliquer leur démarche et l'écrire au TBI et ce qu'en pensent les autres élèves pour stimuler l'échange. Demander quelle est la procédure la plus rapide et la plus sûre et donner des exemples avec des valeurs différentes (57/25/280). L'enseignant mettra ainsi en exergue une nouvelle procédure et la nommera : le passage à l'unité.	Des élèves viennent présenter leurs supports et les procédures. Les procédures doivent être variées Chaque élève doit présenter sa démarche et argumenter.
10 min	• **Communiquer** Savoir expliquer sa démarche ou son raisonnement, comprendre les explications d'un autre et argumenter dans l'échange. • **Utiliser l'écrit pour comprendre et apprendre** : écrit de travail	**5. Élaborer une synthèse** Quelle nouvelle façon de résoudre un problème de proportionnalité avons-nous découverte aujourd'hui ? Demander aux élèves d'élaborer une trace écrite sur leur ardoise ou cahier. L'enseignant passe dans les rangs et reformule si nécessaire en fonction des productions. Le professeur élabore une trace écrite collective. D'abord en s'appuyant sur les propositions initialement repérées, puis avec l'aide de l'ensemble de la classe. On pourra attendre une synthèse de ce type : Pour résoudre un problème de proportionnalité, on doit parfois chercher le prix d'un seul objet et ensuite le multiplier pour trouver la solution. **Séance suivante :** Entraînement avec des exercices où le passage à l'unité est requis.	Les élèves écrivent ce qu'ils ont appris et expliquent l'intérêt de cette nouvelle procédure. Quelques élèves proposent leur trace écrite. Un élève vient compléter l'affiche élaborée avec les valeurs du problème du jour : 1 bûchette → 2 € (8 ÷ 4) 7 bûchettes → 2 × 7 = 14 €

Que retrouvons-nous dans ces deux préparations de séances ?

Outre les éléments liés à la didactique des disciplines, observons les gestes de conception de l'enseignante et comment ils se traduisent dans la réalité de la pratique quotidienne.

Aussi bien en français qu'en mathématiques, la fiche de préparation est suffisamment détaillée et organisée pour qu'on perçoive le chemin d'apprentissage élaboré par l'enseignante à destination de ses élèves. Les éléments que nous avons nommés les invariants d'une séance d'apprentissage sont bien présents. Dans la partie « activité de l'enseignant », on retrouve les différentes phases de la séance : « réactivation », « mise en activité et/ou présentation de l'activité », « mise en commun » et « élaboration de synthèse ».

Le domaine, l'objectif, les compétences du socle et des programmes sont explicitement présents.

Tout au long du déroulé de la fiche, l'enseignante prend la précaution d'indiquer précisément quelle compétence elle travaille au sein de chaque phase.

La place de la séance au sein de la séquence est indiquée dans les deux cas : il s'agit de la troisième de la séquence, par conséquent on est en plein cœur du développement des compétences des élèves, en plein cœur de la séquence.

La liste du matériel à préparer est précise. On sait de quoi précisément on va avoir besoin et pourquoi.

La durée totale de la séance est indiquée : 45 min en cycle 3 et 50 min en cycle 2/3. Chaque temps de la séance fait également l'objet d'une estimation temporelle.

Ces durées sont tout à fait adaptées à l'âge des enfants. Soyez attentif à cette donnée en cycle 2 mais évidemment encore plus en cycle 1. Comme nous le disions, savoir retenir des durées réalistes, c'est montrer au jury des compétences professionnelles déjà là.

En regard de la colonne indiquant l'activité du maître, l'enseignante décrit les activités des élèves et anticipe les réponses attendues. Par activité, elle entend à la fois tâches à accomplir, mais aussi activité cognitive : « nous avons appris à ... ».

Bien qu'expérimentée, la maîtresse prend la précaution de rédiger précisément ses consignes. Elle sait qu'une consigne imprécise peut vite mettre en péril une séance. Au sein de ses prises de parole, vous pouvez remarquer que dans les deux cas, l'enseignante attire judicieusement l'attention des élèves sur les apprentissages et non sur les tâches en recourant aux termes que nous soulignons :

« Qui peut rappeler ce sur quoi nous <u>travaillons</u> en ce moment avec ces affiches et pourquoi ? » « Dernièrement, nous avons résolu des problèmes de proportionnalité. Qu'avons-nous <u>appris</u> ? »

On retrouve ici la prise en compte de la diversité des élèves, y compris la place de l'inclusion au sein de la classe avec l'évocation (en français) de la place de Gwendoline, élève à besoin éducatif particulier qui bénéficie de la présence d'un accompagnateur.

La différenciation est explicite avec, par exemple, en mathématiques :

« Différenciation : pour les élèves ayant fini, proposer l'exercice avec des valeurs différentes (nombres entiers et décimaux). »

De même, lorsqu'il s'agit d'un cours double en français, l'enseignante pense à la répartition des élèves en fonction de leurs besoins, plaçant deux élèves de CM1 sur les activités des CE2.

La séance est rythmée, elle permet aux élèves d'alterner travail individuel, de groupe et collectif.

Vous pouvez vous attacher à analyser au sein de ces deux séances le ou les courants sur lesquels l'enseignante appuie sa pratique. On perçoit ici qu'elle passe par des phases constructivistes et socio-construtivistes. Les élèves sont mis en situation-problème à résoudre dans les deux cas, y compris en français : « lisez le texte et présentez-le pour qu'il soit plus facile à lire, pour que l'on voie bien les paroles des personnages en le lisant. Attention, vous ne devez rien supprimer, vous pouvez juste ajouter des signes de ponctuation comme « : », des tirets et des retours à la ligne (aller à la ligne). »

L'erreur est prise en compte comme inhérente à l'apprentissage : « L'enseignant relève les procédures et choisit des procédures variées, des erreurs, pour la mise en commun. » elle s'appuie sur les erreurs pour construire sa séance.

3. Préparer son exposé

1 Faire le point sur ses connaissances

Avant un premier survol rapide des documents fournis, il paraît indispensable de faire le point sur vos connaissances par rapport à la séance à construire.

Concernant la notion, que savez-vous ? Qu'avez-vous appris sur cet objet de connaissance ? Quels savoirs disciplinaires, didactiques sont les vôtres ? Autrement dit, pour enseigner cette notion à des élèves, quels sont les attendus des programmes, les recommandations institutionnelles, les savoirs didactiques à mobiliser ? Avez-vous observé en stage ou mené vous-même une séance sur cet objet ? Si oui, quelle analyse avez-vous pu en tirer ? Par exemple, quelles sont les difficultés qui peuvent se faire jour assez ordinairement lorsque l'on aborde cette notion avec les élèves ?

Par ailleurs, soyez bien attentif au niveau d'enseignement convoqué et à la période au sein de laquelle la séance va se dérouler. Pensez à l'âge des élèves, à leurs compétences, à l'adaptation des activités au regard de ces éléments. Par exemple, proposer à des petites sections de maternelle des travaux sur fiche paraît assez peu efficace compte tenu du besoin des élèves de passer par de nombreuses phases de manipulation pour entrer dans les apprentissages. Montrez par là au jury que vos connaissances vont éclairer votre réflexion et votre démarche.

Ce premier temps de réflexion paraît nécessaire afin de fixer clairement les objectifs de la séance et la définition des compétences à développer chez les élèves.

Pour construire une séance d'apprentissage, on part des compétences que l'on cherche à développer chez les élèves et non des tâches. Les tâches sont au service de développement de compétences.

L'enseignant poursuit des objectifs qui visent à assurer le développement de compétences chez les élèves. On pourra retenir facilement que l'objectif reste celui de l'enseignant et que lorsque l'on parle de compétences on se situe du côté des élèves.

2 Procéder à l'analyse des documents

Le texte de cadrage de l'épreuve indique que vous aurez à votre disposition « un dossier fourni par le jury et comportant au plus 4 documents de nature variée : supports pédagogiques, extraits de manuels scolaires, traces écrites d'élèves, extraits de programmes… ».

Ces documents vous sont fournis afin de vous permettre de les employer pour élaborer votre séance. Selon leur statut, ils vont également apparaître dans le déroulé de la séance d'une manière ou d'une autre.

EXEMPLE : des productions d'élèves peuvent servir de point de départ à une séance. Ils peuvent faire l'objet d'une demande d'analyse de la part du candidat pour élaborer une séance de réinvestissement, de remédiation ou d'approfondissement.

A. Les types de documents évoqués par le texte officiel

a. Des extraits de programmes

Ils vont fonder vos objectifs puisqu'ils ont le statut de documents institutionnels.

b. Des traces écrites d'élèves

Elles peuvent être de nature variée.

■ **En français :**
- production d'écrit type rédaction (texte fictionnel ou non) ;
- texte dicté ;
- rédaction d'une trace écrite par un élève ;
- premier essai d'écriture en cycle 1 ;
- production d'un élève (corrigée ou non), carnet d'expériences, compte rendu de sortie, évaluation…

■ **En mathématiques**
- partie cours : traces écrites du cours dans un cahier prévu à cet effet. Il peut s'agir de définitions, de propriétés, d'exemples, de démonstrations ou de justifications, d'opérations écrites en ligne ou posées par une technique usuelle, de figures géométriques, de tableaux ;
- partie exercices : recherches sur un cahier prévu à cet effet. Il peut s'agir de rédactions d'une solution personnelle, de plusieurs solutions possibles ou d'une solution type, de constructions de figures géométriques, de rédactions de réponse à un problème, d'émissions écrites d'hypothèses, de réponses rédigées à des questions, de justifications de réponse, de recherches au brouillon.

Ces traces écrites peuvent jouer le rôle d'évaluation diagnostique dans le cadre de l'élaboration de la séance.

EXEMPLES :

■ En français, suite à une consigne d'écriture, les élèves ont produit tels écrits. Comment s'appuyer sur ces écrits pour faire progresser les élèves ?

■ En mathématiques, suite à une mise en recherche, on peut analyser les réponses produites pour construire la phase de mise en commun. On peut aussi analyser les erreurs et leurs sources potentielles.

c. Des supports pédagogiques et des pages de manuels scolaires

Il peut s'agir de supports pédagogiques tels que :
- programmations, progressions, projets d'enseignant ;
- tableaux de séquence ;
- extraits de guides du maître ;
- articles portant sur la didactique et/ou la pédagogie ;
- documents d'accompagnement des programmes type Eduscol ;
- extraits des différents guides pour enseigner, disponibles sur le site du ministère de l'Éducation nationale.

Il serait étonnant que des fiches de préparation soient fournies, étant donné que c'est l'objet de l'épreuve, à moins qu'il s'agisse d'y porter un regard critique et/ou de s'inspirer d'une partie de celles-ci.
Le texte de cadrage semble isoler dans sa présentation les pages de manuels scolaires des supports pédagogiques ; pour autant, ils en font partie. Il peut s'agir de :
– pages de manuels scolaires de français ou de mathématiques, par conséquent destinés prioritairement à l'école élémentaire (par pages de manuels, on peut aussi entendre sommaire) ;
– fiches d'activités, qui peuvent potentiellement concerner tous les cycles.

CONSEIL DU FORMATEUR

Veillez à distinguer le statut des documents. Un extrait de manuel est un document pédagogique qui n'a pas le même statut qu'un extrait de programme. L'un est un ouvrage marchand réalisé par des professionnels, l'autre a vocation d'application, il est institutionnel. Vous vous montrerez averti en sachant établir cette distinction.
Veillez également à repérer la source de ces documents en fonction de ce que vous savez. Un extrait de manuel scolaire d'une maison d'édition reconnue n'aura probablement pas la même qualité qu'un support issu d'un site Internet quelconque.

B. Savoir lire une page de manuels scolaires

ATTENTION

Chaque document requiert une lecture fine, mais la page de manuels scolaires nécessite que vous vous dotiez d'une méthodologie particulière, qui sera exposée ci-après.

L'expérience issue d'épreuves orales présentes dans des textes de cadrage antérieurs du CRPE nous a montré qu'ordinairement les dossiers proposés aux candidats pour élaborer des temps d'enseignement sont majoritairement issus de manuels scolaires, de documents institutionnels et d'articles scientifiques. Ce à quoi s'ajoutent les traces écrites d'élèves.
Ces supports vont vous permettre de montrer que vous savez développer **une réflexion sur une situation d'enseignement**.
Il s'agit de comprendre comment les différents documents résonnent entre eux et d'en mener une analyse assez rapide compte tenu du temps qui vous est imparti.

a. Identifier les différents éléments

Pour analyser un extrait de manuel scolaire, soyez attentif :
– à sa **date** de parution (pour le situer par rapport aux programmes de juillet 2020) ;
– au **niveau d'enseignement** concerné (pour le resituer par rapport aux compétences du cycle dans le domaine et aux repères de progressivité) ;

– à la **pagination** (parfois, cela donne une indication intéressante sur la place de la leçon dans le manuel et donc informe sur la progression) ;
– à la **présence d'un titre particulier** aux pages proposées ;
– aux **domaines de la discipline** auxquels le support se rapporte ;
– aux **liens éventuels vers d'autres disciplines** et aux relations de ces derniers avec le programme de la classe ;
– à la **mise en page** : présence d'**images** (reproduction de tableau, photo… en lien avec la notion), ou d'**illustrations** (réalisées pour l'occasion, correspondant au texte support si l'on a un extrait de littérature, par exemple une reproduction de première de couverture en lien avec la notion). Vous pouvez vous interroger sur le rôle des images et des illustrations : sont-elles simplement « décoratives » ou exploitées dans un questionnement et donc participant de la construction de la notion ?

NOTE DU FORMATEUR

En français, vous pouvez vous intéresser à la présence :
- **de textes authentiques**, de textes adaptés ou traduits : Quel est le type d'écrits, le genre auquel ils appartiennent ? Ces textes ou leurs auteurs sont-ils connus ? Appartiennent-ils à la littérature de jeunesse, à la littérature patrimoniale ou classique, aux listes officielles ? Quelle est la longueur de ces textes ? Est-elle adaptée ?
- d'**exercices** ;
- d'une **leçon** ou d'un **bilan** récapitulatif ;
- de **repères visuels** (titres, typographie, puces).

b. S'intéresser aux activités proposées aux élèves

■ **Analysez les questions** :
– sont-elles ouvertes ou fermées ?
– quel type de compréhension visent-elles : globale, de détails (si les questions portent sur un texte) ?
– quel est leur thème, que cherchent-elles à faire repérer à l'élève ?
– quel rapport entretiennent-elles avec la notion étudiée ?
– présentent-elles une progression logique, chronologique, du simple au complexe ?
Vérifiez **en quoi le questionnement permet à la notion d'émerger, met les élèves en recherche**.

■ **Analysez la leçon ou le bilan** (quand il y en a un) :
– que disent-ils de la notion étudiée ?
– sont-ils complets, erronés ? Pourquoi ? Il s'agit ici de réfléchir aux choix didactiques effectués par les auteurs du manuel qui retiennent certains aspects d'une notion et en délaissent d'autres, ce qui correspond ici à situer la place et le niveau de traitement de la notion.

■ **Analysez les exercices** :
– observez les consignes : le mode des verbes utilisé est-il l'infinitif ou l'impératif ? La personne utilisée permettra également d'analyser la manière dont les auteurs s'adressent à l'élève ;
– cherchez si des exercices du même type sont donnés plusieurs fois ;
– regardez s'il y a une progression (réelle) dans les exercices ;
– caractérisez les exercices : réécriture avec transformation, application, production écrite, manipulation, structuration, texte à trous, questionnaire à renseigner, grille d'évaluation…
– déduisez-en la part d'activité de l'élève : passif s'il applique, actif s'il recherche, crée…
– vérifiez si la leçon permet à l'élève de faire les exercices ;
– regardez si les exercices affichent une volonté de différenciation pédagogique, c'est-à-dire s'ils envisagent la prise en compte des compétences particulières des élèves en termes de difficultés ou de réussites. Y a-t-il des exercices différenciés ? Font-ils appel à des situations simples, complexes, qui demandent de mobiliser une ou plusieurs compétences ?
Observez l'**ordre** dans lequel ces éléments apparaissent, ce qui amène des réflexions sur la démarche pédagogique dont nous avons parlé plus avant.

■ **Déduisez-en la démarche pédagogique** : est-elle inductive, déductive ? Quand vous avez déterminé sa nature, demandez-vous si les apparences ne sont pas trompeuses…

c. Se servir des documents lors de son exposé

Le texte de cadrage indique que les documents fournis dans le dossier permettent de venir en appui de la construction de la séance. Il serait par conséquent mal venu de les négliger et même de n'y faire aucun écho. En revanche, rien ne vous oblige à les employer dans leur intégralité, sans compter que le jury pourrait alors penser que vous vous contentez d'appliquer ce que l'on vous soumet sans y jeter le moindre regard critique. Vous entraîner en analysant des pages de manuels, notamment au regard des programmes en cours, des attentes institutionnelles, de vos connaissances académiques et didactiques… ne pourra que vous servir.

Entraînement

Un exemple en français

Support documentaire Manuel Pépites CM2 Magnard

Lecture 2 — Trouver des indices pour comprendre un texte

Déménagement

Vocabulaire

1. Corossolier : *arbre fruitier.*

2. Bougot : *bigorneau (coquillage).*

J'ai regardé une dernière fois notre jardin potager, l'avocatier, le corossolier[1], et surtout la haie d'hibiscus rouges que maman avait plantée tout autour de notre case.

– C'est pour te rappeler que, même pauvre, on appartient toujours au monde des hommes, me disait-elle. Le rouge de l'hibiscus, c'est notre cœur ! Mais maintenant qu'on déménageait, qu'allait devenir notre haie d'hibiscus ? Est-ce qu'on peut laisser son cœur quelque part et partir ? Là où on allait, y aurait-il un pied de piment, un de citron vert et une jarre pour garder l'eau fraîche ?

La terre ne nous appartenait pas. C'est pour cela que notre case était juste posée dessus. Un jour, papa a dit que nous allions la fixer définitivement sur la terre qu'il venait d'acheter. Les pilotis allaient s'enfoncer dans le sol, grâce à quatre trous emplis de béton frais.

Pa Zidor a reçu l'aide des voisins les plus costauds pour hisser notre petite case dans une charrette à bœuf. Elle avait l'air aussi petite qu'une coquille de bougot[2]. Le soir, j'avais l'habitude de grimper sur son toit de tôle encore brûlante, où j'écoutais Dézi jouer de sa flûte en bambou. C'est là aussi que je pouvais capter radio Salsa Caliente, tout en comptant les étoiles.

Comme pour nous dire au revoir, madame Soufrière s'était dépouillée des nuages et de la brume qui la rendaient mystérieuse et effrayante. Je n'avais soudain plus peur du volcan.

Après une longue journée de route, on a posé notre case-escargot entre deux autres maisons. Il y avait juste la place pour l'y faufiler. Devant, c'était la ville ; derrière, la mer. Je ne connaissais ni l'une ni l'autre. Cela a bien occupé ma tristesse. Man Titine, elle, a pleuré. Papa avait acheté du sable et non de la belle terre noire et grasse qui donne de belles ignames et de beaux maniocs.

– Acheter du sable !... Les hommes sont fous ! C'est un bien sans titre de propriété. La mer, au moindre cyclone, peut reprendre ce qui lui appartient !

Alex Godard, *La Case aux hibiscus rouges*, © Albin Michel Jeunesse, 2005.

12

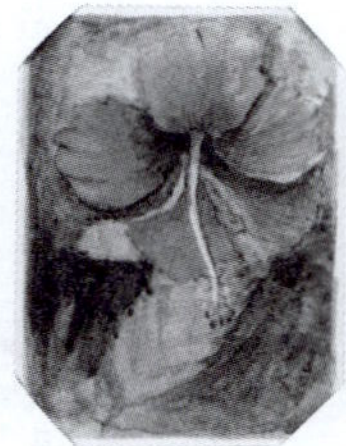

Ma première lecture

1. **Nomme tous les personnages de l'histoire. Quels liens les unissent ?**
2. **Qui raconte l'histoire ? Comment le sais-tu ?**
3. **Selon toi, qui est « madame Soufrière » ? Justifie ta réponse.**
   a. une voisine b. un volcan c. la grand-mère d. une sorcière
4. **Où se déroule cette histoire ? Justifie ta réponse.**

Je relis pour mieux comprendre

5. **Vocabulaire En t'aidant du dictionnaire, choisis le sens du mot *case* (ligne 3) qui convient.**
6. **Pourquoi l'auteur appelle-t-il sa maison une *case-escargot* (ligne 24)?**
7. **Vocabulaire Que sont les *ignames* et les *maniocs* (lignes 30-31) ? Justifie ta réponse.**
   a. des animaux domestiques b. des cailloux c. des plantes comestibles d. des insectes
8. **Où se trouve la case au début du récit ? Puis à la fin du récit ?**
   au bord de la mer • près d'une ville • dans un jardin potager • sur le sable • sur une charrette
9. **Relève les phrases qui expriment les émotions du narrateur. Précise quelles sont ces différentes émotions.**
10. **Explique ce que veut dire l'auteur dans cette phrase :**
   « Est-ce qu'on peut laisser son cœur quelque part et partir ? » (ligne 7)
11. **Pourquoi Man Titine pleure-t-elle à la fin du texte ?**

Échangeons

12. **D'après vous, pourquoi cette famille déménage-t-elle ?**

Ai-je bien compris le texte ?

13. **Cherche la définition du mot « nostalgie ». Explique dans un paragraphe de cinq à huit lignes pourquoi les personnages ressentent de la nostalgie.**

Je lis à voix haute

Prépare la lecture des lignes 9 à 18. Repère les mots difficiles et entraine-toi à les dire pour que ta lecture soit fluide.

Chapitre 1 13

■ On se trouve dans la toute première partie du manuel : Chapitre 1 Comprendre des indices pour comprendre un texte.

■ Compétences à acquérir en lecture et compréhension :
- identifier le narrateur d'un texte ;
- repérer où et quand l'action se déroule ;
- identifier les personnages d'un récit, les caractériser, identifier leurs émotions ;
- comprendre la logique des enchaînements des actions.

■ La pagination (pages 12/13) nous permet de dire qu'il s'agit d'activités de début d'année. « Trouver des indices pour comprendre un texte » pourrait tout à fait permettre une évaluation diagnostique pour l'enseignant qui accueille des élèves dont il ne connaît pas encore les compétences.

■ Le choix de retenir un extrait de roman destiné à la jeunesse est tout à fait judicieux d'autant qu'il s'agit d'un support de littérature de qualité, titre inscrit sur la liste de référence des œuvres de littérature pour le cycle 3.

■ Le texte, de bonne longueur pour des élèves de CM2, est illustré, offrant une meilleure compréhension et des interactions texte/image, et permettant à l'enseignant de s'appuyer sur les deux pour interroger les élèves et développer des compétences de lecteur.

■ Les activités proposées sont précédées de formules permettant à l'élève de s'impliquer (« je ... ») et d'accéder au sens des tâches qui lui sont proposées, tout en spécifiant les compétences à développer.

■ Le texte est à la première personne, le narrateur semble être un enfant. Nous sommes proche de l'univers familier des élèves. Ils ont jusqu'alors fréquenté de nombreuses œuvres offrant les mêmes caractéristiques.

■ L'approche du texte est divisée en quatre temps :
- « Ma première lecture » vise une compréhension globale du texte appuyée sur les personnages, le mode de narration, le lieu et invite l'élève à interpréter, émettre des hypothèses de compréhension sur un des personnages. Le manuel demande judicieusement une justification à la réponse.
- « Je relis pour mieux comprendre » cherche à développer une compréhension plus fine du texte en s'appuyant sur des questions de vocabulaire. On remarque que le paratexte sur le vocabulaire est particulièrement réduit, ce qui est judicieux. On aide ainsi les élèves à s'interroger sur le sens des mots en contexte comme dans la question 1 par exemple.
- « Ai-je bien compris le texte ? » consiste davantage en une stratégie de révision de la compréhension tout en la développant. Le mot à travailler « nostalgie » résume l'ambiance et les sentiments des personnages.
- « Je lis à voix haute » permet aux élèves de manifester leur compréhension du texte par une lecture expressive, par conséquent préalablement préparée.

Le manuel s'appuie donc sur différentes entrées : lecture, vocabulaire, production d'écrit et lecture orale.

■ Le mode de questionnement : on trouve essentiellement des questions ouvertes, à choix multiple. On remarquera que les trois propositions sont proches les unes des autres et qu'elles demandent à l'élève de lire avec précision aussi bien le texte que les propositions. Les questions demandent systématiquement à l'élève de justifier, ce qui permet de développer des compétences de lecteur et non de simplement vérifier la compréhension.

■ L'élève lecteur est sollicité dans son travail, il doit interpréter et justifier l'interprétation qu'il mène de sa lecture.

- Ces activités peuvent être employées par l'enseignant aussi bien à l'oral qu'à l'écrit, de façon individuelle ou collective par petits groupes.
- Le questionnement proposé sollicite des processus d'élaboration et d'intégration et ne se cantonne ni à des micro-processus, ni à un prélèvement d'informations explicites qui n'aideraient pas à construire des compétences de lecteur.
- On notera l'emploi du mot « Échangeons » qui vise à interroger la réaction des lecteurs, leur réception du texte.
- En employant des expressions telles que « selon toi », « d'après toi », les concepteurs du manuel s'appuient sur les théories de la réception, le rapport texte/lecteur, le « travail » du lecteur qui coopère avec le texte pour le comprendre et l'interpréter. On voit également que les réponses, potentiellement diverses, peuvent prêter au débat. Ceci sera propice aux échanges au sein de la classe et aux pratiques interprétatives.

Si la leçon portait sur la conception d'une séance d'apprentissage sur le développement de compétences de « compreneur » pour des élèves de début de CM2, on pourrait tout à fait retenir certaines de ces activités. Vous constatez que l'analyse que nous vous proposons ici vise à vous permettre de montrer au jury pourquoi vous faites le choix de retenir telle ou telle activité, en fonction de quelle lecture critique vous en menez au regard des programmes et de vos connaissances.

Rien ne semble vous obliger à utiliser l'intégralité des supports. Vous pouvez faire le choix de retenir une activité mais pas une autre, un exercice mais pas tous. Ceci paraît possible à condition de savoir le justifier précisément.
Indiquer que vous ne retenez pas un exercice car il vous semble difficile ou facile ne va pas éclairer suffisamment le jury. Il vous faudra préciser plus finement quelle analyse vous avez faite : manque de clarté des consignes, activité non opérante par rapport aux objectifs énoncés…
Rappel : aussi bien en français qu'en mathématiques, veillez à la solidité des apports notionnels dans les documents fournis. Les membres du jury cherchent à vérifier dans cet exercice vos capacités de concepteur de séance d'apprentissage. Ils veillent également à certifier la qualité de votre maîtrise des savoirs à enseigner. Ne pas avoir repéré, par exemple, dans un support fourni une erreur notionnelle risque de vous mettre en difficulté.

3 Procéder à l'élaboration de la séance

Prenez appui sur vos connaissances en termes de pédagogie pour bien définir comment vous vous y prendriez concrètement.
Spécifiez dès que nécessaire la place du maître, sa posture, la place des élèves, l'organisation matérielle retenue, et ce toujours en les justifiant. Soyez le plus précis possible afin que le jury puisse clairement vous imaginer en classe avec des élèves.

EXEMPLE : dire que l'on mettrait les élèves en ateliers lors d'une séance en cycle 1, sans préciser pourquoi ni comment les élèves seraient répartis, sans signifier de quel type d'atelier il s'agirait, va mettre le candidat en difficulté face au jury qui estimera à juste titre que les enjeux de la situation ne sont pas tous maîtrisés. Il en est de même en école élémentaire si l'on décide de travailler en îlots par exemple.

Expliquer au jury l'intérêt de ce que vous proposez en le justifiant montre votre capacité à entrer dans une réflexion sur le métier. Cela peut d'ailleurs être une question ultérieure du jury : « Quels avantages percevez-vous dans l'organisation que vous avez retenue ? »

CONSEILS DU FORMATEUR

- Le temps vous est compté, vous avez donc tout intérêt à vous organiser matériellement au mieux.
- Vous disposerez très certainement de feuilles de brouillon qui vous permettront d'organiser votre travail. Carte mentale, tableau... Dans tous les cas, aussi bien pour des raisons de gestion du temps que de tenue de l'exposé, évitez de rédiger intégralement le déroulé de votre séance.
- Rédigez éventuellement plus finement l'introduction de votre exposé de façon à bien fixer vos objectifs et à gérer votre stress au moment de démarrer votre prise de parole.
- Pour ne pas vous perdre au moment de l'exposé, employez un système de symboles, de numérotation pour renvoyer précisément aux documents contenus dans le dossier et ne pas donner l'impression de vous noyer dans la recherche des supports.

Préparer votre exposé consiste donc à vous mettre en position de concepteur d'une séance à l'aide de vos connaissances notionnelles, didactiques et pédagogiques.
Le jury attend que vous lui montriez comment, à l'aide des éléments fournis dans le dossier, vous élaboreriez une séance d'apprentissage et, surtout, que vous soyez en capacité de justifier vos choix. Des choix argumentés, appuyés sur des éléments théoriques, sur des observations de stage ou de pratique professionnelle en responsabilité ne pourront que convenir au jury.

CONSEILS DU FORMATEUR

Ne négligez pas les apports de la théorie. Lorsqu'un enseignant conçoit des séances d'apprentissage, il le fait en s'appuyant sur les programmes d'enseignement, en fonction des élèves qui lui sont confiés et en réfléchissant sa pratique au regard de ses connaissances universitaires. N'hésitez donc pas à justifier vos choix au regard des savoirs pour enseigner.
Tout au long de votre formation, vous avez été amené à réfléchir, à penser les activités d'enseignement et à les analyser à la lumière de savoirs théoriques issus de la recherche. Un candidat se révélera d'autant plus pertinent qu'il présentera son exposé et saura répondre aux questions en prenant appui sur la recherche.

4. Présenter son exposé

Cette présentation dure de 10 à 15 minutes par discipline. On peut vous conseiller d'utiliser au maximum le temps qui vous est imparti. À la fois pour vous permettre de déplier votre réflexion, d'éclairer votre propos, mais aussi plus stratégiquement pour avoir à répondre à moins de questions.

CONSEIL DU FORMATEUR

N'oubliez jamais que le jury écoute tout au long des journées des exposés qui se succèdent. Veillez donc à rendre votre propos intelligible, clair et structuré. Présentez votre plan, faites des points réguliers sur l'avancée de la présentation, sachez conclure explicitement. Ce n'est pas au jury de comprendre que vous avez terminé votre exposé.
Cette clarté aidera le jury à apprécier vos capacités d'organisation. Elle lui permettra en outre de vous imaginer plus efficacement en action dans une classe.

1 Tenter de gérer son stress

- Évitez quelques tics fréquents comme : « jouer » avec un stylo, avoir les mains qui tremblent (posez-les sur la table), agiter les jambes ou les pieds…
- Veillez à éliminer tout ce qui nuit à une bonne communication et tentez de gérer votre stress, tout du moins de ne pas en être victime. C'est en vous entraînant, en passant des simulations d'oral que vous y parviendrez le plus efficacement.
- Travaillez votre voix : ayez éventuellement une petite bouteille d'eau avec vous et buvez-en une gorgée avant de commencer. Le stress rendant la gorge sèche, il arrive que des candidats ne parviennent plus à parler normalement. Pensez à respirer profondément. Ne parlez ni trop bas, ni trop fort, sachez adapter la portée de votre voix à la disposition des lieux. Autrement dit ne hurlez pas au visage des membres du jury et ne les amenez pas à tendre l'oreille non plus ! Adapter débit et volume sonore à l'espace occupé fait partie des qualités professionnelles d'un enseignant.

2 Parvenir à gérer le temps

Vous disposez de 15 minutes pour la présentation de chaque exposé. Sachez les employer et vous organiser, éventuellement à l'aide de supports papier pensés pour vous aider à gérer le temps : plan de prestation avec découpage horaire, repères de couleurs pour vous guider… selon ce qui peut le mieux vous convenir.
Employez tout le temps qui vous est accordé, tout du moins le plus possible de ce temps. Entraînez-vous, auprès de vos proches par exemple, afin de maîtriser cet aspect des choses qui n'est pas à négliger puisque la gestion du temps représente une donnée très importante dans la pratique quotidienne d'un enseignant. Veillez à avoir avec vous une montre, le téléphone portable étant très probablement interdit.

Rien ne serait plus gênant que de s'entendre dire par le jury qu'il vous reste deux minutes avant de conclure alors que vous n'en êtes qu'aux deux tiers de votre exposé.

3 Veiller à son expression

Enseigner est un métier de communication et l'enseignant se doit d'être un modèle pour les élèves qui lui sont confiés. Le jury est très attentif à ce point. Il est fort probable qu'entre deux candidats, un jury favorisera un candidat ayant commis une ou deux petites erreurs au détriment d'un autre à la construction syntaxique chancelante, au vocabulaire approximatif voire familier. Pour avoir fait passer de nombreux entraînements aux oraux, nous savons que des candidats, sous l'effet du stress ou ne percevant guère l'enjeu de l'épreuve, se laissent aller à des : « les élèves, ils... », « le prof », « ça a super bien marché », « c'était vachement intéressant (sic) » et autres liaisons fort surprenantes. Enfin, le stress peut vous amener à des tics de langage « heu », « en fait », « de base »... S'ils sont plus difficiles à combattre, vous pouvez pour le moins essayer de les repérer pour les éviter.

CONSEIL DU FORMATEUR

Lors de vos entraînements, n'hésitez pas à vous filmer. Ce n'est pas nécessairement agréable, mais peut s'avérer très utile pour vous aider à corriger certains défauts.

Le jury est en droit d'attendre du candidat la maîtrise d'un vocabulaire professionnel. Entre un candidat qui dirait : « En premier, je ferais un point sur ce que les élèves savent déjà » et un autre qui dirait : « Pour démarrer ma séance, je commencerais par une évaluation diagnostique », on perçoit l'écart de représentation du métier. Le métier d'enseignant, comme tout métier, a besoin de s'appuyer sur un lexique de métier qui permet à chacun de comprendre de quoi on parle.

Néanmoins, n'employez pas une terminologie que vous ne maîtriseriez pas, ce qui serait du plus mauvais effet. Vous tendriez des perches pour le jury qui pourrait aisément vous mettre en difficulté s'il s'apercevait que vous ne dominez pas les termes employés.

Veillez surtout à ne pas commettre d'erreurs sur le plan des savoirs, bien évidemment, mais également sur le plan des démarches et des activités. Lorsque vous annoncez mettre en place telle ou telle activité, sachez la définir et préciser quels objectifs elle permet selon vous de poursuivre.

CONSEIL DU FORMATEUR

Donnez du rythme à la soutenance, accélérez, ralentissez le débit, procédez à des rappels : « nous avons donc envisagé ce point, nous allons nous tourner vers cet autre... ». Le jury ne devrait pas vous interrompre, vous avez donc la main sur l'organisation de votre prestation. En revanche, le jury ne manquera pas de vous indiquer, le cas échéant, qu'il vous reste une ou deux minutes pour conclure.

4 Quelques éléments clés pour l'exposé

■ Dans un premier temps et en guise d'introduction, vous pouvez cerner les enjeux de la notion travaillée. Autrement dit :
– ce qu'il faut savoir sur le sujet ;
– ce que l'on veut apprendre aux élèves ;
– la place de la notion dans le *curriculum* de l'élève en fonction du cycle et de l'année dans le cycle ;
– les prérequis éventuels ;
– l'anticipation des éventuelles difficultés auxquelles les élèves peuvent se heurter ;
– l'articulation avec d'autres domaines disciplinaires ;
– les attentes institutionnelles, les recommandations.

■ Ensuite, vous pouvez dérouler votre présentation de séance en pensant :
– à justifier les choix pédagogiques opérés ;
– à penser à l'insertion de la séance au sein d'une séquence ;
– à la durée de la séance et à la durée des différentes phases au sein de la séance ;
– aux modalités d'évaluation du degré d'atteinte des compétences par les élèves ;
– aux modalités d'aide aux apprentissages, d'étayage ;
– à la prise en compte de la diversité des élèves par le biais de la différenciation pédagogique.

■ On attend de vous que vous justifiiez vos choix et vos propositions. Il ne s'agit pas seulement de décrire une séance, mais d'en présenter les enjeux et les modalités. Pensez toujours en termes d'objectifs de l'enseignant et de développement de compétences chez les élèves.
Un enseignant choisit de faire faire une activité avec une raison précise : « Pour permettre aux élèves de…, je choisis de … ».

5 Être clair et précis

EXEMPLE EN FRANÇAIS

Le candidat indique à propos d'une séance de lecture littéraire en CM2 : « Tout d'abord, je distribuerais le texte et je le ferais lire aux élèves. » Cette formulation comporte bien des aspects problématiques et lacunaires. Elle ne permet guère au jury de se faire une idée précise de la manière dont le candidat va procéder. Un certain nombre de questions se font alors jour, que le jury ne manquera pas de lui poser lors de l'entretien :
– « Le texte » : S'agit-il du texte intégral ou uniquement de certains passages ? Dans ce cas, lesquels ?
– « Faire lire aux élèves » : Avec ou sans consigne ? Silencieusement et individuellement ou collectivement en sollicitant élève après élève ? Avec quel ordre de sollicitation des élèves ? Au hasard, en fonction de leur apparente attention, en ayant procédé à un découpage préalable en fonction du sens ? Quels dispositifs peuvent être envisagés spécifiquement pour certains élèves plus fragiles ?
– Enfin, pour quelle raison le candidat choisit-il de faire lire le texte par les élèves ? Envisage-t-il une lecture par ses soins ? Si oui, à quel moment et pourquoi ?

Vous voyez ici qu'une simple assertion qui peut paraître banale peut déclencher de très nombreuses interrogations toutes aussi légitimes les unes que les autres chez les membres du jury.

6 Répondre aux questions du jury dans la partie entretien

Rappelons les objectifs de l'entretien selon le texte de cadrage : « Chaque exposé est suivi d'un entretien avec le jury lui permettant de faire préciser ou d'approfondir les points qu'il juge utiles, tant sur les connaissances disciplinaires que didactiques. » Chaque passage à la partie entretien est un moment charnière. L'épreuve est longue et il convient de ne pas se relâcher : certains candidats, une fois la prise de parole autonome passée, se « détendent » et adoptent une posture moins tenue, aussi bien dans leur attitude que leur expression. Veillez à ce que ce ne soit pas votre cas. Vous aurez à répondre à des questions à la fois sur la séance de français et sur celle de mathématiques. La lecture du texte de cadrage laisse entendre que ces entretiens ne sont pas regroupés après vos deux exposés, mais que chacune de vos présentations est immédiatement suivie de l'entretien.
Synthétiquement, le déroulé de l'épreuve pourrait être le suivant :
- présentation de votre séance de français : 15 minutes ;
- entretien avec le jury : 15 minutes ;
- présentation de votre séance de mathématiques : 15 minutes ;
- entretien avec le jury : 15 minutes.

Vous aurez par conséquent à traverser deux fois de suite la même organisation.

A. Quelle posture adopter ?

Tentez, dans la mesure du possible, de ne pas vous laisser déstabiliser par votre ressenti de la première partie lorsque vous entamerez la seconde.
Deux attitudes peuvent être retenues :
- passer de l'une à l'autre sans tenir compte de l'entretien qui vient de se terminer et démarrer la seconde partie de l'épreuve avec un nouveau défi à relever ;
- chercher, en réagissant très rapidement, à prendre appui sur les remarques du jury pour modifier certains éléments de votre présentation. Par exemple, si le jury vous a interrogé particulièrement sur la prise en compte de la diversité des élèves car vous ne l'aviez pas suffisamment envisagée lors de votre premier exposé, il peut s'avérer judicieux de montrer à vos interrogateurs que vous savez vous adapter et rebondir en l'évoquant cette fois-ci explicitement.

Lors de la partie entretien, il est indispensable de favoriser la possibilité d'un véritable dialogue, d'un échange avec le jury. Il ne faut pas vous enferrer dans ce que vous avez prévu, mais au contraire faire preuve d'ouverture d'esprit, ne pas hésiter à faire reformuler une question, à repenser ce que vous aviez imaginé…
Le jury va chercher à entrer dans une controverse professionnelle avec vous, vous demander de préciser certains points, d'en approfondir d'autres. Les membres du jury n'attendent pas nécessairement à toutes leurs questions la « bonne » réponse. Ils veulent évidemment vérifier votre maîtrise des savoirs à enseigner, mais visent également à percevoir votre capacité de réflexion sur vos postures et gestes professionnels futurs.

CONSEILS DU FORMATEUR

■ Entraînez-vous à réagir aux questions du jury : il ne faut pas vous laisser désarçonner, mais prendre le temps de la réflexion, ne pas vous laisser emporter par les questions du jury qui cherche à vérifier si vous êtes capable de tenir le cap de votre propos sans fermeture d'esprit. Certains jurys peuvent faire le choix de vous tester ainsi.
■ Si vous le pouvez, passez des oraux d'entraînement, assistez à des simulations d'oral voire aux oraux du concours lui-même si vous avez la possibilité matérielle de le faire. C'est toujours extrêmement formateur. Vous éviterez bien des erreurs.

B. À quelles questions peut-on s'attendre ?

■ Le texte de cadrage indique que les questions portent sur « les connaissances disciplinaires aussi bien que didactiques », ce qui veut dire que le jury peut chercher à vérifier la **solidité de vos connaissances académiques** aussi bien en français qu'en mathématiques. Vous devez vous tenir prêt à définir des objets de savoirs. C'est pourquoi nous vous invitions préalablement, lors de la conception de l'exposé, à les définir en quelques mots. Ces connaissances académiques doivent être récentes et vous avez tout intérêt à les actualiser non seulement dans le cadre de votre formation universitaire, mais aussi en prenant connaissance des évolutions récentes en termes de terminologie par exemple.

CONSEIL DU FORMATEUR

De manière générale, aussi bien en français qu'en mathématiques, connaissez les différents guides élaborés par le ministère. Ainsi, en étude de la langue, il vous faut connaître le document paru en juillet 2020 sur le site Eduscol : Grammaire du français, Terminologie grammaticale.

■ En outre, on peut envisager des questions portant sur :
– les **objectifs d'apprentissage** et les **compétences recherchées** ;
– les raisons qui ont pu vous pousser à retenir telle **modalité de mise en œuvre** ;
– les **appuis théoriques** que vous avez convoqués ou pas ;
– la **prise en compte de la différenciation** : pensez, lorsque vous envisagez la prise en compte de la diversité des élèves, que la différenciation ne s'adresse pas qu'aux élèves en difficultés mais qu'elle concerne également les plus solides.
Les questions du jury peuvent vous amener à préciser, prolonger votre pensée. Si vous constatez que vous avez manqué de clarté, de précision, n'hésitez pas à le dire et à mieux permettre au jury de vous envisager en classe avec des élèves.

■ Le jury cherche également à vérifier **votre degré de réflexion sur la pratique enseignante**. Possédez-vous une connaissance suffisamment fine du métier ou vous limitez-vous à de simples représentations sur la manière de faire la classe.

Traquez tout ce qui peut relever d'évidences qui sont autant de pièges dans lesquels peuvent tomber certains candidats peu avertis.
Ces représentations ordinaires peuvent être liées :
– à la forme scolaire. **EXEMPLES :** comme le niveau travaillé relève du cycle 1, on mettrait systématiquement les élèves en ateliers sans se poser la question de l'intérêt de la chose ; on mettrait les élèves en îlots en élémentaire, mais sans s'interroger sur le fait qu'il s'agit d'un véritable travail de groupe ;
– à l'issue d'un exercice, on propose une correction nécessairement collective car ce serait ainsi qu'il faudrait s'y prendre…
– aux modalités d'aides aux élèves. **EXEMPLES :** on va donner des textes plus courts pour les élèves les plus fragiles, partant du principe que cela devrait les aider ; on va fournir des exercices dits plus « simples »… ;
– à un déficit de savoirs pour enseigner. **EXEMPLE :** pour aider les élèves, on leur propose en APC de reprendre les éléments qu'ils n'ont pas compris. Or, les activités d'aide et d'étayage ne sont pas nécessairement à penser après l'apprentissage, mais elles ont toute leur importance avant et pendant.

■ Des questions portant sur les **liens avec les cycles précédents** sont toujours à anticiper : quelles sont les compétences des élèves sur ce sujet ? Qu'ont-ils travaillé les années précédentes qui les prépare à cette notion ? Cette notion sera-t-elle revisitée les années suivantes, voire au collège ?

■ Certaines questions peuvent aussi être d'**ordre pédagogique** :
– Pourquoi avoir choisi un travail de groupe au sein de cette séance ?
– Vous avez proposé un travail sur fiche : Pourquoi ? Quels en sont les limites et les intérêts ?
– Comment prenez-vous en compte les élèves qui ont du mal à mettre en œuvre les consignes ?
– Vous employez une démarche que vous nommez inductive : une autre démarche aurait-elle pu être employée ?
– Comment pouvez-vous vérifier le degré d'acquisition de la compétence attendue par le biais de votre modalité d'évaluation ? Y avait-il des modalités autres qui auraient pu être plus efficaces ?

CONSEILS DU FORMATEUR

■ Ne faites pas d'une expérience ou d'une observation lors d'un stage une généralité : telle activité qui, de votre point de vue, aurait bien fonctionné avec une classe ne fonctionnerait pas nécessairement avec une autre.
■ Sachez modérer vos propos, envisager les limites possibles de l'exercice : « Si mes élèves n'étaient pas tous lecteurs, alors je proposerais de… », « dans le cas d'une classe où la collaboration entre élèves est difficile à installer, je déciderais de … ».
■ N'oubliez pas de relire les deux fiches de préparation proposées dans cette partie. Passez-les à nouveau au crible des apports de formation de ce chapitre. Ce sera pour vous l'occasion de vous construire un *vademecum* : ce à quoi vous devez penser pour concevoir vos séances. Vous gagnerez ainsi un temps précieux lors de votre préparation et serez mieux à même de répondre aux questions du jury.

Réussir la leçon de français

Tout le cours

Tout le cours

1. L'oral du cycle 1 au cycle 3

1 Langue, langage, parole

A. La langue

Le *Trésor de la Langue Française informatisé*[1] propose du nom « langue » la définition suivante : « Système de signes vocaux et/ou graphiques, conventionnels, utilisé par un groupe d'individus pour l'expression du mental et la communication. »[2]
Deux éléments semblent fondamentaux pour comprendre cette notion de langue :
– elle peut s'appréhender à l'écrit comme à l'oral ;
– elle constitue une convention sociale qui permet à une communauté d'individus de communiquer à l'oral comme à l'écrit.

B. Le langage

Considérons la définition proposée par le *TLFI* du nom « langage » : « Faculté que les hommes possèdent d'exprimer leur pensée et de communiquer entre eux au moyen d'un système de signes conventionnels vocaux et/ou graphiques constituant une langue. »[3]

a. Comment différencier alors langue et langage ?

La langue, c'est la convention adoptée par un groupe pour communiquer, et le langage désigne l'ensemble des habiletés cognitives permettant d'utiliser cette langue à l'écrit comme à l'oral.
En résumé, le nom « langue » désigne les signes utilisés pour communiquer, alors que le langage serait la capacité à utiliser ces signes.

b. Les fonctions du langage

Il existe de nombreuses raisons d'utiliser le langage. C'est en partant de ce constat que le linguiste Roman Jakobson a théorisé ce qu'il a nommé **les six fonctions du langage** :
1. La fonction expressive qui permet au locuteur d'exprimer ses sentiments. **EX :** Cela me fait plaisir. / Je suis triste que vous ne soyez pas venu.

1. *Trésor de la Langue Française Informatisé* (TLFI), CRNS éditions, 2004.
2. *TLFI*, http://stella.atilf.fr
3. *TLFI*, http://stella.atilf.fr

2. **La fonction conative** qui est celle qu'utilise le locuteur quand il souhaite que sa prise de parole ait un effet sur le destinataire et l'amène à accomplir une action ou à modifier son comportement. EX : Regarde comme ce paysage est beau (le locuteur attend que le destinataire observe le paysage et manifeste son accord).
3. **La fonction phatique** qui sert à mettre en place la situation de communication entre le locuteur et le destinataire. EX : Allô / Bonjour.
4. **La fonction métalinguistique** par laquelle la langue devient en elle-même l'objet du discours. Il s'agit d'utiliser le langage pour parler du langage. C'est par exemple la fonction d'un article de dictionnaire.
5. **La fonction référentielle** par laquelle le locuteur renvoie au contexte de la communication et à ce qui s'y passe, soit devant ses yeux, soit en y faisant référence. Elle permet d'évoquer tous les référents réels ou possibles. C'est l'une des fonctions les plus utilisées car elle permet de décrire le monde. EX : Il y a des nuages.
6. **La fonction poétique** où la forme du texte devient l'élément le plus important. Une attention particulière est portée à la dimension esthétique du message (effets de rythmes et de sonorités, parallélismes de construction…). EX : Pour qui sont ces serpents qui sifflent sur vos têtes ? (Racine)

Jakobson considère d'ailleurs que ces fonctions « ne s'excluent pas les unes les autres, mais que souvent elles se superposent ». Le langage peut ainsi servir à plusieurs choses à la fois.

EX : l'énoncé « Regarde ! Quel tableau magnifique ! » mobilise à la fois :
– la fonction expressive du langage (le locuteur exprime son émotion à la vue d'un tableau) ;
– la fonction référentielle (il évoque un élément du monde) ;
– la fonction conative (il souhaite amener l'interlocuteur à partager son émotion).

C. La parole

C'est la réalisation effective du langage. Il s'agit d'un acte individuel.

2 Quelques notions fondamentales au sujet de l'oral

A. L'oral communicationnel

L'une des premières visées du langage oral est d'entrer en communication. Roman Jakobson a théorisé un **schéma de communication** qui permet de mettre en relief les différentes dimensions de l'échange :
– le **locuteur** formule le message ;
– le **destinataire** reçoit le message ;
– le **message** désigne la totalité des énoncés produits et échangés par l'émetteur et le récepteur (chacun des acteurs de la communication est tour à tour émetteur et récepteur) ;
– les **référents** sont les éléments du monde auxquels le message fait référence. Pour que chacun des acteurs de la communication puisse saisir la portée des énoncés

produits, il faut que l'émetteur et le récepteur partagent la connaissance des référents en question ;
– le **code** est le système de signes qui permet d'émettre le message. Pour pouvoir se comprendre, l'émetteur et le récepteur utilisent le même code ;
– le **contact**, qui assure la transmission du message.
La communication par le langage oral et les interactions avec des interlocuteurs variés sont nécessaires au développement cognitif, langagier et affectif de l'être humain. En 1975, le psycholinguiste Jérôme Bruner a théorisé la manière dont s'engage la relation entre un émetteur et un récepteur, permettant la médiation par le langage[1] :
– le phénomène d'**attention conjointe** : attirer l'attention de l'autre sur une activité, un objet du réel afin d'engager un échange à leur propos ;
– le phénomène de **coaction** : agir ensemble sur cet objet du réel ;
– les **rites d'interaction** qui constituent la base du dialogue : prendre contact, échanger, saluer, se séparer.
Pour utiliser le langage oral à des fins de communication, l'être humain doit donc développer sa capacité à user des **ressources linguistiques et langagières** qui lui permettent de pratiquer efficacement (**dimension pragmatique**) et de manière adaptée (**composantes socioculturelles et sociolinguistiques**) l'échange avec autrui.

B. Oral et écrit

L'oral se distingue de l'écrit par ses visées et par les conditions d'élaboration du message. Lors de l'élaboration du message oral :
– l'élaboration du message se fait « en direct », le destinataire le reçoit immédiatement et est spectateur des mécanismes d'élaboration (hésitations, erreurs, corrections, redites…), alors que l'écrit suppose une situation de communication différée ;
– le fait que le locuteur et l'interlocuteur soient présents simultanément autorise le recours à des formulations peu explicites, qui ne feraient pas nécessairement sens dans une production écrite dans laquelle une partie de la situation d'énonciation n'est pas connue du destinataire.
EX : J'ai laissé mon manteau <u>par là</u> ;
– les usages oraux s'écartent parfois des normes langagières de l'écrit, sur lesquelles s'appuie la grammaire traditionnelle à visée essentiellement normative et prescriptive ;
– à l'oral, le locuteur peut amender, corriger, compléter, réorienter son discours en direct en fonction du *feed-back* qu'il reçoit de son interlocuteur.

1. Eduscol, Ressources maternelle, *Mobiliser le langage dans toutes ses dimensions : Partie I - L'oral – Texte de cadrage*, pp. 16-17.

FOCUS — **Distinguer les notions de « norme » et d'« usage »**

La norme désigne l'ensemble prescriptif des règles qui définissent le « bon usage ». Une production orale et écrite est évaluée par rapport au respect de la norme.
L'usage, c'est l'utilisation *in situ* des ressources langagières selon la situation de communication et le destinataire. Ce qui relève de l'usage (niveau de langue familier, constructions syntaxiques...) peut s'écarter de la norme.

C. L'oral scriptural

Néanmoins, l'être humain peut mobiliser le langage à l'oral à d'autres fins que la communication. Il s'agit alors de prendre de la distance par rapport à l'événement premier, de forger une loi, une règle, un concept, une généralité. Cette pratique langagière spécifique est appelée « oral scriptural » en raison de sa grande proximité avec l'écrit, réputé favoriser la prise de distance et la conceptualisation, alors que l'oral porterait la marque de la spontanéité et de l'immédiateté. Étape intermédiaire entre l'oral communicationnel, qui permettrait de décrire le monde ou de faire le récit d'un événement précis (ce qui mobilise en premier lieu la fonction référentielle du langage), et l'écrit, l'oral scriptural permet de développer des compétences métalangagières, métadiscursives et métacognitives, car il nécessite de prendre conscience des transformations nécessaires pour passer de l'oral à l'écrit, ou du moins à un oral qui peut s'écrire.

3 L'oral dans les programmes des cycles 1 à 3

FOCUS — **Les compétences langagières travaillées à l'école**

- Les **compétences comportementales** : oser entrer en communication, contrôler le regard, la posture, la voix, le geste... (ce qui relève de l'extralinguistique).
- Les **compétences communicationnelles** : prendre la parole en cherchant à se faire comprendre.
- Les **compétences linguistiques** : connaître les structures de la langue dans laquelle on s'exprime, disposer d'un bagage lexical suffisamment riche pour faire face à des situations de communication variées, bâtir un énoncé cohérent, organiser son propos en respectant la chronologie et la causalité, adapter son discours à la situation de communication et à ses enjeux, maîtriser les différents niveaux de langue et les utiliser de manière adaptée.
- Les **compétences discursives** : apprendre à raconter, décrire, expliquer, justifier, informer... et adapter le discours en fonction de la visée de celui-ci et du destinataire.
- Les **compétences métalinguistiques** : apprendre à contrôler son discours, à reformuler, à faire des efforts et à procéder à des modifications pour se faire mieux comprendre.
- Les **compétences métacognitives** : pouvoir construire et verbaliser des connaissances.

A. L'oral au cycle 1

a. Objectifs visés et repères de progressivité

Les attendus de fin de cycle 1 liés à la maîtrise du langage oral :

- communiquer avec les adultes et avec les autres enfants par le langage, en se faisant comprendre ;
- s'exprimer dans un langage syntaxiquement correct et précis. Reformuler pour se faire mieux comprendre ;
- pratiquer divers usages du langage oral : raconter, décrire, évoquer, expliquer, questionner, proposer des solutions, discuter un point de vue ;
- dire de mémoire et de manière expressive plusieurs comptines et poésies ;
- repérer des régularités dans la langue à l'oral en français (éventuellement dans une autre langue) ;
- manipuler des syllabes ;
- discriminer des sons (syllabes, sons-voyelles, quelques sons-consonnes hors des consonnes occlusives).

Dans les programmes du cycle 1, la pratique de l'oral s'inscrit dans le domaine d'apprentissage « Mobiliser le langage dans toutes ses dimensions ». Mentionner les « dimensions » de l'oral permet de souligner que l'oral est lié à l'écrit, et surtout qu'il permet à l'enfant d'entrer dans l'écrit. Les programmes précisent les repères de progressivité qui permettent d'atteindre les objectifs liés à l'oral.

Oser entrer en communication

Les programmes précisent qu'en fin de cycle 1, l'élève doit être en mesure de « communiquer avec les adultes et avec les autres enfants par le langage, en se faisant comprendre »[1]. Il s'agit donc pour l'élève d'apprendre à faire des efforts pour se faire comprendre par ses pairs et par l'enseignant, donc de remplacer les moyens de communication non verbaux par l'utilisation du langage.

Comprendre et apprendre

« Les discours que tient l'enseignant sont des moyens de comprendre et d'apprendre pour les enfants. En compréhension, ceux-ci "prennent" ce qui est à leur portée dans ce qu'ils entendent, d'abord dans des scènes renvoyant à des expériences personnelles précises, souvent chargées d'affectivité. Ils sont incités à s'intéresser progressivement à ce qu'ils ignoraient, grâce à l'apport de nouvelles notions, de nouveaux objets culturels et même de nouvelles manières d'apprendre. »[2]

Les moments de silence sont également à considérer comme des activités langagières fondamentales, car l'enfant travaille mentalement, forge des images mentales et procède à des catégorisations. Le silence actif occupe une place prépondérante dans le développement cognitif.

Échanger et réfléchir avec les autres

Le rôle de l'enseignant est ici fondamental, puisqu'il doit permettre à chacun de trouver sa place dans le groupe, d'initier des réflexions collectives et de tenir

1. Programmes consolidés du cycle 1, p. 13, https://cache.media.eduscol.education.fr/file/A-Scolarite_obligatoire/24/3/Programme2020_cycle_1_comparatif_1313243.pdf.
2. *Ibid.*, p. 9.

compte de ce qui a été dit pour « élargir sa propre manière de voir ou de penser »[1]. Les occasions de mener des échanges sont nombreuses à l'école maternelle (résolution de problèmes, compréhension d'histoires entendues…). L'enseignant veille à commenter l'action en cours, pour que l'élève en saisisse la finalité. De la même manière, l'enseignant amène les élèves à parler de ce qui n'est pas présent, des événements passés, à venir ou hypothétiques, sans autre support que le langage. Il amène les élèves à s'exprimer de manière explicite.

FOCUS **Langage en situation et langage d'évocation**

Ces deux dimensions du langage oral sont présentes à la maternelle et sont complémentaires.

■ Le **langage en situation** est celui que maîtrisent généralement les enfants à la maternelle : le langage vient en accompagnement de l'action, il s'agit de décrire ou de commenter ce qu'on est en train de faire. Pour permettre aux élèves d'entrer en langage, on favorisera donc les situations facilement compréhensibles et propices à déclencher l'action. L'enseignant accompagne et amène l'enfant à accompagner par le langage son action.

■ Le **langage d'évocation** se développe sans laisser de côté le langage en situation. Il s'agit de la capacité développée par l'enfant à parler d'éléments absents, d'événements passés, à venir ou hypothétiques. Par un étayage langagier constant, l'adulte amène l'enfant à restituer un événement passé en s'appuyant sur le vécu individuel et collectif.

■ **Commencer à réfléchir sur la langue et acquérir une conscience phonologique**

FOCUS **Syllabe, phonème, graphème**

■ **La syllabe** : dans un mot plurisyllabique, il est possible de distinguer plusieurs syllabes. En français, la présence d'un -e muet à la fin d'un mot ne permet pas de créer une nouvelle syllabe orale. **EX :** « piano » compte deux syllabes, « magasin » trois syllabes et « voiture » deux syllabes orales et trois syllabes écrites.

La syllabe peut elle-même être décomposée en deux éléments : l'attaque (consonne ou groupe consonantique en début de syllabe) et la rime. **EX :** le mot « crabe » est ainsi un monosyllabe, avec une attaque [kr] et une rime [ab].

■ **Le phonème** : la syllabe orale est elle-même divisée en unités plus petites : les phonèmes. Le phonème est l'unité sonore la plus petite capable de produire un changement de sens. **EX :** Le mot « crabe » compte ainsi quatre phonèmes (le -e final est muet et n'est pas comptabilisé).

■ **Le graphème** : les phonèmes sont transcrits à l'écrit par des graphèmes, plus petites unités de la chaîne écrite. Il ne faut pas confondre lettre et graphème : un graphème peut être constitué de plusieurs lettres. On distinguera ainsi le digramme, graphème composé de deux lettres (au, an, in...), et le trigramme, graphème composé de trois lettres (eau, ein, oin...).

---

1. *Ibid.*

Pour entrer dans les pratiques du lire et de l'écrire, deux acquisitions sont indispensables :
– celle de la conscience phonologique, qui consiste à identifier et discriminer les unités sonores qu'on utilise quand on parle français ;
– celle du principe alphabétique, qui consiste à comprendre que l'écriture est un code et que les lettres permettent de transcrire des sons.
Pour développer la conscience phonologique des élèves, l'enseignant va proposer des activités qui leur permettent de manipuler volontairement des phonèmes et les syllabes (suites sonores, décompositions de mots en syllabes, activités de discrimination auditive, jeux phoniques...).

NOTE DU FORMATEUR

Pour pouvoir développer la conscience phonologique, c'est-à-dire discriminer les syllabes et les phonèmes, l'enfant doit se détacher du sens des mots.
Quelques repères de progressivité :
- l'unité la plus facilement repérable pour le jeune enfant est la syllabe. Quand celui-ci est capable de repérer et d'isoler des syllabes communes à plusieurs mots, on peut s'attacher au repérage des phonèmes ;
- les sons vocaliques sont plus faciles à discriminer que les consonnes. Ils peuvent par ailleurs constituer des syllabes à part entière. On commence donc généralement par identifier ceux-ci.

b. Établir des situations de communication au sein de la classe

Pour favoriser la prise de parole de tous et permettre aux « grands parleurs » comme aux « petits parleurs » de s'exprimer, plusieurs dispositifs sont envisageables :
– la relation duelle entre l'enfant et l'enseignant : elle permet aux « petits parleurs » d'entrer plus facilement en langage, grâce à l'étayage de l'enseignant qui aide à la prise de parole et à la reformulation. Le moment de l'accueil permet d'amorcer des échanges de ce type ;
– les petits groupes d'élèves : réduire la taille du groupe permet de favoriser la prise de parole de chaque enfant. Par ailleurs, l'homogénéisation des groupes conversationnels permet d'encourager l'entrée en langage en réduisant la pression concurrentielle[1].
L'enseignant doit veiller à varier les dispositifs et les sujets d'échange pour permettre à tous les élèves de prendre la parole et assurer les gestes d'étayage langagier continuel. Pour permettre à l'enfant d'être en langage, il est fondamental d'annoncer les règles qui régissent la prise de parole en début d'activité, de les rappeler en cours d'activité, de faire le bilan à la fin pour mettre en avant les réussites.

1. Agnès Florin, *Pratiques du langage à l'école maternelle et prédiction de la réussite scolaire*, PUF, 1991, Paris.

FOCUS

L'étayage langagier

Le psycholinguiste Jérôme Bruner a déterminé six fonctions dans le processus d'étayage langagier auprès du jeune enfant :
1. **L'enrôlement** : engager l'intérêt et l'adhésion.
2. **La réduction des degrés de liberté** : simplification de la tâche en sous-objectifs, pour rendre l'objectif final plus facile à atteindre.
3. **Le maintien de l'orientation** : maintenir l'entrain et la motivation pour ne pas que l'enfant s'écarte de l'objectif.
4. **La signalisation des caractéristiques déterminantes** : mettre en relief les caractéristiques fondamentales de la tâche, qui permettent sa réalisation.
5. **Le contrôle de la frustration** : éviter que les erreurs ne se transforment en sentiment d'échec.
6. **La démonstration/présentation de modèles** : présentation d'un modèle par l'adulte, que l'enfant peut imiter.

Afin que les parleurs soient de plus en plus nombreux, l'enseignant doit construire des situations de classe qui permettent aux élèves de prendre la parole et de construire des compétences langagières. L'étayage doit être pratiqué de manière réfléchie, afin d'éviter les situations dans lesquelles l'enseignant s'exprimerait de manière quasi-exclusive.

B. L'oral au cycle 2

Au cycle 2, l'enseignant s'appuie sur les acquis du cycle 1 pour travailler les différentes dimensions du langage oral. L'objectif du cycle 2 est de permettre à tous les élèves de maîtriser le langage oral pour être actifs dans les échanges verbaux, s'exprimer, écouter en cherchant à comprendre les propos tenus par les pairs, les messages ou les textes entendus, réagir aux propos tenus, formuler un point de vue, exprimer un accord ou un désaccord.

L'enseignant veille à la qualité du langage produit, régule les échanges et guide les élèves pour leur apprendre à débattre[1]. La maîtrise du langage oral suppose l'acquisition d'un ensemble de savoirs et de savoir-faire complexes. Il faut accepter les essais et les erreurs, permettre à l'élève de faire plusieurs tentatives pour aboutir à une prise de parole plus structurée. Il est donc indispensable d'intégrer aux séquences d'apprentissage des différentes disciplines des séances explicitement dédiées à la pratique de l'oral (pour raconter, décrire, expliquer, échanger…), qui supposent le réemploi à bon escient des structures linguistiques et du vocabulaire découverts en contexte et mémorisés.

1. Éléments issus des programmes de cycle 2 : https://eduscol.education.fr/84/j-enseigne-au-cycle-2

FOCUS — **Quelques principes fondateurs pour l'enseignement de l'oral au cycle 2**

- La maîtrise du langage oral permet de mieux s'exprimer à l'écrit.
- Inversement, la maîtrise de l'écrit permet de produire un oral plus formel et mieux structuré.
- La lecture à haute voix et la récitation sont des activités orales à part entière, elles permettent d'approfondir et de compléter la compréhension d'un texte découvert en classe.
- La mémorisation des textes fournit aux élèves un vocabulaire et des structures linguistiques qu'ils pourront réinvestir à l'oral comme à l'écrit.

■ **Les compétences liées à la maîtrise du langage oral au cycle 2 :**
– écouter pour comprendre des messages oraux (adressés par un adulte ou par des pairs) ou des textes lus par un adulte (lien avec la lecture) ;
– dire pour être entendu et compris, en situation d'adresse à un auditoire ou de présentation de textes (lien avec la lecture) ;
– participer à des échanges dans des situations diverses (séances d'apprentissage, régulation de la vie de la classe) ;
– adopter une distance critique par rapport au langage produit.

C. L'oral au cycle 3[1]

La maîtrise du langage oral au cycle 3 est en lien étroit avec celle de la lecture et de l'écriture. Au cycle 3, les élèves mobilisent le langage oral pour présenter de façon claire et ordonnée des explications, des informations ou un point de vue, débattre de façon efficace et réfléchie avec leurs pairs, affiner leur pensée en recherchant des idées ou des formulations qui nourriront un écrit ou une intervention orale. Comme au cycle 2, la maîtrise du langage oral fait l'objet d'un apprentissage explicite :
– les compétences acquises en expression orale et en compréhension de l'oral restent essentielles pour mieux maîtriser l'écrit ; de même, l'acquisition progressive des usages de la langue écrite favorise l'accès à un oral plus maîtrisé ;
– la lecture à haute voix et la récitation de textes contribuent à leur compréhension ;
– la mémorisation de textes constitue un support à l'expression personnelle en fournissant aux élèves des formes linguistiques à réutiliser.
Au cycle 3, les capacités d'abstraction des élèves s'accroissent. Ils élaborent, structurent leur pensée et s'approprient des savoirs à travers des situations qui articulent formulations et reformulations orales et écrites.
Comme c'est le cas au cycle 2, le professeur :
– veille à la qualité des échanges ;
– veille à proposer des activités orales fréquentes et régulières, qui permettent la construction des compétences dans le domaine du langage oral.

1. Les éléments qui suivent sont extraits des programmes de cycle 3 : https://eduscol.education.fr/87/j-enseigne-au-cycle-3

Lors de tous les apprentissages comme lors des séances spécifiques, il veille à améliorer la capacité de chacun à dialoguer et à interagir avec les autres (jeux de rôle, débats régulés, etc.).

Dans les séances spécifiquement dédiées à la construction de compétences en langage oral, les élèves doivent respecter des critères de réalisation, identifier des critères de réussite préalablement explicités par le professeur. L'utilisation des enregistrements numériques (audio ou vidéo) est conseillée pour permettre aux élèves un retour sur leur oral ou une nouvelle écoute dans le cas d'une situation de compréhension orale.

Pour préparer et étayer leur prise de parole, les élèves utilisent des écrits de travail (brouillon, notes, plans, schémas, lexiques, etc.) qui organisent leur propos, et des écrits supports aux présentations orales (notes, affiches, schémas, etc.).

Pour développer leur connaissance de la langue, ils s'approprient des formules, des tournures, des éléments lexicaux, mobilisés dans des situations diverses (débats, comptes rendus, etc.) qui exigent une certaine maîtrise de la parole et les amènent à comparer les usages de la langue, à l'oral et à l'écrit.

■ **Les compétences liées à la maîtrise du langage oral au cycle 3 :**

- écouter pour comprendre un message oral, un propos, un discours, un texte lu ;
- parler en prenant en compte son auditoire ;
- participer à des échanges dans des situations diverses (séances d'apprentissage ordinaire, séances de régulation de la vie de classe, jeux de rôles improvisés ou préparés) ;
- adopter une attitude critique par rapport à son propos.

2. Lire du cycle 1 au cycle 3

1 L'identification des mots

Pour identifier un mot, le lecteur doit être capable de relier plusieurs éléments : une information visuelle (le mot écrit), l'image acoustique de ce mot (la représentation des phonèmes qui le constituent) et sa signification.
L'identification des mots peut se faire par voie directe ou par voie indirecte.

A. L'identification des mots par voie directe

C'est la voie utilisée par le lecteur expert. Il reconnaît très rapidement les lettres qui constituent le mot, peut donc l'identifier visuellement et a accès de manière quasiment instantanée à son image acoustique et à sa signification. Le lecteur expert connaît déjà le mot à lire et peut donc activer simultanément sa représentation orthographique, phonologique et sémantique.

B. L'identification par voie indirecte

C'est la stratégie adoptée par le lecteur débutant, qui consiste à déchiffrer le mot. Le lecteur ne connaît pas le mot qu'il lit. Il doit donc d'abord en identifier les lettres, les assembler pour former des graphèmes convertis en phonèmes prononçables. Les phonèmes sont associés et combinés en syllabes, puis le mot est prononcé. Quand le mot est prononcé, le lecteur a accès à la représentation sémantique puis orthographique. Il peut alors être comparé aux mots proches déjà connus, ce qui favorise leur mémorisation. Le lecteur débutant doit rencontrer un mot plusieurs fois pour pouvoir le mémoriser.

2 Comprendre un texte[1]

A. Les modèles de compréhension en lecture

NOTE DU FORMATEUR

Lire, c'est **à la fois déchiffrer et comprendre**. La finalité de toute lecture est la compréhension. L'activité de lecture articule donc deux procédures :
- la procédure dite de « bas niveau » : l'identification des mots ;
- la procédure dite de « haut niveau » : la compréhension du texte.

Il est nécessaire pour le lecteur d'avoir automatisé la procédure de bas niveau, pour pouvoir mobiliser son attention au service de la compréhension.

1. Dans cette section, les descriptions des différentes méthodes d'apprentissage de la lecture sont issues de l'ouvrage *CRPE professeur des écoles, Tout le cours, Épreuves écrites et orales, concours 2021*, Vuibert, 2020.

a. Le modèle ascendant

Ce modèle considère que le traitement des graphèmes est prioritaire et que le lecteur accède au sens du texte en dernier lieu. Il est appelé « modèle ascendant », car il part de la procédure de « bas niveau » pour n'accéder au texte qu'en dernier ressort. Le travail sur le code est alors perçu comme prioritaire et comme unique voie d'accès au sens.
Les méthodes d'apprentissage de la lecture fondées sur le modèle ascendant ont pour point commun de vouloir aller du plus simple au plus complexe. On part de la lettre ou du phonème pour aller vers la syllabe, de la syllabe pour aller vers le mot, du mot pour aller vers la phrase.

■ **La méthode syllabique**

Ces méthodes sont dites syllabiques ou synthétiques car elles partent des lettres ou des sons pour constituer des syllabes avec lesquelles pourront être formés des mots :
– **À partir des lettres** : c'est le B A, BA (méthode Boscher, 1928). L'étude des voyelles, puis la découverte de consonnes permettent en assemblant les deux de former une syllabe (ma / pu / si / to / te…). Certains manuels mettent en œuvre le même principe de progression dans l'apprentissage des voyelles et des consonnes, qui sécurise les enseignants (**EX :** *Léo et Léa*).
– **À partir des sons :** dans les années soixante-dix, arrive en France une méthode qui vient du Canada et qui semble bouleverser l'apprentissage de la lecture. Il s'agit d'une méthode à base phonologique qui s'appelle « Le Sablier ». L'essentiel du travail consistait en l'épellation phonétique, l'analyse de la chaîne parlée, pour y repérer et isoler des phonèmes dans des phrases et des mots. On apprenait alors les différentes correspondances phonie/graphie qui faisaient le travail de la semaine. On y rencontre une accumulation de graphies très variées pour un même phonème, de natures très différentes (**EX :** une même leçon sur le son [é] présente les graphèmes « é », « er », « ez »). Le danger était surtout une réduction du système orthographique à des relations graphophoniques qui nient la morphologie et ignorent ainsi des terminaisons porteuses de sens lexical ou grammatical. Cette méthode a disparu rapidement, mais il en reste le point de départ phonologique, majoritaire dans les manuels et les pratiques, et l'habitude d'entraîner les enfants à constater l'absence ou la présence du phonème (*cf.* le « j'entends / j'entends pas »). C'est le cas de *Paginaire* au CP ou *Au fil des mots*. Il est par ailleurs intéressant d'observer les progressions proposées par ces manuels et la fréquence des phonèmes en français.

■ **Les méthodes dites mixtes**

Beaucoup de manuels de lecture ont été qualifiés par leurs auteurs de méthodes mixtes à départ global. Ils avaient pour objectif de fournir aux enseignants une méthode « clés en main » permettant aux enfants de constituer un capital de mots durant les premières semaines de CP avant de passer à l'étude des correspondances entre l'oral et l'écrit, maîtriser la combinatoire et ainsi accéder au déchiffrement et à la reconnaissance des mots.
L'inconvénient était surtout dans le contenu et l'intérêt des histoires : des phrases simplistes présentant une famille et des animaux. Par ailleurs, ces méthodes étaient constituées de différents éléments : livres, livrets, posters, etc.

b. Les modèles descendants

L'activité du lecteur est centrale dans le processus de lecture. Il prend appui sur ses connaissances préalables pour anticiper le sens du texte. Ce modèle est qualifié de « descendant » car le lecteur :
- anticipe le sens du texte ;
- vérifie son hypothèse de sens ;
- confirme ou infirme l'hypothèse de sens.

La procédure de « haut niveau » est privilégiée. Le recours aux connaissances encyclopédiques et à l'identification des mots par voie directe est privilégié, la procédure de « bas niveau » n'est mobilisée qui si nécessaire.

■ **Les méthodes privilégiant l'accès au sens**

La méthode globale et ses dérivés. Ces méthodes ne recourent pas à un manuel et étaient à l'origine centrées sur l'enfant (*cf.* les recommandations de l'éducateur belge Ovide Decroly). Aujourd'hui, la méthode globale ne s'inspire pas de cette pédagogie. On part de phrases significatives pour l'enfant et leur confrontation permet de retrouver des mots identiques dans des phrases différentes. Ils constituent alors un capital de mots que l'on isole, de lettres à partir desquelles on compose des syllabes, qui servent à leur tour à composer des mots.

La méthode naturelle (Célestin Freinet). Son originalité réside dans les recours dominants et parfois quasi exclusifs à des textes produits par des élèves d'autres classes, ceux qu'ils reçoivent en retour de leurs correspondants. De plus, il y a recours à l'imprimerie. Aujourd'hui, les enfants utilisent l'informatique pour écrire leurs textes.

La méthode idéovisuelle. Les années soixante-dix voient apparaître une conception nouvelle de l'apprentissage de la lecture qui s'appuie sur le modèle ascendant et postule pour l'essentiel que l'enfant doit être entraîné d'emblée à se comporter face à l'écrit comme un lecteur-expert dont on pense alors avoir appris la conduite. On retrouve ce postulat décliné par A. Bentolila (*Gafi le fantôme*, 1992), E. Charmeux (*La lecture à l'école*, 1975), J. Foucambert (*La Manière d'être lecteur*, 1976).

L'apprentissage de la lecture doit porter sur les écrits sociaux vrais et non plus sur des écrits scolaires aménagés. La notion même de manuel de lecture est récusée comme une aberration puisque tous les livres sont écrits pour être lus sauf un : le manuel de lecture qui ne procure aucun plaisir ni information. Il faut surtout proscrire l'oralisation pour que l'enfant accède directement au sens sans passer par le son.

La question posée à l'époque était la nécessité ou non d'apprendre la combinatoire. Évelyne Charmeux affirmait en effet : « Le système de correspondances phonies-graphies, loin d'être absent de l'apprentissage, y tient une place importante mais comme aboutissement de l'apprentissage et non comme point de départ. » (*Apprendre à lire, échec à l'échec*, Milan éducation, 1998). J. Foucambert bannit lui aussi cet apprentissage puisque l'oralisation et le déchiffrement sont absents du bon lecteur. À noter que ces méthodes ont été dans les faits utilisées très exceptionnellement en classe, le recours au décodage restant absolument nécessaire pour entrer dans la lecture.

c. Le modèle interactif

Le modèle interactif considère que l'identification des mots dépend à la fois des données graphiques du texte (modèle ascendant) et des données contextuelles (modèle descendant). Les deux modèles ne s'opposeraient donc pas, mais seraient en interaction constante, ce qui permet d'accéder au sens.

Les méthodes interactives : certains enseignants prennent pour supports des activités d'apprentissage de la combinatoire des textes qui leur paraissent plus à même de faire sens pour les élèves, dans des proportions variables selon les classes :

- des extraits tirés d'albums ;
- des écrits sociaux dont la lecture a été rendue nécessaire par les projets menés en classe : recettes, invitations, affiches, etc.
- des textes écrits par les enseignants à partir des récits de vie racontés par les enfants ;
- des textes écrits par les enfants eux-mêmes, ceux que nécessitent les activités de la classe, ceux qu'ils envoient, reçoivent des correspondants.

Certains manuels sont conçus dans la volonté de privilégier l'interactivité :

- des ouvrages comportant très tôt des types d'écrits divers : *Dame Broca*, livre d'élève imitant la forme textuelle et la présentation d'un album. L'appareil pédagogique est absent du livre de l'élève ;
- des ouvrages faisant travailler les enfants sur de vrais albums : *Lire-écrire avec Cadou…*
- des manuels qui s'affranchissent des méthodes et proposent classeur, mallette, etc. : *Mika, Animalire, le compagnon d'apprentissage des enfants du CP.*

FOCUS **Aperçu des attentes ministérielles actuelles**

Les deux guides *Pour enseigner la lecture et l'écriture au CP*[1] et *Pour enseigner la lecture et l'écriture au CE1*[2] posent les contours des attentes ministérielles actuelles, qui semblent tournées vers les modèles ascendants et l'utilisation de la méthode syllabique.

Quelques grands principes posés par le guide *Pour enseigner la lecture et l'écriture au CP* :

- Le décodage précède la compréhension.
- Il convient de donner à lire aux élèves des textes totalement déchiffrables, en s'appuyant sur une progression rigoureuse dans la découverte des correspondances graphophoniques, puis dans l'étude des graphèmes.
- La lecture à haute voix est une activité fondamentale, puisque la fluence en lecture permet d'accéder à la compréhension. La ponctuation jouerait alors un rôle fondamental, puisque la compréhension de sa fonction et de ses enjeux, en complément de l'étude de la syntaxe de la phrase, permettrait d'entrer en compréhension.
- Un travail approfondi sur la compréhension ne peut commencer que si les élèves ont automatisé le décodage.

1. *Pour enseigner la lecture et l'écriture au CP*, https://eduscol.education.fr/1486/apprentissages-au-cp-et-au-ce1.
2. *Pour enseigner la lecture et l'écriture au CE1*, https://eduscol.education.fr/1486/apprentissages-au-cp-et-au-ce1.

FOCUS

Les troubles du langage écrit[1]

La dyslexie résulte d'altérations des mécanismes fondamentaux du langage écrit dans leur structure même. Ces altérations peuvent être d'ordre :
- mnésique : problème d'inscription, de rétention du vécu pour ce qui est du domaine linguistique ;
- visuel : exploration rapide du champ visuel du champ visuel et coordination oculomotrice difficile ;
- de représentation des organes phonatoires délicate (mettre un geste graphique sur un mouvement de ces organes) ;
- phonétique : capacité d'organiser la syllabe difficile (déconstruction/reconstruction) ;
- graphique.

Quelles conséquences ces altérations entraînent-elles ?

- L'enfant confond à la lecture certaines lettres de formes voisines ou proches phonétiquement (m, n, et u, p, b, d, q et g, s, et ch, f et v, a et an, a et o, un et u, in et i.
- Lesconsonnessonores(b,p,g,v,j,z)sontremplacéesparlesconsonnessourdes(p,t,k,f,ch,s). Par exemple, « piton » devient « bidon », « hippopotame » devient « hippopapame ». À noter que ces confusions ne sont pas systématisées : la lecture d'un même mot peut varier d'une occurrence à l'autre.
- Il inverse l'ordre des lettres, de certaines syllabes, de certains mots.
- Il omet certains sons.
- La lecture est hachée, hésitante, incompréhensible, car l'enfant ne réussit pas à transformer les graphèmes en phonèmes.

L'enfant dyslexique n'accède pas ou très peu au sens de ce qu'il déchiffre. Il n'aime généralement pas lire et rejette les activités liées à l'écrit.

La dyslexie est un trouble durable, le diagnostic doit être posé par un orthophoniste, généralement au CE1 (quand on constate un retard d'environ dix-huit mois par rapport à l'attendu). Elle s'accompagne le plus souvent d'une dysorthographie.

La dysorthographie est un trouble du langage écrit, qui est souvent lié à la dyslexie mais qui peut exister indépendamment d'elle. Il s'agit d'erreurs orthographiques qui ne sont pas liées à l'ignorance des règles d'orthographe lexicale ou grammaticale, mais à la difficulté à concevoir la phrase comme une structure organisée. L'enfant, quand il écrit, oublie des lettres, des syllabes, des mots, coupe les mots de manière incohérente. Ces problèmes sont spécifiquement liés à l'écriture et ne se retrouvent pas dans le langage parlé.

On retrouve chez l'enfant dysorthographique les difficultés suivantes :
- difficultés auditives alors que l'audition est normale, confusion de sons ;
- confusion de lettres ou de syllabes ;
- inversions ;
- mauvais découpage des mots ;
- méconnaissance du vocabulaire ;
- méconnaissance de la grammaire.

B. Les processus en jeu dans l'acte de lecture

Pour Jocelyne Giasson[2], la compréhension en lecture varie selon le degré de relation entre trois composantes : le lecteur, le texte, le contexte.

1 *CRPE Professeur des écoles, Tout le cours, Concours 2021*, Vuibert, 2020, p.156-157.

2. Jocelyne Giasson, *La compréhension en lecture*, De Boeck, coll. « Pratiques pédagogiques », 2008.

Concernant la composante lecteur, J. Giasson distingue :

- Les **structures** : « caractéristiques que possède le lecteur indépendamment des situations de lecture ». On compte deux types de structures :
  – les **structures affectives** : il s'agit de l'attitude du lecteur face au texte et de l'intérêt qu'il porte au texte ;
  – les **structures cognitives**, divisées en deux sous-ensembles : les connaissances sur la langue (connaissances phonologiques, sémantiques, syntaxiques, pragmatiques) et les connaissances sur le monde (autres connaissances encyclopédiques, indispensables pour entrer en compréhension).
- Les **processus**, « habiletés nécessaires pour aborder un texte », parmi lesquels il convient de distinguer :
  – les **microprocessus** : il s'agit de l'identification des mots, qui permet de comprendre l'information contenue dans une phrase ;
  – les **processus d'intégration**, qui permettent de faire le lien entre les propositions et les phrases, par le biais notamment des connecteurs ;
  – les **macroprocessus**, qui concernent la compréhension globale du texte (identification de ses idées principales, de sa structure générale) ;
  – les **processus d'élaboration**, qui permettent au lecteur de faire des inférences, c'est-à-dire de combler les blancs du texte, de comprendre les implicites en s'appuyant sur des connaissances préalables (fournies par le texte ou antérieures à la lecture) et sur l'image mentale construite à la lecture ;
  – les **processus métacognitifs**, qui permettent de réguler la compréhension. Le lecteur identifie le moment où il a cessé de comprendre et mobilise des stratégies qui lui permettent d'y remédier.

FOCUS

Les inférences

Pour comprendre un texte, la lecture des données contenues explicitement dans celui-ci ne peut suffire. Le lecteur est amené à combler les blancs du texte en procédant à une **lecture inférentielle** qui peut se concevoir selon deux modalités.
« Les **inférences logiques** sont fondées sur le texte et permettent d'établir des liens entre des énoncés successifs, [...] il est nécessaire d'expliciter ce qui est resté implicite dans l'énoncé.
Les **inférences pragmatiques** font appel au vécu du lecteur, à ses connaissances antérieures.
[...]
La principale difficulté pour les lecteurs est de **bien réaliser ces inférences**, ce qui suppose de pouvoir répondre à des questions autres que portant sur des formulations littérales. Il est donc nécessaire d'entraîner les élèves à la réalisation d'inférences. »[1]

1. Ressources d'accompagnement des programmes du cycle 3, Lecture et compréhension de l'écrit – travailler et évaluer la compréhension, « Les questions sur le texte », https://cache.media.eduscol.education.fr/file/Lecture_Comprehension_ecrit/88/6/RA16_C3_FRA_09_lect_eval_quest_N.D_612886.pdf

C. Les compétences en jeu dans l'activité de compréhension

Selon Sylvie Cèbe, Roland Goigoux et Serge Thomazet[1], la compréhension en lecture nécessite un certain nombre de compétences :
- des compétences de **décodage** (identification des mots écrits) ;
- des compétences **linguistiques** (lexique, syntaxe, orthographe, ponctuation) ;
- des compétences **référentielles** (connaissances encyclopédiques, culturelles) ;
- des compétences **textuelles** (maîtrise du système énonciatif) ;
- des compétences **stratégiques** (usage de stratégies de lecture adaptées) ;
- des compétences **d'évaluation et de régulation** (évaluer sa compréhension du texte, identifier les moments de perte de compréhension et savoir y remédier).

D. Les stratégies de compréhension

Les stratégies de compréhension sont l'ensemble des procédures que le lecteur peut convoquer pour comprendre un texte. Maryse Bianco, Laurent Lima et Emmanuel Sylvestre, cités dans les *Ressources d'accompagnement des programmes du cycle 3*[2], distinguent ainsi :
- des **stratégies d'enrichissement des contenus** : il s'agit d'apprendre les procédures que l'on peut utiliser pour déduire le sens des mots peu connus ou inconnus. Il s'agit également de faire appel aux connaissances liées au thème du texte ou d'enrichir ces connaissances ;
- des **stratégies d'organisation des connaissances** : repérage des structures (schémas de récits), apprentissage des techniques de résumé ;
- des **stratégies de traitement détaillé de l'information**, à partir de l'auto-questionnement (apprendre à poser des questions) ou de l'entraînement à répondre à différents types de questions ;
- des **stratégies de contrôle**, qui exercent le lecteur à résoudre les difficultés de compréhension ou d'interprétation.

Maryse Bianco distingue également quatre types de stratégies, selon les contenus et le moment de la lecture auxquels elles s'appliquent :
- les **stratégies de pré-lecture** : préalables à la lecture, elles consistent à balayer le texte, poser des questions avant la lecture, prendre connaissance du sommaire… ;
- les **stratégies liées à la construction d'une représentation mentale cohérente** (ou modèle de situation) : elles aident le lecteur à élaborer la cohérence du texte au fur et à mesure de la lecture. Il s'agit de prendre en compte l'ensemble des traitements inférentiels auxquels le lecteur fait appel pendant la lecture ;
- les **stratégies postérieures à la lecture** sont des habiletés de compréhension appliquées qui permettent de restructurer et d'organiser les informations issues d'un texte ou d'un corpus de documents. Ce sont elles qui permettent d'acquérir des connaissances grâce à la lecture.

1. Sylvie Cèbe, Roland Goigoux, Serge Thomazet, *Enseigner la compréhension : principes didactiques, exemples de tâches et d'activités*, https://hal.archives-ouvertes.fr/hal-00922482/document
2. Français cycle 3, *Ressources d'accompagnement des programmes : Lecture et compréhension de l'écrit : comprendre différents types de textes*, « Les stratégies de compréhension » : https://cache.media.eduscol.education.fr/file/Lecture_Comprehension_ecrit/87/6/RA16_C3_FRA_04_lect_comp_strat_N.D_612876.pdf

3 Les pratiques de lecture

A. Les supports de la lecture

a. Variété des supports de lecture

La question de la lecture est indissociable de celle des supports de lecture, extrêmement variés dans leurs formes comme dans leurs fonctions. La pluralité des supports entraîne une pluralité des modes de lecture. Chaque type d'écrit implique un mode de lecture spécifique, qui répond aux visées communicatives de l'écrit concerné et au projet du lecteur.
Ainsi :
– si je lis un récit littéraire, ma lecture est linéaire, je construis des inférences et j'émets des hypothèses sur la suite du récit ;
– si je consulte un article de dictionnaire, ma lecture sera sélective (je recherche un article précis). Je ne procède à une lecture linéaire que lorsque je cherche à comprendre l'article concerné.

NOTE DU FORMATEUR

Tout texte est un écrit, en revanche tout écrit n'est pas un texte ! Un texte est toujours composé d'un enchaînement de plusieurs phrases qui forment un tout cohérent. Un écrit peut être un simple mot, ou une phrase noté pour transmettre un message, se souvenir de quelque chose, etc.
Si tous les écrits ne sont pas des textes, il est en revanche essentiel de souligner que l'écrit suppose toujours un énonciateur et un destinataire.

b. La lecture sur support numérique

Le développement de la lecture sur support numérique implique le développement de nouvelles compétences et savoir-faire. Il est donc nécessaire pour le lecteur d'adapter ses stratégies à ces formes de lectures.
Les problématiques posées par la lecture sur support numérique sont :
– **la maîtrise de l'hypertexte :** la possibilité d'user des liens hypertextes pousse le lecteur à construire de nouvelles stratégies de compréhension. Il doit en effet être en mesure de comprendre en quoi les liens qui lui sont proposés sont cohérents avec sa lecture, et en quoi ils peuvent lui apporter des connaissances ou lui permettre d'affiner sa compréhension ;
– la nécessité d'avoir recours à une **lecture multimodale** : l'arrivée des supports numériques a bouleversé les schémas classiques de l'écrit, qui ne peut désormais plus être uniquement lié au format papier. Le texte est, sur support numérique, associé de manière quasiment systématique à des images, une sonorisation, des animations. Il est donc nécessaire d'avoir recours simultanément à plusieurs modes de lecture. C'est ce que l'on appelle la lecture multimodale, qui se définit

par la nécessité de croiser la maîtrise de plusieurs codes (le texte, le son, l'image) de manière à accéder au sens.

B. La lecture littéraire

a. Le statut du lecteur

Pendant longtemps, le texte a été perçu comme exclusivement lié à son auteur. Le lecteur était perçu comme le récepteur passif de significations données par le texte et sur lesquelles il n'avait rien à ajouter. Dans les années soixante-dix, cette conception a été remise en question : on estime alors que le lecteur joue une part active dans la construction du sens, puisqu'il élabore des hypothèses sur la signification du texte lu. Dans *Lector in fabula*[1] (1979), Umberto Eco définit le texte comme « un tissu d'espaces blancs, d'interstices à remplir. » Cela signifie que l'activité de lecture ne peut se réduire au prélèvement d'informations, mais qu'il s'agit avant tout de bâtir des hypothèses à partir du texte lu. Le lecteur confronte les informations délivrées par le texte à ses connaissances antérieures, valide ou invalide ses hypothèses de lecture, jusqu'à retenir une hypothèse finale sur le sens global du texte. Le **sujet-lecteur** serait alors ce lecteur actif, qui participe à l'élaboration du sens et interprète les textes qu'il lit.

b. Qu'est-ce que l'interprétation ?

Comme nous l'avons précédemment rappelé, le lecteur devient, dans la deuxième moitié du XXe siècle, la figure centrale de l'acte de lecture, puisqu'il ne s'agit plus d'envisager le texte comme étant porteur d'un sens figé dont l'auteur serait le seul garant, mais de considérer que le lecteur a une part active dans la construction du sens, ce qui implique nécessairement une pluralité fondamentale des significations possibles. L'interprétation pourrait donc être définie comme le message transmis par le texte à celui qui le lit.

Il faut cependant noter que s'il est désormais admis que la démarche du lecteur dépasse l'activité de compréhension d'un ensemble de significations qui lui préexistent, toutes les interprétations du texte ne sont pas pour autant permises. Il est en effet indispensable de confronter les hypothèses d'interprétation avec les données textuelles, objectives et vérifiables. La lecture interprétative nécessite donc un juste équilibre entre les « droits » du texte et ceux du lecteur.

c. Intertextualité et lecture en réseaux

La notion d'intertextualité est un concept vaste et souvent débattu. Nous choisirons donc de la concevoir, en nous appuyant sur les travaux des Mikhaïl Bakhtine, comme l'ensemble des liens qu'un texte établit avec d'autres, de manière implicite ou explicite. Il s'agit en effet de considérer que de nombreux textes tirent leur substance d'écrits antérieurs. Afin de favoriser la pratique de l'intertextualité en classe, il est possible d'organiser des lectures en réseaux, permettant à l'élève de construire un véritable **parcours de lecteur**.

1. Umberto Eco, *Lector in fabula, le rôle du lecteur ou la coopération interprétative dans les textes narratifs*, Grasset, 1979.

■ **Comment construire un réseau ?**

Les réseaux de lecture peuvent être organisés de différentes manières :
– à partir de l'univers d'un auteur ;
– à partir d'un stéréotype ou d'un personnage type (le loup, l'ogre, la sorcière…) ;
– à partir d'une thématique, sans céder à l' « effet catalogue » (cf. ci-après).

NOTE DU FORMATEUR

Catherine Tauveron, dans sa contribution au Conseil supérieur des programmes et citée dans les *Ressources d'accompagnement des programmes*, précise que la lecture en réseau ne doit pas être confondue avec un regroupement thématique : « [Elle] a d'abord été conçue comme une aide à la résolution de problèmes de lecture : les problèmes de compréhension ou d'interprétation rencontrés lors de la lecture d'un texte donné peuvent trouver leur solution par l'examen d'autres textes présentant les mêmes problèmes (éventuellement plus aisément surmontables). La lecture en réseau a été secondairement conçue comme un moyen de construire chez l'élève une culture proprement littéraire (culture d'un auteur, culture des genres, culture des stéréotypes, culture des coups narratifs) qui joue dans la lecture le rôle de cadre cognitif d'accueil et permet de traiter l'information avec plus d'efficacité ».[1] Autrement dit, la lecture en réseau ne saurait se réduire à une accumulation de lectures autour d'un même thème. Chaque œuvre du réseau permet de mieux comprendre le texte qui est à l'origine de ce réseau, par les similitudes ou différences qu'elle entretient avec lui. Il s'agit donc de mettre de manière constante en relief les liens qui peuvent exister entre les œuvres, non d'envisager leur découverte comme une suite de lectures indépendantes les unes des autres.

4 Les genres narratifs : le récit

A. La structure du récit

a. Le schéma narratif (ou schéma quinaire)

Selon Paul Larivaille[2], le récit se caractérise par son organisation suivant les cinq étapes du schéma quinaire :

1. La situation initiale (ou situation d'équilibre) : le lieu de l'action et les personnages sont présentés et décrits.

2. La complication (ou élément déclencheur) : il s'agit de l'élément qui vient rompre l'équilibre de la situation initiale.

3. Les actions (ou péripéties) : les personnages s'efforcent de résoudre les problèmes induits par la complication.

4. La résolution : les problèmes induits par la complication sont résolus.

5. La situation finale : c'est le retour à un équilibre final.

1. Eduscol, Français cycle 3, *culture littéraire et artistique*, « Lire en réseaux », https://cache.media.eduscol.education.fr/file/Culture_litteraire_/01/3/7-RA16_C3_FRA_5_lire_en_reseaux_591013.pdf
2. Paul Larivaille, « L'Analyse morphologique du récit », *Poétique* n° 19, 1974.

b. Le schéma actantiel

Dans les années soixante, Greimas tente de décrire la structure globale qui sous-tend les textes narratifs. Il considère que tout récit est fondé sur une opposition entre les personnages, que la narration permet ou non de résoudre[1]. C'est ce que l'on appelle le schéma actantiel :
– une **quête** est commandée par un destinateur (ou émetteur), en faveur d'un destinataire. Il s'agit du moteur du récit ;
– l'« **objet** » est ce vers quoi est tournée la quête. Il peut s'agir d'un objet au sens concret du terme (conquérir le Graal, trouver un trésor…), mais aussi de notions plus abstraites, comme les sentiments (un personnage qui chercherait à se faire aimer d'un autre) ;
– le **sujet** ou **personnage central** doit poursuivre la quête, son rôle est d'obtenir l'objet de la quête à la suite d'un certain nombre d'épreuves ;
– les **adjuvants** sont les éléments (personnages, événements…) qui aident le personnage dans sa quête ;
– les **opposants** sont les éléments (personnages, événements…) qui entravent la réalisation de la quête.

B. Les procédés narratifs

a. Le narrateur

Le narrateur est l'instance qui prend en charge le récit. Il ne doit pas être confondu avec l'auteur, personne identifiable dans la réalité, qui a écrit une œuvre. Dans la grande majorité des cas, l'auteur et le narrateur sont deux personnes différentes, sauf dans le cas de l'autobiographie, où ils ne font qu'un.

NOTE DU FORMATEUR

Dans un récit où le narrateur s'exprime à la première personne, il n'y a pas forcément identité entre l'auteur et le narrateur (il est fréquent que l'auteur délègue la parole à un narrateur fictif, souvent interne au récit, qui s'exprime en utilisant le « je »).

b. Les points de vue narratifs

La notion de focalisation, théorisée par Gérard Genette, fait référence au point de vue duquel est raconté le récit. Genette distingue trois types de focalisation.

■ **La focalisation interne :** le point de vue adopté est celui d'un personnage du récit. Quand la focalisation est interne, la narration donne accès aux connaissances et aux sentiments d'un personnage et adopte son point de vue. Elle est aisément identifiable quand les textes sont écrits à la première personne, mais peut aussi exister dans des textes écrits à la troisième personne.

1. A.J. Greimas, *Sémantique structurale*, Larousse, 1966.

■ **La focalisation externe :** l'histoire est racontée par un narrateur témoin de l'histoire et qui n'y participe pas. Le narrateur raconte les actions des personnages qui sont perceptibles de l'extérieur, mais nous n'accédons pas à leurs pensées ni à leurs sentiments. Le lecteur accède à une vision parcellaire des choses, dans la mesure où on reste à la surface des événements, sans entrer dans les mécanismes internes qui sous-tendent les actions des personnages.

■ **La focalisation zéro (point de vue omniscient) :** le narrateur sait tout des pensées et des actions des personnages. Il connaît leur passé et leur avenir. De ce fait, le lecteur en sait nécessairement plus que les personnages du récit.

c. La chronologie du récit

Tout récit peut faire l'objet de variations sur le plan de la chronologie. Celles-ci peuvent avoir une influence :
– sur la durée du récit ;
– sur l'ordre des événements.

■ **Les variations qui influent sur la durée du récit :**
– l'ellipse narrative : il s'agit de passer un événement plus ou moins long sous silence. C'est un procédé fréquent dans les récits courts comme la nouvelle ;
– la pause descriptive : le narrateur marque un arrêt sur un élément du texte qui lui semble particulièrement important, pour le décrire. Le récit est suspendu ;
– le ralenti : le temps du récit est dilaté par rapport aux événements racontés.

■ **Les variations qui influent sur l'ordre des événements :**
– l'analepse : le narrateur procède à un flash-back, à un retour en arrière ;
– la prolepse : le narrateur anticipe, annonce des événements qui ne se sont pas encore produits.

CONSEIL DU FORMATEUR

Si les procédés narratifs concernant la chronologie du récit sont utilisés volontairement par l'auteur-expert, ce n'est pas toujours le cas chez les élèves, qui procèdent parfois à des ellipses, des analepses ou des prolepses par méconnaissance des éléments structurant un texte, notamment des connecteurs assurant les liens logiques et chronologiques et du système des temps. Il convient donc, si on vous demande d'analyser une production écrite d'élève, d'analyser la pertinence et la cohérence des variations chronologiques proposées.

C. Quelques genres narratifs notables

■ **Le roman**
Le roman est un long récit en prose, dans lequel un narrateur relate les événements vécus par des personnages. Il existe de nombreux sous-genres relevant du roman (le roman policier, le roman d'aventure, le roman historique…).

■ **La nouvelle**

La nouvelle est un genre narratif qui se distingue du roman par sa brièveté. Les personnages sont généralement peu nombreux, l'action est extrêmement resserrée, la nouvelle se différencie du conte et du roman court par l'intensité des effets recherchés sur le lecteur. La chute de la nouvelle occupe ainsi une place essentielle. Au XIXe siècle ont pris leur essor les nouvelles réalistes et fantastiques.

FOCUS **Le registre fantastique**

La nouvelle fantastique relève du registre fantastique, qui se caractérise par l'irruption d'événements surnaturels inattendus. Le registre fantastique repose sur une hésitation : à la fin d'un récit fantastique, deux explications, l'une rationnelle, l'autre surnaturelle existent pour les événements relatés, entre lesquelles le lecteur ne peut trancher. Le fantastique est très souvent présent dans les textes étudiés à l'école du cycle 1 au cycle 4.

■ **Le conte**

Il s'agit d'un récit de fiction, issu de la tradition orale, relevant du registre merveilleux (le surnaturel fait partie de l'univers décrit, sa présence n'étonne ni le narrateur, ni le lecteur, ni les personnages). Il cherche à divertir le lecteur, mais sa visée est aussi didactique. Le conte est souvent porteur d'une morale.

■ **Les genres d'expression du « je »**

L'autobiographie est un genre littéraire particulier : il s'agit d'une catégorie de récits essentiellement centrés sur la vie de leurs auteurs. Le récit autobiographique peut prendre plusieurs formes : on parlera ainsi de roman autobiographique quand un auteur restitue des faits issus de sa vie réelle, en se dissimulant derrière un narrateur fictif, d'autofiction quand l'auteur se présente comme narrateur et personnage d'un récit dans lequel il relate des événements fictifs.

5 L'enseignement de la lecture et de la compréhension dans les programmes des cycles 1 à 3

A. Au cycle 1

À l'oral, le travail de la compréhension se fait oralement, par le biais de la lecture de l'enseignant, à partir de supports variés (albums de littérature de jeunesse, écrits sociaux, écrits produits par l'élève en utilisant le dispositif de la dictée à l'adulte par exemple…). Les programmes précisent que l'élève doit « écouter de l'écrit et comprendre », ce qui suppose de s'accoutumer à une langue de l'écrit très différente de l'oral de communication et de comprendre le message qu'elle véhicule. La compréhension orale des textes entendus est donc liée à l'enrichissement du vocabulaire et à l'appréhension de la syntaxe de l'écrit, différente de celle de l'oral. L'enseignant s'efforce de choisir des textes de plus en plus longs et de plus en plus éloignés de l'univers de référence de l'enfant, qu'il s'agisse de littérature de jeunesse ou de textes documentaires, puis oriente les échanges qui auront lieu suite à la lecture.

■ **Quelques principes et démarches**[1] **:**
– la fiction est une priorité en maternelle.
– il convient de dire et lire des histoires qui sont au service de la littérature et non d'objectifs autres (faire du graphisme ou des arts plastiques, découvrir tel phénomène scientifique, s'intéresser à tel objet du monde ou bien exploiter des albums au service de thèmes tels que l'automne…) ;
– des versions premières des contes et des histoires du patrimoine sont racontées, lues et relues tout au long du cycle 1 et les enseignants peuvent éventuellement proposer en fin de cycle des premiers détournements ou parodies lorsque tous les enfants se sont approprié les histoires originales ;
– la compréhension, l'appropriation des histoires et la construction du récit chez les enfants de maternelle requièrent une lecture complète plutôt que des lectures morcelées qui empêchent de nombreux enfants de saisir l'unicité dans la progression du récit ;
– la variété des démarches de contage et de lecture (présenter un résumé avant de lire, proposer aux enfants de regarder toutes les images avant de lire…) permet aux enfants de s'approprier différentes postures de lecteur. C'est alors l'analyse préalable de chacun des textes, chacun des récits, effectuée par l'enseignant qui lui permet d'en transmettre la spécificité, la singularité afin de permettre aux élèves de comprendre les histoires, de focaliser leur écoute sur l'usage de structures répétitives et/ou sur la dimension poétique, ludique des textes, d'en approcher peu à peu les enjeux, les éléments d'universalité, d'observer des traitements formels spécifiques… Il est donc essentiel de varier les modalités de lecture d'albums en fonction des objectifs fixés.

B. Au cycle 2

Les programmes de cycle 2 mettent l'accent sur plusieurs dimensions de l'activité de lecture.

■ **L'accès au code** : le déchiffrage est considéré comme prioritaire en début de cycle. Il s'agit d'automatiser l'identification des mots de manière à rendre l'élève autonome dans sa lecture le plus rapidement possible, afin qu'il puisse accéder à la compréhension.

■ Cet accès au code est étroitement lié à la **pratique de l'écrit** : les enseignants du CP s'appuient sur les compétences construites en GS pour procéder à un apprentissage systématique des correspondances graphophoniques, en partant de mots et de phrases déchiffrables par les élèves. Les programmes de cycle 2 précisent ainsi que « l'automatisation du code alphabétique doit être complète en fin de CP ». La mémorisation de ces correspondances se construit conjointement par la lecture et

1. Les textes qui suivent sont extraits des Ressources d'accompagnement des programmes du cycle 1, « Mobiliser le langage dans toutes ses dimensions », partie IV, https://cache.media.eduscol.education.fr/file/Langage/76/3/Ress_c1_langage_litterature_cadrage_774763.pdf

par l'écriture, qui permet de mémoriser la forme orthographique des mots, par le biais d'activités de copie et de transcriptions.

■ Les programmes précisent que « la compréhension est la finalité de toutes les lectures ». Il est donc indispensable de construire avec les élèves, de manière explicite, des stratégies de lecture qui vont leur permettre d'identifier la finalité de leur lecture et les processus à mettre en œuvre pour entrer en compréhension à partir de textes lus par l'enseignant ou par eux-mêmes. La découverte et la compréhension d'un texte s'élaborent donc dans un premier temps avec le guidage de l'enseignant, puis progressivement de manière de plus en plus autonome. Les lectures collectives permettent ainsi d'articuler identification des mots et accès au sens. Les reformulations permettent à l'élève d'accéder à l'implicite et favorisent la reformulation

■ La lecture à haute voix doit être pratiquée au cycle 2 pour développer la fluidité de la lecture. Elle s'articule également avec le travail mené en compréhension, dans la mesure où l'identification aisée des mots écrits permet d'accéder à la compréhension.

■ On s'efforcera également d'amener les élèves à fréquenter des œuvres complètes, pour construire des repères (identification des genres, des auteurs, des séries...). La lecture d'une dizaine d'œuvres par an, appartenant à la littérature de jeunesse ou patrimoniale, est préconisée.
La lecture est en lien avec l'étude de la langue, puisqu'elle permet à l'élève de mobiliser ses premières connaissances lexicales et grammaticales, d'enrichir le lexique, de s'interroger sur l'orthographe des mots connus, de découvrir des formes linguistiques qui pourront être réinvesties à l'écrit.

■ **Les compétences liées à la lecture et à la compréhension de l'écrit au cycle 2 :**
- identifier les mots de manière de plus en plus aisée ;
- comprendre un texte et contrôler sa compréhension ;
- pratiquer différentes formes de lecture ;
- lire à haute voix.

C. Au cycle 3

La notion de sujet lecteur et la construction des compétences de compréhension et d'interprétation sont au centre du cycle 3. Le décodage doit être automatisé, la lecture silencieuse constituer une pratique quotidienne dans toutes les disciplines. Le travail en compréhension s'effectue sur des supports variés, en lien avec l'étude de la langue et la pratique de l'écriture, dont l'objectif est de développer le bagage linguistique, les connaissances et la culture des élèves.
L'autonomie des élèves doit être croissante, ils doivent être amenés à lire mais aussi à écouter des textes de plus en plus longs et complexes. On mobilisera donc, dans toutes les disciplines, des ouvrages de fiction appartenant à la littérature patrimoniale comme à la littérature de jeunesse, mais aussi des ouvrages documentaires. L'enseignant veillera à enseigner de manière explicite des stratégies de compréhension, qui permettront aux élèves de construire les outils de cette autonomie.

Comme au cycle 2, les activités de lecture sont indissociables de la pratique de l'écriture et de l'étude de la langue. On mobilisera ainsi :
– les écrits de travail accompagnant la lecture (carnets de lecteurs) ;
– les activités de copie (d'un extrait de texte, d'un poème...) qui permettent de mémoriser des structures linguistiques qui pourront être réinvesties ;
– les écrits liés explicitement au travail de compréhension (réponses à des questions, schémas, notes, cartes mentales, reformulations...) ;
– les écritures libres qui prennent appui sur les textes littéraires.
Les activités de lecture permettent également de renforcer l'oral (écoute de textes lus en support aux activités de compréhension, préparation d'une lecture expressive, pratique du débat interprétatif...). Les élèves doivent apprendre à présenter oralement leur lecture, à partager leurs impressions, à débattre de l'interprétation d'un texte.
La compréhension est enfin intrinsèquement liée à l'étude de la langue, puisque l'enrichissement du lexique, la compréhension de la structure syntaxique des phrases ainsi que de la chaîne anaphorique et du système des temps verbaux sont des éléments déterminants pour la compréhension des textes, qui seront réinvestis dans les activités d'écriture.

■ **Les compétences liées à la lecture et à la compréhension de l'écrit au cycle 3 :**
– lire avec fluidité ;
– comprendre un texte littéraire et se l'approprier ;
– comprendre des textes, des documents et des images et les interpréter, contrôler sa compréhension et devenir un lecteur autonome.

CONSEIL DU FORMATEUR

Au cycle 2 comme au cycle 3, les lectures personnelles (ou lectures de plaisir) sont encouragées sur le temps scolaire. Les programmes encouragent la mise en place au sein de la classe d'un système de prêt de livres.

3. Écrire du cycle 1 au cycle 3

1 Les fonctions de l'écrit

À la différence du graphisme ou du dessin, les signes écrits, dont la fonction première est de coder l'oral, constituent du langage. L'écrit permet de s'adresser à un absent, de garder une trace de ce qui ne doit pas être oublié. À la différence de l'oral, reçu dans la grande majorité des situations en temps réel par le destinataire, l'écrit suppose un décalage plus ou moins important entre le moment où l'émetteur produit le message et le moment où le destinataire le reçoit. La capacité à faire usage de l'écrit dans sa vie personnelle, professionnelle et sociale est appelée littératie. C'est en partie du niveau et du type de littératie d'un individu que dépend son insertion dans la société.

Les écrits mobilisés dans le contexte scolaire, professionnel, personnel et social sont sujets à des classifications variées. On distingue généralement :

– les **types d'écrits** : il s'agit des textes envisagés dans leur globalité (support, fonction(s), caractéristiques globales). Ces trois éléments permettent de les identifier ;

– les **types de textes** (ou séquentialités textuelles) : ils peuvent se combiner dans un même type d'écrit. Il s'agit de séquentialités classées en fonction de leur structure et de leur finalité globale.

– les **types de discours** : produire un énoncé oral ou écrit suppose une intention de la part de l'auteur. En ce sens, la production d'un texte écrit s'inscrit dans les types de discours. On délimite généralement cinq types d'intentions qui peuvent se combiner dans les énoncés écrits ou oraux : raconter, décrire, argumenter, expliquer, dialoguer. Des formes non figées ont été élaborées en fonction de ces intentions et permettent à tout locuteur, à l'écrit comme à l'oral, d'entrer dans des **conduites discursives**.

2 Les types de textes (ou séquentialités textuelles)

A. Les visées d'écriture

Un texte se définit d'abord à travers :

– ses conditions de production ;

– sa visée communicative : il s'agit de déterminer avec quelles intentions vis-à-vis du lecteur le scripteur a rédigé le texte.

Jean-Michel Adam a retenu sept intentionnalités fondamentales du scripteur qui sous-tendent les productions d'écrit :

– informer le lecteur ;

– lui apporter une explication ;

– faire évoluer son point de vue ;

– lui décrire une réalité ;

– l'amener à adopter un comportement ou à réaliser une action ;

– partager une émotion ;
– lui apporter un plaisir esthétique.

Les visées communicatives de l'auteur se traduisent par les différents types de textes : il s'agit en effet de mobiliser le type de textes dont les caractéristiques générales répondent de la manière la plus adaptée à ces visées.

Werlich distingue cinq types de textes. Cette catégorisation a été reprise puis complétée par Jean-Michel Adam :

Catégorisation de Werlich	Catégorisation de Jean-Michel Adam
Texte descriptif	Texte descriptif
Texte narratif	Texte narratif
Texte expositif	Texte expositif/explicatif
Texte argumentatif	Texte argumentatif
Texte instructif (ou prescriptif ou exhortatif)	Texte injonctif/prescriptif
	Texte conversationnel
	Texte prédictif
	Texte rhétorique

B. Les séquentialités textuelles

Tout texte, dès qu'il est écrit, est porteur d'intentions. Il peut viser à raconter, convaincre, décrire, expliquer, etc. On peut généralement dégager dans le texte une intention dominante. **EX :** un roman vise majoritairement à raconter une histoire, un guide touristique à décrire un lieu, une pièce de théâtre à rapporter des dialogues. Cependant, il est rare que toutes les parties d'un texte convergent vers une même intention : un roman, dont la visée est majoritairement narrative, pourra ainsi contenir des passages descriptifs ou des dialogues. De la même manière, on peut trouver dans un texte à dominante argumentative des paroles rapportées ou des passages narratifs. Les séquentialités textuelles (ou types de textes) peuvent donc coexister dans un même écrit.

NOTE DU FORMATEUR

À chacune de ces visées, correspond un mode de lecture : on ne lit pas un roman de la même manière qu'un article de dictionnaire. La visée du texte peut donc avoir une incidence sur la façon de le lire. La découverte d'un roman, dont la dominante est narrative, suppose une lecture en continu, alors qu'un ouvrage documentaire à dominante explicative suppose une lecture plus fragmentée. Ainsi, un manuel scolaire ne se découvre pas par le biais d'une lecture continue, le lecteur consulte les chapitres qui peuvent l'informer sur le sujet sur lequel il souhaite s'instruire.

Les caractéristiques des différents types de textes (nous nous appuierons sur la classification établie par Jean-Michel Adam)

Types de textes	Fonction	Caractéristiques	Écrits concernés
Le texte narratif	Raconter un fait, un événement, en situant son déroulement dans le temps et dans l'espace. Il en retrace les étapes et en fixe la durée.	• Système des temps : imparfait/ passé simple ou présent de narration. • Essentiellement connecteurs spatio-temporels marquant l'enchaînement chronologique des actions.	Textes littéraires essentiellement (romans, nouvelles, contes…).
Le texte descriptif	Évoquer des lieux ou des personnages (portraits) que le lecteur ne voit pas mais qu'il peut s'imaginer à l'aide des mots. On parle de description objective quand la visée est de représenter de manière fidèle la réalité évoquée, et de description subjective quand elle intègre les impressions du locuteur.	• Système des temps : imparfait ou présent de l'indicatif. • Connecteurs spatiaux qui permettent de localiser et de caractériser les lieux. • Lexique : vocabulaire descriptif (adjectifs, verbes de perception…). Figures de style : comparaisons, métaphores.	Dans les textes littéraires : portraits, descriptions dans un récit. Dans les textes non littéraires : brochures, catalogues…
Le texte explicatif	Il vise à faire comprendre une information au lecteur. Sa visée est pédagogique. Il se propose de rendre plus claire une information que le lecteur est censé ignorer.	• Système des temps : présent de l'indicatif. • Système de connecteurs : articulation logique et chronologique du discours pour marquer les différentes étapes de l'explication (d'abord, ensuite, enfin).	Articles de dictionnaire ou d'encyclopédie, ouvrages scientifiques, manuels scolaires…
Le texte argumentatif	Il vise à convaincre le lecteur en s'appuyant sur des arguments et des exemples qui ont valeur de preuve.	• Système des temps : présent d'énonciation ou de vérité générale. • Connecteurs logiques (par conséquent, en outre, car, en effet…) pour exprimer l'articulation logique entre les différents arguments.	Essais, discours, plaidoiries d'avocat, textes portant sur des débats de société.
Le texte injonctif	Son but est d'amener le lecteur à réaliser une action, appliquer des consignes.	• Système des temps : utilisation de l'impératif présent ou de l'infinitif, parfois du futur simple de l'indicatif. • Organisation textuelle : dans une recette ou une notice par exemple, retours à la ligne fréquents pour marquer les étapes de la réalisation. • Lexique : champs lexicaux spécifiques au type d'écrit (recettes de cuisine, notices de montage…).	Recettes de cuisine, notices de montage, règlements et procédures divers…
Le texte rhétorique	Il vise à jouer sur les mots, les sonorités, à expérimenter la matérialité de la langue.	Jeux sur les sonorités (allitérations, assonances, rimes, paronomases…), figures de style.	Poèmes, chansons, dictons, slogans…

Types de textes	Fonction	Caractéristiques	Écrits concernés
Le texte dialogal ou conversationnel	Il vise à rapporter des paroles.	• Système des temps : utilisation des temps liés à l'énonciation de discours, que l'on peut retrouver dans des paroles rapportées au discours direct. • Organisation du texte : retours à la ligne pour marquer le changement de locuteur (dialogue théâtral par exemple). • Marques typographiques : tirets, guillemets, caractères gras pour différencier la question de la réponse dans une interview par exemple.	Interview de presse écrite, textes théâtraux, PV de police
Le texte prédictif	Il donne des renseignements sur l'avenir.	Système des temps : futur simple, présent de l'indicatif à valeur prédictive.	Prophéties, bulletins météo, pronostics sportifs, horoscopes…

3 Le processus d'écriture

A. L'entrée dans l'écriture

Dans ses travaux, Emilia Ferreiro[1] a distingué quatre stades d'entrée dans l'écrit chez le jeune enfant :
– le **stade pré-syllabique** : l'enfant produit des dessins ou des pseudo-lettres. Il ne relie pas l'écriture aux sons de la parole mais aux caractéristiques de l'objet (stade pré-syllabique de premier niveau, traitement figuratif). Par la suite, il trace des lettres sans les relier aux sons de la parole : il mobilise les lettres qu'il connaît, change leur ordre (stade pré-syllabique de deuxième niveau, traitement visuel) ;
– le **stade syllabique** : l'enfant procède au traitement de l'oral et s'efforce de faire correspondre phonie et graphie. La valeur qu'il donne aux lettres est syllabique (il pourra par exemple écrire AIO pour « papillon ») ;
– le **stade syllabico-alphabétique** : l'enfant discrimine plus finement les syllabes et les phonèmes. Ses productions se rapprochent d'un écrit normé, avec des oublis de lettres à l'intérieur des mots ;
– le **stade alphabétique** : l'enfant comprend que chaque graphème correspond à un phonème. Les correspondances graphophoniques sont efficientes, même si le principe orthographique est à acquérir.

1. Emilia Ferreiro, *Lire-écrire à l'école, comment s'y apprennent-ils ?*, CRDP de Lyon, 1988.

B. Le modèle de Hayes et Flower (1980)

Relayé dans le monde francophone par Michel Fayol, le modèle de Hayes et Flower vise à identifier les difficultés rencontrées lors de la mise en œuvre des processus rédactionnels, l'objectif étant de rendre possible l'amélioration des productions. Le modèle de Hayes et Flower repose sur trois composantes :

- **L'environnement de la tâche** : il s'agit de l'ensemble des données qui se rattachent à la tâche d'écriture : Qui est le destinataire ? Quels sont les moyens utilisés pour écrire (papier, crayon, format numérique…) ? Quelle est la thématique abordée ? S'agit-il d'une écriture individuelle ou collaborative ? Quelle est la motivation du scripteur envers la tâche d'écriture ?…
- **La mémoire à long terme** qui regroupe les connaissances préalables du scripteur : connaissance du thème, connaissance du destinataire, mobilisation de plans d'écriture déjà connus.
- **Le processus d'écriture** qui comporte quatre composantes :

– la **planification** : le processus de planification vise dans un premier temps à récupérer les informations stockées dans la mémoire à long terme (les connaissances préalables) qui pourront être utilisées pour produire le message. Le scripteur procède ensuite à la sélection et à la hiérarchisation de ces informations ;

– la **mise en texte** : il s'agit de la phase de génération du message, qui implique un travail d'encodage et de traitement linguistique de l'écrit produit. Le scripteur doit s'attacher à faire des choix qui concernent la grammaire de phrase (syntaxe, lexique, orthographe) et la grammaire de texte (assurer la cohésion et la cohérence du message produit, à travers les chaînes anaphoriques, la progression thématique, les temps verbaux…) ;

– la **révision** : Pour Hayes (1987), le *revising* est « l'ensemble du processus par lequel le réviseur tente d'améliorer un texte. » La révision est donc avant toute chose une activité d'auto-évaluation et d'autocorrection. La révision s'accompagne le plus souvent d'une réécriture qui amène à apporter des améliorations au texte initialement produit (corrections orthographiques, syntaxiques, ponctuation, modification du système des temps verbaux…) ;

– le **contrôle**.

4 Comment évaluer l'écrit ? Les travaux du groupe EVA

Dans un document intitulé « Questions pour évaluer les écrits »[1], les chercheurs du groupe EVA proposent un modèle didactique permettant d'évaluer l'écrit à l'école. Adaptable du cycle 1 au cycle 4, cette grille propose de dresser le panorama complet des compétences mobilisées pour produire un écrit, des questions que doit se poser le scripteur pour réaliser la tâche d'écriture, et des points auquel l'évaluateur doit être attentif. Les objectifs de cette grille sont de prendre en compte tous les éléments liés à la tâche d'écriture et d'envisager le processus d'écriture dans toute sa complexité. Les éléments qui doivent être pris en compte lors de l'évaluation d'un écrit sont répartis en deux catégories :

1. Groupe EVA, *Évaluer les écrits à l'école primaire*, Paris, Hachette Livre, 1991, p. 35.

- Les **unités d'observation** : le texte, les relations entre les phrases, la phrase en elle-même.
- Les **points de vue** :
– le **point de vue pragmatique** : compréhension des enjeux et de la fonction du message, choix pertinent du type d'écrit à produire, production de l'effet recherché sur le lecteur, guidage du lecteur ;
– le **point de vue sémantique** (l'information transmise est-elle compréhensible ?) : pertinence des choix lexicaux, cohérence sémantique, utilisation de connecteurs pour assurer l'articulation entre les propositions, les phrases, les parties du texte ;
– le **point de vue morphosyntaxique** (tout ce qui concerne le respect de la norme grammaticale et orthographique) : système et valeurs des temps verbaux, concordance des temps, cohérence syntaxique, orthographe lexicale et grammaticale, morphologie verbale… ;
– les **aspects matériels** (support utilisé, organisation du message, typographie…).

5 L'écriture dans les programmes du cycle 1 au cycle 3

A. Écrire au cycle 1[1]

a. Les exercices graphiques

Il faut plusieurs années aux enfants pour acquérir les habiletés nécessaires à l'écriture : utiliser leur regard pour piloter leur main, utiliser de manière coordonnée les articulations qui permettent de tenir et guider l'instrument (épaule, coude, poignet, doigts), contrôler les tracés, tracer volontairement des signes abstraits dont ils comprennent qu'il ne s'agit pas de dessins mais de lettres qui permettent de coder un message oral.

- **En petite section**

Il convient d'habituer les enfants à contrôler et guider leurs gestes par le regard, à prendre des repères dans l'espace de la feuille. L'enjeu est d'entraîner les enfants à maîtriser les gestes moteurs mobilisés dans le dessin et l'écriture.

- **En moyenne et grande section**

Les enfants s'exercent régulièrement à des exercices de motricité fine qui préparent spécifiquement à l'écriture et apprennent à adopter une posture confortable, à tenir l'instrument de façon adaptée, à gérer l'espace graphique (aller de gauche à droite, maintenir un alignement…). L'enseignant varie les modèles et accorde du temps aux démonstrations qui permettent l'apprentissage de leur reproduction.
L'écriture en capitales, plus facile à maîtriser graphiquement, ne fait pas l'objet d'un enseignement systématique ; lorsqu'elle est pratiquée par les enfants, l'enseignant veille au respect du bon ordre des lettres et fait comprendre les conséquences du respect de cet ordre sur ce qui peut être lu. L'écriture cursive nécessite un entraînement, qui ne peut intervenir que si les enfants ont acquis une certaine maturité

1. Les textes qui suivent sont extraits des programmes de l'école maternelle, « *Mobiliser le langage dans toutes ses dimensions* ».

motrice. C'est pour cela qu'il est le plus souvent pratiqué en grande section, la plupart du temps en deuxième partie d'année. L'écriture du prénom est un exercice d'entraînement important : les enfants ont un moins grand effort de mémoire à fournir et peuvent se concentrer sur la qualité du tracé. À partir de la moyenne section et régulièrement en grande section, l'enseignant explique la correspondance des trois écritures (capitales d'imprimerie, scripte et cursive). Les enfants s'exercent à des transcriptions et à leur saisie sur ordinateur.

ATTENTION

Les exercices graphiques qui permettent de s'entraîner aux gestes moteurs et l'écriture proprement dite sont deux choses différentes ! L'enseignant doit veiller à ce qu'elles ne soient pas confondues.
L'objectif est de construire la valeur symbolique des lettres. L'enseignant doit veiller à ne jamais isoler les trois composantes de l'écriture :
- la composante sémantique (le sens de ce qui est écrit) ;
- la composante symbolique (le code alphabétique) ;
- la composante motrice (la dextérité graphique).

b. Les essais d'écriture de mots

Il est nécessaire de valoriser les premiers tracés des petits qui disent avoir écrit, pour mettre les élèves sur le chemin du symbolique. S'il s'agit de lignes, de signes divers ou de pseudo-lettres, l'enseignant précise qu'il ne peut pas encore lire. À partir de la moyenne section, l'enseignant fait des commandes d'écriture de mots simples, par exemple le nom du personnage d'une histoire. Le but est que les enfants se saisissent des apports de l'enseignant qui a écrit devant eux, ou des documents affichés dans la classe qui ont été observés ensemble et commentés. Leurs tracés montrent à l'enseignant ce que les enfants ont compris de l'écriture. Une fois les tracés faits, l'enseignant lit, bruite ou dit qu'il ne peut pas encore lire. Il discute avec l'enfant, explique lui-même les procédés utilisés et écrit la forme canonique en faisant correspondre unités sonores et graphèmes. L'activité est plus fréquente en grande section.
L'enseignant ne laisse pas croire aux enfants que leurs productions sont correctes et il ne cherche pas non plus un résultat orthographique normé : il valorise les essais et termine par son écriture adulte sous l'essai de l'élève.

c. Les premières productions autonomes d'écrits

Quand les enfants ont compris que l'écrit est un code qui permet de délivrer des messages, il est possible de les inciter à produire des messages écrits. En grande section, les enfants commencent à avoir les ressources pour écrire. L'enseignant doit valoriser et encourager les essais spontanés. L'enseignant incite à écrire en utilisant tout ce qui est à leur portée. Une fois qu'ils savent exactement ce qu'ils veulent écrire, les enfants peuvent chercher dans des textes connus, utiliser le principe alphabétique, demander de l'aide. Plus ils écrivent, plus ils ont envie d'écrire.

L'enseignant accepte qu'ils mêlent écriture en capitales pour résoudre des problèmes phonographiques et écriture en cursive.
Lorsqu'ils ne se contentent plus de recopier des mots qu'ils connaissent mais veulent écrire de nouveaux mots, ils utilisent différentes stratégies :
- recopier des morceaux pris à d'autres mots ;
- tracer des lettres dont le son se retrouve dans le mot à écrire (les voyelles par exemple) ;
- attribuer à des lettres la valeur phonique de leur nom (utilisation de la lettre K par exemple).
Le problème de la séparation des mots se pose jusqu'au CE1.
Les premiers essais d'écriture permettent à l'enseignant de voir que les enfants commencent à comprendre la fonction et le fonctionnement de l'écriture, même si ce n'est que petit à petit qu'ils en apprendront les règles. Il commente ces textes avec leurs auteurs (ce qu'ils voulaient dire, ce qu'ils ont écrit, ce qui montre qu'ils ont déjà des savoirs sur les textes écrits), puis il écrit en français normé en soulignant les différences. Il donne aussi aux enfants les moyens de s'entraîner, notamment avec de la copie dans un coin écriture aménagé spécialement (outils, feuilles blanches et à lignes, ordinateur et imprimante, tablette numérique et stylets, tableaux de correspondance des graphies, textes connus). Un recueil individuel des premières écritures peut devenir un dossier de référence à apporter à la rentrée au CP.

■ **Les attendus de fin de cycle 1 :**
- manifester de la curiosité par rapport à l'écrit ;
- participer verbalement à la production d'un écrit. Savoir qu'on n'écrit pas comme on parle ;
- repérer des régularités dans la langue à l'oral en français (éventuellement dans une autre langue) ;
- manipuler des syllabes ;
- discriminer des sons ;
- reconnaître les lettres de l'alphabet et connaître les correspondances entre les trois manières de les écrire (cursive/script/capitales d'imprimerie). Copier à l'aide d'un clavier ;
- écrire son prénom en écriture cursive, sans modèle ;
- écrire seul un mot en utilisant des lettres ou groupes de lettres empruntés aux mots connus.

B. Écrire au cycle 2

Les programmes insistent particulièrement sur la nécessité d'aborder l'écrit par un enseignement structuré, explicite et progressif, ainsi que sur la dimension fondamentale du lien entre l'écriture et les autres domaines du français (oral, lecture, étude de la langue).

a. Copier

L'enseignant s'appuie sur les acquis du cycle 1 (les élèves ont été initiés à l'écriture cursive en grande section), pour travailler à l'automatisation du tracé des lettres en mobilisant l'écriture cursive. L'activité de copie est fondamentale pour permettre

aux élèves de s'entraîner au geste d'écriture, mais aussi de mémoriser l'orthographe des mots. L'automatisation du geste graphique est nécessaire pour permettre aux élèves de mobiliser leur attention sur la cohérence de l'écrit produit et sur l'exercice de la vigilance orthographique. Les élèves doivent également s'initier au traitement de textes et à l'utilisation du clavier.
Au cycle 2, ils apprennent à copier et transcrire sans erreur, avec une présentation adaptée, des textes variés. On privilégiera donc :
– les activités d'entraînement à l'automatisation des tracés ;
– la copie sous toutes ses formes (copie retournée, différée…), qui permet de mémoriser des structures linguistiques, mais aussi l'orthographe des mots.
L'enseignant veillera à varier les supports et au respect de la mise en forme des textes proposés.

b. La rédaction de textes

Au cycle 2, la rédaction de textes s'articule avec le domaine de la lecture et de la compréhension de l'écrit. La maîtrise de la lecture n'étant pas nécessaire pour commencer à écrire, l'enseignant s'appuiera, comme c'est le cas pour l'activité de copie, sur les premiers écrits autonomes produits en cycle 1.
Chaque situation d'apprentissage permet d'entrer dans une démarche de rédaction de textes. Il est donc possible de faire produire aux élèves des écrits extrêmement variés et réguliers. La diversité des textes écrits répond à la variété des situations d'apprentissage. C'est le travail conduit avec méthode, explicite et continu sur le cycle, en relation constante avec la lecture et l'étude de la langue, qui fera progresser les élèves, alors que les activités dans lesquelles il s'insère apporteront la matière aux textes écrits.
Des tâches quotidiennes d'écriture[1] sont proposées aux élèves : rédaction d'une phrase en réponse à une question, formulation d'une question, élaboration d'une portion de texte ou d'un texte entier. Avec l'aide du professeur, ils établissent les caractéristiques du texte et ses enjeux. Ils apprennent à écrire des textes de genres divers : récits brefs, dialogues, descriptions, etc. Ce dernier exercice permet d'articuler les pratiques d'observation réalisées dans le cadre des activités d'étude du monde du vivant, de la matière et des objets avec un enrichissement progressif du vocabulaire des élèves. Les élèves prennent plaisir à écrire sous le regard bienveillant de l'enseignant. Pour passer à l'écriture, ils s'appuient sur des textes qu'ils ont lus et recueillent des ressources pour nourrir leur écrit : vocabulaire, thèmes, modes d'organisation mais aussi fragments à copier, modèles à partir desquels proposer une variation, une expansion ou une imitation ; ils s'approprient des formes et modèles à respecter ou à détourner. Avec l'aide du professeur, ils prennent en compte leur lecteur. Des exercices d'entraînement à l'écriture développent des automatismes qui permettent de faire progresser les élèves. Pour les élèves encore trop peu autonomes dans l'écriture, leurs propos sont transcrits par l'enseignant.
Les élèves se familiarisent avec la pratique de la relecture de leurs propres textes pour les améliorer. Cette activité complexe suppose l'expérience préalable de la lecture et de l'amélioration de textes dans une collaboration au sein de la classe et sous la conduite du professeur. Des remarques toujours bienveillantes faites sur le

1. Le texte qui suit est extrait des programmes de français du cycle 2.

texte initialement produit, des échanges avec un pair à propos de ce texte sont des appuis efficaces pour construire l'autonomie des élèves.

Les élèves développent une attitude de vigilance orthographique en faisant le lien avec l'étude de la langue, soutenus par le professeur qui répond à leurs demandes d'aide.

■ **Les compétences du domaine « écrire » au cycle 2 :**

- copier (lien avec la lecture) ;
- écrire des textes en commençant à s'approprier une démarche (lien avec la lecture, le langage oral et l'étude de la langue) ;
- réviser et améliorer l'écrit qu'on a produit (lien avec l'étude de la langue).

FOCUS

Les obstacles possibles à l'écriture au cycle 2[1]

L'écriture et plus généralement la découverte du monde de l'écrit peut susciter des difficultés chez la plupart des élèves.

■ **L'acculturation au monde de l'écrit** : le patrimoine culturel est extrêmement variable d'un élève à l'autre, ce qui peut générer des difficultés, pour la plupart des élèves, à entrer dans la démarche d'écriture. L'enseignant s'efforcera donc de réduire ces inégalités en lisant de manière régulière des œuvres issues de la littérature de jeunesse, et en mettant à disposition des élèves des ouvrages variés.

■ **La planification du texte** : les élèves peuvent parfois être freinés dans la démarche d'écriture par la planification du texte : Que doit-on écrire ? Pour qui ? Quelle est la visée recherchée par l'écrit produit ? La pratique des écrits courts, la mise en commun des idées avant mise à l'écrit peuvent contribuer à lever ces difficultés.

■ Durant la rédaction, **la gestion simultanée des différentes composantes de l'écrit** (maîtrise du geste graphique, cohérence et cohésion textuelle, vigilance orthographique, respect de la consigne, production d'un texte correspondant au genre visé et au destinataire...) : il est fondamental de favoriser l'accès aux outils construits en classe avec les élèves (cahier-outil, affichages, corolles lexicales, grilles de critères construites avec les élèves...).

■ **La relecture et l'amélioration de l'écrit qu'on a produit** : il peut s'agir de moments délicats pour de nombreux élèves. On veillera donc à systématiser le recours aux outils de relecture, et on élaborera, de préférence avec les élèves, des grilles de relecture simples qu'ils peuvent à tout moment mobiliser.

■ **S'interdire d'écrire** : l'élève pense qu'il ne peut pas écrire, étant donné qu'il ne sait pas encore lire. Cette difficulté est généralement présente en début de cycle 2. Il conviendra donc de développer un climat bienveillant qui encourage toute tentative d'écriture, selon le principe de la démarche « VIP » développée par Mireille Brigaudiot :

V = Valoriser : l'enseignant s'adresse ainsi à l'enfant au regard de ce qu'il a réalisé : « Ton dessin de coq est magnifique et tu as écrit ! »

I = Interpréter : « Alors je crois que je sais comment tu as fait, tu t'es dit que pour écrire, il fallait... ».

P = Poser les écarts : « Je vais te montrer comment je l'écris, moi. »

1. Ressources d'accompagnement des programmes du cycle 2 : *Écriture : La rédaction de textes – les écrits courts*, « Les obstacles possibles », https://cache.media.eduscol.education.fr/file/Ecrits_courts/24/1/5-RA16_C2_FRA_3_obstacles_possibles_635241.pdf

C. Écrire au cycle 3

a. L'écriture au service des apprentissages : les écrits de travail

Au cycle 3, l'écriture est au centre de la réflexion dans tous les apprentissages. Les élèves se saisissent de toutes les occasions pour écrire, dans les différentes disciplines et en lien avec les apprentissages. L'écriture est donc mobilisée :
– pour réagir à une lecture ;
– pour réfléchir et préparer la tâche demandée ;
– pour reformuler, expliquer, justifier une démarche ;
– pour faire la synthèse d'une réflexion.

Les écrits de travail ne sont pas exclusivement dédiés à l'apprentissage de l'écriture, mais ils contribuent à tous les apprentissages disciplinaires et à la structuration des savoirs dans toutes les disciplines. Il s'agit de développer l'autonomie des élèves, en leur faisant prendre conscience que l'écriture est un support à la réflexion, permet d'objectiver un problème, de chercher à trouver des solutions. Les écrits de travail peuvent être de nature extrêmement variée et ne sont pas l'objet d'une correction systématique. Il peut s'agir de listes, de fragments de textes réécrits, de carnets d'écrivain, de journaux de lecture, de carnets d'expérimentations, de cahiers de chercheur… Si ces écrits sont variés dans leur forme, ils ont en commun de ne pas faire l'objet d'une correction systématique et de représenter une étape de la réflexion menée par l'élève. À ce titre, ils peuvent demeurer inachevés.

FOCUS **La gestion des écrits de travail en classe**

La quantité des écrits de travail produits en classe peut vite devenir un obstacle pour l'enseignant si celui-ci les traite comme des productions normées, avec révision orthographique et syntaxique systématique. Il est donc indispensable d'expliciter avec les élèves la fonction de ces écrits, afin de ne pas leur laisser penser que ceux-ci, états des lieux de leur réflexion à un moment précis, remplacent un écrit normé et définitif. L'enseignant doit donc penser la transition entre ces écrits de travail et les écrits définitifs, et revenir sur ces écrits de travail, pour éviter de laisser circuler des textes erronés du point de vue des connaissances, sans nécessairement chercher à en faire des écrits normés et définitifs.

b. Les écritures créatives au cycle 3

Au cycle 3, l'écriture est pratiquée en lien avec la lecture de différents genres littéraires, ce qui favorise l'écriture autonome et la mise en place de projets d'écriture. On distinguera ainsi :
– les écritures créatives courtes, qui permettent aux élèves de comprendre les enjeux de l'acte d'écriture, de se familiariser avec les genres littéraires et de pratiquer la vigilance orthographique ;
– les projets d'écriture, qui sont à envisager sur le long terme, de manière individuelle ou en collaboration, et qui permettent de fédérer les élèves autour d'un produit fini. Dans le cadre d'un projet d'écriture, lecture, écriture et étude de la

langue sont étroitement liés, puisque l'activité d'écriture s'appuie sur les textes lus en classe, et que les notions étudiées dans le cadre de l'étude de la langue sont mises au service du projet. Il nécessite donc une temporalité spécifique, différente de l'ordinaire de la classe, et s'inscrit dans la durée, favorisant les retours sur l'écrit produit.

FOCUS **Revenir sur l'écrit qu'on a produit**

L'écriture est une compétence qui se construit par la possibilité d'améliorer son texte, et donc de le réécrire. Dominique Bucheton et Jean-Charles Chabanne[1] proposent quatre manières de guider la réécriture des élèves :

- **Reprise et variation** : la reprise est le retour en amont du premier jet. À quelques jours d'intervalle, après avoir commenté les premiers jets, on redonne la même consigne d'écriture (à l'identique ou reformulée), sans redonner le premier jet. La variation consiste à faire varier la consigne (en changeant de point de vue par exemple).
- **Développement d'un aspect du texte :** l'enseignant donne des consignes concernant un aspect précis du texte (les sentiments d'un personnage par exemple). Le texte produit pourra être inséré dans le premier (ce qui nécessitera des adaptations) ou constituer un nouveau texte à part entière.
- **Apport de culture et de savoirs :** en cours d'écriture ou de révision, il conviendra de nourrir l'imaginaire des élèves par la lecture de textes, la création de banques de mots, d'expressions, de structures linguistiques, qui permettront aux élèves d'enrichir l'écrit produit.
- **La lecture et l'analyse des textes entre pairs :** cela permet d'adopter une posture réflexive par rapport à l'écriture.

c. Écriture et étude de la langue

Les programmes insistent sur la nécessité de concevoir les activités d'écriture comme des prolongements des séances de grammaire et de vocabulaire, la relecture et l'amélioration de l'écrit produit constituant également des occasions de remobiliser les acquis en orthographe. Le regard de l'enseignant se fait bienveillant, une marge d'erreur est tolérée en fonction de l'âge et de la maturité des élèves. On s'efforcera de proposer des activités porteuses de sens, qui permettent de réinvestir les connaissances grammaticales et de susciter la curiosité des élèves pour l'étude de la langue.

1. D. Bucheton et J.C. Chabanne, *Écrire en ZEP. Un autre regard sur les écrits des élèves*, Paris, Delagrave/CRDP de Versailles, 2002, analyses reprises dans les Ressources d'accompagnement des programmes du cycle 3 : https://cache.media.eduscol.education.fr/file/Ecriture/10/3/18_RA_C3_Francais_Ecriture_REECRIRE_591103.pdf

FOCUS — Évaluer les productions d'écrit au cycle 3

On privilégiera une évaluation positive, l'enrichissement progressif de la grille de critères au fil des jets d'écriture permettant de repérer les acquis et les progrès des élèves. On s'efforcera donc de pratiquer une évaluation qui met en exergue les réussites plutôt que les écarts par rapport à la norme, même si celle-ci ne doit pas être négligée. L'enseignant évalue par validation des réussites, en laissant circuler les textes (validation entre pairs), de manière à s'appuyer sur l'effet produit sur le lecteur.

Les annotations de l'enseignant ont une visée formative : elles pointent les réussites et ce qui pourrait être amélioré, permettant à l'élève de se questionner sur les aménagements possibles de son texte. L'enseignant adopte, au-delà de la posture de l'évaluateur, une posture de lecteur attentif qui a cherché à comprendre les effets recherchés par l'élève-auteur.

De fait, la validation par les pairs s'avère une stratégie d'évaluation efficace, puisque l'élève-auteur mesure l'efficacité des stratégies utilisées pour produire l'effet recherché sur les lecteurs.

Les compétences du domaine « Écrire » au cycle 3 :

- écrire à la main de manière fluide et efficace / maîtriser les bases de l'écriture au clavier ;
- recourir à l'écriture pour réfléchir et pour apprendre ;
- rédiger des écrits variés ;
- réécrire à partir de nouvelles consignes ou faire évoluer son texte ;
- prendre en compte les normes de l'écrit pour formuler, transcrire et réviser.

4. Comprendre le fonctionnement de la langue du cycle 1 au cycle 3

1 Quelques notions fondamentales

A. La grammaire

a. Qu'est-ce que la grammaire ?

Le mot « grammaire » peut renvoyer à plusieurs définitions, traduisant différentes approches de l'étude de la langue.

■ La grammaire peut être perçue comme **normative** : il s'agirait avant tout de prescrire le « bon usage », la manière dont il convient de s'exprimer. La grammaire scolaire, apparue au cours du XIXe siècle, est dans un premier temps normative, puisqu'il s'agit d'enseigner aux élèves l'art de bien s'exprimer. Elle prend essentiellement en compte les usages de l'écrit et exclut de fait les pratiques de l'oral. Cette conception de la grammaire a longtemps été dominante dans l'enseignement, mais il lui a été reproché de ne pas tenir compte des usages oraux, de se réduire à l'apprentissage d'une série de natures et de fonctions grammaticales fondées sur des critères de définition souvent imprécis et de ne pas favoriser le réinvestissement des notions par l'élève.

■ La **linguistique** propose d'analyser les règles qui sous-tendent le fonctionnement d'une langue, sans jugement de valeur quant à la correction grammaticale des énoncés analysés. Il s'agit de décrire de la manière la plus précise possible le fonctionnement de la langue, sans exclure les énoncés produits à l'oral ou s'écartant de la norme. La grammaire scolaire s'inspire aujourd'hui largement de la linguistique.

b. Grammaire de phrase et grammaire de texte

■ **La grammaire de phrase**

Il s'agit d'analyser les unités de la langue, en utilisant une démarche ascendante : on part du mot, pour aller vers la proposition ou la phrase, puis vers le paragraphe, puis le texte. Les activités qui relèvent de la grammaire de phrase sont :

– l'analyse des natures et des fonctions grammaticales de différents groupes syntaxiques ;

– l'analyse des propositions dans la phrase complexe.

■ **La grammaire de texte**

La notion de grammaire de texte est apparue à la fin des années quatre-vingt-dix. Il s'agit cette fois d'envisager les écrits dans leur globalité et leur cohérence. Alors que la grammaire de phrase part de l'unité la plus petite (le mot) pour aller vers l'unité la plus grande (le texte), la grammaire de texte adopte la démarche inverse, puisqu'il s'agit de décrire les démarches qui sous-tendent la production des textes et fondent leur cohésion et leur cohérence. Les activités qui relèvent de la grammaire de texte sont :

- l'analyse des chaînes anaphoriques ;
- l'analyse de la structure du texte et des progressions thématiques.

NOTE DU FORMATEUR

Tout comme la grammaire peut être à la fois prescriptive et descriptive, la grammaire de phrase et la grammaire de texte ne s'excluent pas l'une l'autre. Il est ainsi nécessaire, du cycle 1 au cycle 4, d'amener les élèves à construire des compétences qui leur permettent de produire un écrit syntaxiquement correct et précis tant au niveau de la phrase (syntaxe de la phrase) que du paragraphe ou du texte (règle de non-contradiction, cohérence de la progression thématique, de la chaîne anaphorique...).

B. L'orthographe

a. Le système phonologique du français

Pour vous faire une idée de ce qu'est le système phonologique du français, nous nous appuyons sur la présentation qui en est faite dans le *Grevisse de l'enseignant*[1].

Voyelles	Consonnes	Semi-consonnes
Orales	[b] bon, tube, abbaye	[j] yeux, hyène, hier, paille, cerfeuil, panier
[a] date, chat, déjà habitat, femme	[d] déjà, dindon, additif	[w] oui, voilà [vwala], poêle, couard, square
[ɑ] pâte, âne, hâte	[f] fier, philosophe, gaffe	[ɥ] cuir, luire, puits, huile
[e] pré, héros, pied, fermer, nez	[g] gare, aggraver, figue	
[ɛ] mère, belle, être, herbe, escargot, neige, rejet, lait	[k] car, accord, cueillir, orchestre, quart, quoi, requin, cinq, poker, képi, cocker, grecque	
[ə] chemin, devoir, petite	[l] loup, bol, pull, tranquille	
[i] cri, ile, hirondelle, hymne, naïf	[m] main, écume, gomme	
[o] rose, pause, haut, agneau, hôtel, côte, zoo	[n] non, peine, sienne, bonne	
[ɔ] note, pomme, orage, horloge, rhum, Paul	[p] par, apporter, dépit	
[ø] lieu, heureux, œufs	[R] rose, terreur, partir	
[œ] peur, œil, œuf, cœur	[s] sol, dessert, six, ceci, leçon, science, patience	
[u] trou, bijou, voute, houx, aout, pool	[t] tas, attaque, thème	
[y] pur, eu, une, mûr, lutte	[v] ver, avoir, wagon	
Nasales	[z] zéro, désert, dixième, jazzman	
[ɑ̃] manger, tente, hantise, enfant, lampe, embrun, paon	[ʃ] chat, tache, short, schéma	
[ɛ̃] matin, timbre, examen, pain, lien, sein, faim, thym	[ʒ] jardin, juge, pigeon, magie	
[ɔ̃] saison, concombre, honte, sombre	[ɲ] agneau, ligne, gnocchi	
[œ̃] lundi, brun, parfum	[ŋ] smoking, parking, pingpong	

1. Pellat J.-C., Fonvielle S., *Le Grevisse de l'enseignant : Grammaire de référence*, Magnard, 2016, pp. 80-82.

On distinguera cinq moments dans les niveaux de conscience phonologique :
– niveau 1 : l'enfant est conscient des sons qu'il reconnaît, il est capable de scander les rimes dans une comptine ;
– niveau 2 : il est capable de comparer et de contraster les sons, par exemple en lui faisant distinguer des mots qui ont des sons semblables ou différents au début, à la fin ou au milieu du mot ;
– niveau 3 : l'enfant parvient à fusionner et segmenter les mots en syllabes ;
– niveau 4 : l'enfant parvient à segmenter les phonèmes ;
– niveau 5 : l'enfant réussit à manipuler les phonèmes pour former des mots nouveaux.

FOCUS **Retard de langage et retard de parole[1]**

Ces deux types de retards ne doivent pas être confondus.

■ **Retard de langage**. L'enfant commence à parler à 2 ans et demi ou 3 ans, et moins bien par rapport à la norme (atteinte du vocabulaire et de la syntaxe : **moi a vu un animau*). Si ce retard est rééduqué dès la maternelle, il s'améliore avant six ans.

■ **Retard de parole.** Les productions verbales de l'enfant sont déformées :
- il simplifie les mots (parapluie / papui) ;
- il omet la syllabe finale des mots (beurre / beu) ;
- il élimine certains sons (porte / pote) ;
- il déplace les phonèmes (brouette / bourette) ;
- il ajoute des phonèmes (crocodile / crocrodile) ;
- il postériorise (train / crain) ;
- il antériorise (crabe / trabe) ;
- il réalise de fausses liaisons (oiseau / zoiseau).

Le retard de langage se caractérise par le fait que ces déformations sont stables dans le temps. Si ces retards sont pris en charge à temps, ils évoluent favorablement, tandis que la dysphasie constitue un déficit sévère et durable du langage oral.

b. Les difficultés inhérentes au système orthographique du français : le « plurisystème » de Nina Catach

Le système orthographique du français présente plusieurs types de difficultés, qui rendent son appréhension complexe. C'est en ce sens que Nina Catach, en 1978, parle de « plurisystème ».

Les difficultés du système orthographique français :
– l'alphabet français comporte vingt-six lettres, mais notre système phonologique compte trente-six phonèmes. Cela signifie qu'un même graphème peut transcrire plusieurs phonèmes. **EX :** le graphème c peut transcrire les phonèmes [s] et [k] ;
– le français comporte des graphèmes associant plusieurs lettres : les digrammes formés de deux lettres (au, on, in, ph…) et les trigrammes qui comportent trois lettres (oin, eau, ain…) ;
– le français comporte de nombreux cas d'homophonie (**EX :** ver, verre, vers, vair…) ;

1. *CRPE professeur des écoles, Tout le cours, Concours 2021*, Vuibert, 2020, p. 170.

– certains graphèmes du français sont muets, pour différentes raisons. Cela peut correspondre à une marque étymologique ou à une marque d'accord (EX : -s pour le pluriel de la plupart des noms et des adjectifs par exemple).

c. La grille de Nina Catach : une classification des erreurs orthographiques du français

Le système orthographique du français étant complexe, les erreurs possibles sont de nature très diverse. C'est partant de ce constat que Nina Catach a établi une grille dans laquelle se distinguent cinq grandes catégories d'erreurs.

■ **Les erreurs à dominante phonétique**

Ce type d'erreur vient d'une perception erronée ou d'une mauvaise prononciation des mots. Ce type de déformation est fréquent à l'oral chez les jeunes enfants (EX : crocrodile, aréoport, manman…), ce qui montre à quel point la maîtrise de l'oral et de la conscience phonologique est fondamentale dans l'acquisition ultérieure du principe orthographique.

■ **Les erreurs à dominante phonogrammique**

Nina Catach appelle phonogrammes les graphèmes qui transcrivent les phonèmes. L'erreur à dominante phonogrammique porte donc sur une transcription erronée d'un phonème correctement perçu à l'oral. EX : *un éléfant.

L'erreur peut ne pas altérer la valeur phonique du mot (EX : *un bato) ou altérer la valeur phonique du mot (EX : *écilibre).

■ **Les erreurs à dominante morphogrammique**

À la différence des phonogrammes, les morphogrammes n'ont pas pour fonction de transcrire des phonèmes, mais sont des marqueurs lexicaux ou grammaticaux. Ils peuvent à ce titre être muets.

Les erreurs morphogrammiques d'origine lexicale : le morphogramme lexical peut être porteur d'une information sur les marques de dérivation (EX : lour**d** / lourdeur). Les erreurs portant sur les morphogrammes lexicaux peuvent être de différentes natures :

– non reconnaissance des mots. EX : un *navion ;

– méconnaissance de la famille du mot. EX : **h**abité / *inabité ;

– méconnaissance des préfixes. EX : **en**terrement / ***an**terrement ;

– ignorance du maintien ou non du radical. EX : nous disting**u**ons / * nous distingons.

Les erreurs morphogrammiques d'origine grammaticale : le morphogramme grammatical est porteur d'une information de nature grammaticale (genre, nombre, désinence verbale…). Les erreurs morphogrammiques d'origine grammaticale peuvent être dues :

– au non-respect des règles d'accord. EX : entre le sujet et le verbe, dans le groupe nominal ;

– à des confusions entre les formes du pluriel. EX : genou**x** / *genou**s** ;

– à des confusions liées aux classes grammaticales. EX : *les enfants coure**s** → confusion de la marque du pluriel du nom et de la P6 du verbe.

■ **Les erreurs logogrammiques (relatives aux homophones)**

Les phénomènes d'homophonie sont des sources fréquentes d'erreurs orthographiques en français. On distingue :

– l'homophonie de discours. **EX :** l'arme / larme ; débrouillard / des brouillards ;
– l'homophonie lexicale. **EX :** voie / voix ; fois / foie ; chant / champ ; pin / pain ;
– l'homophonie grammaticale. **EX :** à /a ; et / est ; ses/ ces ; son / sont.

■ **Les erreurs idéogrammiques**

Nina Catach appelle erreurs idéogrammiques toutes les erreurs qui ne sont pas relatives à l'alphabet. Il s'agit des erreurs liées à l'emploi des majuscules, de l'apostrophe, du trait d'union, de la ponctuation…

NOTE DU FORMATEUR

Il est parfois difficile de déterminer dans quelle catégorie classer une erreur.
EX : Dans la phrase « il a les l'armes aux yeux », on analysera l'erreur portant sur « l'armes » comme une erreur d'origine idéogrammique, et non comme une erreur liée à l'homophonie de discours, car il n'y a pas ici confusion du point de vue du sens entre une arme et les larmes.

D. La réforme orthographique de 1990

Les programmes en vigueur précisent que « l'enseignement de l'orthographe a pour références les rectifications orthographiques publiées par le *Journal officiel de la République française* le 6 décembre 1990 ». Ce principe vaut pour l'ensemble des cycles. L'ancienne orthographe reste admise. Ces rectifications visent à simplifier et à corriger des incohérences liées à l'histoire de l'orthographe.

ATTENTION

Les candidats sont invités à se tenir informés des recommandations institutionnelles quant à la place de l'orthographe rectifiée dans l'enseignement de l'orthographe à l'école.

Les principales rectifications de la loi de 1990[1]

Objet de la rectification	Modification	
L'accent circonflexe	Il est supprimé sur « i » et « u »	**Sauf :** – quand il permet d'éviter des confusions. **EX :** mur/mûr ; – dans les terminaisons de certains temps. **EX :** indicatif passé simple, subjonctif imparfait.
Le tréma	• Il est déplacé sur le « u » prononcé dans -güe, -güi-. **EX :** aig*ü*e, ambig*ü*ité. • Il est ajouté pour faciliter la prononciation sur arg*ü*er, sur gage*ü*re et quelques mots rares.	
Les consonnes doubles	• Les verbes en -eler et -eter et leurs dérivés en -ement s'écrivent avec un accent grave et une consonne simple comme dans *geler* / je gèle. **EX :** le ruissèlement.	**Sauf :** – pour les verbes appeler et jeter ;
	• Les mots en -ole s'écrivent avec un seul « l »	– colle, folle, molle et les mots de la même famille ;
	• Les verbes en -otter s'écrivent avec un seul « t »	– pour les verbes issus de famille de mots en -otte. **EX :** botter.
Les mots d'origine étrangère	Pour permettre de s'approcher le plus possible de la langue française : – on ajoute des accents. **EX :** pizzéria, à priori ; – on applique les règles d'accord françaises. **EX :** des scénarios ; – on transforme les terminaisons en -er en -eur. **EX :** biker devient bikeur.	
La soudure	Les mots composés antérieurement séparés par un trait d'union sont soudés : – quand ils commencent par entre et contre, extra, intra, ultra, infra ou un élément dit « savant » notamment une racine étymologique grecque ou latine (**EX :** archi, hémi, vidéo) ; – quand il s'agit d'un mot composé formé d'un verbe suivi de tout (**EX :** fourretout, mangetout) ; – quand ils sont des mots étrangers courants (**EX :** cowboy).	**Sauf :** – les mots commençant par : ex-, franco-, anglo-, demi- ; – les mots commençant par un verbe, un adjectif, une préposition ou un adverbe qui sert de préfixe : abat-, appui-/appuie-, arrache-, attrape-, bas- (sauf basfond, bassecontre, bassecour…), brise-, cache-, casse-, chasse-, chauffe-, compte-, coupe-, couvre-, essuie-, fixe-, garde-, gratte-, grille-, hache-, haut-/haute (mais hautparleur), hors-, lance-, lave-, lève-, -maitre-, monte-, nord-, pare- (sauf parebrise, parechoc…), passe- (sauf passepartout, passeport, passetemps), perce-, pèse-, porte- (sauf porteclé, portecrayon, portemanteau, portemonnaie, porteplume…), pousse-, presse-, protège-, ramasse-, repose-, sans-, serre-, sous-, sud-, taille-, tire- (sauf tirebouchon, à tirelarigot), tourne-, traine-, vice-, vide-

Le pluriel des mots composés	Les mots nouvellement soudés suivent la règle ordinaire du pluriel dans les mots unis par un trait d'union : si le deuxième mot est un nom, il s'accorde uniquement lorsque le mot complet est au pluriel. **EX :** un compte-goutte, des compte-gouttes. Il en est de même pour les mots composés commençant par une préposition.	**Sauf** si le deuxième nom est un nom propre ou s'il est précédé d'un article. **EX :** des prie-Dieu, des trompe-la-mort
Les numéraux composés	Ils sont systématiquement reliés par un trait d'union. **EX :** trois-cent-vingt-deux.	
Certaines anomalies	• Certaines familles de mots sont harmonisées : charriot (famille de charrette), imbécilité (imbécile), bonhommie (homme), - boursouffler (souffler), cahutte (hutte), persiffler, persiffleur, persifflage (siffler) - ventail (vent), déciller (cil), combattivité (combattre). • Autres anomalies supprimées : assoir et ses composés (au lieu d'asseoir), douçâtre (au lieu de douceâtre), levreau, cuisseau (qu'il s'agisse du cuisseau de veau ou d'une viande sauvage), ognon (comme grognon), nénufar (pour corriger une fausse étymologie), pagaille (au lieu de pagaïe ou pagaye), relai (comme balai, essai), saccarine, saccarose, saccarifier (au lieu de saccharine…). • Un accent est ajouté sur quelques mots où il avait été oublié ou dont la prononciation a changé (asséner, gélinotte, québécois, réfréner, féérique) • Lorsque deux prononciations coexistent, l'orthographe en tient compte (papeterie ou papèterie, gangreneux ou gangréneux, receleur ou recéleur…). • Les finales « -illier » et « -illière » sont remplacées par « -iller » ou « -illère » lorsque le deuxième « i » ne s'entend pas (joailler / joaillère, serpillère, quincaillère).	**Sauf** pour les termes relevant de la botanique. **EX :** groseillier, vanillier

1. L. Sprenger-Charolles, D. Béchennec, *Cahiers Pédagogiques*, 2009, http://www.cahiers-pedagogiques.com/IMG/pdf/GuidePratiqueOrthographeRectifie_e-2-09-2011.pdf

2 Comprendre le fonctionnement de la langue du cycle 1 au cycle 3

A. Au cycle 1

Au cycle 1, les élèves doivent être familiarisés avec le fonctionnement de la langue, notamment avec le lexique qui permet de la nommer. Les *Ressources d'accompagnement des programmes*[1] concernant l'acquisition du principe alphabétique mentionnent les attendus suivants :
– différencier explicitement le signifiant et le signifié, la forme et le sens ;
– connaître le lexique qui nomme la langue, qui permet de la décrire ou de la manipuler : mot, lettre, syllabe, son, phrase, texte, ligne, majuscule.

■ **En relation avec les activités phonologiques :**
– savoir segmenter l'oral en mots, les mots en syllabes, quelques syllabes en phonèmes (en relation avec les activités phonologiques).

■ **En relation avec les activités sur les liens entre l'oral et l'écrit :**
– comprendre que la quantité d'oral entendue correspond à la quantité d'écrit vue ;
– comprendre que l'écrit encode l'oral et qu'il est stable et définitif ;
– comprendre que les sons de la langue sont codés par des lettres ;
– comprendre qu'une lettre a trois composantes : son nom, sa valeur sonore de base et son tracé ;
– connaître quelques rapports phonie-graphie parmi les plus simples à percevoir : quelques voyelles simples et quelques consonnes fricatives (s, f, j, v, z…) et liquides (l, r) ;
– comprendre que certains sons ne sont pas produits par les mêmes lettres (sans avoir à les connaître).

■ **En relation avec les activités de lecture et d'écriture :**
– savoir que le sens de lecture et d'écriture est de gauche à droite et de haut en bas ;
– reconnaître, nommer les lettres de l'alphabet et savoir en utiliser quelques-unes ;
– comprendre qu'un même signe en fonction de son orientation n'a pas la même valeur (b/d ; q/p) ;
– repérer à l'écrit et savoir manipuler des syllabes écrites communes : maman, Marine, Margot, Mamou, Mathis…

FOCUS **L'acquisition du lexique au cycle 1**

L'acquisition du lexique et le développement du vocabulaire sont des enjeux majeurs du cycle 1. L'enjeu est de faire en sorte que les mots découverts par les élèves passent du vocabulaire passif (les mots que les élèves comprennent, mais qu'ils n'utilisent pas) au vocabulaire actif (mots que les élèves sont en mesure de réutiliser dans des contextes variés). On veillera en ce sens à ne pas séparer les activités liées au lexique de la

1. Ressources d'accompagnement des programmes de cycle 1, https://cache.media.eduscol.education.fr/file/Langage/39/8/Ress_c1_langage_ecrit_principe_456398.pdf

syntaxe, et à laisser toute leur place aux autres catégories grammaticales que le nom (verbes, adjectifs, prépositions...).

Au cycle 1, le lexique abordé est choisi en fonction des activités de la classe. On veillera donc à :

- verbaliser les situations vécues par les élèves ;
- se saisir de situations, de thèmes qui intéressent beaucoup les élèves, surtout chez les plus petits.

Quelques dispositifs permettent d'enrichir le lexique des élèves au cycle 1 :

■ **L'album-écho** : théorisé par Philippe Boisseau et Chantal Tartare-Serrat[1], l'album-écho, qui fait parler les élèves à partir de photos d'eux en action, permet de réinvestir, à distance de l'activité, le vocabulaire découvert, en lien avec la syntaxe et le développement du langage oral. Enrichi progressivement, l'album-écho permet de mesurer les progrès accomplis par les élèves.

■ **Le travail à partir des imagiers** : les imagiers permettent de faire le lien entre les mots et les référents du réel. Il est possible de créer en classe des imagiers des actions réalisées (au cours des activités artistiques notamment), qui permettent le réinvestissement des verbes mobilisés dans des phrases syntaxiquement correctes.

■ **Les jeux** : dès la petite section, il est possible de familiariser les élèves avec les relations de sens et morphologiques existant entre les mots, en procédant à des jeux de dérivation, sur les synonymes, la polysémie, les contraires, les homophones...

■ **La dictée à l'adulte** : si la dictée à l'adulte permet de découvrir la transformation d'un oral en phrases qui peuvent s'écrire, de sensibiliser les élèves à la fonction de l'écrit, elle permet également de réinvestir le vocabulaire découvert dans les albums de littérature de jeunesse.

Le guide *Pour enseigner le vocabulaire à l'école maternelle*[2], paru en mai 2020, précise qu'en fin de grande section, tous les élèves devraient :

- s'appuyer sur des verbes très fréquents (dire, faire, mettre, aller, prendre, avoir, être, etc.) et des pronoms pour s'exprimer ;
- s'emparer du vocabulaire travaillé en classe et l'utiliser à bon escient dans les tâches langagières ;
- corriger et reprendre leurs propos pour remplacer un mot par un autre, plus précis ;
- employer un vocabulaire usuel (vie quotidienne à l'école) suffisamment développé pour être précis dans leurs prises de parole et dans les activités ordinaires de la classe ;
- réutiliser dans un autre contexte les mots appris dans un certain contexte ;
- utiliser régulièrement des adjectifs et des adverbes pour spécifier leur propos ;
- s'interroger sur un mot dont on ignore le sens ;
- utiliser des connecteurs logiques et temporels.

B. Au cycle 2[3]

Les programmes du cycle 2 insistent sur la nécessité d'établir un lien étroit entre l'étude de la langue, la lecture et l'écriture, les activités menées dans ces trois domaines permettant de résoudre des problèmes liés à la compréhension et des problèmes orthographiques. Il est ainsi tout à fait envisageable d'utiliser les supports

1. Philippe Boisseau, Chantal Tartare-Serrat, *Les albums échos*, Retz, coll. « Des outils pour apprendre », 2010.
2. *Pour enseigner le vocabulaire à l'école maternelle*, p. 19.
3. Programmes consolidés du cycle 2, https://eduscol.education.fr/84/j-enseigne-au-cycle-2.

écrits mobilisés en classe pour réactiver les acquis sur un point de langue précis ou faire observer un fait de langue encore non étudié.
Si les trois domaines sont liés, il n'en demeure pas moins nécessaire de structurer les connaissances des élèves en grammaire, orthographe et lexique dans les séances décrochées qui leur permettent d'entrer progressivement dans le fonctionnement de la langue, d'apprendre à se repérer dans la phrase par le biais d'observations et de manipulations. Une séance d'étude de la langue peut s'organiser de la manière suivante :

1. Observations/manipulations visant la découverte de la notion.
2. Structuration des savoirs.
3. Automatisation par le biais d'exercices récurrents.
4. Réinvestissement dans une production d'écrit.

NOTE DU FORMATEUR

L'étude de la langue étant en lien avec les pratiques de lecture et d'écriture, il est souvent pertinent, lorsqu'il s'agit de construire un corpus permettant d'opérer des manipulations linguistiques, de choisir les supports parmi les écrits de la classe (textes abordés en compréhension ou produits par les élèves eux-mêmes). L'enseignant doit donc être particulièrement vigilant au choix du corpus, qui doit permettre avant tout de construire les régularités du fonctionnement de la langue, les irrégularités étant abordées et mémorisées si leur emploi est fréquent.

Les compétences visées en cycle 2 sont :

- **Passer de l'oral à l'écrit (en lien avec la lecture)** : en lien avec l'automatisation du décodage, l'acquisition de cette compétence passe par des exercices réguliers et ritualisés, qui permettent de mémoriser les composantes du code, en s'appuyant sur des listes de mots et des dictées quotidiennes de mots et de syllabes.
- **Construire le lexique** : l'acquisition de cette compétence est en lien étroit avec la pratique de la lecture et de l'écriture. L'enseignant s'appuie en effet sur les textes découverts en classe, lus par les élèves ou par lui-même, pour faire découvrir des mots nouveaux, analyser leur formation, leur orthographe, en mémoriser le sens. L'objectif est de développer la curiosité des élèves pour le lexique, et de développer une appétence pour l'enrichissement des connaissances lexicales, qui seront réinvesties dans les activités de la classe, à l'oral comme à l'écrit.
- **S'initier à l'orthographe lexicale** : il s'agit de mémoriser l'orthographe des mots découverts au fil des apprentissages et dans tous les domaines disciplinaires. On favorisera cette mémorisation par la pratique d'activités de tri et d'analyse des mots étudiés (par champ lexical, famille de mots, liste de mots invariables, graphème commun…), mais aussi à l'oral par les activités d'épellation, et à l'écrit par des activités courtes (dictées de mots, de phrases, écrits courts) et de réinvestissement.
- **Se repérer dans la phrase simple** : on favorisera dans un premier temps les activités qui permettent à l'élève d'identifier la phrase, en s'appuyant sur les trois critères de reconnaissance de la phrase :

– le critère formel (identification de la majuscule et du point) ;
– le critère sémantique (la phrase exprime une prédication : de quoi parle-t-on ? Qu'en dit-on ?) ;
– le critère syntaxique (les programmes indiquent à ce titre que la lecture à haute voix doit permettre de « saisir l'unité de sens » de la phrase).

On pratiquera également de manière régulière des activités de manipulation, de classement, de tri, qui permettent aux élèves de repérer les groupes syntaxiques de la phrase. Les jeux, rituels oraux et écrits, les exercices de réinvestissement qui consistent à construire des groupes nominaux, à écrire des phrases simples, favorisent l'acquisition des mécanismes qui structurent la langue et l'automatisation des procédures.

FOCUS

Classement et tri

Les différentes opérations effectuées par les élèves dans une séance d'étude de la langue sont de nature différente, ont des visées différentes et ne doivent pas, à ce titre, être confondues : effectuer une activité de tri suppose que certains éléments du corpus doivent être exclus de celui-ci (on interrogera avec les élèves les raisons de cette mise à l'écart pour construire la notion), alors que l'activité de classement ne suppose pas de mettre de côté des éléments du corpus, mais de conserver ceux-ci en les répartissant dans différentes catégories. C'est dans ce cas la pertinence des critères de classement qui sera interrogée pour permettre aux élèves de construire la notion.

■ **Maîtriser l'orthographe grammaticale de base** : la construction des principales notions d'orthographe grammaticale passe par l'observation des régularités de la langue, mais aussi par la manipulation d'énoncés qui permet de faire émerger les règles de fonctionnement. Au cycle 2, l'enseignant s'attache à faire découvrir la notion fondamentale de chaîne d'accords dans le groupe nominal.

Les régularités orthographiques sont construites de manière progressive par l'élaboration d'outils individuels ou collectifs (affichages, fiches, cahiers-outils…) dont l'utilisation au cours des activités écrites de réinvestissement doit être systématisée. Il s'agira de permettre aux élèves de construire, puis d'exercer une vigilance orthographique, de résoudre des problèmes orthographiques et de justifier les choix orthographiques.

Les travaux en binômes, en groupes ou les débats collectifs sont essentiels pour permettre aux élèves de construire ces compétences : échanger et confronter les points de vue permet de valider certains raisonnements, d'en invalider d'autres, et donc de retenir une hypothèse globale qui permettra de construire la règle.

Pour maîtriser l'orthographe grammaticale de base, on favorisera les activités de :
– débats, échanges en petits groupes ou lors d'un temps collectif ;
– dictée sous toutes ses formes (raisonnée, autodictée, dictée de mots, de phrases préparées…), les compétences ciblées ayant été préalablement signalées par l'enseignant et explicitées aux élèves ;
– exercices de systématisation pour automatiser les mécanismes de fonctionnement de la langue ;
– réinvestissement dans les travaux d'écriture.

C. Au cycle 3[1]

L'enjeu essentiel du cycle 3 est de mettre, de manière explicite, l'étude de la langue au service des activités de lecture et d'écriture. Si le cycle 2 a permis de construire « une première structuration des savoirs sur la langue », le cycle 3 amène les élèves à adopter une posture beaucoup plus réflexive et à envisager l'étude de la langue comme l'analyse d'un système sous-tendu par des règles d'agencement précises, qui permettent de comprendre mais aussi d'écrire des textes.

Comme au cycle 2, l'étude de la langue est adossée à la constitution de corpus de textes lus, de propos entendus ou écrits, l'enjeu de cycle 3 étant d'amener les élèves à considérer l'étude de la langue comme un éclairage supplémentaire sur ces énoncés lus ou entendus. Les activités de manipulation proposées sont, comme au cycle 2, des activités de comparaison, de transformation (substitution, déplacement, suppression, ajout), de tri et de classement qui permettent d'observer les régularités de la langue. Il est à noter que les irrégularités ne font pas l'objet d'un enseignement spécifique, mais sont mémorisées si elles sont observées de manière fréquente.

Les procédés de formation des différentes unités lexicales font l'objet d'un enseignement explicite. Analysées en contexte à l'occasion des activités menées en lecture, à l'écrit ou à l'oral, leur étude est intimement liée à celle de l'orthographe lexicale et de la syntaxe (ce point est fondamental pour l'analyse de la morphologie verbale, qui prend appui au cycle 3 sur la structuration des régularités des marques de temps et de personne).

Les compétences visées au cycle 3 sont :

■ **Maîtriser les relations entre l'oral et l'écrit** : la différenciation est un enjeu essentiel au cycle 3, car la plupart des élèves n'ont pas encore automatisé la compétence de décodage, qui relève des attendus de fin de cycle 2. À cet effet, il convient de privilégier, avec les élèves en difficultés, les activités permettant de consolider la connaissance des correspondances grapho-phonologiques. Les programmes précisent qu'il faut privilégier les « activités (observations, classements) permettant de clarifier le rôle des graphèmes dans l'orthographe lexicale et l'orthographe grammaticale », ce qui signifie qu'on s'appuiera par exemple sur les graphèmes porteurs d'une information lexicale (appartenance à une famille de mots : la lettre « d » à la fin de l'adjectif grand permet de construire son féminin, « grande », ainsi que le nom « grandeur ») ou grammaticale (la désinence -nt comme marque de P6 par exemple).

L'enjeu, pour exercer de manière efficace la vigilance orthographique, étant dans un premier temps d'être attentif à l'écart entre l'oral et l'écrit (en français, de nombreux graphèmes s'écrivent mais ne s'entendent pas), il convient de pratiquer régulièrement, à l'oral comme à l'écrit, des observations, tris, classements, manipulations, qui permettent de sensibiliser les élèves à la notion d'homophonie lexicale et grammaticale, pour qu'ils puissent identifier les homophones en contexte.

■ **Identifier les constituants d'une phrase simple, se repérer dans la phrase complexe :** l'identification des constituants de la phrase simple et le repérage dans la phrase complexe s'exercent avant toute chose par la possibilité offerte à l'élève

1. Programmes consolidés du cycle 3, https://eduscol.education.fr/87/j-enseigne-au-cycle-3.

d'écrire, de manipuler des phrases et de les analyser. Dans un premier temps, on pourra apprécier la correction grammaticale des phrases construites, et en repérer les principaux groupes syntaxiques (les groupes nominaux en fonction sujet et complément notamment). Les exercices de réduction, d'addition, de pronominalisation et de déplacement permettront ainsi de faire découvrir la différence entre le complément d'objet et le complément circonstanciel. En lien avec les pratiques de l'oral et de l'écrit, on pourra également étudier les différences de sens produites par le choix de l'article défini ou indéfini par exemple.

FOCUS

La pratique régulière d'activités et de jeux ritualisés permet de construire des automatismes dans les identifications des principaux constituants de la phrase.

■ **Acquérir l'orthographe grammaticale :** comme pour toute situation impliquant l'étude de la langue, il convient de travailler à partir d'un corpus soigneusement constitué par l'enseignant, qui favorise les activités de manipulation syntaxiques qui mettent en évidence les régularités du fonctionnement de la langue. Les exercices de systématisation, les écrits de réinvestissement, ainsi que la pratique régulière de la dictée, qui permet d'exercer la vigilance orthographique, sont des activités indispensables pour permettre l'acquisition de l'orthographe grammaticale. Pour permettre aux élèves de comprendre le fonctionnement de la langue en général et de l'orthographe grammaticale en particulier, il est indispensable de faire verbaliser les raisonnements, et de leur donner des outils pour une relecture guidée et efficace, par laquelle ils sont amenés à mobiliser leurs connaissances (traçage des chaînes d'accords, relectures ciblées, usage des outils individuels et collectifs construits en classe).

■ **Enrichir le lexique :** l'enrichissement du lexique est intrinsèquement lié aux activités de lecture et d'écriture. L'enseignant s'appliquera donc à entraîner les élèves à identifier les mots inconnus dans un texte en s'appuyant sur le contexte ou sur leur formation. Les textes lus et situations de classe offrent l'occasion de constituer des réseaux de mots ou de locutions, de créer des cartes mentales, des schémas, des corolles lexicales, des collections, qui pourront être réinvestis dans les tableaux écrits. De la même manière, les productions d'écrits doivent être précédées d'un travail approfondi sur le lexique qui sera mobilisé, et les situations d'oral permettront la découverte ou le réemploi de mots ou de locutions. L'enrichissement du lexique s'accompagne d'activités permettant d'apprendre à utiliser à bon escient le dictionnaire sous format papier ou numérique.

■ **Acquérir l'orthographe lexicale :** pour permettre aux élèves d'acquérir l'orthographe lexicale, il convient de s'appuyer sur des listes constituées en tenant compte des régularités et de la formation des mots. La fréquence d'utilisation des mots doit être prise en compte pour la constitution de ses listes, leur réemploi doit être favorisé dans les activités de dictée et de production d'écrits, pour en ancrer la mémorisation.

FOCUS

Construire avec les élèves le fonctionnement du verbe

Si les programmes précisent, dès le cycle 2, qu'il convient d'élaborer progressivement des tableaux de conjugaison, il nous semble néanmoins nécessaire de préciser que ces tableaux ne peuvent constituer la seule démarche d'analyse des formes verbales.

Le programme de cycle 3 précise que les élèves doivent identifier les marques de temps et les marques de personne, ce qui signifie qu'ils doivent prendre conscience qu'un verbe conjugué comprend trois éléments : le radical, qui porte le sens fondamental du verbe, la marque de temps et la marque de personne. Ce dernier élément varie selon le pronom ou le groupe nominal qui assure la fonction sujet. La compréhension de cette relation est fondamentale dans la construction des compétences orthographiques des élèves. C'est pour cela qu'il est préférable de découvrir les conjugaisons en contexte, afin de tracer efficacement les chaînes d'accord et de repérer les régularités de fonctionnement des formes verbales conjuguées (**EX :** le -nt pour la P6, ou -ons pour la P4). Le repérage des régularités des marques de personne offre à l'élève des repères stables, qu'il peut mobiliser pour mieux comprendre le fonctionnement des conjugaisons en français. C'est une fois qu'ont été repérées ces régularités des marques de personne qu'il est possible de construire progressivement les tableaux de conjugaison, qui s'appuient davantage sur l'identification des marques de temps, en se fondant dans un premier temps sur les formes les plus fréquentes.

Le tableau de conjugaison ne saurait être une fin en soi, il est fondamental de réinvestir les conjugaisons nouvellement apprises dans des exercices de systématisation, puis dans des écrits de réinvestissement.

Réussir la leçon de mathématiques

Tout le cours

Tout le cours

1. L'école maternelle

Le nouveau programme pour l'école maternelle (*Bulletin officiel* n° 31 du 30 juillet 2020) ne comporte ni partie Mathématiques, ni autres parties disciplinaires. Cependant, « *les domaines "Construire les premiers outils pour structurer sa pensée" et "Explorer le monde" s'attachent à développer une première compréhension de l'environnement des enfants et à susciter leur questionnement. En s'appuyant sur des connaissances initiales liées à leur vécu, l'école maternelle met en place un parcours qui leur permet d'ordonner le monde qui les entoure, d'accéder à des représentations usuelles et à des savoirs que l'école élémentaire enrichira.* »
On y trouvera donc des propositions d'activités et des compétences qui trouveront un prolongement dans les apprentissages mathématiques ultérieurs. En effet, les enfants n'attendent pas le cycle 2 pour utiliser un mode de pensée mathématique et commencer à élaborer leurs premières connaissances dans ce domaine.

1 Approcher les quantités et les nombres

Depuis leur naissance, les enfants ont une intuition des grandeurs qui leur permet de comparer et d'évaluer de manière approximative les longueurs (les tailles), les volumes, mais aussi les collections d'objets divers (« il y en a beaucoup », « pas beaucoup »...). À leur arrivée à l'école maternelle, ils discriminent les petites quantités, un, deux et trois, notamment lorsqu'elles forment des configurations culturellement connues (dominos, dés). Enfin, s'ils savent énoncer les débuts de la suite numérique, cette récitation ne traduit pas une véritable compréhension des quantités et des nombres.
L'école maternelle doit conduire progressivement chacun à comprendre que les nombres permettent à la fois d'exprimer des quantités (usage cardinal) et d'exprimer un rang ou un positionnement dans une liste (usage ordinal). Cet apprentissage demande du temps et la confrontation à de nombreuses situations impliquant des activités pré-numériques puis numériques.

A. Le dénombrement

La comptine orale des nombres sera travaillée quotidiennement. On pourra utiliser les comptines et les livres à compter pour faciliter cette mémorisation.
À l'école maternelle, on commence à dénombrer des collections.

Pour ce faire, il est indispensable de bien connaître la comptine numérique (1, 2, 3...) et de comprendre que lorsqu'on dénombre une collection, élément par élément, le dernier nombre annoncé correspond à la quantité de la collection.

EXEMPLE : 1, 2, 3, 4, 5 ! Il y a 5 enfants sur le banc !

Le dénombrement devra être utilisé dans des situations ayant du sens. On pourra comparer deux collections (éventuellement éloignées l'une de l'autre) ou réaliser une collection qui a autant d'objets qu'une collection éloignée. Pour ce faire on pourra utiliser le dénombrement ou l'estimation globale *(subitizing)* ou encore la mémorisation du « mot-nombre ».

Cette utilisation de la comptine suppose :

– de connaître sans erreur d'ordre ou de dénomination la suite des nombres énoncés (principe d'ordre stable) ;

– de n'associer qu'un élément unique à chaque nombre énoncé (principe d'adéquation unique) ;

– de comprendre que le dernier nombre annoncé correspond à la quantité de la collection (principe cardinal) ;

– d'accepter de dénombrer, avec la comptine, des objets qui ne sont pas de même nature (stylos, feutres, crayons, cahiers, par exemple). « Il y a 12 objets sur le bureau » (principe d'abstraction) ;

– de comprendre que l'ordre dans lequel on dénombre les objets n'est pas important (principe de non-pertinence de l'ordre).

Le fait que le dernier nombre annoncé correspond à la quantité fait appel à la mémoire à court terme de l'enfant. Lorsque j'énonce la phrase « rituelle » : 1, 2, 3, 4, 5 ! Il y a 5 enfants sur le banc ! Le 5, dernier nombre énoncé et le 5 représentant la quantité d'enfants sur le banc sont très « proches » et peuvent être relativement facilement retenus.

En revanche, avec les jeux de « autant que », la mémoire de l'élève va devenir un facteur important de réussite : on demande à l'élève d'aller chercher autant de bâtons de colle qu'il y a d'enfants sur le banc, pas un de plus, pas un de moins, en une seule fois. Les bâtons de colle sont volontairement éloignés du banc.

B. Les différents aspects du nombre

Dès l'école maternelle, on travaille sur les correspondances entre les différents aspects du nombre, illustrées par ce schéma.

En effet, on distingue la **quantité** 3 représentée par les 3 objets (ici les 3 étoiles), le **nombre écrit** 3 qui permet la mémorisation de la quantité et la constellation 3 qui correspond à une écriture globale de la quantité. La **constellation**, par son aspect ordonné et codé va favoriser la reconnaissance globale de la quantité 3.

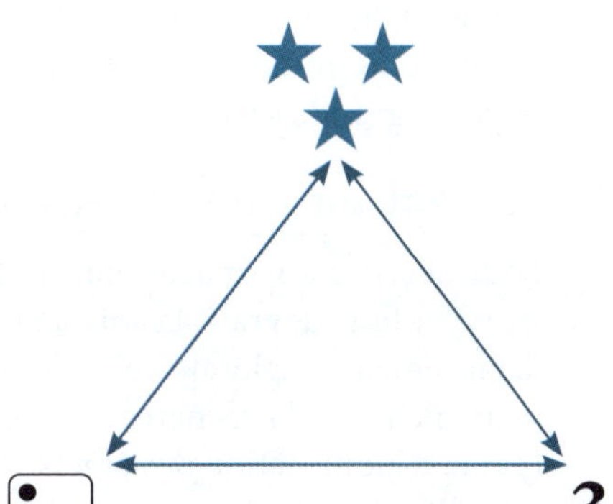

C. Recomptage et surcomptage

On travaille également dès l'école maternelle des structures additives simples. Lorsqu'on ajoute une petite quantité (3 par exemple) à une collection déjà dénombrée (8 par exemple), l'enfant peut :

– recompter la collection à partir du début, sans tenir compte du résultat déjà acquis (1, 2, 3… 11 !) ;

– surcompter, c'est-à-dire reprendre la comptine numérique à partir de la quantité déjà connue (8…9, 10, 11 !). Dans ce cas, il s'aidera probablement de ses doigts pour le surcomptage. Le problème étant pour lui de savoir s'il doit commencer le surcomptage à 8 où à 9. Le même type de problème se retrouve pour les jeux de circuit (type « jeu de l'oie ») pour lesquels l'enfant ne sait pas s'il doit commencer à compter à partir de la case où se trouve son pion ou à partir de case suivante.

Entre deux et quatre ans, stabiliser la connaissances des petits nombre (jusqu'à 5) demande des activités nombreuses et variées portant sur la décomposition et recomposition des petites quantités (3 c'est 2 et encore 1 ; 4 c'est 2 et encore 2 ; 3 et encore 1 ; 1 est encore 3).

2 Se repérer dans le temps

En ce qui concerne tout le travail extrêmement intéressant que l'on peut mener sur le temps, notamment autour des rituels, nous vous renvoyons à l'ouvrage d'Éric Greff et Marilyn Buisson : *Construire la notion de temps à l'école maternelle* (Retz, 2005).

3 Se repérer dans l'espace

De manière générale, une activité à l'école maternelle est toujours introduite par une séance de manipulation. **Manipulation libre** d'abord, durant laquelle l'élève s'approprie le nouveau matériel mis à sa disposition. **Manipulation dirigée** ensuite durant laquelle l'enfant se trouve dans une expérience **vécue** de la situation puis passage à la **représentation** de cette situation ou d'une situation analogue. La représentation utilisée pouvant être en 3 dimensions (maquette et figurines, par exemple) ou en 2 dimensions (feuille de papier, écran d'ordinateur).

La **construction de l'espace** a une grande place à l'école maternelle et particulièrement en grande section.

A. De l'action vers la représentation

Pour accéder à l'espace représentatif et à la mise en place d'images mentales, le jeune enfant devra à la fois acquérir une connaissance directe de l'espace (par déplacements exploratoires, manipulations d'objets, exploration globale qui s'affine peu à peu vers la recherche d'indices significatifs) et une connaissance indirecte (par la dénomination des objets, des lieux par l'entourage ainsi que les consignes et interdits qui s'y réfèrent).

B. De la verbalisation vers la représentation

La **verbalisation** de l'action par l'utilisation du **langage topologique**, des exercices de motricité globale et fine, la prise de conscience des trois axes du corps permettant la mise en place de la latéralisation conduiront l'enfant à accéder à la projection dans l'espace des notions « par rapport à soi », « par rapport aux objets », « par rapport aux lieux », « par rapport à autrui » ainsi qu'à la projection plan.
Le langage et la verbalisation sont intimement liés aux progrès de l'enfant dans sa découverte du monde.

Le vocabulaire topologique

L'élève de grande section doit acquérir un vocabulaire topologique précis. Les exercices topologiques sont abordés dès la petite section de maternelle et ils sont nombreux, dans les livres de mathématiques, à partir de la grande section de maternelle. Ils sont, le plus souvent, constitués de dessins variés sur lesquels l'élève doit colorier, entourer ou rayer l'objet situé à l'intérieur de, à l'extérieur de, en haut, en bas, sur, sous, à gauche de, à droite de, devant, derrière, entre…

4 Découvrir les formes et les grandeurs

On pratique à l'école maternelle différents types d'activités en rapport avec la géométrie. On s'intéresse notamment à des activités de dénomination et discrimination de formes géométriques (carré, triangle, rond…). On étudie également la reproduction de figures et l'on travaille sur les premiers éléments de symétrie.

A. Reproductions de figures

Les exercices de reproductions de figures sont assez nombreux. Ils utilisent un « modèle » que l'élève doit reproduire sur un support de même nature (papier pointé, quadrillage…) en conservant sa taille originale ou en la modifiant.

Quelques variables didactiques de ces situations :
- Complexité de la figure « modèle ».
- Type de support utilisé (papier pointé, quadrillage…).
- Variation de taille prévue entre le modèle et la reproduction.
- Points du papier pointé ou nombre de cases du quadrillage.
- Amorce de la reproduction présente ou pas.

B. Éléments de symétrie

S'il est question, au début, de reproduire des figures « à l'identique », on peut complexifier le problème en proposant à l'élève de compléter des figures par rapport à un axe de symétrie. On se cantonnera bien entendu à des figures très simples sur quadrillage et à des axes situés sur les lignes du quadrillage. Si la figure « modèle » touche l'axe du quadrillage, le comptage des cases sera facilité.

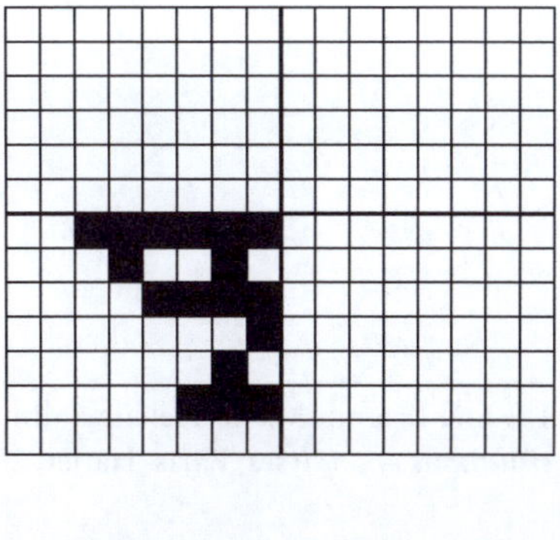

FOCUS — Bibliographie indicative

- Josiane Helayel : Fichier DIDACTO, pour travailler avec les Polydrons en maternelle.
- Josiane Helayel : Fichier DIDACTO, pour travailler avec les Attrimaths en maternelle.
- Anne Bertotto : Espace et géométrie de l'école maternelle au cycle 2.

5 Les problèmes

Même s'ils n'apparaissent pas dans les programmes, on peut être confronté à des problèmes mathématiques à l'école maternelle. Ceux-ci se situent dans les champs : Découvrir les nombres et leurs utilisations / Consolider la notion de chronologie / Représenter l'espace / Explorer les formes, des grandeurs, des suites organisées, et sont, de ce fait, au programme.

Les travaux de Joël Briand et Marie-Hélène Salin, notamment, rendent compte de situations tout à fait pertinentes[1].

1. Joël Briand, Marie-Hélène Salin, Martine Loudet, *Apprentissages mathématiques en maternelle, situations et analyses*, Paris, Hatier, 2004.

2. La numération

On distingue généralement trois aspects du nombre :
– L'aspect « **cardinal** » où le nombre désigne une quantité. « Il y a 5 enfants sur ce banc. »
– L'aspect « **ordinal** » où le nombre désigne la place d'un élément dans une collection ordonnée. « Hélène est la 3e enfant de la file. »
– L'aspect « **mesure** » où le nombre est associé à une unité afin de rendre compte d'une mesure. « Le bébé pèse 5 kg. »
Les symboles utilisés dans la numération peuvent avoir des statuts différents en fonction du contexte dans lequel ils sont employés :
– 5 désigne un **nombre**, s'il représente une quantité.
– 5 désigne un **chiffre** s'il sert à écrire le nombre 52. C'est le chiffre des dizaines de 52.
– 5 désigne un **numéro**, c'est-à-dire un identifiant (sur un dossard, par exemple).

1 La construction du nombre

A. À l'école maternelle

Voir chapitre consacré à l'école maternelle.

B. À l'école élémentaire

C'est au CP que le concept de nombre en tant qu'élément écrit avec des chiffres apparaît. Il est introduit par des **jeux d'échanges** du type « jeu du banquier ». Dans un premier temps, on favorise souvent des échanges à 5 contre 1 : 5 jetons jaunes s'échangent contre 1 bleu, 5 bleus s'échangent contre 1 rouge.
Si l'on choisit une règle d'échange à 5 contre 1, c'est pour pouvoir multiplier les échanges car les groupements de 5 sont obtenus facilement, 5 étant un nombre relativement petit.
On veille alors à inscrire le nombre de jetons que l'on possède dans un tableau particulier :

Rouges	Bleus	Jaunes
3	4	1

Assez rapidement, une fois la règle d'échange assimilée, on passe à des échanges à 10 contre 1.
Le tableau de nombres prend alors toute son importance :

Rouges	Bleus	Jaunes	Total
	3	7	37

L'écriture 3 bleus et 7 jaunes correspond à la collection que l'on peut dénombrer comme 37.
On abandonnera ensuite les couleurs des jetons pour revenir à leur valeur : 1 bleu vaut 10 jaunes. On parlera de dizaine.
1 dizaine est constituée de 10 unités.
De même 10 bleus valent 1 rouge, donc 10 paquets de 10 jaunes, soit 100 jaunes. On parlera de centaines. **1 centaine est constituée de 10 dizaines.**

EXEMPLE :

Centaines	Dizaines	Unités	Total
1	3	7	137

1 centaine, 3 dizaines et 7 unités constituent le nombre qu'on écrira 137.
On met ainsi en place les règles de notre numération décimale de position.
Celle-ci est extrêmement régulière et est basée sur la « saturation » de chaque colonne. Lorsque la colonne de droite est « saturée » à 9 (qui est le plus grand chiffre existant), il convient de créer une nouvelle colonne dans laquelle on inscrira le nombre de dizaine (1), le nombre d'unité passant alors à zéro : 10. De même, lorsque la colonne des dizaines sera saturée à 9 ainsi que la colonne des unités (99), il faudra créer une colonne supplémentaire utilisée pour désigner les centaines : 100.

2 Comparaison et mémorisation des quantités

En utilisant la comparaison terme à terme, on peut comparer facilement 2 collections de petite taille et déterminer celle qui est la plus grande.
En revanche, si la taille des collections est plus importante ou que les éléments à comparer ne sont pas géographiquement proches, seule la désignation de la quantité permettra cette comparaison. Cette désignation pourrait se faire par bâtonnets (𝍸 𝍸 𝍸 𝍸 𝍸 ||), par exemple, qui seront comparés aux bâtonnets de la collection distante (𝍸 𝍸 𝍸 𝍸 ||||). Il s'agit là de ce que l'on nomme la **comparaison par paquets**. L'aboutissement d'un tel système est la création d'un véritable système de numération dans lequel les quantités sont désignées par des nombres qui sont eux-mêmes comparés. Ce système permet également la **mémorisation des quantités**.

3 Numération orale

Si notre numération écrite jouit d'une grande régularité, il n'en est pas de même pour notre numération orale. En effet :
– De 1 à 16 : chaque nouvelle quantité est désignée par un nouveau mot.
– De 17 à 69 : chaque quantité associe un nom de dizaine à un nom d'unité et chaque nouvelle dizaine (trente, quarante…) est désignée par un nouveau nom.
EX : dix-sept, trente-quatre…
– De 70 à 79 : il n'y a pas de nouveau nom pour la nouvelle dizaine (70) mais c'est la dizaine précédente (60) qui est reprise et à laquelle on associe les nombres de dix à dix-neuf.

– 80 : ici, pour la première fois, le nom de la dizaine est l'association (implicitement multiplicative) de nombres existants : quatre-vingt (4 × 20).
– De 81 à 99 : c'est la même logique que pour la tranche de 61 à 79 qui est utilisée.
– L'emploi du mot de liaison « et » est utilisé de manière irrégulière : trente et un.

Nos voisins belges ou suisses utilisent un nouveau mot pour toutes les nouvelles dizaines : septante (70), octante (80), nonante (90) qui leur permet une plus grande régularité : soixante-huit, soixante-neuf, septante, septante-un, septante-deux, etc.

Le travail sur cette numération orale peut être proposé à l'écrit avec l'utilisation des étiquettes représentant des **mots-nombres** (des mots qui désignent des nombres). Ainsi, on peut demander : « Quels sont tous les nombres qu'on peut énoncer avec les étiquettes [cinq] [six] et [cent] ? Réponses : 106, 506, 605, etc. (Dans ce type d'exercice, on ne tient pas compte de l'orthographe six cent**s** ni de l'utilisation des tirets.)

3. Les décimaux

« Les situations sur lesquelles portent les problèmes sont, le plus souvent, issues de la vie de classe, de la vie courante ou d'autres enseignements, ce qui contribue à renforcer le lien entre les mathématiques et les autres disciplines. Les élèves rencontrent également des problèmes issus d'un contexte interne aux mathématiques. La mise en perspective historique de certaines connaissances (numération de position, apparition des nombres décimaux, du système métrique, etc.) contribue à enrichir la culture scientifique des élèves [...] Les fractions puis les nombres décimaux apparaissent comme de nouveaux nombres introduits pour pallier l'insuffisance des nombres entiers, notamment pour mesurer des longueurs, des aires et repérer des points sur une demi-droite graduée. Le lien à établir avec les connaissances acquises à propos des entiers est essentiel. Avoir une bonne compréhension des relations entre les différentes unités de numération des entiers (unités, dizaines, centaines de chaque ordre) permet de les prolonger aux dixièmes, centièmes, etc. Les caractéristiques communes entre le système de numération et le système métrique sont mises en évidence. L'écriture à virgule est présentée comme une convention d'écriture d'une fraction décimale ou d'une somme de fractions décimales. Cela permet de mettre à jour la nature des nombres décimaux et de justifier les règles de comparaison (qui se différencient de celles mises en œuvre pour les entiers) et de calcul[1]. »

Les compétences attendues en fin de cycle sur les décimaux sont les suivantes :

Utiliser et représenter les nombres décimaux

– Comprendre et utiliser la notion de nombre décimal.
– Spécificités des nombres décimaux.
– Associer diverses désignations d'un nombre décimal (fractions décimales, écritures à virgule et décompositions).
– Règles et fonctionnement des systèmes de numération dans le champ des nombres décimaux, relations entre unités de numération (point de vue décimal), valeurs des chiffres en fonction de leur rang dans l'écriture à virgule d'un nombre décimal (point de vue positionnel).
– Repérer et placer des décimaux sur une demi-droite graduée adaptée.
– Comparer, ranger, encadrer, intercaler des nombres décimaux.
– Ordre sur les nombres décimaux.

Calculer avec des nombres décimaux

– La pratique du calcul mental s'étend progressivement des nombres entiers aux nombres décimaux, et les procédures à mobiliser se complexifient.
– Les différentes techniques opératoires portent sur des nombres entiers et/ou des nombres décimaux :
  - addition et soustraction pour les nombres décimaux dès le CM1 ;

1. *Bulletin officiel* n° 31 du 30 juillet 2020 ; voir également les ajustements parus dans les programmes consolidés de 2018 (BO n° 30 du 26 juillet 2018)..

- multiplication d'un nombre décimal par un nombre entier au CM2, de deux nombres décimaux en 6e ;
- division euclidienne dès le début de cycle, division de deux nombres entiers avec quotient décimal, division d'un nombre décimal par un nombre entier à partir du CM2.

– Résoudre des problèmes en utilisant les nombres décimaux et le calcul.
– Comparer, estimer, mesurer des grandeurs géométriques avec des nombres entiers et des nombres décimaux.
– Résoudre des problèmes impliquant des grandeurs (géométriques, physiques, économiques) en utilisant des nombres entiers et des nombres décimaux.

1 Des nouveaux nombres

Pendant presque toute sa scolarité primaire, c'est-à-dire jusqu'au CM1, l'élève n'est confronté qu'à une seule sorte de nombres : les entiers naturels. Il apparaît donc normal qu'il bâtisse, sur ces nombres entiers naturels, des règles qui lui semblent universelles :
– Tout nombre entier a un prédécesseur, un successeur.
– La taille du nombre entier (nombre de chiffres) donne une indication sur sa valeur (un nombre à 5 chiffres est plus grand qu'un nombre à 3 chiffres).
– Il sait effectuer les 4 opérations sur les nombres entiers.
Cependant, au CM2 sont introduits ce que certains manuels nomment des « nouveaux nombres » qui se présentent sous forme de fractions et de nombres décimaux.
Pour quoi faire ?
Ces nouveaux nombres vont permettre de résoudre des problèmes que les nombres entiers ne permettent pas de résoudre. La nécessité d'utiliser ces « nouveaux nombres » est essentiellement introduite par l'intermédiaire des mesures de longueur (ou d'aire).

2 Introduction des fractions

Pour présenter la notion de fraction, le maître utilise le plus souvent le dispositif suivant : à l'aide d'une bande de papier « unité », l'élève est invité à mesurer des segments spécifiques. Ceux-ci mesurent une, deux ou trois unités.
On propose ensuite des segments dont les longueurs ne sont pas des nombres entiers d'unités mais que l'on peut mesurer en pliant la bande de papier en deux. Nous pourrons donc avoir un segment mesurant 3 unités et une demi-unité, et la notation 3+1/2 sera alors introduite.
De même, on proposera des segments dont la longueur peut être mesurée avec des quarts d'unité (bande de papier pliée en 4). Nous pourrons donc avoir un segment mesurant 2 unités et un quart d'unité, et la notation 2+1/4 sera alors introduite.
On pourra dès ce stade introduire la notion de « fractions équivalentes » :

$$3 + \frac{2}{4} = 3 + \frac{1}{2} = \frac{6}{2} + \frac{1}{2} = \frac{7}{2}$$

Le maître fournira ensuite aux enfants une bande de papier « unité » qui sera préalablement graduée par 10 segments équivalents. Chaque graduation correspondant à un dixième d'unité, la notation 1/10 sera établie.

Grâce à ce nouvel « outil », l'élève pourra mesurer des segments du type : 3 unités et 4 dixièmes d'unité : 3+4/10 et l'on renouvellera les exercices de transformation d'écritures et de fractions équivalentes.

$3 + \frac{1}{2} = 3 + \frac{5}{10} = \frac{30}{10} + \frac{5}{10} = \frac{35}{10}$

Cette dernière écriture permettra, bien sûr, d'introduire l'écriture décimale des nombres : on établira que $\frac{35}{10}$ peut s'écrire 3,5 (qui correspond bien à $3 + \frac{5}{10}$).

NOTE DU FORMATEUR

Ce dispositif est parfois mis en œuvre en utilisant des fractions d'aire au lieu des fractions de longueur.

On trouve parfois une présentation des fractions sous la forme « fraction partage ». Il s'agit le plus souvent d'une situation faisant intervenir le partage de tartes ou de pizzas (1/3 de pizza ; 3/8 de pizza...). Ce type de présentation favorise les fractions inférieures à 1 et peut présenter une petite difficulté de sens si l'on passe à des fractions supérieures à 1. Une pizza et 2/3 de pizza équivalent à 5/3 de pizza.

3 Des fractions aux nombres décimaux

Il n'y a pas qu'une manière de présenter les nombres décimaux aux élèves. Nous relatons ici l'une des manières les plus « classiques » de le faire, elle concerne la mesure de longueur de différents segments (on peut travailler de manière tout à fait analogue sur la mesure d'aire) :

– On propose à l'élève une unité de longueur (bandelette de papier, par exemple) et l'on s'aperçoit que certains segments ne sont pas mesurables avec cette unité.

– En revanche, certaines longueurs bien choisies peuvent s'exprimer à l'aide de l'unité et de fractions de l'unité. Tel segment mesurera 3 unités et demie (la bandelette pliée en 2), tel autre 2 unités et un quart d'unité (la bandelette pliée en 4). À ce propos, on notera que la notion de quart et de demi ne pose pas de problème particulier aux élèves car ils en ont une « **pratique sociale** » : un quart du gâteau, une demi-banane...

– On élargira ensuite cette activité en proposant aux élèves une bandelette de papier de même longueur que l'unité munie de 10 graduations. On pourra expliquer aisément que chaque graduation correspond à ce qu'on appelle un **dixième** de la bandelette unité puisque la bandelette est séparée en 10 parties de même longueur. Ainsi l'on peut mesurer de nouveaux segments (de longueurs bien choisies) de telle sorte que les longueurs s'expriment sous la forme unité et dixièmes d'unité (exemple : 2 unités et 3 dixièmes d'unité). On pourra noter qu'une demi-bandelette correspond à 5 dixièmes d'unité mais qu'en revanche un quart de bandelette ne correspond à aucun dixième d'unité (la pliure du quart n'est pas sur un trait de la graduation.

– On introduira alors l'**écriture fractionnaire** des dixièmes et l'on notera les longueurs comme une somme d'entiers et de fractions décimales ou non : $3 + \frac{1}{2}$ $4 + \frac{1}{4}$ $2 + \frac{3}{10}$ etc.

– On pourra en profiter pour faire quelques opérations simples sur ces écritures fractionnaires. Ces opérations ne seront pas décontextualisées et correspondront toujours à des mesures de segments :

- Transformations : $3 + \frac{1}{2} = \frac{6}{2} + \frac{1}{2} = \frac{7}{2}$ (de l'unité vers la fraction)

ou $\frac{4}{5} + \frac{3}{5} = \frac{7}{5} = 1 + \frac{2}{5}$ (de la fraction vers l'unité)

- Simplification : $\frac{6}{10} + \frac{4}{10} = \frac{10}{10} = 1$

- Fractions équivalentes : $\frac{20}{4} = \frac{10}{2} = 5$

– On introduira ensuite l'**écriture décimale** des fractions décimales ainsi $\frac{3}{10}$ s'écrira 0,3 (0 unité et 3 dixièmes d'unité).

– On favorisera ensuite l'écriture faisant intervenir la somme d'une unité et d'une fraction décimale : $3 + \frac{2}{10}$ s'écrira donc 3,2 (3 unités et 2 dixièmes d'unité).

– Après plusieurs séances d'entraînement sur cette écriture décimale, on pourra renouveler la procédure pour l'appliquer aux dixièmes de dixièmes, c'est-à-dire aux **centièmes** d'unité…

4 Les conceptions erronées des nombres décimaux

Il est rassurant (et compréhensible) pour les élèves de se raccrocher à ce qu'ils connaissent des entiers naturels pour l'appliquer, à tort, aux nombres décimaux. On trouve donc essentiellement chez les élèves deux conceptions erronées des décimaux :
– L'élève ne tient pas compte de la virgule du décimal et le considère, à tort, **comme un entier**.
– L'élève considère, à tort, le décimal **comme la juxtaposition de deux entiers** « indépendants ».
Ce sont ces deux conceptions erronées des nombres décimaux qui vont nous permettre de comprendre les erreurs des élèves.

5 L'élève considère, à tort, le décimal comme un entier

Dans ce cas, l'élève ne tient pas compte de la virgule et considère 7,65 comme 765. Cette conception erronée va essentiellement apparaître lors de la somme et la comparaison de nombres décimaux.

A. Somme

Dans ce cas, l'élève va effectuer, par exemple la somme de 7,65 + 7,3 de la manière suivante :

$$\begin{array}{r} 7{,}65 \\ +\ 7{,}3 \\ \hline \end{array}$$

8,38 ou 83,8 ou encore 838. En effet, il va additionner malencontreusement 765 et 73 pour trouver 838. Ne sachant trop que faire de la virgule, il la mettra un peu « au hasard » ou l'omettra. Une façon de remédier à cette erreur est de revenir à la décomposition des nombres en somme de fractions décimales : $7{,}65 = 7 + \frac{6}{10} + \frac{5}{100}$ et $7{,}3 = 7 + \frac{3}{10}$ d'où $7{,}65 + 7{,}3 = 14 + \frac{9}{10} + \frac{5}{100}$, soit 14,95.

B. Produit

$$\begin{array}{r} 2{,}31 \\ \times\ 4{,}5 \\ \hline 1155 \\ 924\ \\ \hline 10395 \end{array}$$

Dans ce cas, le résultat de la multiplication est exact mais le problème qui va se poser à l'élève est de déterminer la place de la virgule. On pourra donc observer 10395 ou 1039,5 ou encore 103,95.

C. Comparaison

Dans ce cas, l'élève va comparer les décimaux comme s'il s'agissait d'entier. Ainsi, il écrira à tort que 6,25 > 8,4 (puisque 625 > 84).

Là encore, une façon de remédier à cette erreur est de revenir à la décomposition des nombres en somme de fractions décimales : $6 + \frac{2}{10} + \frac{5}{100}$ est inférieur à $8 + \frac{4}{10}$.

6 L'élève considère, à tort, le décimal comme la juxtaposition de 2 entiers

Dans ce cas, l'élève tient compte de la virgule et considère 7,65 comme la juxtaposition de deux entiers indépendants 7 et 65.

Cette conception erronée va essentiellement apparaître lors de la somme et la comparaison de nombres décimaux.

A. Somme

$$\begin{array}{r} 7{,}83 \\ +\ 5{,}41 \\ \hline 12{,}124 \end{array}$$

En effet, comme l'élève considère qu'il s'agit de la somme de 83 + 41, d'une part, et de la somme de 7 + 5, d'autre part, il obtient les résultats 124 et 12 qu'il va juxtaposer en respectant la position de la virgule.
Une façon de remédier à cette erreur est de revenir à la décomposition des nombres en somme de fractions décimales : $(7 + \frac{8}{10} + \frac{3}{100}) + (5 + \frac{4}{10} + \frac{1}{100}) = 12 + \frac{12}{10} + \frac{4}{100}$.
On transforme les $\frac{12}{10}$ en $1 + \frac{2}{10}$.
Et l'on obtient $13 + \frac{2}{10} + \frac{4}{100} = 3{,}24$.
On peut également trouver, pour 8,65 + 11,1 :

$$\begin{array}{r} 8{,}65 \\ +\ 11{,}1 \\ \hline 19{,}66 \end{array}$$

Dans ce cas, l'élève additionne 8 + 11, d'une part, et 65 + 1, d'autre part. Il obtient les résultats 19 et 66 qu'il va juxtaposer en respectant la position de la virgule.
Là encore, une façon de remédier à cette erreur est de revenir à la décomposition des nombres en somme de fractions décimales :

$$(8 + \frac{6}{10} + \frac{5}{100}) + (11 + \frac{1}{10}) = 19 + \frac{7}{10} + \frac{5}{100} = 19{,}75.$$

B. Produit

$$\begin{array}{r} 7{,}36 \\ \times\ 2{,}4 \\ \hline 14{,}144 \end{array}$$

Ici la conception erronée apparaît très clairement. L'élève a effectué le produit 2 × 7 (14), d'une part, et le produit 36 × 4 (144), d'autre part. Il a séparé ces 2 résultats par une virgule.

C. Comparaison

Dans cette conception, la comparaison de 2 décimaux va poser problème à l'élève. En effet, s'il doit comparer 6,24 et 4,65, que va-t-il choisir comme résultat puisque $6 > 4$ mais $24 < 65$?
De même, la décomposition des nombres en somme de fractions décimales va permettre de lever l'ambiguïté puisque $6 + \frac{2}{10} + \frac{4}{100}$ est forcément plus grand que $4 + \frac{6}{10} + \frac{5}{100}$.

7 Conceptions erronées non decelées

Attention ! S'il l'on n'y prend garde et si l'on propose aux élèves des nombres décimaux de même format (par exemple, avec toujours 2 chiffres après la virgule) et tels que les sommes ne comportent pas de retenues, on ne sera pas à même de déceler les conceptions erronées.

A. Somme et comparaison

La somme de 3,25 + 4,53 vaut bien 7,78.
Cependant, si l'élève ne tient pas compte de la virgule et considère malencontreusement les décimaux comme des entiers, alors il considère 3,25 comme 325 et 4,53 comme 453. Ce faisant, sa somme vaut 778 qu'il va écrire 7,78 pour respecter la place de la virgule. Sa conception des décimaux est fausse et pourtant, sur cet exemple, son résultat est juste.
De même, pour la comparaison, il indiquera que $3{,}25 < 4{,}53$ (ce qui est vrai) car il aura observé que $325 < 453$.
Supposons désormais qu'il considère, à tort, le décimal comme la juxtaposition de 2 entiers. En ajoutant 3 + 4 d'une part, et 25 + 53 d'autre part, il va trouver 7 et 78 qu'il va juxtaposer pour donner 7,78 comme résultat. Sa conception des décimaux est fausse et pourtant, sur cet exemple, son résultat est juste.
De même, pour la comparaison, comme $3 < 4$ et $25 < 53$, il indiquera que $3{,}25 < 4{,}53$ (ce qui est vrai).

B. Comment éviter cet écueil ?

On aura compris que si l'élève ne manipule que des nombres décimaux ayant le même nombre de chiffres après la virgule, les conceptions erronées qu'il pourrait avoir des décimaux ne pourront pas apparaître. Il conviendra donc de proposer aux élèves des calculs et des comparaisons sur des décimaux ayant des parties décimales de taille variable.
En ce qui concerne la comparaison de décimaux, le fait de « normaliser » le nombre de décimales, en écrivant des zéros à droite de la virgule, facilite la comparaison : il est plus facile de comparer 3,501 à 3,400 que 3,501 à 3,4. Cependant, **cette pratique ne sera pas encouragée** car elle peut renforcer la conception erronée qui considère les décimaux comme des entiers.
De manière générale, la décomposition des nombres en sommes de fractions décimales permet le plus souvent de fournir aux élèves une preuve de leur erreur et/ou une explication pertinente.

8 Le classement de décimaux

Les exercices de classement de listes de nombres décimaux sont fréquents.

A. Algorithme

L'algorithme de comparaison de deux nombres décimaux est une question courante. Nous le rappellerons donc ici, pour mémoire.
Pour comparer deux décimaux :
– on compare leur partie entière ;
– celui qui a la plus grande partie entière est le plus grand ;
– si les parties entières sont égales :
  - on compare le chiffre des dixièmes ;
  - celui qui a le plus grand chiffre des dixièmes est le plus grand ;

- si les chiffres des dixièmes sont égaux :
  • on compare le chiffre des centièmes ;
  • celui qui a le plus grand chiffre des centièmes est le plus grand ;
  • si les chiffres des centièmes sont égaux :
    - on compare le chiffre des millièmes...

B. Erreurs des élèves

Dans les classements de listes de nombres décimaux, les élèves adoptent parfois des procédures qu'ils n'utiliseraient pas pour comparer seulement deux décimaux. Outre les erreurs évoquées dans les paragraphes précédents et relevant de conceptions erronées des nombres décimaux, on trouve parfois des critères de tri reposant sur la comparaison des parties entières mais en cas d'égalité, les parties décimales sont triées comme s'il s'agissait de nombres entiers. D'autres ne font le classement que sur la partie entière... ou que sur la partie décimale.

C. Propriétés spécifiques des décimaux

Les nombres décimaux possèdent des propriétés spécifiques qui n'ont pas cours dans l'ensemble des nombres entiers :
– La notion de successeur et de précédant n'a pas de sens dans l'ensemble des décimaux.
– Entre deux décimaux distincts, on peut toujours intercaler un autre décimal (en fait, une infinité).
– On peut écrire autant de zéros qu'on veut, à droite de la partie décimale sans changer la valeur du décimal. **EX :** 3,24 = 3,240 000.
– Les règles de comparaison des décimaux ne sont pas les mêmes que celles sur les entiers.
– Lorsqu'on multiplie un entier par un décimal, le résultat obtenu n'est pas toujours supérieur à l'entier de départ. **EX :** $25 \times 0{,}1 = 2{,}5$.
– Lorsqu'on additionne des nombres décimaux, l'alignement se fait sur la virgule (et non pas sur le chiffre le plus à droite).

D. Usage des décimaux

Les nombres décimaux ont été introduits par la mesure... on les utilisera fréquemment dans le cadre de la mesure. **EX :** 42,185 km ; 2,5 kg ; 0,5 l ; 5,25 €.
Dans le langage courant, leur utilisation pourra parfois paraître troublante :
– « 1 kilo et demi » signifie 1,5 kg mais aussi 1,500 kg, soit « 1 kilo cinq cents » ;
– « 1 euro cinquante » signifie 1,50 € ;
– « 1 kilomètre cinq » signifie 1,5 km, soit 1,500 km, soit « 1 kilomètre cinq cents » ;
– « 1 an et demi » signifie 1,5 ans, soit « 1 an et 6 mois », soit « 18 mois ».

4. Les champs additif et soustractif

1 Repères pour enseigner

Voici une répartition des savoirs et savoir-faire à acquérir en fonction des cycles qu'il faut connaître.

	Cycle 2	Cycle 3
Nombres et calcul	Mémoriser des faits numériques et des procédures : • tables de l'addition ; • décompositions additives de 10 et de 100, compléments à la dizaine supérieure, à la centaine supérieure, doubles et moitiés de nombres d'usage courant, etc.	– Mémoriser des faits numériques et des procédures élémentaires de calcul. – Élaborer ou choisir des stratégies de calcul à l'oral et à l'écrit. – Vérifier la vraisemblance d'un résultat, notamment en estimant son ordre de grandeur : • addition, soustraction ; • propriétés des opérations.
	– Élaborer ou choisir des stratégies de calcul à l'oral et à l'écrit. – Vérifier la vraisemblance d'un résultat, notamment en estimant son ordre de grandeur : • addition, soustraction ; • propriétés implicites des opérations : « *2+9, c'est pareil que 9+2* » ; • propriétés de la numération : « *50+80, c'est 5 dizaines + 8 dizaines, c'est 13 dizaines, c'est 130* ».	
	Calcul mental Calculer mentalement pour obtenir un résultat exact ou évaluer un ordre de grandeur.	**Calcul mental** Calculer mentalement pour obtenir un résultat exact ou évaluer un ordre de grandeur.
	Calcul en ligne Calculer en utilisant des écritures en ligne additives, soustractives.	**Calcul en ligne** Utiliser des parenthèses dans des situations très simples. - Règles d'usage des parenthèses.
	Calcul posé Mettre en œuvre un algorithme de calcul posé pour l'addition, la soustraction.	**Calcul posé** Mettre en œuvre un algorithme de calcul posé pour l'addition, la soustraction : • techniques opératoires de calcul.
		Calcul instrumenté Utiliser une calculatrice pour trouver ou vérifier un résultat : • fonctions de base d'une calculatrice.

A. Les problèmes additif / soustractif

Les problèmes mettant en jeu une addition ou une soustraction sont nombreux mais fort différents. On observe que pour des énoncés très proches les élèves peuvent obtenir des performances plus ou moins bonnes.
Un outil d'analyse des problèmes relevant du champ additif / soustractif est fourni par la catégorisation proposée par Gérard Vergnaud[1].
Il a élaboré une typologie qui comporte les catégories suivantes :
– les problèmes de composition de mesures ou de relations ;
– les problèmes de transformation d'une mesure ou d'une relation ;
– les problèmes de comparaison de mesures ;
– les problèmes de composition de transformations.
Voici des exemples de ces différents types de problèmes avec des représentations schématiques que l'on pourrait leur associer.

B. Les problèmes de composition

Ils sont schématisés par un état E_1, un état E_2 et un état global E.

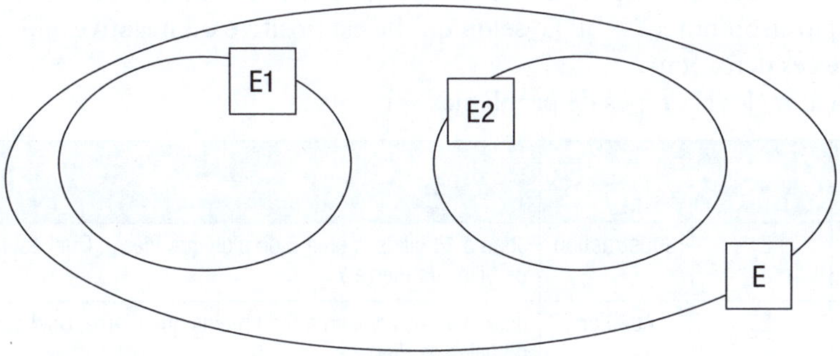

On a alors les deux types de problèmes suivants :

Quantités connues	Quantité à trouver	Opération à faire	Exemple
E_1 et E_2	E	Addition	Éric possède 4 billes rouges et 5 billes bleues. Combien a-t-il de billes ?
E_1 et E	E_2	Soustraction	Éric possède 15 billes qui sont jaunes ou noires. Il a 8 billes jaunes. Combien a-t-il de billes noires ?

C. Les problèmes de transformation

Ils sont schématisés par un état initial noté E_i, une transformation notée T^+ ou T^- selon qu'elle est positive ou négative, qui agit sur celui-ci pour obtenir un état final noté E_f.

$$E_i \xrightarrow{T^+ \text{ ou } T^-} E_f$$

On a alors les six types de problèmes suivants :

1. « Psychologie du développement cognitif et didactique des mathématiques », *Revue Grand N*, n° 38.

Quantités connues	Quantité à trouver	Opération à faire	Exemple
E_i et T^+	E_f	Addition	Jean a 9 billes, il en gagne 5. Combien de billes a-t-il en fin de partie ?
E_i et T^-	E_f	Soustraction	Jean possède 8 bonbons, il en donne 3. Combien lui en reste-t-il ?
E_f et T^+	E_i	Soustraction	Après avoir gagné 3 billes, Jean en possède 5. Combien de billes avait-il en début de partie ?
E_f et T^-	E_i	Addition	Après avoir perdu 3 billes, Jean possède 5 billes. Combien de billes avait-il en début de partie ?
E_i et E_f	T^+	Soustraction	En début de partie Jean a 6 billes, à la fin il en possède 10. Combien de billes a-t-il gagnées ?
E_i et E_f	T^-	Soustraction	En début de partie Jean a 10 billes, à la fin il en possède 6. Combien de billes a-t-il perdues ?

D. Les problèmes de comparaison

Ils sont schématisés par un état noté E_1, un état noté E_2 et une comparaison notée C^+ ou C^- selon qu'elle est positive ou négative entre ces deux états.

$$E_1 \xrightarrow{C^+ \text{ ou } C^-} E_2$$

On a alors les six types de problèmes suivants :

Quantités connues	Quantité à trouver	Opération à faire	Exemple
E_1 et C^+	E_2	Soustraction	Jean a 14 billes, il en a 5 de plus que Pierre. Quel est le nombre de billes de Pierre ?
E_1 et C^-	E_2	Addition	Jean a 14 billes, il en a 5 de moins que Pierre. Quel est le nombre de billes de Pierre ?
E_2 et C^+	E_1	Soustraction	Jean, qui a 12 billes, en possède 4 de plus que Pierre. Quel est le nombre de billes de Pierre ?
E_2 et C^-	E_1	Addition	Jean, qui a 12 billes, en possède 4 de moins que Pierre. Quel est le nombre de billes de Pierre ?
E_1 et E_2	C^+	Soustraction	Jean a 8 billes et Pierre a 12 billes. Combien Pierre a-t-il de billes de plus que Jean ?
E_1 et E_2	C^-	Soustraction	Jean a 8 billes et Pierre a 12 billes. Combien Jean a-t-il de billes de moins que Pierre ?

Pour résoudre les problèmes additifs ou soustractifs on constate que les élèves choisissent l'opération à effectuer en fonction de la présence de mots qui leur semblent significatifs, tels que :

– « gagné » ou « plus que » qui sont associés à l'addition ;

– « perdu » ou « moins que » qui sont associés à la soustraction.

Et ce indépendamment du contexte de la situation. Il y a donc un travail important sur le sens du problème qui est à mener. Une schématisation permet souvent, en représentant le problème, de donner du sens et de permettre à l'élève de trouver l'opération à effectuer.

2 La technique opératoire de l'addition

Avant de disposer de la technique opératoire les élèves ont à leur disposition plusieurs méthodes qui permettent de produire le résultat d'une addition.
Ils peuvent pour des petits nombres utiliser les résultats mémorisés.
Ils peuvent pratiquer le surcomptage, en partant du plus grand des deux nombres à ajouter ; l'élève avance jusqu'à obtenir le résultat.
Ils peuvent aussi pratiquer le comptage à partir d'un schéma représentant les deux quantités à ajouter.
La technique opératoire de l'addition repose sur des connaissances relevant de la numération. On peut donc prédire que les élèves maîtrisant mal la numération auront du mal à donner du sens à l'algorithme qu'ils utiliseront alors de façon très mécanique sans disposer de moyens d'autocontrôle. En effet, les élèves doivent bien maîtriser les notions d'unité, de dizaine, centaine pour comprendre le statut de la retenue.
On peut représenter ainsi la technique de l'addition :

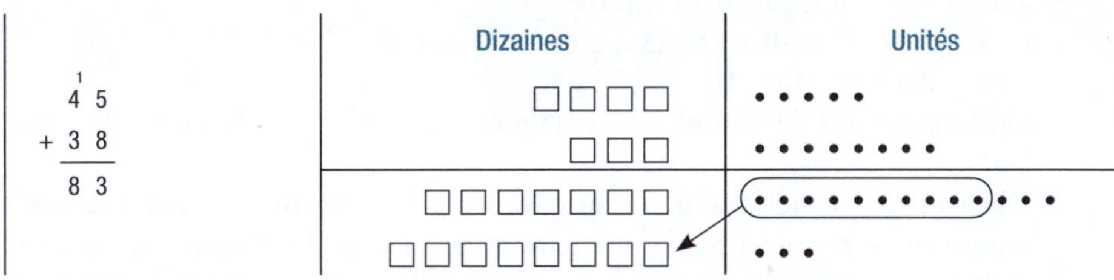

À partir du moment où les élèves ont mémorisé les tables d'addition, les erreurs qu'ils commettent proviennent surtout d'un mauvais alignement des chiffres et d'oublis de retenues. Les erreurs de calcul doivent être examinées en référence à la justification des différentes étapes du calcul.

3 La technique opératoire de la soustraction

La soustraction est une opération qui fait commettre aux élèves de nombreuses erreurs. On présente à l'école l'un ou l'autre des algorithmes suivants.

On peut représenter ainsi la technique de la soustraction :

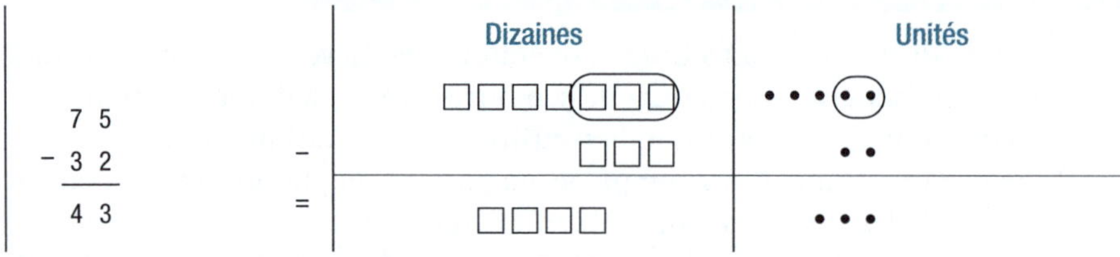

7 dizaines et 5 unités moins 3 dizaines et 2 unités donnent 4 dizaines et 3 unités

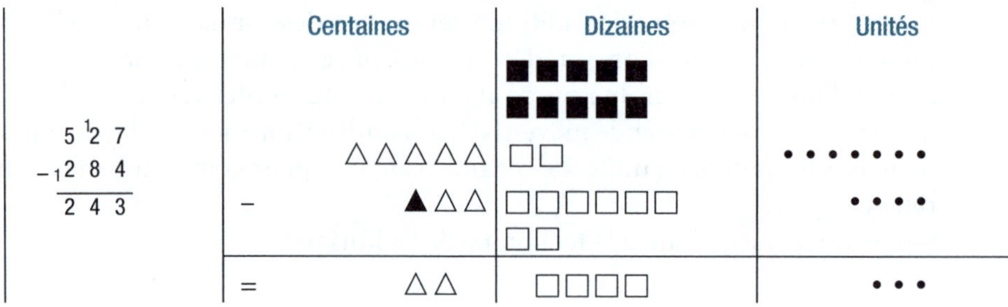

On reconnaît ici l'algorithme usuel qui repose sur l'égalité $a - b = (a + c) - (b + c)$.
On cherche ici 527 – 284 en calculant :
$(5 \times 100 + 2 \times 10 + 7) - (2 \times 100 + 8 \times 10 + 4)$
$= (5 \times 100 + 10 \times 10 + 2 \times 10 + 7) - (1 \times 100 + 2 \times 100 + 8 \times 10 + 4)$
On vient d'ajouter 100 à gauche sous la forme de 10 dizaines qu'on équilibre par 100 à droite sous la forme d'1 centaine.
$= (5 \times 100 + 12 \times 10 + 7) - (3 \times 100 + 8 \times 10 + 4)$
$= (2 \times 100 + 4 \times 10 + 3)$
On a ajouté une centaine à 284 et la même quantité sous la forme de dix dizaines à 527.
On peut remarquer que dans cette technique de calcul dite soustraction avec retenue, on ne retrouve pas la même notion que dans l'addition avec retenue. Cette identité d'appellation peut induire en erreur les élèves qui chercheraient des similitudes entre la retenue de la soustraction et celle de l'addition.

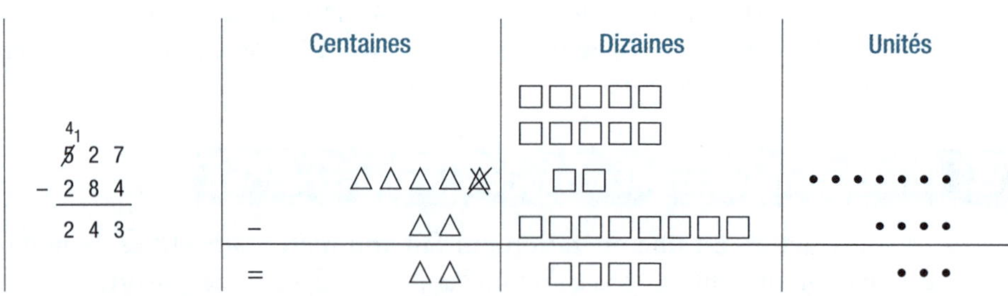

Dans cet algorithme, on transforme une centaine en dix dizaines.
527 – 284
$= (5 \times 100 + 2 \times 10 + 7) - (2 \times 100 + 8 \times 10 + 4)$
$= (4 \times 100 + 12 \times 10 + 7) - (2 \times 100 + 8 \times 10 + 4)$
On a ici « emprunté » une centaine à 500 pour « prêter » 10 dizaines à 20

= (2 × 100 + 4 × 10 + 3)
Cette technique est beaucoup plus simple à comprendre, c'est celle qui est utilisée dans les pays anglo-saxons. La seule difficulté se trouve dans des soustractions du type 900 – 234.
Avant de disposer de la technique usuelle, les élèves peuvent utiliser les procédures suivantes :

- La soustraction en avançant : 543 – 215

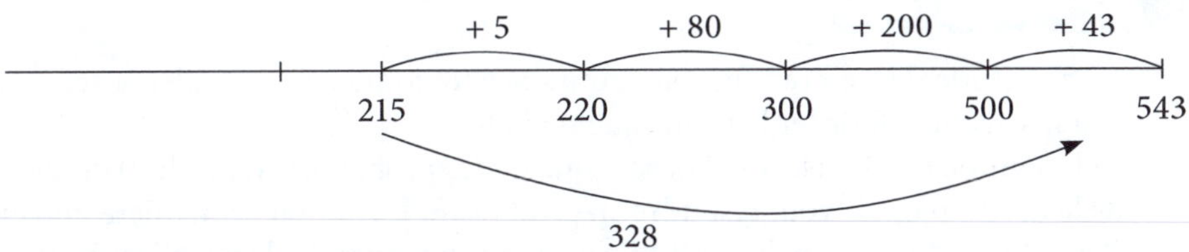

On reconnaît ici la procédure utilisée par les commerçants pour rendre la monnaie. Ils partent du prix à payer et complètent jusqu'à arriver à la somme donnée par le client.

EXEMPLE : Je donne 300 euros pour un objet qui coûte 215 euros. « 215 et 85 qui font 300 »

- La soustraction en reculant : 432 – 325

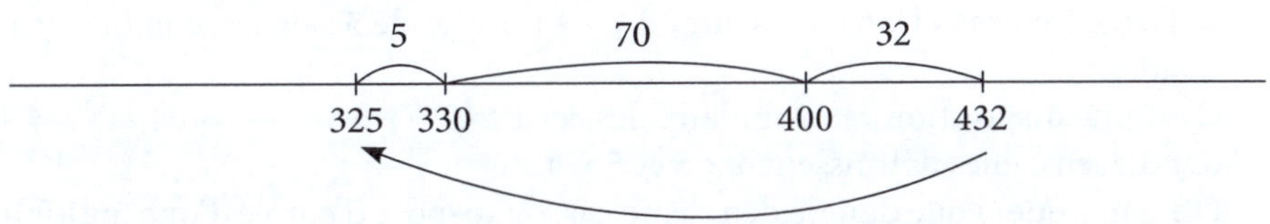

Certains élèves utilisent aussi l'addition à trous, mais cette technique nécessite une bonne maîtrise de l'addition, surtout pour gérer les retenues.

```
   1 4 2              2 7 5
 + • • •            + • • •
 -------            -------
   3 7 5              5 3 1
```

Pour la première addition, les chiffres se trouvent en cherchant à chaque fois le complément, mais, dans la deuxième addition, il faut gérer de nombreuses retenues.

4 Conclusion

À la fin du cycle 2, seule la technique opératoire de l'addition est exigible, qu'elle soit traitée en ligne ou en colonnes. C'est au cycle 2 que les élèves se construisent leur répertoire additif. Au cycle 3, les élèves abordent l'addition et la soustraction des nombres décimaux. À ce moment de leur scolarité, s'ils maîtrisent bien l'addition et la soustraction entre les entiers, l'extension de la technique aux décimaux ne pose pas trop de problèmes. On rencontre cependant des erreurs dues essentiellement au mauvais alignement des nombres décimaux. Il faut cependant vérifier que ce type d'erreur n'est pas dû à une mauvaise connaissance des notions de partie entière et partie décimale.

5. Le champ multiplicatif et la division

1 Introduction

Dans l'étude des opérations, on commence toujours par travailler le sens des opérations avant d'aborder la technique opératoire.
Cela signifie que les élèves vont rencontrer des problèmes multiplicatifs ou relevant de la division qu'ils vont résoudre en produisant le résultat de manière non experte.
Pour l'introduction de la multiplication, on peut partir de problèmes où figurent des additions réitérées ou bien de dispositions rectangulaires.

EXEMPLES :

- Premier cas : Éric reçoit 4 paquets contenant chacun 5 bonbons, combien a-t-il de bonbons ?
Ici, il s'agit d'additions réitérées, seule l'écriture $5 + 5 + 5 + 5$ a un sens et elle définit 4×5.

- Deuxième cas : Dans un jardin, il y a 4 rangées de 5 salades, combien y a-t-il de salades ?
C'est une disposition rectangulaire, les écritures $5 + 5 + 5 + 5$ ou $4 + 4 + 4 + 4 + 4$ ont un sens, elles définissent 4×5 et 5×4.

On remarquera que dans le deuxième cas, on dispose d'entrée d'une multiplication commutative ce qui ne se produit pas dans le premier cas.
« De nombreuses techniques de calcul de produits ont été élaborées au cours des temps et, aujourd'hui encore, les techniques utilisées ne sont pas toujours identiques d'un pays à l'autre. L'étude de certaines d'entre elles peut d'ailleurs être conduite avec une visée culturelle et comme support à un travail sur les propriétés de la multiplication. Mais, seule la technique usuelle française doit être maîtrisée (et bien entendu comprise) par les élèves.
La compréhension de la technique usuelle de la multiplication nécessite la coordination de plusieurs types de connaissances :
– tables de multiplication ;
– numération décimale pour la gestion des retenues, dans les multiplications intermédiaires puis dans l'addition finale ;
– règle des 0 : passage du résultat de la multiplication d'un nombre par 3 à la multiplication de ce même nombre par 30, par 300… ;
– distributivité de la multiplication sur l'addition.
Certaines de ces connaissances commencent à être travaillées au cycle 2, mais la maîtrise nécessaire à la compréhension de la technique de la multiplication posée ne commence à être assurée qu'au cours de la première année du cycle 3.
Le cas de la technique de multiplication de nombres à deux ou trois chiffres… par un nombre à un chiffre est plus simple et sa maîtrise constitue un préalable à celle

de la multiplication par un nombre à plusieurs chiffres. Elle repose sur les principes de la numération décimale et la connaissance des produits des nombres à un chiffre (les tables de multiplication) ainsi que sur la commutativité et la distributivité de la multiplication par rapport à l'addition ($27 \times 6 = 7 \times 6 + 20 \times 6$). Au cours d'une première étape, certains élèves peuvent être autorisés à utiliser un répertoire écrit de ces tables pour alléger la charge de travail. Cette technique peut être mise en relation avec le calcul de l'addition itérée (posée) d'un même nombre.[1] »

Les problèmes liés au champ multiplicatif et à la division font partie de ceux relevant de la proportionnalité.

Si l'on connaît la valeur d'une donnée et que l'on cherche la valeur d'un multiple de cette donnée, on dira que le problème relève de la **multiplication**.

EXEMPLE : 1 caisse pèse 15 kg, combien pèsent 4 caisses ? (60 kg)

Si l'on connaît la valeur d'une donnée et que l'on cherche la valeur d'un sous-multiple de cette donnée, on dira que le problème relève de la **division**.

EXEMPLE : 12 caisses pèsent 180 kg, combien pèsent 4 caisses ? (60 kg)

Si l'on connaît la valeur d'une donnée et que l'on cherche une valeur qui n'est ni un multiple ni un sous-multiple de cette donnée, on dira que le problème relève de la **proportionnalité**.

EXEMPLE : 12 caisses pèsent 180 kg, combien pèsent 7 caisses ? (105 kg)

2 La multiplication

A. Propriétés

Les propriétés de la multiplication sont utilisées de manière implicite à l'école primaire.

- **Commutativité** : « Pierre range ses voitures en 6 lignes de 4 voitures », l'élève peut indifféremment calculer 6×4 (6 lignes de 4) ou 4×6 (4 voitures sur chacune des 6 lignes).
- **Associativité** : « Sur le parking, il y a 6 rangées de 8 voitures. Chaque voiture a 4 roues ». Pour calculer le nombre total de roues, on utilise implicitement l'associativité. $N= (6 \times 8) \times 4$, c'est-à-dire le nombre total de voitures multiplié par 4.
- **Distributivité** : « Chaque enfant de chaque classe reçoit 2 gants. La classe A est constituée de 25 élèves, la classe B de 18 ». Pour calculer le nombre total de gants distribués, on calculera de manière implicite $2 \times (25 + 18) = 2 \times 25 + 2 \times 18$.

1 Documents d'accompagnement de 2002.

B. Problèmes multiplicatifs

On peut lister les problèmes suivants relevant de la multiplication.
Les problèmes **simples** relevant de la multiplication sont légion :
– 3 sachets coûtent 15 €, combien coûtent 12 sachets ?
– Combien y a-t-il de photos dans un album de 14 pages avec 4 photos par page ?
– S'il y a 18 pêches par cagette, combien de pêches sont contenues dans une camionnette transportant 52 cagettes ?
– Quelle est l'aire d'un rectangle de 2 m sur 6 m ?
(Réponses : 60 € / 56 photos / 936 pêches / 12 m^2)

Les problèmes de **dénombrement** liés à la multiplication :
– J'ai 3 T-shirts et 4 shorts, de combien de manière différente puis-je m'habiller ?
– Dans la classe, il y a 5 garçons et 3 filles, combien de doublettes mixtes peut-on réunir ?
(Réponses : 12 manières / 15 doublettes)

Les problèmes liés à l'expression « **fois plus** » :
– Jean a 5 voitures, Pierre en a « 2 fois plus ». Combien Pierre a-t-il de voitures ?
– Un agneau pèse 35 kg. Quel est le poids d'un veau qui est « 8 fois plus lourd » ?
(Réponses : 10 voitures / 280 kg)

Les problèmes de **multiplications successives** :
– La voiture consomme 6 litres aux 100 km. Le litre d'essence coûte 1,55 €. Quelle sera la dépense en essence pour un voyage de 300 km ?
– Hélène a 8 ans, Louise est 2 fois plus âgée qu'Hélène et la tante Perrine a 5 fois l'âge de Louise. Quel est l'âge de la tante Perrine ?
(Réponses : 27,90 € / 80 ans)

C. Les procédures utilisées par les élèves

On peut lister les **procédures** utilisées par les élèves pour résoudre des problèmes de type multiplicatif. Nous profiterons de l'explicitation de ces procédures pour décrire les **erreurs** afférentes fréquemment rencontrées.
Nous utiliserons un classement allant de la procédure la moins experte vers la plus experte.
Nous nous appuierons sur l'exemple suivant :
Jules a apporté 5 boîtes de 3 bouchons. Combien Jules a-t-il apporté de bouchons ? (Réponse : 15 bouchons)

a. Procédure de type dessin/schéma

L'élève a besoin de **représenter** le problème sous la forme d'un dessin, figuratif ou non :

(figuratif)

* * *   * * *   * * *   * * *   * * *   **(non figuratif)**

L'élève va ensuite procéder par **dénombrement** et compter combien de dessins de bouchons (vs de croix) il a représenté.

Les erreurs possibles liées à cette procédure peuvent provenir :
– d'une **représentation inexacte** du problème :
L'élève oublie de dessiner un bouchon ou oublie de représenter une boîte de 3 bouchons :

– d'une **erreur dans le dénombrement** :
Par mauvaise connaissance de la comptine numérique, par mauvaise correspondance terme à terme entre l'objet compté et la comptine, par oubli d'un objet, le dénombrement peut se révéler inexact.

b. Procédure de type « additions réitérées »

Parce qu'il ne connaît pas, ou pas bien, les tables de multiplication l'élève va procéder par des additions successives de la même valeur, que l'on nomme « additions réitérées » : 3 + 3 + 3 + 3 + 3.

Les erreurs possibles liées à cette procédure peuvent provenir :
– d'un **nombre incorrect d'additions** à réitérer. Dans cette procédure, l'élève doit poser autant d'additions de 3 qu'il y a de boîtes de bouchons. S'il se trompe (et inscrit, à tort, 6 additions) : 3 + 3 + 3 + 3 + 3 + 3, son résultat sera faux ;
– d'une **erreur dans le calcul** de l'addition. L'élève se trompe en additionnant et ne trouve pas le résultat exact. Bien entendu, plus les nombres à additionner sont grands ou complexes et/ou plus le nombre d'additions réitérées est grand et plus cette erreur est courante.

c. Procédure multiplicative

Si l'élève saisit le sens multiplicatif du problème, s'il connaît les tables de multiplication ou s'il a, à sa disposition, un répertoire multiplicatif (extrait d'une table de multiplication) ou une calculette, la procédure multiplicative directe est la plus aisée pour résoudre le problème :
Jules a apporté 3 × 5 = 15 bouchons.
L'utilisation de la calculette constitue une variable didactique importante.

Les erreurs possibles liées à cette procédure peuvent provenir :
– d'une connaissance approximative des tables de multiplication (3 × 5 = 13 !) ;
– d'une mauvaise utilisation des touches de la calculette (ex : on appuie sur le + au lieu du × et 3 × 5 = 8). Très souvent l'utilisation de la calculette est, pour l'élève, antinomique avec le contrôle logique du résultat puisque « la calculette ne fait pas d'erreur ! ». Celui-ci ne contrôle alors même pas l'ordre de grandeur.

D. Comment amener les élèves vers la procédure experte ?

Il est clair que les procédures de type dessin/schéma seront découragées par un trop grand nombre d'objets/symboles à représenter :
Jules a apporté 25 boîtes de 13 bouchons. Combien Jules a-t-il apporté de bouchons ?

Pour décourager une procédure de type additions réitérées, il suffit d'augmenter significativement le nombre d'additions à effectuer :

Jules a apporté 25 boîtes de 3 bouchons. Combien Jules a-t-il apporté de bouchons ?

En effet, la plupart des élèves se fieront au sens du problème et écriront :

3 + 3 + 3 + 3 + 3 + 3 + 3 + 3 + 3 + 3 + 3 + 3 + 3 + 3 + 3 + 3 + 3 + 3 + 3 + 3 + 3 + 3 + 3 + 3 + 3,

ce qui constitue à la fois une technique décourageante et une source d'erreur.

En effet, les élèves n'auront pas l'idée d'écrire 25 + 25 + 25 qui ne correspond à aucune réalité tangible. Autrement dit, l'usage implicite de la commutativité de la multiplication (25 × 3 = 3 × 25) ne sera pas mise en œuvre.

E. Approche de la technique de la multiplication

Nous relatons ici de manière succincte et résumée le plan classiquement utilisé, dans les classes, pour introduire la technique de la multiplication.

a. Présentation rectangulaire

On utilise généralement, pour démarrer, une « représentation rectangulaire » de la multiplication.

EXEMPLE : Combien y a-t-il de carreaux dans ce rectangle ?

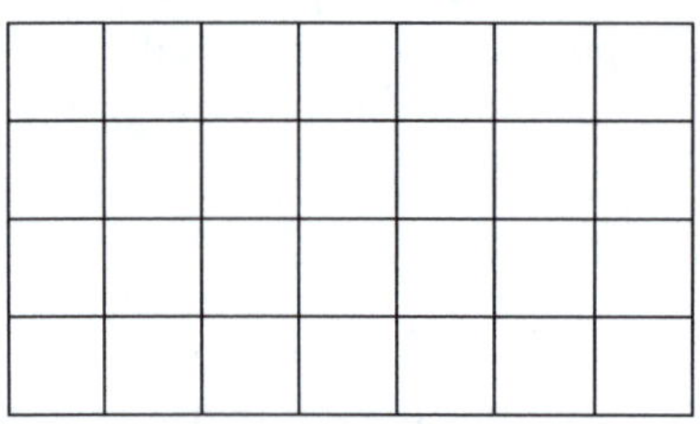

Celui-ci est composé de 4 lignes de 7 carreaux.

On peut facilement les dénombrer un à un (ou 4 par 4) et trouver qu'il y a 28 carreaux. On notera alors 4 × 7 = 28.

On peut également considérer qu'il s'agit de 7 colonnes de 4 carreaux et l'on notera que 7 × 4 = 28.

On pourra alors mettre en évidence de manière implicite la propriété de commutativité de la multiplication et écrire que 4 × 7 = 7 × 4.

À travers de nombreux exemples de ce type (produits de nombres à 1 chiffre), on construit avec les élèves une « table de Pythagore » indiquant les résultats de ces différents produits. On utilise la symétrie de la table (liée à la commutativité) pour encourager les élèves à ce remplissage (chaque nouveau résultat permet de remplir 2 cases : 4 × 7 et 7 × 4).

L'utilisation du tableur informatique peut être ici tout à fait encouragée pour reconstituer cette table de manière propre et individuelle à la fin de son élaboration collective par la classe.

Les élèves sont également invités à apprendre « par cœur » ces **tables de multiplication** afin de pouvoir utiliser ces résultats de manière automatique.

Si la table de Pythagore permet d'élaborer les tables de multiplication, elle ne constitue pas le meilleur outil pour les apprendre.
Dès que les enfants connaissent bien quelques tables de multiplication (jusqu'à la table de 5, par exemple), le maître pourra aborder l'étape suivante.
Il aura, au préalable, familiarisé les élèves avec la multiplication par 10 (vs 100, 1 000) et explicité la « **règle des zéros** » : « lorsqu'on multiplie un nombre par 10 (vs 100, 1 000) on écrit 1 (vs 2, 3) zéro à droite de ce nombre ».

CONSEIL DU FORMATEUR

On veillera à ne pas laisser s'établir l'expression « on ajoute un zéro au nombre », car ajouter 0 devant un nombre ne modifie pas celui-ci.

b. Multiplication d'un nombre à 2 chiffres par un nombre à 1 chiffre

On pourra alors aborder la multiplication d'un nombre à 2 chiffres par un nombre à 1 chiffre, par exemple : 34 × 5

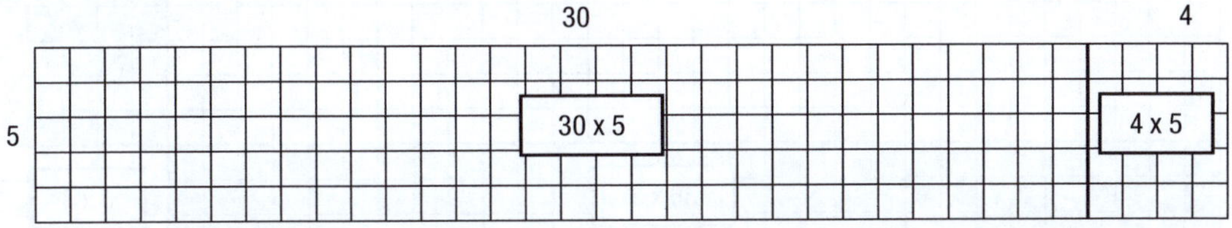

Il s'agit de décomposer le produit 34 x 5 en décomposant les nombres en jeu selon **dizaines et unités.**
On s'appuiera sur le fait que le nombre total de carreaux du grand rectangle est la somme des 2 petits rectangles mis en évidence.
On utilisera ensuite la connaissance des tables de multiplication et la règle des zéros pour calculer facilement les deux résultats partiels.
Ainsi, on utilisera de manière implicite la **distributivité de la multiplication sur l'addition** :
$34 \times 5 = (30 + 4) \times 5 = 30 \times 5 + 4 \times 5$
soit $34 \times 5 = 150 + 20 = 170$
Il ne reste plus alors qu'à disposer correctement ces résultats partiels pour se rapprocher de la division posée :

34	
× 5	
20	5 × 4
150	5 × 30
170	

c. Multiplication d'un nombre à 2 chiffres par un nombre à 2 chiffres

On pourra ensuite aborder la multiplication d'un nombre à 2 chiffres par un nombre à 2 chiffres, par exemple : 35 × 23

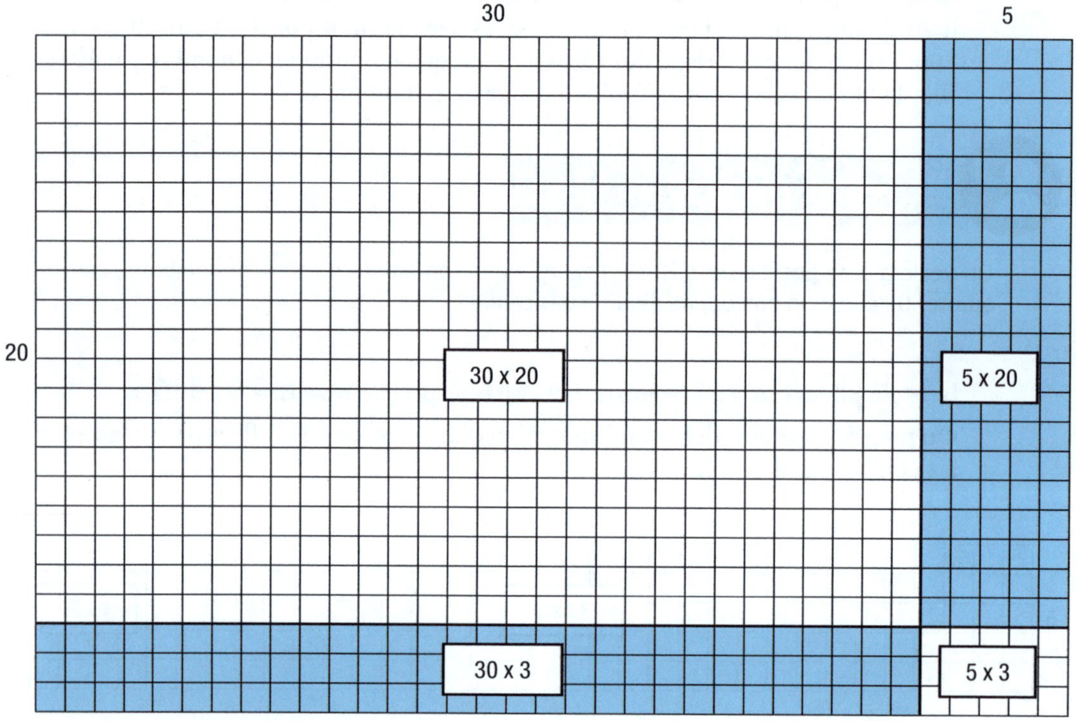

Il s'agit de décomposer le produit 35 × 24 en décomposant les nombres en jeu selon **dizaines et unités**.

On s'appuiera sur le fait que le nombre total de carreaux du grand rectangle est la somme des 4 petits rectangles mis en évidence.

On utilisera ensuite la connaissance des tables de multiplication et la règle des zéros pour calculer facilement les 4 résultats partiels.

Ainsi on utilisera de manière implicite la **distributivité de la multiplication sur l'addition** :

$35 \times 23 = (30 + 5) \times (20 + 3) = 30 \times 20 + 30 \times 3 + 5 \times 20 + 5 \times 3$

Les élèves peuvent donc facilement calculer :

$30 \times 20 = 600$

$30 \times 3 = 90$

$5 \times 20 = 100$

$5 \times 3 = 15$

En faisant la somme de ces résultats partiels on obtient que :

$35 \times 23 = 600 + 90 + 100 + 15$ soit 805.

On sait donc faire des « grandes multiplications » !

Il ne reste plus alors qu'à disposer correctement ces résultats partiels pour se rapprocher de la multiplication posée :

35	
× 23	
15	3 × 5
90	3 × 30
100	20 × 5
600	20 × 30
805	

On notera qu'on a également fait jouer la propriété de **commutativité** de la multiplication.

Peu à peu, on se détachera de la représentation graphique afin d'écrire les produits partiels directement dans la multiplication posée.

On regroupera ensuite les lignes de résultats par 2 afin de gagner en rapidité :

35	
× 23	
105	3 × 5 + 3 × 30
700	20 × 5 + 20 × 30
805	

Sur plusieurs exemples, on remarquera que la seconde ligne se termine toujours par un zéro puisque c'est toujours une dizaine entière qu'on multiplie. On décidera donc de remplacer ce dernier 0 par un point et d'effectuer, pour simplifier, le produit de 2 par 35 au lieu du produit de 20 par 35.

35	
× 23	
105	3 × 5 + 3 × 30
70•	2 × 5 + 2 × 30
805	

Le cas de la technique de la multiplication par un nombre à plusieurs chiffres contenant des zéros intervient plus tard. Sa compréhension nécessite d'avoir assimilé l'utilisation de la « règle des 0 » et de la distributivité de la multiplication sur l'addition (multiplier 523 par 205 revient à multiplier 523 par 200 et par 5 et à additionner les deux résultats obtenus). Il est donc prudent d'attendre la fin de la première année ou la deuxième année du cycle 3. Dans tous les cas, les élèves sont aidés par l'écriture explicite des « 0 » (qui doit être préférée au traditionnel principe de décalage), ainsi que par celle des produits partiels en marge du calcul à effectuer, comme dans l'exemple ci-dessous :

523	
× 205	
2615	523 × 5
104600	523 × 200
107215	

Rappelons que l'acquisition de **technicité** et de **rapidité** dans la technique opératoire s'accompagne toujours d'une **perte de sens**.

3 La division

On distingue habituellement deux types de divisions :
- la division **partition** dans laquelle on calcule la **valeur d'une part** ;
- la division **quotition** où l'on cherche le **nombre de parts**.

EXEMPLES :

• J'ai 18 chocolats, je fabrique 6 sachets. Combien y aura-t-il de chocolats par sachet ? Il s'agit d'une division **partition**. On calcule la **valeur d'une part**.

• J'ai 72 chocolats. Je constitue des sachets de 8 chocolats. Combien y aura-t-il de sachets ? Il s'agit d'une division **quotition**. On cherche le **nombre de parts**.

La division entière, en tant que partage équitable, est une notion abordée très tôt dans la scolarité.

EXEMPLE : « Vous êtes 4 sur cette table, distribue les gommettes (12 gommettes) de telle sorte que chaque enfant ait le même nombre de gommettes », correspondant à un problème de partage équitable, donc de division, posé en grande section de maternelle.

A. Division euclidienne de deux nombres entiers

Comme pour la multiplication, de nombreuses techniques de divisions ont été utilisées dans l'histoire et le sont encore selon les pays. La technique usuelle française telle qu'elle est (a été) enseignée est très dépouillée (pas de soustraction posée) et donc source de nombreuses erreurs. De plus, celles-ci sont difficiles à repérer puisque tous les calculs effectués ne donnent pas lieu à trace écrite.
Par ailleurs, il s'agit d'un calcul « à risque » insécurisant, dans la mesure où un nombre essayé au quotient n'est jamais absolument certain. C'est également le seul calcul où l'estimation intervient « en cours » de calcul alors que pour les autres opérations, elle intervient soit au début, soit à la fin, comme instrument de prévision ou de contrôle.
Il suffit d'interroger un élève moyen de cinquième pour mesurer à quel point la technique de la division posée est peu acquise et souvent remplacée par l'utilisation de la calculatrice.
Le travail légitime lié à la compréhension de chacune des étapes de la division s'oppose à une utilisation efficace et rapide de l'opération.
Nous sommes là dans la dialectique outil/objet. La division est un objet d'apprentissage qui doit devenir un outil pour d'autres apprentissages.
Notons que pour les opérations, en général, le gain obtenu en rapidité et en efficacité de l'outil « opération » s'accompagne forcément d'une perte de sens de celle-ci. C'est un gommage du sens qu'il faut accepter pour gagner en technicité.

Cette technique est la seule dont la connaissance est demandée à la fin de l'école primaire. Sa compréhension suppose de nombreuses connaissances préalables :
– maîtrise des deux « sens » de la division : « quelle est la valeur de chaque part ? » (diviser 2 782 par 26 revient à partager 2 782 en 26 parts égales et chercher la valeur d'une part), « combien de fois ? » (diviser 2 782 par 26 revient à chercher combien de fois 26 est contenu dans 2 782) ;
– maîtrise des tables de multiplication (ce qui englobe la recherche de « combien de fois 7 dans 59 ? », qui n'est pas directement dans la table de multiplication par 7), capacité à prévoir le nombre de chiffres du quotient, par encadrement ou par partage d'une partie du dividende.
Dans toutes les circonstances, trois recommandations peuvent être faites :
– commencer le calcul par une estimation du nombre de chiffres du quotient (ce qui permet un premier moyen de contrôle sur le quotient) ;
– s'autoriser à poser des produits annexes, à la suite d'une première estimation du chiffre cherché dans le quotient (la production de la totalité de « la table du diviseur » ne doit pas être encouragée) ;
– encourager la pose effective des soustractions (sans interdire toutefois aux élèves qui le souhaitent de s'en dispenser).
L'exemple suivant montre ce qui peut être attendu en fin d'école primaire :

7 8 0 5	2 7
– 5 4	2 8 9
2 4 0	c d u
– 2 1 6	
2 4 5	
– 2 4 3	
2	

$$\begin{array}{r} 27 \\ \times \quad 9 \\ \hline 243 \end{array} \qquad \begin{array}{r} 27 \\ \times \quad 9 \\ \hline 216 \end{array}$$

B. Procédures des élèves

a. Procédure de type dessin/schéma

L'élève a besoin de **représenter** le problème sous la forme d'un dessin figuratif ou non.

EXEMPLE : J'ai 19 bouchons, je fabrique des sachets de 3 bouchons. Combien puis-je faire de sachets ?

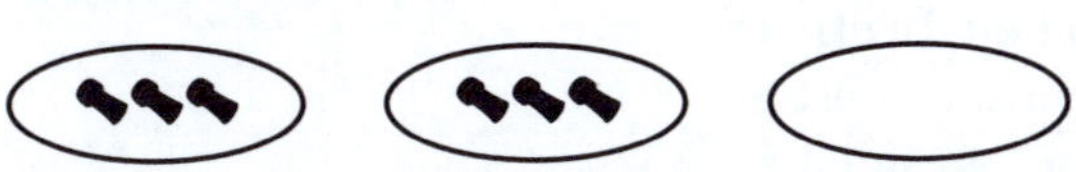

Il s'agit de faire des sachets de 3 et de s'arrêter lorsque le nombre de 19 bouchons est atteint. Cela suppose de compter les bouchons au fur et à mesure qu'on les dessine… ou de les recompter régulièrement.

Il me reste un seul bouchon. Je ne peux pas faire de paquet supplémentaire.

Il s'agit enfin de dénombrer les sachets. J'ai pu en faire 6 et il me reste 1 bouchon.

Les erreurs possibles liées à cette procédure peuvent provenir :
- d'un mauvais dénombrement du nombre de bouchon total ;
- d'un mauvais dénombrement du nombre de sachets ;
- d'une mauvaise gestion du reste qui est parfois mis, à tort, dans un paquet.

b. Procédure utilisant additions ou soustractions réitérées (pour des divisions quotition)

EXEMPLE : Soit 19 chocolats à répartir en sachets de 3. Combien peut-on constituer de sachets ?

Procédure utilisant l'addition réitérée

3	1 sachet
+ 3	2 sachets
6	
+ 3	3 sachets
9	
+ 3	4 sachets
12	
+ 3	5 sachets
15	
+ 3	6 sachets
18	
~~+ 3~~	~~7 sachets~~
~~21~~	plus grand que 19

L'élève additionne les groupes de 3 chocolats jusqu'à ce que le total maximum (18) de chocolats groupés soit atteint. Il doit s'arrêter avant d'avoir dépassé la valeur maximale (19). Il doit ensuite dénombrer le nombre de fois où il a utilisé les groupements de 3 puisque c'est ce nombre qui lui donnera le résultat escompté (quotient).

Erreurs possibles :

L'élève peut :
- se tromper dans les additions partielles ;
- se tromper dans le dénombrement des sachets de 3 constitués ;
- oublier de barrer la dernière addition qui donne un nombre plus grand que 19 et ainsi compter un 7e sachet ;
- ne pas savoir quand arrêter ses additions successives parce que la valeur 19 n'apparaît pas.

Procédure utilisant la soustraction réitérée	**Erreurs possibles :**
19 – 3 1 sachet 16 – 3 2 sachets 13 – 3 3 sachets 10 – 3 4 sachets 7 – 3 5 sachets 4 – 3 6 sachets 1 c'est le reste L'élève part du nombre total de chocolats. Il ôte 3 à chaque fois qu'il constitue un sachet. Il doit ensuite dénombrer le nombre de fois où il a utilisé les groupements de 3 puisque c'est ce nombre qui lui donnera le résultat escompté (quotient). Lorsqu'il ne peut plus effectuer de soustraction, c'est le reste qui apparaît.	L'élève peut : – se tromper dans les soustractions partielles ; – se tromper dans le dénombrement des sachets de 3 constitués ; – ne pas savoir gérer le reste.

c. Procédure optimisant les précédentes en faisant intervenir la multiplication

Il s'agit désormais d'avancer à « plus grands pas » en utilisant, dans notre exemple précédent, des multiples de 3 :

Procédures	**Les erreurs possibles liées à cette procédure peuvent provenir :**
3 1 sachet + 3 + 1 sachet 6 + 6 + 2 sachets 12 + 6 + 2 sachets 18 19 – 3 1 sachet 16 – 6 + 2 sachets 10 – 9 + 3 sachets 1 c'est le reste	– d'erreurs dans les multiplications et/ou les additions successives ; – d'un mauvais dénombrement du nombre de sachets du fait qu'on ajoute (vs ôte) plusieurs sachets à la fois ; – de l'oubli de barrer la dernière addition qui donne un nombre plus grand que 19 et ainsi compter un 7e sachet ; – de ne pas savoir quand arrêter ses additions successives parce que la valeur 19 n'apparaît pas.

La difficulté consiste ici à faire le rapport entre le multiple de 3 (6, par exemple) utilisé et le nombre de sachets qu'il représente (ici 2).

d. Procédure optimisant encore les précédentes en faisant intervenir un répertoire multiplicatif

Il s'agit simplement de reproduire les méthodes précédentes en mettant en œuvre un répertoire multiplicatif, c'est-à-dire un extrait simplifié de la table de multiplication correspondant au diviseur de l'opération.
Par exemple, s'il s'agit de diviser 205 par 17, on fournira à l'élève l'extrait :
17 × 2 = 34
17 × 5 = 85
17 × 10 = 170 afin de faciliter ses calculs pour se rapprocher « à très grands pas » du résultat.

EXEMPLE : 205 – 170 = 35 (10 sachets)
35 – 34 = 1 (2 sachets)
On a donc trouvé un quotient de 12 et un reste de 1.

Les erreurs possibles liées à cette procédure peuvent provenir :
- d'erreur dans les additions ou soustractions successives ;
- d'un mauvais dénombrement du nombre de sachets du fait qu'on ajoute (vs ôte) plusieurs sachets à la fois.

e. Procédure utilisant la division posée

Il s'agit là de la procédure experte qui consiste à poser directement 205 divisé par 17.

Les erreurs possibles liées à cette procédure peuvent provenir :
- d'erreur dans la technique de la division posée (ou division en potence). Il s'agit le plus souvent d'erreurs liées à une mauvaise connaissance des tables de multiplication, ou à des erreurs de calculs dans les différences partielles ;
- d'erreurs de disposition dans la potence qui entraînent un résultat faux ;
- d'une mauvaise gestion d'un zéro intercalaire qui ne sera pas noté. « Il y va 0 fois, j'abaisse le 5… » mais le 0 n'est pas noté au quotient.

C. Comment amener les élèves vers la procédure experte ?

Comme pour la multiplication, il est clair que les procédures de type dessin/schéma seront découragées par un trop grand nombre d'objets/symboles à représenter :
Jules a apporté 215 bonbons, il veut faire des sachets de 12 bonbons. Combien Jules va-t-il faire de sachets ?
De même, pour décourager une procédure de type additions (vs soustractions) réitérées, il suffit d'augmenter significativement le nombre d'additions (vs soustractions) à effectuer. La division se révèle alors l'outil indispensable pour résoudre le problème.

D. Approche de la technique de la division posée

Les procédures précédemment mentionnées constituent les étapes indispensables pour arriver à la technique de la division posée. **Additions ou soustractions réitérées**, utilisation de **multiples** de plus en plus **pertinents** du diviseur. Utilisation de la **règle des zéros**.

Afin d'aller plus loin, il sera nécessaire de travailler parallèlement avec les élèves sur la notion **d'ordre de grandeur**, afin de pouvoir estimer l'ordre de grandeur du quotient qu'on aura à chercher.

On pourra ensuite s'acheminer vers la division posée :

8587	35
– 7000	200
1587	40
– 1400	
187	5
– 175	
12	

En divisant 85 par 35, il y va 2 fois, donc en divisant environ 8 500 (8 587) par 35, il y va 200 fois :
200 × 35 = 7 000
Il reste donc 1 587.
En divisant 158 par 35, il y va 4 fois, donc en divisant environ 1 580 (1 587) par 35, il y va 40 fois :
40 × 35 = 1 400
Il reste donc 187.
En divisant 187 par 35, il y va 5 fois : **5** × 35 = 175
Il reste donc **12**.
200 + **40** + **5** = 245 donc le quotient de 8 587 par 35 c'est 245 et le reste 12.
8 587 = 245 × 35 + 12

En s'appuyant sur cette technique détaillée qui fait apparaître les produits partiels et les soustractions détaillées intermédiaires, on ira vers une technique plus rapide nécessitant un bonne connaissance des tables de multiplication, une bonne pratique de la soustraction et une bonne mémoire à court terme.

8587	35
15**8**	245
187	
12	

En divisant 85 par 35, il y va 2 fois. On pose 2.
2 × 35 = 70
70 ôté de 85, il reste 15.
On abaisse le **8**.
En divisant 158 par 35, il y va 4 fois, 4 × 35 = 140.
140 ôté de 158, il reste 18.

On abaisse le **7**.
En divisant 187 par 35, il y va 5 fois, 5 × 35 = 175.
175 ôté de 187, il reste 12.
8 587 = 245 × 35 + 12.

Rappelons que l'acquisition de **technicité** et de **rapidité** dans la technique opératoire s'accompagne toujours d'une **perte de sens**.

E. Cas particuliers de l'estimation du quotient et de la gestion du reste

a. Estimation du quotient

La division est la seule des 4 opérations qui fait appel, à un moment donné, à l'estimation du quotient. En effet, les 3 autres techniques opératoires sont systématiques et mécaniques. Il n'y a que dans la technique de la division où l'on peut parfois se tromper en estimant mal le nombre de fois où « il y va », puisque justement, il s'agit d'une estimation. En multipliant le quotient estimé par le diviseur, on pourra réaliser que celui-ci est trop grand ou, au contraire, trop petit (reste supérieur au diviseur). Cette question de l'**estimation** constitue l'une des difficultés principales de la technique de la division.

b. Gestion du reste

La **gestion du reste** quant au sens qu'il représente peut poser problème aux élèves. En effet, prenons l'exemple du quotient de 185 par 60 ; il vaut 3 et le reste vaut 5. Appliquons ce calcul au problème suivant :

- On a 185 chocolats à répartir dans des boîtes de 60, combien peut-on remplir de boîtes ? La réponse est 3.
- Si l'on considère maintenant 185 élèves d'une école qu'on veut répartir dans des cars de 60 places. Combien doit-on commander de cars ? Ici la réponse est 4.

Il faut ajouter 1 au quotient au risque de laisser 5 élèves sur le trottoir. Certains auront, à tort, la tentation de croire qu'il faut systématiquement ajouter 1 au quotient pour trouver le résultat attendu.

6. La proportionnalité

1 Introduction

A. Classification

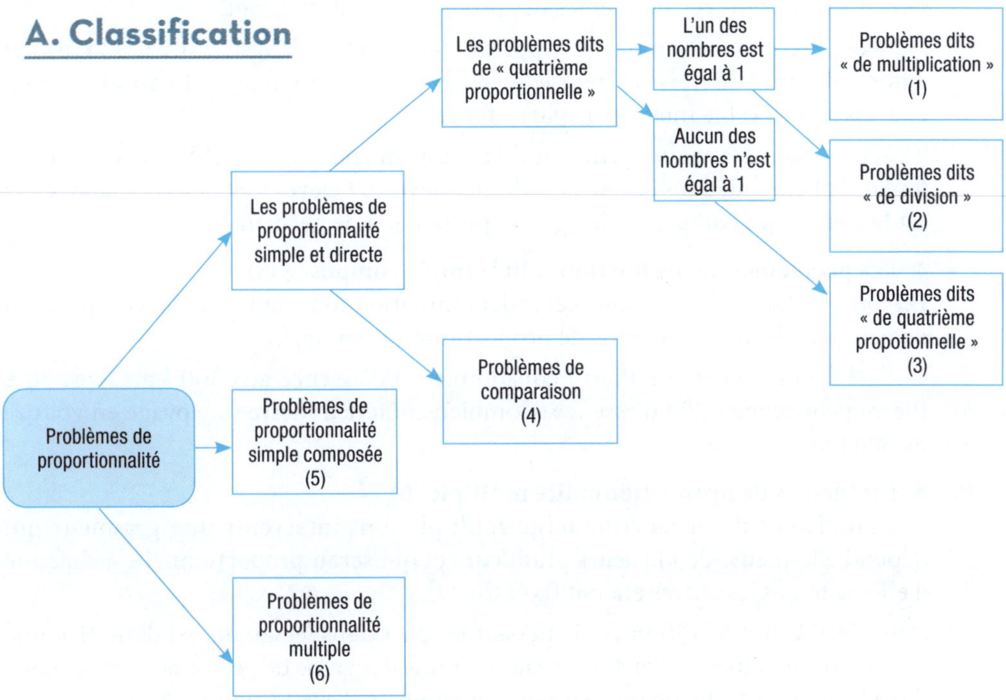

Gérard Vergnaud dresse une typologie des problèmes de proportionnalité que nous présentons ici de manière simplifiée.

B. Explications

Afin de clarifier cette typologie nous reprenons brièvement chaque point, que nous illustrons par un exemple. La plupart de ces points sont repris, plus en détail, dans la suite la fiche et dans la fiche 5. Le champ multiplicatif et la division.

■ **Les problèmes dits « de multiplication » ou « de division » (1) et (2)**
Ce sont des cas particuliers des problèmes dits « de quatrième proportionnelle », lorsque l'une des données est égale à 1 (*cf.* fiche 5).

EXEMPLE (1) : 1 kg de pommes coûte 1,20 €. Combien coûtent 5 kg de pommes ?

EXEMPLE (2) : 14 boules pèsent 2 800 g. Quel est le poids d'une boule ?

■ **Les problèmes dits de « quatrième proportionnelle » (3)**
Dans ce cas, aucun des nombres donnés n'est égal à 1. On a alors affaire aux problèmes auxquels est réservé le nom de « problèmes de quatrième proportionnelle ».

Ce type de problème est très courant à l'école primaire. Il consiste à déterminer le quatrième terme des éléments d'une proportion dont les trois autres sont connus.

EXEMPLE (3) : 3 livres coûtent 15 €, combien coûtent 5 livres ?

■ **Les problèmes de comparaison (4)**
Ce sont généralement des problèmes de « mélange » de 2 composants dans lesquels il s'agit de comparer la « concentration » des composants par rapport au mélange. On appelle parfois ces problèmes des problèmes de partie/tout.

EXEMPLE (4) (comparaison partie – partie) : Dans un mélange A, il y a 3 l d'eau et 4 doses de sirop de fraise et dans le mélange B, il y a 11 l d'eau et 15 doses de sirop de fraise. Quel est le mélange le plus « foncé » ?

EXEMPLE (4') (comparaison partie – tout) : Dans un collège A de 210 élèves, 35 élèves font de l'allemand, dans le collège B de 265 élèves, 42 élèves font de l'allemand. Quel est le collège qui compte la plus grosse proportion de germanistes ?

■ **Les problèmes de proportionnalité simple composée (5)**
Les problèmes regroupés sous cette dénomination font intervenir la composition de deux ou plusieurs relations de proportionnalité simple.

EXEMPLE (5) : La voiture de Pierre consomme 5 l d'essence aux 100 km. Avec 30 € Pierre peut acheter 20 l d'essence. Combien coûtera à Pierre un voyage en voiture de 500 km ?

■ **Problèmes de proportionnalité multiple (6)**
Les problèmes de proportionnalité multiple font intervenir une grandeur qui dépend elle-même de plusieurs grandeurs et qui serait proportionnelle à chacune d'elles si toutes les autres étaient fixées.

EXEMPLE (6) : Une expédition de 55 personnes part dans le Sahara pendant 21 jours. On compte habituellement 420 l d'eau pour une douzaine de personnes par semaine dans le désert. Quelle quantité d'eau doit emporter l'expédition ?
Résoudre les exercices proposés dans les exemples ci-dessus.
Vous trouverez, ci-dessous, un certain nombre de difficultés répertoriées, liées à l'étude de la proportionnalité.

2 Est-ce bien proportionnel ?

A. Les tableaux de nombres

Au cycle 3, l'étude de la proportionnalité se fait souvent sur deux séries de même cardinal (c'est-à-dire des séries ayant le même nombre d'éléments). On étudie donc, le plus souvent, la proportionnalité en présentant les séries de nombres proportionnels dans des tableaux de nombres à 2 lignes et à n colonnes.
Les élèves font alors la confusion entre **tableau de nombres** et **proportionnalité**. Dès que des séries de nombres sont présentées dans un tableau, l'élève préjuge, parfois à tort, de leur caractère proportionnel.

Un premier travail à faire est donc de confirmer (ou de rejeter) le caractère proportionnel des séries de nombres avant d'appliquer (ou pas) les règles adaptées.
Des séries proportionnelles peuvent être représentées par des fonctions linéaires de la forme : $f(x) = ax$.
Comment faire ?
Dans la pratique, pour vérifier le caractère proportionnel de deux séries, on fait les rapports des éléments correspondants. S'ils sont tous égaux, les séries sont proportionnelles. Dans le cas contraire, elles ne le sont pas.

EXEMPLE 1 :

Nombre d'objets	2	5	10
Prix	6	15	25

Dans cet exemple, les rapports 2/6, 5/15 et 10/25 ne sont pas tous égaux (2/6 = 0,333 et 10/25 = 0,4).
De même, on ne peut pas appliquer la linéarité multiplicative par un scalaire, par exemple : $5 \times 2 = 10$ mais $15 \times 2 \neq 25$.

EXEMPLE 2 : Le tableau suivant donne la distance de freinage nécessaire pour s'arrêter à une automobile circulant sur une route mouillée. Cette situation n'est pas proportionnelle.

Vitesse de l'automobile en km/h	30	40	50	60	70	80	90	100	110	120
Distance de freinage en mètres	18	26	40	58	76	98	120	148	180	212

B. Partie fixe et partie proportionnelle

Les situations portant le plus à confusion pour l'élève sont celles faisant intervenir une partie fixe associée à une partie proportionnelle. On peut citer en exemple le cas de la location de DVD pour laquelle on paye 10 € d'abonnement au vidéo-club et 2 € par DVD emprunté. La somme à payer est donc constituée d'une partie fixe et d'une partie proportionnelle (« Plus on emprunte de DVD et plus la somme à payer est importante (sic) »). Cependant la situation n'est pas globalement proportionnelle. Si on emprunte 2 DVD, on paye 14 € alors que si l'on emprunte 6 DVD (le triple), on paye 22 €, qui n'est pas le triple de 14 €.
De même, dans le cas d'une location de voiture pour laquelle on paye 15 € de forfait journalier auquel on ajoute 0,50 € du km parcouru, le problème est encore plus troublant. En effet, le prix forfaitaire payé est proportionnel au nombre de jours d'utilisation (« Plus on garde la voiture longtemps, plus on paye cher (sic) ») et le prix kilométrique est proportionnel à la distance parcourue (« Plus on va loin, plus on paye cher (re-sic) »). Cependant si on loue la voiture une journée et qu'on fait 50 km, on doit 40 € alors que si on roule 500 km (10 fois plus), on doit 265 €, ce qui n'est pas 10 fois plus que 40 €.
Ces situations sont représentées par des fonctions affines du type :
$f(x) = ax + b$.

C. Recherche de la quatrième proportionnelle

La recherche de la quatrième proportionnelle constitue l'un des exercices les plus courants de l'école élémentaire.

« Ces problèmes sont traités en s'appuyant sur des raisonnements qui peuvent être élaborés et énoncés par les élèves dans le contexte de la situation.

Par exemple, pour le problème "Il faut mettre 400 g de fruits avec 80 g de sucre pour faire une salade de fruits. Quelle quantité de sucre faut-il mettre avec 1 000 g de fruits ?", les raisonnements peuvent être du type :

– pour 800 g de fruits (2 fois plus que 400), il faut 160 g de sucre (2 fois plus que 80) et pour 200 g de fruits (2 fois moins que 400), il faut 40 g de sucre (2 fois moins que 80). Pour 1 000 g (800 g + 200 g) de fruits, il faut donc 200 g (160 g + 40 g) de sucre ;

– la masse de sucre nécessaire est cinq fois plus petite que la masse de fruits ; il faut donc 200 g de sucre (1 000 : 5 = 200).

Dans certains cas, le passage par l'unité est nécessaire. Par exemple, pour résoudre le problème "2 cm sur le papier représentent 5 km sur le terrain. La distance sur la carte entre deux villes est de 7 cm. Quelle est la distance réelle ?", le raisonnement peut être du type : 1 cm sur le papier représente 2,5 km (deux fois moins que 2 cm), donc 7 cm sur le papier représentent 17,5 km (sept fois plus que 1 cm) ou 6 cm + 1 cm correspond à 15 km + 2,5 km.

La mise en œuvre de ces raisonnements suppose que l'élève ait identifié qu'ils étaient pertinents pour la situation proposée. Si un seul couple de nombres en relation est fourni (par exemple, "6 objets coûtent 15 €, combien coûtent 9 objets ?"), il doit faire appel à des connaissances sociales, la relation entre quantité et prix est souvent une relation de proportionnalité. En revanche, la donnée de deux couples de nombres (ou plus) en relation lui permet d'inférer la relation de proportionnalité (par exemple, "pour 50 g de chocolat, il faut 10 g de sucre et pour 100 g de chocolat, il faut 20 g de sucre ; combien faut-il de sucre pour 325 g de chocolat ?"). »

a. Les propriétés de linéarité

Parce qu'elles sont faciles à appréhender, les propriétés de linéarité ont la faveur des élèves. Cependant, cet usage ne doit pas devenir trop systématique au risque de laisser les élèves sans possibilité si les nombres proposés ne sont pas favorables. Il convient donc de développer différentes stratégies de recherche de la quatrième proportionnelle (utilisation du coefficient de proportionnalité, passage à l'unité…) et d'exercer les élèves à l'utilisation de celles-ci. Il faut alors modifier les variables didactiques correspondant aux séries de nombres afin de proposer aux élèves des valeurs sur lesquelles la linéarité ne s'applique pas facilement et de les « obliger » à appliquer d'autres méthodes.

b. Confusions portant sur la linéarité multiplicative par un scalaire

Il est tentant pour un élève du cycle 3 d'appliquer, à tort, une fausse règle de linéarité multiplicative. Ainsi, sur la série suivante :

Nombre d'objets	3	5	8	15
Prix (€)	21	35	x	y

Pour trouver x, on peut appliquer les règles de linéarité additive et puisque $3 + 5 = 8$, alors $x = 21 + 35 = 56$. Ainsi, l'élève peut trouver la valeur correspondant à 8 sans passer par le coefficient de proportionnalité ni par l'unité.
Encouragé par cette méthode facile, l'élève peut, à tort, appliquer que « comme 15 est égal à 3 × 5, alors y est égal à 21 × 35 », ce qui est faux !
Afin d'expliquer son erreur à l'élève, on pourrait utiliser des nombres plus petits afin de mettre en évidence le caractère erroné de son calcul :

Nombre d'objets	3	2	6
Prix (€)	21	14	z

Afin de trouver z, on peut appliquer la linéarité additive et puisque $3 + 3 = 6$, alors $z = 21 + 21 = 42$.
On peut confirmer ce résultat puisque $2 + 2 + 2 = 6$, alors $z = 14 + 14 + 14 = 42$.
On peut également se ramener à la réalité d'une situation pour conforter le raisonnement : « si 3 boîtes coûtent 21 €, 6 boîtes coûtent 42 € ». En revanche, en multipliant 3 par 2, on obtient 6 alors qu'en multipliant 21 par 14, on n'obtient absolument pas 42.

CONSEIL DU FORMATEUR

Pour vous aider… et aider les élèves, on ne peut que vous recommander **d'exprimer clairement les intitulés de lignes** et de vous ramener au **sens** de vos calculs.

EXEMPLE :

Nombre d'objets achetés	3	2	6
Prix payé (€)	21	14	z

c. Le « produit en croix »

Nombre d'objets	3	8
Prix (€)	21	a

Afin de trouver la valeur de a, le « produit en croix » a également souvent, au collège, la faveur des élèves ; il n'est pas enseigné à l'école primaire. En effet, si les séries sont proportionnelles $3a = 21 \times 8$ donc $3a = 168$ donc $a = 168/3 = 56$. Cette méthode plaît beaucoup aux élèves. Nous aurions à lui objecter son caractère « mécanique » et la perte totale de sens qui accompagne son emploi systématique. L'élève ne sait absolument plus à quoi correspondent les opérations qu'il effectue mais « ça marche ! ».
Le problème qui peut alors se poser est que si l'énoncé est posé sous une forme littérale et que la confection du tableau de nombres est à la charge de l'élève, des confusions peuvent apparaître sans que l'enfant les appréhende réellement compte

tenu du caractère automatisé de sa tâche. Par exemple « si 3 boîtes coûtent 21 €, combien coûtent 8 boîtes ? » peut être traduit, à tort, par le tableau :

21	8
3	*a*

qui entraînerait le résultat erroné 24/21.

d. Le « passage à l'unité »

Le **« passage à l'unité »** est une méthode couramment employée dans la recherche de quatrième proportionnelle. Elle ne pose classiquement pas de problème car elle s'appuie fortement sur le sens du problème.

EXEMPLE : Si 3 livres coûtent 15 €, 1 livre coûte 3 fois moins, soit 5 €, donc 7 livres coûtent 7 fois plus, soit 35 €. Il s'agit là d'une résolution du type, appelé autrefois, « règle de trois ».

Exercice 1 : Il faut, en revanche se méfier de ce genre de problème.
« 5 ouvriers peignent un mur en 3 h 30 min. Combien de temps mettraient 7 ouvriers pour peindre ce mur ? »

e. Proportionnalité simple composée et proportionnalité multiple

Les problèmes de proportionnalité simple composée ou de proportionnalité multiple posent essentiellement aux élèves des soucis de compréhension du sujet. Ils ont du mal à modéliser le problème et à gérer la surcharge d'informations apportée par la plus grande quantité de nombres de l'énoncé. Ils interviennent peu dans les sujets de didactique. Citons cependant, pour fixer les choses, deux exemples fréquemment repris :

- **Proportionnalité simple composée.** Il s'agit de problèmes faisant intervenir la composition de deux ou plusieurs relations de proportionnalité simple.

Exercice 2 : Avec 100 kg de blé, on fait 75 kg de farine et avec 25 kg de farine, on fait 30 kg de pain. Quelle est la masse de blé nécessaire pour faire 450 kg de pain ?

- **Proportionnalité multiple.** Il s'agit de problèmes mettant en œuvre une grandeur qui dépend elle-même de plusieurs grandeurs et qui est proportionnelle à chacune d'elles dès lors que les autres sont fixées.

Exercice 3 : L'étude de la fréquentation d'une école primaire qui comporte 125 enfants montre qu'ils sont généralement présents 29 semaines par an. Quelle sera la quantité de crayons à commander sachant que 10 élèves usent, en moyenne, 16 crayons par mois ?

D. La représentation graphique

Ce qui caractérise les séries proportionnelles est que leur représentation graphique est une **droite passant par l'origine** (fonction linéaire). On notera le caractère double de cette caractérisation. Non seulement la représentation doit être une droite mais encore celle-ci doit passer par le point de coordonnées (0,0). Bien souvent, l'élève oublie cette seconde condition (passage par l'origine) pour s'attacher,

à tort, uniquement au caractère « droite » de la représentation. De plus, ce qui caractérise une représentation graphique, à savoir, le traçage des axes, le choix de la graduation… ne sont pas à la charge d'un élève de cycle 3. On peut demander à l'enfant de placer des points correspondant à un tableau de nombres sur un graphique dont les axes et les graduations auront été établis.
Le passage à la représentation graphique est donc souvent coûteux pour le maître qui a à sa charge la préparation des axes et des graduations. Cependant, cet aspect de la proportionnalité ne doit pas être négligé car il constitue une première approche simple des représentations fonctionnelles et des courbes liées. Il conviendra souvent d'encourager le passage à la représentation graphique comme élément de réflexion sur la proportionnalité.

E. Agrandissements-réductions

Les problèmes portant sur l'**agrandissement** (vs la réduction) de figures géométriques sont liés à la proportionnalité. En effet, c'est en multipliant par un même réel k toutes les mesures d'une figure que l'on obtient son agrandissement sans déformation.

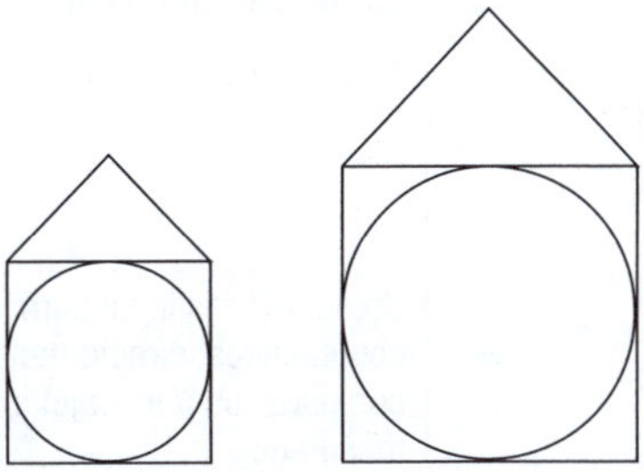

Afin de mettre en évidence les propriétés liées à la proportionnalité dans de tels exercices, il convient de regrouper (dans un tableau !) les différentes mesures de la figure originale et de les mettre en rapport avec les mesures correspondantes de la figure finale. Il s'agit là d'un changement de cadre courant, celui du passage du cadre géométrique au cadre numérique. Il conviendra de travailler ce passage dans les deux sens. Du géométrique vers le numérique et inversement. Il est à noter que les mesures des figures peuvent être exprimées en « carreaux », pour débuter, afin d'aplanir les difficultés liées à la mesure elle-même.

3 De manière générale…

La vérification du caractère proportionnel d'une situation est un préliminaire incontournable.
Les exercices portant sur la proportionnalité font intervenir des calculs portant sur le champ multiplicatif (coefficient de proportionnalité, linéarité multiplicative par un scalaire) ou additif (linéarité additive).
De plus, certains éléments de la vie courante (vente par lot, réductions diverses) viennent mettre à mal certains énoncés se voulant réalistes : un lot de 3 paquets peut coûter moins cher que 3 fois le prix d'un paquet. Dans une recette de gâteau, l'utilisation de 2,5 œufs n'a pas de sens…
Il conviendra également de varier les différentes procédures utilisées afin que l'élève ne « s'enferme » pas dans telle ou telle façon de procéder. Ceci pourra se faire en variant les données numériques utilisées.

7. Les grandeurs et mesures

Voici une répartition des savoirs et savoir-faire à acquérir en fonction des cycles qu'il faut connaître.

	Cycle 2	Cycle 3
Grandeurs et mesures	Comparer des objets selon plusieurs grandeurs et identifier quand il s'agit d'une longueur, d'une masse, d'une contenance ou d'une durée : • lexique spécifique associé aux longueurs, aux masses, aux contenances, aux durées.	Mesurer des périmètres en reportant des unités et des fractions d'unités, ou en utilisant une formule : • notion de longueur : cas particulier du périmètre ; • formule du périmètre d'un carré, d'un rectangle ; • formule de la longueur d'un cercle ; • unités relatives aux longueurs : relations entre les unités de longueur et les unités de numération (grands nombres, nombres décimaux).
	Comparer des longueurs, des masses et des contenances, directement, en introduisant la comparaison à un objet intermédiaire ou par mesurage : • principe de comparaison des longueurs, des masses, des contenances.	– Comparer, classer et ranger des surfaces selon leurs aires sans avoir recours à la mesure. – Différencier aire et périmètre d'une surface. – Déterminer la mesure de l'aire d'une surface à partir d'un pavage simple ou en utilisant une formule. – Estimer la mesure d'une aire par différentes procédures : • unités usuelles d'aire.
	– Estimer les ordres de grandeur de quelques longueurs, masses et contenances en relation avec les unités métriques. – Vérifier éventuellement avec un instrument : • ordres de grandeur des unités usuelles en les associant à quelques objets familiers ; • rapports très simples de longueurs (double et moitié).	• unités usuelles de contenance (multiples et sous multiples du litre).
	– Mesurer des longueurs avec un instrument adapté, notamment en reportant une unité. – Mesurer des masses et des contenances avec des instruments adaptés. – Exprimer une mesure dans une ou plusieurs unités choisies ou imposées : • notion d'unité : grandeur arbitraire prise comme référence pour mesurer les grandeurs de la même espèce ; • unités de mesures usuelles ; • relations entre les unités de longueur, entre les unités de masses, entre les unités de contenance.	– Identifier des angles dans une figure géométrique. – Reproduire un angle donné en utilisant un gabarit. – Reconnaître qu'un angle est droit, aigu ou obtus.

1 Introduction

L'étude des grandeurs et de leurs mesures fait intervenir des notions géométriques ainsi que des notions numériques et ce parfois dans un contexte pluridisciplinaire. Le concept de grandeur est un concept que les enfants ont des difficultés à appréhender ; aussi, comme nous le verrons plus loin, la notion de grandeur est seulement évoquée et l'essentiel de l'étude porte très souvent sur la **mesure des grandeurs**.
La méthode à suivre pour l'étude des grandeurs dans les instructions officielles pour les cycles 2 et 3 se décompose en plusieurs étapes. Les situations proposées aux élèves doivent utiliser :
- la comparaison directe par juxtaposition ou superposition ;
- la comparaison indirecte par le recours à un objet intermédiaire ou à un instrument de report ainsi que la transformation pour rendre la comparaison possible ;
- le mesurage par le choix d'une unité ;
- le calcul par l'utilisation d'une formule.

2 Les longueurs

C'est la première grandeur que les élèves rencontrent au cycle 2 en CP.
La longueur est un concept dont l'apprentissage est premier chez l'élève, essentiellement parce que c'est une propriété de nature perceptive : on voit lequel de deux enfants est le plus grand s'ils sont côte à côte (comparaison directe de longueurs). Si les deux enfants sont séparés par une cloison et ne peuvent pas se déplacer, il est nécessaire d'utiliser un objet intermédiaire pour transporter la longueur de l'un et la comparer à celle de l'autre (comparaison indirecte de longueurs). S'il s'agit de commander un vêtement pour un enfant, il est en général nécessaire de mesurer la taille de cet enfant, par exemple en centimètres (activité de mesurage).
Les programmes montrent bien qu'il s'agit d'étudier les longueurs en deux temps, d'abord l'émergence du concept de longueur au moyen de comparaisons directes ou indirectes puis l'utilisation de la mesure qui fait appel aux nombres.
Les programmes indiquent clairement la démarche à suivre pour installer la notion de mesure de longueur. Le rôle joué par l'étalon et l'utilisation des unités du système métrique seulement après avoir compris le report de l'étalon pour mesurer sont soulignés.
Dans le cas des longueurs, la fabrication d'un instrument de mesure par les élèves constitue une aide à la compréhension du fonctionnement des instruments usuels et à leur utilisation. Cette fabrication est précédée par des mesurages d'objets à l'aide du report d'un étalon de longueur.
On cherche à developper les compétences suivantes :
- Utiliser des instruments pour mesurer des objets physiques ou géométriques.
- Choisir l'unité appropriée pour exprimer le résultat d'un mesurage.
En précisant que les objets mesurés doivent être de nature et de dimensions variées, le choix de l'instrument approprié constituant un objectif important. En particulier, les élèves sont entraînés à la lecture de résultats sur une graduation.

C'est au CP que les élèves commencent à utiliser une règle pour mesurer. Une erreur fréquente est alors de mal positionner sa règle lors de la mesure, comme le montre l'exemple ci-dessous.

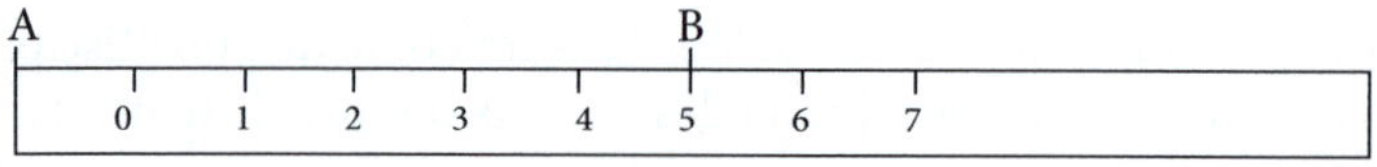

Les élèves doivent connaître les principales unités de longueur du système métrique. Ils peuvent exprimer les longueurs sous forme de nombres complexes tels que 8 m 4 dm ou 123 m 25 cm tant qu'ils n'ont pas à leur disposition les nombres décimaux.
Les unités sont souvent présentées dans un tableau qui permet aussi les conversions.

km	hm	dam	m	dm	cm	mm
			8	4		
	1	2	3	2	5	

Sans disposer des nombres décimaux, les élèves peuvent tout de même ajouter des longueurs. Ils effectuent parfois les conversions de façon très mécanique en déplaçant la virgule ou en « ajoutant » des zéros, il est cependant intéressant de leur faire utiliser leurs connaissances sur la multiplication et la division par 10, 100, 1000 pour effectuer des conversions.

3 Les aires et périmètres

C'est au cycle 3 que les élèves abordent la notion d'aire.

Les activités de classement et rangement des surfaces selon leurs aires précèdent les activités de mesurage avec une unité choisie. En effet, par superposition et recomposition (réelles ou mentales), il est possible de comparer des aires ou de réaliser des surfaces de même aire. Ce procédé nécessite la prise de conscience par l'élève du fait que l'aire d'un assemblage de figures ne change pas lorsque l'assemblage est modifié. L'aire d'une surface obtenue par recollement de deux surfaces est égale à la somme des aires de ces deux surfaces, mais son périmètre n'est pas égal à la somme des périmètres des deux surfaces initiales.

Les propositions d'activités des programmes débouchent en classe sur les activités suivantes :

- Regrouper les figures qui ont la même aire.
- Ranger les figures par ordre croissant des aires.

Par superposition, les élèves doivent reconnaître que les deux figures suivantes ont la même aire. Cette superposition peut s'effectuer mentalement mais aussi en manipulant par découpage ou utilisation du calque.

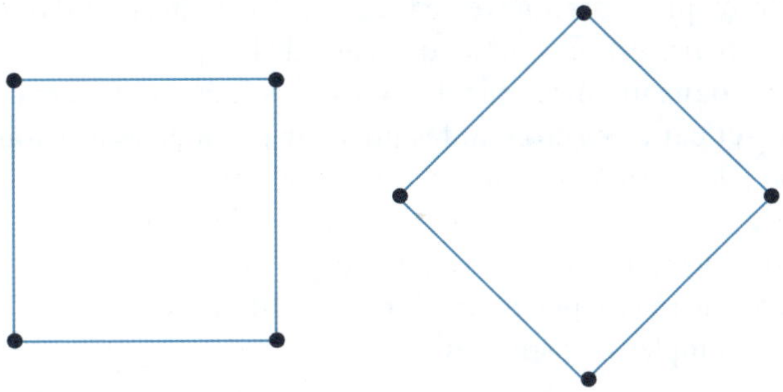

Par découpage et reconstitution après arrangement, les élèves doivent aussi reconnaître que les deux figures suivantes ont la même aire.
Le découpage et la reconstitution peuvent s'effectuer mentalement ou en manipulant.
On verra cependant par la suite les limites du découpage et de la reconstitution effectuée visuellement.
Cet exemple permet aussi de mettre en évidence pour l'élève des figures qui ont la même aire sans pour autant avoir le même périmètre.

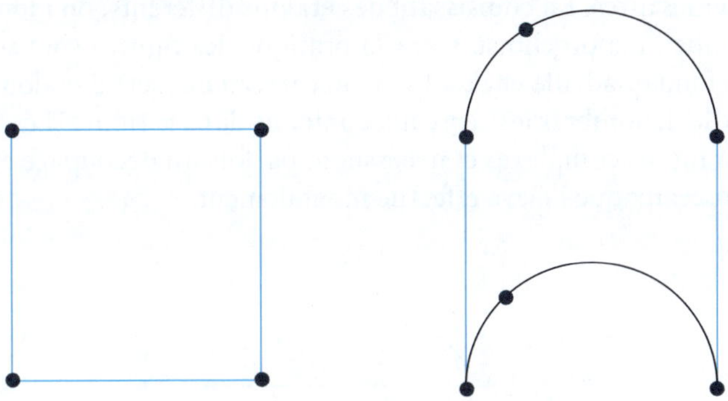

Une erreur fréquente chez les élèves est de croire qu'il existe un lien entre l'aire et le périmètre. Ils pensent par exemple que, pour deux figures, celle qui a la plus grande aire a aussi le plus grand périmètre ou bien que si le périmètre augmente il en est de même pour l'aire. C'est la confrontation à des contre-exemples qui va permettre de rectifier ces erreurs.

EXEMPLE :

Figure A   Figure B

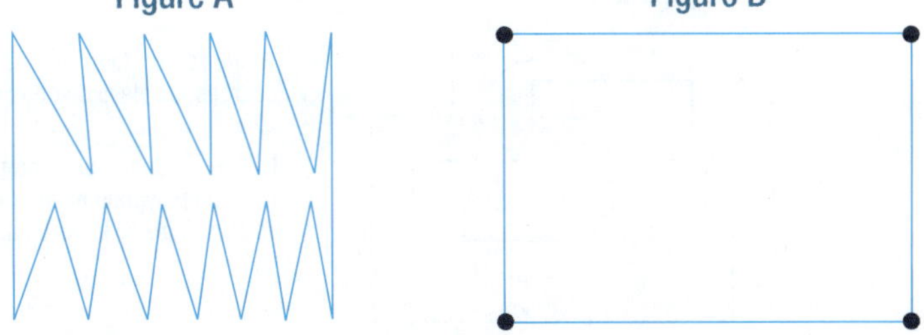

On peut voir ici que le périmètre de la figure A est plus grand que celui de la figure B alors que son aire est plus petite que celle de la figure B.
On peut aussi dans un ensemble de figures géométriques demander aux élèves de ranger celles-ci par aires croissantes puis par périmètres croissants pour s'apercevoir que les classements obtenus peuvent être différents.
Il est important que les élèves aient l'occasion de rencontrer :
– deux figures de même aire et de périmètres différents ;
– deux figures de même périmètre et d'aires différentes.
En voici des exemples très simples :

Ces deux figures ont la même aire, mais elles ont des périmètres différents.
Ces deux figures ont le même périmètre mais elles ont des aires différentes.

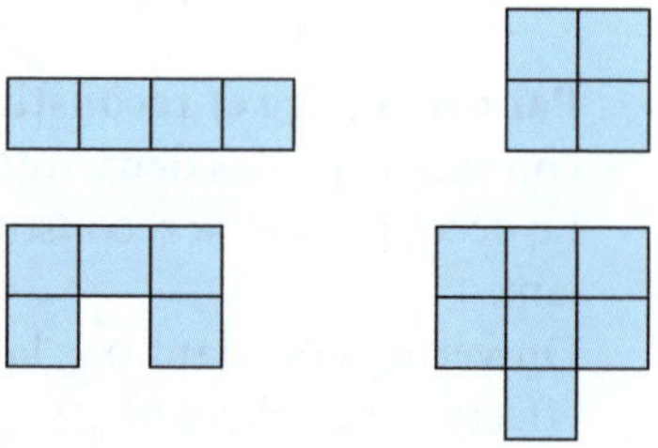

Une fois la notion d'aire découverte, c'est surtout le mesurage qui est étudié en classe. Il s'agit dans un premier temps, à partir d'une aire choisie comme étalon, de mesurer les aires. En choisissant des étalons différents, on montrera que la mesure dépend de l'étalon choisi. Dans la pratique, les figures sont souvent représentées sur un fond quadrillé et c'est l'aire du carreau qui sert d'étalon ; il s'agit alors pour l'élève de dénombrer les carreaux contenus dans la figure. Les figures peuvent être plus ou moins complexes et nécessitent parfois un découpage et une réagencement des morceaux que l'élève effectue mentalement.

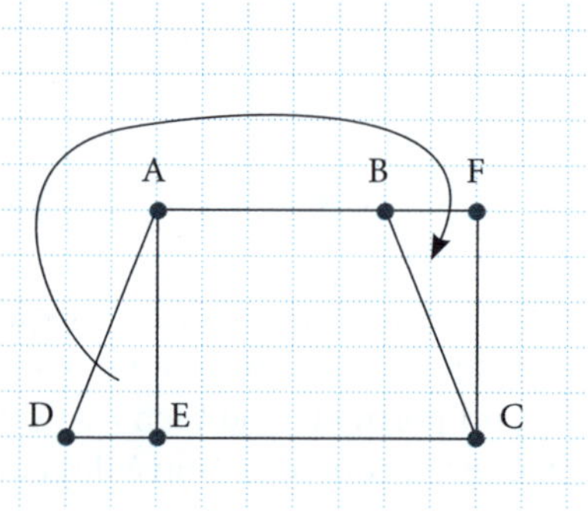

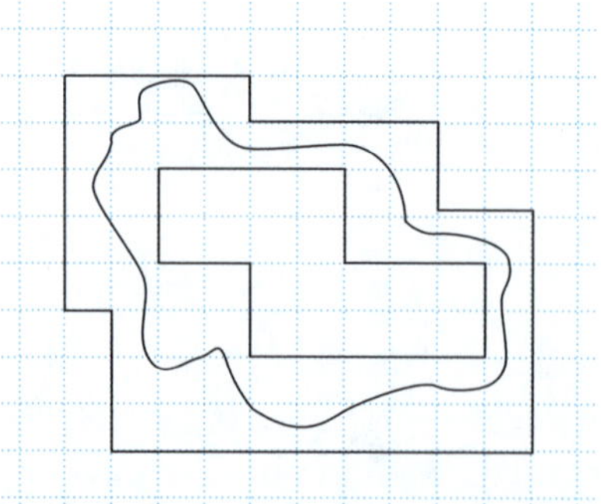

Toujours sur fond quadrillé, si la figure est formée de lignes courbes, un élève doit pouvoir déterminer un encadrement de son aire.

Ici, en évaluant par comptage l'aire du polygone intérieur et l'aire du polygone extérieur, l'élève peut déterminer entre quelles valeurs l'aire de la partie au contour courbe est comprise.

Enfin, les unités d'aires du système métrique sont introduites. Cela permettra ensuite à l'élève de déterminer la mesure des aires par calcul.
Pour les unités d'aires du système métrique, les élèves vont retrouver un tableau comme pour les unités de longueur, mais d'un maniement plus complexe. En effet il faut placer cette fois deux chiffres par colonne.

km^2		hm^2		dam^2		m^2		dm^2		cm^2		mm^2	

Là encore, pour effectuer les conversions de façon non mécanique c'est la référence à la multiplication et à la division par 100 qui doit permettre aux élèves de mener à bien leurs conversions.
C'est seulement en situation que les élèves peuvent être confrontés à des unités agraires (are, hectare) et peuvent avoir à utiliser l'équivalence entre 1 hectare et 10 000 m^2, qui doit leur être donnée.
Les seules formules que l'élève de fin de cycle 3 doit connaître sont celles qui donnent l'aire du carré et du rectangle ; il n'est cependant pas interdit de proposer aux élèves des figures plus complexes en fournissant la formule qui permet de déterminer l'aire.
En effet, les élèves doivent être capables d'utiliser une formule pour trouver un résultat.

4 Les masses

Dès le CP, les élèves abordent les masses après avoir étudié les longueurs. Si la distinction entre masse et poids n'est pas à faire, il est cependant recommandé d'utiliser le vocabulaire adéquat et de parler de masse.
À l'occasion des leçons sur les masses, l'élève pourra travailler sur cette grandeur sans passer par la mesure dans des cas de comparaison directe et mettre aussi en œuvre des raisonnements fondés sur la transitivité lors de comparaisons indirectes.
La notion de masse est cependant loin d'être simple car, dans leurs représentations, les élèves sont perturbés par la notion de masse volumique. La question : « Qu'est-ce qui est le plus lourd : un kilo de plomb ou un kilo de plumes ? » engendre toujours de nombreux débats en classe.

5 Les durées

La lecture de l'heure sur des cadrans numériques ou à aiguilles est un apprentissage qui s'effectue à l'école en tenant compte des connaissances que les élèves ont déjà acquises dans la vie de tous les jours.
La lecture d'un cadran numérique par les élèves dépend uniquement de la connaissance des nombres qui sont compris entre 0 et 23 pour les heures et entre 0 et 59

pour les minutes. Un élève de cycle 2 peut donc assez tôt lire l'heure sur un tel cadran.
Pour les cadrans à aiguilles, il faut distinguer la petite aiguille qui donne les heures par lecture directe et la grande aiguille où le nombre de minutes est égal au produit du nombre lu par 5. Nous utilisons aussi dans la lecture de l'heure les notions de quart et de demi qui sont à expliquer ainsi qu'un système qui fonctionne additivement jusqu'à la demi et négativement ensuite en passant à l'heure suivante.
En effet, s'il est admis par un enfant que 15 h 15 peut se dire trois heures et quart il est plus complexe d'exprimer 15 h 45 en quatre heures moins le quart.

Les opérations sur les durées

Pour le calcul de durées, des procédures de calcul peuvent être mises en œuvre. Ce recours à des procédures adaptées à chaque cas est favorisé et les élèves doivent être capables de les utiliser. Par exemple :
– pour évaluer la durée comprise entre 2 h 45 min et 4 h 10 min, on peut additionner trois durées : celle comprise entre 2 h 45 min et 3 h, celle comprise entre 3 h et 4 h et celle comprise entre 4 h et 4 h 10 min ; ces durées sont toutes évaluables mentalement ;
– pour additionner deux durées (par exemple, 58 min 47 s et 32 min 18 s), on peut additionner séparément les secondes et les minutes, puis effectuer les conversions nécessaires pour parvenir à l'expression 1 h 31 min 5 s).

En effet, si la disposition en colonnes est pratique pour effectuer une addition ou une soustraction, elle ne permet pas, pour l'élève, de donner du sens aux calculs. Il est donc préférable pour calculer un écart d'utiliser la frise chronologique et en procédant par saut de déterminer la durée. De même pour les additions, des calculs séparés sur les heures, les minutes et les secondes permettent à l'élève de produire le bon résultat dès qu'il a compris qu'une conversion est nécessaire car, par convention, les minutes et secondes sont toujours exprimées par des nombres inférieurs à 60.

8. Les éléments de base de la géométrie plane et les figures usuelles

Voici une répartition des savoirs et savoir-faire à acquérir en fonction des cycles qu'il faut connaître.

	Cycle 2	Cycle 3
Espace et géométrie	– Décrire, reproduire des figures ou des assemblages de figures planes sur papier quadrillé ou uni – Utiliser la règle, le compas ou l'équerre comme instruments de tracé. – Reconnaître, nommer les figures usuelles. – Reconnaître et décrire à partir des côtés et des angles droits, un carré, un rectangle, un triangle rectangle. Les construire sur un support uni connaissant la longueur des côtés. – Construire un cercle en connaissant son centre et un point, ou son centre et son rayon : • vocabulaire approprié pour décrire les figures planes usuelles ; • propriété des angles et égalités de longueur des côtés pour les carrés et les rectangles ; • lien entre propriétés géométriques et instruments de tracé.	– Se repérer, décrire ou exécuter des déplacements, sur un plan ou sur une carte. – Accomplir, décrire, coder des déplacements dans des espaces familiers : • vocabulaire permettant de définir des positions et des déplacements ; • divers modes de représentation de l'espace.
	– Utiliser la règle (non graduée) pour repérer et produire des alignements. – Repérer et produire des angles droits à l'aide d'un gabarit, d'une équerre. – Reporter une longueur sur une droite déjà tracée. – Repérer ou trouver le milieu d'un segment.	Reconnaître, nommer, comparer, vérifier, décrire : - des figures simples ou complexes (assemblages de figures simples) ; - des solides simples ou des assemblages de solides simples à partir de certaines de leurs propriétés. • Figures planes et solides, premières caractérisations : - triangles dont les triangles particuliers (triangle rectangle, triangle isocèle, triangle équilatéral) ; - quadrilatères dont les quadrilatères particuliers (carré, rectangle, losange, première approche du parallélogramme) ; - cercle (comme ensemble des points situés à une distance donnée d'un point donné).
		Reproduire, représenter, construire : • des figures simples ou complexes (assemblages de figures simples).
		Effectuer des tracés correspondant à des relations de perpendicularité ou de parallélisme de droites et de segments :
		• alignement, appartenance ; • perpendicularité, parallélisme (construction de droites parallèles, lien avec la propriété reliant droites parallèles et perpendiculaires).

1 Généralités sur l'enseignement de la géométrie

On peut distinguer plusieurs sortes de géométrie que l'élève va découvrir progressivement. En effet, au début de l'école primaire, l'élève va essentiellement travailler une **géométrie perceptive**. C'est en voyant que l'élève va reconnaître les différents objets géométriques au programme de l'école primaire. Avec l'utilisation de la règle graduée, de l'équerre, l'élève pourra vérifier certaines propriétés des figures, il sera alors dans le domaine de la **géométrie instrumentée**. Enfin, connaissant les définitions des figures géométriques, il pourra à partir de l'énoncé ou d'indications codées sur la figure passer à une **géométrie déductive**.

De même, dans l'enseignement de la géométrie, la représentation graphique de la situation va évoluer en partant du dessin pour aller vers la figure.

On peut aussi remarquer que les compétences attendues en géométrie sont de plusieurs ordres. Elles concernent tout ce qui relève :

- du tracé, que celui-ci soit exécuté à main levée ou avec les instruments ;
- de la reconnaissance de formes ou de configurations ;
- du discours à tenir sur les objets géométriques ;
- du codage.

2 Droites parallèles et droites perpendiculaires

Il y a deux ordres possibles de présentation, introduire les droites parallèles puis les droites perpendiculaires ou le contraire. À l'école primaire, on présente généralement les droites perpendiculaires en premier, puis les droites parallèles. Cette présentation a l'avantage d'être plus concrète. En effet, par double pliage on obtient deux droites sécantes qui partagent l'angle plein en quatre secteurs angulaires superposables. Les angles sont alors définis comme droits et les droites sécantes sont appelées alors des droites perpendiculaires. La feuille ainsi pliée peut servir de gabarit pour repérer les angles droits dans une figure.

Quand les élèves ont assimilé la notion de droites perpendiculaires, ils peuvent tracer deux droites perpendiculaires à une même troisième. Ce sont ces deux droites que l'on nommera droites parallèles. La définition mathématique du parallélisme, où « deux droites sont parallèles lorsqu'elles ne sont pas sécantes », n'est pas opérationnelle à l'école primaire.

En effet, si deux droites ne se coupent pas sur la feuille où se trouve le dessin, les élèves risquent de conclure qu'alors les droites sont parallèles.

On trouve aussi à l'école primaire une définition des droites parallèles à partir de l'écart constant entre ces deux droites, mais alors il faut bien veiller à mesurer l'écart entre les deux droites perpendiculairement à celles-ci, ce qui n'est pas toujours le cas chez les élèves.

3 Polygones

À l'école primaire, les élèves travaillent sur les polygones essentiellement à partir du nombre de côtés. Ils rencontrent les polygones réguliers, en particulier l'hexagone régulier dont la construction au compas est abordée souvent à travers des activités décoratives (construction de rosaces).

Ce sont surtout les triangles et les quadrilatères qui sont étudiés, principalement dans des cas particuliers tels que triangle isocèle, carré, etc.

On peut remarquer que les quadrilatères sont caractérisés à l'école à partir des propriétés de leurs côtés, ce n'est qu'en fin de cycle 3 que l'on rencontre une caractérisation à partir des propriétés des diagonales.

Les quadrilatères sont étudiés séparément, le carré n'est pas vu comme un rectangle ou un losange particulier. C'est au collège qu'une organisation ensembliste des familles de quadrilatères sera mise en évidence en les définissant justement à partir des diagonales.

Les programmes officiels mentionnent un petit nombre de quadrilatères, mais les élèves de cycle 3 peuvent aussi rencontrer des parallélogrammes ou des trapèzes.

La mise en évidence des propriétés des différents quadrilatères peut se faire à partir d'activités de tri de figures où l'élève doit regrouper les figures ayant des propriétés communes. La définition des critères de tri peut être laissée à la charge de l'élève, de façon à mettre en évidence ceux qui apparaîtront pertinents au niveau géométrique, mais ils peuvent aussi être donnés dans la consigne.

Ces activités de tri conçues pour déboucher sur les propriétés des figures doivent donner lieu à un véritable débat, il est donc important de proposer certaines figures qui soient « presque » carrées, « presque » losanges ou « presque » rectangles pour dépasser le stade de la géométrie perceptive et travailler en géométrie instrumentée.

4 Cercle et disque

Le cercle et le disque sont des figures que les enfants manipulent depuis le cycle 1 sous la forme de « ronds ». Ils sont capables de distinguer le cercle des polygones. Cependant, la perception qu'ils ont du cercle est différente de celle que l'on va chercher à établir au cycle 3 où le cercle est un ensemble de points situés à une distance constante du centre.

Les programmes stipulent que les élèves doivent utiliser à bon escient les mots : rayon, diamètre pour le cercle. Une difficulté importante pour les enfants réside cependant dans le fait que le même mot peut désigner aussi bien un objet géométrique qu'un objet numérique. En effet, c'est seulement l'emploi de l'article défini ou indéfini qui permet de distinguer **le rayon**, qui est un nombre, **d'un rayon** qui est un segment. Il en est de même pour **le diamètre** qui est le double du rayon et **un diamètre** qui est une corde passant par le centre.

C'est en plaçant des points à une distance donnée d'un point fixe ou en repérant sur une figure des points ceux placés à la même distance d'un point donné que vont se construire les notions de centre et de rayon qui permettent de définir un cercle.

5 Programmes de construction

À l'école primaire, les élèves doivent être capables de décrire une figure simple en utilisant le vocabulaire approprié, inversement ils doivent aussi à partir d'un programme de construction être capables de réaliser la figure décrite.

C'est souvent par des jeux de communication que les compétences citées précédemment sont travaillées. Ces activités de description de figures demandent l'emploi d'un vocabulaire important et précis pour caractériser les objets mais aussi pour les situer les uns par rapport aux autres dans une figure complexe. Les élèves peuvent alors utiliser les notions de côtés opposés ou de côtés consécutifs, même si leur maîtrise complète n'est pas exigée en fin de cycle 3.

On rencontre aussi dans les classes des jeux tels que « le jeu du portrait » qui consiste pour l'élève à découvrir une figure géométrique. Généralement, le maître choisit une figure que les élèves ne voient pas. Ceux-ci posent à tour de rôle des questions relatives aux propriétés de cette figure.

EXEMPLE : La figure a-t-elle 4 côtés ? Existe-t-il des côtés perpendiculaires ? La figure a-t-elle un axe de symétrie ?

À partir des réponses données, qui sont oui ou non, les élèves proposent la figure qui leur semble correspondre aux indications fournies.

Généralement, les questions sont notées au tableau pour disposer d'une mémoire du jeu car les élèves ont parfois tendance à ne pas prendre en compte les réponses précédentes qui ont été données.

Ce jeu permet un travail sur les propriétés des figures géométriques et permet aussi à partir des questions notées au tableau de travailler sur la cohérence des propositions des élèves et sur la validité du vocabulaire utilisé.

6 Conclusion

On peut facilement caractériser les activités des élèves à partir du tableau suivant.

Donnée	Production attendue	Activité de l'élève
Dessin	Dessin	Reproduction
Dessin	Texte	Description, rédaction de programme de construction
Texte	Dessin	Traçage de figure
Texte	Texte	

Les élèves ont des représentations très standardisées des figures géométriques, on parlera de **représentations prototypiques** qui les empêchent de reconnaître une figure lorsque celle-ci n'est pas dans une position usuelle pour eux.

EXEMPLE : Un carré « sur la pointe » est souvent perçu différemment, ainsi les élèves pensent souvent que la figure B est un losange.

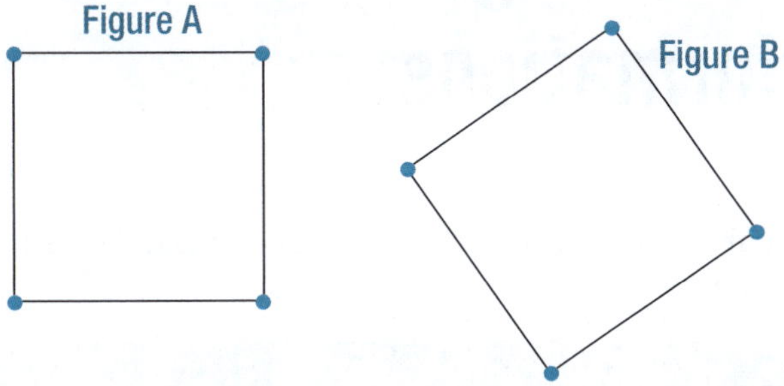

La position des objets géométriques sur la feuille est donc une variable didactique en géométrie.
Il en est de même pour les droites. D3 et D4 sont perçues comme perpendiculaires alors que certains élèves ne pensent pas que D1 et D2 le sont aussi.

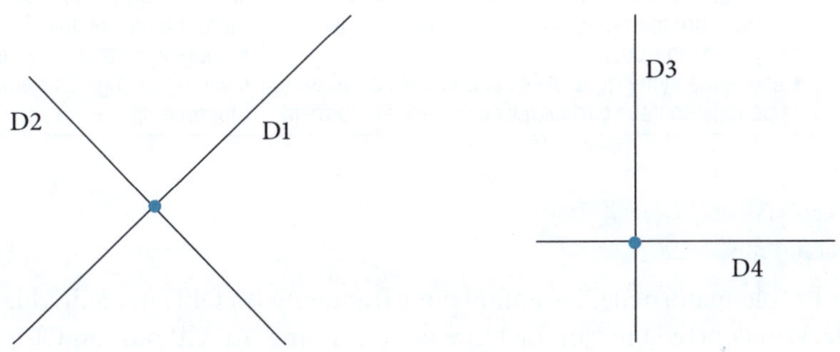

Il existe d'autres variables didactiques qui interviennent dans les situations en géométrie et l'on peut distinguer deux catégories importantes :

- Celles qui relèvent du support : en effet on peut fournir aux élèves du papier uni, du papier quadrillé, du papier pointé, du papier maillé avec des mailles triangulaires ou hexagonales par exemple.

- Celles qui relèvent des instruments utilisés : la règle graduée ou non, l'équerre, le compas, le gabarit, le papier calque. Les procédures utilisées sont donc fortement dépendantes de ces variables et les savoirs mis en jeu dans la réalisation d'une figure ne seront donc pas les mêmes.

EXEMPLE : Pour placer le milieu M du côté [BC] d'un triangle rectangle en A, on peut :
– à l'aide de la règle graduée, mesurer BC, en prendre la moitié et placer M ;
– à l'aide de la règle non graduée et du compas, tracer la médiatrice de [AB] et placer M au point d'intersection de la médiatrice avec le segment ;
– à l'aide de la règle non graduée et de l'équerre, tracer le rectangle ABDC, tracer la diagonale (AD) et placer M au point d'intersection de la diagonale avec le segment.
On voit alors que les savoirs utilisés sont par exemple la propriété de la médiatrice ou la propriété des diagonales d'un rectangle.

9. Les quadrillages et transformations

Voici une répartition des savoirs et savoir-faire à acquérir en fonction des cycles qu'il faut connaître.

	Cycle 2	Cycle 3
Espace et géométrie	– Reconnaître si une figure présente un axe de symétrie (à trouver). – Compléter une figure pour qu'elle soit symétrique par rapport à un axe donné : • symétrie axiale ; • une figure décalquée puis retournée qui coïncide avec la figure initiale est symétrique : elle a un axe de symétrie (à trouver) ; • une figure symétrique pliée sur son axe de symétrie, se partage en deux parties qui coïncident exactement.	– Compléter une figure par symétrie axiale. – Construire la figure symétrique d'une figure donnée par rapport à un axe donné que l'axe de symétrie coupe ou non la figure, construire le symétrique d'une droite, d'un segment, d'un point par rapport à un axe donné : • figure symétrique, axe de symétrie d'une figure, figures symétriques par rapport à un axe.

1 Les quadrillages

À l'école maternelle, les enfants ont fréquenté les tableaux à double entrée, ils ont déjà rencontré la notion de ligne et de colonne. Au CP puis au CE1, les élèves vont travailler sur quadrillage, sur ce support ils vont repérer ou placer.

Dans un premier temps, c'est la case, c'est-à-dire l'intersection d'une ligne et d'une colonne, qui va être repérée et c'est dans celle-ci que l'on va placer des objets.

Ce n'est qu'ensuite que l'élève va travailler sur les droites horizontales ou verticales à la place des lignes et des colonnes et passer de la case au nœud de quadrillage. Ce passage est difficile car si l'enfant travaille toujours sur le même réseau de lignes, c'est le concept de point qui est sous-jacent.

Le problème du repérage est un problème complexe car celui-ci peut s'effectuer par rapport à un repère absolu comme par rapport à un repère relatif. Il nécessite la connaissance d'un vocabulaire approprié. En effet, l'élève devra situer un objet par rapport à un autre en indiquant par exemple le déplacement pour aller de l'un à l'autre ou indiquer sa position.

EXEMPLE :

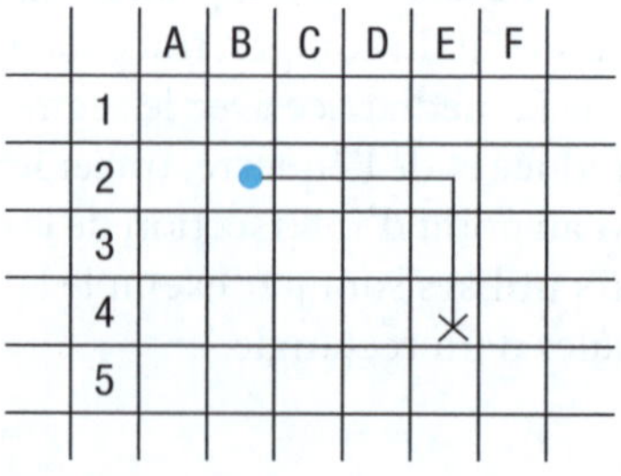

La croix peut être située en E 4 ; on peut aussi dire qu'elle est atteinte en partant de • et en se déplaçant de 3 cases vers la droite et de 2 cases vers le bas.

C'est dans des situations de communication que l'élève va ressentir l'intérêt d'un vocabulaire précis et d'un codage permettant de placer un objet, de guider un déplacement.

2 La symétrie

À l'école primaire, la symétrie est vue à travers la notion d'axe de symétrie d'une figure et comme transformation faisant correspondre une figure à une autre. Elle n'est pas perçue, comme l'indiquent les programmes, comme transformation ponctuelle du plan dans lui-même.

La symétrie fait l'objet d'une première approche au cycle 2, elle est ensuite reprise au cycle 3 pour permettre aux élèves d'étendre leur champ d'expérience sur cette transformation et de mettre en œuvre quelques-unes de ses propriétés.

Au cycle 2, où l'élève est encore dans une géométrie perceptive, c'est à travers la réalisation de frises ou de ribambelles par découpage et pliage que l'enfant découvre la notion de figures symétriques. L'axe de symétrie d'une figure est perçu puis vérifié par pliage. Des tracés peuvent avoir lieu sur papier quadrillé par rapport à des axes suivant les lignes du quadrillage.

Le découpage après pliage permet la fabrication de figures possédant un axe de symétrie qui correspond au pli. Le pliage peut être effectif ou seulement évoqué, par exemple de nombreuses consignes d'exercices sur la symétrie utilisent l'expression : « comme si tu pliais ».

Au cycle 3, si le pliage n'est pas tout de suite abandonné, l'élève utilise aussi le calque ou un gabarit. L'élève doit percevoir que la symétrie est une isométrie, qui est un retournement, c'est-à-dire qu'il obtient par symétrie une figure superposable mais disposée à l'envers. Il doit pouvoir aussi tracer le symétrique d'une figure simple sur un support quadrillé.

L'orientation de l'axe par rapport auquel on va effectuer la symétrie influe beaucoup sur les résultats des élèves. Ils réussissent mieux lorsque l'axe est vertical ou horizontal. On peut proposer des exercices avec un axe oblique lorsque celui-ci correspond par exemple à la diagonale des carreaux du quadrillage.

La technique de traçage du symétrique d'une figure à l'aide du papier calque doit être bien précisée aux élèves ; en effet, après avoir décalqué la figure, il ne faut pas oublier de décalquer aussi l'axe en ayant pris soin de noter un point de repère sur l'axe.

Lors du retournement du calque, les élèves doivent superposer les traits correspondant à l'axe et pour éviter tout décalage il suffit de faire coïncider les points de repère.

Pour bien faire ressentir par les élèves la notion de retournement lors d'une symétrie, il est important de représenter le symétrique de figures ne possédant pas déjà un axe de symétrie. Comme le montre le dessin suivant, les élèves voient bien que les deux triangles ne peuvent se superposer que par retournement alors que les deux rectangles se superposent aussi bien par retournement que par glissement.

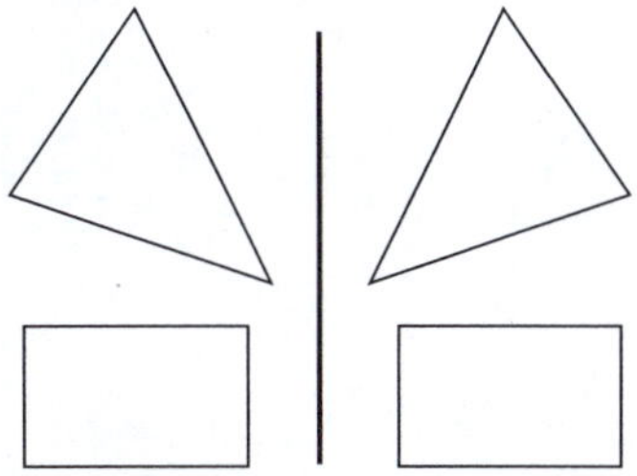

Pour tracer le symétrique d'une figure sur papier quadrillé, les élèves mettent en œuvre diverses procédures.

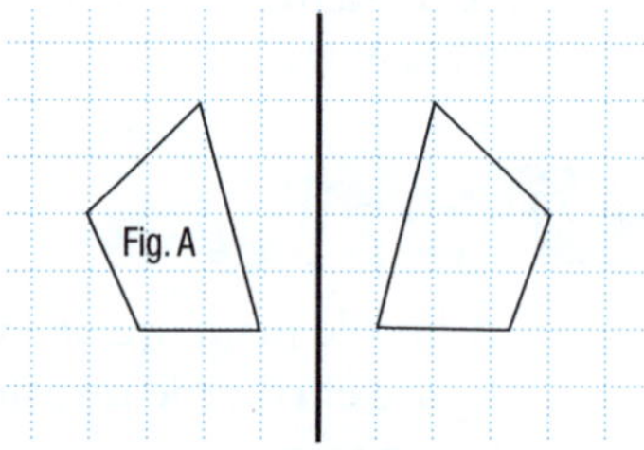

Pour tracer la figure symétrique de A, les élèves peuvent placer un point de l'autre côté de l'axe de symétrie et ensuite de proche en proche reconstituer la figure image en traçant les côtés. Ils peuvent aussi repérer les sommets du quadrilatère puis, en suivant les lignes du quadrillage et en comptant les carreaux qui séparent ces points de l'axe, ils placent les symétriques des sommets qu'ils joignent ensuite pour obtenir la figure symétrique.

On peut dire que la première procédure est locale alors que la seconde est globale.

Sur fond quadrillé, lorsque l'axe de symétrie est une ligne du quadrillage et que les points significatifs de la figure sont sur des nœuds de quadrillage, les erreurs que peuvent commettre les élèves ont souvent pour origine un mauvais dénombrement des carreaux.

Les variables didactiques intervenant dans la symétrie

Les performances des élèves dans un exercice peuvent être très variables en raison du grand nombre de variables didactiques sur lesquelles on peut jouer dans une situation sur la symétrie.

En effet, la nature du support, de la figure, des instruments disponibles et la position de l'axe vont intervenir dans une telle situation.

Le support peut être quadrillé ou uni, s'il est suffisamment fin il permettra de voir par transparence lors du pliage.

Les instruments disponibles : règle, équerre, compas, gabarit, calque vont induire des procédures différentes.

La nature de la figure simple ou complexe avec des obliques ou non, avec un ou des axe(s) de symétrie rendra la tâche de l'élève plus ou moins ardue.

Enfin, la position de l'axe de symétrie : verticale, horizontale ou oblique va aussi poser des problèmes aux élèves.

10. Les solides

Voici une répartition des savoirs et savoir-faire à acquérir en fonction des cycles qu'il faut connaître.

	Cycle 2	Cycle 3
Espace et géométrie	– Reconnaître et trier les solides usuels parmi des solides variés. Décrire et comparer des solides en utilisant le vocabulaire approprié. – Reproduire des solides. – Fabriquer un cube à partir d'un patron fourni : - nommer des solides (boule, cylindre, cône, cube, pavé droit, pyramide).	Reconnaître, nommer, comparer, vérifier, décrire : - des solides simples ou des assemblages de solides simples à partir de certaines de leurs propriétés. • Figures planes et solides, premières caractérisations. • Vocabulaire approprié pour nommer les solides : pavé droit, cube, prisme droit, pyramide régulière, cylindre, cône, boule.
		Reproduire, représenter, construire : • des solides simples ou des assemblages de solides simples sous forme de maquettes ou de dessins ou à partir d'un patron (donné, dans le cas d'un prisme ou d'une pyramide, ou à construire dans le cas d'un pavé droit).

1 Espace et géométrie

Dans la vie de tous les jours, les enfants sont très souvent confrontés à la manipulation de solides. Il suffit de voir dans un supermarché les différents emballages des produits et de les toucher pour s'apercevoir de la diversité des formes que peut rencontrer un enfant.

Mais si ces objets d'un espace à trois dimensions peuvent donc être manipulés, ce qui permet à l'enfant de se les approprier, c'est le passage aux différentes représentations de ces objets dans un plan à deux dimensions qui va poser des problèmes ainsi que le discours à tenir pour les décrire.

Mais avant de s'intéresser aux solides les enfants vont devoir se familiariser avec l'espace. À partir de l'espace qui les entoure, où ils se déplacent, ils vont se construire par des activités adéquates des représentations.

Savoir, dans l'espace environnant, observer, situer, repérer, guider, communiquer des informations est indispensable à la maîtrise de certaines activités humaines. Ces apprentissages ne s'effectuent pas spontanément. Ils nécessitent l'organisation d'activités se déroulant dans l'espace réel, mettant en liaison, le cas échéant, cet espace avec certaines de ses représentations (maquettes, photographies, plans). Un travail limité à des espaces évoqués ou représentés, sans mise en relation effective avec un espace réel, ne permet pas la construction de connaissances efficaces.

2 Généralités sur les solides

Les premières activités autour des solides sont essentiellement la description : dénombrer ses constituants géométriques, identifier certaines propriétés, et la reconnaissance : pouvoir nommer l'objet géométrique. Vient ensuite la construction : fabriquer avec de la pâte à modeler ou à partir d'une feuille de papier ou de carton. Ce n'est qu'après avoir acquis une bonne connaissance des solides que se pose le problème de leurs représentations grâce aux patrons ou bien en utilisant la perspective cavalière.

Pour cela, un premier travail consiste à faire acquérir le bon vocabulaire c'est-à-dire faire découvrir les notions de face, sommet, arête. Il s'agit ensuite de dénombrer les constituants : faces, sommets, arêtes. Enfin l'élève caractérisera les différentes faces en fonction de leur nature géométrique.

Si les enfants doivent connaître un certain nombre de solides, ce sont surtout les polyèdres simples qui seront étudiés à l'école primaire. Pour cela une première distinction est faite entre les solides qui roulent et ceux qui ne roulent pas.

La sphère, le cylindre et le cône seront évoqués en classe car on les rencontre dans la vie courante, mais ils ne donneront lieu à aucune étude particulière.

Dans les programmes, les compétences décrites sont relatives à une liste limitée de solides, mais il est bien spécifié que les activités qui doivent permettre la construction de ces compétences peuvent aussi concerner d'autres solides.

3 Les polyèdres particuliers

Les enfants ayant étudié certaines figures planes peuvent travailler sur les solides dont les faces sont pour eux des objets connus. La notion de face est généralement établie à partir de l'empreinte que laisserait un solide en contact avec un plan.

Au cycle 2, la reproduction de solides ne s'effectue pas à partir de patrons, c'est en utilisant d'autres matériaux pour représenter les faces ou les arêtes que l'élève s'approprie les propriétés des solides.

On retrouve, lors de l'étude des solides, des activités similaires à celles rencontrées lors de l'étude des figures planes. En particulier, lors du jeu du portrait où les élèves doivent trouver un solide en posant des questions permettant de l'identifier.

Lors des activités de description, les élèves vont aussi travailler la justesse et la qualité du vocabulaire employé. En particulier, lors d'échanges de messages, les élèves mettent en place des moyens de communication qui reposent sur du texte ou des dessins. Dans un premier temps, ils dessinent souvent une ou plusieurs faces, ou le solide tel qu'ils le voient. Ce n'est qu'ensuite que la qualité des messages s'améliore, lorsqu'ils indiquent la nature des faces et leur nombre.

Des problèmes de reproduction de solides sont proposés en utilisant des matériaux (par exemple : pâte à modeler, faces prédécoupées, tiges prédécoupées pour les arêtes) ou par assemblage d'autres solides (jeu de cubes par exemple).

4 Les patrons

Voici des activités essentielles autour des patrons :
Reconnaître, construire ou compléter un patron de cube, de parallélépipède rectangle. D'autres solides que le cube ou le parallélépipède rectangle peuvent donner lieu à la réalisation de patrons.
Dans un premier temps avec les élèves, on ne peut pas se contenter du seul dessin du patron pour conclure, le découpage et le montage du solide sont nécessaires pour que les élèves puissent soit constater leurs erreurs, soit se convaincre de la validité du patron.

Les patrons du cube fournissent une excellente situation de recherche qui peut être menée en groupe dans une classe de fin de cycle 3. Il s'agit pour les élèves de trouver le plus de patrons possibles du cube. Sans rechercher l'exhaustivité, les élèves parviennent à trouver presque tous les patrons parmi les 11 possibles. Cette situation permet le débat entre les élèves car parfois deux patrons dans des positions différentes ne sont pas perçus comme identiques.

Voici un exercice qui était posé lors des évaluations de sixième il y a quelques années : « Pour chacun des patrons ci-contre, entoure-le si tu penses que c'est celui d'un cube ; barre-le si tu penses que ce n'est pas celui d'un cube. »

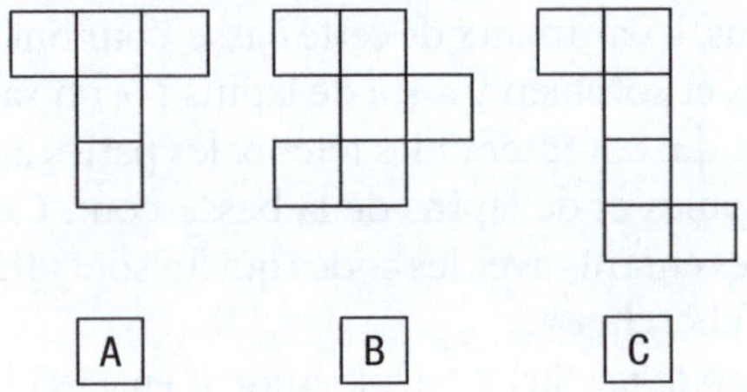

On peut voir que l'on attend d'abord de l'élève qu'il s'assure que le patron compte bien le bon nombre de faces (patron A). On attend ensuite qu'il puisse mentalement effectuer le pliage pour reconstituer le cube et vérifier qu'il n'y a pas de superpositions de faces.

5 Conclusion

On peut remarquer que la perspective cavalière, qui est un mode de représentation des solides sur un plan, est utilisée dans les manuels de l'école primaire. Elle n'a pas à faire l'objet d'une étude particulière, mais il faut cependant former les enfants à la lecture de telles représentations. On peut dire aussi qu'elle est utilisée en dehors de l'école et que sa fréquentation en fait une connaissance sociale. Pour faciliter la tâche de l'élève, on utilise parfois la représentation en perspective cavalière sur un fond quadrillé.
Certaines difficultés liées à l'emploi du vocabulaire adéquat vont surgir lors de la description de solides. En effet, les segments joignant deux sommets seront souvent appelés côtés en référence à la figure plane, et non arêtes. De même les faces seront aussi désignées comme côtés.

11. La résolution de problème

1 Introduction

La résolution de problème est au centre de l'activité mathématique. Mais la notion de « problème » est relative à celui qui tente de le résoudre. Ce qui constitue un « problème » pour un élève de grande section de maternelle n'en est plus un pour un élève de CM2. De même, le problème d'un enfant de CM2 n'en est pas un pour l'élève de terminale.
Les connaissances mathématiques actuelles ont été acquises dans le but de résoudre des problèmes. On pourrait alors citer Philippe Mérieux pour qui résoudre un problème, c'est « apprendre en le faisant à faire ce qu'on ne sait pas faire. ».
Dans l'idée de résolution de problème, il y a le fait de mobiliser des savoirs et des savoir-faire antérieurs (parfois acquis lors d'autres résolutions de problème) pour les mettre au service de la résolution du nouveau problème.
On distinguera bien sûr ici le problème de la classe de mathématiques du problème commun. Le problème de la classe de mathématiques correspond à certains codes qui ne sont pas étrangers au **contrat didactique** et que l'élève envisage et accepte comme tel.
Dans l'énoncé suivant : « Dans la basse-cour de M. Martin, il y a des poules et des lapins. À eux tous, les animaux de cette basse-cour ont 19 têtes et 52 pattes. Combien y a-t-il de poules et combien y a-t-il de lapins ? », on saisit bien le caractère irréaliste de ce M. Martin qui compterait les têtes et les pattes au lieu de compter simplement le nombre de poules et de lapins de la basse-cour. Cet énoncé est, en fait, accepté comme tel par les enfants avec les codes qui lui sont attachés, à savoir qu'il s'agit d'un prétexte pour **« chercher ».**
Dans *L'Âge du capitaine*, Stella Baruk étudiait en 1985 le problème suivant, proposé à des élèves de primaire : « Sur un bateau, il y a 26 moutons et 10 chèvres. Quel est l'âge du capitaine ? ». Certains élèves avaient répondu : « 26 + 10 = 36. Le capitaine avait 36 ans. » Stella Baruk attribue cette erreur à un effet pervers du « contrat didactique », dont l'auteur souligne avec humour que « l'une des parties (ndlr : les élèves !) serait d'ailleurs bien en peine de savoir où et quand elle l'aurait signé ».
Désormais, lorsque nous évoquerons le mot « problème », ce sera dans le cadre de la classe de mathématiques.

Au cycle 2, la résolution de problèmes est au centre de l'activité mathématique des élèves, développant leurs capacités à chercher, raisonner et communiquer. Les problèmes permettent d'aborder de nouvelles notions, de consolider des acquisitions, de provoquer des questionnements. Ils peuvent être issus de situations de vie de classe ou de situations rencontrées dans d'autres enseignements, notamment « Questionner le monde ». Ils ont le plus souvent possible un caractère ludique. On veillera à proposer aux élèves dès le CP des problèmes pour apprendre à chercher qui ne soient pas de simples problèmes d'application à une ou plusieurs opérations mais nécessitent des recherches avec tâtonnements. Les notions de géométrie plane et les connaissances sur les figures usuelles s'acquièrent à partir de résolution de problèmes (reproduction de figures, activités de tri et de clas-

sement, description de figures, reconnaissance de figures à partir de leur description, tracés en suivant un programme de construction simple).
En mathématiques, mémoriser, utiliser des outils de référence, essayer, proposer une réponse, argumenter, vérifier sont des composantes de la résolution de problèmes simples de la vie quotidienne.

Au cycle 3, la résolution de problèmes constitue le critère principal de la maîtrise des connaissances dans tous les domaines des mathématiques, mais elle est également le moyen d'en assurer une appropriation qui en garantit le sens.
La progressivité sur la résolution de problèmes, outre la structure mathématique du problème, repose notamment sur :
– les nombres mis en jeu : entiers (tout au long du cycle) puis décimaux ;
– le nombre d'étapes de calcul et la détermination ou non de ces étapes par les élèves : selon les cas, à tous les niveaux du cycle 3, on passe de problèmes dont la solution engage une démarche à une ou plusieurs étapes indiquées dans l'énoncé à des problèmes, en 6e, nécessitant l'organisation de données multiples ou la construction d'une démarche ;
– les supports envisagés pour la prise d'informations : la collecte des informations utiles peut se faire à partir d'un support unique en CM1 (texte ou tableau ou représentation graphique) puis à partir de deux supports complémentaires pour aller vers des tâches complexes mêlant plusieurs supports en 6e.
La communication de la démarche et des résultats prend différentes formes et s'enrichit au cours du cycle.
Dès le début du cycle, les problèmes proposés relèvent des quatre opérations, l'objectif est d'automatiser la reconnaissance de l'opération en fin de cycle 3.

2 Définitions

A. Le problème

On trouve souvent du problème la définition suivante : un problème, c'est une situation initiale contenue dans un **énoncé** qui comporte des données et qui pose une **question** (but à atteindre) qui ne soit pas immédiatement résoluble.
Pour le résoudre, l'élève devra entrer dans une démarche de **recherche**, mobiliser une activité intellectuelle (et mnémonique) afin d'élaborer une suite d'actions qui l'amèneront à la **solution**.

B. Les différents types de problèmes

On distingue, à l'école primaire, différents types de problèmes en fonction des buts didactiques visés :

■ **Les problèmes visant à construire des connaissances** : ce sont des problèmes de « rupture » ayant comme but de montrer à l'élève que les procédures autrefois employées ne sont plus pertinentes et/ou de faire émerger la nécessité d'acquérir une nouvelle connaissance (ou une nouvelle technique). On les placera en début d'apprentissage d'une notion afin de permettre à l'élève de prendre conscience des limites ou de l'insuffisance des connaissances (ou des techniques) dont il dispose.

■ **Les problèmes de recherche** : ce sont des problèmes pour lesquels l'élève ne dispose pas d'une solution immédiate. Il doit donc chercher, élaborer une démarche, émettre des hypothèses, les tester, élaborer un raisonnement, trouver une solution et la vérifier. C'est ce type de problème qui pourra donner à l'élève le goût des mathématiques.
Parmi ces problèmes, ceux qui demandent de mobiliser plusieurs connaissances mathématiques et de mettre en place des étapes ou des questions intermédiaires seront qualifiés de **problèmes complexes**.

■ **Les problèmes d'application** appelés aussi problèmes de réinvestissement ont pour but de s'exercer à l'utilisation d'un savoir ou d'un savoir-faire. Ce type de problèmes est très courant dans les manuels de mathématiques. Il n'est pas certain qu'ils méritent l'appellation de « problème » car il s'agit le plus souvent d'exercices d'application permettant d'exercer une technique ou une procédure déjà étudiée.

3 Les étapes de la résolution de problème

Résoudre un problème est une activité complexe, pas forcément linéaire, qui passe par plusieurs étapes :
- lire l'énoncé et la question ;
- se représenter la situation ;
- décider d'une stratégie de résolution ;
- appliquer cette procédure et être capable d'en changer si elle ne débouche pas ;
- vérifier, lorsque c'est possible, le résultat trouvé ;
- rédiger la procédure de résolution de telle sorte qu'elle soit compréhensible par un tiers.

Parmi les différentes stratégies, on peut citer :

■ **L'analogie :** la situation proposée ressemble à un problème déjà rencontré et peut être résolu de manière analogue.

■ **Le raisonnement hypothético-déductif :** il utilise une structure du type « Si… alors… ». Si on part des hypothèses du problème pour aller vers la conclusion, on parlera de « **chaînage avant** ». En revanche, si le raisonnement démarre à partir de la conclusion qu'on veut obtenir, il s'agira de « **chaînage arrière** ». La mise en rapport des hypothèses du problème permettant d'appliquer des règles déjà connues peut être appliquée.

■ **La procédure de type essai-erreur** : on teste les solutions possibles de manière plus ou moins systématique et on les confirme ou les réfute selon les cas.

Il convient toujours d'être capable de passer de l'**instanciation** du problème (je sais reconnaître le type du problème et quelle stratégie appliquer) à son **exécution** (je possède, par exemple, la technique opératoire que j'ai repérée comme efficiente).

4 Les différents éléments d'un problème

Nous pouvons considérer qu'un problème est constitué de plusieurs éléments que nous allons détailler. Nous nous attacherons donc au **contexte**, à l'**énoncé** et à la **question** du problème.

A. Le contexte

Un des éléments du problème mathématique est le contexte sur lequel il repose. Nous envisagerons les contextes les plus courants.

a. Le contexte lié au contrat didactique

Le contexte lié au contrat didactique a déjà été évoqué ci-dessus. Il s'agit de problèmes dont le contexte repose sur un environnement qui n'a tacitement pas d'importance puisqu'il fait partie du contrat didactique de la leçon de mathématiques : le maître propose une histoire pas forcément réaliste (« Dans la basse-cour de M. Martin, il y a des poules et des lapins. À eux tous, les animaux de cette basse-cour ont 19 têtes et 52 pattes. Combien y a-t-il de poules et combien y a-t-il de lapins ? ») qui n'est qu'un prétexte pour « chercher un problème ». Le contexte n'a alors pas d'importance ; il peut tout à fait s'agir d'animaux de la ferme ou de la jungle.
Réponse : 12 poulets et 7 lapins.

b. Le contexte mathématique

Il s'agit là de problèmes pour lesquels le contexte mathématique est purement affiché.

EXEMPLE : « Barre exactement 2 chiffres pour que le nombre formé par les chiffres qui restent soit le plus grand possible : 652 843. »
Cet exercice est purement mathématique (il manipule des chiffres et des nombres). Il n'est pas entouré d'une histoire particulière qui expliquerait pourquoi M. Lécole a besoin d'avoir le nombre le plus grand possible…
Réponse : 6~~52~~843

c. Le contexte de la vie de l'élève

Dans la tradition de l'école Freinet, l'élève doit calculer le prix de revient du journal à vendre, tenir une comptabilité des exemplaires vendus, de l'argent dépensé et gagné, du solde… Nous sommes là dans un contexte de mathématiques « utiles » mais également dans un cadre assez réducteur de l'activité mathématique. Rien n'empêche cependant le maître à l'occasion d'une sortie, de la confection d'une fresque… de proposer des problèmes mathématiques en rapport avec le projet en cours (devis d'un fournisseur, horaires de trains…). Les résultats trouvés devront alors être exploités, voire vérifiés dans la réalité.

d. Le contexte transdisciplinaire

Les situations transversales en géographie, histoire, sciences ou même arts plastiques, par exemple, peuvent être l'occasion de faire des mathématiques et de résoudre des problèmes.

Le contexte est souvent tel que l'élève fait des mathématiques sans s'en apercevoir, comme un outil qu'il maîtrise bien ou, au contraire s'en émeut : « *Mais, Monsieur, c'est des maths !* ». Il réalise, dans tous les cas, que les mathématiques ne sont pas une science isolée mais qu'elles ont à voir avec de nombreuses réalités extérieures.

e. Le contexte du rallye mathématique

Le rallye mathématique (à l'image du « défi lecture ») est une occasion de faire des mathématiques « autrement ». C'est une activité motivante pouvant être mise en place dans les classes. Une des particularités de l'activité de **rallye mathématique** est qu'elle mobilise plus des compétences de logique, de déduction et d'organisation que des connaissances mathématiques formelles. Les épreuves de rallyes (ou défis) mathématiques sont le plus souvent constituées de problèmes qualifiés de « **problèmes ouverts** » qui peuvent avoir plusieurs méthodes de résolution. Une autre composante essentielle de l'activité est que les élèves doivent s'organiser pour chercher ensemble et décider de manière consensuelle quelle réponse valide sera adoptée par le groupe. Il y a donc, pour prendre cette décision, besoin d'argumenter sur la validité des procédures, tenter de convaincre les autres, d'accepter des arguments, et que d'autres procédures puissent aboutir au bon résultat.

EXEMPLE de *problème de type « rallyes mathématiques »* :
Combien y a-t-il de rectangles dans cette figure ?

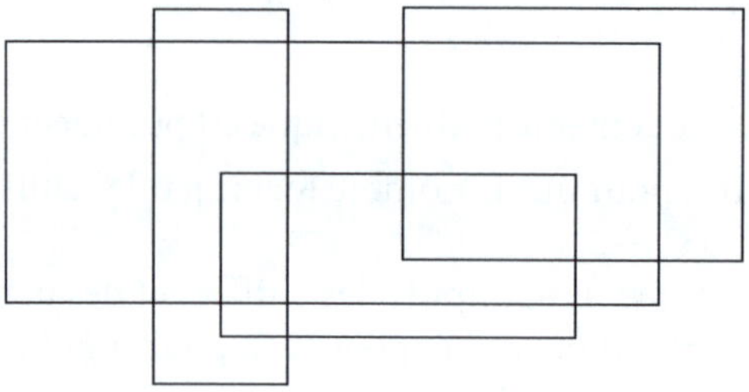

Réponse : 18

f. Le contexte informatique

Certains problèmes peuvent faire appel à la spécificité des nouvelles technologies. Ceux-ci s'appuient essentiellement sur des logiciels de type « tableur » ou « géométrie dynamique ».

B. L'énoncé

C'est dans l'énoncé du problème que vont être fournies les **données** qui vont permettre de résoudre le problème. Ces données peuvent se présenter sous différentes formes.

a. Énoncé oral

Dans le cas où le maître veut capter l'attention des élèves, travailler sur leur concentration auditive ou encore sur la prise de notes, il utilise un énoncé oral.

b. Énoncé de type texte

C'est le cas classique des énoncés de problème. Les données sont présentes dans un texte écrit qui, généralement, raconte une histoire. Il convient éventuellement dans ce texte d'extraire les données **pertinentes**, de laisser de côté des données **surabondantes** ou de repérer des données **manquantes**. Bien entendu le caractère pertinent/surabondant/manquant des données dépend de la question qui est posée.

EXEMPLE : « Le 1er avril, Monsieur Leroux a acheté, à la boucherie Sanzo, un rôti à 15 €, un gâteau à 10 € et un bouquet de fleurs à 6 €. »
Ainsi, le texte ci-dessus pourra être simplifié de la manière suivante :
« ~~Le 1er avril,~~ Monsieur Leroux a acheté, ~~à la boucherie Sanzo~~, un rôti à 15 €, un gâteau à 10 € et un bouquet de fleurs à 6 €. »
La procédure (que nous désapprouvons) qui fait rayer aux élèves les données surabondantes de manière trop radicale aboutit parfois à une perte totale du sens du problème.
« ~~Monsieur Leroux a acheté un rôti à~~ 15 €, ~~un gâteau~~ à 10 € ~~et un bouquet de fleurs~~ à 6 €. »

c. Données organisées

On fait ici allusion à des documents qui, outre un texte explicatif écrit, présentent des données organisées sous forme de tableaux, de diagrammes, de graphiques, de courbes ou d'histogrammes.

EXEMPLES :

PAYS PRODUCTEURS DE SUCRE DE CANNE

(en milliers de t)	1969.1970
MONDE	37 297
1. Cuba	5 000
2. Brésil	4 410
3. Inde	2 715
4. Mexique	2 377
5. Chine	1 900
6. Australie	2 134

Toulouse 2003

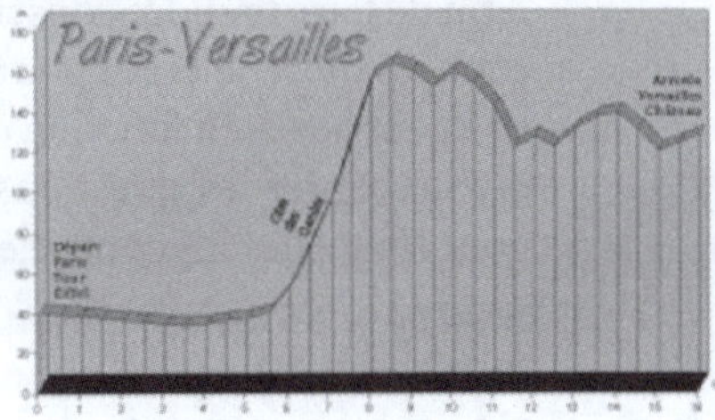

d. Données graphiques

Outre un texte explicatif écrit, le document contient des données graphiques (dessin, schéma, plan, photo, carte, bande dessinée, etc.).

EXEMPLE : « Placer sur la ligne donnée, le centre d'un cercle passant par les deux points A et B ». Ici l'énoncé est uniquement graphique. Seule la question posée permet d'en comprendre le sens.

e. Données extraites de la vie courante

Il s'agit de données issues du réel qui constitueront une base de données sur laquelle on pourra travailler. On peut penser à une note de supermarché, à un horaire de train, à un barème d'affranchissement du courrier…

EXEMPLE :

1. Observe la pancarte affichée à l'entrée des grottes du Grand Gouffre et complète le tableau des prix de 5 tickets de caisse.

Nombre de personnes	Prix payé en euros
1 adulte et 1 enfant	
3 adultes et 1 enfant	
1 adulte et 3 enfants	
4 enfants	
3 adultes et 4 enfants	

C. Les questions

Résoudre un problème, c'est répondre à une question. Celle-ci peut être **présente** en début ou en fin de problème. Elle peut aussi être **absente** et dans ce cas… le problème, c'est de la déterminer.

a. Question présente

La question posée peut être unique ou répartie en sous-questions intermédiaires qui accompagnent l'élève vers la solution à la question principale.
A contrario, les sous-questions intermédiaires peuvent être à la charge de l'élève dont le rôle sera alors de les exprimer avant d'y répondre.
La **place de la question** dans l'ensemble énoncé/question est primordiale. En effet, on ne prend pas connaissance de l'énoncé de la même manière si l'on connaît ou pas la question posée. Si la question est posée à la fin de l'énoncé, comme c'est souvent le cas, on recommande à l'élève de relire une nouvelle fois l'énoncé après avoir pris connaissance de la question.
Redisons-le, c'est la question posée qui permet de déterminer le caractère pertinent/surabondant/manquant des données.

b. Question manquante

Afin de faire prendre conscience à l'élève de l'importance de la question on trouve des énoncés de problèmes pour lesquels la question est de… déterminer la question que l'on peut poser en fonction des données présentes dans l'énoncé. Il est alors important de distinguer les questions qui, effectivement, « posent problème », des questions pour lesquelles la réponse est immédiate et ne mobilise pas de savoirs particuliers.

EXEMPLE : « Monsieur Leroux a acheté un rôti à 15 €, un gâteau à 10 € et un bouquet de fleurs à 6 € ».
La question : « Combien coûte le rôti de M. Leroux ? » n'est pas une question valide pour la résolution de problème puisqu'elle ne pose pas problème et que sa réponse est contenue dans l'énoncé. Cette question pourrait, en revanche être posée par le maître lors de la phase de dévolution du problème pour s'assurer, par exemple, que le terme « rôti » est connu des élèves.
Une autre difficulté concernant la question manquante est de s'assurer que les données du problème permettent effectivement de répondre à la question qu'on proposera. Dans l'exemple précédent, la question « Quel est l'âge de M. Leroux ? » n'est pas valide dans la mesure où les données ne permettent pas d'y répondre.
La question manquante peut également, au moment où on la pose, introduire une nouvelle donnée. Toujours dans notre exemple, la question « sachant que M. Leroux avait 50 € au début du marché, combien lui reste-t-il à la fin ? » est une question que l'on pourra accepter si l'on souhaite une variété plus importante de questions.
En effet, même si elle introduit formellement une donnée supplémentaire, elle permet d'étendre le champ des questions possibles. Si l'on n'accepte pas de donnée supplémentaire, le nombre de questions possibles est très réduit (« Combien M. Leroux a-t-il dépensé au marché ? »).

PARTIE 4

Réussir l'épreuve orale d'entretien : EPS

Coefficient 2

Durée : 30 minutes

Présentation de l'épreuve

Le terme de didactique a donné lieu à diverses définitions à l'échelle de l'enseignement de l'éducation physique et sportive[1] (EPS[2]), en lien avec les nombreux travaux et recherches menés en didactique de l'EPS depuis une trentaine d'années. Si plusieurs courants didactiques se sont développés en EPS en témoignant de conceptions différentes de la discipline et de son enseignement[3], les différentes définitions révèlent des points de convergence qui s'inscrivent dans les recherches menées en didactique des disciplines. Afin d'organiser notre réflexion et de structurer notre propos, nous optons ici pour une acception générique du terme de didactique, ancrée dans les recherches sur les didactiques scolaires[4]. Nous définissons alors la didactique comme une **réflexion sur les contenus en tant qu'objets d'enseignement et d'apprentissage**, à l'échelle de la discipline d'enseignement EPS. Nous appréhendons donc la didactique de l'EPS à travers les **contenus** (terme générique pouvant être associé à des compétences, à des connaissances, à des savoirs...), en lien avec l'enseignement et l'apprentissage, leur **construction par l'enseignant et** leur **acquisition par les élèves.** En raison de l'objet de l'EPS relatif au corps, ces contenus sont liés aux transformations corporelles des élèves et aux activités physiques (AP) enseignées. L'enseignement désigne l'activité de l'enseignant dans son activité de transmission du savoir à l'élève. Mais l'enseignant doit également, en amont, concevoir et construire les savoirs qu'il transmettra à ses élèves. L'apprentissage implique que l'élève élabore et acquière un savoir. Ces définitions liminaires permettent de rappeler les trois pôles du triangle didactique : le savoir, l'élève et l'enseignant. Ces trois pôles, et leurs relations, structureront les différentes parties de ce chapitre.

Une première partie présentera l'EPS en tant que discipline d'enseignement à l'école d'un point de vue institutionnel (ses fondements, visées éducatives et enjeux, moyens éducatifs, son organisation et sa réglementation). Suivront des connaissances relatives aux activités physiques enseignées en EPS. Nous terminerons cette partie en nous centrant plus particulièrement sur les relations entre l'EPS et la santé.

Une seconde partie fournira des repères et des cadres relatifs à l'enseignement de l'EPS et aux apprentissages en EPS. Nous débuterons avec des connaissances

1. Voir par exemple Alain Hébrard, L'Éducation physique et sportive. Réflexions et perspectives, Paris, Revue EPS, 1986 ; Jacqueline Marsenach (dir.), L'Évaluation formative dans les collèges, Paris, INRP, 1987.

2. Nous utiliserons l'expression générique EPS pour qualifier la discipline enseignée à l'école primaire, dans la lignée de sa dénomination dans les programmes scolaires des cycles 2 et 3 et dans la seconde épreuve d'admission du concours du CRPE (cette justification sera complétée plus loin pour ce qui concerne la maternelle).

3. Voir par exemple Annick Davisse, Michel Delaunay, Paul Goirand et Jean Roche, Quatre courants didactiques de l'EPS, 1985 à 1998, Paris, Vigot, 2005.

4. Nous avons pris appui en particulier sur « Didactiques » in Yves Reuter (éd.), Cora Cohen-Azria, Bertrand Daunay, Isabelle Delcambre et Dominique Lahanier-Reuter, Dictionnaire des concepts fondamentaux des didactiques, Bruxelles, de Boeck, 2010, pp. 69-73.

scientifiques sur les élèves (développement, ressources) et l'apprentissage, en particulier moteur. Nous aborderons ensuite la conception de l'enseignement de l'EPS sur plusieurs niveaux et échelles, intégrant la programmation des activités, la définition des objectifs et des contenus d'enseignement, la structuration d'une séance, la construction d'unités d'apprentissage (UA) et de situations d'apprentissage (SA). Ce manuel prend appui sur plusieurs références qui ne sont pas systématiquement citées compte tenu des contraintes de volume de l'ouvrage, par exemple Loison (dir.), Groenen H., Kapusta P., Lecoutre A.-M., Necker S., Pasqualini S. & Thépaut A., EPS – *Système éducatif/ Entretien à partir d'un dossier*, Vuibert, octobre 2018.

Éléments d'analyse du programme

Plusieurs lignes de force se dégagent du texte officiel régissant l'épreuve.

Concernant l'exposé, le candidat doit maîtriser une démarche de conception de situations d'apprentissage lui permettant d'intégrer les éléments fournis dans le sujet (contexte d'enseignement, objectif d'acquisition de la séance et, le cas échéant, objectifs et structuration de l'unité d'apprentissage, etc.). Il choisira de présenter une ou plusieurs situations d'apprentissage, selon le sujet posé, et ses capacités de présentation orale. Il devra situer cette proposition de situation(s) d'apprentissage à l'échelle d'une activité physique support et des programmes (4 objectifs en maternelle, 4 champs d'apprentissage en élémentaire). En maternelle, une même AP peut venir au service de plusieurs objectifs. En élémentaire, une AP renvoie à un champ d'apprentissage (à l'exception de la natation qui participe à 2 champs d'apprentissage). Le candidat doit réaliser des choix en intégrant plusieurs éléments de justifications essentiels, notamment les textes officiels, les enjeux de l'EPS, les caractéristiques des élèves, la programmation annuelle, le paramètre sécuritaire, en plus des éléments de contexte exposés dans le sujet. Il peut présenter au jury certains éléments de justification dans l'exposé.

L'entretien permet au jury de revenir sur le contenu de l'exposé, de questionner le candidat sur les justifications de ces derniers, et d'élargir le questionnement pour aborder notamment la connaissance scientifique du développement et de la psychologie de l'enfant, les enjeux de l'EPS, ou encore demander au candidat de situer ses propositions au sein d'une programmation annuelle.

Planning de révisions

Périodes	Thèmes à étudier	Nos outils
Période 1 Septembre à novembre	**Les fondements de l'EPS en tant que discipline d'enseignement** – Analyse complémentaire des textes officiels spécifiques à l'EPS – Connaissances scientifiques liées à l'enseignement de l'EPS	p. 400 p. 418
Période 2 Décembre à mi-janvier	**Connaissance didactique de l'enseignement de l'EPS** – Analyse et transposition didactique des APSA – Repères généraux sur la conception de l'enseignement, notamment la programmation de l'EPS, la sécurité des élèves	p. 434 p. 440
Période 3 Mi-janvier à février	**Repères généraux** – Conception d'unités d'apprentissage – Conception de situations d'apprentissage	p. 446 p. 448
Période 4 Mars à avril	Articuler les différentes connaissances abordées pour concevoir des situations d'apprentissage dans différentes activités physiques en maternelle et au C2	
Période 5 Mai à début juin	Articuler les différentes connaissances abordées pour concevoir des situations d'apprentissage dans différentes activités physiques au C3 **Révision générale de l'ensemble des thématiques du cours**	

Les fondements de l'EPS en tant que discipline d'enseignement à l'école primaire

Tout le cours

Tout le cours

1. Définitions et spécificités de l'EPS

1 L'EPS : une discipline à part entière à l'école primaire

Soulignons tout d'abord que l'EPS peut être considérée comme une **discipline scolaire à part entière**. Les textes officiels en vigueur le confirment en perpétuant le **caractère obligatoire de l'EPS**, en déterminant les savoirs à enseigner aux différents cycles d'enseignement, et ses horaires, deux critères essentiels d'une discipline scolaire[1]. L'EPS est le fruit d'une longue histoire, faite de continuités et de ruptures qui marquent son appellation même. La gymnastique scolaire du XIXe siècle laisse place à l'éducation physique (EP) au début du XXe siècle qui évolue vers l'EPS durant la Seconde Guerre mondiale. L'avènement de l'EPS traduit un processus de sportivisation de la discipline, l'utilisation d'activités sportives (sports athlétiques, collectifs, de combat…) en complément d'autres activités physiques (AP), comme les jeux traditionnels ou les activités artistiques. Pour plus de clarté, nous dirons que l'EPS est **une forme sportivisée et scolarisée d'EP**[2].

Les cinq domaines d'apprentissage structurant les programmes de l'école maternelle ne mentionnent pas l'EPS, mais le domaine « Agir, s'exprimer, comprendre à travers l'activité physique » au cœur duquel trouve place l'éducation du corps, même s'il ne s'y limite pas. Nous utiliserons néanmoins l'expression générique « EPS » pour désigner la discipline d'enseignement ou le domaine d'apprentissage enseigné(e) à l'école primaire de la maternelle au cycle 3. Sur les trois cycles, l'EPS repose en effet sur la pratique d'activités physiques variées, source d'expériences corporelles diversifiées chez les élèves, et moyen d'éducation des élèves.

De plus, l'épreuve d'EPS du CRPE couvre bien les trois cycles de l'école primaire, signe que l'expression EPS vaut également pour la maternelle.

---

1. Pierre Arnaud, « L'Évolution de l'Éducation physique », in *La gymnastique volontaire*, n° 18, septembre 1981.
2. Yves Gougeon, « EP, EPS : identité, identification, différenciations », in *Textes parcourus, Préparation Écrit 1 Capeps, Session 2000*, IUFM Nord – Pas-de-Calais, Université Charles-de-Gaulle – Lille 3, 1999.

2 L'éducation physique : une discipline essentielle à l'école

L'importance accordée par les acteurs politiques et scolaires à cette discipline est confirmée par les textes ayant réglementé sa place et ses missions à l'école. Après avoir été rendue facultative en 1850, la gymnastique scolaire devient obligatoire en 1880 à tous les types d'enseignement dans le primaire et le secondaire, pour les garçons, avant même l'obligation scolaire proclamée en 1882. Cette année-là, l'EP est également rendue obligatoire pour les jeunes filles. Le caractère obligatoire de l'EPS à l'école n'a jamais été remis en question depuis. Cette situation fait écho à la définition proposée par le sociologue Émile Durkheim : l'éducation « a pour objet de susciter et de développer chez l'enfant un certain nombre d'états physiques, intellectuels et moraux. » **L'idée même d'éducation inclut ainsi une éducation du corps**. Le philosophe et historien Jacques Ulmann argumente dans le même sens : « […] la notion même d'éducation implique l'existence d'une éducation physique […] il n'est pas d'éducation en l'absence d'une éducation corporelle ». Il précise aussi : « […] La disponibilité du corps aux fins éducatives constitue le premier et le plus urgent des impératifs de l'éducation, une sorte de condition sine qua non. » Pour Ulmann, **la santé est la condition de toutes les autres finalités éducatives**. La portée hygiénique de l'EP justifie ainsi sa place à l'école. Par ailleurs, les liens entre l'EPS et des visées éducatives dépassant la dimension corporelle sont loin d'être contemporains. **Le corps est au cœur de l'identité de l'EP**, ce qui participe à sa singularité. Selon la formule consacrée, l'EPS est une discipline à part entière mais entièrement à part (Hébrard, 1986). Pour autant, si l'EPS est une éducation du corps et pour le corps par la pratique d'AP, elle ne se limite pas à la dimension corporelle de la conduite humaine. L'EP a également toujours été au service **de visées morales et sociales**, ce qui accentue sa spécificité et son identité éducative. En transmettant des valeurs conformes au pouvoir politique (formation du citoyen par exemple) et aux besoins sociaux (notamment en matière de santé publique par exemple), la discipline a construit et perpétué **son utilité sociale**. L'EP a enfin toujours tissé des liens avec des **visées éducatives intellectuelles**. Comme l'a montré Pierre Arnaud[1], l'EP a dû participer au développement chez les élèves des fonctions intellectuelles si chères à l'école française pour asseoir sa légitimité scolaire. L'école française a en effet longtemps été marquée par le dualisme, conduisant à une séparation entre le corps et l'esprit, et à une valorisation de ce dernier dans l'enseignement. Deux types de pédagogies ont alors été utilisés en EP : les pédagogies corporelles de l'intelligence développant les fonctions intellectuelles sur la base d'exercices corporels, puis les pédagogies intellectualistes de la motricité utilisant les processus cognitifs pour développer les habiletés motrices.

1. Pierre Arnaud, *Les Savoirs du corps : éducation physique et éducation intellectuelle dans le système scolaire français*, Lyon, Presses universitaires de Lyon, 1983.

2. Programmes scolaires et textes officiels

Les **programmes** publiés dans le *Bulletin officiel* (*BO*) constituent, en relation avec d'autres textes officiels, un champ de connaissances indispensables pour le candidat au concours du CRPE et l'enseignant. Ces programmes permettent d'identifier **les visées éducatives et les contenus** assignés à la discipline, et donc ses enjeux, **les moyens** prévus à cet effet, la spécificité de chaque cycle d'enseignement et **la progression** établie entre ceux-ci. D'autres textes officiels régissent ou orientent l'enseignement de l'EPS à l'école.
Les caractéristiques de certaines AP et les contraintes liées à leur enseignement s'accompagnent de **textes officiels spécifiques**. C'est le cas en particulier des **activités aquatiques et nautiques** (AAN). Plusieurs facteurs convergents sont en jeu : préoccupation sécuritaire, enjeu de santé publique, activités très programmées dans le cadre scolaire, évolution des pratiques physiques extrascolaires.
Citons l'arrêté du 9 juillet 2015 relatif à l'attestation scolaire « savoir nager » (paru au *JO* le 11 juillet 2015) qui vise à attester la compétence à nager en sécurité, dans un établissement de bains ou un espace surveillé. Il n'est pas à confondre avec les activités de la natation fixées par les programmes d'enseignement. Son acquisition est un objectif des classes de CM1, CM2 et 6e. Le savoir nager est défini à travers la maîtrise d'un parcours aquatique (comprenant une entrée dans l'eau, plusieurs déplacements sur le ventre et sur le dos, un franchissement d'obstacle en immersion, un surplace) mais aussi l'intégration de connaissances et d'attitudes.
Il convient également de maîtriser le *BO* n° 34 du 12 octobre 2017 relatif aux enseignements primaire et secondaire. Une circulaire définit les conditions de l'enseignement de la natation dans le respect du cadre législatif et règlementaire actuel. Il détermine notamment les responsabilités, surveillance des activités de natation, normes d'encadrement, conditions matérielles d'accueil, les intervenants professionnels et bénévoles, mais aussi des aspects pédagogiques. Le *BO* précité règlemente également l'encadrement des activités physiques et sportives (différents types d'activités physiques et sportives, l'équipe d'encadrement), tout comme l'agrément des intervenants extérieurs aux activités physiques et sportives.
L'enseignement de certaines AP doit également respecter **la circulaire n° 99-136 du 21 septembre 1999** relative à l'organisation des **sorties réalisées à l'école primaire** (modifiée par plusieurs circulaires en 2000, 2004, 2005 et 2013).

1 Les visées et les moyens éducatifs de l'EPS

A. Visées éducatives et enjeux de l'EPS

Les contenus transmis en EPS en lien avec les AP supports répondent à des visées éducatives (au sens de ce qui est visé au plan éducatif) plus larges qui participent à la spécificité de l'EPS en tant que discipline d'enseignement. Les visées éducatives de l'EPS peuvent être formulées du plus général au plus spécifique, et sur plusieurs échelles, allant du court au long terme. Les visées éducatives de l'EPS s'inscrivent dans les visées éducatives de l'école, et notamment dans le socle commun de connaissances, de compétences et de culture. Nous déclinons ces visées éducatives en finalités et objectifs, malgré une terminologie des programmes des cycles 1, 2 et 3 non homogène. Nous définissons une finalité comme une visée éducative générale **à long terme**, qui constitue une sorte **d'idéal**. La santé, la citoyenneté ou le développement moteur illustrent cette définition car ils peuvent toujours être perfectionnés. Souvent, une finalité de l'EPS concerne également **d'autres disciplines scolaires** et tisse des liens avec le socle commun (cf. la citoyenneté ou l'autonomie par exemple). Nous définissons un **objectif** comme **une visée à court ou moyen terme** et en lien direct avec **les savoirs de la discipline**. Adapter ses équilibres et ses déplacements à des environnements ou des contraintes variées est l'un des objectifs des programmes de maternelle. Produire une performance optimale, mesurable à une échéance donnée est l'un des quatre champs d'apprentissage de l'EPS aux cycles 2 et 3, et peut être considéré comme l'un des objectifs de la discipline. Ces visées éducatives de l'EPS traduisent ses enjeux, « ce qu'il y a à gagner » à travers la discipline.

Le terme de compétence connaît des définitions très variées dans le champ éducatif et scolaire. Nous pouvons définir simplement **une compétence comme étant un savoir-faire** permettant **d'être efficace dans une situation**, et mobilisant un ensemble de **ressources**. Le socle commun définit d'ailleurs une compétence par « l'aptitude à mobiliser ses ressources (connaissances, capacités, attitudes) pour accomplir une tâche ou faire face à une situation complexe ou inédite ». En EPS, il est possible de distinguer **une compétence propre** à un groupe d'AP, **d'une compétence relative** ou **spécifique** à une AP voire à une situation donnée. Réaliser une performance mesurée est un savoir-faire que l'on peut développer dans la famille des activités athlétiques et en natation. Pour plus de clarté, nous parlerons de « domaine » de compétence à l'échelle d'un groupe d'AP. Nager 15 mètres ne devient une compétence spécifique que si les **conditions de réalisation** de cette performance sont définies, à travers le milieu (environnement naturel ou piscine, profondeur de l'eau…), le type de nage (nage ventrale, tous types de nages autorisés), le matériel mis à disposition éventuellement (lunettes de natation, utilisation d'engins améliorant la flottaison…), etc. Le professeur doit ainsi préciser les compétences fixées par les programmes. En cycle 2 et cycle 3, les programmes fixent également cinq compétences générales, transversales à l'ensemble des AP et aux différents cycles.

B. Finalités de l'EPS à l'école primaire

Si les programmes de maternelles spécifient les visées éducatives à l'échelle du cycle 1, les programmes des cycles 2 et 3 fixent une même finalité pour l'EPS pour ces deux cycles, finalité qui vaut tout au long de la scolarité. Le tableau suivant présente les finalités de l'EPS, du cycle 1 (C1) au C3[1].

1. Le contenu des programmes a été cité, ou reformulé légèrement, pour favoriser la clarté du propos.

Finalités de l'EPS à l'école primaire	
Cycle des apprentissages premiers	**Cycle 2 et cycle 3**
– Contribuer au **développement** moteur, sensoriel, affectif, intellectuel et relationnel **des enfants**, pour leur permettre d'explorer leurs possibilités physiques, d'élargir et d'affiner leurs habilités motrices, de maîtriser de nouveaux équilibres, de construire leur latéralité et l'image orientée de leur corps, et de mieux se situer dans l'espace et le temps. – Contribuer à la **socialisation** pour développer la coopération, établir des rapports constructifs à l'autre, lutter contre les stéréotypes, contribuer à la construction de l'égalité entre filles et garçons. – Participer à une **éducation à la santé** en conduisant les enfants à éprouver le plaisir du mouvement et de l'effort, et à connaître leur corps pour le respecter.	– L'EPS développe l'**accès** à un riche **champ de pratiques**, à forte implication **culturelle** et **sociale**, importantes dans le développement de la vie personnelle et collective de l'individu. – Former un **citoyen lucide, autonome, physiquement** et **socialement éduqué**, dans le souci du **vivre ensemble**. – Amener les enfants et les adolescents à **rechercher le bien-être** et à **se soucier de leur santé**. – Assurer l'**inclusion**, dans la classe, des **élèves à besoins éducatifs particuliers** ou en situation de **handicap**. – **Initier** au **plaisir de la pratique sportive**.

Les compétences générales des cycles 2 et 3 permettent de préciser les visées éducatives poursuivies en EPS de façon transversale aux AP et à long terme :
– **développer** sa **motricité** et apprendre à **s'exprimer** en utilisant son **corps** ;
– **s'approprier** par la pratique physique et sportive des **méthodes** et des **outils** pour apprendre ;
– partager des **règles**, assumer des **rôles** et des **responsabilités** ;
– apprendre à **entretenir** sa **santé** par une activité physique régulière.
– s'approprier une **culture physique sportive** et **artistique**.

Les finalités de l'EPS concernent donc différentes dimensions de la conduite humaine : **motrices, psychologiques et sociales.** Des continuités et des spécificités apparaissent au fil des cycles. Le développement de la **motricité** est une permanence dans les finalités de l'EPS, conformément à la spécificité de son objet. La **santé**, le **plaisir** de l'AP, et la **socialisation** sont également permanents. À partir du cycle 2, l'EPS vise la transmission d'une culture physique sportive et artistique, issue des activités physiques sportives et artistiques (APSA). Les APSA sont à la fois le moyen éducatif de l'EPS, et l'une de ses finalités. Ulmann (1966) a parfaitement montré que les activités physiques constituent des phénomènes de civilisation et des faits de culture. Les APSA font partie du mode de vie des sociétés contemporaines, dont témoigne leur place croissante dans les loisirs et les médias par exemple. Ulmann (1966) trouve ainsi dans la dimension culturelle des AP un facteur de légitimation de l'EP. Si chaque discipline scolaire transmet un domaine de la culture jugée légitime, l'EPS est chargée de transmettre le secteur culturel relatif à la culture physique sportive et artistique, constitutive des APSA.

C. Objectifs de l'EPS à l'école primaire

Les programmes fixent quatre objectifs au cycle 1 pour le domaine d'apprentissage Agir, s'exprimer, comprendre à travers l'activité physique, et quatre champs d'apprentissage (traduits ici en termes d'objectifs) aux cycles 2 et 3.

C1 pour le domaine Agir, s'exprimer, comprendre à travers l'AP	Objectifs de l'EPS aux C2 et C3
– Agir dans l'espace, dans la durée et sur les objets. – Adapter ses équilibres et ses déplacements à des environnements ou des contraintes variées. – Communiquer avec les autres au travers d'actions à visée expressive ou artistique. – Collaborer, coopérer, s'opposer.	– Produire une performance optimale, mesurable à une échéance donnée. – Adapter ses déplacements à des environnements variés. – S'exprimer devant les autres par une prestation artistique et/ou acrobatique. – Conduire et maîtriser un affrontement collectif ou individuel.

Les programmes précisent qu'aux cycles 2 et 3, chaque champ d'apprentissage permet aux élèves de construire des compétences intégrant trois dimensions : motrice, méthodologique et sociale, en s'appuyant sur une diversité d'APSA.

Des points communs apparaissent entre le cycle 1 d'une part, et les cycles 2 et 3 d'autre part, malgré des formulations différentes : l'adaptation de ses déplacements à l'environnement, l'expression, l'opposition et la coopération.

Les programmes fixent des attendus de fin cycle. Par exemple en cycle 1 : courir, sauter, lancer de différentes façons, dans des espaces et avec des matériels variés, dans un but précis.

Chacune de ces attentes renvoie à l'un des quatre objectifs présentés plus haut. Les programmes de C2 et C3 fixent également des attendus de fin cycle dans les quatre domaines d'apprentissage, et des repères sur les compétences travaillées pendant le cycle. Illustrons cette démarche pour le champ d'apprentissage « Adapter ses déplacements à des environnements variés », à l'aide de quelques exemples concernant les attendus de fin de cycle et les compétences travaillées pendant le cycle.

	Cycle 2	Cycle 3
Attendus de fin de cycle	Se déplacer dans l'eau sur une quinzaine de mètres sans appui et après un temps d'immersion.	Valider l'attestation scolaire du savoir nager (ASSN), conformément à l'arrêté du 9 juillet 2015.
Compétences travaillées pendant le cycle	Transformer sa motricité spontanée pour maîtriser les actions motrices. Respecter les règles essentielles de sécurité.	Adapter son déplacement aux différents milieux. Gérer son effort pour pouvoir revenir au point de départ.

Une comparaison des programmes laisse apparaître des axes de progression au fil de la scolarité, selon des critères généralement qualitatifs, voire quantitatifs. Dans l'exemple ci-dessus de la natation, un élève de cycle 2 doit être capable de nager une quinzaine de mètres sans appui, alors qu'en fin de cycle 3 l'élève doit être capable de nager plus de 30 mètres. Dans le domaine d'apprentissage « produire une performance maximale, mesurée à une échéance donnée », les attendus de fin de C2 sont notamment de courir, sauter, lancer à des intensités et des durées variables dans des contextes adaptés. Les attendus de fin de C3 sont notamment de réaliser des efforts et enchaîner plusieurs actions motrices dans différentes familles pour aller plus vite, plus longtemps, plus haut, plus loin. On passe donc entre le C2 et le C3 de la maîtrise isolée d'actions motrices relevant des activités athlétiques (courir, sauter, lancer), à la combinaison et coordination d'actions motrices relevant des activités athlétiques[1].

1. Une analyse fine des programmes permettra de situer précisément les acquisitions visées aux C2 et C3 et les progressions entre les cycles dans les quatre domaines d'apprentissages de l'EPS.

D. Les AP : supports et moyens éducatifs de l'EPS

La nature de ces AP varie selon les cycles d'enseignement et les objectifs poursuivis. Cette organisation repose sur l'idée que **chaque AP** permet de contribuer de manière singulière à l'éducation de l'individu, en le confrontant à **des situations et problèmes** à résoudre particuliers, permettant ainsi de développer **des compétences particulières**. Chaque AP est donc associée à des **enjeux éducatifs**.

Ces objectifs sont adaptés au niveau de **développement de l'enfant**.

L'enseignant choisit les activités, et des formes de pratiques afin qu'elles soient adaptées aux caractéristiques développementales et aux capacités des enfants.

Les programmes du C1 ne citent que rarement les AP associées aux quatre objectifs. L'accent n'est pas mis sur l'APSA en tant que support culturel, mais sur le développement des capacités des élèves en privilégiant les formes jouées. Un objectif peut mobiliser plusieurs AP, et une même AP peut éventuellement être utilisée pour atteindre plusieurs objectifs. La déclinaison de ces quatre objectifs dans les programmes laisse toutefois apparaître en filigrane certaines AP. Le tableau suivant illustre ces liens possibles, sans prétendre à l'exhaustivité.

Objectifs	Apprentissages visés	AP supports possibles
Agir dans l'espace, dans la durée et sur les objets	Enchaîner des comportements moteurs pour assurer une continuité d'action ; fournir des efforts dans la durée ; reproduire un effet obtenu au hasard des tâtonnements ; constater les résultats de ses actions ; expérimenter les propriétés des objets.	Parcours moteurs, activités athlétiques (courses, sauts, lancers).
Adapter ses équilibres et ses déplacements à des environnements ou des contraintes variées	Découvrir leurs possibilités ; mettre en jeu des conduites motrices inhabituelles ; développer de nouveaux équilibres ; permettre de nouveaux modes de déplacement ; découvrir des espaces inconnus ou présentant de l'incertitude.	Activités gymniques, activités aquatiques, escalade, activités de roule et de glisse (tricycles, vélos, trottinettes, draisiennes, patins…), marche, course…
Communiquer avec les autres au travers d'actions à visée expressive ou artistique	Découvrir et affirmer ses possibilités d'improvisation, d'invention et de création ; s'inscrire dans une réalisation de groupe et participer ainsi à un projet collectif ; tenir des rôles d'acteurs et de spectateurs.	Rondes, danses, art du cirque, jeux chantés…
Collaborer, coopérer, s'opposer	Intégration de règles communes ; atteinte d'un but commun ; entrer au contact du corps de l'autre en le respectant ; s'approprier différents rôles sociaux (arbitre, observateur…).	Jeux moteurs, jeux traditionnels (jeu des déménageurs, jeu du chat et de la souris…), jeux de lutte.

Les programmes de maternelle fixent quelques repères généraux sur la progressivité des apprentissages. Par exemple, pour « agir dans l'espace, dans la durée et sur les objets », il faut apprendre à parcourir plus de distance dans un temps donné.

Les programmes des C2 et C3 illustrent, de façon plus ou moins précise, les APSA supports pour chaque champ d'apprentissage. Souvent, les activités sont identiques, mais il peut y avoir des activités spécifiques à tel ou tel cycle. Le tableau suivant illustre cette démarche, en précisant le cycle concerné, sans être exhaustif.

Champs d'apprentissage	APSA
Produire une performance optimale, mesurable à une échéance donnée.	Activités athlétiques aménagées (C2). Activités athlétiques (courses, sauts, lancers) et natation (C3).
Adapter ses déplacements à des environnements variés.	Activités de roule et de glisse, activités nautiques, équitation, parcours d'orientation, parcours d'escalade (C2 et C3). Natation (C2). Savoir nager (C3).
S'exprimer devant les autres par une prestation artistique et/ou acrobatique.	Danses collectives, danse de création, activités gymniques, arts du cirque (C2 et C3).
Conduire et maîtriser un affrontement collectif ou individuel.	Jeux collectifs avec ou sans ballon, jeux de lutte, jeux de raquettes (C2 et C3). Jeux de lutte (C2). Jeux de combat (de préhension) (C3).

Soulignons que la progression établie dans les programmes part du principe qu'un élève de cycle 3 a atteint le niveau visé au cycle 2.

Mais les contenus d'enseignement de l'EPS ne sont pas à appréhender uniquement à l'échelle de la discipline. Ils sont également à penser en lien avec la polyvalence du maître, et donc les autres disciplines enseignées et le socle commun de compétences.

2 EPS, socle commun de connaissances, de compétences et de culture, et interdisciplinarité

À l'école primaire, l'apport des différents domaines d'apprentissage et disciplines n'est pas à envisager de façon isolée, mais à travers les complémentarités et convergences que permet l'interdisciplinarité. Les programmes de maternelle précisent d'ailleurs « dans la mesure où toute situation pédagogique reste, du point de vue de l'enfant, une situation riche de multiples possibilités d'interprétations et d'actions, elle relève souvent pour l'enseignant de plusieurs domaines d'apprentissage ». Et par exemple, les domaines « agir, s'exprimer, comprendre à travers l'activité physique » et « agir, s'exprimer comprendre à travers les activités artistiques » « permettent de développer les interactions entre l'action, les sensations, l'imaginaire, la sensibilité et la pensée ».

Le socle commun de connaissances, de compétences et de culture défini dans le Bulletin officiel n° 17 du 23 avril 2015, concerne les cycles 2, 3 et 4, et va plus loin dans les liens établis entre les disciplines. Le socle est « composé de cinq domaines de formation qui définissent les grands enjeux de formation durant la scolarité obligatoire », et « chaque domaine de formation comprend des objectifs de connaissances et de compétences ». De plus, « chacun de ces domaines requiert la contribution transversale et conjointe de toutes les disciplines et démarches éducatives ». Le BO renseigne la façon dont chaque discipline ou enseignement peut contribuer à la construction du socle (même si les disciplines ne sont généralement pas citées). Certains objectifs et savoirs sont transversaux à toutes les disciplines (par ex. : maîtrise de la langue, compétences méthodologiques pour apprendre, accès à des valeurs morales, civiques et sociales, formation du jugement…). Dans les programmes, un chapitre est consacré spécifiquement aux contributions essentielles des différents enseignements au socle commun, pour le C2 et le C3.

Le tableau suivant présente les cinq domaines du socle, et illustre de façon non exhaustive la contribution de l'EPS à chacun d'entre eux :

Domaines du socle	Illustrations de la contribution de l'EPS
Domaine 1 : les langages pour penser et communiquer	*Comprendre, s'exprimer en utilisant les langages mathématiques, scientifiques et informatiques.* L'EPS permet de donner un sens concret aux données mathématiques en travaillant sur temps, distance et vitesse (C2). *Comprendre, s'exprimer en utilisant les langages des arts et du corps.* L'EPS apprend aux élèves à s'exprimer en utilisant des codes non verbaux, gestuels et corporels originaux (C3).
Domaine 2 : les méthodes et outils pour apprendre	Le parcours d'éducation artistique et culturelle (PEAC) permet des croisements disciplinaires, notamment ceux liés au corps (danse en lien avec l'EPS, théâtre en lien avec le français (C2).
Domaine 3 : la formation de la personne et du citoyen	L'EPS permet tout particulièrement de travailler sur le respect des autres, sur le refus des discriminations et l'application des principes d'égalité fille/garçon (C3).
Domaine 4 : les systèmes naturels et les systèmes techniques	En EPS, les élèves s'approprient des principes de santé, d'hygiène de vie, de préparation à l'effort (principes physiologiques) et comprennent les phénomènes qui régissent le mouvement (principes biomécaniques) (C3).
Domaine 5 : les représentations du monde et l'activité humaine	Les enseignements « Questionner le monde », les mathématiques et l'EPS mettent en place les notions d'espace et de temps (C2).

Les programmes d'EPS des C2 et C3 déclinent de façon originale les cinq domaines du socle, sous la forme de cinq compétences générales de l'EPS.

Domaines du socle	Compétences générales de l'EPS
Domaine 1 : les langages pour penser et communiquer	Développer sa motricité et construire un langage du corps
Domaine 2 : les méthodes et outils pour apprendre	S'approprier seul ou à plusieurs par la pratique, les méthodes et outils pour apprendre
Domaine 3 : la formation de la personne et du citoyen	Partager des règles, assumer des rôles et responsabilités
Domaine 4 : les systèmes naturels et les systèmes techniques	Apprendre à entretenir sa santé par une activité physique régulière
Domaine 5 : les représentations du monde et l'activité humaine	S'approprier une culture physique sportive et artistique.

Chaque compétence générale est déclinée en termes de contenu aux C2 et C3, laissant apparaître une progression dans les apprentissages. Les programmes d'EPS intègrent aussi un paragraphe dédié aux croisements entre enseignements.

3 Horaires et organisation de l'EPS

A. Horaires

Les programmes de la maternelle fixent comme « impératif d'organiser une séance quotidienne (de 30 à 45 minutes environ [...]) ». Les textes officiels fixent pour l'EPS un volume annuel de 108 heures, soit une moyenne de 3 heures hebdomadaires.

B. Organisation

Les programmes ne fixent pas les méthodes pédagogiques et démarches à utiliser par l'enseignant en EPS. Ils donnent, en revanche, des indications sur l'organisation de l'enseignement de l'EPS et la programmation des AP. Au C1, les programmes précisent : « le choix des activités physiques variées, prenant toujours des formes adaptées à l'âge de l'enfant, relève de l'enseignant, dans le cadre d'une programmation de classe et de cycle pour permettre d'atteindre les quatre objectifs caractéristiques de ce domaine d'apprentissage ». De plus, les « séances doivent être organisées en cycles de durée suffisante pour que les enfants disposent d'un temps qui garantisse une véritable exploration et permette la construction de conquêtes motrices significatives ». Il convient donc à la fois de varier les AP programmées, tout en prévoyant des cycles suffisamment longs pour autoriser des apprentissages significatifs. Les programmes des C2 et C3 précisent que chaque cycle des programmes doit permettre aux élèves de rencontrer les quatre champs d'apprentissage de l'EPS. Ils précisent qu'un projet pédagogique doit définir un parcours de formation équilibré et progressif, adapté aux caractéristiques des élèves, aux capacités des matériels et équipements disponibles, aux ressources humaines mobilisables. Il importe donc de définir **une programmation des AP sur l'année** et **les différents cycles**.

4 Documents d'accompagnement des programmes et ressources au service des enseignants

Le ministère de l'Éducation nationale, de l'Enseignement supérieur et de la Recherche a élaboré des ressources susceptibles d'aider les professeurs dans la compréhension et la mise en œuvre des nouveaux programmes. Il ne s'agit pas de textes officiels et ils n'ont donc pas de fonction prescriptive. Les documents sont accessibles sur le site Eduscol.
Pour la maternelle, les quatre objectifs du domaine « Agir, s'exprimer, comprendre à travers l'activité physique » sont ainsi illustrés au plan didactique et pédagogique (documents datés de septembre 2015). Chaque document situe en particulier les enjeux de l'objectif, les conditions de la réussite, la progressivité au regard de l'âge des élèves, et certaines thématiques spécifiques au regard de l'objectif considéré (par exemple pour l'objectif « adapter ses équilibres et ses déplacements à des environnements et contraintes variées », deux thématiques sont développées : investir des espaces aménagés et explorer le milieu aquatique), tout en réservant une partie spécifique pour l'enseignement à des enfants de moins de 3 ans.
Pour le C2, plusieurs documents sont disponibles autour du thème « Éducation physique et sportive – Concevoir et mettre en œuvre un enseignement de l'EPS au cycle 2 », par exemple : Un nouveau programme ; Concevoir une organisation de l'EPS pour les trois années du cycle ; Concevoir un module d'apprentissage en EPS ; Concevoir une séance d'EPS ; Mettre en œuvre une situation d'apprentissage : deux exemples en vidéo ; Un exemple de situation complexe : le parcours d'orientation. Des ressources sont également proposées pour le C3.

3. Les moyens éducatifs de l'EPS : les APSA

1 Repères historiques

Si les activités physiques, sportives et artistiques (APSA) sont actuellement le moyen éducatif de l'EPS (voire l'un de ses objets d'enseignement, en particulier au C3), cette situation résulte d'un processus historique. Les AP sont devenues, en particulier à partir du XXe siècle, des phénomènes de culture et de civilisation, à l'image d'autres domaines culturels (peinture, littérature, musique, cinéma...). Le passage de la gymnastique à l'EP, puis à l'EPS souligne un changement dans la nature de ses AP supports.

Pour comprendre ce processus, il faut **différencier et relier sport et AP** (ou pratique physique corporelle). Nous définissions le sport comme l'ensemble des situations motrices codifiées et règlementées sous forme d'institutions et de compétitions[1]. Parler de **sport** au sens restreint du terme, en opposition avec le sens générique conféré par la langue anglaise ou le sens commun, implique que l'AP soit régie par **un règlement**, puisse donner lieu à des **compétitions** et soit administrée par une **institution**, telle une fédération. La place grandissante du sport dans les moyens et objets de l'EPS tient à l'évolution du statut et de la fonction du sport dans la société, et la reconnaissance de sa portée éducative par les instances scolaires. Lorsque le sport moderne né en Angleterre est introduit en France durant la seconde moitié du XIXe siècle, il est réservé à une élite sociale, adulte et masculine[2]. Le sport est durablement considéré comme dangereux pour les femmes et les enfants. Sont décriés ses dangers physiques (efforts inadaptés car trop intenses pour les enfants et les femmes) et moraux (le sport est associé à des dérives telles la tricherie ou le dopage).

La démocratisation du sport se réalise progressivement durant le XXe siècle et franchit un cap décisif dans les années 1960. Le sport devient alors **un phénomène culturel de masse**, dans une société des **loisirs** naissante. Sans nier les dérives possibles du sport, une majorité d'acteurs issus des milieux politiques et éducatifs le considère alors comme **un moyen d'éducation morale et de socialisation** de la jeunesse, et une pratique bénéfique pour **la santé.** Parallèlement, des éducateurs et des scientifiques élaborent des méthodes éducatives reposant sur les activités sportives. Le sport acquiert ainsi une nouvelle légitimité scolaire. Parallèlement, d'autres formes de pratiques physiques se développent, comme la psychomotricité, utilisée à l'école. Mais la reconnaissance éducative du sport dépasse l'école, grâce à des promoteurs tels Pierre de Coubertin ou Léo Lagrange par exemple.

1. Pierre Parlebas, *Contribution à un lexique commenté en science de l'action motrice*, Paris, INSEP, 1981.
2. Pierre Arnaud et Jean Camy (dir.), *La Naissance du mouvement sportif associatif en France*, Lyon, Presses universitaires de Lyon, 1986.

2 Spécificité scolaire dans la pratique des activités physiques

La spécificité de la pratique scolaire des AP concerne à la fois **les visées éducatives et les moyens de l'EPS**. L'EPS poursuit des finalités liées au corps et qui lui sont propres, tout en s'inscrivant dans les visées éducatives de l'école. Par ailleurs, les **AP** ne sont pas pratiquées telles quelles en EPS. Elles sont **adaptées notamment au regard des objectifs éducatifs** poursuivis et **des caractéristiques des élèves** grâce au processus de **transposition didactique** (voir p. 438). De plus, l'EPS n'enseigne pas toutes les APSA qui existent socialement : **des choix** sont faits en fonction des visées éducatives et des contraintes scolaires. Ces choix s'imposent d'autant plus que le champ des AP est en perpétuelle évolution. Depuis les années 1980[1], soulignons notamment une massification, une démocratisation et une diversification des AP. À cela s'ajoute une diversification des modalités de pratique d'une même AP (logiques de loisir, de santé ou de compétition…). De nouvelles modalités de pratique sont également créées pour répondre aux attentes de publics variés (enfants, publics féminins, troisième âge, personnes présentant des handicaps, etc.). Par ailleurs, on observe un engouement croissant pour des modes d'organisation à faibles contraintes qui s'écartent des modes de pratique proposés dans les fédérations sportives (course à pied libre sous forme de footing, roller…). Nous observons aussi une individualisation ou une personnalisation des pratiques, tandis qu'une écologisation aboutit à l'essor d'activités en pleine nature, et un attrait pour les grands espaces « libres ». Ces exemples suffisent à montrer que l'école ne peut transmettre l'ensemble du champ culturel composé par les AP et que l'EPS doit **sélectionner ses supports et objets d'enseignement**. Il importe alors d'avoir des cadres d'analyse permettant de classer les APSA.

1. Pour une vue synthétique, voir par exemple : Christian Pociello, *Sports et sciences sociales. Histoire, sociologie et prospective*, Paris, Vigot, 1999.

4. L'EPS et l'éducation à la santé à l'école

1 Contextualisation et définitions préalables

Comme l'a parfaitement montré Georges Vigarello (1993), la santé est inscrite dans l'histoire de l'humanité[1]. Il constate de longue date une attention envers l'entretien du corps, et une attitude visant à prévenir toute atteinte à celui-ci. Deux principes traversent les périodes : une volonté d'épurement du corps (crainte des déchets par exemple) et la force (apportée par la nourriture, les boissons, le régime ou encore l'exercice physique par exemple). Mais la santé a été représentée, définie et appréhendée de manière variable selon les époques, les cultures et les milieux sociaux. Les frontières et les définitions entre le sain et le pathologique ont évolué depuis le Moyen Âge, en lien avec l'état des connaissances scientifiques disponibles, mais aussi les systèmes philosophiques ou religieux, un ensemble de croyances et le rapport à la norme. La santé est donc une notion complexe. La santé ne peut par ailleurs être appréhendée indépendamment des acteurs (notamment le corps médical), des organisations et des politiques publiques qui se sont progressivement saisies de cette question. Depuis le XIXe siècle, les acteurs politiques ont témoigné une attention croissante envers la santé de la population. De véritables politiques publiques ont ainsi vu le jour au XXe siècle. Elles ont visé à la fois la lutte contre certaines maladies, mais aussi une prévention des risques en matière de santé et un contrôle des populations. D'ailleurs, le dictionnaire *Petit Robert* distingue bien la santé individuelle, et la santé publique renvoyant à un sens collectif, social.

La définition de la santé dépend alors de la manière d'appréhender les **normes** sanitaires et hygiéniques. Deux approches peuvent être identifiées à partir des travaux de Canguilhem. Dans une conception normative, on détermine comme étant normal ce qui correspond à ce qui doit être. Ici la norme définit une moyenne vis-à-vis de laquelle seront positionnés les individus (comme étant sains ou malades). Selon une seconde acception (conception qualitative de la moyenne), c'est la moyenne des individus qui détermine la norme. Canguilhem[2] a par ailleurs montré que **la santé** est devenue progressivement **relative** et **individuelle**. À partir des années 1960-1970, la prise en compte de la douleur a modifié la perception de la santé et a contribué à l'individualisation de la notion de bien-être. Historiquement, il y a alors un ajustement entre des politiques sanitaires et des exigences privées, qui s'affirment toutes deux.

La santé a longtemps été associée à **l'absence de maladie**. Cette définition restrictive a toutefois été dépassée. En 1946, l'organisme mondial de la santé (OMS)

---

1. Sur ces repères historiques nous prenons appui en particulier sur Georges Vigarello, *Le Sain et le Malsain. Santé et mieux-être depuis le Moyen Âge*, Paris, Seuil, 1993.
2. Georges Canguilhem, *Le Normal et le Pathologique*, Paris, PUF, 1966.

(conférence internationale sur la santé, New York, juin) propose la définition suivante : « La santé est un état de complet bien-être physique, mental et social et ne consiste pas seulement en une absence de maladie ou d'infirmité ». Cette acception, encore largement admise et utilisée dans les milieux professionnels et scientifiques, intègre donc une dimension **psychologique** et **sociale**. Ulmann témoigne d'une autre évolution du concept, en y associant une capacité **d'adaptation et de dépassement de soi** : « L'homme en bonne santé est celui qui affronte des problèmes ou des difficultés qu'il n'a pas encore rencontrés et qui trouve en lui de quoi les surmonter » (1966, *op. cit.*, p. 11). Par ailleurs, nous constatons une évolution qui va d'une volonté de **préserver** un état de santé à celle de l'**améliorer** sans cesse. L'école, et en particulier l'EP, ont témoigné historiquement un intérêt particulier pour la santé.
La santé est un état qui dépend d'une multitude de facteurs en interaction, parmi lesquels on peut citer[1] des facteurs :
– génétiques (sur lesquels il est par définition impossible d'agir, mais qui peuvent favoriser l'apparition de certaines maladies par exemple) ;
– économiques (par exemple le revenu des individus, qui peut impacter leur capacité à préserver leur santé ou faire face à certaines maladies) ;
– sociaux (les réseaux de soutien social sont également déterminants, et plus largement la nature et la densité des relations sociales) ;
– culturels (le mode de vie promu dans certaines sociétés ou groupes sociaux étant potentiellement bénéfiques ou néfastes pour la santé) ;
– environnementaux (certains environnements physiques et sociaux font courir des risques en matière de santé, d'autres favorisent le bien-être des individus) ;
– éducatifs (ce qui a été appris en matière de santé est un facteur essentiel pour améliorer celle-ci) ;
– sociétaux (l'état des services proposés en matière de santé) ou encore liés aux habitudes, aux choix et aux comportements de chaque individu.

Il convient de souligner que les connaissances sur la santé, en particulier scientifiques, sont en perpétuelle évolution, et qu'il convient donc d'actualiser ses connaissances pour connaître au mieux les facteurs de risque et les facteurs bénéfiques (voir plus loin pour ce qui concerne les liens entre activité physique et santé). Il convient également de noter que les problématiques liées à la santé évoluent aussi notamment fonction de facteurs conjoncturels. Parmi les questions qui occupent actuellement une place importante dans la société et qui sont traitées par les autorités publiques, citons en particulier l'augmentation des phénomènes de surpoids et d'obésité (elle-même liée à la sédentarité et à l'évolution de habitudes alimentaire) ; la pollution de l'air en milieu urbain, rural (mais pour des raisons différentes) et à l'intérieur des habitations ; la présence de produits potentiellement dangereux dans l'alimentation, les produits cosmétiques ou encore les produits ménagers ; les maladies sexuellement transmissibles ; ou encore la consommation de tabac, d'alcool et de produits stupéfiants et bien sûr la pandémie de Covid-19.

1. Nous exposons ici certains des 12 facteurs mentionnés sur le site de l'INPS (consulté le 7 juillet 2017), qui s'appuie sur les déterminants retenus par l'Agence de santé publique du Canada.

2 Les rapports historiques entre la santé, l'école et l'EPS

A. Repères historiques

Le XVIIIe siècle et la période des Lumières conduisent à une « nouvelle conception de la vie, de la mort, de la santé et du corps[1] ». Cette évolution touche progressivement l'école. Dans le contexte d'un mouvement hygiéniste, **des médecins** interviennent en direction de l'élite sociale scolarisée, tandis que se met en place **l'hygiène publique** à l'école. Au début du XXe siècle, les programmes scolaires intègrent un souci de santé publique, alors que s'affirment des craintes en termes de dégénérescence de la race. La gymnastique puis l'EP jouent un rôle central dans ces politiques publiques et scolaires en matière de santé. À partir des années 1920, les médecins vont même exercer un monopole sur les finalités, les moyens, l'organisation et le contrôle de l'EP scolaire. Plus largement, deux logiques peuvent être identifiées en EPS. Certaines **pratiques** ont été **prescrites** pour favoriser ou renforcer l'état de santé physique des élèves. La gymnastique de développement de la fin du XIXe siècle visait à renforcer le corps, en développant certaines qualités physiques comme la force, la résistance… Aujourd'hui, la course de durée est souvent enseignée en EPS dans une perspective de santé, en lien avec le développement ou la gestion des capacités physiques. À l'inverse certaines **pratiques** ont été **proscrites** en raison de leur **dangerosité** supposée. La pratique sportive a longtemps été considérée comme étant dangereuse sur un plan physique pour les enfants et les jeunes filles, en raison de l'intensité des efforts associés. Soulignons par ailleurs une particularité en EPS vis-à-vis des autres disciplines scolaires, puisqu'un élève peut en être dispensé par un médecin (certificat médical).

B. Santé, activité physique et EPS

Si la santé constitue une justification essentielle de l'EP scolaire (Ulmann, 1966, 1992), cette situation tient aux bénéfices associés à l'activité physique. Aujourd'hui, **l'activité physique** est reconnue comme étant un **facteur** important de santé, de **bien-être physique** mais aussi **psychologique et social**. Pour autant, cet **effet** bénéfique n'est **pas automatique** et cette relation est **complexe.** La pratique physique peut en effet avoir des **effets néfastes** sur la santé (blessures, douleurs, dommages corporels, sentiment de mal-être…). Il s'agira donc de mener une réflexion didactique liée à cette finalité santé.

Les connaissances scientifiques et les recommandations qui s'en inspirent évoluent au fil du temps. Si le Programme national nutrition santé (PNNS), initié en 2001, a conduit à la recommandation d'une AP quotidienne modérée de 30 minutes environ, les repères du PNNS sur l'activité physique et la sédentarité ont été réactualisés en février 2016 dans un rapport d'expertise collective coordonné par l'Agence nationale de sécurité sanitaire de l'alimentation, de l'environnement et du

1. Didier Nourrisson et Séverine Parayre, « Histoire de l'éducation à la santé à l'école : une lente et complexe ascension (XVIIIe -XXIe siècles)», *Spirale*, 50, 2012, pp. 81-94.

travail (Anses). Une synthèse a été publiée en août 2017[1]. Si les recommandations portent toujours sur une activité physique quotidienne et une augmentation de celle-ci pour lutter contre la sédentarité, des recommandations spécifiques sont adressées aux publics concernées (enfants, adolescents, adultes…). Une distinction est faite entre les enfants de moins de 6 ans et ceux de 6 à 11 ans. Des conseils ou repères sont donnés sur l'activité physique et la sédentarité, sur les précautions à prendre, sur le lien entre AP, sédentarité et sommeil, les risques liés à la pratique d'AP, de même que sont donnés des conseils aux parents. Jusqu'à 5 ans, il est recommandé que les enfants soient actifs pendant au moins 3 heures par jour grâce à des AP et des jeux. Pour les enfants de 6 à 11 ans, il est recommandé au moins 1 heure par jour d'AP, d'intensité modérée et élevée. Pour ces deux publics, il est recommandé qu'ils ne restent pas plus d'heure d'affilée en position assise ou allongée (hors temps de sommeil, repas et sieste) dans des activités sédentaires. Nous invitons le lecteur à consulter ce dossier pour des repères et conseils plus précis.

La santé physique gagne à être analysée en lien avec l'effet de l'EPS sur le **développement corporel** de l'enfant (cf. les finalités de l'EP au C1). Une activité physique journalière au C1 peut favoriser un développement harmonieux et complet du corps, si elle prend appui sur des supports variés et pertinents (adaptés au niveau de développement de l'enfant). La santé physique gagne aussi à être appréhendée en lien avec les **qualités physiques** développées chez les élèves, car elles peuvent constituer un facteur de bien-être, à court et à long terme. C'est le cas par exemple de **la condition physique** et de **l'endurance**, les capacités aérobies de l'individu influençant positivement sa santé. Des travaux scientifiques ont montré que l'activité physique régulière constituait un levier efficace pour **la prévention** de certaines maladies cardiovasculaires, certains cancers ou encore le surpoids par exemple. La capacité à fournir un **effort** peut aussi participer à la santé des élèves, car elle permet de s'adapter à différentes situations de la vie quotidienne.

Néanmoins, l'action directe de l'EPS en matière de santé présente forcément des **limites** en raison des horaires attribués à la discipline à l'école. Les transformations corporelles, et le développement des qualités physiques en particulier, requièrent du **temps**, souvent supérieur à celui dont on dispose à l'école. La pratique physique extra-scolaire constitue dès lors un enjeu important, auquel peut contribuer l'EPS.

La santé psychologique gagne à être appréhendée en lien avec **les émotions positives** procurées par la **pratique des APSA** en EPS, ou encore le **sentiment de compétence** développé chez les élèves. Des travaux scientifiques ont également montré que l'activité physique pouvait procurer un état de bien-être psychologique. Il est alors important de poser la question de la **réussite** des élèves, de valoriser leur **estime de soi** et le développement de leur **personnalité**, et de tenir compte des **facteurs motivationnels**. L'enseignant gagne alors à valoriser les buts d'accomplissement et non les buts de performance, la motivation intrinsèque et non la motivation extrinsèque.

La finalité santé doit être appréhendée en EPS notamment sous l'angle des AP programmées, des contenus enseignés, des situations d'apprentissages (SA), des conditions de pratique physique, des règles de sécurité, de la relation pédagogique,

1. *État des connaissances, Synthèse pour les professionnels des recommandations de l'Anses de février 2016 sur l'activité physique et la sédentarité*, Santé publique France, août 2017.

des relations instaurées entre élèves, ou encore des évaluations mises en place. Mais la contribution de l'EPS à la santé passe également par l'éducation à la santé.

3 Repères sur l'éducation à la santé en EPS

A. Éléments de définitions

La seconde partie de la seconde épreuve d'admission du concours du CRPE relative à l'enseignement de l'EPS porte notamment sur « la place de cet enseignement dans l'éducation à la santé à l'école primaire ». L'expression « **éducation à** » prend un sens particulier qu'il convient de dégager. Les « éducations à » sont généralement appréhendées à travers une double finalité à l'école[1] : **les apprentissages** et **les attitudes sociales.** L' « éducation à » implique que **l'élève** soit **acteur** de ses apprentissages et **expérimente** des situations concrètes. Les « éducations à » visent à **transformer les pratiques sociales** des individus. Si l'on regarde du côté des textes officiels[2], l'éducation à la santé vise à permettre à l'enfant de faire des **choix**, d'adopter des comportements responsables pour lui-même, autrui et son environnement. L'éducation à la santé vise la construction de **compétences**, l'appropriation de **connaissances**, la maîtrise de méthodes de pensée et d'action permettant le développement d'**attitudes** et d'un **esprit critique**. Cette visée est donc étroitement liée au développement de **l'autonomie** et de **la responsabilité** des élèves, deux finalités centrales à l'école. La circulaire relative au parcours éducatif de santé précise que l'éducation à la santé est l'une des composantes de l'éducation à la citoyenneté. Nous pouvons rajouter que l'éducation à la sécurité contribue à l'éducation à la santé, tout au moins pour certaines catégories de risques.
Finalement, dans un souci synthétique, nous dirons que l'éducation à la santé renvoie à ce que doit apprendre l'élève (connaissances, compétences, attitudes) pour préserver, voire améliorer, sa santé (physique, psychique, sociale), dans le temps présent, à court et long terme, à l'école et en dehors de celle-ci l'ensemble des moyens éducatifs mis en œuvre.

B. Vers une éducation à la santé à l'école

L'expression « **éducation à la santé** » apparaît dans le cadre scolaire dans les années 1980. Des textes officiels récents confirment cette préoccupation envers la santé.
Les programmes de la maternelle mettent en avant l'éducation à la santé, à travers, par exemple, l'accompagnement des moments d'hygiène. Elle intègre une première approche des questions nutritionnelles qui peut être liée à une éducation au goût ».
Le socle commun prévoit la contribution de plusieurs domaines, disciplines et enseignements à l'éducation à la santé. Les programmes des C2 et C3 précisent les orientations en matière d'éducation à la santé, en lien avec le socle commun. Par exemple l'enseignement « Questionner le monde » amène les élèves à développer un

---

1. Voir notamment le numéro spécial de *Spirale* coordonné par Maria Pagoni et Nicole Tutiaux-Guillon : *Les éducations à... : nouvelles recherches, nouveaux questionnements ?*, 50, 2012.
2. Voir par exemple la circulaire n° 98-237 du 24 novembre 1998, les programmes ou le socle commun.

comportement responsable vis-à-vis de l'environnement et de la santé (C2) en lien avec la formation de la personne et du citoyen (domaine 3 du socle).

Le socle commun et les programmes soulignent donc la complémentarité entre différents domaines, enseignements et disciplines dans l'éducation à la santé. Ces textes relient, tout en les différenciant, santé et bien-être, et articulent l'éducation à la santé et l'éducation à la sécurité.

Le parcours éducatif de santé mis en place à la rentrée 2016 pour tous les élèves, en référence à la circulaire n° 2016-008 du 28 janvier 2016, confirme la mission éducative de l'école en matière de santé tout en précisant la politique menée. Le texte fait de la promotion de la santé un levier pour améliorer le bien-être et la réussite des élèves, et pour lutter contre les inégalités entre les élèves. Il prévoit en particulier la mise en œuvre, dans chaque école et établissement, des projets de prévention centrés sur les problématiques de santé, notamment celles susceptibles d'avoir un effet sur la réussite scolaire. Il s'agit aussi de créer un environnement scolaire favorable à la santé et à la réussite scolaire de tous les élèves. Cette politique de santé à l'école se structure autour de trois axes : un axe d'éducation à la santé, un axe de prévention, et un axe de protection de santé. Elle repose sur la coordination et la complémentarité entre plusieurs actions, dispositifs, personnels et structures, d'éducation mais aussi de formation, au bénéfice de chaque élève afin de former un parcours éducatif de santé.

C. Repères en EPS

Il ne suffit pas pour l'enseignant de veiller à l'état de santé des élèves, ou d'amélioration celle-ci pour réaliser une éducation à la santé à l'école. L'éducation à la santé en EPS nécessite d'articuler développement de compétences, de connaissances et d'attitudes chez les élèves dans une perspective allant du **court** au **long terme**. Il importe de développer le goût pour l'activité physique régulière, en permettant aux élèves d'éprouver du plaisir et des émotions positives lors de celle-ci, à l'école, mais aussi en dehors. Les élèves doivent donc développer une certaine autonomie, notamment grâce à des repères permettant une pratique en toute **sécurité** et respectueuse de leur santé, voire de celle d'autrui. Les programmes précisent les acquisitions visées dans la 4e compétence générale de l'EPS en dégageant des repères de progressivité.

Compétences générales de l'EPS : apprendre à entretenir sa santé par une pratique physique régulière	
C2	**C3**
– Découvrir les principes d'une bonne hygiène de vie, à des fins de santé et de bien-être. – Ne pas se mettre en danger par un engagement physique dont l'intensité excède ses qualités physiques.	– Évaluer la quantité et la qualité de son activité physique quotidienne dans et hors de l'école. – Connaître et appliquer des principes de bonne hygiène de vie. – Adapter l'intensité de son engagement physique à ses possibilités pour ne pas se mettre en danger.

Plus précisément, des contenus d'enseignement relatifs à l'importance d'un **échauffement** et d'un retour au calme avant et après l'effort peuvent trouver place ici (tout en devant être adaptés au niveau de classe de élèves, voire aux caractéristiques des

AP). Des **règles d'hygiène** simples peuvent concerner **l'alimentation** : on ne doit pas prendre un repas conséquent à moins de 3 h d'un effort intense, on doit avoir une alimentation équilibrée[1], il faut **s'hydrater** après l'AP, voire pendant celle-ci selon sa durée. Il faut éviter de faire une AP lorsque les températures sont trop élevées (risque d'insolation), et protéger la tête du soleil si besoin. En cas de pollution de l'air, il faut adapter voire proscrire l'AP. Plus largement, il faut adapter l'AP pratiquée à ses possibilités et caractéristiques personnelle (âge, niveau, etc.). Les jeux de lutte pourront être l'occasion de sensibiliser les élèves à l'importance d'une bonne hygiène corporelle (de par les contacts physiques entre élèves par l'intermédiaire de différentes parties du corps). La natation pourra contribuer au même objectif (les élèves devant prendre une douche avant d'aller dans la piscine). En course, il sera possible de transmettre des connaissances sur la **récupération** après un effort (récupération marchée, active en courant à faible allure), mais aussi sur l'intensité de l'effort adaptée aux possibilités de chacun. Plus largement, il sera utile de développer chez les élèves un **regard critique** sur certains **excès** dans la **pratique sportive**. Il est également pertinent de les sensibiliser à l'importance d'une pratique physique régulière tout au long de la vie, en tant que facteur de santé physique, et plus largement de bien-être à partir de repères issus du rapport ANSES de 2017 par exemple.
L'éducation à la santé psychique peut être envisagée en EPS au moyen de contenus permettant aux élèves de mieux se connaître, de se centrer sur leur réussite et leurs progrès, donc de valoriser une motivation intrinsèque (et pas une motivation extrinsèque) pour la pratique physique, des buts d'accomplissement (et pas des buts de performance), ne pas encourager la comparaison sociale, autant de leviers permettant de participer à la construction d'une image de soi positive et à l'amélioration de l'estime de soi, du sentiment de compétence au sentiment d'autodétermination et du sentiment d'appartenance.
L'EPS peut contribuer à l'éducation à la santé sociale en transmettant aux élèves des connaissances, des compétences et des attitudes permettant le vivre ensemble, le respect d'autrui durant les activités de coopération et d'opposition, une écoute, une tolérance et une ouverture d'esprit permettant de comprendre que chacun a le droit d'être différent, et de dépasser les différences individuelles.
L'éducation à la santé en EPS peut potentiellement être réalisée à travers l'enseignement de toutes les **APSA** en lien avec leurs apports éducatifs spécifiques.

1. Il est possible de s'inspirer des préconisations faites dans le cadre du PNNS.

Repères sur l'enseignement et les apprentissages en EPS à l'école primaire

Tout le cours

Tout le cours

1. Connaissances scientifiques sur l'enfant et l'apprentissage moteur

1 Apprentissages, activité physique et ressources

A. Repères sur l'apprentissage

L'apprentissage doit être situé par rapport au développement de l'enfant, à ses ressources et aux APSA. L'apprentissage peut être défini sous plusieurs angles : comme **produit** (le fait d'avoir appris) ou comme **processus** (le fait d'apprendre). Dans le premier cas, on s'intéresse à ce qui est appris : des compétences, connaissances, savoirs, savoir-faire ou savoir-être, etc. Il existe d'ailleurs plusieurs types d'apprentissages : conceptuel ou notionnel, instrumental, moteur, etc. Dans le second cas, on se penche sur les mécanismes en jeu. L'apprentissage renvoie à une « modification stable du comportement ou des activités psychologiques, attribuables à l'expérience du sujet[1] ». C'est-à-dire que l'apprentissage n'est pas dû à la croissance morphologique du sujet par exemple. Il en va de même pour l'apprentissage moteur pouvant être défini comme « un ensemble de processus associé à la pratique ou à l'expérience amenant un changement relativement permanent dans la capacité à répondre[2] ». Cette définition souligne une autre caractéristique importante : ces modifications s'inscrivent dans le temps et présentent un caractère durable et relativement systématique. L'apprentissage n'est pas la modification de la conduite elle-même, mais les processus internes qui en sont à l'origine. L'apprentissage implique des modifications dans les structures internes, notamment cognitives, du sujet. Pour résumer, l'apprentissage est un **processus** qui conduit à des **modifications de l'activité** du sujet, de **ses comportements**, de **ses conduites** ; il **résulte** d'une **activité**, d'une **expérience** du sujet ; ces modifications sont **durables** (sur des échelles de temps variables) et **systématiques** (selon une fréquence variable). Pour que l'individu apprenne, il faut donc qu'il soit placé dans des **situations**, mis face à des **problèmes nouveaux** face auxquels il n'a pas d'emblée de réponse adaptée.

1. Jean-Pierre Changeux, *L'Homme neuronal*, Paris, Fayard, 1983.
2. Richard A. Schmidt, *Apprentissage moteur et performance*, Paris, Vigot, 1993.

B. EPS, activités physiques et ressources

L'EPS repose sur la pratique de diverses AP qui mettent l'individu en contact avec des environnements particuliers. La **pratique** de ces **AP** permet de **solliciter** et de **développer** les **ressources** des élèves en les confrontant à des catégories de problèmes spécifiques. Les ressources peuvent être définies comme des « classes de moyens très hétérogènes susceptibles d'interagir pour supporter le système des échanges entre le sujet et son environnement »[1]. Les ressources sont constituées des **connaissances, capacités, aptitudes**, etc., sur lesquelles repose la conduite d'un individu, un **répertoire** des **pouvoirs** d'un **sujet**. Les ressources peuvent être classées de différentes manières. On peut distinguer par exemple des ressources cognitives (liées à l'utilisation de représentations mentales, à la prise et au traitement d'informations, à la mémorisation…), des ressources motrices (liées à la production d'un mouvement, d'énergie…). Certains auteurs[2] différencient les ressources **motrices** (liées à la production du mouvement), **cognitives** (liées aux représentations mentales, aux connaissances, à la prise de décisions…), **perceptives** (liées à la prise d'informations), **affectives** (liées à la maîtrise des émotions) et **sociales** (liées aux relations établies avec les autres).

La pratique des **APSA sollicite** les différentes catégories de **ressources** du sujet, mais de manière **spécifique**, en posant des **problèmes particuliers** de types moteur, énergétique, affectif, cognitif ou encore perceptif-décisionnel. **Les sports collectifs** posent des problèmes d'opposition et de coopération, et sollicitent les ressources cognitives et informationnelles du sujet qui doit s'informer (informations visuelles) sur la situation qui se présente à lui pour choisir entre les alternatives s'offrant à lui (pour le porteur de balle : aller vers la cible avec la balle, faire une passe…). Elles sollicitent aussi les ressources motrices du sujet en relation avec les contraintes de déplacement (changer d'orientation de course, aller plus ou moins vite, d'où production d'une énergie variable…) et de manipulation de la balle (coordinations et dissociations segmentaires au niveau des membres supérieurs en handball, ou des membres inférieurs en football par exemple) liée au règlement et aux caractéristiques de la balle (en handball possibilité de prendre la balle dans une seule main). La **course longue** sollicite aussi les ressources informationnelles et motrices, mais de manière différente. Le sujet doit être attentif aux informations proprioceptives (sensation du corps propre, qu'il soit à l'arrêt ou en mouvement) pour apprécier et réguler l'intensité de son effort, et se déplacer à l'aide d'une foulée la plus économe possible impliquant une technique efficace (bien dérouler la cheville, coordonner les membres inférieurs et supérieurs…). En **gymnastique**, l'élève doit également utiliser des informations proprioceptives, à la fois celles qui renseignent sur son état d'équilibre (pour se réceptionner de manière équilibrée avec une impulsion sur un tremplin par exemple) et celles qui renseignent sur la position des différentes parties du corps dans l'espace (garder les jambes tendues lors d'une roue), en même temps que des informations visuelles (pour sauter sur un mouton par exemple). La gymnastique sollicite également les ressources motrices par des dissociations segmentaires (entre les deux bras lors d'une roue par exemple), de coordinations segmentaires

1. Bernard Boda et Michel Récopé, « Instrument d'analyse et de traitement de l'APS à des fins d'enseignement de l'EPS », Revue EPS, n° 231, 1991, pp. 56-59. In Delignières & Duret, 1992, *op. cit.*
2. AEEPS, *Éducation physique : le guide de l'enseignant. Tome 1. Comment enseigner l'EPS aux enfants : compétences et savoirs de l'enseignant.* Éditions Revue EPS, Paris, 1995, pp. 62-70.

(lors d'une impulsion vers le haut par exemple), et la production d'efforts brefs mais pouvant être intenses (saut sur mouton par exemple). Par ailleurs, les ressources affectives jouent également un rôle central lors de la pratique des AP. Comme l'a montré Parlebas, l'affectivité est la clé des conduites motrices. Ainsi, chaque AP sollicite potentiellement les différentes catégories de ressources du sujet, mais de façon singulière. Mais les apprentissages relevant du développement de telle ou telle ressource ne doivent pas être appréhendés de manière isolée, car ces **ressources** sont en **interaction.** En basket-ball, la prise d'informations repose sur un déplacement de tout ou partie du corps (pour voir un partenaire, la cible, le ballon…). De même, le déplacement en dribble avec la balle repose sur la prise et l'utilisation d'informations visuelles et proprioceptives (informations vestibulaires sur son équilibre, tactiles sur la balle…). La capacité à produire un effort physique intense implique une motivation de la part du sujet.

Les **ressources** en jeu dans la pratique d'une AP permettent de mieux **comprendre l'activité** de l'élève, et les **difficultés** qu'il rencontre durant ses **apprentissages**. Le **comportement** renvoie à **la manifestation visible**, objective, de l'activité du sujet. Prenons une situation en natation où l'élève doit, à partir du bord, pousser contre le mur avec ses pieds pour glisser tout droit vers l'avant le plus loin possible en ayant la tête sous l'eau. Le comportement de l'élève peut être le suivant : il pousse et dévie à droite. **La conduite** désigne **l'organisation signifiante du comportement** (Parlebas, 1985), son sens, ses causes. Un comportement peut renvoyer à différentes sources, explications et conduites motrices. Dans notre exemple, l'élève peut avoir des difficultés pour pousser avec une même intensité sur ses deux jambes (problème moteur). Il peut avoir placé ses pieds sur le mur de manière non symétrique (pieds décalés, ou un pied posé à plat et l'autre non), ce qui oriente la poussée et peut être lié à de mauvaises prises d'informations tactiles, ou à une mauvaise représentation de la tâche (il faut avoir les pieds à plat pour bien pousser et ne pas glisser). Lors d'un jeu de lutte debout en un contre un, un élève peut rester éloigné de son adversaire en gardant les bras tendus (comportement) parce qu'il a peur du contact mais aussi parce qu'il n'a pas compris l'importance de se rapprocher de l'autre pour pouvoir le déséquilibrer (conduite motrice). Lors d'une situation de match en basket-ball, l'élève porteur de balle peut dribbler en regardant constamment vers le sol (comportement) car il est centré sur la possession de la balle, mais aussi car il est incapable de contrôler la balle uniquement grâce à des repères tactiles et à la vision périphérique (il utilise donc la vision centrale). Lors d'une roulade avant, un élève peut dévier vers la droite parce qu'il n'a pas poussé de manière identique sur ses deux jambes ou qu'il n'a pas enroulé son dos correctement. Il peut être incapable de se relever parce qu'il n'a pas compris qu'il fallait ramener les talons près des fesses, ou qu'il est incapable de le faire au bon moment (coordinations segmentaires).

Si **les ressources** sollicitées sont utiles pour comprendre les problèmes rencontrés par les élèves et les obstacles aux apprentissages, elles gagnent aussi à être interrogées en relation avec des **cadres d'analyse** propres aux **APSA**. Par exemple, les activités aquatiques et nautiques posent au pratiquant quatre problèmes fondamentaux : informationnels, respiratoires, de propulsion et d'équilibration. Chaque problème peut être interrogé à travers les ressources mobilisées par l'élève. Un problème respiratoire (l'élève sort systématiquement la tête en dehors de l'eau pour expirer) peut être dû à des problèmes affectifs (peur de l'eau), cognitifs (mauvaise connaissance du milieu aquatique), moteurs (ne souffle pas dans l'eau).

2 Développement de l'enfant et enseignement de l'EPS

A. Éléments de définition

Le développement renvoie à un ensemble de phénomènes qui participent à la transformation de l'être humain, de la conception jusqu'à l'âge adulte. Le développement peut être étudié du point de vue évolutif, en considérant plusieurs périodes selon l'âge de l'individu. On distingue ainsi le développement de l'enfant (nouveau né, nourrisson, petite enfance, enfance, préadolescence) de celui de l'adolescent par exemple, mais le développement débute dès la création de l'embryon et se poursuit tout au long de la vie.
Le développement est à la croisée de deux processus : la croissance et la maturation. La croissance (en poids, en taille) peut être appréciée à l'échelle de l'individu dans son ensemble (par exemple, la courbe de croissance présente dans le carnet de santé) ou de certains organes (le cœur, le cerveau…). La maturation renvoie à une évolution qualitative des structures et fonctions (d'un organe comme le cœur, d'une fonction neuromotrice comme la préhension manuelle, ou d'une fonction cognitive comme la mémoire par exemple) du sujet. Toutefois, croissance et maturation peuvent interagir.
Le développement peut être appréhendé dans plusieurs secteurs ou domaines, potentiellement en interaction, et dont la formulation peut varier selon les supports théoriques. A. Florin (2003, cité sur Eduscol), distingue le développement :
- moteur (capacités physiques, coordinations motrices…) ;
- sensoriel (lié à différentes informations : vue, ouïe, toucher, odorat, proprioception) ;
- cognitif (attention, abstraction, mémoire, représentations…) ;
- langagier (oral, écrit, compréhension, production…) ;
- affectif (émotions, motivation…) ;
- social (relations avec son environnement familial et plus large…).

D'autres domaines sont essentiels tels la croissance ou l'ossification. De plus, certains domaines sont en interaction. On parle ainsi de développement psychomoteur, la motricité étant liée à des processus psychologiques (la marche, par exemple, implique le traitement d'informations et des commandes adressées par le système nerveux central au système locomoteur), ou encore de développement sensori-moteur, la motricité et la mobilisation de différents sens étant intrinsèquement liées (la prise d'informations est nécessaire pour se déplacer dans un environnement ou pour y déplacer un objet par exemple). Le développement langagier relève du domaine cognitif, sans se limiter à celui-ci car il engage aussi pour le langage oral et écrit des dimensions motrices et sensorielles notamment.
L'épreuve EPS du concours du CRPE interpelle sur les différences entre développement de l'enfant et psychologie de l'enfant. Plusieurs courants de recherche se sont penchés sur le développement de l'enfant. Comme l'indique A. Maury (2008), la psychologie de l'enfant s'est fixée comme objet d'étude le développement de l'enfant. Mais la connaissance scientifique du développement ne se limite pas au champ de la psychologie.

B. Repères théoriques généraux

a. Développement, patrimoine génétique, expériences et environnements

Les recherches sur le développement ont montré à la fois une unité dans les processus et évolutions à l'échelle de l'espèce humaine dans son ensemble, et des particularités pouvant être situées à différentes échelles, allant des ethnies aux individus proprement dits. Le développement de l'individu est ainsi, pour partie seulement, programmé génétiquement, depuis la création de l'embryon jusqu'à l'âge adulte, en passant par des étapes clés. Il convient donc d'expliquer ces variations interindividuelles, à partir de « l'inné » et de « l'acquis ».

Les théories qui prévalent actuellement envisagent les processus en jeu dans le développement à travers une approche interactionniste. Elles considèrent qu'il y a une interaction historique – c'est-à-dire durant le temps et la vie de l'individu – entre un patrimoine génétique et l'expérience du sujet. De nombreux débats ont agité la communauté scientifique, et éducative, sur la part de l'innée et de l'acquis en matière de développement. De nombreux chercheurs comme Wallon, Piaget, Vygotski ou encore Bruner ont révélé l'importance de l'action de l'enfant sur son environnement physique (comme les objets, l'espace...) et social (parents, fratrie, pairs, adultes...), des expériences vécues par celui-ci dans l'environnement, et de ses interactions avec celui-ci. Ces approches conduisent à rejeter toute approche déterministe du développement, dans laquelle tout serait « écrit à l'avance » en référence au patrimoine génétique et à des structures innées du sujet. Il est infondé scientifiquement, et condamnable éthiquement, de dire à un enfant qu'il n'arrivera jamais à réaliser telle ou telle activité adaptée à son âge. Tous les enfants sont « programmés » pour apprendre. De même, cette approche interactionniste conduit à rejeter l'idée selon laquelle l'enfant serait comparable à une page blanche, sur laquelle l'environnement aurait un pouvoir illimité. Ainsi, le patrimoine génétique pondère les effets potentiels de l'environnement (éducatif en particulier) et des expériences d'un sujet sur son développement. Le champ des possibles reste contraint. Mais surtout, l'environnement, les actions et expériences du sujet interagissent aussi sur l'influence du patrimoine génétique du sujet sur son développement. Ils déterminent ainsi, en partie, la façon dont l'enfant va se développer. Par exemple, deux vrais jumeaux (homozygotes) placés dans des environnements distincts peuvent se développer différemment.

b. Stades, normes, variations interindividuelles et intra individuelles

Des théories ont mis en évidence des stades (*cf.* tableaux plus loin), c'est-à-dire des périodes durant lesquelles telle ou telle fonction se développe. Chez Piaget, dans le domaine de la psychologie de l'enfant, durant le stade opératoire (de 7-8 ans à 11-12 ans), l'enfant devient capable notamment d'opérations mentales, soit des actions intériorisées et réversibles. Il comprend qu'à chaque action réalisée correspond une action inverse permettant de retourner à l'état initial. Mais des recherches récentes ont mis en cause le concept de stade – en particulier dans le cadre de la théorie de Piaget – en révélant que le développement de l'enfant n'était ni linéaire ni régulier, et qu'il pouvait s'accompagner de stagnations et de régressions, en lien notamment avec des variations interindividuelles.

Plus largement, des temps ou périodes ont été identifiés durant lesquels s'opèrent des changements qualitatifs, le développement de telle ou telle fonction ou habileté. Par exemple, un enfant est en général capable de marcher de façon autonome vers 2 ans. Cependant, l'acquisition d'une nouvelle habileté liée au développement n'est pas automatique, elle est conditionnée par les actions et expériences de l'enfant dans son environnement. Un enfant qui n'a pas eu suffisamment l'occasion de marcher depuis ses premiers pas (aux alentours du 10e ou 12e mois), ne saura pas marcher de façon autonome le jour de ses 2 ans. En outre, tous les enfants ne se développent pas au même rythme ni au même âge dans tous les domaines. Certains peuvent être « en avance », tandis que d'autres peuvent développer une fonction avec un certain « retard », sans que cela ne traduise un trouble du développement ou une pathologie. De plus, il existe aussi une variabilité intra individuelle. C'est-à-dire qu'un enfant ne se développe pas de façon identique en fonction de la nature des problèmes qu'il va résoudre. Le développement ne va pas forcément du concret vers l'abstrait. Les repères associant un âge ou une période et le développement de tel ou tel élément doivent donc être appréhendés avec précaution, pour éviter des conclusions erronées et des inquiétudes inutiles.
Pour autant, certains enfants peuvent présenter des troubles du développement. Ils renvoient à des perturbations dans l'acquisition ou l'expression d'habiletés développementales pouvant concerner notamment la motricité, le langage, des compétences sociales, la cognition ou des activités de la vie quotidienne. Ces troubles incluent par exemple le handicap mental, la dysphasie (trouble primaire du langage), le trouble du spectre de l'autisme, le trouble du spectre de l'attention ou encore les troubles d'apprentissage. Ces troubles se différencient d'un retard de développement, qui se traduit par une lenteur d'acquisition par rapport aux normes, là où un trouble du développement traduit une désorganisation dans la séquence d'acquisition des habiletés développementales. Des dispositifs éducatifs spécifiques sont prévus pour les élèves présentant un trouble de ce type, en tant qu'élèves à besoins éducatifs particuliers (EBEP), dans le cadre de l'école inclusive promue par l'État. L'intervention de professionnels spécialisés sur ces questions est requise pour poser un diagnostic, suivre et accompagner les élèves selon leurs besoins.

c. Développement, apprentissage, éducation et école

Comme l'a montré J. Piaget, l'apprentissage ne peut être dissocié du développement en général. D'une part, les deux processus aboutissent à l'acquisition de nouvelles habiletés, capacités, représentations, connaissances, etc. D'autre part, développement et apprentissage sont en interaction. Le développement dans tel ou tel domaine favorise de nouveaux apprentissages, tandis que l'apprentissage concourt au développement. Ces liens, et l'importance cruciale des actions et expériences de l'enfant, tout comme celle de ses environnements, pointent le rôle central de l'école dans le développement de l'enfant, en complément de celui non moins fondamental joué par les parents et le contexte familial. Comme souligné dans une ressource proposée sur Eduscol en 2012 : « C'est dans l'interaction entre développement et apprentissage, avec le guidage de l'enseignant, que l'enfant va évoluer, construire des concepts, développer son langage en lien avec le développement de ses capacités motrices, émotionnelles et sociales. » Le rôle de l'école et de l'enseignant est donc à la fois de s'adapter aux caractéristiques développementales des enfants, et de favoriser leur développement grâce à un environnement éducatif propice et des choix didactiques et pédagogiques pertinents, avec toutes les difficultés et limites induites, liées notamment aux variabilités inter et intra individuelles. Si certaines sollicitations ne sont pas souhaitables, car en rupture avec les caractéristiques et possibilités développementales des élèves (comme faire courir sans s'arrêter des élèves de maternelle sur une durée longue, 8 minutes par exemple), il peut être pertinent de les amener à s'exercer dans des habiletés qu'ils ne maîtrisent pas d'emblée, si elles sont à leur portée au plan développemental (par exemple, faire du tricycle à 3 ans).

d. Vigilance épistémologique face à un champ de recherche en plein essor

Si certaines connaissances anciennes sont largement diffusées dans la communauté éducative, les recherches récentes ont remis en question partiellement certaines théories reconnues. Elles ont aussi mis en cause une vision « cumulative » du développement, mettant l'accent sur les nouvelles représentations ou capacités développées chez les enfants. Le développement conduit aussi l'enfant à apprendre à inhiber des stratégies, structures et comportements antérieurs concurrents, au profit d'autres plus pertinents et efficaces. Les recherches récentes ont permis de mieux comprendre le développement de sujets de plus en plus jeunes, en mettant en évidence des capacités nombreuses et complexes, loin de l'idée qu'ils auraient des capacités très limitées. Les enfants élaborent des représentations du monde physique et une « théorie de l'esprit » à travers une représentation des désirs, savoirs, croyances d'autrui. Les recherches renouvellent la connaissance des rapports des enfants à l'imaginaire et à la fiction, et leur rôle dans la résolution de problèmes et la pensée logique.

La pluralité, la complexité et la spécialisation des recherches empêchent la généralisation des résultats, et rendent difficile leur diffusion dans la communauté éducative. Elles invitent donc à une vigilance épistémologique.

C. Repères sur quelques théoriciens du développement

Plusieurs théoriciens ont élaboré des théories du développement de l'enfant, en particulier dans le champ de la psychologie. Elles peuvent se rejoindre sur certains points, mais aussi s'opposer. Chacune se distingue par des orientations particulières, des concepts clés, voire des stades. Nous présenterons de façon synthétique quatre théoriciens selon un critère chronologique, à approfondir si besoin à l'aide de la littérature spécialisée.

■ **Henri Wallon (1879-1962)**

Wallon étudie l'homme sous l'angle à la fois biologique et social. Les deux principaux concepts de sa théorie sont l'émotion et l'évolution dialectique de la personnalité (avec les lois du développement). Il identifie plusieurs stades de développement, qui peuvent comprendre des stades intermédiaires : construction de la personne (jusqu'à 3 ans, comprenant les stades émotionnel et sensori-moteur), stade du personnalisme (3 à 6 ans, avec les périodes d'opposition, de grâce et d'imitation), achèvement de la personne (période pré-catégorielle, période catégorielle, stade de la puberté, adolescence). Pour Wallon, le développement n'est pas continu, mais discontinu, et les stades peuvent se chevaucher. « Chaque stade de développement doit rendre compte des rapports alternés et conflictuels entre affectivité et intelligence » et « de l'évolution des rapports de l'enfant et de son milieu » (Tourrette et Guidetti, 2018, p. 37).

Jean Piaget (1896-1980)

Piaget étudie principalement la construction de l'intelligence chez l'enfant. Il montre en particulier le rôle des actions de l'enfant sur son environnement et les objets, dans le développement de l'intelligence. La permanence de l'objet, puis le dénombrement, la catégorisation et le classement des objets, et enfin le raisonnement sur des idées, hypothèses, propositions logiques structurent le développement de l'enfant. Sa théorie repose sur les concepts de schèmes, d'assimilation, d'accommodation et d'adaptation. Il identifie plusieurs stades et périodes du développement : stade sensori-moteur (jusqu'à 2 ans), période préopératoire (2 à 7-8 ans), stade opératoire concret (7-8 ans à 11-12 ans), stade opératoire formel (11-12 ans à 15-16 ans).

Lev Vygotski (1896-1934)

Il étudie les fonctions psychiques et insiste sur le rôle de l'environnement social et culturel dans le développement de l'enfant. L'intelligence se développe grâce aux relations interpersonnelles et à des outils psychologiques présents dans l'environnement social et culturel, dont le langage. Pour lui le développement ne procède pas de l'individuel vers le social, mais du social vers l'individuel. Il développe le concept de zone proximale de développement, qui renvoie à l'espace entre les tâches que l'enfant peut réaliser seul, et celles qu'il peut réaliser grâce à l'aide d'une personne plus avancée dans ce domaine, comme l'adulte. Vygotski étudie aussi le développement du langage, en particulier durant l'enfance, et montre l'importance du langage égocentrique dans le développement du langage intériorisé.

Jérôme Bruner (1915-2016)

Les travaux de Bruner ne se cantonnent pas au développement, mais portent aussi sur l'apprentissage et l'éducation notamment. Il montre en particulier le rôle de l'environnement social et culturel sur le développement de l'enfant. Celui-ci est prédisposé par l'évolution de l'espèce humaine et dispose dès la naissance d'outils intellectuels pour apprendre, mais il a besoin de l'interaction avec l'environnement social et culturel pour apprendre à s'en servir. L'enfant est comparé à un chercheur qui essaie de comprendre le monde et les structures qui relient les éléments entre eux. Bruner pointe l'importance de l'étayage de l'adulte dans le développement et les apprentissages des enfants. Il dégage trois modes impliqués dans l'apprentissage, qui peuvent s'imbriquer : mode énactif ou sensori-moteur, mode iconique (lié aux représentations), mode symbolique (représentations abstraites à l'aide de mots, codes…).

D. Repères sur le développement de l'enfant à l'école primaire

Les tableaux suivants donnent des repères sur les acquisitions et possibilités des élèves selon leur âge (sources utilisées citées en fin de partie).

Cycle 1

	Sensoriel et moteur	Cognitif et langagier	Social et affectif
2-3 ans TPS-PS	• Besoin important de mouvement, d'expérimentations variées. • L'enfant monte et descend des escaliers avec appuis manuels. • Début des courses, roulades, draisienne. • Tonus mal maîtrisé. Motricité globale, souvent unilatérale. • Difficulté pour réagir rapidement à un stimulus.	• Temps d'attention limité (quelques secondes pour une consigne). • Stade sensori-moteur de Piaget (jusqu'à 2 ans) : besoin de faire, d'être dans l'action et la manipulation. • Apprentissage par imitation. • L'enfant identifie les objets, prend en compte le point de vue d'autrui. • Développement du langage (200-300 mots) et de la compréhension (demandes directes et indirectes). Il combine 3 mots en moyenne.	• L'enfant est conformiste, il cherche l'approbation de l'adulte. • Les émotions occupent une place centrale. Il a besoin de sûreté, de protection, d'affection, de stabilité. • Les actions communes sont limitées, le groupe est une juxtaposition d'individus. Il peut vouloir faire seul, s'opposer aux autres, s'affirme. • Il aime jouer en « faisant semblant de ».
3-4 ans (MS)	• L'enfant monte un escalier sans aide (un pied par marche), saute avec les 2 pieds, peut tenir debout sur une jambe, marche dans toutes les directions en tenant un objet, court avec changements de direction et arrêts, attrape une grosse balle avec les mains, suit un rythme avec son corps, fait du tricycle. • Tonus mal maîtrisé. Motricité globale, souvent unilatérale. Difficulté pour réagir rapidement à un stimulus. • Attention sur un seul aspect de la tâche.	• Le temps d'attention augmente, mais reste limité. • Début de période pré-opératoire : début d'intériorisation de l'action, d'acquisition de la fonction symbolique ou sémiotique (expression d'un signifié à partir d'un signifiant). • L'enfant acquiert des concepts d'espace (dessus/dessous…), de temps (avant/après…), de quantité. • Il utilise les principes de comptage. • Il identifie plusieurs parties du corps. • Extension du vocabulaire et phrases courtes. Il peut suivre une conversation, comprend des promesses, s'amuse des jeux de langage.	• L'enfant respecte plus facilement les règles et se montre plus empathique, il aime aider les autres. • Les interactions se multiplient, il attend son tour, mais reste égocentré et peut critiquer autrui. • À 4 ans, les questions « pourquoi » et « comment » montrent la volonté de comprendre le monde qui l'entoure. • Les émotions occupent une place centrale. L'enfant a besoin d'attention et de sécurité affective.
4-5 ans (GS)	• L'enfant grimpe et franchit des obstacles, saute à la corde, monte une échelle, marche en arrière, fait des sauts combinés (marelle), frappe une balle avec un bâton, tape avec le pied dans une balle, lance/attrape un ballon. • Vélo à 4 roues. • Tonus mal maîtrisé. Motricité globale, souvent unilatérale.	• Les capacités d'attention augmentent mais restent faibles. • Progrès dans le rapport à l'espace et au temps. • L'enfant est attentif à sa performance, est capable de classification et de sériation. • Il produit des demandes indirectes et des justifications. • Il comprend le comparatif, l'identité et la différence.	• Comparaison avec ses pairs dans des jeux simples. • L'enfant comprend l'état mental d'autrui. • Il joue à des jeux de compétition. • Il se reconnaît comme fille ou garçon.

Cycle 2

	Sensoriel et moteur	Cognitif et langagier	Social et affectif
5-6 ans (CP)	• Vélo sans roues stabilisatrices. • L'enfant sait se balancer seul, glisse, saute d'un pied sur l'autre, joue assez bien aux jeux de ballon, le fait rebondir. • Le mouvement reste surtout balistique (pas de contrôle en cours d'action).	• Le langage progresse en vocabulaire (2 500 mots), énoncés de 5-6 mots. Début de la conservation. Début de la lecture logographique. Il écrit son prénom. • Meilleure compréhension du monde, début de pensée logique mais qui reste très liée aux données concrètes. Problèmes mathématiques simples (addition, soustraction). Progrès dans la concentration, compréhension des règles du jeu.	• L'enfant parvient mieux à se contrôler. • Relations affinitaires surtout avec élèves du même sexe. • Vision du bien et du mal. • Il exprime ses émotions. • Il négocie avec l'adulte.
6-8 ans CE1-CE2	• Vers 6-7 ans : fin de construction des patrons moteurs de base (course, saut, lancers, etc.). Le mouvement s'affine, le contrôle moteur et la coordination motrice s'améliorent. La motricité est construite par guidage avec projet d'action. L'information visuelle est intégrée en cours d'action. • Augmentation de la force, de la vitesse, de l'endurance, de l'adresse. • L'enfant a du mal à sélectionner les informations les plus pertinentes. • À partir de 8 ans, la vitesse de réaction à un stimulus augmente.	• Développement de la lecture, avec récits. Maîtrise l'humour. • Meilleure compréhension du monde. La relation de cause à effet s'affine. L'enfant comprend qu'un même problème peut être résolu à partir de différentes solutions. • Jusque 7-8 ans, il reste prisonnier de son point de vue, dont il a du mal à imaginer que ce ne soit pas le seul possible. • À partir de 7-8 ans (stade opératoire concret de Piaget), il devient capable d'opérations mentales : actions intériorisées et réversibles, mais qui portent sur du matériel concret servant de base à son raisonnement (reste donc très dépendant du contenu auquel il s'applique).	• Relations affinitaires toujours orientées principalement vers les enfants de même sexe. • Enfant moins égocentrique, meilleures capacités de coopération. • Construction de l'estime de soi et affirmation de soi. Se compare aux autres. • Importance de la justice.

Cycle 3

	Sensoriel et moteur	Cognitif et langagier	Social et affectif
9-10 ans CM1-CM2	• Sa croissance est forte, entraînant potentiellement une régression motrice si l'activité physique est insuffisante (car modification des repères proprioceptifs notamment). • L'enfant a du mal à sélectionner les informations les plus pertinentes. • La vitesse de réaction à un stimulus augmente. • Les capacités physiques (endurance notamment) continuent d'augmenter.	• Poursuite du stade opératoire concret (Piaget). l'enfant commence à envisager d'autres points de vue que le sien. Il continue à construire des opérations mentales enclenchées précédemment. • La pensée rationnelle occupe une plus grande place, l'enfant peut produire des raisonnements plus complexes. • Il différencie le réel et le virtuel. • Progrès dans la maîtrise de la langue (forme passive, inférences, métaphores…).	• Le groupe revêt d'une grande importance. Il cherche la coopération mais aussi l'autonomie. • Identité de genre en conformité à des références culturelles. • L'enfant veut réussir, peut chercher la performance, mais craint l'échec • Il peut rechercher la performance. Il fait preuve d'initiatives pour se réaliser. • La règle est intangible. L'autorité de l'adulte peut être contestée.

E. Prise en compte du développement de l'enfant en EPS à l'école primaire

Au-delà des besoins spécifiques liés au développement de l'enfant selon son âge, des principes communs se dégagent en EPS :
– privilégier les situations sous forme jouée. Le jeu a un rôle fondamental dans le développement des enfants. Mais « ils ne jouent pas “pour” apprendre. C'est parce qu'ils jouent qu'ils apprennent » (Bédin et Lhérété, 2015, p. 37) ;
– favoriser des expériences motrices variées, adaptées aux ressources motrices, énergétiques, affectives, sociales perceptives et cognitives des enfants ;
– développer le plaisir de l'activité physique et des émotions positives à travers celle-ci ;
– valoriser le progrès, développer l'estime de soi, le sentiment de compétence et d'autodétermination ;
– mettre en place des relations sociales adaptées aux capacités des élèves.
Les caractéristiques développementales des élèves sur les trois cycles permettent d'identifier des orientations pédagogiques adaptées.

Orientations pédagogiques selon le cyle

Cycle 1	Cycle 2	Cycle 3
• Consignes courtes, buts clairs, repères concrets. • Varier les expériences motrices, proposer un environnement riche, stimulant et ludique, impliquant une adaptation au milieu, mais reposant aussi sur des éléments stables, des rituels. • Phases successives : 1. découverte, exploration, expérimentation ; 2. structuration ; 3. codification. Travail par essais et erreurs, à travers une grande quantité/variété de pratiques. Articuler motricité et prise de repères sur son espace proche et propre. • Importance de routines, de repères spatiaux et temporels pour sécuriser les élèves et guider les apprentissages. • Valoriser les actions, réussites, progrès, efforts. • Lier les apprentissages en EPS avec ceux liés à la maîtrise de la langue.	• Consignes courtes, buts clairs, repères concrets, adaptés aux capacités langagières et attentionnelles. • Importance de renforcer les habiletés motrices développées précédemment, en exploitant les nouvelles qualités physiques acquises, notamment pour stabiliser les patrons moteurs de base. • La démarche articulant découverte, structuration et codification reste pertinente, mais elle peut être complétée à travers une mise en projet des élèves. Recours à la verbalisation pour analyser les situations, les problèmes, les solutions et apprentissages. • Les situations sous forme de jeux restent essentielles. • Limiter la charge informationnelle lors de situations présentant de l'incertitude et impliquant des prises de décision rapides. • Valoriser les relations de coopération au service des apprentissages. • Valoriser les actions, réussites, progrès, efforts.	• Importance d'expériences motrices suffisantes en quantité et en variété pour éviter des régressions motrices dans les habiletés développées précédemment. • Exploiter les nouvelles capacités langagières et cognitives, lors d'analyses de situations, de verbalisation. • Mettre les élèves en situation de projets à plus long terme. • Les situations sous forme jouées restent importantes. • Veiller à la pertinence de la constitution des groupes. • Privilégier l'autonomie individuelle et du groupe. • Les liens avec des pratiques culturelles prennent sens et facilitent un travail autour des rôles sociaux. • Limiter la charge informationnelle lors de situation présentant de l'incertitude et impliquant des prises de décision rapides. • Valoriser les relations de coopération au service des apprentissages. • Valoriser les actions, réussites, progrès, efforts.

FOCUS **Aperçu des références utilisées**

Bédin V. et Lhérété H. (dir.), *L'enfant et le monde. Psychologie de l'enfant. État des lieux.* Sciences humaines éditions, Auxerre, 2015.
Florin A., *Introduction à la psychologie du développement. Enfance et adolescence.* Dunod, Paris, 2003.
Houdé O., *La psychologie de l'enfant.* Presses universitaires de France, coll. Que sais-je, 8e édition, Paris, 2017.
Maury L., *Le développement de l'enfant.* Presses Universitaires de France, coll. Que sais-je, Paris, 2008.
Tourrette C. et Guidetti M., *Introduction à la psychologie du développement. Du bébé à l'adolescent.* Dunod, 4e édition, Malakoff, 2018.
Eduscol, *Un guide sur les troubles du développement à l'usage des infirmiers et assistants du service social.*
Eduscol. *Le développement de l'enfant. École maternelle.*
Eduscol. *Tableaux du développement de l'enfant.*

F. EPS et efforts physiques

En EPS, l'enseignant doit également accorder une importance particulière aux efforts physiques demandés aux élèves. Selon le niveau de développement de l'enfant, certains **efforts** seront **bénéfiques,** d'autres **contre-indiqués**. Toute pratique physique implique une production d'**énergie**. Le corps humain dispose de plusieurs systèmes de productions énergétiques, appelés **filières,** produisant différents types d'efforts physiques[1]. Elles se différencient selon le substrat énergétique utilisé, et l'utilisation ou non d'oxygène. La filière **aérobie** produit de l'énergie en utilisant l'oxygène respiré par l'individu. Les filières **anaérobies** n'ont pas besoin d'oxygène pour fonctionner et utilisent d'autres substrats. La filière **anaérobie lactique** produit de l'acide lactique, contrairement à la filière anaérobie alactique. L'acide lactique est un déchet des réactions chimiques produites par la filière anaérobie lactique. Il se diffuse dans le sang et les muscles et conduit à la nécessité de diminuer, voire d'arrêter l'effort. Plusieurs paramètres définissent ces différentes filières :
- la **quantité d'énergie maximale** qu'elles sont capables de fournir à l'individu par unité de temps. C'est **la puissance**, comparable au débit d'un robinet par exemple ;
- la **quantité totale d'énergie** qu'elles sont capables de fournir. C'est la **capacité**, comparable à la taille d'un réservoir d'eau par exemple ;
- la **période** durant laquelle la filière peut fonctionner, dépendant des paramètres précédents ;
- le **délai** à partir duquel la filière peut fonctionner à intensité maximale.

Le tableau suivant présente ces filières pour un sujet adulte. La puissance anaérobie alactique est supérieure à la puissance anaérobie lactique, elle-même supérieure à la puissance aérobie. On peut associer ces filières à une des **qualités physiques**.

1. Pour plus de détails sur ces aspects, voir par exemple Michel Pradet, *La Préparation physique*, Paris, INSEP, 2001 ; pour une présentation synthétique, voir par exemple Gérard et Gérard, *op. cit.*, 2006.

	Anaérobie alactique	Anaérobie lactique	Aérobie
Délai d'intervention	immédiat	à partir de 15 à 20 secondes	environ 2 minutes
Puissance	jusque 7 secondes	jusque 30 à 45 secondes	entre 3 et 10 minutes
Capacité	jusque 15 à 20 secondes	2 à 3 minutes	pratiquement illimitée
Qualité physique	puissance	résistance	endurance

Dans chacune de ces filières, l'individu peut produire un effort variable, en référence à une intensité maximale individuelle, comme la puissance maximale aérobie (PMA). Il peut par exemple courir à 70 % ou à 100 % de PMA. La faculté à produire de l'énergie à partir de ces filières dépend de plusieurs paramètres, dont l'**âge** (donc le niveau de développement) et l'**entraînement**. Les **enfants** n'ont pas encore les outils métaboliques permettant d'avoir recours de manière importante à la filière lactique. Il est donc recommandé de ne pas leur proposer d'efforts sollicitant cette filière, mais des **efforts intenses et brefs**, ou **modérés et prolongés** dans le temps. Ce principe se retrouve dans les programmes de l'EPS, par exemple pour l'enseignement de la course. Les programmes de C2 fixent comme attendus de fin de cycle de savoir différencier courir vite (effort intense et bref) et courir longtemps.

Au-delà du type d'effort proposé, il est également nécessaire d'adapter plus finement l'intensité et la durée des efforts aux caractéristiques développementales et aux capacités des élèves. Par exemple, en course de durée, on peut fixer un temps de course maximal de 15 minutes en CM2. Mais tous les élèves d'un même niveau de classe n'en sont pas forcément au même stade de leur développement physique, et n'ont pas développé les mêmes compétences et ressources. Les efforts proposés gagnent donc le cas échéant à être adaptés aux caractéristiques individuelles des élèves d'une même classe (par exemple en course de durée en CM2, on peut proposer un effort allant de 8 à 15 minutes).

Toutes les AP ne se distribuent pas parfaitement selon ces trois filières. La plupart du temps, plusieurs filières sont sollicitées parallèlement. Il faut donc raisonner en termes de dominante(s). Certaines **AP** peuvent être **classées** facilement selon qu'elles sollicitent principalement la puissance ou la capacité d'une **filière.** Pour la puissance anaérobie alactique, citons les courses de vitesse, les sauts et lancers athlétiques, un saut en gymnastique, un tir en handball. La capacité aérobie peut être illustrée chez un adulte par le marathon, chez un enfant dans le fait de courir 12 minutes. Beaucoup d'AP sollicitent des efforts appelés mixtes, mettant en jeu plusieurs filières. C'est le cas des sports collectifs et de combat par exemple. Une erreur fréquemment commise consiste à vouloir déterminer les filières énergétiques en jeu uniquement à partir d'un critère, comme le temps d'effort. Ceci conduit à une impasse, car il faut tenir compte **simultanément** des **paramètres** suivants :

- le **type** d'effort : continu (intensité constante) ou intermittent (variations d'intensité) ;
- l'**intensité** de l'effort au regard des possibilités du sujet ;
- la **durée** totale l'effort ;
- le niveau de **développement** et d'**entraînement** du sujet.

Les élèves de l'école primaire peuvent donc faire des efforts brefs et intenses ou des efforts modérés et prolongés dans le temps.

3 Les apprentissages moteurs en EPS

A. Définitions et théories

La capacité de l'enseignant à proposer des situations d'apprentissages adaptées en EPS implique de cerner certaines particularités des apprentissages moteurs. Ce domaine a vu se développer plusieurs théories, concepts et connaissances. Le cadre de ce chapitre ne nous permet pas d'en proposer une synthèse ni d'en commenter l'essentiel[1]. Les cadres d'analyse qui suivent visent à aider l'enseignant à interroger, concevoir voire optimiser son enseignement. Si les **apprentissages moteurs** relèvent de principes transversaux aux différents types d'apprentissage, ils présentent des **particularités** susceptibles d'influer sur l'activité didactique de l'enseignant. De par leur nature motrice, les savoirs en jeu dans la pratique d'une AP sont de nature différente que ceux impliqués dans l'acquisition de notions ou concepts fondant la plupart des disciplines scolaires.
Mais il existe diverses **théories** de l'apprentissage moteur. Les théories **cognitivistes**, influencées par les théories du traitement de l'information, expliquent l'apprentissage moteur sur la base de l'utilisation par le sujet de représentations mentales. Ce modèle accorde une grande importante dans l'apprentissage aux feedback et à la connaissance du résultat à l'issue de, voire pendant l'action. L'apprentissage aboutit en particulier à la construction de programmes moteurs. Il en découle des procédés pédagogiques tels l'observation, le questionnement, la réflexion, la verbalisation. Les théories dites « **écologiques** » expliquent l'apprentissage moteur en mettant l'accent sur les informations prises et utilisées par le sujet dans son environnement. Mouvement et perception sont liés. Les apprentissages moteurs peuvent s'effectuer à travers des régulations des structures motrices du sujet compte tenu de l'environnement. Les procédés pédagogiques privilégiés ici centrent l'attention des élèves sur les informations qu'ils extraient de l'environnement et utilisent.

B. Repères sur les conditions d'apprentissage

Plus largement, l'enseignant doit s'interroger sur les conditions d'apprentissage à instaurer, selon des **critères quantitatifs et qualitatifs**. Il faut tout d'abord insister sur l'importance de la **quantité de pratique** physique des élèves. Les apprentissages moteurs s'inscrivent dans un processus généralement long et coûteux. L'apprentissage d'une nouvelle coordination motrice comme un battement de jambe alternatif en natation au C2 implique plusieurs répétitions et séances d'apprentissages. L'apprentissage d'une nouvelle habileté tel le tir au panier en basket-ball nécessite aussi une quantité de pratique importante. Les APSA regroupent des techniques sportives et corporelles plus ou moins complexes. Les conditions

1. Voir, par exemple, Schmidt, 1993, *op. cit.* ; ou Patrick Fargier, *EPS et apprentissages moteurs*, Paris, Vigot, 2006.

d'apprentissage mises en place par l'enseignant doivent donc laisser le temps d'expérimenter une situation, de s'exercer autour d'une même habileté motrice, sans pour autant susciter de lassitude chez l'élève. La situation pédagogique résulte en effet d'une multitude de variables en interaction, dont les effets peuvent être divergents voire contradictoires. Une **variable** favorisant l'apprentissage moteur (la répétition d'une même tâche) peut entraîner une lassitude et ainsi faire baisser la motivation des élèves (condition nécessaire aux apprentissages). L'enseignant doit donc faire des choix et trouver les meilleurs **compromis.** Mais la quantité de pratique n'est pas suffisante pour autoriser ou optimiser les apprentissages moteurs. Il est utile d'interroger en particulier deux paramètres qualitatifs : **les conditions de la pratique**, et **les informations** dont dispose l'élève.
Il existe deux grands types de feed-back : la **connaissance du résultat** (CR) concernant le produit (ai-je réussi ou pas un tir en basket-ball ?) et la **connaissance de la performance** (CP) concernant la manière dont on s'y est pris (ai-je produit une trajectoire tendue ou en cloche lors de mon tir ?). D'une manière générale, il est possible de dire que la CR est une condition favorable aux apprentissages moteurs. La compétence générale n° 2 de l'EPS (s'approprier seul ou à plusieurs par la pratique les méthodes et outils pour comprendre) consiste justement à apprendre par essai-erreur en utilisant les effets de son action (à partir du C2). La CP peut également être bénéfique. Tout dépend bien sûr des processus d'apprentissage privilégiés, des théories de référence, des habiletés concernées et du niveau de développement des élèves. **Les habiletés motrices** impliquées dans les AP diffèrent des actions réflexes en ce sens qu'elles sont « **programmées** » à partir d'une intention du sujet. Les théories cognitivistes expliquent que le sujet planifie les différents **paramètres spatiaux et temporels du mouvement** (pour la trajectoire d'un tir en basket-ball : moment, intensité, vitesse, hauteur, profondeur). En fonction de la réussite ou de l'échec de l'action, le sujet peut mémoriser ou réorganiser ses réponses. Dans cette optique, les SA doivent permettre aux élèves de formuler, d'expérimenter, de réajuster des projets d'action. Cette démarche permet de contribuer au socle commun (domaine 2 : les méthodes et outils pour apprendre), notamment à travers le développement de la compétence générale d'EPS n° 2 « s'approprier seul ou à plusieurs par la pratique, les méthodes et outils pour apprendre ». Au C2, il s'agira en particulier d'apprendre à planifier son action avant de la réaliser. Au C3, il s'agira d'apprendre par l'action, l'observation, l'analyse de son activité et de celle des autres. Il faut bien sûr tenir compte du niveau et des possibilités des élèves, comme des caractéristiques des AP et des conditions d'enseignement et d'apprentissage. Dans nombre d'AP et de SA, l'élève dispose de la CR, sans avoir recours à un observateur extérieur. Il lui est par contre plus difficile, sinon impossible d'accéder à la CP sans l'aide d'une personne extérieure. Les programmes d'EPS préconisent d'ailleurs dans la compétence générale n° 2 que l'élève apprenne par l'analyse de son activité et de celle des autres. Le rôle d'observateur de l'élève peut donc être particulièrement important. En EPS, l'action motrice ne laisse pas de trace figée dans le temps, comme dans d'autres disciplines. Or l'enseignant ne peut observer tous ses élèves en même temps, et ces derniers n'ont généralement pas le niveau requis pour observer la CP de façon juste et précise. Par ailleurs, l'élève doit avoir les capacités cognitives pour identifier et utiliser la CR et/ou la CP. L'enseignant doit donc choisir les informations dont les

élèves vont disposer et celles qu'ils devront utiliser. En suivant le cadre de la « tâche motrice »[1], chaque SA doit alors présenter un but et un critère de réussite. Mais le fait de réussir deux ou trois fois consécutivement la situation ne suffit pas pour qu'il y ait forcément apprentissage. Des auteurs recommandent d'ailleurs un taux de réussite significatif allant de sept à huit fois sur dix pour s'assurer que l'apprentissage est effectif. La compétence générale n° 2 de l'EPS prévoit d'ailleurs que l'élève apprenne par essai-erreur au C2 (ce qui implique plusieurs répétitions) et au C3 qu'il répète un geste pour le stabiliser et le rendre plus efficace.

Un second paramètre concerne les **conditions de pratique** d'une habileté motrice. Parmi celles-ci, on différencie une pratique en « **standard** » d'une pratique en « **variabilité** », selon que les paramètres du mouvement sont identiques ou non entre plusieurs essais. Un mouvement est déterminé par des paramètres spatiaux (orientation, amplitude) et temporels (vitesse, accélération). Les conditions optimales de l'apprentissage dépendent de plusieurs facteurs, et notamment du type d'habileté (ouverte ou fermée) concerné, et des stades de l'apprentissage moteur. Les **habiletés fermées** sont réalisées dans un environnement stable, sans incertitude (gymnastique par exemple) ; les **habiletés ouvertes** présentent une incertitude liée au milieu physique (escalade en milieu naturel par exemple) et/ou humain (jeux de lutte par exemple). Prenons un exemple d'habileté ouverte pour illustrer l'intérêt de cette distinction pour la construction de SA[2]. Les sports collectifs impliquent des habiletés ouvertes. C'est le cas du tir. L'élève va devoir mettre en jeu cette habileté dans des conditions environnementales variables (distance et orientation par rapport à la cible, tir à l'arrêt ou en mouvement…). Pour que l'élève comprenne ce qu'il doit faire et construise une approximation de réponse efficace (premier stade de l'apprentissage moteur : **stade cognitif**), il est préférable de le placer lors d'une première phase dans des conditions de pratique standard. Une fois ce stade atteint, et pour construire une habileté motrice efficace dans différentes conditions environnementales (**stade moteur**), il est plus pertinent d'introduire une variabilité dans la pratique. L'enseignant peut alors demander à l'élève de tirer à des distances et à des angles différents par rapport à la cible, et/ou à des vitesses variées. L'on pourra ensuite construire une automatisation des réponses efficaces (**stade autonome**, l'attention peut se détacher de la réalisation motrice), impliquant néanmoins une grande quantité de pratique.

À travers ces pistes et exemples, on s'aperçoit que l'enseignant doit concevoir des conditions d'apprentissage pertinentes, mais que l'élève joue un rôle important pour que les conditions d'apprentissage puissent être optimales, notamment par rapport aux feed-back qu'il peut utiliser ou communiquer à un autre élève. Certaines compétences générales développées chez les élèves, et à travers elles les apprentissages relevant du socle commun, constituent des facteurs de progrès essentiels.

1. Jean-Pierre Famose, *Apprentissage moteur et difficulté de la tâche*, Paris, INSEP, 1990.
2. Pour l'apprentissage d'habiletés fermées, nous renvoyons le lecteur à des ouvrages de référence tels que Schmidt, 1993, *op. cit.*

2. Analyse et transposition didactique des APSA en EPS

1 L'analyse didactique des APSA

Des analyses didactiques ont été réalisées à l'échelle de nombreuses activités afin d'en faciliter l'enseignement[1]. Nous illustrons ici cette démarche dans une activité très enseignée à l'école, et dont l'apprentissage fait partie des priorités scolaires : la natation.

Analyse didactique de l'activité natation[2]

a. Définitions et logique interne

Nager c'est « évoluer dans le milieu aquatique appréhendé dans son volume, sans utiliser d'équipements particuliers et sans avoir la possibilité immédiate de reprise d'appuis solides » (Maillard et Pelayo, 1997). La natation peut aussi être définie comme l'AP par laquelle **l'individu se déplace dans l'eau** pour atteindre un **but** (d'où plusieurs formes de natations : sportive, sécuritaire, de sauvetage, hygiénique, etc.). Les activités aquatiques se déroulent entre deux eaux (natation sportive, avec palmes, water-polo, natation synchronisée…) et se différencient des AP **nautiques** (canoë kayak, voile…) et **subaquatiques** (plongée, apnée…). On peut alors identifier **deux logiques** de pratique :

– l'**adaptation** au milieu aquatique pour réaliser un **déplacement finalisé**, en toute **sécurité** ;

– la production d'une **performance mesurée** dans un espace normé et sans incertitude.

Ces éléments permettent d'orienter l'enseignement dans deux directions, que l'on retrouve d'ailleurs dans les programmes. Aux C1 et C2, la natation (ainsi que les activités aquatiques) est enseignée pour atteindre l'objectif d'adapter ses déplacements à l'environnement. Au C3, à cet objectif s'ajoute celui de produire une performance.

1. Voir par exemple Groenen H (coord), Huchez A., Kapusta P., Necker S., Pasqualini S. *Concours Professeur des écoles. EPS. Le manuel complet pour réussir l'oral*, Vuibert, Paris, 2021.

2. Nous avons pris appui notamment sur AEEPS, 1994, *tome 2*, *op. cit.* ; Dominique Maillard et Patrick Pelayo, « Natation », in Patrick Seners, *Enseigner les APS, activités physiques scolaires du collège au lycée*, Paris, Revue EP.S, 1997 ; Corinne Cortyl et Philippe Kapusta, *Six étapes pour les activités aquatiques aux cycles 2 et 3*, Lille, CRDP de Lille, 2002 ; Patrick Pelayo et Michel Sydney, « Natation », *in* A. Thépaut, *Les APS en licence Staps, théories et pratiques d'apprentissage*, Paris, Masson, 2004, pp. 127-136.

b. Problèmes fondamentaux : la littérature en distingue classiquement quatre

■ **L'équilibration :** les propriétés de l'eau posent des problèmes d'équilibration au nageur qui doit constamment gérer et optimiser son équilibre. L'équilibre du terrien, vertical, est perturbé dans l'eau. Le corps y est en situation de **semi-apesanteur**. Mais, la construction de **l'équilibre aquatique** (généralement horizontal) nécessite de modifier les repères utilisés en milieu terrestre. La position de la **tête** est déterminante dans la gestion de l'équilibre et l'orientation des déplacements (rôle de gouvernail).

■ **La propulsion :** il faut parvenir simultanément à créer et entretenir une vitesse, tout en conservant son équilibre. En milieu terrestre, les jambes jouent un rôle propulsif majeur (les bras un rôle de rééquilibration). Cette logique est inversée dans l'eau : la **propulsion** est assurée principalement par les **bras**, et les **jambes** servent principalement à se **rééquilibrer**. Mais il existe plusieurs modalités de propulsion (en lien avec les **techniques de nages**).

■ **Les informations :** le nageur doit **s'informer** dans un **milieu** aux caractéristiques particulières (on voit trouble dans l'eau, l'audition est moindre) pour orienter son **déplacement**. De plus, dans la plupart des nages, le corps est allongé à la surface de l'eau (tête dans le prolongement du corps). Le **regard** devient donc **perpendiculaire** au déplacement (regard vers le fond de l'eau en nage ventrale, vers le haut en nage dorsale). La prise d'informations visuelles dans le sens du déplacement est ainsi perturbée. De plus, la nécessité de **sortir la tête** de l'eau pour **respirer** perturbe également la prise d'informations visuelles. D'autre part, les informations plantaires du terrien sont supprimées dans l'eau. Enfin, les informations relatives à son équilibre sont perturbées par les propriétés de l'eau. Ces éléments renforcent l'importance des informations proprioceptives.

■ **La respiration :** la respiration réflexe et spontanée du milieu terrestre doit être transformée dans l'eau. **L'expiration** doit y être **active** pour vaincre la résistance offerte par l'eau qui entoure la cage thoracique. Pour que **l'inspiration** soit efficace et donc **courte, l'expiration** doit être **complète** (forcée). La nécessité de respirer influe sur la gestion de son déplacement (il faut organiser les temps respiratoires pour ne pas gêner son déplacement, notamment si l'on veut nager vite ou longtemps). La gestion de la respiration va poser des problèmes énergétiques en lien avec la **gestion de l'effort** (essoufflement si la respiration n'est pas maîtrisée).

La résolution de ces problèmes implique de modifier le fonctionnement et les repères habituels du terrien. Le nageur doit gérer simultanément plusieurs **problèmes** qui peuvent être contradictoires : se déplacer, s'équilibrer, respirer, s'informer.

c. Les ressources sollicitées

■ **Aspects énergétiques**

L'eau a une **conductibilité** et une **capacité d'absorption de la chaleur** bien supérieures à l'air (on ne sue pas dans l'eau). De par la **pression hydrodynamique** au niveau des veines superficielles, la fréquence cardiaque maximale est de 10 battements inférieure aux valeurs terrestres. La natation a ainsi un effet particulier sur la

condition physique et la santé. Selon l'intensité et la durée de l'effort, les différentes filières énergétiques peuvent être sollicitées.
Mais le niveau de pratique peut aussi orienter l'intensité de l'effort. Un débutant ne disposant pas de technique de nage efficace aura un mauvais rendement énergétique et se fatiguera plus rapidement.

Aspects biomécaniques

Les déplacements dans l'eau sous soumis à des forces invisibles en milieu terrestre. L'eau offre un support qui donne une sensation de gravité moindre, en lien avec **la poussée d'Archimède.** Un corps immergé totalement ou partiellement subi une force égale au poids du volume d'eau déplacé par le corps. Si la densité du corps immergé est inférieure, égale ou supérieure à celle du liquide, le corps respectivement flottera, s'immergera sans couler complètement, ou coulera. La **densité du corps** humain varie selon les individus (en lien avec la répartition et le pourcentage des masses osseuses, musculaires et graisseuses). En position horizontale (bras contre les cuisses), les jambes ont tendance à couler, car le centre de gravité du corps humain ne concorde pas avec son centre géométrique. Pour rester en surface, il vaut mieux écarter les bras et les jambes tendues et adopter la figure de l'étoile de mer.
L'eau offre aussi des **résistances à l'avancement** plus élevées que l'air. Il existe plusieurs résistances à l'avancement : friction avec l'eau, turbulences à l'arrière du corps, résistance de vague (l'eau s'entasse devant le nageur, et un creux se forme à l'arrière). Dans les nages ventrales, plus le corps est horizontal dans l'eau, moins il y a de résistances de frottement.
Enfin, la propulsion dans l'eau ne peut, contrairement aux déplacements en milieu terrestre, s'effectuer à partir d'un appui solide. Le déplacement est principalement assuré par le train supérieur, grâce à ce que l'on appelle les **surfaces motrices**. **L'efficacité** des actions motrices dépend de **facteurs spatiaux** (quantité, orientation, profil des surfaces motrices, longueur et profondeur des trajets moteurs) et **temporels** (vitesse et accélération des surfaces motrices, fréquence et continuité des actions motrices).

Aspects moteurs

Les ressources motrices sont mobilisées en lien avec les problèmes d'équilibration posés au nageur, et les **coordinations** voire les **dissociations segmentaires** imposées par les différentes modalités de déplacements. Selon les **techniques de nage** (crawl, brasse, dos, papillon), mais aussi d'autres **actions techniques** telles le plongeon, le plongeon canard, le virage... ces coordinations et dissociations segmentaires varient.
Nous pouvons néanmoins pointer plusieurs cas de figures relatifs aux déplacements :
– Les nages où les **bras** et les **jambe**s effectuent des **mouvements alternatifs** (crawl, dos) : dans ce cas il faut apprendre à faire avec le train supérieur (et le train inférieur) des **mouvements identiques et symétriques** mais en les **coordonnant** dans le **temps** de façon alternée. Le battement de jambe par exemple impliquera un apprentissage particulier car il peut poser de nombreux difficultés aux élèves (l'élève n'avance pas, voire recule...). La réussite du battement de jambe implique une bonne orientation, amplitude et structure rythmique (accélérer lorsque la jambe descend) du mouvement. En crawl, le trajet moteur des deux bras doit également être symétrique et alterné. La difficulté tient notamment du fait que l'élève ne voit

pas ses trajets moteurs (il devra donc utiliser des **informations proprioceptives**). Et dans le cas d'une **nage ventrale**, la **respiration** impliquera une dissociation de la tête par rapport au corps en position ventrale (sinon le corps se redresse dans son ensemble, ce qui perturbe l'équilibre et freine le déplacement).
– Les autres nages (brasse par exemple) : les deux bras font un **mouvement symétrique simultané** (tout comme les deux jambes), mais le sujet doit **coordonner** les **trains supérieur et inférieur**.
Les ressources motrices sont également à analyser sous l'angle de la **vitesse de nage** (dont l'amélioration peut devenir un objectif au C3). La vitesse est le résultat de **l'amplitude** (distance parcourue lors d'un cycle complet des deux bras) multipliée par la **fréquence** (nombre de cycles réalisés par unité de temps). Dans l'ordre de progression, il faut dans un premier temps augmenter l'amplitude du mouvement, puis sa fréquence.

■ **Ressources cognitives, perceptives et décisionnelles**
Les ressources perceptives sont mobilisées de façon originale de par la nature des informations visuelles à utiliser selon les contraintes du déplacement, et l'importance des informations proprioceptives (se repérer et repérer ses segments corporels dans l'espace, gérer son équilibre, percevoir la sensation de glisse…), et tactile (lorsqu'on pousse sur le mur avec les pieds, sentir l'eau sur sa surface corporelle…). Les élèves devront généralement transformer leurs **représentations initiales du milieu aquatique** (l'eau remplit mon corps si je m'immerge, je ne flotte pas dans l'eau donc je coule…).

■ **Au plan affectif**
Le milieu aquatique est source de **plaisir** (milieu inhabituel, sensation de glisse…) mais également potentiellement de **peurs** (risques associés au milieu). Les émotions peuvent varier notamment selon la logique de pratique (performance, s'adapter au milieu, s'opposer, coopérer…), l'âge, le niveau de pratique.

d. Les enjeux éducatifs liés au savoir-nager

■ **Accéder aux pratiques culturelles sportives**, aux activités physiques d'entretien et de loisirs en milieu aquatique, particulièrement nombreuses et développées en France (plages, lacs, piscines, etc.).

■ **Assurer sa sécurité** lors des pratiques scolaires et/ou de loisirs ; voire celle d'autrui. Avec la démocratisation des loisirs en général et le développement des sites et pratiques aquatiques/nautiques en particulier, le savoir-nager sécuritaire est devenu un enjeu essentiel.

■ **Éducation à l'autonomie, à la responsabilité et à la citoyenneté** : la pratique de l'activité implique l'apprentissage de droits et de devoirs (en lien avec les contraintes de sécurité, les relations à autrui…), elle se prête à la construction de projets individuels et collectifs.

■ **Santé** : la natation est une pratique potentiellement bénéfique pour la santé physique, et qui se prête particulièrement bien à une éducation à la santé (cf. partie plus haut).

e. Objectifs et niveaux de pratique

Il n'existe pas de niveaux de pratique dans l'absolu. Il n'y a pas de progression linéaire et unique, et la pratique de la natation n'induit pas automatiquement les mêmes effets. Tout dépend des objectifs poursuivis par l'enseignant et des conditions d'apprentissage. Plusieurs élèves débutants (n'ayant jamais pratiqué la natation) n'auront pas forcément les mêmes comportements et difficultés. Par contre, on peut dégager des comportements plus ou moins pertinents et adaptés au regard des contraintes posées par l'activité.

On peut identifier des niveaux de pratique croissants en lien avec les **compétences visées** en EPS et **trois secteurs** constitutifs de l'activité : **l'entrée** dans l'eau, **l'immersion**, les **déplacements**. Sur ce dernier secteur, on peut envisager la progression suivante : 1. En grande profondeur (GP) se déplacer le long du mur uniquement grâce à ses appuis manuels ; 2. En GP, se déplacer le long d'une ligne d'eau, sans s'arrêter ; 3. En petite ou GP, pousser contre le mur et rejoindre un appui solide (à 3-4 m) en autonomie (avec un dispositif de sécurité comme une perche dans l'eau) ; 4. Rester en surface immobile en étoile de mer, puis rejoindre le bord en nageant (2-3 m) ; 5. Se déplacer en surface sur 15 mètres ; 6. Enchaîner plusieurs actions : coulée, déplacement ventral sur 25 mètres, passer sur le dos…

Les programmes présentent des axes de progression entre le C1 et le C3, même s'ils restent peu précis.

Les analyses didactiques des APSA présentent également parfois des bases techniques voire tactiques, qui peuvent être utiles pour la définition des contenus d'enseignement[1].

2 La transposition didactique des APSA en EPS

Les APSA constituent à la fois le moyen éducatif et l'objet de l'EPS. Se pose alors la question de la transposition didactique de cet objet culturel en EPS. En effet, la culture représentée par les APSA ne peut être enseignée ni totalement ni telle quelle à l'école. De plus, les AP pratiquées par les élèves doivent être adaptées aux caractéristiques développementales, au niveau de pratique des élèves, et aux visées éducatives. Le concept de transposition didactique répond à ces questions. Nous le définissons sommairement ici comme « le travail qui d'un objet de savoir à enseigner en fait un objet d'enseignement[2] ». Plus largement, il s'agit d'étudier le **passage** de **l'objet de savoir** à **l'objet à enseigner** et à **l'objet d'enseignement**. La transposition didactique ne peut être envisagée de la même manière dans toutes les disciplines scolaires, car l'objet du savoir présente des origines et des caractéristiques variées. En EPS, contrairement à ce qui se produit dans les disciplines scientifiques comme les mathématiques, la transposition didactique ne conduit pas à passer d'un savoir savant à un objet d'enseignement. Comme d'autres disciplines technologiques ou praxiques, les

1. Nous renvoyons le lecteur aux ouvrages de référence pour plus de compléments sur les niveaux de pratique et les bases techniques de la natation.
2. Yves Chevallard, *La Transposition didactique*, Grenoble, La Pensée sauvage, 1985.

savoirs de l'EPS sont issus principalement de **pratiques sociales de référence**[1] constituées ici par les **APSA.** Les **références** de l'EPS pouvant se traduire en **objets d'enseignement** (OE) sont multiples et sources de savoirs variés. Les APSA donnent lieu à des **savoirs techniques, scientifiques, professionnels**[2], et plus largement **culturels.** Au-delà du **choix** à opérer au sein des différentes **APSA** se pose la question du **choix** et de **l'adaptation** de ces différents **savoirs.** La transposition didactique des APSA est orientée par les programmes, mais le maître participe aussi à ce processus[3]. Dans tous les cas, il s'agit de tenir compte de plusieurs contraintes. D'une part, les **savoirs** à enseigner doivent être **proches des réalités sociales et culturelles** pour présenter une utilité sociale présente et future. En même temps, nous avons vu plus haut que la dimension **culturelle** des APSA n'était valorisée en tant que telle dans les programmes qu'à partir du C2 et du C3. Ainsi, il est possible de prendre plus de distance avec la logique interne de l'AP au C1. D'autre part, il faut assurer une **adéquation des savoirs aux élèves** pour leur conférer une valeur éducative, **une pertinence et une légitimité** au sein du système éducatif. La transposition didactique des APSA conduit à des **formes de pratique physique** adaptées de ces activités aux élèves scolarisés. Si l'on vise une représentativité culturelle des savoirs, cette adaptation scolaire doit alors préserver la logique interne de l'APSA, faute de quoi on perdrait l'essence des fondements culturels de l'APSA. S'il est important de conserver certaines règles essentielles de l'APSA pour préserver sa spécificité (par exemple en football, ne pas pouvoir attraper la balle avec les mains sauf quand on est gardien), il est recommandé de **faire varier les contraintes spatiales, temporelles ou encore sociales de la pratique de l'APSA pour adapter les ressources sollicitées aux possibilités des élèves** et aux savoirs visés. De par le rapport évolutif que l'EPS entretient aux APSA en tant que pratiques culturelles entre le C1 et le C3, la transposition didactique des APSA diffère selon le cycle d'enseignement envisagé.

La transposition didactique peut être réalisée en adaptant les règles de l'AP, et en jouant sur des **variables didactiques** (VD). Celles-ci permettent de faire varier le processus didactique, selon la construction par l'enseignant des contenus, et leur appropriation par les élèves. Les VD dépendent des caractéristiques des AP, mais on peut identifier de grandes catégories communes : **l'espace** (taille, zones interdites, obligatoires…), **le temps** (plus ou moins long, temps forts…), **les autres** (rôles, pouvoirs attribués…), **le corps** (parties à utiliser ou pas…), les **règles** (actions interdites, obligatoires…). La transposition didactique des APSA permet de proposer à l'échelle d'une même AP différentes formes de pratique et **situations de référence** (permettant d'évaluer les compétences que l'on veut développer chez les élèves).

1. Jean-Louis Martinand, *Connaître ou transformer la matière. Des objectifs pour l'initiation aux sciences et techniques*, Berne, Peter Lang, 1986.
2. André Terrisse, « La référence dans l'enseignement de l'éducation physique et sportive », in André Terrisse (Dir.), *Didactique des disciplines. Les références au savoir*, Bruxelles, De Boeck, 2001, pp. 119-139.
3. Yvon Léziart, (1997), « Savoir savant et transposition didactique en éducation physique et sportive », *Staps*, n° 42, 2004, pp. 59-72.

3. Repères généraux sur la conception de l'enseignement de l'EPS

L'enseignement de l'EPS est conçu sur plusieurs **échelles et niveaux**. L'enseignant conçoit son action éducative en mettant en relation et en prenant en compte **simultanément** différents **paramètres essentiels** :
– les besoins éducatifs des enfants : en lien avec leur âge, caractéristiques développementales, vécu en EPS et niveau dans les AP ;
– les orientations fixées par les textes officiels (programmes, *BO*) : en termes de finalités et d'objectifs poursuivis et de compétences à atteindre, d'AP à enseigner, etc. ;
– les AP : en lien avec leur nature, les problèmes qu'elles permettent de poser aux élèves, les ressources sollicitées, les enjeux éducatifs...
– les contraintes, possibilités et ressources pédagogiques locales (y compris le projet d'école) ;
– les connaissances et cadres relatifs à l'enseignement ;
– les caractéristiques de l'enseignant : expérience, connaissances, compétences....

La conception de l'enseignement de l'EPS s'étend de la programmation sur un cycle à la programmation annuelle, aux UA, séances et SA, mais va aussi des objectifs aux contenus d'enseignement proprement dits.

1 Programmation de l'EPS et des AP

L'enseignement de l'EPS est planifié dans le temps au moyen d'une **programmation** des **AP** sur les trois **cycles** de l'école primaire, et en leur sein sur l'**année** en lien avec les différentes **périodes** scolaires et le **projet d'école**. Le nombre d'AP programmées peut varier entre le C1 et le C3, en lien avec le nombre d'heures et de séances d'EPS par semaine, et la durée des UA (voir plus loin). Les AP sont choisies en fonction des prescriptions des programmes, des besoins éducatifs des élèves et des contraintes locales en termes d'infrastructures. Les AP gagnent à être programmées en fonction des objectifs éducatifs assignés à l'EPS au plan institutionnel (cf. plus haut). En maternelle, les AP sont à programmer de façon à couvrir les quatre objectifs et à atteindre les six attendus en fin de cycle. Au C2 et au C3, il est nécessaire de couvrir les quatre champs d'apprentissages complémentaires de l'EPS. Il n'est pas forcément nécessaire de couvrir chaque année ces quatre champs d'apprentissage si l'on suit les principes proposés dans les documents d'accompagnement Eduscol relatif à l'EPS au C2. Par contre, pour chaque champ d'apprentissage, il est alors conseillé de programmer plusieurs AP. L'enseignant doit ainsi choisir les AP présentant la plus grande

pertinence et cohérence éducative[1]. La répartition des horaires hebdomadaire peut être diverse (*cf.* le document d'accompagnement Eduscol C2 pour des illustrations). L'enseignement de chaque AP s'effectue dans le cadre d'une unité d'apprentissage (UA), elle-même composée de plusieurs séances. Une **séance** se compose elle aussi de différentes parties aux objectifs distincts : **mise en train** (préparation de l'organisme aux efforts et apprentissages de la séance, ou éléments évalués), **corps de séance** (apprentissages liés à l'objet ou au thème de la séance), **retour au calme** (récupération suite aux efforts fournis, transition avec les autres temps de la journée scolaire). L'enseignant doit bien sûr **préparer** en amont ces différentes étapes et phases de l'enseignement, et faire des **bilans** intermédiaires (de séance par exemple) pour réguler le cas échéant son projet éducatif. **L'évaluation** (initiale, formative) joue un rôle essentiel dans la conception de l'enseignement, et sa régulation.

2 Définition des objectifs et des contenus d'enseignement

■ L'enseignant doit définir les objectifs poursuivis à l'échelle de l'UA, et des différentes SA composant les séances. Les objectifs sont liés aux compétences que l'on cherche à développer chez les élèves dans l'AP concernée, donc le savoir-faire en jeu, et la situation dans laquelle il est requis. Il est également important de déterminer les connaissances et les attitudes que l'on souhaite développer chez les élèves. Aux C1 et C3, en conformité avec les programmes, les objectifs de l'enseignant doivent concerner non seulement l'EPS et l'AP concernée, mais aussi le socle commun et les compétences générales de l'EPS. Aux C2 et C3, les compétences retenues doivent être définies en lien avec trois dimensions : motrices, méthodologiques et sociales[2].

■ Ces compétences et connaissances gagnent ensuite à être traduites en termes de contenus d'enseignement (CE). Les CE désignent les **différents savoirs pratiques et théoriques** à **apprendre et intérioriser** par les **élèves** pour acquérir la **compétence visée**, et **transformer** par conséquence ses **conduites motrices**. Les CE sont donc situés au plus près de **l'activité de l'élève,** qu'elle soit de nature motrice, cognitive, perceptive, décisionnelle, ou affective. Les CE peuvent être formulés **en lien avec les ressources sollicitées.** On distingue des CE moteurs, cognitifs, affectifs, sociaux, méthodologiques, etc.

Un CE moteur peut être formulé en termes d'actions motrices à réaliser, mais elles sont généralement à appréhender en relations les unes avec les autres, et non de façon isolée. Par exemple, pour réussir une roulade avant sur un tapis horizontal avec un départ accroupi (au CE1), l'élève doit en même temps pousser sur ses jambes vers l'avant, poser ses mains au sol, et enrouler la nuque et le dos pour basculer vers l'avant. Une même compétence implique donc potentiellement plusieurs CE de différente nature. Sur l'exemple précédent, il faut également intégrer éventuellement un CE affectif : accepter la bascule avant et de perdre ses repères habituels. Mais selon les difficultés

1. Nous renvoyons le lecteur aux documents d'accompagnement proposés par Eduscol, en particulier celui intitulé « Concevoir une organisation de l'EPS pour les trois années du cycle 2 ».
2. Nous renvoyons le lecteur aux documents d'accompagnement proposés par Eduscol, en particulier ceux intitulés « Concevoir un module d'apprentissage en EPS » et « Concevoir une séance d'EPS ».

des élèves, une même compétence nécessitera l'intériorisation de **CE différents**. Dans l'exemple précédent, certains élèves auront du mal à rouler vers l'avant dans l'axe et pourront dévier à droite ou à gauche, d'autres encore ne parviendront pas à se relever. Dans le premier cas, il faut prévoir des CE moteur et perceptif permettant à l'élève : de poser ses deux mains de façon symétrique à l'axe du corps (pas une main plus en avant que l'autre) et tournées légèrement vers l'intérieur, de pousser de façon identique sur ses deux jambes, de fléchir la nuque dans l'axe du corps (s'il tourne la tête il risque de dévier latéralement). Dans le second cas, il faut prévoir un CE permettant, durant la rotation, de ramener ses talons vers les fesses et de tirer ses épaules et bras tendus vers l'avant en fin de roulade. Si un élève tombe plat dos, il devra intégrer des CE moteurs et perceptifs permettant d'enrouler le dos durant la rotation. Rappelons que la réalisation d'un mouvement implique généralement la prise en compte d'informations proprioceptives. En gymnastique, pour réaliser un appui tendu renversé (ATR – équilibre) au CM2, l'élève doit « tirer » la jambe arrière vers le haut en la gardant tendue, en même temps fléchir la jambe avant et poser les mains au sol. Comme il ne peut pas voir la jambe arrière, la réalisation de l'action implique la prise en compte de repères proprioceptifs relatifs à la position de ce segment dans l'espace.
La formulation des CE par l'enseignant va donc l'aider à **concevoir** des SA adaptées et à **réguler** l'apprentissage durant les séances. Lors de la réalisation d'une roulade arrière, des élèves peuvent avoir peur d'aller dans l'espace arrière (espace invisible), d'autres peuvent accepter de basculer vers l'arrière mais une fois sur le dos n'arrivent pas à se relever à cause d'une mauvaise pose des mains par exemple. Selon les cas, les **remédiations** de l'enseignant ne seront pas les mêmes. Dans le premier cas, on pourra proposer un **aménagement du milieu** permettant une hauteur de rotation moins élevée (l'élève est en boule, accroupi). Dans le second cas, on pourra donner une **consigne verbale** à l'élève relative à la pose de ses mains (« mains aux oreilles, les doigts vers l'arrière »). La connaissance des CE est donc aussi une condition essentielle à la mise en place d'un enseignement efficace et d'une **pédagogie différenciée**.

3 Organisation pédagogique de l'enseignement et sécurité des élèves

La programmation de l'EPS et des AP, la définition des objectifs et des contenus d'enseignement vont orienter la conception des UA, des séances et des SA. Mais d'autres choix pédagogiques sont également essentiels pour organiser l'enseignement et optimiser les apprentissages. Soulignons en particulier l'importance des formes de groupement (groupes homogènes ou hétérogènes, de besoin ou affinitaire...), les formes de travail (parcours, ateliers...) ou encore les formes de communication (orale, écrite, vidéo, démonstrations...). Ils permettent notamment de gérer l'hétérogénéité des élèves, leur motivation, et leur autonomie[1].
Nous insistons sur l'importance d'assurer la sécurité des élèves.

1. Pour une vue d'ensemble sur ces paramètres pédagogiques en EPS, voir par exemple : Groenen H. (coord), Kuehn T., Dhorme B., CRPE. *Concours Professeur des écoles. EPS. 50 fiches de mise à niveau.* Vuibert, Paris, 2021.

A. Sécurité des élèves et risques en EPS

L'enseignant est responsable de la sécurité physique et morale de ses élèves, en conformité avec ses missions et compétences professionnelles, en particulier la C6 : Agir en éducateur responsable et selon des principes éthiques, prévoyant de contribuer à assurer le bien-être, la sécurité et la sûreté des élèves. L'évolution de la société se traduit par une recherche accrue de sécurité, une moindre tolérance aux risques et aux accidents, qui se répercutent sur l'école.

La sécurité constitue une priorité pour l'enseignant, de façon générale à l'école mais aussi tout particulièrement en EPS, un fil rouge durant la conception et la mise en œuvre de ses enseignements. La sécurité impacte différentes échelles de conception de l'enseignement : la programmation de l'EPS et des APSA, la conception des UA, des séances, des situations d'évaluation, d'apprentissage, d'échauffement, mais aussi les déplacements en dehors de l'école par exemple. Dans le cas de la participation d'intervenants extérieurs au cours d'EPS, l'enseignant conserve une responsabilité concernant les choix faits pour sa classe.

Les spécificités des conditions d'enseignement de l'EPS (environnements et espaces) et de l'activité des élèves (nature de l'AP) débouchent sur des risques potentiels qui peuvent remettre en question la sécurité des élèves.

Durant un cours d'EPS, l'enseignant n'a pas forcément la vision sur tout le groupe classe, les élèves peuvent être assez éloignés (limitant la capacité à réguler dans l'instant leur activité), ils peuvent être dans un environnement présentant de l'incertitude. Le cas des vestiaires en est un exemple. L'enseignant peut utiliser du matériel extérieur à l'école, appartenant à une municipalité par exemple, dont la vérification revient à d'autres agents.

Les déplacements en dehors de l'école impliquent des règles, compétences et vigilances particulières (**EX :** faire déplacer un groupe classe sur un trottoir, traverser une route, compter ses élèves…). Certaines situations particulières (**EX :** un élève se blesse corporellement lors d'un cours d'EPS) peuvent nécessiter des décisions (**EX :** prévenir les pompiers ou le SAMU) et des compétences particulières (**EX :** mettre l'élève en position latérale de sécurité). Des risques plus larges tiennent par exemple aux rapports entre élèves, pouvant se traduire par des violences physiques, verbales (**EX :** insultes, moqueries…) ou psychologiques (**EX :** harcèlement). Le cas échéant, et en cas de doute, l'enseignant doit solliciter toute aide extérieure et alerter les autorités compétentes si nécessaires. La sécurité sera traitée en lien avec différentes catégories de risques, différentes catégories de sécurités, divers paramètres et leviers sécuritaires.

B. Différentes catégories de risques

La notion de risque a donné lieu à diverses théorisations et catégories, par exemple : risques corporels/psychosociaux, risques perçus/consentis, risques contrôlés/maîtrisés, risques contrôlés/régulés, risques objectifs/subjectifs. En EPS, les risques peuvent provenir de la nature des AP pratiquées par les élèves (**EX :** chute en vélo), mais aussi plus largement de l'environnement physique (**EX :** météorologie lors d'une activité en plein air, matériel utilisé) et social (**EX :** violences, harcèlement entre élèves). Si l'enseignant doit être vigilant à tous risques importants, nous insistons sur ceux liés spécifiquement aux AP, déclinés ici en risques objectifs et subjectifs.

a. Risques objectifs

Ils sont inhérents à l'activité physique, et donc présents quel que soit le niveau de pratique. Ils peuvent se traduire notamment par des risques d'accidents corporels ou des malaises.

EXEMPLES :

- natation : noyade ;
- activités de roule et de glisse (draisienne, trottinette, tricycle, vélo, patins à roulettes…), escalade, activités gymniques : chute ;
- jeux de lutte : blessures liées à des coups, douleurs liées à des contacts trop violents ;
- activités d'orientation dans un espace inconnu : se perdre ;
- course de durée : durée et intensité des efforts inadaptés aux capacités des élèves (malaise, accident).

b. Risques subjectifs

Ils sont liés à la façon subjective dont le risque est perçu par le pratiquant. Ils peuvent être en décalage avec les risques objectifs, et deux élèves peuvent avoir des perceptions très différentes des risques encourus. Certains peuvent avoir très peur, d'autres n'avoir aucune conscience du danger. Et cette perception peut évoluer au fil du temps.
EXEMPLES en natation : un élève peut avoir peur de se noyer dans le petit bain durant un jeu de chasse au trésor (immerger la tête pour ramasser des objets) malgré la présence de l'enseignant à ses côtés. Dans ce cas, l'absence de risque objectif (l'élève ne peut se noyer, le milieu étant sécurisé et l'enseignant le surveillant) ne doit pas conduire l'enseignant à ne pas prendre en compte les peurs de l'élève, ce qui pourrait conduire à créer un état de stress et de peur trop important au regard des caractéristiques développementales des élèves.
EXEMPLE en escalade : l'élève qui grimpe en moulinette peut avoir peur que la corde casse lorsqu'il est suspendu à celle-ci, alors que les caractéristiques de ce matériel empêchent ce cas de figure.
L'enseignant doit connaître et prendre en compte ces risques objectifs et subjectifs, à travers des choix didactiques et pédagogiques adaptés, et faire évoluer le cas échéant les représentations des élèves.

C. Différents types de sécurité en EPS : sécurité passive et active

a. Sécurité passive

Elle est intégrée à l'activité et à la situation, elle est permanente, stable. Elle peut découler de règles de sécurité (**EX :** interdiction de courir au bord d'une piscine, de porter un coup en jeux de lutte, de rouler à vélo sans casque…), du matériel de sécurité utilisé (**EX :** tapis de réception en gymnastique…), de l'aménagement du milieu physique et humain (**EX :** profondeur de la piscine en natation, couloirs de course individuels en athlétisme, présence de l'enseignant à côté de l'élève qui se déplace dans l'eau…).

b. Sécurité active

Elle résulte de l'activité ponctuelle d'une personne qualifiée (enseignant, intervenant extérieur, élève…). Cette intervention peut résulter du non-respect d'une règle (EX : en jeux de lutte, l'arbitre arrête la situation si un élève enfreint une règle de sécurité ; en natation, l'enseignant sort ponctuellement un élève du dispositif pédagogique s'il commet des actes dangereux interdits), d'une action qui peut être dangereuse pour l'élève (EX : l'enseignant pare un élève qui tombe d'une poutre en gymnastique, l'enseignant saute dans l'eau pour remonter un élève en difficulté en natation). Une autre façon de définir sécurités active et passive existe toutefois.

D. Facteurs de risques et leviers sécuritaires

a. Facteurs de risques

Finalement, les risques associés à telle ou telle situation dépendent généralement d'une pluralité de facteurs en interaction, notamment :
– les caractéristiques des environnements physiques et humains auxquels sont confrontés les élèves : les AP pratiquées, le matériel utilisé, les situations pédagogiques mises en place, la gestion pédagogique et la surveillance des élèves, le niveau de compétence de l'enseignant au regard des contraintes de l'AP ou des situations, etc. ;
– les caractéristiques des élèves : niveau de développement, niveau de pratique dans l'activité, représentations notamment. Une situation peut être risquée pour un élève, et pas pour un autre.

b. Leviers sécuritaires

L'enseignant peut jouer sur plusieurs paramètres, à intégrer durant la conception et la mise en œuvre de son enseignement, notamment :
– une programmation des AP adaptée aux élèves. EX : un jeu inspiré du rugby n'est pas pertinent en maternelle (les élèves sont incapables de gérer les contacts) ;
– un environnement de pratique sûr. EX : on ne pratique pas une AP à l'extérieur en cas d'orage ; le matériel utilisé doit être normé et vérifié ;
– des objectifs poursuivis adaptés aux élèves. EX : en GS de maternelle, courir sans s'arrêter entre 6 et 8 minutes induit un effort trop important ;
– des buts et critères de réussite pertinents donnés aux élèves. EX : on ne demande pas à des élèves mis en binôme de s'immerger sous l'eau pour être le dernier à remonter à la surface ;
– les compétences générales : elles sont essentielles car elles développent chez les élèves des savoirs sécuritaires, importantes pour eux-mêmes et pour autrui (liés aux règles, à la gestion des efforts…) ;
– un dispositif de sécurité passive : organisation matérielle, règles de sécurités adaptées, encadrement humain ;
– une sécurité active si besoin ;
– une communication pédagogique claire autour de la sécurité ;
– un dispositif humain permettant la surveillance du respect du cadre sécuritaire et toute régulation rapide si nécessaire.

4. Conception d'une unité d'apprentissage en EPS

Une unité d'apprentissage[1] se compose d'**une série de séances** relatives à l'enseignement d'une **même AP**. Le **nombre** de séances et la **durée** d'une UA peuvent varier entre le C1 et le C3, et selon les AP, et il n'y a pas de fourchette officielle à respecter. Pour autant, les apprentissages moteurs requièrent du temps, c'est pourquoi on conseille généralement un minimum de 6 à 7 séances en EPS et une dizaine d'heures de pratique (*cf.* les fiches ressources Eduscol). Dans certaines AP comme la natation qui relèvent d'apprentissages fondamentaux à l'école, on peut proposer jusqu'à 15 séances par exemple, avec éventuellement plusieurs séances par semaine sachant que le temps effectif d'une séance est généralement inférieur à une heure (compte tenu des contraintes de déplacement, de la perte de temps liée au changement de tenue, la réservation des créneaux horaires dans les piscines...). Une UA peut être découpée en plusieurs **phases** aux **durées, objectifs et contenus** différents.

- **Phase de familiarisation** : lorsque les élèves n'ont pas de vécu dans l'AP ou que leur niveau ne permet pas d'emblée de maîtriser la SR, ou qu'ils ne maîtrisent pas les bases sécuritaires de l'AP, il est fréquent de débuter l'UA par une phase d'entrée dans l'activité permettant aux élèves de comprendre les buts et règles de l'activité et de la situation qui sera proposée lors de l'évaluation.

- **Phase d'évaluation diagnostique** : elle permet d'évaluer le niveau de compétence (voire également de connaissance) initial des élèves, grâce à une situation de référence (SR) ou une forme de pratique adaptée aux élèves et aux objectifs de l'enseignant, et ainsi de fixer des objectifs pertinents.

- **Phase d'apprentissage** : elle vise à développer de nouveaux apprentissages chez les élèves. Elle peut être divisée en plusieurs **temps** et organisée autour de plusieurs **objets d'enseignement**. Un objet d'enseignement est un élément constitutif de l'AP, présent aux différents niveaux de pratique (par exemple, en jeux sportifs collectifs : le démarquage ; en natation : l'entrée dans l'eau). Cette phase gagne à être découpée en étapes autour de repères de progressivité (à travers des objectifs intermédiaires par exemple).

- **Phase d'évaluation sommative** : elle évalue le niveau des élèves en fin d'UA, grâce à une SR ou une forme de pratique liée aux compétences développées.

1. D'autres expressions synonymes sont utilisées par exemple : module d'apprentissage, séquence, unité d'enseignement. Pour un exemple de démarche de construction d'une UA, *cf.* la ressource Eduscol « Concevoir un module d'apprentissage en EPS ».

FOCUS

Exemple de structuration d'une UA en course de durée en classe de CE1

Les élèves ont été initiés à la course de durée au CP, par exemple à travers le jeu des déménageurs impliquant de courir individuellement sur des durées plus ou moins longues pour déplacer des objets. L'objectif à atteindre en CE1 pourra être de courir longtemps (de 6 à 12 min par exemple) de façon régulière, sans s'arrêter, en aisance respiratoire sur une piste horizontale. Cette fourchette de temps est adaptée au développement physiologique des enfants. L'enseignant pourra **différencier le niveau de compétence attendu** en fin d'UA sur la base d'**un temps de course variable** selon les élèves. Ceci favorise la réussite de tous, le développement de l'estime de soi et du sentiment de compétence, importants dans le cadre du développement psychologique de l'enfant. La situation de référence peut se composer de plusieurs parcours de distances croissantes, mais à parcourir sur une durée identique (permet d'adapter la vitesse de course aux capacités des élèves). L'UA gagne à débuter par une phase de familiarisation, durant laquelle les élèves expérimentent différents parcours associés à des vitesses croissantes, en les mettant en relation avec l'effort ressenti ou encore leur respiration.
La 2e séance pourra ensuite être consacrée à une évaluation diagnostique pour évaluer le temps durant lequel les élèves peuvent courir sans s'arrêter, et leurs capacités à courir à allure régulière. La phase d'apprentissage peut ensuite être divisée en deux parties (composée chacune de 3 ou 4 séances par exemple). La première est dédiée à l'expérimentation plus approfondie de différentes allures de courses. Il s'agit alors de ressentir les effets des différentes allures sur son corps et sur les efforts fournis. La seconde partie vise à expérimenter une allure de course choisie par l'élève et adaptée (aisance respiratoire), sur des durées croissantes et à apprendre à maintenir une allure régulière. L'UA se termine par une évaluation sommative.
Les objectifs de l'enseignant ne se cantonnent pas à une dimension motrice, et doivent également couvrir les dimensions sociales et méthodologiques, en apprenant aux élèves :
- des rôles sociaux (observateur d'un binôme par ex.) et des règles (fonctionnement du groupe classe lors des situations d'apprentissage, récupération entre exercices, hygiène...) qui participent à la compétence générale 3 de l'EPS et au domaine 3 du socle commun ;
- des méthodes et outils pour apprendre (par exemple utiliser les effets de ses actions pour déterminer une vitesse de course adaptée, apprendre à planifier son action pour choisir une vitesse de course adaptée à l'élève) qui participent à la compétence générale 2 de l'EPS et au domaine 2 du socle commun ;
- à entretenir leur santé par une activité physique régulière (par exemple découvrir des principes d'une bonne hygiène de vie, ne pas se mettre en danger par un engagement physique dont l'intensité excède ses qualités physiques) en lien avec la compétence générale 4. L'enseignant assure la sécurité des élèves à travers des efforts adaptés à leurs capacités.

5. Conception d'une situation d'apprentissage en EPS

Une SA est conçue en EPS pour permettre à l'élève de **résoudre** certaines **difficultés** d'apprentissage, de développer une **compétence** identifiée, et d'intégrer les **CE** associés. Il faut donc concevoir la SA en fonction d'un objectif précis, qui prend du sens au regard de comportements et de conduites d'élèves hypothétiques ou observées antérieurement. Lorsque les élèves rencontrent des problèmes différents dans une même SR ou SA, on peut éventuellement proposer une seule SA tout en la modulant à l'aide de variables didactiques. Cela permet une différenciation de l'enseignement en réponse à l'hétérogénéité des élèves. Si les problèmes rencontrés par les élèves sont trop différents (problèmes affectifs pour certains, problèmes moteurs pour d'autres par exemple) des SA différentes peuvent aussi être proposées à des groupes de besoin.
Une SA repose généralement sur plusieurs rubriques[1].

- **L'objectif :** il est lié à la compétence que l'on cherche à développer.

- **Le but :** il renvoie à **ce que doit faire l'élève** dans la tâche. Sa formulation doit être claire, concise, adaptée au niveau de développement et de compréhension de l'enfant.

- **Le(s) critère(s) de réussite(s) :** il permet à l'élève de savoir s'il a réussi ou non la tâche, point essentiel pour développer le sentiment de compétence de l'enfant. Un critère de réussite peut être formulé selon des paramètres **qualitatifs** (par exemple rouler dans l'axe, si le but est de faire une roulade avant) et/ou **quantitatif** (marquer au moins 3 paniers sur 5 essais en basket-ball). Le nombre et la nature des critères de réussite doivent être adaptés au niveau de développement, d'attention et de mémorisation des élèves.

- **L'aménagement matériel et humain :** il précise aux élèves comment réaliser correctement la tâche. Cela peut concerner l'attribution de rôles différents (plusieurs équipes, un observateur, un arbitre…), le matériel orientant l'activité des élèves (un parcours aménagé en gymnastique…).

- **Les règles de fonctionnement :** elles permettent aux élèves de répondre aux questions suivantes : qui fait quoi ? où ? quand ? comment ? avec qui ?

- **Les règles de sécurité :** elles s'avèrent très importantes, en général en EPS, mais aussi plus particulièrement dans certaines AP présentant des risques objectifs, comme en natation (noyade, exemple de règles : on ne court pas dans la piscine), en course d'orientation (risque de se perdre, exemple de règle : on reste dans le dispositif et les limites de la tâche), dans les lancers (risque de lancer sur quelqu'un, exemple de règle : j'attends mon tour), dans les jeux de lutte (risque de blessures liées à des coups, règle d'or : ne pas frapper).

---

1. Voir par exemple le document d'accompagnement Eduscol intitulé « Concevoir une séance d'EPS ». Ces rubriques ne sont toutefois pas uniformisées dans la littérature professionnelle.

■ **L'organisation pédagogique :** la mise en œuvre d'une SA implique de définir plusieurs paramètres, notamment les formes de groupements, les formes de travail, le mode de communication pédagogique. Ils vont avoir un impact sur la communication des informations permettant aux élèves de s'engager dans l'activité, l'aménagement matériel et humain de la SA, les règles de fonctionnement et de sécurité.

■ **Les interventions didactiques de l'enseignant :** elles regroupent tout ce que l'enseignant est susceptible de faire – une fois que la tâche a débuté – pour favoriser l'apprentissage des élèves et leur appropriation des CE. Ces interventions répondent aux comportements et problèmes des élèves susceptibles d'être observés par l'enseignant. Elles peuvent prendre la forme de **démonstrations** pour réexpliquer autrement les caractéristiques de la tâche. Il peut aussi s'agir de **consignes verbales** orientant l'activité d'apprentissage de l'élève, ses actions (« Tends tes jambes » lors d'une roue), sa prise d'information (« Vérifie que ton camarade est démarqué avant de lui faire la passe » en handball), son attention (« N'oublie pas que tu dois changer de rôle après » lors d'un atelier en gymnastique), ses réflexions (est-ce qu'il vaut mieux faire une passe en cloche ou tendue ? en basket-ball), etc. Ces interventions peuvent aussi conduire l'enseignant à **adapter la tâche** aux difficultés et aux réussites des élèves. Il peut alors augmenter ou diminuer la **difficulté** ou la **complexité** de la tâche en utilisant des variables didactiques (par exemple le nombre de joueurs en sports collectifs, la hauteur d'un banc en gymnastique, la distance d'élan en sauts athlétiques) en fonction des comportements et conduites des élèves.
Les situations d'apprentissages peuvent se différencier selon les **objectifs** poursuivis, mais aussi des **modèles pédagogiques** sous-jacents et de certains cadres théoriques. Les modèles pédagogiques se différencient en particulier selon les rapports établis entre le savoir, l'élève et l'enseignant. Deux grands modèles sont classiquement différenciés : la **pédagogie traditionnelle** et les **pédagogies actives**, même s'il existe encore d'autres modèles pédagogiques intermédiaires. Les pédagogies traditionnelles partent du principe que c'est l'enseignant qui détient le savoir et qu'il doit le transmettre à l'élève. Les pédagogies actives partent du principe que l'élève joue un rôle central dans la construction du savoir. Une autre façon de classer les situations renvoie à la définition ou non des buts et des moyens permettant de les atteindre.
On distingue alors trois situations :
– **Situation fermée :** le but est donné par l'enseignant, tout comme les moyens à mettre en œuvre ou les actions à réaliser par les élèves. En basket-ball par exemple, l'élève de CE1 doit marquer un panier dans une situation sans partenaire ni adversaire, il est seul face à la cible. L'enseignant indique à l'élève comment il doit réaliser l'action du tir : tirer à deux mains, vers le haut et l'avant pour produire une trajectoire en cloche, en restant équilibré sur ses deux pieds. Actuellement, on privilégie généralement des modèles pédagogiques permettant à l'élève de jouer un rôle plus important dans la construction des savoirs. Mais les situations fermées peuvent être pertinentes notamment dans le cas où il n'est pas possible ou pertinent de proposer des situations plus ouvertes. C'est le cas notamment avec les **savoirs** dits **sécuritaires**. En vélo, l'utilisation des équipements de sécurité (casque, genouillères) implique un apprentissage chez les élèves à partir des normes fixées par l'enseignant. L'élève peut au CP apprendre à s'équiper seul et au CE1 à vérifier et régler

seul le matériel et les équipements de sécurité. En escalade, on est sur une logique similaire au C3. L'enseignant doit donner les règles et les techniques permettant de s'équiper seul (baudrier et encordement). La répétition de situations fermées est alors pertinente et nécessaire.

– **Situation semi-ouverte :** le but est donné par l'enseignant, mais les moyens efficaces permettant de réussir doivent être trouvés par les élèves. Ce type de situation peut aboutir à des **situations de résolution de problème**. Ces situations sont pertinentes pour rendre l'élève acteur de ses apprentissages, donner du sens à ces derniers, développer l'autonomie et des compétences méthodologiques transversales liées à la recherche de solutions. Par exemple, dans un jeu de lutte au C2, les élèves sont au sol, un défenseur à quatre pattes (qui n'a pas le droit de se relever), l'attaquant se trouve sur le côté et doit trouver une solution pour retourner l'adversaire sur le dos. L'attaquant a pour contrainte de poser ses deux mains à deux endroits différents sur le corps de l'adversaire, et de poser son buste contre l'adversaire.

– **Situation ouverte :** le but et les moyens à mettre en œuvre ne sont pas donnés par l'enseignant. On confronte ici l'élève à un milieu, qu'il peut **explorer** à sa guise. L'enseignant devra toujours proposer un milieu garantissant la **sécurité** des élèves, et le cas échéant donner des règles. Toutes les AP ne se prêtent pas à ce type de situation, possible par exemple en maternelle à travers un milieu riche invitant à divers déplacements.

Il existe divers moyens de **favoriser les apprentissages** des élèves et de construire des SA adaptées. Selon les théories de l'apprentissage, on pourra valoriser des procédés différents. En EPS, on pourra dans certaines APSA mettre en place une **activité d'adaptation de l'élève** à l'environnement physique proposé, en jouant par exemple sur l'**aménagement** du milieu. Par exemple pour une course athlétique, il est possible de faire varier l'amplitude de la foulée grâce à un parcours composé de lattes perpendiculaires au sens de la course et situées à des distances variables.

On peut aussi orienter l'activité de l'élève grâce à du matériel à mobiliser. En activité gymnique, lors d'une roulade avant, on peut demander à l'élève de bloquer une petite balle en mousse entre le menton et la poitrine, pour l'inciter à conserver l'enroulement vertébral, et le renseigner sur le maintien de celui-ci (effectif si j'ai gardé la balle bloquée).

Pour que l'élève ait envie de s'engager et d'apprendre, il est également important de jouer sur des facteurs motivationnels, en phase avec le développement de l'enfant, comme le jeu, le plaisir, la réussite, les progrès.

FOCUS

Exemple de SA en jeux de lutte en classe de CM2

La situation suivante est proposée à des **élèves** de CM2 qui rencontrent des **difficultés** pour immobiliser leur **adversaire sur le dos**. Ce constat pourrait être fait dans la **situation de référence** suivante : les élèves réalisent un combat au sol (les élèves n'ont pas le droit de se lever) en un contre un, sur une surface réduite (cercle de 2 mètres de diamètre), durant 40 secondes. Le but est d'amener l'adversaire sur le dos, et de l'y maintenir 5 secondes (au moins une épaule touchant le sol avec le dos orienté vers le tapis). Ces durées sont adaptées au développement de l'enfant et à ses capacités physiologiques, en évitant des efforts intenses trop prolongés. La notion d'**immobilisation** (manière de se placer vis-à-vis de/sur l'adversaire pour le garder sur le dos) prend un sens précis pour l'élève car nous sommes en C3 (vécu antérieur en C2). Lorsque les élèves sont à genoux face à face, ils peuvent parvenir à déstabiliser leur adversaire en le tirant, poussant, tournant... pour l'amener sur le dos, mais ils ne parviennent pas à l'y maintenir pendant la durée requise. Lorsqu'un combattant est à quatre pattes, l'attaquant peut parvenir à retourner son adversaire pour l'amener sur le dos. Il s'agit ici d'utiliser des techniques permettant de maintenir l'adversaire sur le dos, conformément au but poursuivi dans certaines activités physiques de combat.

Les CE associés à la compétence concernent notamment les saisies sur l'adversaire selon la position par rapport à celui-ci (si l'attaquant est allongé en croix, perpendiculaire à l'adversaire, on peut le saisir au niveau de l'épaule, au niveau du bassin, en passant ses mains entre les jambes), l'utilisation du poids de son corps (en serrant l'adversaire contre soi, en pesant avec son buste contre le buste de l'adversaire et en poussant avec ses pieds dans le tapis), la position écartée des pieds au sol (orteils « accrochés »).

Plusieurs comportements peuvent traduire les difficultés des élèves :

- L'attaquant peut par exemple s'asseoir à califourchon sur l'adversaire en tendant ses deux bras pour appuyer sur les épaules de l'adversaire (il ne peut alors utiliser le poids de son corps de manière optimale).
- L'attaquant peut se placer à genoux, à côté du défenseur allongé sur le dos, et tenter de l'empêcher de se retourner à plat ventre en tirant uniquement sur un bras et/ou sur une jambe.
- L'attaquant s'allonge sur le corps de l'adversaire mais en étant éloigné de son centre de gravité (situé au-dessus du bassin) : sur les jambes par exemple. Le contact insuffisant avec le corps adverse et la distance par rapport au bassin ne permet pas de le contrôler.

Ces comportements peuvent être liés à plusieurs **problèmes** :

- **cognitif** (l'élève ne connaît pas les actions efficaces pour immobiliser) ;
- **moteur** (il n'arrive pas à adopter une saisie efficace, à utiliser le poids de son corps pour peser sur l'adversaire, à supprimer les appuis de l'adversaire qui veut se relever, à pousser sur ses pieds car les orteils ne sont pas « accrochés dans le tapis »...) ;
- **perceptif décisionnel** : il ne réagit pas assez vite aux défenses adverses.

L'objectif de l'enseignant est alors que les élèves immobilisent l'adversaire en pesant sur lui et en utilisant le poids de leur corps.

SA : « coincer le lézard »

Objectif : utiliser son corps et peser sur l'adversaire pour limiter ses déplacements.
But : empêcher le lézard de s'échapper.
Critère de réussite : réussir durant 15 secondes.
Aménagement et fonctionnement : un carré de 3 mètres de côté, entouré d'une zone de sécurité de 2 mètres qui sépare chaque carré. Un élève allongé sur le dos (le lézard),

doit toucher la limite extérieure du carré. L'autre élève à côté du lézard peut se placer comme il veut sur lui (dans le respect des règles de sécurité). Il y a un arbitre par carré. L'enseignant met en place une situation de résolution de problème en introduisant la contrainte suivante : l'élève qui est au-dessus doit forcément poser son buste sur le lézard, à un endroit situé entre la tête et le bassin (une démonstration est utile), et a le droit de saisir le lézard comme il l'entend. Cette contrainte ne permet plus aux élèves d'utiliser leurs réponses spontanées inefficaces : contact trop éloigné, actions sur les segments adverses sans utiliser tout son corps... Au signal sonore de l'enseignant, la situation débute.

Règles de sécurité : interdiction de saisir les extrémités (doigts, orteils), de mettre la main sur le visage, de ceinturer cou ou tête, de tirer sur un bras tendu vers l'arrière, de mettre un coup (poing, pied, coude, genou, etc.), de griffer. Règle d'or : **ne pas faire mal, ne pas se faire mal, ne pas se laisser faire mal**. Les élèves doivent enlever tout objet solide. Interdiction de sortir complètement de la surface de jeu.

Interventions et variables didactiques : plusieurs variables didactiques peuvent faire évoluer la situation pour répondre aux difficultés d'apprentissage et s'adapter aux réussites des élèves :

- la position du lézard : allongé sur le ventre, ce qui facilite la poussée sur ses mains pour se déplacer, et rend plus difficile pour l'adversaire la suppression des appuis du lézard ;
- système de points : 1 point si on maintient le lézard 5 secondes, 2 points si c'est 10 secondes, 3 points si c'est 15 secondes ;
- augmentation de la durée de la situation (maximum 20 secondes) ;
- la distance à parcourir : on l'augmente si l'élève n'a pas le temps d'immobiliser le lézard (3 mètres de la cible par exemple) ;
- l'orientation du lézard (tête, pieds, etc.) par rapport au but.

L'enseignant gagne à faire observer et verbaliser les élèves pour dégager des **stratégies efficaces** : comment se déplace le lézard ? Que fait-il avec ses bras ? Comment se place l'adversaire sur le lézard ? Où place-t-il son buste ? Comment pose-t-il ses pieds ? Que fait-il avec ses bras ? Le but est alors de dégager quelques **règles d'action** simples :

- pour immobiliser l'adversaire, je dois utiliser le poids de mon corps, peser sur lui, au niveau de son buste ; et je le serre fort contre moi avec mes bras ;
- pour pousser sur mes pieds, j'accroche mes orteils dans le tapis.

Prise en compte du développement de l'enfant : on propose un jeu faisant appel à l'imaginaire et au monde animal ; on s'appuie sur les capacités de réflexion et d'analyse des élèves.

Gestion de la sécurité des élèves : par les règles de sécurité, la zone de sécurité, l'arbitre.

PARTIE 5

Réussir l'épreuve orale d'entretien : mises en situation professionnelle

Coefficient 2

Durée : 35 minutes

Présentation de l'épreuve

1 Qu'en disent les textes officiels ?

A. Ses visées générales

Cette épreuve porte **sur la motivation du candidat et son aptitude à se projeter dans le métier de professeur au sein du service public de l'éducation**. Lors du premier temps de l'échange, le candidat est invité à présenter des éléments de son parcours et des expériences qui l'ont conduit à se présenter au concours en valorisant ses travaux de recherche, les enseignements suivis, les stages, l'engagement associatif ou les périodes de formation à l'étranger.

La suite de l'échange doit permettre au jury, au travers de deux mises en situation professionnelle, l'une d'enseignement, la seconde en lien avec la vie scolaire, d'apprécier l'aptitude du candidat à :

- **s'approprier les valeurs de la République**, dont la laïcité, et les exigences du service public (droits et obligations du fonctionnaire dont la neutralité, lutte contre les discriminations et stéréotypes, promotion de l'égalité, notamment entre les filles et les garçons, etc.) ;
- **faire connaître et faire partager ces valeurs et exigences**.

B. Modalités organisationnelles

Durée totale de l'entretien : 35 minutes.
Notée sur 10. Coefficient 2. La note 0 est éliminatoire.
Déroulement :

■ **Premier temps :** 15 minutes
- présentation du candidat : 5 minutes maximum ;
- échange avec le jury : 10 minutes.

Pour ce premier temps d'échange, le jury dispose d'une fiche individuelle de renseignements transmise préalablement par le candidat. Cette fiche qui n'est pas notée permet de faire état des points suivants : études et formation initiale, formations, stages, expériences professionnelles.

■ **Second temps :** 20 minutes
- proposition par le jury de deux mises en situation professionnelle : l'une d'enseignement, l'autre en lien avec la vie scolaire ;
- échange avec le jury à propos de ces deux mises en situation professionnelle.

2 Recommandations

A. Nécessité d'une parfaite connaissance de l'histoire de l'école primaire

Il n'est pas inutile de rappeler qu'une parfaite connaissance de l'histoire de l'école primaire, des grands débats et des lois fondamentales qui l'ont forgée est attendue des candidats au CRPE. Pour illustrer et surtout confirmer le propos, citons cet extrait d'un rapport de jury :

« De manière générale, chez la plupart des candidats, si le fonctionnement de l'école primaire est généralement connu, en revanche les **enjeux liés aux politiques éducatives** ne sont pas suffisamment bien appréhendés. [...] La question du "pourquoi ?" l'existence de telle loi, tel règlement reste généralement sans réponse. La compétence 2 du référentiel : "Inscrire son action dans **le cadre des principes fondamentaux du système éducatif** et dans le cadre réglementaire de l'école" (**connaître la politique éducative de la France, les principales étapes de l'histoire de l'école, ses enjeux et ses défis, les principes fondamentaux du système éducatif et son organisation en comparaison d'autres pays européens**) s'inscrit pourtant largement dans la finalité de l'épreuve. Si la plupart des candidats connaissent les principaux éléments d'organisation et de fonctionnement de l'école primaire, ils peinent presque toujours à y donner du sens. Cette faiblesse est à mettre en relation avec le **déficit de connaissances historiques relatives à l'évolution du système éducatif, aux grandes étapes, aux grandes réformes et aux contextes historiques** qui peuvent les expliquer. Sans le support de ces fondements culturels, les politiques éducatives sont, dans le meilleur des cas, décrites, mais jamais appréhendées sous l'angle de leurs enjeux. Ainsi, les candidats ne peuvent pas expliquer **la spécificité française de la laïcité**. Un pas qualitatif dans la préparation serait franchi si les candidats pouvaient passer d'une approche descriptive des faits, des normes ou des principes à la compréhension de leurs enjeux. » Académie de Lille, session 2014.

B. Nécessité de se situer dans le système éducatif et de connaître les valeurs de la République et les exigences du service public

L'arrêté du 25 janvier 2021 fixant les modalités d'organisation du CRPE précise que l'épreuve doit permettre, au travers notamment de deux mises en situation professionnelle, l'une d'enseignement et la seconde en lien avec la vie scolaire, **d'apprécier l'aptitude du candidat à s'approprier les valeurs de la République et les exigences du service public**. Pour ce faire, il est donc impératif qu'il sache se situer dans le système éducatif dans ses différentes dimensions dont l'institution scolaire, les enjeux des politiques éducatives, l'établissement et le rôle des différents conseils, les partenaires de l'école, l'équipe éducative, la classe, la sécurité et la sûreté des élèves, les relations avec les parents, la diversité, la mixité... Il est clair que l'épreuve orale d'entretien, dans sa seconde partie, vise à prendre largement en compte la recommandation formulée depuis de nombreuses années dans la plupart des rapports de jury CRPE. De fait, ceux-ci indiquent clairement qu'« au travers [...] de l'entretien, le candidat doit faire apparaître qu'il est engagé dans la construction des compétences professionnelles telles qu'elles sont définies dans le référentiel des compétences professionnelles des métiers du professorat et de l'éducation (arrêté du 1er juillet 2013) ». Les éléments de cours abordés dans cette partie permettent d'aborder les compétences professionnelles suivantes[1] :

■ **Compétences 1 et 6 : Faire partager les valeurs de la République et agir en éducateur responsable et selon des principes éthiques**

– École, protection et prévention
– Droits et obligations des fonctionnaires
– Laïcité à l'école
– Éducation aux droits de l'homme
– Lutte contre les discriminations et les stéréotypes
– Promotion de l'égalité filles-garçons

■ **Compétence 2 : Inscrire son action dans le cadre des principes fondamentaux du système éducatif et dans le cadre réglementaire de l'école**

– Institution scolaire : administration et hiérarchie
– Fonctionnement des écoles primaires
– Enjeux des politiques éducatives
– Établissement et rôle des différents conseils

■ **Compétence 10 : Coopérer au sein d'une équipe**

– Équipe éducative, équipe pédagogique

■ **Compétence 11 : Contribuer à l'action de la communauté éducative**

– Droits et obligations de la communauté éducative

■ **Compétence 12 : Coopérer avec les parents d'élèves**

– Relations avec les parents

■ **Compétence 13. Coopérer avec les partenaires de l'école**

– Les partenaires de l'école

1. La compétence 1 « Faire partager les valeurs de la République » sera plus spécifiquement abordée dans la partie 3. La compétence 6 « Agir en éducateur responsable et selon des principes éthiques » y sera à nouveau traitée.

Planning de révisions

Périodes	Thèmes à étudier	Nos outils[1]
Période 1 Septembre à novembre	**L'institution scolaire** – Fonctionnement des écoles primaires – École, protection et prévention – École et citoyenneté **Lecture des textes officiels** (programmes de l'école primaire, loi « Pour une école de la confiance », référentiel de formation, circulaire de rentrée)	 p. 483 p. 492 p. 506
Période 2 Décembre à mi-janvier	**Scolarité et parcours de l'élève** – Organisation des enseignements – Accompagnement des élèves – Certifications – Besoins éducatifs particuliers – Élèves en situation de handicap ou malades	 p. 468 p. 478 p. 489 p. 489
Période 3 Mi-janvier à février	**Contenus et pratiques d'enseignement** – École maternelle – École élémentaire – Enseigner avec le numérique – Parcours éducatifs – Éducations transversales – Approches théoriques et didactiques	 p. 464 p. 463 pp. 460-480
Période 4 Mars à avril	**Politiques éducatives** – Refondation de l'école de la République – Éducation prioritaire – École inclusive – École de la confiance (loi du 26 juillet 2019)	 p. 487 pp. 487-489 p. 489 p. 489
Période 5 Mai à début juin	**Éthique et déontologie du professeur des écoles** – Compétences – Droits – Devoirs **Révisions générales**	 p. 456 p. 504 p. 504

1. Pour approfondir les thèmes à étudier on consultera avec profit les outils Vuibert suivants :
• Marc Loison, *Professeur des écoles, 200 questions sur le système éducatif*, Paris, Vuibert, 2020.
• Marc Loison (dir.), Valérie Bouquillon (coord.), Aline Merlot, Ève Santhune, *Guide du professeur des écoles. Débuter dans l'enseignement primaire*, Paris, Vuibert, 2020.

Connaître l'histoire de l'école primaire française

Tout le cours

Tout le cours

1. Émergence de l'école contemporaine

Bien avant Jules Ferry, avec l'essor de l'imprimerie, la concurrence entre l'Église catholique et les Églises protestantes, puis avec le formidable ébranlement éducatif des Lumières et la Révolution française, l'institution scolaire se constitue de plus en plus nettement comme enjeu social et politique.

1 Le temps des petites écoles

Sous la Renaissance, quelques écoles paroissiales s'emploient à enseigner les rudiments de base : **lire et prier, parfois écrire et compter**. Avec l'essor de l'imprimerie et la concurrence entre l'Église catholique et les Églises protestantes, les petites écoles se multiplient durant les XVIe et XVIIe siècles et jouent un rôle décisif dans l'accès au savoir.

Dans la plupart des petites écoles, le maître, encore appelé **clerc laïc ou magister**, utilise alors la **méthode individuelle** consistant à instruire chaque élève indépendamment des autres. Le maître s'adapte à la diversité des élèves et des scolarités mais aussi des manuels. **Jean-Baptiste de la Salle** (1651-1719) et les **Frères des écoles chrétiennes** imaginent de mettre en œuvre le **mode simultané**. Ce dernier consiste à répartir les enfants selon leur âge et le niveau de connaissances et à assurer à chaque niveau le même enseignement, en faisant faire les mêmes exercices, sans dissocier chronologiquement l'apprentissage de l'écriture de celui de la lecture et même du calcul. Les élèves progressent du même pas simultanément.

2 L'ébranlement éducatif du siècle des Lumières

Caradeuc de La Chalotais (1701-1785) publie en 1763 un projet de réforme de l'enseignement au titre très explicite d'***Essai d'éducation nationale ou plan d'études pour la jeunesse***, dans lequel il affirme que l'école doit sortir de la tutelle de l'Église et, son objectif étant de préparer les individus à remplir une fonction sociale, être sous la direction de l'État. À la même époque, **Jean-Jacques Rousseau** (1712-1778), dans l'ouvrage ***L'Émile ou de l'éducation***, énonce dans le processus éducatif deux valeurs qui se révèlent encore aujourd'hui comme « nouvelles » : le respect de la situation d'enfance et la connaissance des caractères qui définissent cette situation par rapport à celle de l'adulte.

Denis Diderot (1713-1784) voit dans l'instruction et la science un puissant moyen de libération des esprits et la condition du progrès humain. Aussi pose-t-il le principe que **l'instruction est due à tous** et qu'il incombe à l'État de la distribuer aussi largement que possible. Toutefois, certains philosophes et non des moindres, dont Voltaire, au même titre que le roi et son administration, ne voient guère l'utilité d'instruire les paysans.

Au XVIIIe siècle, c'est bien l'Église qui, beaucoup plus que la plupart des gens « éclairés », demeure le principal soutien de l'instruction populaire. L'Église catholique a eu incontestablement, au début du XVIIIe siècle, comme figure emblématique des écoles de charité Jean-Baptiste de La Salle, à l'origine de la méthode simultanée qui préfigure la forme scolaire des siècles suivants : l'école publique du XIXe siècle s'y ralliera en la laïcisant.

L'Église protestante compte parmi les siens, en cette fin de XVIIIe siècle, le fondateur des premières salles d'asile en la personne du pasteur **Jean-Frédéric Oberlin** (1740-1826). La grande innovation de Jean-Frédéric Oberlin, que l'on peut qualifier de pasteur pédagogue et animateur rural est, sans doute, la création des **« poêles à tricoter »**, où les enfants âgés de moins de sept ans, sous la responsabilité de « conductrices de la tendre enfance » sont préparés à l'entrée dans les classes élémentaires.

3 Révolution et éducation nationale, le temps des débats

Malgré l'émergence durant le XVIIIe siècle de l'idée d'un État enseignant, l'État monarchique ne veut pas s'emparer de l'idéal pédagogique promu par le siècle des Lumières et confirme les évêques dans la direction de l'enseignement élémentaire. La Révolution va ouvrir le champ des possibles.

En 1792, **Nicolas de Condorcet** (1743-1794) présente à l'Assemblée législative son *Rapport et projet de décret sur l'organisation générale de l'instruction publique*. Ce rapport est un acte de foi en la vertu de l'instruction, pour assurer le perfectionnement indéfini et le bonheur de l'espèce humaine. Il réunit trois des principes qui régissent notre système d'instruction publique : **gratuité, liberté et laïcité**.

Le **décret Bouquier**, adopté le 29 frimaire an II (19 décembre 1793), constitue véritablement la première loi scolaire sur l'enseignement primaire que le gouvernement révolutionnaire entend faire passer dans la réalité. Celle-ci institue **l'obligation scolaire** « au moins pendant trois années consécutives » pour les enfants âgés d'au moins six ans accomplis, **la gratuité de l'enseignement** et donc la rémunération des enseignants par l'État. Par ailleurs, ce décret proclame que **« l'enseignement est libre »**.

La loi Lakanal adoptée le 27 brumaire an III (17 novembre 1794) révèle une triple préoccupation : fixer la distribution des écoles primaires (une pour mille habitants) ; étoffer le programme d'enseignement ; affirmer la liberté d'enseignement. Chaque citoyen a la possibilité « d'ouvrir des écoles particulières et libres », les parents sont libres du choix de leur école et il n'y a aucune obligation scolaire. Cette loi, considérée comme la plus complète et la plus réussie des lois révolutionnaires pour l'enseignement primaire, ne dure que moins d'un an.

Daunou fait voter, le 3 brumaire an IV (25 octobre 1795), ce que l'on peut qualifier de dernière grande loi révolutionnaire sur l'instruction publique. Cette loi constitue un retour en arrière par rapport aux différents projets et réalisations qui l'ont précédée. De fait, il n'est plus question d'obligation et de gratuité. La création des écoles est laissée à l'appréciation, voire au bon vouloir des autorités départementales, chargées d'en établir une ou plusieurs par canton. C'est un net recul puisqu'il n'y a plus obligation d'ouvrir une école par commune. Les instituteurs ne sont plus rétribués par la République mais par leurs élèves.

4 Législation consulaire et impériale : centralisation et stabilisation

Avec les décrets impériaux du 10 mai 1806 et du 17 mars 1808 est créée **l'Université impériale**. Avec ce dernier décret, l'Université impériale reçoit le monopole de l'enseignement public. Au sixième et dernier rang sont intégrées dans la structure universitaire « les petites écoles, écoles primaires, où l'on apprend à lire, à écrire, et les premières notions de calcul ».
L'Université impériale est réglée et gouvernée par le grand-maître. Sous l'autorité de ce dernier, nommé et révocable par l'empereur, sont placés les **recteurs d'académie, les inspecteurs et les conseils académiques**. On détermine alors les chefs-lieux d'académie. Le renforcement de la centralisation s'opère grâce aux actions conjuguées des préfets et des recteurs.

2. XIXe siècle : le siècle de l'école primaire

Les différentes lois scolaires qui vont émailler le XIXe siècle vont conforter le caractère public de l'école primaire. Celle-ci devient alors une affaire d'État. Quand Jules Ferry accède au ministère de l'Instruction publique, la révolution n'intervient plus dans les effectifs mais dans les esprits. L'école communale a désormais pour mission de populariser les Lumières et d'enraciner la République dans l'esprit du futur citoyen.

1 L'État et l'enseignement primaire

L'ordonnance du 29 février 1816 est couramment présentée comme l'un des textes fondateurs de l'enseignement public au XIXe siècle. En affirmant dans l'article 14 que « *toute commune sera tenue de pourvoir à ce que les enfants qui l'habitent reçoivent l'instruction primaire, et à ce que les enfants indigents la reçoivent gratuitement* », l'ordonnance de 1816 affirme **le principe d'obligation scolaire** qui ne connaîtra sa pleine application que beaucoup plus tard, car il ne s'impose pas encore aux individus mais uniquement aux communes. En cela, ce texte est fondateur.
Par ailleurs, le fait d'exiger que les maîtres soient titulaires d'**un brevet de capacité** délivré par le recteur, après examen passé devant un fonctionnaire de l'instruction publique, n'en constitue pas moins un progrès par rapport à la période antérieure où certains maîtres présentaient des compétences limitées. Cette obligation de détention d'un brevet de capacité perdurera jusqu'à la loi du 18 septembre 1940 qui imposera aux instituteurs la détention du baccalauréat.

2 De l'école primaire d'État de garçons à celle de filles

■ Au début du XIXe siècle, l'État ne dispose pas des finances et du personnel nécessaires pour fonder un service public, il manque même des renseignements (notamment au sens statistique) les plus élémentaires. Avec l'ordonnance de 1816, l'État s'en était donc remis aux initiatives locales ou particulières pour fonder les écoles. Dix-sept ans plus tard, l'administration municipale a réalisé d'incontestables progrès. Délibérations et budgets des conseils municipaux sont régulièrement soumis aux préfets ; l'État peut agir.
La loi Guizot du 28 juin 1833 est une première charte complète et détaillée de l'enseignement primaire en France qui fait de **l'école une affaire d'État**. Il y a partage de compétences entre les communes, qui se chargent des aspects matériels ; les départements, qui sont responsables de **l'ouverture et de l'entretien des écoles normales de garçons** ; et l'État, qui assure la direction générale de l'enseignement (création du *Manuel général de l'instruction primaire* – bulletin quasi officiel – et **du corps des inspecteurs** pour stimuler le zèle des instituteurs).

■ **La loi Falloux**, votée en mars 1850, apparaît dans l'historiographie républicaine comme un dispositif législatif réactionnaire. Cependant, elle est également le premier texte législatif depuis la Révolution dans lequel il est question **des écoles primaires de filles**, qui entrent dans le champ d'application de la loi, **les communes de plus de 800 habitants** étant tenues d'y veiller. Autre point positif : cette loi prévoit le relèvement à 600 francs du traitement minimum des instituteurs. Les points de régression sont nombreux : le droit d'inspection dans les écoles primaires n'est pas seulement réservé au recteur, aux inspecteurs et aux délégués cantonaux, mais étendu aux maires, aux curés et aux ministres des autres cultes ; non seulement l'entretien d'une école normale n'est pas obligatoire pour le département mais, lorsqu'elle existe, elle peut être supprimée par le conseil général ou par le ministre ; enfin, la loi vise à **renforcer l'enseignement confessionnel**, et l'Église obtient davantage de liberté pour ouvrir des écoles privées. De nombreuses **dispenses du brevet** sont ainsi prévues pour les instituteurs congréganistes et, pour les sœurs, une simple **lettre d'obédience** fournie par leur supérieure tient lieu de certificat de capacité. Toutefois, malgré son caractère réactionnaire, la loi Falloux constitue une étape majeure dans l'histoire de l'enseignement des filles, faisant émerger une école spécifiquement féminine.

■ Les progrès rapides des congréganistes finissent par inquiéter le gouvernement impérial qui ne peut plus, d'ailleurs, compter sur le soutien inconditionnel de l'Église, hostile à sa politique italienne. Avec **Victor Duruy**, ministre de 1863 à 1869, est alors promulguée la loi sur l'enseignement primaire du 10 avril 1867. Cette loi représente la dernière étape avant la série des grandes lois républicaines et apparaît comme une mise à jour de la loi de 1850, avec la correction des lacunes apparues à l'usage. Elle exprime en même temps de nouvelles exigences traduisant une tout autre attitude vis-à-vis de l'école. Tout d'abord, en stipulant que les instituteurs ne pourront plus être remplacés par des congréganistes dans les écoles publiques, la loi Duruy prône **une laïcisation partielle**. Elle donne ensuite des facilités supplémentaires aux communes qui voudraient instaurer la gratuité, notamment en donnant la possibilité, dans certains cas, de subventions du département et même de l'État. La loi abaisse le **seuil d'ouverture des écoles de filles à de 800 à 500 habitants**. Par ailleurs, des garanties de traitement sont assurées aux institutrices. En sortant ainsi de la misère féminine précédente, on espère se procurer plus facilement les institutrices laïques qui font cruellement défaut. La loi Duruy introduit l'histoire et la géographie parmi les disciplines obligatoires de l'enseignement élémentaire. Notons enfin qu'aux yeux des républicains, la formation des maîtres étant un enjeu capital, **la loi Paul Bert** du 9 août 1879, dans la continuité de loi Guizot, fait alors obligation aux départements d'avoir **une école normale de filles**, comme de garçons.

3 De la salle d'asile à l'école maternelle ou l'invention du jeune enfant

■ Avant la fondation effective de la salle d'asile, des notables et des philosophes français et européens, à l'instar de Jean-Frédéric Oberlin, se préoccupent également d'organiser la garde éducative des jeunes enfants. Si les premières initiatives sont relativement simultanées, les motivations sont diverses mais présentent toutes néanmoins une ambition pédagogique. En France, l'éducation de la première enfance devient tard dans le siècle une véritable préoccupation des pouvoirs publics. C'est la bienfaisance privée qui se charge, sous la monarchie censitaire, des premières fondations à Paris. La marquise de Pastoret crée alors, en 1826, un comité des salles d'asile, composé de douze femmes, dont quatre protestantes. Grâce à ce comité, est ouverte la première salle d'asile parisienne. Quelques mois plus tard, en 1827, le philanthrope **Jean-Denys-Marie Cochin**, maire du plus pauvre arrondissement de Paris, inquiet des conséquences de l'oisiveté sur les jeunes enfants dont les mères travaillent dans les fabriques, fonde à son tour une deuxième salle d'asile. L'institution des salles d'asile reçoit sa première consécration officielle de Guizot qui la déclare **premier degré de l'enseignement primaire**. Dès l'origine, les promoteurs de la salle d'asile aménagent l'espace en fonction des exigences de la discipline et de l'enseignement. Les textes officiels de 1837-1838 et ceux de 1855 placent l'instruction religieuse et ensuite les exercices moraux au cœur du programme où l'éducation physique collective occupe également une place importante. Toutefois, le programme de la salle d'asile ne se limite pas à la seule éducation de l'âme et du corps. Ainsi, la circulaire du 9 avril 1836 prévoit l'initiation des petits élèves à la lecture, à l'écriture, aux chiffres ordinaires, à quelques nombres et à l'histoire naturelle. Le programme de 1855, encore plus ambitieux car ajoutant d'autres apprentissages, suscite bien évidemment des réticences à l'égard d'une **instruction jugée trop poussée et anticipant sur l'instruction élémentaire**.

■ Sous l'influence de **Marie Pape-Carpantier**, s'élabore alors une pédagogie plus concrète, en partie inspirée des **jardins d'enfants** de l'Allemand **Frédéric Frœbel** qui s'inscrit dans le courant de pensée de Pestalozzi et confère au **jeu un caractère éducatif de tout premier plan**. Dans les années 1855-1860, Marie Pape-Carpantier, convaincue de la valeur formatrice des activités de l'enfant avec des objets, prônées par Frœbel, reproche alors à la salle d'asile sa discipline contraignante, les longues stations sur les gradins et le refus de tirer parti du jeu des enfants « guidés par l'instinct qui les pousse à faire usage de leurs mains ». Le débat autour de la notion de jeu éducatif est lancé.

Pauline Kergomard, convaincue comme Frœbel de la supériorité de l'éducation domestique, le félicite d'avoir érigé le jeu en instrument privilégié d'expression et d'éducation. Elle se livre alors à un réquisitoire contre les salles d'asile, leur reprochant d'avoir enrégimenté les enfants. Nommée inspectrice générale, elle esquisse, dès lors, le programme des futures écoles maternelles et va s'employer à faire en sorte que l'école maternelle ne soit pas identifiée comme une école au sens d'établissement d'instruction, mais comme une **maison d'éducation maternelle**.

Ferdinand Buisson et Jules Ferry – qui ne se résignent pas à la solution des salles d'asile dont l'appellation traduit bien la conception « charitable » et « sociale » et qui sont au mieux des garderies hygiéniques et moralisatrices – transforment juridiquement ces maisons d'assistance en maisons scolaires. Le décret du 2 août 1881 **remplace le terme « salle d'asile » par ceux d'école maternelle**. La loi Goblet du 30 octobre 1886 situe explicitement la place des maternelles dans l'ordre du primaire. Le décret d'application du 18 janvier 1887 les définit comme **des établissements de première éducation**.

4 À l'école de Jules Ferry

■ L'œuvre de Jules Ferry marque une rupture dans l'histoire scolaire des Français. Cette révolution n'est pas dans les effectifs mais dans les esprits : la laïcité fait sentir ses effets à tous les niveaux, en matière de locaux et de personnel, comme de programmes et de contenus. L'enseignement primaire est incontestablement le grand bénéficiaire de cette mutation idéologique : cessant d'être tenue en suspicion, l'école communale a pour mission désormais de populariser les Lumières et d'enraciner la République dans l'esprit du futur citoyen.

Est tout d'abord votée la loi du 16 juin 1881 qui règle la question de la **gratuité des écoles primaires publiques** dont bénéficiaient déjà près de 60 % des élèves. À l'école du plus grand nombre – l'école publique –, l'obligation scolaire implique la **neutralité confessionnelle** ou, en d'autres termes, la **laïcité**. En classe, la prière et le catéchisme sont remplacés par la morale et l'instruction civique. Ces principes deviennent force de loi le 28 mars 1882.

Toutefois, la laïcité ne se limite pas aux programmes. Elle gagne aussi les locaux pour lesquels la circulaire du 2 novembre 1882 stipule de ne pas mettre d'emblème religieux dans les locaux neufs ou rénovés et, dans les autres cas, de suivre le vœu de la population.

Elle gagne ensuite les maîtres. La loi Goblet du 30 octobre 1886 **laïcise le personnel** et oblige le gouvernement à remplacer tous les instituteurs publics congréganistes par des laïques dans un délai de cinq ans et des institutrices au fur et à mesure des vacances de postes. En 1889, avec la fonctionnarisation des instituteurs publics désormais rémunérés par l'État, on peut estimer que la sécularisation de l'institution scolaire est achevée.

■ Par ailleurs, c'est une erreur de croire que la IIIe République scolarise les petits Français. Ceux-ci franchissent les portes de l'école avant les lois Ferry. Ces dernières créent une **révolution davantage qualitative que quantitative**. C'est surtout la forme scolaire qui est touchée avec la construction de bâtiments scolaires à plusieurs classes pour lutter contre les effectifs pléthoriques, le développement de la scolarisation précoce, la formation des maîtres et enfin l'amélioration des méthodes, des programmes, des contenus et du matériel pédagogique mobilisé.

Les connaissances et acquis mis en place par l'école de la République sont plus de l'ordre du viatique que de la propédeutique. Il s'agit avant tout de faire acquérir aux élèves un bagage de savoirs et de savoir-faire pour la vie. Les autorités pédagogiques alourdissent périodiquement ce viatique de connaissances et de valeurs.

L'instituteur de la République, confronté à un absentéisme scolaire encore élevé et une scolarité brève (de 6 à 11 ans dans bon nombre de cas, bien que la scolarité soit obligatoire jusque 13 ans) éprouve bien des difficultés à mettre en place ces contenus ambitieux.

Conscients du fait que l'enfant perd une partie de ses acquis durant ses absences plus ou moins longues, les organisateurs de la pédagogie primaire essaient d'en limiter les effets en imposant un enseignement d'approfondissement et de répétition. Au découpage progressif des contenus, Octave Gréard, et, après lui, Ferdinand

Buisson préfèrent **la méthode concentrique** qui consiste à revenir, quitte à en donner un tableau plus complet, sur ce que l'on a appris l'année précédente.

■ La méthode concentrique, qui revient chaque année au cœur du savoir à inculquer aux élèves, a pour principal objectif de lutter contre les effets négatifs de la fréquentation irrégulière qui perdure jusque dans les années 1930 où, avec la création des allocations familiales, la loi sur l'obligation scolaire devient plus contraignante. À partir de cette époque, on commence à préférer **la méthode progressive** à la méthode concentrique.
Le certificat d'études vient couronner la construction concentrique de ce viatique de savoirs et de savoir-faire. Ce n'est pas une simple attestation de fin d'études mais bel et bien un examen sélectif, dont les épreuves se déroulant au chef-lieu de canton sont empreintes d'une certaine solennité.
En 1936, l'obligation scolaire est portée de 13 à 14 ans, à l'initiative de Jean Zay, ministre du Front populaire. Avec la réforme de Jean Berthoin (décret du 6 janvier 1959) – portant l'obligation scolaire jusqu'à 16 ans et organisant un cycle d'observation de deux ans à la fin de l'école primaire – et ensuite la réforme de René Haby (loi du 11 juillet 1975) créant le collège unique, on assiste au repli progressif des écoles élémentaires sur la tranche d'âge des 6 à 11 ans. Les classes de fin d'études primaires sont progressivement et rapidement supprimées.

FOCUS

Repères majeurs des politiques éducatives des XIXe et XXe siècles

■ Loi Guizot (1833) : l'école devient une affaire d'État, ouverture d'écoles normales de garçons et création du corps des inspecteurs.
■ Loi Falloux (1850) : ouverture d'écoles de filles dans les communes de plus de 800 habitants, renforcement de l'enseignement confessionnel, dispense du brevet pour les instituteurs congréganistes, lettre d'obédience pour les sœurs.
■ Loi Duruy (1867) : laïcisation partielle, seuil d'ouverture des écoles de filles abaissé à 500 habitants.
■ Loi Paul Bert (1879) : obligation d'ouvrir des écoles normales de filles.
■ Loi Ferry (1881) : les écoles primaires publiques sont gratuites.
■ Loi Ferry (1882) : l'école publique est laïque ; l'obligation scolaire jusque 13 ans implique la neutralité confessionnelle.
■ Loi Goblet (1886) : laïcisation du personnel.
■ Loi Jean Zay (1936) : l'obligation scolaire est portée de 13 à 14 ans.
■ Loi Jean Berthoin (1959) : l'obligation scolaire passe de 14 à 16 ans.
■ Loi René Haby (1975) : création du collège unique.

3. Les remises en question

À la Libération, la commission Langevin-Wallon est mise en place. Ses travaux débouchent sur un rapport devenu, selon A. Prost, « une référence quasi liturgique ». De fait, pour la première fois dans un texte officiel, on dessine une école conçue en fonction des enfants, de leur âge, de leurs aptitudes et de leur psychologie.

1 Le plan Langevin-Wallon, la référence liturgique ?

■ Claude Allègre, ancien ministre de l'Éducation nationale, affirme que « depuis 1946, date de sa publication, aucune réforme, aucun débat autour de l'école n'a eu lieu sans qu'on s'y réfère d'une manière ou d'une autre. [...] Ce qui est surprenant, c'est que ceux qui ont défendu ce plan, qui s'y sont constamment référés, en ont eux aussi totalement déformé, défiguré l'esprit ». En essayant d'éviter cet écueil, livrons-en les éléments essentiels.

En préambule, le rapport reconnaît l'œuvre essentielle accomplie par la IIIe République et Jules Ferry pour l'enseignement primaire. Toutefois, au regard de l'évolution de la société, il indique que **« la structure de l'enseignement doit [...] être adaptée à la structure sociale** » et estime que **les études primaires, secondaires, supérieures sont trop souvent en marge du réel**. « L'école semble un milieu clos, imperméable aux expériences du monde. [...] Demeuré en marge de la vie, l'enseignement n'a pas tiré profit du progrès scientifique. L'empirisme et la tradition commandent ses méthodes alors qu'une **pédagogie nouvelle, fondée sur les sciences de l'éducation**, devrait inspirer et renouveler ses pratiques. Par ailleurs, et à tous les degrés, l'enseignement méconnaît dans l'élève le futur citoyen. Il ne donne pas une importance suffisante à l'explication objective et scientifique des faits économiques et sociaux, à la culture méthodique de l'esprit critique, à l'apprentissage actif de l'énergie, de la liberté, de la responsabilité. Or, cette formation civique de la jeunesse est l'un des devoirs fondamentaux d'un état démocratique et c'est à l'enseignement public qu'il appartient de remplir ce devoir. »

■ Fort de ce constat, afin de reconstruire à plus ou moins longue échéance l'enseignement français, le rapport pose quelques principes généraux. Ces derniers éclairent avec une telle acuité les débats actuels sur l'école qu'il nous semble pertinent de nous y attarder quelques instants.

Ainsi, le rapport préconise la mise en place d'un **système éducatif organisé en deux degrés** : le premier jusqu'à l'âge de 18 ans (âge de l'obligation scolaire) et le deuxième au-delà, pour les études supérieures. À l'intérieur du premier degré organisé en trois cycles successifs, le cycle 1 doit concerner tous les enfants de 3 à 11 ans, l'âge de l'obligation scolaire demeurant fixé à 6 ans. Pendant cette période, tous les enfants doivent recevoir un **enseignement adapté à leur développement mental** et susceptible de répondre à leurs besoins immédiats.

À la fin de cette première étape, tous les enfants doivent obligatoirement entrer dans des établissements du cycle 2 (période d'orientation de 11 à 15 ans), puis du cycle 3 (période de détermination de 15 à 18 ans). **L'obligation scolaire doit donc être prolongée de quatre années.**

■ Le rapport estime qu'à l'école maternelle les aptitudes des enfants doivent être développées librement et **sans programme par des méthodes actives**. Pour les enfants de 6 à 11 ans, l'enseignement est commun à tous « pour des raisons psychologiques et pédagogiques ; mais les **méthodes pédagogiques seront en rapport avec les aptitudes variables des enfants**. [...] Le contenu de l'enseignement commun portera sur [...] ce qui répond aux instruments indispensables de la connaissance (lecture, écriture, calcul), sur ce qui enrichit les moyens d'expression (dessin, langage) et sur toutes les activités qui peuvent développer les aptitudes d'observation. Cet âge étant particulièrement propice à l'étude des langues, il conviendra dans toute la mesure du possible d'apprendre aux enfants une **langue étrangère d'usage courant, par la méthode directe** ».

Le rapport préconise d'une part de tenir compte des possibilités physiologiques de l'enfant et de ses besoins psychologiques pour fixer le temps qu'il consacrera à l'école. D'autre part, « les programmes étant fixés pour chaque âge et selon chaque orientation des enfants, il appartiendra aux méthodes d'en ajuster l'exécution aux capacités de chacun. Les méthodes à utiliser sont les méthodes actives, c'est-à-dire celles qui s'efforcent d'en appeler pour chaque connaissance ou discipline aux initiatives des enfants eux-mêmes. Elles alterneront le travail individuel et le travail par équipes [...] Ainsi se révéleront ses capacités intellectuelles et sociales, et la place laissée à sa spontanéité fera de l'enseignement reçu un enseignement sur mesure ».

■ En termes d'éducation morale et civique et de formation de l'homme et du citoyen, le rapport proclame que le but de l'école maternelle et du début du premier cycle du premier degré « sera **la formation des habitudes** : habitudes physiques, habitudes de sociabilité [...]. Toute l'organisation de la vie scolaire devra favoriser au maximum l'affirmation de la personnalité et du caractère, l'action volontaire, l'initiative et le goût de l'effort. [...] La réflexion abstraite n'étant pas de cet âge, l'enseignement moral théorique sera exclu : la réflexion et le jugement moral s'exerceront sur les faits précis de la vie individuelle et collective ».

Enfin, sans aucun doute inspiré par les travaux des psychanalystes et psychologues, dont Jean Piaget, le rapport Langevin-Wallon précise que « **des écoles spéciales** seront organisées d'urgence en nombre suffisant pour les enfants présentant des déficiences mentales et morales et pour les infirmes (aveugles, amblyopes, sourds-muets). [...] Il est donc indispensable de prévoir, comme l'ont fait les réorganisateurs de l'enseignement dans d'autres pays, **la création d'un corps de psychologues scolaires**. »

Philippe Meirieu estime qu'avec le rapport Langevin-Wallon « tout a été dit » et qu'à la lecture de ce texte exceptionnel, on pourrait penser « que tout reste à faire ». François Dubet affirme, quant à lui, que le plan Langevin-Wallon reste un moment clé de l'histoire de notre école. « Il a défini une ambition plus qu'une utopie. »

2 L'école nouvelle

Nous avons vu que l'histoire des salles d'asile puis de l'école maternelle oscille entre le désir d'inculquer précocement des savoirs et celui de former des aptitudes. À la suite des idées de Pauline Kergomard, qui cherche depuis les années 1880 à faire de la maternelle un établissement d'éducation maternelle veillant à l'harmonieux développement du tout-petit, puis de l'étude des « enfants anormaux » par Maria Montessori, des travaux de Jean Piaget et enfin du développement du scoutisme dans les milieux catholiques après 1919, on voit apparaître trois grands mouvements pédagogiques. Ceux-ci se développent surtout durant l'entre-deux-guerres :

- le plus ancien est le Groupe français d'éducation nouvelle **(GFEN)**, section française de la Ligue internationale pour l'éducation nouvelle, fondée en 1921 par **Adolphe Ferrière** ;
- le deuxième mouvement concerne les Centres d'entraînement aux méthodes d'éducation actives **(CEMEA)**. Ce mouvement naît en 1937, à l'occasion des premiers stages de formation de moniteurs de colonies de vacances. Il est très lié au scoutisme et au mouvement d'éducation populaire ;
- le troisième mouvement est celui de **Célestin Freinet** (1896-1966). Cet instituteur varois et ses amis adhèrent au départ, en 1927, au GFEN. Pour des raisons plus politiques que pédagogiques, ils donnent à leur mouvement, en 1928, la forme d'une coopérative : la Coopérative de l'enseignement laïque (CEL). Ce mouvement se développe surtout après la guerre, se structure et se transforme en Institut coopératif de l'école moderne (ICEM). Ayant l'objectif de mettre au premier plan la psychologie de l'enfant, Freinet prône une pédagogie en rupture avec la tradition autoritaire et individualiste de l'école primaire. Pour ce faire, on s'interroge sur le bien-fondé et les étapes de chaque situation d'apprentissage, on valorise la créativité de l'élève et on met en place la pédagogie « ***des textes libres*** ». La pédagogie Freinet a également comme ambition de recourir à la dynamique de la vie sociale, en utilisant et développant **l'imprimerie à l'école**, le journal de classe, **la correspondance scolaire** et les fichiers individuels.

FOCUS — L'évaluation positive

La loi du 8 juillet 2013 d'orientation et de programmation pour la refondation de l'école de la République recommande de « faire évoluer les modalités de notation et d'évaluation des élèves [...] pour éviter une notation-sanction à faible valeur pédagogique et privilégier une évaluation positive, simple et lisible, valorisant les progrès, encourageant les initiatives et compréhensible par les familles ». Célestin Freinet ne disait pas autre chose, avec quelques décennies d'avance, lorsqu'il affirmait : « Mettez-vous à la place de cet enfant que vous venez d'humilier par une mauvaise note ou un rang inférieur dans le classement. Rappelez-vous votre propre orgueil quand vous étiez parmi les premiers et tous les mauvais sentiments qui vous secouaient quand d'autres vous avaient devancé... Alors vous comprendrez et vous supprimerez le classement. »

4. Des maîtres aux professeurs des écoles

La période 1880-1960 apparaît bien comme l'âge des maîtres. L'institution scolaire répond à une très forte attente de l'État et des familles, le prestige des instituteurs atteint alors un niveau qu'on ne retrouvera pas. L'excellence de leur formation contribue largement à ce prestige.

1 Les maîtres d'école de la République

■ Depuis l'ordonnance royale de 1816, les candidats au métier d'instituteur doivent être titulaires d'un brevet de capacité. La loi du 16 juin 1881 confirme cette exigence et l'étend aux instituteurs des écoles privées en **supprimant le privilège de la lettre d'obédience**. Les écoles normales recrutent donc leurs élèves par un concours dont le niveau est celui **du brevet élémentaire**. Plus tard, la loi du 30 décembre 1932 exigera des maîtres des écoles publiques **le brevet supérieur**. La loi du 18 septembre 1940, quant à elle, imposera l'obtention du **baccalauréat**, mesure proposée quelques années plus tôt par Jean Zay. On prépare le brevet élémentaire dans les écoles primaires supérieures et les cours complémentaires. L'enseignement secondaire reste donc étranger à la formation des instituteurs.
Les instituteurs, surtout ceux passés par les écoles normales, sont massivement fils du peuple *a contrario* des institutrices dont l'origine sociale est légèrement supérieure. À la fin du XIXe siècle, les instituteurs sont majoritairement fils de paysans, puis de plus en plus souvent fils d'employés ou d'ouvriers. Fréquemment, on devient instituteur parce que, bon élève « à la communale », on est poussé par le maître à poursuivre des études, après le certificat d'études primaires, soit dans un cours complémentaire, soit dans une école primaire supérieure, comme le relate Jacques Ozouf.

■ Le concours d'entrée à l'école normale est particulièrement difficile : le nombre de candidats par poste est particulièrement élevé (six candidats pour un poste dans certains départements, dans les années 1930).
À l'école normale, une formation à la fois générale et professionnelle est dispensée en trois ans. Les programmes sont **fidèles à la méthode concentrique**. Ils sont d'un **encyclopédisme vertigineux**. En 1909, la pédagogie occupe seule la troisième année. En 1920, à l'instigation de Paul Lapie, les programmes concentriques sont abandonnés et on y **introduit la sociologie**. Les trois années de formation à l'école normale sont alors sanctionnées par la délivrance du brevet supérieur qui devient un examen à la fois général et professionnel. Toutefois, en vertu de la **dichotomie primaire-secondaire**, le système de formation demeure lui aussi étanche. On reste dans la filière primaire et la formation des futurs maîtres d'école est confiée à des maîtres du primaire titulaires du certificat d'aptitude au professorat des écoles normales et des écoles primaires supérieures ou alors à des inspecteurs primaires.

Entre 1880 et l'entre-deux-guerres, les instituteurs connaissent une remarquable ascension sociale intergénérationnelle. Les maîtres d'école, ces « ***hussards noirs*** » de la République, se dévouent à toute la communauté villageoise : enseignement des élèves, préparation au certificat d'études primaires, cours du soir aux adultes et secrétariat de mairie. Ils diffusent alors dans le corps social un certain nombre de valeurs, notamment **le laïcisme et le pacifisme**. Pierre Albertini estime que, dans le long terme, entre 1880 et 1950, les instituteurs, soutenus par les pouvoirs publics et généralement par les familles, ont incarné l'exigence culturelle de la République et ont contribué à « civiliser » la France.

FOCUS

Informations clés à retenir

Conditions de diplôme des instituteurs

- Dès 1881, suppression du privilège de la lettre d'obédience et nécessité d'être titulaire d'un brevet de capacité pour être instituteur public ou privé.
- Diplômes requis pour être instituteur : brevet supérieur en 1932, baccalauréat en 1940.

Programmes de l'école normale

- Encyclopédiques et fidèles à la méthode concentrique.
- 1920 : abandon des programmes concentriques et introduction de la sociologie.
- Dichotomie primaire-secondaire.
- Valeurs promues par les instituteurs, « hussards noirs de la République » : laïcisme et pacifisme.

2 La rénovation de l'enseignement primaire

- Durant les Trente Glorieuses, **la demande d'éducation préscolaire** de la part des parents devient considérable, notamment du fait que les femmes sont de plus en plus nombreuses à travailler. Le nombre d'élèves préscolarisés dans l'enseignement public passe de 761 000 en 1948-1949 à plus de deux millions en 1972. Le rôle éducatif de la maternelle est défini par la loi du 11 juillet 1975 : l'école préélémentaire est chargée à la fois d'éveiller la personnalité des enfants, de prévenir les difficultés scolaires, de dépister les handicaps et de compenser les inégalités sociales et culturelles. Les textes officiels de 1963 demandent à l'institutrice de « remplacer la mère », alors que ceux de 1972 insistent sur « un travail de spécialiste de psychologie et de pédagogie enfantines ». Les Français ont une confiance massive dans la qualité de leur école maternelle. On lui reconnaît **un rôle de socialisation et d'insertion précoce de l'enfant dans un groupe**. Cette importance du rôle éducatif de l'école maternelle a été confirmée et consolidée par la loi pour l'École de la confiance de 2019 instituant **l'instruction obligatoire dès l'âge de 3 ans**. Notons par ailleurs que dans certaines académies, dont celle de Lille, le taux de préscolarisation des enfants de deux ans avoisine les 60 %.

■ Avec les réformes **Berthoin** (1959) et **Fouchet** (1963) qui instaurent la **prolongation de la scolarité jusqu'à 16 ans**, la **généralisation du collège** et sa **séparation d'avec l'école primaire**, la mission de cette dernière change. Elle n'a plus vocation à préparer les élèves à la vie en leur donnant un viatique de savoirs et de savoir-faire, elle se contente désormais de les **conduire jusqu'à la 6e**. Avec la transformation des mœurs, la pédagogie primaire est critiquée, jugée trop rigide et laissant peu de place à la spontanéité de l'élève. Les devoirs à la maison font l'objet d'une vive contestation de la part des parents, médecins et psychologues. La circulaire du 23 novembre 1956 tente, sans résultat, de les supprimer. En dépit des protestations du Mouvement de défense de la jeunesse scolaire fondé en 1963, les devoirs à la maison résistent aux textes stipulant leur suppression. L'idée de réforme est pourtant dans l'air. En 1964, on imagine **le tiers temps pédagogique**. Il s'agit de diviser le temps de l'école en trois parties : l'une pour les disciplines instrumentales, le français et le calcul ; l'autre pour **« les disciplines d'éveil »** regroupant les activités à dominante scientifique (physique, technologie, biologie), sciences sociales (histoire, géographie), les activités manuelles, les activités à dominante esthétique (éducation musicale et créations plastiques) ; et la troisième pour l'éducation physique. L'objectif est d'aborder différemment les disciplines telles que les sciences ou l'histoire-géographie. Il s'agit plus d'éveiller la curiosité des élèves que de leur inculquer des connaissances à réciter. Les événements de mai 1968 font aboutir ces projets. Le tiers-temps est étendu à toutes les classes. L'arrêté du 7 août 1969 fixe de nouveaux horaires à l'enseignement primaire (27 heures au lieu de 30) et recommande par ailleurs de dépasser la notion contraignante de programme. Les **mathématiques modernes** sont introduites en 1970, et l'année 1972 voit la réforme de l'enseignement du français qui doit désormais **revaloriser l'oral et l'expression libre**. En 1985, au regard des nombreuses critiques dont font l'objet les disciplines d'éveil, celles-ci sont abandonnées et les instructions, prises sous l'autorité de Jean-Pierre Chevènement, réhabilitent la notion de programme et le **fameux triptyque « lire, écrire et compter »**.

■ La mixité, d'abord tolérée uniquement dans les petites communes aux effectifs scolaires faibles ne justifiant pas la constitution de deux classes distinctes, entre progressivement dans les mœurs dans les années 1960. Une circulaire de 1969 donne tout pouvoir aux recteurs à ce sujet.

À partir de 1964, les écoles rurales accueillant moins de 16 élèves sont fermées, à condition qu'un service de transport puisse permettre aux élèves de se rendre dans un établissement d'accueil aux horaires légaux. Pour maintenir le tissu scolaire dans les campagnes, dont l'absence décourage l'installation de nouvelles familles et contribue au vieillissement de la population, on crée des regroupements pédagogiques intercommunaux **(RPI)**.

FOCUS

Informations clés à retenir

Évolution de la fréquentation préscolaire

- Durant les Trente Glorieuses : augmentation de la demande d'éducation préscolaire.
- 1975 : définition du rôle éducatif de l'école maternelle.
- 2019 : instruction obligatoire dès l'âge de 3 ans.

De l'école primaire au collège

- Réforme Berthoin (1959) : prolongation de la scolarité jusque 16 ans.
- Réforme Fouchet (1963) : généralisation du collège.
- Mission de l'école primaire : conduire les élèves à la 6e.
- 1964 : instauration du tiers temps pédagogique et des disciplines d'éveil.
- 1970 : introduction des mathématiques modernes.
- 1972 : réforme de l'enseignement du français (revaloriser l'oral et l'expression libre).
- 1985 : réhabilitation de la notion de programme (lire, écrire, compter).

La mixité et les regroupements

- Mixité des classes à partir des années 1960
- Création de RPI pour maintenir le tissu scolaire

3 L'élève au centre du système éducatif

■ Le **10 juillet 1989**, deux cents ans après les plans d'éducation révolutionnaires, à l'initiative de Lionel Jospin, est promulguée **la loi d'orientation sur l'éducation**. Cette importante loi proclame que « tout enfant doit pouvoir être accueilli, à l'âge de trois ans, dans une école maternelle ou une classe enfantine le plus près de son domicile, si sa famille en fait la demande. L'accueil des enfants de deux ans est étendu en priorité dans les écoles situées dans un environnement social défavorisé, que ce soit dans les zones urbaines, rurales ou de montagne. »

La scolarité primaire, de l'école maternelle à la fin de l'école élémentaire, est organisée **en trois cycles** : le cycle des apprentissages premiers comprenant les sections maternelles des tout-petits, petits et moyens ; le cycle des apprentissages fondamentaux associant la grande section de maternelle, le cours préparatoire et le cours élémentaire 1re année ; et enfin le cycle des approfondissements constitué du cours élémentaire 2e année et des cours moyens 1re et 2e années. Cette organisation en cycles a pour objectif d'**assurer l'égalité et la réussite des élèves**, pour lesquels l'enseignement **doit être adapté à leur diversité** par une continuité éducative au cours de chaque cycle et tout au long de la scolarité.

■ « Mettre l'enfant au centre du système éducatif, c'est d'abord le prendre tel qu'il est, avec ses acquis et ses faiblesses », précise le décret du 6 septembre 1990. La notion de cycle est une notion pédagogique fonctionnelle étroitement liée à l'évolution de l'apprentissage de chaque enfant et à l'évaluation de ses acquis.

Les écoles ont désormais l'obligation d'élaborer **un projet d'établissement**. Ce dernier, établi en concertation avec l'ensemble des membres de la communauté éducative, vise avant tout la réussite scolaire de tous les élèves par la mise en œuvre d'une pédagogie efficace et active, la prise en compte de l'enfant tant à l'intérieur qu'à l'extérieur de l'école et enfin **la coordination des interventions des acteurs du système éducatif**.

L'article 17 de la loi d'orientation prévoit la création, à partir du 1er septembre 1990, dans chaque académie, d'un institut universitaire de formation des maîtres (IUFM). Ces établissements ont vocation à former non plus des instituteurs mais des professeurs des écoles recrutés par concours au niveau de la licence. La loi d'orientation et de programmation pour la refondation de l'école de la République du 8 juillet 2013 prévoit la suppression des IUFM, qui cèdent leur place aux écoles supérieures du professorat et de l'éducation (ESPÉ), le 1er septembre 2013. Celles-ci, avec la loi pour l'École de la confiance de 2019, deviennent des instituts nationaux supérieurs du professorat et de l'éducation (INSPE).

À l'aube du XXIe siècle, on mesure l'importance du chemin parcouru depuis la petite école d'Ancien Régime. Du clerc laïc ou magister, détenteur le plus souvent des seules compétences de lecture, d'écriture et de calcul, pratiquant la vieille méthode individuelle, on est passé au professeur des écoles, titulaire d'un master 2 et travaillant en collaboration avec la communauté éducative.

FOCUS

Informations clés à retenir

- 1989 : loi d'orientation sur l'éducation.
- Scolarité primaire organisée en 3 cycles qui permettent d'assurer l'égalité et la réussite de tous les élèves et d'adapter l'enseignement à leur diversité.
- Obligation d'élaborer un projet d'établissement pour coordonner les interventions des acteurs du système éducatif.
- Création des IUFM, puis des ESPÉ et enfin des INSPE.

5. L'école du XXIe siècle miroir des difficultés sociales et économiques

La prise de conscience de l'illettrisme ne date pas d'hier. De fait, dès 1910, afin de détecter les conscrits éprouvant des difficultés d'accès à la culture écrite, une épreuve de dictée d'une dizaine de lignes suivie de la lecture d'un texte imprimé leur était proposée. Les soldats réputés alors illettrés étaient tenus de suivre les cours établis par l'autorité militaire, avouons-le sans grand résultat. Il faudra attendre la fin du XXe siècle pour qu'ait lieu une véritable prise de conscience par les pouvoirs publics de la gravité du problème et de la nécessité de mettre en place des actions de prévention.

1 Lutter contre l'illettrisme

■ Durant la décennie 1980-1990, avec la première prise de conscience par les pouvoirs publics des difficultés d'accès à la culture écrite d'une fraction non négligeable de la population française, le Groupe permanent de lutte contre l'illettrisme (GPLI) est officiellement créé. En 1999, le rapport Geffroy souligne « le manque de cohérence dans la politique nationale et des lacunes dans l'identification, l'évaluation et les modes d'intervention des services publics ». Le GPLI est alors dissous et l'Agence nationale de lutte contre l'illettrisme (ANLCI) voit le jour en octobre 2000. De nouvelles mesures ministérielles de lutte ou de prévention de l'illettrisme sont alors prises.
Dès avril 2000, les garçons et les filles âgés de 17 à 18 ans font alors l'objet, dans le cadre d'une journée d'appel de préparation à la défense **(JAPD)**, d'une **évaluation des acquis fondamentaux de la langue française**. Depuis 2011, c'est dans le cadre d'une journée défense et citoyenneté (JDC) que les jeunes âgés de 17 ans et plus passent désormais un test de compréhension de l'écrit. Ce test permet de repérer les jeunes en difficulté avec la maîtrise de la lecture et la compréhension de l'écrit. Les jeunes scolarisés qui se trouvent dans cette situation bénéficient d'un accompagnement renforcé dans les établissements dont ils dépendent. Un travail est en cours pour offrir à ceux qui ne sont plus scolarisés des possibilités de réapprentissage, notamment par le biais des plateformes de suivi et d'appui aux « décrocheurs ».

■ Dès 1996, une étude du ministère de la Défense estime que, sur une population de 350 000 jeunes de 18 à 25 ans, 1 % sont analphabètes (ne savent ni lire ni écrire) et que 8 % sont incapables d'écrire une phrase ou d'en saisir le sens. Alain Bentolila, réanalysant et interprétant les résultats de cette étude, affirme qu'« 1 % des jeunes gens évalués n'[ont] aucun accès à l'écrit, 3 % ne [dépassent] pas la lecture du mot isolé, 4 % ne [dépassent] pas la lecture de la phrase simple et qu'enfin, tous degrés de difficultés cumulés, 20 % se [révèlent] incapables de lire de manière approfondie un texte court et simple ». Au regard de ces chiffres pour le moins surprenants et alarmants, cent ans après les grandes lois scolaires de Jules Ferry, Pierre Lequiller, président du GPLI, présente alors **l'illettrisme** comme le fléau du troisième millénaire, **« facteur suprême d'exclusion »**.

Les analyses faites au tournant des années 1990-2000 révèlent que les régions administratives Nord–Pas-de-Calais et Provence-Alpes-Côte d'Azur sont confrontées en cette fin du XXe siècle à un problème d'illettrisme fort préoccupant. Cette situation est confirmée par l'Institut national de la statistique et des études économiques (INSEE) qui constate qu'en 2014 la part d'illettrés dans la population âgée de 18 à 65 ans varie du simple au double suivant les régions. Ainsi, alors que l'Île-de-France compte environ 5 % d'illettrés, la Picardie et toujours le Nord-Pas-de-Calais en comptent au moins 11 %. Par contre, avec 6 % d'illettrés, la région Provence-Alpes-Côtes d'Azur est désormais moins touchée. De son côté, l'Agence nationale de lutte contre l'illettrisme estimait en 2016 que 7 % de la population adulte âgée de 18 à 65 ans ayant été scolarisée en France était en situation d'illettrisme, **soit 2 500 000 personnes en métropole**.

■ Pour expliquer cette situation, l'hypothèse d'un lien entre l'illettrisme et l'indice de difficulté sociale est alors avancée. Ainsi, les premières descriptions d'ATD Quart-Monde ne peuvent dissocier l'illettrisme de l'exclusion puisque, dès 1977, le mot « illettrisme » est pour la première fois employé justement pour décrire des populations exclues. Toutefois, il faut se méfier des interprétations hâtives. De fait, la diffusion du concept et sa reprise par d'autres acteurs de la vie économique et sociale, par des universitaires ou par des journalistes, incitent à relativiser l'implication par trop systématique que sous-entendent ces premiers travaux. En 1984, les auteurs du rapport au Premier ministre « Les Illettrés en France » prennent leur distance et rappellent : « Pour autant, il serait réducteur de faire de **l'illettrisme le décalque parfait de la pauvreté**. » De fait, comme le souligne Roger Girod, « être né et avoir été élevé dans les classes intermédiaires ou supérieures n'immunise pas contre l'illettrisme, pas plus qu'être semi-illettré ne condamne à être exclu de ces mêmes catégories ».

Par ailleurs, le rapport de l'ANLCI du 21 juin 2007 bouscule un certain nombre d'idées reçues, notamment celle liant **illettrisme et immigration** : une enquête de l'INSEE réalisée fin 2004 auprès de 10 000 personnes âgées de 18 à 65 ans scolarisées en France indique que 74 % des 3,1 millions d'illettrés en France ont grandi dans des foyers où le français était la seule langue parlée, que 16 % ont vécu dans des foyers où une langue régionale était parlée en plus du français, voire la seule langue parlée en famille et que donc seulement 10 % des illettrés recensés appartiennent à une famille où une langue étrangère était parlée en plus du français, ou était la seule langue.

Ce rapport bouscule aussi l'idée selon laquelle les illettrés proviendraient des zones urbaines sensibles. De fait, 10 % seulement vivent dans des zones de ce type alors que **28 % proviennent des zones rurales**. Au regard de ces difficultés éprouvées par une frange de la population scolaire, les instructions officielles invitent régulièrement les maîtres à lutter contre l'échec scolaire et à gérer l'hétérogénéité.

FOCUS — Informations clés à retenir

- 2000 : dissolution du Groupe permanent de lutte contre l'illettrisme (GPLI) et création de l'Agence nationale de lutte contre l'illettrisme (ANLCI).
- 2011 : test de compréhension de l'écrit dans le cadre d'une journée défense et citoyenneté.
- L'illettrisme est un facteur suprême d'exclusion et concerne plus de 2 millions de Français.
- Il est réducteur de faire de l'illettrisme le décalque parfait de la pauvreté, tout comme il convient de se méfier de l'idée reçue liant illettrisme et immigration.
- Les zones rurales sont davantage touchées par l'illettrisme.

2 Gérer l'hétérogénéité pour lutter contre l'échec scolaire

- Jusqu'à la Libération, le terme « échec scolaire » n'apparaît jamais dans les lois scolaires fondamentales. On parle alors d'enfance anormale, de débilité légère. Cela ne concerne qu'une toute petite fraction. Le phénomène est très marginal et renvoie à des institutions spécialisées. À cette époque, on ne considère pas comme anormaux les échecs d'une grande partie de la population. En effet, en 1880, on peut estimer le taux de réussite au certificat d'études de l'ordre de 8 %. À la charnière des deux siècles, **plus de la moitié des élèves quittent l'école sans diplôme**.

Après la Libération, la commission Langevin-Wallon évoque **la démocratisation de la fréquentation scolaire et non celle de la réussite scolaire** : on doit lutter pour que plus d'enfants soient scolarisés, mais l'échec scolaire n'apparaît pas tel quel.

Dans les premiers travaux de l'Institut national des études démographiques (INED) et notamment l'enquête de 1945, on mesure le niveau intellectuel et scolaire de 100 000 enfants. Le terme « échec scolaire » apparaît avec le relevé d'un paradoxe : certains ont de bons résultats aux tests alors qu'ils sont scolairement mal placés, et inversement. Dans la revue *Enfance* créée en 1948 à destination des instituteurs du primaire, la notion d'échec scolaire n'apparaît pas. On parle de phobie, de déficit scolaire. Toutefois, on fait le même constat d'enfants qu'on s'attend à voir réussir et qui échouent.

L'échec scolaire en tant que concept est repéré en 1960. On comprend aisément la raison de cette apparition qui correspond au phénomène de démocratisation, à la modernisation économique et technologique. Avec la demande sociale d'éducation apparaît donc le concept d'échec scolaire : tout le monde passant « dans le même moule », c'est à partir des normes fixées que l'on parle alors d'échec scolaire.

- Pour lutter contre celui-ci et assurer ainsi l'égalité et la réussite des élèves, la nouvelle politique pour l'école définie dans la loi d'orientation de 1989 se propose de promouvoir un enseignement adapté à la diversité des élèves par une continuité éducative au cours de chaque cycle et tout au long de la scolarité. La notion de cycle est étroitement liée à l'évolution de l'apprentissage de chaque enfant et à l'évaluation de ses acquis. Elle recouvre une double préoccupation : une meilleure prise en compte des spécificités des apprentissages de chaque enfant et une organisation plus cohérente des progressions grâce à une perspective étendue. Les enseignants de l'école primaire sont invités à gérer l'hétérogénéité de leur classe et à mettre en œuvre une pédagogie différenciée.

En 2003, le Premier ministre installe la Commission du débat national sur l'avenir de l'école. Dans son rapport intitulé « Pour la réussite de tous les élèves », publié en 2004, la commission demande « l'identification, au sein des enseignements communs à tous, d'un socle comprenant ce qui est indispensable ». Ce sera chose faite en 2015. Est alors publié un socle commun de connaissances, de compétences et de culture couvrant la période de la scolarité obligatoire de 6 à 16 ans et entrant en vigueur dès la rentrée 2016.

Le socle commun couvre 5 domaines : les langages pour penser et communiquer, les méthodes et outils pour apprendre, la formation de la personne et du citoyen, les systèmes naturels et les systèmes techniques, les représentations du monde et de l'activité humaine.

En juillet 2019 est promulguée la loi « Pour une école de la confiance » visant à établir plus de justice sociale, plus d'équité et d'innovation territoriale, et à élever le niveau général.

FOCUS

Informations clés à retenir

- À la charnière des XIXe et XXe siècles, plus de la moitié des élèves quittent l'école sans diplôme.
- Il y a démocratisation de la fréquentation scolaire et non de la réussite scolaire.
- L'échec scolaire est repéré en tant que concept en 1960.

Pour lutter contre l'échec scolaire :

- La notion de cycle est étroitement liée à l'évolution de l'apprentissage de chaque enfant et à l'évaluation de ses acquis.
- Il faut gérer l'hétérogénéité par la pédagogie différenciée.
- 2015 : publication du socle commun de connaissances, de compétences et de culture.

6. Dates clés

- **1881-1882** : Grandes lois laïques de **Jules Ferry. École laïque, gratuite et obligatoire**. L'obligation scolaire est fixée à l'âge de **13 ans**.
- **1936** : Loi **Jean Zay**. L'obligation scolaire est prolongée de 13 à **14 ans**.
- **1959** : Loi **Jean Berthoin** qui élève le terme de la scolarité obligatoire de 14 à **16 ans**.
- **1975** : Loi **René Haby** instituant le **collège unique**.
- **1982** : Mise en place des **zones d'éducation prioritaires. Projet de zone.**
- **1989** : Loi d'**orientation sur l'éducation**. Création des **cycles** dans l'enseignement primaire. Création des **IUFM.**
- **2006** : Décret relatif au **socle commun** de connaissances et de compétences et modifiant le Code de l'éducation.
- **2013** : Loi d'orientation et de programmation pour la **refondation de l'École** de la République. **Priorité** est donnée à **l'école primaire**. Amélioration des **rythmes scolaires**. Redéfinition des **programmes**.
- **2014** : **Refondation** de **l'éducation prioritaire**. Identification de **REP+**.
- **2019** : Loi pour **l'École de la confiance**. Abaissement de **l'instruction obligatoire à l'âge de 3 ans**. Création d'un **service public de l'École inclusive**.

Se situer dans les différentes dimensions du système éducatif

Tout le cours

Tout le cours

Compétence 2 : Inscrire son action dans le cadre des principes fondamentaux du système éducatif et dans le cadre réglementaire de l'école.

1. Institution scolaire : administration et hiérarchie

Organigramme de l'administration scolaire

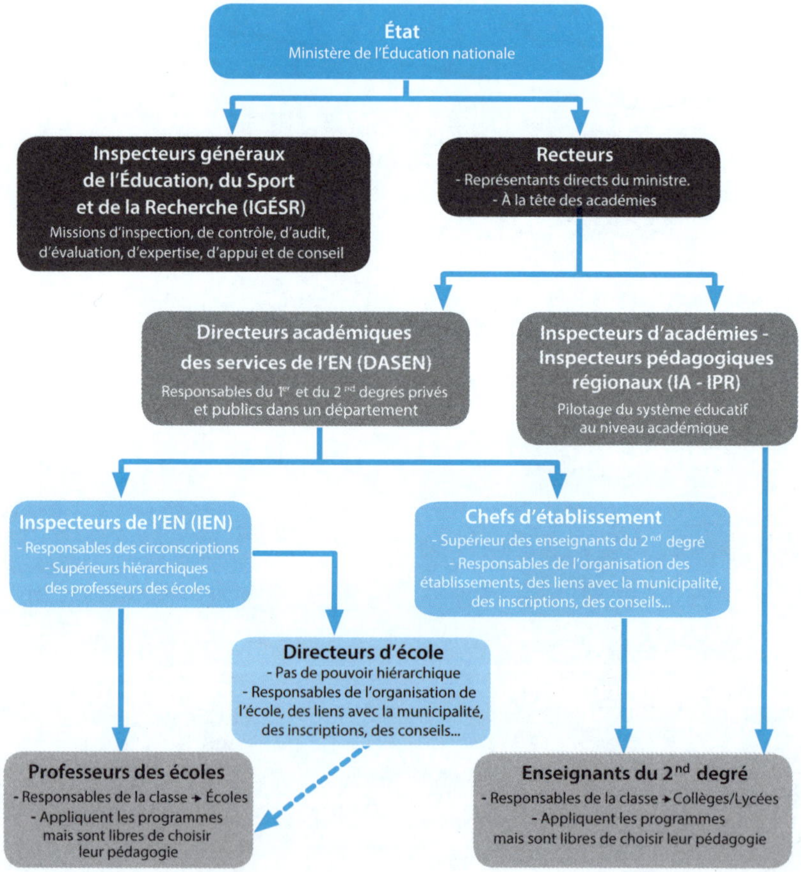

2. Fonctionnement de l'école primaire[1]

1 Principes généraux de l'éducation

Depuis les lois Ferry de 1881-1882, l'école publique est laïque, gratuite et obligatoire. Quels sont les éléments essentiels caractérisant ce triptyque que le professeur des écoles, fonctionnaire de l'État, se doit de connaître et d'appliquer ?

A. Laïcité

L'État assure aux enfants et adolescents dans les établissements publics d'enseignement la possibilité de recevoir un enseignement conforme à leurs aptitudes dans **un égal respect de toutes les croyances**. Il prend toutes dispositions utiles pour assurer aux élèves de l'enseignement public **la liberté des cultes et de l'instruction religieuse**.

Les écoles élémentaires publiques vaquent **un jour par semaine en outre du dimanche**, afin de permettre aux parents de faire donner, s'ils le désirent, à leurs enfants **l'instruction religieuse, en dehors des édifices scolaires**. L'enseignement religieux est facultatif dans les écoles privées. Il ne peut être donné aux enfants inscrits dans les écoles publiques qu'**en dehors des heures de classe**. Dans les établissements du premier degré publics, l'enseignement est exclusivement confié à un personnel laïque.

B. Gratuité

Le principe de gratuité de l'enseignement public exige que les activités d'enseignement se déroulant dans les **établissements scolaires publics et sur les horaires d'enseignement ne soient pas à la charge des parents d'élèves**.

Il concerne **toute la durée de la scolarité, depuis l'entrée en maternelle jusqu'aux classes de lycée post-baccalauréat**. La gratuité de l'enseignement va de pair avec le principe d'obligation scolaire. Il s'agit de respecter **l'égalité de tous les enfants dans les apprentissages scolaires**, dans le respect des valeurs de la République, en facilitant la fréquentation de l'école par tous les enfants. Le champ de la gratuité s'étend cependant au-delà de la durée de l'obligation scolaire qui ne concerne que les enfants âgés de 3 à 16 ans.

La gratuité concerne **la totalité de la prestation d'enseignement dispensée dans un établissement scolaire public**. La scolarité ne peut donner lieu au versement **de droits d'inscription**. En outre, **aucune participation financière** aux activités obligatoires d'enseignement ne peut être demandée aux familles. **Seules les activités facultatives peuvent donner lieu à une contribution financière des familles.**

1. **Source** : Marc Loison, *Professeur des écoles, 200 questions sur le système éducatif*, Paris, Vuibert, 2020.

C'est le cas des sorties scolaires qui dépassent les horaires ordinaires de la classe, en particulier les sorties scolaires avec nuitée(s).

C. Obligation scolaire

En France, l'instruction est désormais obligatoire pour les filles et les garçons **âgés de 3 à 16 ans, résidant sur le territoire français, quelle que soit leur nationalité**. L'instruction est un droit de l'enfant : tout doit être mis en œuvre pour le garantir. L'objet de cette instruction obligatoire est de permettre à l'enfant, d'une part, d'**acquérir des instruments et connaissances de base** et d'autre part, de **développer sa personnalité**, de **s'insérer dans la vie sociale et professionnelle** et d'apprendre à **devenir citoyen**.
Cette instruction peut être dispensée soit dans **un établissement scolaire, public ou privé, soit directement dans les familles** par les parents ou toute personne de leur choix. Elle est assurée néanmoins prioritairement dans les établissements d'enseignement. Le droit de l'enfant à l'instruction est garanti par le contrôle de **l'assiduité scolaire** dont l'objet est de vérifier que l'enfant, inscrit dans un établissement scolaire, y est effectivement présent.

2 Organisation de la vie de l'école maternelle et élémentaire

A. Règles de fonctionnement

Les principales règles édictées dans la circulaire n° 2014-088 du 9 juillet 2014 sont notamment :
– l'**organisation du temps scolaire** : aménagement des rythmes scolaires, répartition des heures de classe sur la semaine, programmation des enseignements ;
– la **place des parents** au sein de la communauté éducative et l'importance du **dialogue avec les familles** : droit d'information (livret scolaire) et d'expression, droit de participation, conseil d'école, représentants de parents d'élèves ;
– les mesures d'**amélioration du climat scolaire** pour une école accueillante et bienveillante : qualité de vie à l'école, amélioration des pratiques professionnelles, stratégie d'équipe, justice scolaire, pédagogies et coopération, prévention des violences et du harcèlement, coéducation, pratiques partenariales.

B. Organisation du temps scolaire

Le décret publié en 2013 autorise :
– l'étalement des 24 heures d'enseignement hebdomadaires sur 9 demi-journées incluant le mercredi matin ;
– une journée de classe d'une durée de 5 h 30 maximum ;
– une demi-journée de classe d'une durée de 3 h 30 maximum ;
– une pause méridienne d'une durée de 1 h 30 minimum ;
Toutefois **depuis 2017**, avec le décret Blanquer, si une école le souhaite, **elle peut revenir à une semaine de 4 jours**.

C. Règlement intérieur de l'école

Le règlement intérieur de l'école définit les règles qui **régissent la vie quotidienne dans l'école** ; chaque adulte doit pouvoir s'y référer pour **légitimer son autorité**, en privilégiant la responsabilité et l'engagement de chacun. Il donne un fondement aux décisions que le directeur d'école peut être amené à prendre. Il est à la fois un **outil d'information** pour les parents et les partenaires ou intervenants, et un **outil éducatif pour les élèves**. Élaboré et réactualisé dans le cadre du conseil d'école, le règlement intérieur de l'école place l'élève, en le rendant progressivement responsable, en situation d'apprentissage de la vie en société et de la citoyenneté.
Il doit notamment :
- rappeler **les principes fondamentaux du service public de l'éducation** (gratuité de l'enseignement, neutralité et laïcité ; devoir d'assiduité et de ponctualité, de tolérance et de respect d'autrui ; respect des droits entre filles et garçons ; protection contre toute forme de violence) ;
- prendre en compte les **droits et obligations de chacun des membres** de la communauté éducative ;
- rappeler les **règles de civilité et de comportement** ;
- préciser les **horaires de l'école**, les **modalités d'information des parents**, les **règles d'hygiène et de sécurité**, les **dispositions prises pour éviter le harcèlement** entre élèves (d'après la circulaire n° 2014-088 du 9 juillet 2014).

D. Ouverture de l'école sur le monde

La création de **liens de proximité avec différents partenaires** s'inscrit dans cette démarche d'ouverture. L'école a ainsi la possibilité de solliciter des **intervenants extérieurs** qui apportent leur contribution aux activités d'enseignement dans des domaines variés. L'ouverture de l'école sur son environnement passe aussi par l'organisation de sorties scolaires, dont la mise en œuvre (encadrement, surveillance, transport) fait l'objet d'une réglementation stricte et précise.
Les intervenants extérieurs sont des personnes, **bénévoles ou rémunérées** (par des associations, par des collectivités territoriales ou par l'État), qui apportent leurs compétences de **façon complémentaire et non substitutive** à l'enseignant de la classe. Les modalités générales de recours aux intervenants extérieurs sont prévues par le règlement intérieur de l'école.
L'intervention s'inscrit dans le **projet pédagogique de la classe**, qui découle des objectifs définis dans le **projet d'école**. Les modalités pratiques de l'intervention doivent faire l'objet d'une consultation des partenaires concernés et d'une définition précise. Les éléments relatifs à **l'organisation pédagogique**, qui relèvent de la responsabilité de l'enseignant, et **les mesures de sécurité doivent être détaillés**. Dans le cas d'interventions régulières, ces modalités sont précisées dans une **convention** signée par l'IA-DASEN ou l'IEN et la collectivité territoriale (organisme rémunérateur) ou l'association concernée. Le directeur d'école contresigne la convention dont un exemplaire reste à l'école.

E. Financement et gestion des écoles

Les écoles maternelles et élémentaires publiques **n'ont pas le statut d'établissement public**. Dès lors, elles ne possèdent **ni la personnalité morale, ni l'autonomie financière**. Leur financement provient de diverses sources : la commune, l'État, la Caisse des écoles et la coopérative scolaire, ainsi que les parents d'élèves dans des cas très précis.

F. Surveillance des écoles

La surveillance couvre **l'ensemble des activités prises en charge par l'école**, qu'elles soient **obligatoires ou facultatives**, et toute la durée au cours de laquelle l'élève est confié à l'institution scolaire. La surveillance s'exerce en quelque lieu où les activités se déroulent, que ce soit **à l'intérieur ou à l'extérieur des locaux scolaires**, dans les cours de récréation, les aires de jeux et autres lieux d'accueil.
Les élèves sont accueillis **dix minutes avant le début de chaque demi-journée de classe**. Pour les **maternelles**, les **enfants sont remis** directement au service d'accueil ou aux enseignants. La surveillance se poursuit jusqu'à la remise directe aux parents ou aux personnes nommément désignées par ceux-ci par écrit et présentées à l'enseignant ou au directeur.
À l'école élémentaire, les enseignants exercent la surveillance des élèves **jusqu'à ce que ceux-ci soient pris en charge par la cantine, la garderie, le service d'études surveillées ou les organisateurs d'activités périscolaires, sur la demande des familles**. Aucune disposition d'ordre réglementaire n'oblige les maîtres à veiller, à la sortie des classes et au-delà de l'enceinte scolaire, à la continuité de la prise en charge et de la surveillance des élèves rendus à leur famille. Rien ne s'oppose donc à ce qu'un élève d'école élémentaire **attende ses parents à l'extérieur de l'école** ou, le cas échéant, puisse **rentrer seul chez lui**.

G. Droit d'accueil

L'article L. 133-1 du Code de l'éducation rappelle que tout enfant scolarisé dans une école maternelle ou élémentaire publique ou privée sous contrat est **accueilli pendant le temps scolaire pour y suivre les enseignements prévus par les programmes**. Lorsque ces enseignements ne peuvent lui être délivrés en raison de l'absence imprévisible d'un professeur et de l'impossibilité de le remplacer, il appartient à l'État **d'assurer l'accueil des élèves**, notamment en répartissant, si nécessaire, les élèves concernés dans d'autres classes.

3. Enjeux des politiques éducatives

Depuis une dizaine d'années l'école primaire a connu différentes politiques éducatives, à savoir, pour ne citer que les plus importantes : la définition d'un socle commun de connaissances et de compétences en 2006, la refondation de l'École de la République en 2013, la refondation de l'éducation prioritaire et l'identification de REP+ en 2014, et enfin la loi pour l'École de la confiance en 2019.

1 Refondation de l'École de la République

Considérant qu'aujourd'hui 20 % des élèves quittent l'école sans diplôme et que le système scolaire français reproduit les inégalités sociales, **la loi de refondation de l'École de la République** du 8 juillet 2013 s'est fixé 6 objectifs majeurs :
- **donner la priorité à l'école primaire** pour améliorer l'acquisition des fondamentaux et prévenir la difficulté scolaire ;
- **refonder l'éducation prioritaire** pour combattre les inégalités ;
- **améliorer les rythmes scolaires** pour des élèves plus attentifs et moins fatigués ;
- **redéfinir les programmes** pour des apprentissages plus progressifs et plus cohérents ;
- **transmettre les valeurs de la République** pour une École qui apprend à vivre ensemble ;
- **développer le numérique éducatif** pour faire entrer l'École dans le XXIe siècle.

CONSEIL

Les programmes de l'école primaire et du collège ont été redéfinis en 2015 et consolidés en 2018 uniquement pour les cycles 2, 3 et 4. Ils ont été actualisés en 2020 (*Bulletin officiel* n° 31 du 30 juillet 2020) pour l'ensemble des cycles. Il est fortement conseillé de prendre connaissance de ce dernier *Bulletin officiel*.

2 Politique d'éducation prioritaire

Faisant suite à la loi du 8 juillet 2013 et considérant que la France est devenue le pays où le milieu social influe le plus sur le niveau scolaire, la politique d'éducation prioritaire, redéfinie en 2014, vise à réduire les effets des inégalités sociales et économiques sur la réussite scolaire.

Ainsi, la politique d'éducation prioritaire repose sur des principes clairement affirmés :

■ **Une priorité pédagogique** : c'est principalement dans le quotidien des pratiques pédagogiques et éducatives que se joue la réussite scolaire des élèves issus des milieux populaires.

■ **Le travail en équipe, la réflexion et la formation soutenus** : les pratiques professionnelles doivent se construire et se réfléchir collectivement pour mieux répondre aux besoins des élèves et des personnels qui seront mieux accompagnés et régulièrement formés.

■ **La répartition académique des REP et des REP+** identifiés à partir d'un indice social calculé sur la base de quatre paramètres de difficulté sociale :
- le taux de catégories socio-professionnelles (CSP) défavorisées ;
- le taux de boursiers ;
- le taux d'élèves résidant en zone urbaine sensible ;
- le taux d'élèves en retard à l'entrée en 6e.

Par mesure d'équité, la carte de l'éducation prioritaire est réexaminée tous les quatre ans.

Répartition académique des REP et REP+ pour la période 2016-2020

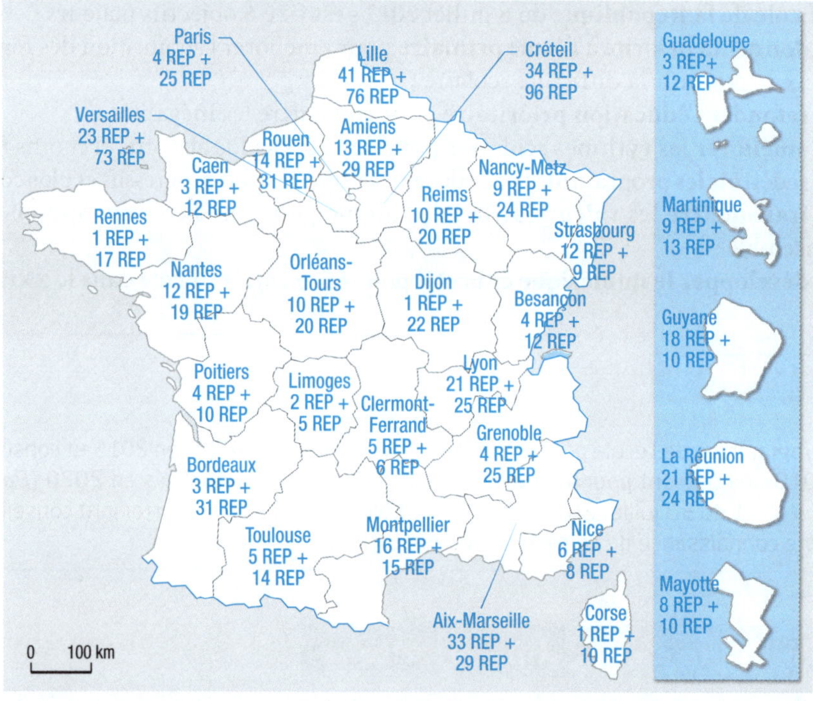

FOCUS

Grandes étapes de la politique d'éducation prioritaire française

- Années 1970 : la théorie de **donner plus à ceux qui ont le moins** est avancée.
- 1982 : mise en place des **zones d'éducation prioritaires**. **Projet de zone**.
- 1984-1988 : remise en cause de **l'efficacité des ZEP**.
- 1989 : loi d'orientation sur l'éducation, **confirmation** de la politique d'éducation prioritaire.
- 1994-1997 : **mise en veilleuse** de l'éducation prioritaire.
- 1997-1998 : **relance** de l'éducation prioritaire. Les ZEP deviennent des **REP**. Obligation d'élaborer un **contrat de réussite**.
- 2012 : l'éducation prioritaire comprend désormais les écoles, collèges et lycées pour l'ambition, l'innovation et la réussite (**ÉCLAIR**) et les réseaux de réussite scolaire (**RRS**).
- 2014 : **refondation** de l'éducation prioritaire. Identification de **REP+**.

3 École de la confiance

La dernière grande loi, dite « loi pour une École de la confiance », date du 26 juillet 2019 et repose sur les mesures suivantes :
– l'**abaissement de l'instruction obligatoire** à l'âge de 3 ans depuis la rentrée 2019 ;
– l'obligation de **formation jusqu'à l'âge de 18 ans** depuis la rentrée 2020 ;
– le **pré-recrutement** des enseignants ;
– la création d'un **service public de l'École inclusive** depuis la rentrée 2019.

Par ailleurs, elle transforme en profondeur l'accompagnement des élèves en situation de handicap. De fait, face à l'augmentation constante du nombre d'élèves concernés, l'École replace la proximité et la réactivité au cœur de l'organisation de l'accompagnement. La simplification des démarches des familles et la personnalisation des parcours des élèves sont les deux piliers principaux de ce plan de transformation.

FOCUS

Le service public de l'École inclusive

Dans ce nouveau service public de l'École inclusive, les pôles inclusifs d'accompagnement localisés (Pial) sont une nouvelle forme d'organisation. Ils favorisent la coordination des ressources au plus près des élèves en situation de handicap (les aides humaines, pédagogiques, éducatives et, à terme, thérapeutiques) pour une meilleure prise en compte de leurs besoins. Le Pial peut concerner les écoles maternelles et élémentaires d'une circonscription du premier degré.

À noter que, dans tous les cas, **le Pial mobilise l'ensemble des personnels de l'équipe pédagogique et éducative** pour identifier les besoins de l'élève et mettre en œuvre les réponses adéquates au niveau de sa classe et, au-delà, de l'école dans laquelle il est scolarisé.

4. Établissement et rôle des différents conseils

Différentes instances de concertation permettent aux membres de l'équipe pédagogique ou éducative de se rencontrer. Elles ont essentiellement comme objectifs d'améliorer le travail d'équipe, d'assurer la continuité des enseignements et des actions pédagogiques et enfin d'harmoniser les pratiques pédagogiques.

Les différents conseils et leurs rôles

Type de conseil	Constitution	Attributions	Périodicité
Conseil des maîtres : concertation entre tous les membres de l'équipe pédagogique	Directeur Enseignants Enseignants remplaçants Membres du RASED	• Organiser le fonctionnement de la **vie de l'école** • Préparer et élaborer **le projet d'école** • Élaborer le **règlement intérieur** • Préparer le conseil d'école	Une fois par trimestre
Conseil des maîtres du cycle	Membres de l'équipe exerçant dans un cycle Éventuellement : Directeur Membres du RASED	• Élaborer le projet pédagogique du cycle • Faire le point sur la progression des élèves • Étudier les propositions de passage ou de maintien	Une fois par trimestre (réunions supplémentaires possibles en cas de nécessité)
Conseil école-collège : améliorer la continuité pédagogique et éducative entre l'école et le collège	Principal du collège ou son adjoint IEN chargé de la circonscription du 1er degré ou son représentant Personnels désignés par le principal du collège sur proposition du conseil pédagogique du collège Membres du conseil des maîtres de chacune des écoles du secteur de recrutement du collège	• Renforcer le **continuum de l'école au collège** : mise en œuvre du socle commun de connaissances, de compétences et de culture, personnalisation des parcours des élèves	Deux fois par an
Conseil d'école	Directeur et ensemble des enseignants Maire et conseiller municipal chargé des affaires scolaires Représentants élus des parents d'élèves en nombre égal à celui des classes de l'école Délégué départemental de l'éducation chargé de visiter les écoles Inspecteur de l'éducation nationale (il assiste de droit aux séances du conseil)	• Adopter le **projet d'école** • Voter le **règlement intérieur de l'école** • Donner son avis et faire des propositions concernant **le fonctionnement de l'école**	Une fois par trimestre et obligatoirement dans les 15 jours qui suivent l'élection des parents d'élèves

Type de conseil	Constitution	Attributions	Périodicité
Comité de pilotage de réseau en REP+ : une instance spécifique	Principal du collège IEN Inspecteur pédagogique régional, référent du REP Directeurs des écoles du réseau Coordonnateur REP Délégué du préfet D'autres personnes peuvent y participer selon l'ordre du jour et les besoins : conseillers principaux d'éducation, conseillers pédagogiques, enseignants, représentants des collectivités locales, partenaires…	• Porter le **projet de réseau** • Valider le projet de réseau préalablement élaboré en appui sur le conseil école-collège • Élaborer et suivre le **tableau de bord** et la mise en œuvre des actions du projet de réseau	Une fois par trimestre

5. École, protection et prévention

Compétence 6 : Agir en éducateur responsable et selon des principes éthiques.

1 Protection de l'enfance

Tout personnel ayant un doute ou une présomption de maltraitance, de situation de danger ou de risque de danger concernant un élève, après réflexion partagée au sein de l'institution, doit transmettre **par écrit** les éléments de la situation **au président du conseil départemental** en adressant « **une information préoccupante** » à la cellule départementale de recueil, de traitement et d'évaluation des informations préoccupantes.

Dans les cas où la gravité de la situation le justifie, par exception à l'obligation de transmission à la cellule départementale, **tout personnel de l'Éducation nationale peut aviser directement le procureur de la République** en tant que personne travaillant dans un service public susceptible de connaître des situations de danger.

2 Prévention de la radicalisation

L'enseignement moral et civique (EMC) pose progressivement les **règles de vie fondamentales** dans un État de droit. Un programme simplifié et clarifié pour les cycles 2, 3 et 4 est entré en application à la rentrée de l'année scolaire 2018-2019 pour l'enseignement moral et civique. Ce dernier poursuit trois finalités intimement liées entre elles :

- **respecter autrui** ;
- acquérir et partager les **valeurs de la République** ;
- construire une **culture civique**.

En lien étroit avec l'EMC, on peut porter l'accent sur :

- l'**éducation aux médias et à l'information** ;
- la construction de **l'esprit critique** ;
- l'approche nuancée et objective du **fait religieux**.

3 Prévention de la violence

On peut considérer qu'il y a harcèlement quand :

- un **rapport de force et de domination** s'installe entre un ou plusieurs élèves et une ou plusieurs victimes ;
- il y a **répétitivité** : différentes formes d'agressions se répètent régulièrement durant une longue période.

Le harcèlement concerne principalement les élèves scolarisés aux cycles 3 et 4. De fait, des enquêtes récentes indiquent que **12 % des élèves de cycle 3 sont victimes de harcèlement modéré à sévère**, 10 % en collège et 3,4 % au lycée. Toutefois, les cycles 1 et 2 peuvent être concernés car le jeune âge des enfants ne peut être avancé comme devant minimiser le risque de survenue de ce phénomène.
La lutte contre l'échec scolaire et pour l'égalité des chances constitue sans aucun doute la première des préventions. Le socle commun de connaissances et de compétences prend largement en compte la nécessité, pour l'élève, d'acquérir des **compétences sociales et civiques**, d'apprendre à vivre ensemble à travers des actions concrètes (prise de responsabilité, débat et respect des idées d'autrui).
La prévention de la violence repose aussi sur le **respect des règles de vie dans l'école**. Ce dernier implique la connaissance et la compréhension des règlements intérieurs par les élèves et les parents, ainsi que des sanctions encourues en cas de manquement au respect des règles établies.

4 Promotion de la santé

La circulaire n° 2016-008 du 28 janvier 2016 précise que la santé, enjeu primordial au sein du système éducatif, dans ses dimensions physique, psychique, sociale et environnementale, est un élément essentiel de l'éducation de tous les enfants et adolescents. Elle constitue un **facteur important de leur réussite éducative**. En effet, les données disponibles montrent que les inégalités de santé s'installent très précocement et que les conduites ayant une influence négative sur la santé se mettent en place dès l'enfance ou l'adolescence. Ainsi, la promotion de la santé en milieu scolaire constitue l'un des meilleurs leviers pour **améliorer le bien-être et réduire les inégalités**, en intervenant au moment où se développent les compétences et les connaissances utiles tout au long de la vie.
Le parcours éducatif de santé (PES) s'organise autour de trois enjeux, déclinés spécifiquement en fonction de l'âge des élèves et en lien avec les partenaires et les parents :
– **éduquer** : l'éducation à la santé est en prise avec le développement des compétences psychosociales telles que les définit le socle, notamment dans le cadre du domaine 3 (Formation de la personne et du citoyen) ;
– **prévenir** : la prévention des conduites à risques, des conduites addictives constitue l'une des problématiques à aborder ;
– **protéger** : la protection de la santé, notamment par l'attention portée au climat de l'école et de la classe et à la qualité des espaces et de l'environnement de travail, constitue l'un des axes du PES.

5 Éducation à la sécurité

Le dispositif « Apprendre à porter secours » (APS) constitue la première pierre du **continuum éducatif aux premiers secours**. Cet apprentissage soutient le développement du sens civique de l'élève en favorisant la connaissance et la maîtrise des

règles de prévention et de sécurité. Du cycle 1 au cycle 3, le dispositif APS développe les compétences de l'élève qui :
- adopte une **attitude de prévention** ;
- **se protège et protège autrui** ;
- **alerte et intervient**.

6 Exigence de garantie de la sécurité des élèves

L'exigence de garantie de la sécurité des élèves oblige le professeur à être ponctuel et à assurer la surveillance des élèves.

La ponctualité

C'est la première et fondamentale raison qui justifie cette règle d'or de son comportement professionnel. Cette ponctualité est d'autant plus nécessaire qu'il a ici affaire à des enfants en bas âge, donc aisément en danger hors de la surveillance de l'adulte. S'il doit absolument être à l'heure dans sa classe, ce n'est pas d'abord au nom d'une incertaine civilité ou d'un douteux savoir-vivre à l'égard des enfants, mais avant toute chose au nom de la garantie de leur fondamentale sécurité.
S'il n'est pas à son poste au bon moment, dans sa classe ou dans la cour de récréation, comment fera-t-il pour protéger les enfants s'ils sont menacés d'une quelconque manière ?
Dans ce but explicite, le professeur est tenu d'exercer **sans interruption la surveillance des élèves depuis l'accueil dix minutes avant le début de la classe, jusqu'à la sortie de tous les élèves.**

La surveillance des élèves

Le professeur doit **veiller étroitement à la surveillance des enfants dans le cadre scolaire** (celui de sa professionnalité), c'est-à-dire :
- **dans la classe** : prendre garde notamment à la manipulation d'outils soit typiquement scolaires (pointes, ciseaux, compas, etc.), soit plus occasionnels (scies, etc.) ;
- **dans la cour de récréation** : empêcher les bagarres, les jeux dangereux ou les fugues ;
- **dans les sorties scolaires hors de l'école** : sur ce point, la réglementation est draconienne, et ce fort légitimement.

NOTE DU FORMATEUR

Veiller à la sécurité des enfants est le premier devoir de tout enseignant : faire tout ce qui est nécessaire pour protéger leur vie et leur intégrité.

6. Équipe éducative, équipe pédagogique

Compétence 10 : Coopérer au sein d'une équipe.

1 Définitions

L'équipe pédagogique est composée du directeur, de tous les enseignants exerçant dans l'école, des membres du réseau d'aides spécialisées aux élèves en difficulté (RASED). Elle s'occupe des apprentissages et des pratiques scolaires.
L'équipe éducative, quant à elle, est composée de l'équipe pédagogique, du médecin et de l'infirmière scolaires, des parents, mais aussi de toute personne en contact avec les enfants dans le milieu scolaire.

2 Statuts, fonctions et missions des membres de l'équipe pédagogique

A. Le directeur

C'est un professeur des écoles ayant satisfait à un entretien avec une commission académique. Ce n'est pas un supérieur hiérarchique. Il assume trois fonctions :
– **fonction administrative** : tenue des registres obligatoires, inscription des élèves, répartition dans les classes, organisation des élections, convocation des différents conseils, dialogue avec les parents, gestion de la coopérative scolaire, relation avec les autorités hiérarchiques de l'Éducation nationale et la municipalité ;
– **fonction pédagogique** : animation de l'équipe pédagogique, organisation des différentes concertations, participation aux réunions (liaison maternelle-élémentaire, école-collège, CCPE) ;
– **fonction sociale** : correspondant de tous les partenaires de l'école, municipalité, associations.

B. Les professeurs des écoles

Le professeur des écoles a quatre grandes missions :
– **enseigner l'ensemble des disciplines** dispensées à l'école primaire : le français, les mathématiques, l'histoire-géographie, les sciences physiques et la technologie, la biologie et la géologie. Il peut être assisté d'intervenants pour les langues vivantes, les arts plastiques, la musique et l'éducation physique et sportive ;
– donner la priorité à l'apprentissage de la **maîtrise de la langue** par les élèves. La maîtrise de l'oral en classe maternelle doit ouvrir sur la maîtrise de l'écrit à l'école élémentaire ;

– gérer la **diversité des élèves** ;
– exercer **la responsabilité éducative** et **l'éthique professionnelle**.
Certains d'entre eux sont spécialisés dans la réponse aux besoins éducatifs particuliers de certains élèves (grande difficulté, handicap, etc.).

C. Le réseau d'aides spécialisées (RASED)

Les personnels des RASED apportent l'appui de leurs compétences aux équipes pédagogiques des écoles. Ils les aident à **analyser les situations**, à reconnaître et prendre en compte les **besoins des élèves** et à construire des **réponses adaptées**. Ils contribuent aussi à l'élaboration et à la mise en œuvre des plans d'accompagnement personnalisés **(PAP)** et au suivi des projets personnalisés de scolarisation **(PPS)**.
Les aides spécialisées peuvent intervenir à tout moment de la scolarité à l'école primaire.
Selon les besoins de l'élève, elles peuvent prendre différentes formes. Elles ont lieu pendant les heures de classe :
– les aides spécialisées à **dominante pédagogique** : elles ont pour objectifs de prévenir et de repérer les difficultés et d'aider les élèves à en prendre conscience et maîtriser des attitudes et des méthodes de travail qui conduisent à la réussite et au progrès dans l'appropriation des savoirs et des compétences ;
– les aides spécialisées à **dominante rééducative** : elles concernent les élèves pour lesquels il faut faire évoluer le rapport aux exigences de l'école, instaurer ou restaurer l'investissement dans les activités scolaires ;
– le **suivi psychologique** : à partir de l'analyse de la situation particulière d'un enfant, en liaison étroite avec la famille et les enseignants, le RASED recherche des solutions adaptées au sein de l'école ou à l'extérieur.

3 Fonctions de quelques membres de l'équipe éducative

Les membres de l'équipe éducative et leurs fonctions

Autres membres de l'équipe éducative	Fonctions	Remarques
Personnels de santé (médecin, infirmière)	Actions de **prévention** individuelles et collectives **Promotion de la santé**	Ces actions sont menées auprès de l'ensemble des élèves scolarisés.
Agents territoriaux spécialisés d'école maternelle (ATSEM)	**Hygiène et encadrement** des enfants **Préparation matérielle** des exercices	Leurs missions devraient être appelées à évoluer dans un proche avenir.
Personnels chargés de l'enseignement précoce des langues	**Enseignement** des langues vivantes étrangères	À terme, l'enseignement des langues devra être pris en charge par la majorité des professeurs des écoles.
Intervenants chargés des activités sportives	Apport d'un **éclairage technique** ou d'une autre forme d'approche	Ils doivent être agréés par l'IA-DASEN.
Intervenants chargés des activités artistiques	Contribution à **l'éducation artistique**	Ils doivent être diplômés d'une discipline artistique ou posséder une compétence professionnelle attestée par la direction générale des Affaires culturelles (DRAC).

7. Droits et obligations de la communauté éducative

Compétence 11 : Contribuer à l'action de la communauté éducative.

Dans chaque école, la communauté éducative **rassemble les élèves et tous ceux qui**, dans l'établissement scolaire ou en relation avec lui, **participent à l'accomplissement de ses missions**. Les parents d'élèves sont membres de la communauté éducative (articles L. 111-3, L. 111-4 du Code de l'éducation).
Les droits et obligations des membres de la communauté éducative sont définis dans la circulaire n° 2014-088 du 9/07/2014. Ils peuvent être résumés de la manière suivante.

Les membres de la communauté éducative et leurs droits et obligations

Membres de la communauté éducative	Droits	Obligations
Élèves	• **Accueil** bienveillant et non discriminant • Garantie de **protection** contre toute violence physique ou morale	• Non-utilisation de la **violence** • Respect des **règles de comportement et de civilité** • Utilisation d'un **langage approprié** • Respect des **locaux et du matériel** • Application des **règles d'hygiène et de sécurité** apprises
Parents	• Représentation au sein du **Conseil d'école** • Association au **fonctionnement de l'école** • Organisation **d'échanges et de réunions** régulières par le directeur et l'équipe éducative • **Information** à propos des acquis et du comportement scolaire de leur enfant	• Respect de l'obligation d'**assiduité** • Respect des **horaires de** l'école • Respect du principe de **laïcité** • Respect des **personnes** et des fonctions
Personnels enseignants et non enseignants	• Respect de leur **statut** et de leur mission par tous les autres membres de la communauté éducative • **Protection** fonctionnelle	• Respect des personnes de la communauté éducative et de leurs **convictions** • **Écoute des parents** et réponse à leur demande d'informations • Respect des principes fondamentaux du **service public d'éducation**
Partenaires et intervenants	• Respect des **principes généraux** rappelés ci-dessus • Connaissance du **règlement intérieur** de l'école	

8. Relations avec les parents

Compétence 12 : Coopérer avec les parents d'élèves.

1 Cadre institutionnel

■ **Compétence 12 du Référentiel de compétences des professeurs des écoles** : « Le professeur des écoles coopère avec les parents d'élèves et œuvre à la construction d'une relation de confiance. »

■ **Décret du 20 août 2014** : « Dans les écoles relevant de l'éducation prioritaire [...] [on] tient compte du temps consacré au travail en équipe nécessaire à l'organisation de la prise en charge des besoins particuliers des élèves qui y sont scolarisés, aux actions correspondantes ainsi qu'aux relations avec les parents. »

■ **Programme de l'école maternelle (*Bulletin officiel* n° 31, 30 juillet 2020)** : « Dès l'accueil de l'enfant à l'école, un dialogue régulier et constructif s'établit entre enseignants et parents ; il exige de la confiance et une information réciproques. »

2 Quelques pistes pour favoriser les relations avec les parents

Il est fortement conseillé de consulter le guide *Agir sur le climat scolaire à l'école primaire*. Ce dernier est consultable sur le site http://eduscol.education.fr. Ce guide, notamment à la page 40, propose aux équipes un auto-positionnement, des pistes de réflexion et des actions possibles pour mettre en place la co-éducation avec les familles.

La co-éducation avec les familles : quelques pistes de réflexion

Agir	Actions et pratiques favorables
Avec l'élève	• Établir des canaux et processus de **communication** qui permettent aux parents de se sentir à l'aise pour contacter les enseignants si l'enfant éprouve des difficultés. • Créer un bulletin ou s'assurer en partenariat que toutes **les informations** relatives au bien être, à la santé des enfants, soient accessibles aux familles. • S'assurer que la bibliothèque de l'école propose du **matériel à destination des parents et des enfants** sur les relations parents-enfants, sur la santé ou encore sur la prévention des violences et du harcèlement, y compris de la documentation en différentes langues si nécessaire.
Dans la classe	• Utiliser tous les moyens de communication (courriel, téléphone, site Web de l'école) pour **informer les parents sur le projet d'école et les apprentissages des enfants**. Par exemple, communiquer avec la famille lorsqu'un élève confronté à des difficultés a réussi **à franchir un palier d'apprentissage.** • Donner aux parents **des conseils et des indications de méthode** pour accompagner la scolarité de leur enfant. • Inviter les parents sur la **base du volontariat** pour lire des histoires ou pour aider à superviser des apprentissages. • Organiser l'entraide afin que les **parents arrivants** soient informés sur les attendus de l'école, du système scolaire. • **Valoriser les actions des parents** en faveur de la scolarité de leurs enfants. • Réaliser des **entretiens tripartites** (enseignants, enfants, parents) sur les objectifs d'apprentissage, afin de les expliciter, ainsi que sur les progrès accomplis.
Dans l'école	• Assurer des **séances d'informations** pour les parents avec les partenaires locaux (associations de parents) dans des lieux où l'on touche le maximum de parents (bibliothèque, centre social…). • S'adjoindre les compétences de traducteurs quand cela est nécessaire. Inviter les parents à **participer aux événements** organisés par l'école mettant en valeur tous les talents (journée du sport, événements musicaux et culturels). • Accueillir tout nouvel élève arrivant ainsi que sa famille par un **livret de bienvenue**, éventuellement multilingue, et des informations précises leur permettant d'intégrer la communauté éducative. • Proposer aux parents **le choix parmi un éventail de possibilités** pour leur participation effective à la vie de l'école – par exemple, en prenant part à une journée des parents dans la classe, à l'organisation d'un pique-nique ou d'une sortie. • Travailler sur une **démarche d'inclusion** de toutes les familles, en prêtant attention à une représentation de tous les parents à toutes les occasions, conseils. • Associer les parents et leurs représentants à la **rédaction de documents de communication** (par exemple : note aux familles pour les élections). Proposer des services aux familles à travers les **espaces numériques de travail.** • Organiser, au-delà des rencontres institutionnelles, des **réunions sur le fonctionnement de l'école.** • Favoriser la mise à disposition « **d'espaces parents** » dédiés aux rencontres individuelles et collectives. • Participer à des rencontres avec les parents à **l'extérieur de l'école** (en lien avec les associations…). • Mettre en place des **comités d'éducation à la santé et à la citoyenneté** inter degrés pour faciliter les liens avec le collège. • Tisser des liens avec les **réseaux d'écoute**, d'appui et d'accompagnement des parents (REAPP) pour le soutien à la parentalité. • Informer sur les recours possibles à des **personnes ressources** dans l'école ou l'environnement.

9. Partenaires de l'école[1]

Compétence 13. Coopérer avec les partenaires de l'école.

L'arrêté du 1er juillet 2013 a clairement défini les compétences générales que tous les professeurs et personnels d'éducation doivent maîtriser, notamment le fait de « coopérer avec les partenaires de l'école » (compétence 13).
Pour mobiliser, voire maîtriser cette compétence, le professeur des écoles doit se poser trois questions essentielles :
- Quels sont les partenaires de l'école ?
- Pourquoi coopérer avec ceux-ci ?
- Comment procéder ?

1 Identifier les partenaires de l'école

En équipe, il est intéressant de faire un état des lieux de l'existant. Ce travail peut aussi être mené entre **plusieurs écoles d'une même commune ou d'un même territoire** (école maternelle et école élémentaire par exemple). La réflexion portera sur la connaissance des partenaires, leurs champs de compétences et leurs champs d'intervention. Quels sont les liens tissés avec ces partenaires ? Quels sont les partenaires connus avec lesquels des liens pourraient être tissés ? Parmi les partenaires, peuvent figurer dans cet état des lieux : les services municipaux, de la préfecture, de l'État, la Direction départementale de la cohésion sociale, le conseil départemental, la protection maternelle et infantile (PMI), la maison départementale de l'enfance et la famille, la maison départementale des personnes handicapées, la Caisse d'allocations familiales, les centres sociaux, les structures médico-sociales, les structures sociales, les professions libérales (orthophoniste…), les structures de la petite enfance, les structures culturelles, les artistes, les associations…
Cette liste n'est pas exhaustive.

2 Déterminer l'intérêt de la collaboration

Avant tout, il s'agit de partir du besoin identifié dans l'école en lien avec le projet d'école. Pour y répondre, il est important d'identifier quels partenaires sont susceptibles de pouvoir partager cette problématique. Tous les partenaires ne vont pas agir en collaboration avec l'école pour répondre aux mêmes besoins. Voici quelques exemples d'objectifs visés :
- mettre en œuvre des **parcours éducatifs** ;
- favoriser la communication avec les parents (**co-éducation**) ;
- partager des **connaissances et compétences** ;
- améliorer **la prise en charge** de certains élèves et répondre à leurs **besoins** ;

1. **Source** : Marc Loison (dir.), Valérie Bouquillon (coord.), Aline Merlot, Ève Santhune, *Guide du professeur des écoles. Débuter dans l'enseignement primaire,* Paris, Vuibert, 2020, p. 252-254.

– prendre part à des **projets spécifiques** ;
– aménager des **continuités** entre les structures fréquentées par l'enfant ;
– améliorer la **cohérence** dans la journée de l'enfant, etc.

Selon l'objectif visé, la collaboration sera ponctuelle ou au long terme. L'école ne peut ignorer que les partenaires sont aussi en demande et peuvent éprouver des difficultés à se repérer dans le système éducatif. L'école doit se faire connaître et reconnaître par les partenaires d'un même territoire. Rendre visible et explicite l'école, c'est établir une connaissance réciproque.

3 Collaborer avec les partenaires

La première étape est la rencontre pour se présenter et présenter ses missions, ses objectifs, ses projets, déterminer les objectifs du travail collaboratif commun et mettre en œuvre des actions. Les temps de rencontres permettront à chacun d'expliciter son cadre d'action. L'enseignant pourra présenter notamment le socle commun de connaissance et de culture, la Charte de la laïcité, les orientations…

On pourra utiliser l'outil de formalisation suivant.

Tableau de formalisation des partenariats

Qui ?	Champs de compétences	Objectifs	Pour qui ?
Quel est le partenaire identifié ?	Que sait-on de **ses missions et de son rôle** ?	Pourquoi collaborer avec ce partenaire ? Quel(s) **enjeu(x)** ? Quelle **complémentarité** d'actions ?	Quel est le **public concerné** ?
EXEMPLES : orthophoniste, police, centre culturel, centre social, PMI, REAAP, associations…	Exemple : PMI protection sanitaire de la mère et de l'enfant jusque 6 ans	**EXEMPLES :** – mettre en œuvre des parcours éducatifs ; – favoriser la communication avec les parents (co-éducation) ; – partager des connaissances et compétences ; – améliorer la prise en charge de certains élèves et répondre à leurs besoins ; – prendre part à des projets spécifiques ; – aménager des continuités entre les structures fréquentées par l'enfant ; – améliorer la cohérence dans la journée de l'enfant ; – etc.	**EXEMPLES :** l'école, la classe, les élèves particuliers, les parents…

Connaître les valeurs et exigences du service public et de la République

Tout le cours

Tout le cours

1. Droits et obligations des fonctionnaires

Compétence 1 : Faire partager les valeurs de la République
Compétence 6 : Agir en éducateur responsable et selon des principes éthiques

Loi Le Pors = loi n° 83-634 du 13 juillet 1983 portant droits et obligations des fonctionnaires

Droits

- Droit à la **carrière**
- Droit à une **rémunération** après service fait
- **Liberté d'opinion**
- Droit **syndical**
- Droit de **grève**
- Droit à la **formation**
- Droit à une **protection judiciaire** (« protection fonctionnelle »)
- Droit à la **protection sociale**
- Droit de **retrait**

Obligations

- Obligation de **servir l'intérêt général**
- Obligation de se conformer aux **instructions du supérieur hiérarchique**
- Obligation de respecter le **principe de neutralité**
- Obligation d'**informer** le public (pour les enseignants il s'agit des parents)
- Obligation de **discrétion** et de **secret professionnel**

FOCUS

■ **Droit de retrait.** L'article L. 231-8-1 du Code du travail précise : « Aucune sanction, aucune retenue de salaire ne peut être prise à l'encontre d'un salarié ou d'un groupe de salariés qui se sont retirés d'une situation de travail dont ils avaient un motif raisonnable de penser qu'elle présentait un **danger grave et imminent pour la vie ou pour la santé de chacun d'eux**. »
L'article L. 231-8-2 pose toutefois une **condition à ce droit de retrait** : « La faculté ouverte par l'article L. 231-8 -1 doit être exercée de telle manière qu'elle ne puisse créer pour autrui une **nouvelle situation de risque grave et imminent**. »

■ **Liberté d'opinion et obligation de réserve. La liberté d'opinion des fonctionnaires**, comme celle de tout citoyen d'ailleurs, est absolue. Mais attention, la liberté d'opinion peut se heurter à **l'obligation de réserve du fonctionnaire**.

2. Laïcité à l'école[1]

École, République et grands principes laïques

Le sens et les enjeux de la laïcité sont explicités dans une charte de 15 articles qui doit être disponible et visible dans chaque établissement

Article 1
France = République **laïque** et **démocratique**.

Article 2
Neutralité de l'État.

Article 3
Liberté **de croire** ou **de ne pas croire**.

Article 4
Souci de l'**intérêt général** et du **vivre ensemble**.

Article 5
Respect de la Charte, au sein des établissements scolaires.

Article 6
Protection des élèves au sein de l'école.

Article 7
Accès à une **culture commune** et **partagée**.

Article 8
Libre expression des élèves dans la limite du respect des valeurs républicaines.

Article 9
Rejet des **violences** et des **discriminations** et **égalité** entre filles et garçons.

Article 10
Bonne application **du sens et des valeurs** de la Charte.

Article 11
Personnels = devoir de **stricte neutralité**.

Article 12
Enseignements **laïques**.

Article 13
Opposition aux règles impossible pour cause d'appartenance religieuse.

Article 14
Règlement intérieur **respectueux** de la laïcité.

Article 15
Laïcité vivante grâce à l'ensemble des élèves.

FOCUS

Le principe de neutralité

Le service public de l'éducation doit répondre à l'intérêt général et aux missions qui lui sont dévolues en respectant le principe de neutralité dans toutes ses dimensions : **neutralité politique, neutralité religieuse, neutralité commerciale**. Le respect de ce dernier principe n'interdit pas le recours à des partenaires extérieurs pourvu que le cadre éducatif soit toujours précisé et les garanties vérifiées.

1. **Source** : Marc Loison (dir.) *et al.*, *Guide du professeur des écoles*, *op. cit.*, p. 275.

1 Le parcours citoyen de l'élève

Le parcours citoyen de l'élève est inscrit dans le **projet global de formation de l'élève**. Adossé à l'ensemble des enseignements, en particulier l'enseignement moral et civique, l'éducation aux médias et à l'information, et participant du socle commun de connaissances, de compétences et de culture, le parcours citoyen concourt à la transmission **des valeurs et principes de la République et de la vie dans les sociétés démocratiques.**

2 Le port de signes religieux à l'école

La loi du 15 mars 2004, en application du principe de laïcité, encadre le port de signes ou de tenues manifestant une appartenance religieuse dans les écoles, collèges et lycées publics. Ainsi, les signes et tenues qui **sont interdits sont ceux dont le port conduit à se faire immédiatement reconnaître par son appartenance religieuse** tels que le voile islamique, quel que soit le nom qu'on lui donne, la kippa ou une croix de dimension manifestement excessive.

La loi est rédigée de manière à pouvoir s'appliquer à toutes les religions et à répondre à l'apparition de nouveaux signes, voire à d'éventuelles tentatives de contournement de la loi. **La loi ne remet pas en cause le droit des élèves de porter des signes religieux discrets.**

3 L'enseignement du fait religieux

L'enseignement laïque des faits religieux **est inscrit dans le socle commun de connaissances, de compétences et de culture**. Il décrit et analyse **les faits religieux comme éléments de compréhension de notre patrimoine culturel et du monde contemporain**, à travers les disciplines comme l'histoire, les lettres, l'histoire des arts, l'éducation musicale, les arts plastiques ou la philosophie.

4 Enseigner la laïcité : quelques conseils et écueils à éviter

- Utiliser une **version simplifiée** de la Charte de la laïcité. Le cas échéant, procéder à sa réécriture avec les élèves.
- Profiter de **toutes les occasions** pour faire référence à la Charte affichée dans la classe ou dans l'école.
- Privilégier **les débats** entre élèves à partir d'une situation vécue (acte de violence, attitude sexiste ou xénophobe, prosélytisme, port de signes religieux).
- Aborder la laïcité de **manière transdisciplinaire** et pas uniquement en enseignement moral et civique ou en histoire.
- Construire avec les élèves un **parcours éducatif citoyen** afin de concourir à la transmission des valeurs et principes de la République et de la vie dans les sociétés démocratiques.

- Ne pas négliger d'effectuer une approche **nuancée et objective** du fait religieux.
- Ne pas ignorer, dans le cadre de l'apprentissage des droits et des devoirs, qu'il est nécessaire de **faire réfléchir** l'élève à la portée de son acte tant à l'égard de la victime éventuelle que de la communauté éducative.
- Ne pas faire appel, lors des sorties scolaires, à des parents dont l'attitude serait **prosélyte**.
- Ne pas prendre en compte, notamment en matière de restauration scolaire, les **prescriptions religieuses**.
- Ne pas oublier que le **prosélytisme** peut être religieux mais également **idéologique et économique**.

3. Éducation aux droits de l'Homme[1]

1 Cadre institutionnel

Les droits de l'Homme sont les **principes fondateurs de la République**. Ils font aujourd'hui partie intégrante de nos institutions. Le Préambule de la Constitution française de 1958 le souligne avec force en se référant à la Déclaration des droits de l'Homme et du citoyen de 1789 et au Préambule de la Constitution de 1946.
Le *Bulletin officiel* n° 22 du 29 mai 2019, au titre des repères annuels de progression pour le cycle 3, indique que « l'article 1er de la Déclaration des droits de l'Homme et du citoyen de 1789 et le contexte de son écriture font l'objet d'une **première étude**. Les élèves découvrent la **Convention internationale des droits de l'enfant** et sont capables de classer ces droits en différentes catégories ». Il est toutefois recommandé dans le *Bulletin officiel* n° 31 du 30 juillet 2020 de faire en sorte que les élèves, à la fin du cycle 2, aient abordé cette même déclaration.

2 Points de vigilance

Pour les élèves, toute la difficulté vient de ce qu'il ne suffit pas de découvrir les grands textes déclaratifs qui proclament la liberté, l'égalité et la fraternité pour en comprendre le sens. Ces textes, comme leur nom l'indique, « déclarent ». **Ils n'explicitent pas**.
Faire des droits de l'Homme l'objet d'un enseignement est essentiel mais ne suffit pas, car ce sont, indissociablement, des concepts et des valeurs, et l'école a aussi pour tâche d'aider les élèves à construire ces valeurs. C'est pourquoi l'on parle d'**éducation** et non simplement d'enseignement des droits de l'Homme.

3 Éduquer aux droits de l'homme : quelques conseils et écueils à éviter

- Au cycle 3, articuler des **données historiques ou de géographie humaine** avec une réflexion sur la **notion de droit**.
- Proposer une documentation écrite et iconographique alliant **richesse** mais aussi et surtout **clarté et simplicité**.
- Privilégier **le récit**, qui est à même de favoriser l'appropriation des droits de l'Homme.

---

1. **Source** : Marc Loison (dir.) *et al.*, *Guide du professeur des écoles, op. cit*, p. 283-284.

- Construire avec les élèves une **définition simple de ce qu'est un droit**, à savoir un pouvoir d'agir limité par une loi ou associé à une obligation.
- Amorcer dès le cycle 1 un **travail de socialisation** reposant sur les principes des droits de l'Homme.
- Ne pas oublier que l'histoire permet de **clarifier les concepts** rencontrés en enseignement moral et civique. L'histoire est en effet indispensable à la connaissance des droits de l'Homme.
- Ne pas oublier que l'éducation aux droits de l'Homme est nécessairement **pluridimensionnelle**.
- **Ne pas rester seulement à l'information** selon laquelle les hommes ont des droits.
- **Ne pas multiplier les entrées** dans les droits de l'Homme car il y a un risque de dilution des concepts qui les fondent.
- Ne pas oublier que le travail de l'enseignant consiste à aider les élèves à quitter le terrain du singulier pour accéder à la **généralité des idées** (particulièrement difficile).

4. Lutte contre les discriminations et les stéréotypes[1]

1 Cadre institutionnel

La loi d'orientation du 23 avril 2005 indique clairement qu'outre la transmission des connaissances, la Nation fixe comme mission première à l'École de faire **partager aux élèves les valeurs de la République** : liberté, égalité, fraternité, laïcité et refus de toutes les discriminations. Les élèves étudient les grands textes qui les fondent. Il appartient à l'ensemble des adultes qui interviennent auprès des élèves dans l'exercice de leurs fonctions de partager ces valeurs.

2 Points de vigilance

Avant d'agir, il est important que l'enseignant se pose les bonnes questions :
– S'agit-il d'un cas manifeste de racisme ou d'antisémitisme ou plutôt l'expression d'un **stéréotype** inconscient ou irréfléchi ?
– Qui est touché par l'**incident** au-delà des acteurs directs (auteurs et victimes) ? Des rumeurs circulent-elles dans l'école ?
– S'il y a eu violence, quelle **procédure** faut-il mettre en place ? Quelles **sanctions** doit-on appliquer ?

3 Lutter contre les discriminations et les stéréotypes : quelques conseils et écueils à éviter

- Veiller à bien définir le **concept de discrimination**, qui est un traitement inégal et défavorable envers une personne ou un groupe.
- Veiller à bien **identifier les propos racistes et/ou antisémites** (paroles, écrits ou images) qui visent à stigmatiser ou humilier une personne ou un groupe de personnes.
- Penser à **consulter le Vademecum** « Agir contre le racisme et l'antisémitisme. Des pistes pour agir à l'école », disponible sur le site Éduscol.
- Prendre appui sur les **programmes d'enseignement moral et civique** publiés dans le *Bulletin officiel* n° 31 du 30 juillet 2020.

1. **Source** : Marc Loison (dir.) *et al., Guide du professeur des écoles, op. cit*, p. 287-288.

- Articuler les apprentissages et les situations liés à la prévention des discriminations avec les **repères annuels de progression** (*Bulletin officiel* n° 22 du 29 mai 2019).
- Ne pas oublier que le racisme et l'antisémitisme ont pour base commune la présence **de stéréotypes et de préjugés** posés sur une identité.
- Ne pas oublier qu'un acte discriminatoire, qu'il soit raciste ou xénophobe, n'est **jamais anodin.**
- Ne pas négliger le fait que les élèves n'ont pas toujours **conscience de la gravité** de leurs propos.
- Ne pas réagir face à une insulte raciste ou antisémite, c'est **tolérer des formes de violence** qui peuvent avoir des effets sur l'ensemble de la société.
- Ne pas craindre de **réfléchir en équipe** sur la question du **climat scolaire** afin de prévenir les tensions, les incivilités, les violences, le harcèlement et les discriminations qui nous intéressent ici.

5. Promotion de l'égalité filles-garçons[1]

1 Cadre institutionnel

L'égalité des filles et des garçons est la première dimension de l'égalité des chances que l'école doit garantir aux élèves : la loi du 8 juillet 2013 rappelle que la **transmission du respect de l'égalité** hommes-femmes se fait dès la formation dans les écoles élémentaires. Elle a en outre introduit un nouvel enseignement moral et civique, qui fait acquérir aux élèves le respect de la personne, de ses origines et de ses différences, de l'égalité entre les femmes et les hommes, ainsi que de la laïcité.

2 Assurer l'égalité filles-garçons : quelques conseils et écueils à éviter

- Prendre appui sur les **représentations des élèves** pour aborder le thème de l'égalité filles-garçons.
- Privilégier le **débat et l'argumentation** pour faire prendre conscience des stéréotypes.
- Offrir aux élèves la possibilité d'opérer une **analyse critique** de leurs lectures.
- S'assurer à la fin des séances d'enseignement moral et civique que les représentations ont **bien évolué**.
- Veiller, lors des séances orales, à la **bienveillance de chacun** afin qu'aucun élève ne se sente rejeté ou agressé, notamment si les valeurs transmises sont en opposition avec sa culture familiale.
- Ne pas hésiter à utiliser des **situations de vie de classe** pour lancer le débat.
- Ne pas oublier que l'échange d'idées et l'argumentation entre pairs permettent en grande partie de faire acquérir **le respect de l'autre**.
- Ne pas craindre de demander aux élèves **d'exprimer leur désaccord**.
- Ne pas craindre d'engager les élèves dans un travail objectif d'enquête sur **l'expression du sexisme** dans leur réalité quotidienne.
- Ne pas oublier qu'en dépit des progrès réalisés dans la conquête de ses droits par la femme occidentale, dans la **plupart des pays du monde**, la femme est toujours considérée comme un **être inférieur**.

---

1. **Source** : Marc Loison (dir.) *et al.*, *Guide du professeur des écoles, op. cit.*, p. 279.

N° d'éditeur : MAGSI20200520 - N° d'imprimeur : 09467210609
Achevé d'imprimer en juin 2021 par la SEPEC en France - Dépôt : juillet 2021

PEFC 10-31-1470 / Certifié PEFC / Ce produit est issu de forêts gérées durablement et de sources contrôlées. / pefc-france.org